창세기 스토리어바웃

정두모 지음

백향서원

창세기 스토리어바웃

초판 1쇄   2022년 11월 25일
지은이   정두모
발행인   정두모
펴낸곳   백향서원
표지사진   최신만 작가
등록번호   제399-2017-000067호(2017.12.23)
주소   경기도 남양주시 화도읍 수례로 1105-27 205동 604호
전화   010-5239-5713
팩스   02-323-6416
이메일   jdmz2024@naver.com
블로그   blog.naver.com/jdmz5713
           blog.naver.com/jdmz2024
편집   해피엔 북스

ISBN   979-11-972112-2-5 03320

값 35,000 원

창세기 스토리어바웃

Genesis
Storyabout

프롤로그

　1. 스토리어바웃 창세기의 집필 목적은 성경을 깊게 쉽게 알고 믿고 이해하기 위해서이다. 성경에 기록된 함축된 내용을 합리적인 추론을 통하여 스토리텔링을 하였다.

　창세기 스토리어바웃은 목회자, 평신도 불신자도 쉽게 이해할 수 있다. 그러나 독자에 따라서 이해도나 추론의 개념은 각각 달라지는 퍼즐이 있다. 평면적 문자 인식에서 입체적 영적 이해를 통하여 개인적 삶에 적용이 된다.

　2. 스토리어바웃 창세기의 집필은 2010년 성진교회에서 창세기 전장을 52주 동안 단편소설로 발행하였다. 2015년 성진교회에서 23년 사역을 마치고 원로목사로 은퇴하였다. 2016년부터 2022년 9월까지 늘푸른 진건교회에서 협동목사로 7년 설교 사역을 하면서 수정보완하였다. 초고에서부터 발행까지 12년의 시간을 가졌다.

　3. 집필 형태는 창세기는 1장 1절, 태초에 하나님이 천지창조 하심으로 시작한다. 총 50장, 1,515절의 내용이 축약 수록되었다. 창세기 50장 마지막 26절에서 요셉이 114세에 죽어 이집트에서 입관한 것으로 끝난다.

후일 모세는 요셉의 유골을 가지고 출애굽을 한다(출13:19절). 여호수아는 가나안 정복 후에 세겜에 요셉의 유골을 장사한다(수24:32절).

4. 집필 구성은 창세기 1장에서부터 50장까지 50권의 단편소설의 형식으로 집필하였다. 그리하여 한권의 장편 창세기 스토리어바웃이 되었다.

창세기 스토리어바웃은, 창세기를 쉽게 이해하기 위해서 소설의 형식으로 집필했다. 창세기 50장의 각 장별 제목과 총 330개의 소제목이 있다. 매 장 마지막 부분에 핵심 성경 구절이 있다. 목회자는 설교를 풍성하게 할 것이다. 개인적으로 경건의 시간에 사용하기에 좋다.

5. 성경은 하나님의 말씀이다. 오직 하나님의 말씀만 진리다. 진리의 하나님 말씀이 소설이 될수 없다. 하나님의 말씀을 소설의 형식으로 알아가고, 이해하고 오래 기억하여 실천하기 위해서다.

하나님의 말씀에 대한 무분별한 추론은 위험하다. 그러나 신학적 교리적 원어적 범위 안에서 합리적 추론은 성경을 더욱 풍성하게 이해 할 수 있다. 창세기 스토리어바웃은 오래 동안 기억에 남을 것이다. 삶에 은혜로운 변화를 줄 것이다.

2022년 10월 1일
백향서원장 정두모

차례

1. 있을지어다
(창1장)

영원한 하나님의 나라에서 영원 전부터 영원히 계셨고, 영원히 계실 성부와 성자와 성령 하나님께서 새로운 시간(時間)과 공간(空間)과 인간(人間)의 창조를 계획하시고 실행하셨다.

1. 시간 창조(時間創造)(창1:1-2)

영원하신 하나님이 '태초'의 시간을 창조하셨다.

"태초에 하나님이 하늘과 땅을 창조하셨다 그 땅이 혼돈하고 공허하며 흑암이 깊음 위에 있고 하나님의 영은 수면 위에 운행하시니라"(창1:1-2).

창조주 하나님이 거하시는 하나님 나라의 시간에서 새로운 '태초'의 시간을 창조하시고 그 시간을 초, 분, 시, 밤과 낮과 하루, 계절과 해를 반복하도록 창조하였다.

창조의 시간은 다시는 돌아올 수 없는 수평적 시간으로 과거와 미래가 만나는 현재만 계속되게 하셨다. 그리고 태초에서 종말까지 창조의 시간은 진행 중이다.

　태초에 창조는 아무것도 없는 무(無)에서 새로운 존재(有)를 만들어 내는 것이다. 그러므로 태초의 창조는 전능하신 하나님만이 하실 수 있다. 전능하신 창조주 하나님이 아니면 어떠한 존재도 창조를 할 수 없다.

　창조의 권능과 권세를 가지신 전능하신 하나님은 창조한 만물을 친히 주관하여 움직이시며 생명을 유지하게 하신다. 그리고 창조한 모든 것을 종말에 그 모든 것을 소멸하신다. 그러므로 천지창조를 하신 하나님은 창조에서부터 종말까지 그 모든 것을 계획하셨다. 현재는 창조에서 종말 사이에 존재하는 시간이다. 그리하여 영원한 곳은 유일하게 하나님의 나라에만 존재하게 하셨다.

　하나님이 창조한 태초의 시간이 출발하였다. 그 시간은 현재(現在)이다. 그 태초의 현재가 지나간 시간을 과거(過去)라 한다. 과거의 기록과 기억은 역사(歷史)가 되게 했다. 시간이 지나도 역사는 기록으로 남아 알 수 있다. 앞으로 주어질 예측하는 기대하는 시간을 미래(未來)의 시간이라 한다. 인간은 미래의 시간을 상상으로 예측할 수 있다. 그러나 확증할 수 없다. 그러므로 미래는 창조주 하나님만이 아신다.

　전능하신 하나님이 창조하신 시간은 저축할 수 없다. 순간적 일회용이다. 시간을 중지할 수 없다. 신비한 시간은 하나님께로부터 와서 어디로 가는지 알 수 없다. 한번 지나간 시간은 돌이킬 수 없다. 지나간 과거의 시간은 돌아오지 않는다. 다만 기억은 과거를 갈 수 있다.

미래는 예측을 하지만 불확실한 것이다. 미래로 갈 수 있는 방법은 없다. 미래를 향한 상상의 생각과 기대를 하고 개인적인 목적과 계획을 가진다. 그러나 인간은 그 미래의 시간을 알 수 없다.

오직 창조주 하나님은 이미 미래에도 존재하고 계신다. 창조주 하나님은 태초의 피조물의 시간의 출발점에서 현재와 종말의 시간까지 이미 존재하시며 지배하고 주관을 하신다.

시간을 창조하신 전능하신 하나님은 피조물의 시간의 주인이다. 그 누구도 시간을 흔들 수 없다. 어떠한 존재도 새로운 그들의 시간을 다시 창조할 수 없다. 그러므로 시간의 주인은 유일하신 창조주 하나님이다.

시간은 오직 하나님이 지배하신다. 그러므로 하나님이 창조한 시간의 흐름을 방해할 존재가 없다. 창조주 하나님이 정하신 그 때 말세(末世)를 지나서 어느 한 때, 미래에 그 어느 날 한 순간에, 하나님이 태초에 창조한 시간이 소멸된다.

하나님이 창조한 시간이 소멸될 때에, 하나님이 태초에 창조한 모든 공간도 소멸된다. 공간에 생존하는 모든 인간도, 생명체도 완전 소멸된다. 그 날을 우주적 종말이라 한다. 전능자 여호와 하나님이 세상을 창조하신 목적을 이루고 종결하는 날이다.

창조주 하나님은 자신이 창조한 피조물의 모든 공간에 존재하게 한 인간도 소멸시킨다. 태초의 창조한 어느 시간에 인간은 출생한다. 인간이 세상에 출생하는 것도 전능하신 하나님의 주권에서 이루어진다. 인간의 생명도 그 모든 것도 하나님이 주인이다.

　인간은 붉은 빈 몸으로 세상에 출생한다. 그리고 하나님이 주신 일정한 일생의 기간을 살게 된다. 생명의 주인이시며 시간의 주인 되신 창조주 하나님이 그 생명을 불러 가면 하나님께로 돌아가야 한다. 그러므로 사람은 한번 태어나서 일생을 살다가 반드시 죽는다.
　자신이 태어난 날을 알 수 있다. 그러나 어떻게 죽을 것인지 언제 죽을 것인지는 알 수 없다. 그것은 하나님의 주권에 달렸다. 그래서 인생은 아침 안개와 같은 존재라 한다(약4:14). 잠시 세상에 안개 같이 보이다 사라진다. 그리고 인생은 나그네라 했다(벧전2:11). 영원히 세상에 정착해 살 수 없는 존재다.

　인간의 소멸은 죽음이다. 그러나 인간의 소멸은 영원한 하나님의 나라로 이끌림을 받는 영원한 생명의 부활을 하는 자들이 있다. 그들은 하나님의 나라에서 영생의 복락을 누리며 영원히 창조주 하나님의 나라에서, 영원한 하나님의 시간에 존재하며 영생의 존재가 된다. 그러나 우주적인 종말의 날에 사망의 부활을 하는 자들은 영원한 형벌로 지옥의 음부에서 영원한 하나님의 시간 속에 고뇌와 지옥의 형벌을 받는 영원한 멸망의 존재가 된다.
　그 멸망의 존재에게도 하나님의 나라에 영생의 시간에서 영멸의 존재가 된다. 다시는 새롭게 할 기회가 없다. 지옥의 그 시간은 영원하며 그 형벌의 시간을 중지하지 않는다. 그 형벌의 시간에서 벗어날 방법이 없다.

영원하신 여호와 하나님이 태초에 천지를 창조하셨다. 그리고 어느 날이 되면 영원하신 하나님이 창조한 천지만물을 소멸시키고 심판할 시간이 이미 정해져 있다.

영원하신 하나님이 태초에 창조한 세상과 우주에 존재하는 것은 영원하지 않다. 한시적 순간(瞬間)의 삶을 살고 있다. 영원하지 않는 유한의 시간에 만물이 존재한다. 세상에서 가장 빠른 것이 시간의 속도이다.

2. 공간 창조(空間創造) (창1:3-31)

태초 창조는 어떠한 존재나 소재가 없는 무(無)에서, 새로운 존재와 소재를 창조한 것이다.

"하나님이 이르시되 빛이 있으라 하시니 빛이 있었고 하나님이 지으신 그 모든 것을 보시니 보시기에 심히 좋았더라 저녁이 되고 아침이 되니 이는 여섯째 날이니라"(창1:3, 31).

전능하신 하나님이 영원한 하나님의 시간에 존재하시면서 그 시간 속에 새로운 피조물 우주를 창조하시기로 결정하셨다. 그리고 새로운 태초(太初)의 시간(時間)을 창조(創造)하였다. 그리고 그 시간 속에 전능하신 하나님이 "있을지어다" 말씀하심으로 공간 창조(空間創造)를 하셨다. 영원하신 하나님이 창조한 공간은 우주와 하늘과 땅이다.

하나님이 창조하신 도구는 하나님의 전능하신 창조주의 말씀이다. 하나님께서 생각하고 계획하신 것을 "있을지어다" 선포하시면, 그 생각을 말씀하신 대로 그대로 모든 것이 창조되었다.

태초에 하나님이 천지를 창조하심으로 모든 것이 시작되었다. 하나님이 창조하시는 것을 어떠한 도움을 받지 않았다. 하나님의 창조에 어떠한 존재도 도움을 줄 수 있는 것이 존재하지 않았다.

"태초에 하나님이 우주를 창조하셨다. 지구는 하나님이 창조한 우주의 한 적은 부분이다. 그때 지구는 아무 형태도 없이 텅 비어 흑암에 싸인 채 물로 뒤덮여 있었고 하나님의 영은 수면 위에 활동하고 계셨다"(창1:1-2).

전능하시며 영원하신 하나님이 태초에 시간을 창조하시는 순간에 우주가 창조되었다. 우주는 빛이 없는 어둠에 있었다. 어떠한 생명체도 존재하지 않았다. 태초에 창조된 우주는 전능자 하나님만이 아시는 무한대(無限大)의 행성들이 창조되었다. 그 모든 행성들은 빛이 없었다. 그리고 깊은 어둠에 잠겨 있었다. 창조주 하나님께서 그 우주의 행성 중에 한 곳을 지정하였다. 그곳에도 깊은 어둠이 존재했다. 그곳은 황폐하였으며 아무것도 존재하지 않는 텅 빈 곳이었다.

그 위에는 물을 덮으셨다. 그리고 그곳에는 창조주 하나님의 성령이 권능의 바람으로 수면을 감싸며 돌고 있었다. 그곳은 지구였다.

첫째 날 : 빛을 창조하여 낮과 밤을 창조 (창1:3-5)
"하나님이 이르시되 빛이 있으라 하시니 빛이 있었고 그 빛이 하나님이

보시기에 좋았더라 하나님이 빛과 어둠을 나누사 하나님이 빛을 낮이라 부르시고 어둠을 밤이라 부르시니라 저녁이 되고 아침이 되니 이는 첫째 날이니라"(창1:3-5).

　태초에 하나님이 말씀하셨다. "빛이 있을지어다" 하시니 흑암의 어둠 속에서 행성 중에서 밝은 빛이 창조되었다. 순식간에 엄청난 밝은 빛이 존재함으로 순식간에 어둠이 사라졌다. 지구는 자전을 하면서 빛이 비춰지는 곳이 있었다. 그리고 빛이 미치지 못하는 곳도 있었다.

　창조주 하나님께서 말씀하신 대로 빛이 창조된 것을 보시면서 매우 기뻐하셨다.

　하나님이 창조하신 그 빛이 비춰지는 곳을 이름을 지어 '낮'이라고 공포하셨다. 그리고 어둠이 있는 곳을 이름지어 '밤'이라 공포하였다.

　낮도 하나님의 것이며 밤도 하나님의 것이다(시74:16). 그 모든 것이 하나님이 의도하신 뜻대로 완전하게 창조된 것을 보고 하나님이 매우 기뻐하셨다. 그리고 태초에 빛이 창조되기 전에는 어두운 밤이었다. 그리고 빛을 창조하시니 아침이 되었다. 창조주 하나님이 첫째 날 창조를 하셨다.

둘째 날 : 하늘 창조 (창1:6-8)

　태초에 창조주 하나님께서 말씀하시기를 지구 위를 덮고 있는 물을 중간에 갈라서 큰 공간을 만들었다. 그리하여 위에 있는 물과 공간 아래에 있는 물로 구분하였다.

"하나님이 이르시되 물 가운데에 궁창이 있어 물과 물로 나뉘라 하시고 하나님이 궁창을 만드사 궁창 아래의 물과 궁창 위의 물로 나뉘게 하시니 그대로 되니라 하나님이 궁창을 하늘이라 부르시니라 저녁이 되고 아침이 되니 이는 둘째 날이니라"(창1:6-8).

창조주 하나님께서 지상의 물과 하늘에 물의 사이에 생긴 궁창(穹蒼)을 이름 지어 '하늘'이라 선포하였다.

하늘은 하늘 위에 있는 물을 기준하여, 땅을 향한 하늘은 대기권 하늘이 되었다. 하늘 위에 있는 물의 밖의 하늘은 우주 공간이 되었다. 저녁이 되고 아침이 되었다. 창조 둘째 날이 지나갔다.

셋째 날 : 육지, 바다, 땅 위의 식물들 (창1:9-13)

태초에 창조주 하나님께서 말씀하시기를 지구 위를 덮고 있는 물이 한 곳으로 모이라 말씀하셨다. 그러자 물속에 있는 숨겨진 땅이 엄청난 소리로 움직이기 시작했다. 땅이 서로 밀고 당기며, 밀리면서 어떠한 곳은 하늘을 향하여 높이 솟아올랐다. 어떠한 곳은 아주 넓은 평지가 되었다. 어떠한 곳은 아주 깊은 계곡을 만들었다. 그러자 지구 위를 덮고 있는 엄청난 물들은 낮은 곳으로 흘러 내려 고였다. 그리고 물은 수평을 이루었다. 물속에 깊은 계곡은 보이지 않았다. 물 위에는 넓고 넓은 해면(海面)이 생겼다. 그리고 넓고 넓은 대지(大地)가 되었다. 지면 위로 높이 솟아 올라간 땅들은 산지(山地)가 되었다. 산지에 깊은 협곡과 골짜기가 생겼다.

"하나님이 이르시되 천하의 물이 한 곳으로 모이고 뭍이 드러나라 하시니 그대로 되니라 하나님이 뭍을 땅이라 부르시고 모인 물을 바다라 부르시니 하나님이 보시기에 좋았더라 하나님이 이르시되 땅은 풀과 씨 맺는 채소와 각기 종류대로 씨 가진 열매 맺는 나무를 내라 하시니 그대로 되어 땅이 풀과 각기 종류대로 씨 맺는 채소와 각기 종류대로 씨가진 열매 맺는 나무를 내니 하나님이 보시기에 좋았더라. 저녁이 되고 아침이 되니 이는 셋째 날이니라"(창1:9-13).

창조주 하나님께서 다시 이름을 지어서 공포하였다. 넓은 물이 수평을 이룬 해면을 '바다'라 공포하였다. 넓은 평지와 산지를 '땅'이라 공포하였다.

창조주 하나님께서 스스로 말씀하신 대로 땅과 바다가 창조됨으로 매우 기뻐하셨다.

창조주 하나님께서 땅 위에 풀과 씨 맺는 채소와 각기 종류대로 씨 가진 열매 맺는 나무들이 "있을지어다" 말씀하셨다. 창조주 하나님이 말씀하신 대로 그대로 되었다. 하나님이 말씀하신 대로 땅에는 씨 맺는 채소와 각기 종류대로, 씨 가진 열매 맺는 나무들이 푸르게 아름답게 자라게 되었다. 그리하여 하나님의 뜻대로 된 것을 보시고 매우 즐거워하셨다. 저녁이 되고 아침이 되는 창조 셋째 날이었다.

넷째 날 : 우주 천체와 해, 달, 별 (창1:14-19)

태초에 창조주 하나님께서 말씀하셨다. 하늘 위에 있는 물 밖에 있는 천체(天體)를 창조하였다. 하나님이 하늘에 밝은 빛을 발광하는 광명체가 "있을지어다" 하였다.

"하나님이 이르시되 하늘의 궁창에 광명체들이 있어 낮과 밤을 나뉘게 하고 그것들로 징조와 계절과 날과 해를 이루게 하라 또 그 광명체들이 하늘의 궁창에 있어 땅을 비추라 하시니 그대로 되니라 하나님이 두 큰 광명체를 만드사 큰 광명체로 낮을 주관하게 하시고 작은 광명체로 밤을 주관하게 하시며 또 별들을 만드시고 하나님이 그것들을 하늘의 궁창에 두어 땅을 비추게 하시며 낮과 밤을 주관하게 하시고 빛과 어둠을 나뉘게 하시니 하나님이 보시기에 좋았더라 저녁이 되고 아침이 되니 이는 넷째 날이니라"(창1:14-19).

여호와 하나님이 하늘에 해와 달과 수많은 별들이 "있을지어다" 하셨다. 그러자 해와 달과 별들은 우주 공간에서 빛을 발하게 되었다. 그리고 그 천체들의 운동과 자전과 공전을 하면서 지구에는 시간과 일자와 계절을 규칙적으로 이루어 가도록 하였다.

궁창에 천체들은 각각 고유한 빛을 밝히도록 하였다 그 중에 큰 빛, 태양은 낮을 주관하게 하였다. 작은 빛, 달은 밤을 주관하게 하였다. 그리고 하늘에 있는 무한한 별들은 아름다운 빛을 발하도록 하였다. 창조주 하나님이 빛을 창조하심으로 낮과 밤을 주관하게 하였다. 빛과 어둠이 나누어지게 했다. 창조주 하나님이 말씀하신 그대로 모든 천체가 창조되었다. 하나님이 보시며 기뻐하셨다. 저녁이 되고 아침이 되니 그날이 창조 넷째 날이었다.

다섯째 날 : 공중의 새, 바다의 고기와 짐승들 (창1:20-23)

태초에 영원하신 창조주 하나님께서 하늘에 각종 새들이 "있을지어다" 하시니 그대로 되었다. 공중에는 여러 종류의 새들이 하늘에 날아다녔다. 하나님이 보시기에 심히 아름다웠다.

바다에는 여러 가지 물고기와 바다의 짐승들과 물에서 번식하는 모든 생명체들이 "있을지어다" 하시니 그대로 되었다. 물속에는 여러 가지 생물들이 각각 종류대로 "있을지어다" 하시니 그대로 되었다.

"하나님이 이르시되 물들은 생물을 번성하게 하라 땅 위 하늘의 궁창에는 새가 날으라 하시고 하나님이 큰 바다 짐승들과 물에서 번성하여 움직이는 모든 생물을 그 종류대로, 날개 있는 모든 새를 그 종류대로 창조하시니 하나님이 보시기에 좋았더라 하나님이 그들에게 복을 주시며 이르시되 생육하고 번성하여 여러 바닷물에 충만하라 새들도 땅에 번성하라 하시니라 저녁이 되고 아침이 되니 이는 다섯째 날이니라"(창1:20-23).

하나님이 하늘을 날아다니는 모든 새들과 바다에 있는 모든 생명체들에게 복을 주셨다. 더욱 많이 번식하고 번성하도록 복을 주셨다. 그리고 저녁이 되고 아침이 되니 창조 다섯째 날이었다.

여섯째 날 : 육지의 생물과 각종 짐승들 인간 (창1:24-31)

창조주 하나님께서 육지에 생물이 "있을지어다" 말씀하시니 그대로 창조되었다.

"하나님이 이르시되 땅은 생물을 그 종류대로 내되 가축과 기는 것과 땅의 짐승을 종류대로 내라 하시니 그대로 되니라 하나님이 땅의 짐승을 그 종류대로, 가축을 그 종류대로, 땅에 기는 모든 것을 그 종류대로 만드시니 하나님이 보시기에 좋았더라"(창1:24-25).

하나님이 이르시되 내가 온 지면의 씨 맺는 모든 채소와 씨 가진 열매 맺는 모든 나무를 너희에게 주노니 너희의 먹을거리가 되리라 또 땅의 모든 짐승과 하늘의 모든 새와 생명이 있어 땅에 기는 모든 것에게는 내가 모든 푸른 풀을 먹을거리로 주노라 하시니 그대로 되니라 하나님이 지으신 그 모든 것을 보시니 보시기에 심히 좋았더라 저녁이 되고 아침이 되니 이는 여섯째 날이니라"(창1:29-31).

가축과 기어 다니는 것과 각종 짐승들이 각각 그 종류대로 "있을지어다" 말씀하시니 그대로 되었다. 가축과 짐승과 기어 다니는 것이 각각 창조되었다.

3. 인간 창조(人間創造) (창1:26-28)

태초에 창조주 하나님이 하나님의 형상을 따라서 인간을 창조하였다. 하나님이 시간을 창조하시고 시간 속에 공간을 창조하시는 여섯째 날에 인간을 창조하셨다.

"하나님이 이르시되 우리의 형상을 따라 우리의 모양대로 우리가 사람을 만들고 그들로 바다의 물고기와 하늘의 새와 가축과 온 땅과 땅에 기는 모든 것을 다스리게 하자 하시고 하나님이 자기 형상 곧 하나님의 형상대로 사람을 창조하시되 남자와 여자를 창조하시고 하나님이 그들에게 복을 주시며 하나님이 그들에게 이르시되 생육하고 번성하여 땅에 충만하라, 땅을 정복하라, 바다의 물고기와 하늘의 새와 땅에 움직이는 모든 생물을 다스리라 하시니라 하나님이 지으신 그 모든 것을 보시니 보시기에 심히 좋았더라 저녁이 되고 아침이 되니 이는 여섯째 날이니라"(창2:26-28, 31).

눈에 보이는 인간의 형상은 전능하신 하나님의 형상을 본받아 창조되었다. 인간의 육체의 형상은 전능하신 하나님이 이미 피조물로 창조된 땅에 흙으로 인간을 만들었다. 그리고 창조주 하나님께서 흙으로 만들어진 형상의 코에다 하나님이 생기(生氣)를 불어 넣었다. 그러자 흙으로 만들어진 인간이 살아서 움직이는 생명체가 되었다. 그것이 인간이다.

인간의 육체는 흙으로부터 창조되었다. 인간의 생명은 하나님이 영혼을 주신 것이다. 그리하여 인간의 육체 안에 하나님이 주신 영혼이 존재할 때 육체의 생명력을 가진다. 그러나 인간의 육체에서 하나님이 주신 영혼이 빠져 나가면 육체는 사망한다. 죽음이란 육체와 영혼이 분리된 상태를 뜻한다. 하나님이 인간의 육체에 불어넣어 주신 생명은 곧 영혼이다. 영혼은 하나님으로부터 왔다. 하나님을 떠난 영혼은 죽는다. 죽은 영혼이 육체에 거주하면 그는 영혼이 죽은 인간이다.

태초에 하나님이 창조한 피조물에서 유일하게 영적 피조물의 존재는 인간이다. 천사는 육체가 없이 존재하는 영적 피조물이다. 그러나 인간은 육체를 가진 영적 존재다. 육체의 제한에 속박당하고 일생을 살게 된다. 인간은 육체 안에 영혼이 함께 함으로 제한적인 존재다.

인간의 육체는 흙으로부터 창조되었기에 흙, 지상에서 나오는 생산물을 먹음으로 생존한다. 인간의 영혼은 하나님으로부터 왔다. 그러므로 영혼의 양식은 하나님의 말씀이다.

하나님이 창조한 만물 가운데서, 하나님의 형상으로 창조된 인간에게 피조물을 위임하여 주었다. 바다의 고기와 육지에 있는 모든 가축과 땅에 기어 다니는 것과 공중에 날아다니는 새들을 다스리게 하였다.
창조주 하나님이 자신들의 형상을 따라 창조한 인간에게 먹을 육체의 양식을 지정해 주었다. 땅 위에 씨 맺는 모든 채소와 열매를 맺은 모는 과일이다. 영혼의 양식도 주셨다. 그것은 하나님의 말씀에 순종하는 것이다.
하늘에 새들과 땅 위에 있는 가축과 짐승들, 땅 위에 있는 푸른 풀을 양식으로 주었다.
창조주 여호와 하나님이 창조하신 것을 바라보시며 심히 기뻐하셨다. 저녁이 되고 아침이 되는 창조 여섯째 날이었다.

천지 만물을 창조하신 하나님
전능하신 하나님께서 천지 만물을 창조하셨다.
창조주 하나님이 태초에 시간(時間)을 창조하셨다.

하나님이 공간(空間)을 창조하셨다.

하나님의 형상을 따라서 인간(人間)을 창조하였다.

창조주 하나님은 육 일 동안 공간에는 빛과 어둠을 창조하시고 낮과 밤을 만드셨다. 공간은 물과 육지와 하늘과 우주를 창조하여 채웠다. 식물과 동물과 고기와 조류에게 생명을 주었고 그 생명이 존재하도록 먹을 양식을 주었다.

창조주 하나님은 시간(時間)과 공간(空間)을 창조하시고 마지막으로 인간(人間)을 창조하였다.

인간(人間)은 특별한 존재로 창조되었다. 육체를 가진 영적 존재로 인간을 창조하였다. 하나님이 창조한 세상을 관리하고 다스리고 사용하는 권한을 주었다. 그리고 땅 위에 생육하고 번성하는 복을 인간과 공간에 존재하는 모든 것에 주셨다.

하나님이 천지 만물을 창조하실 때 하나님이 말씀으로 "있을지어다" 말씀하시니 그대로 창조되었다.

창조주 하나님의 능력과 권세는 무한하시며 말씀하신 대로 창조되었다. 하나님이 생각하시는 대로 모든 것이 완벽하게 창조되었다. 그리하여 하나님은 창조한 천지 만물을 보시고 매우 마음이 즐거워서 기뻐하셨다.

태초에 하나님이 천지 창조를 육 일 동안 진행하셨다. 혼돈과 공허함과 무질서가 사라졌다. 천하 만물은 육 일 간의 창조로 완성되었다.

하나님이 육 일 동안 창조하신 세상은 하나님의 권능으로 이루어졌다. 하나님의 질서로 세워지고 하나님의 권능이 지배하였다. 그리하여 창조주 하나님의 뜻대로 모든 것이 창조됨으로 기뻐하셨다.

"태초에 하나님이 천지를 창조하시니라 그 땅이 혼돈하고 공허하며 흑암이 깊음 위에 있고 하나님의 영은 수면 위에 운행하시니라 하나님이 이르시되 빛이 있으라 하시니 빛이 있었고 그 빛이 하나님이 보시기에 좋았더라 하나님이 빛과 어둠을 나누사 하나님이 빛을 낮이라 부르시고 어둠을 밤이라 부르시니라 저녁이 되고 아침이 되니 이는 첫째 날이니라"(창 1:1-5).

2. 에덴동산의 언약
(창2장)

안식의 언약(창2:1-3)

전능하신 여호와 하나님이 육 일 동안 천하 만물을 창조하셨다. 그 모든 것이 창조주 하나님의 뜻을 따라서 말씀으로 창조하였다. 창조된 그 모든 것은 완전하게 창조되었다.

"천지와 만물이 다 이루어지니라 하나님이 그가 하시던 일을 일곱째 날에 마치시니 그가 하시던 모든 일을 그치고 일곱째 날에 안식하시니라 하나님이 그 일곱째 날을 복되게 하사 거룩하게 하셨으니 이는 하나님이 그 창조하시며 만드시던 모든 일을 마치시고 그 날에 안식하셨음이니라"(창2:1-3).

육 일 동안 천지를 창조를 마친 전능하신 하나님은 제 칠 일에 안식을 하셨다.

안식을 하신 것은 창조의 모든 일들이 계획대로 이루어짐으로 기쁨과 평화의 안식을 누리는 것이다. 하나님이 창조한 만물을 사랑하고 깊은 애정을 확인하는 것이다.

안식일은 피조물들이 하나님이 만물의 주인이시며 주권자임을 확인하고 인식하는 날이다.

인간의 생명은 하나님이 주시는 영혼이다. 그러므로 안식하는 날에 여호와 하나님과 깊은 영적인 교제와 사랑을 누리는 생명의 날이다.

천지 만물은 육 일 동안 하나님이 창조하셨다. 안식일은 하나님과 깊은 영적 교제를 통하여 하나님의 사랑과 뜻을 알고 하나님과 깊은 영적 교제를 통하여 창조의 목적을 확인하는 날이다. 그리고 하나님의 창조 뜻을 따라서 순종하며 다시 육 일 동안 살아가게 하는 복된 날이다.

하나님이 창조하신 하루하루 모든 날이 복된 날이다. 그리고 특별히 안식일은 더욱 복된 날이다. 안식일에 하나님을 찬양하고 감사하며 복을 받는 날이다.

하나님은 천지만물을 창조(노동)를 통하여 물질 세계를 6일 동안 창조하셨다. 그리고 하나님이 제 칠 일에는 안식을 제정하셨다. 그러므로 사람은 안식일을 지켜야 한다.

하나님이 천지 창조를 하시면서 너무 피곤하고 힘들어 제 칠 일에 안식을 하셨을까? 아니다. 하나님은 피조물이 아니시기에 피곤하지 않다. 하나님은 엿새 동안 만물의 창조 사역을 끝내셨다. 그리고 제 칠 일에 인간에게 복을 주을 주시기 위해서 안식일을 제정하셨다.

하나님의 창조 과정에 안식의 신비가 있다. 하나님은 영원의 세계를 지배하시는 주인이다. 하나님은 새로운 '태초'의 시간을 창조하셨다.

누구를 위해 천지 창조를 하였을까? 하나님이 영원의 세계, 천국에서 무엇인가 부족을 느낌으로 태초에 천지를 창조하셨을까? 그렇지 않다. 하나님은 해와 달과 별이 필요하지 않으시며 땅에 동물과 식물들이 있어야 존재하시는 것이 아니다. 하나님이 계시는 하나님의 나라에는 부족함이 없다. 태초에 창조하신 천지는 하나님의 나라에 비교할 수 없는 초라한 것이다. 그리고 그 규모도 지극히 제한적인 것이다.

하나님의 천지 창조는 하나님과 인간을 위하여 창조하셨한 것이었다. 그 모든 것을 창조하시고 하나님은 기뻐하고 즐거워하셨다. 그리고 창조된 피조물을 인간이 사용할 수 있도록 위임하셨다. 그리고 특별히 에덴동산을 만드셨다. 그리고 에덴동산 중앙에 두 가지의 특별한 나무를 창조하였다. 생명나무와 선악을 알게 하는 나무이다.

하나님은 창조된 것을 인간에게 위임해 주시면서 노동과 안식을 의무로 주었다. 육 일 동안 노동을 해야 한다. 그리고 칠 일에는 안식을 하게 했다.

아담과 하와가 선악과를 따먹기 전에 이미 노동을 하였다.

"여호와 하나님이 그 사람을 이끌어 에덴동산에 두어 그것을 경작하며 지키게 하시고"(창2:15).

낙원 에덴동산에서부터 육 일 동안 '경작, 지킴'의 노동을 했다. 무엇인가 부족하기에 노동을 한 것이 아니다. 하나님이 주신 천지 만물을 관리하며 누리며 돌보는 것이 곧 태초의 노동이었다.

하나님이 인간에게 항상 가시적으로 보인 것이 아니었다. 동산 중앙에 있는 생명나무와, 선악을 알게 하는 나무를 바라봄으로 하나님이 계신 것을 인식했다. 그리고 천지만물의 주인은 하나님이라는 것을 인식했다. 선악을 알게 하는 나무의 열매를 먹으면 죽는다는 것을 인식했다. 인간은 피조물 중에 하나의 존재임을 인식하고, 하나님의 주권을 인정하고 순종하는 존재임을 늘 확인했다. 그리하여 육 일 동안 열심을 다하여 하나님이 창조한 세상을 누리며 사랑하며 감사하며 관리하며 살았다. 그리고 안식일에는 하나님의 은혜를 받고 복을 받는 안식을 누리며 살았다.

하나님은 인간에게 생육하고 번성하여 땅에 충만하라 했다. 이것은 하나님이 주신 복이며 인간의 의무였다.

자연적으로 생육하고 번성할 수 없다. 노동을 통하여 생육하고 번성하게 된다. 하나님은 복을 공짜로 주시지 않는다. 노동의 의무를 이행하는 자에게 복을 주신다.

하나님이 흙으로 인간의 육체를 지으셨다. 그리하여 인간에게 흙으로부터 나오는 채소와 열매를 식물로 주었다. 그러므로 인간의 육체는 흙으로부터 나오는 산물을 통하여 육체의 생명을 유지할 수 있다.

하나님이 인간의 육체를 흙으로 만드시고, 코에 생기를 불어 넣어 생령이 되었다. 생기는 하나님으로부터 왔다. 흙으로 만들어진 육체에 생기가 머물 때 인간은 육체의 생명을 유지할 수 있다.

흙으로 만들어진 육체는 땅에서 나오는 소산물을 먹어야 힘을 얻는다. 하나님의 생기로 만들어진 인간의 영혼은 하나님이 주시는 영적인 은혜를 받아야 살 수 있다.

에덴동산에서도 날마다 육신을 위해서 식물을 먹어야 했다. 날마다 영혼의 양식을 위하여 하나님과 교제를 했다. 이것은 인간 생존의 핵심 원리다. 태초에서 부터 종말까지 변개할 수 없는 생존의 원칙이다.

에덴동산(창2:8-14)

하나님이 창조하신 세상에 동방의 에덴동산을 만드셨다.

"여호와 하나님이 동방의 에덴에 동산을 창설하시고 그 지으신 사람을 거기 두시니라 여호와 하나님이 그 땅에서 보기에 아름답고 먹기에 좋은 나무가 나게 하시니 동산 가운데에는 생명나무와 선악을 알게 하는 나무도 있더라 강이 에덴에서 흘러 나와 동산을 적시고 거기서부터 갈라져 네 근원이 되었으니, 첫째의 이름은 비손이라 금이 있는 하윌라 온 땅을 둘렀으며 그 땅의 금은 순금이요 그곳에는 베델리엄과 호마노도 있으며 둘째 강의 이름은 기혼이라 구스 온 땅을 둘렀고 셋째 강의 이름은 힛데겔이라 앗수르 동쪽으로 흘렀으며 넷째 강은 유브라데더라"(창2:8-14).

에덴동산에서 발원한 수원은 네 개의 큰 강을 이루었다. 첫째는 비손 강, 둘째는 기혼 강, 셋째는 힛데겔 강, 넷째는 유프라데스 강이었다.

에덴동산에서 발원한 네 개의 강은 각각 다른 방향으로 흘러가면서 주변은 비옥하게 하며 생명력이 넘쳤다.

하나님은 인간이 살기 좋은 특별한 곳으로 만드셨다. 그곳이 에덴동산이다. 에덴동산에는 사람이 먹고 살아갈 수 있는 각종 열매 맺은 나무와 식물들이 성장하게 했다.

에덴동산에서는 인간과 동물들이 먹기에 좋은 나무들이 성장하면서 각종 양식을 공급했다.

행위 언약 (창2:9-17)

에덴동산 중앙에는 특별한 두 가지의 나무가 있었다.

"여호와 하나님이 그 땅에서 보기에 아름답고 먹기에 좋은 나무가 나게 하시니 동산 가운데에는 생명 나무와 선악을 알게 하는 나무도 있더라"(창 2:9).

"여호와 하나님이 그 사람에게 명하여 이르시되 동산 각종 나무의 열매는 네가 임의로 먹되 선악을 알게 하는 나무의 열매는 먹지 말라 네가 먹는 날에는 반드시 죽으리라 하시니라"(창2:16-17).

생명나무와 선악을 알게 하는 나무이다.

'생명나무'는 그 이름대로 사람에게 생명력을 풍성하게 주는 나무다. 하나님은 생명나무 열매를 먹는 것을 금지하지 않았다. 사람들이 생명 나무 열매를 먹고 생명력을 얻어 하나님의 뜻을 따라 살기를 원했다.

에덴동산 중앙에는 또 하나의 나무가 있었다. 그것은 '선악을 알게 하는 나무'가 있었다. 나무의 이름 그대로 선과 악을 알게 하는 나무였다. 하나님은 인간에게 선악을 알게 하는 나무는 먹지 말라고 금지했다. 하나님이 금지한 선악을 알게 하는 나무의 열매를 먹으면 "반드시 죽을 것이라" 했다.

하나님이 에덴동산에 선악을 알게 하는 나무를 두신 목적이 있다.

첫째는, 피조물인 인간이 겸손하게 하나님을 섬기는지 섬기지 않는지를 보기 위해서였다.

둘째는, 천지 만물의 주인이 하나님인 것을 인정하고 스스로 피조물임을 고백하게 하기 위해서였다.

셋째는, 인간은 창조주 전능자가 아님을 인식하고 인간의 한계를 항상 인정하는 것이다.

넷째는, 만물의 지배자는 하나님이 지금 자신과 함께 하고 있는 것을 인식시키기 위해서였다.

다섯째는, 인간이 누리는 행복과 평안은 하나님으로부터 온다는 것을 깨닫게 하기 위해서였다.

여섯째는. 하나님이 인간에게 주신 자유 의지를 어떻게 사용하는지 점검하기 위해서였다.

하나님은 선악을 알게 하는 나무를 동산 중앙에 두시고 인간과 행위 계약을 하였다. 선악을 알게 하는 나무의 열매를 "절대 먹지 말라 네가 먹는 날에는 반드시 죽으리라"(창2:17) 했다.

"절대 먹지 말라"는 강한 금지 명령이다. 먹는 행동을 해서도 안 된다. 먹으려는 생각을 해도 안 된다는 말씀이다. "정녕 죽으리라"는 뜻은 '반드시', '예외 없이' 죽는다는 말씀이다. 언제 죽는 것일까? '먹는 날' 그 날 즉시 죽는다는 뜻이다.

하나님은 인간을 창조하시면서 자유 의지를 주셨다. 그 자유 의지는 인간이 스스로 선택하는 것이다. 그러나 자유 의지에는 반드시 책임과 결과가 따르게 된다.

하나님이 인간을 창조하시면서 주신 자유의지는 진정한 복이었다. 그러나 하나님을 거역하는 곳에 자유 의지를 사용하면 그 결과에 대한 책임을 져야 한다. 그러므로 행위에 대한 계약을 하시면서 계약을 순종할 때는 은혜와 복을 주시며 현재 주신 모든 것을 누리며 사용하게 하셨다. 그러나 하나님이 주신 행위 언약을 위반하였을 때는 '반드시 죽는' 결과도 주셨다. 그러므로 인간은 행위 언약을 지킬 것인지 거역할 것인지를 스스로 결정해야 한다. 그런데 하나님이 행위 언약을 주신 목적은 하나님께 순종하고 복된 삶을 살게 하기 위해서이다. 행위 언약을 거역하면 그것은 창조의 목적을 벗어나게 된다. 인간에게 불행이 임하게 된다. 그러므로 행위 언약을 주신 목적은 인간의 자유 의지가 불행을 가져오지 않게 하기 위해서였다.

인간의 결혼 언약(창18-25)

인간으로 창조된 남자는 홀로 살았다.

"여호와 하나님이 이르시되
　사람이 혼자 사는 것이 좋지 아니하니
　내가 그를 위하여
　돕는 배필을 지으리라 하시니라"(창2:18).

"아담이 모든 가축과 공중의 새와 들의 모든 짐승에게 이름을 주니라 아담이 돕는 배필이 없으므로 여호와 하나님이 아담을 깊이 잠들게 하시니 잠들매 그가 그 갈빗대 하나를 취하고 살로 대신 채우시고 여호와 하나님이 아담에게서 취하신 그 갈빗대로 여자를 만드시고 그를 아담에게로 이끌어 오시니 아담이 이르되 이는 내 뼈 중의 뼈요 살 중의 살이라 이것을 남자에게서 취하였은즉 여자라 부르리라 하니라 이러므로 남자가 부모를 떠나 그의 아내와 합하여 둘이 한 몸을 이룰지로다 아담과 그의 아내 두 사람이 벌거벗었으나 부끄러워하지 아니하니라"(창2: 20-25).

넓은 에덴동산에서 남자 홀로 생활하는 것을 하나님이 보시고 좋지 않게 생각했다. 그리하여 깊은 잠을 자게 하셨다. 그리고 갈비뼈 하나를 뽑아서 하나님이 새로운 인간을 만드셨다. 새로운 인간으로 지음 받은 인간은 여자였다.

하나님이 여자를 창조하신 목적은 남자를 돕는 배필이 되게 하셨다. 도움을 받는 남자도 자신을 도우는 여자의 돕는 배필이 되었다.

하나님이 새로운 인간을 창조하여 아담에게로 데려다 주었다. 아담은 그 사람을 보고 내 뼈 중에 뼈요 살 중에 살이라고 하면서 기쁘고 즐겁게 영접했다.

아담은 창조주 하나님이 만들어 데려온 사람을 '여자'라 했다. 여자라는 뜻은 남자의 뼈와 살로 지음 받은 존재라는 뜻이다. 남자는 하나님이 창조하여 주신 여자를 아내로 맞이하였다.

인류 첫 번째의 결혼식은 하나님이 남자와 여자를 창조하시고 주례도 행하신 것이다. 하나님이 주신 주례사는 남자와 여자는 연합하여 가정을 이루고, 자녀를 낳아서 생육하고 번성하여 땅에 충만라는 것이었다.

에덴동산에서 남자와 여자는 벌거벗은 몸으로 살았다. 에덴동산에는 창조의 근본적인 상태였기에 옷이 필요 없었다. 그러나 벗은 몸에 대하여 자유함이 있었다. 죄가 없는 에덴동산은 사랑과 행복이 넘치는 곳이었다. 남자와 한 여자가 사랑하며 행복하게 에덴동산에서 생활했다. 하나님이 세우신 에덴동산에서 결혼의 원리는 한 남자와 한 여자가 결혼하는 것이다. 그리고 자녀를 낳고 생육하고 번성하는 것이다.

"여호와 하나님이 그 사람을 이끌어 에덴 동산에 두어 그것을 경작하며 지키게 하시고 여호와 하나님이 그 사람에게 명하여 이르시되 동산 각종 나무의 열매는 네가 임의로 먹되 선악을 알게 하는 나무의 열매는 먹지 말라 네가 먹는 날에는 반드시 죽으리라 하시니라"(창2:15-17).

3. 사실과 진실의 사이에 피는 꽃
(창3장)

노린재 유혹

사전적 의미의 유혹(誘惑)이란? 남을 꾀어 정신(精神)을 어지럽게 하는 것이나, 나쁜 길로 꾀는 것이다.

사람을 유혹하는 특별한 향기와 색이 있다. 유혹을 할 수 있는 시각적 형상과 음향이 있다. 생활의 유혹도 있고 신앙적 유혹도 있다. 모든 사람은 어떻게 유혹하는가? 어떻게 유혹을 이길 것인가? 혹독한 틈바구니 속에 일생을 살고 있다.

봄꽃이 피면 꽃은 향기로 벌과 나비를 유혹한다. 벌과 나비는 꽃향기를 따라 아름다운 꽃 위에 앉는다. 꽃은 자신의 꿀샘을 내어 준다. 벌과 나비는 긴 촉수를 꿀샘에 넣고 달콤한 꿀을 빨아 먹는다. 그때 벌과 나비는 그들의 발과 날갯짓으로 꽃을 일그러질 정도로 짓누른다. 그때 꽃은 유혹의 목적을 이룬다. 꽃은 자신의 꿀을 주고 자신의 꽃가루가 흩어지며 수정이 된다. 꿀을 먹은 벌과 나비는 스스로 떠나간다. 꽃의 유혹은 끝났다. 꽃과 나비는 묵언의 계약으로 공생한다.

꿀을 먹은 벌과 나비는 떠나간다. 얼마 후 아름다운 꽃잎도 떨어진다.

꽃이 떨어진 자리에 열매를 잉태한다. 유혹의 산물이다.

　나무는 유혹의 산물로 잉태된 열매를 정성을 다하여 키운다. 열매가 튼실하게 익어 갈 때 노린재의 유혹을 받는다.

　노린재는 작은 곤충으로 우리나라에 약 600여종이 서식한다. 노린재는 몸속에 숨긴 긴 빨대가 있다. 노린재는 본초 작물이나 잡초의 줄기에 긴 빨대를 꽂아서 자양분을 습취한다. 그런데 열매가 익어 당도가 높아지면 긴 빨대를 과일에 꽂아 당분을 빨아 먹는다. 그러면 과실은 흑색이나 갈색의 반점이 생기고 부패된다. 피해 부위는 물렁물렁하고 움푹 들어가며 갈색으로 변한다. 착색이 불량해져 상품 가치가 없어진다.

　나무는 노린재를 유혹하지 않았다. 다만 노린재가 당도가 있는 과일에 다가와 유혹을 한다. 나무는 노린재를 뿌리칠 방법이 없다. 결국 나무는 자신의 꽃으로 벌과 나비를 유혹하여 얻은 열매를 얻었다. 그러나 그 귀한 열매가 노린재의 유혹으로 그 과일은 낙과한다.

에덴의 유혹(창 3:1-7)

　유혹의 출발은 에덴동산이다. 하나님이 창조한 에덴동산은 부족한 것이 없었다. 그러나 넉넉하고 완벽한 에덴동산에 유혹이 왔다.

　하나님이 창조한 세상에 에덴동산을 만들었다. 모든 것을 자유롭게 행하게 할 복을 주었다. 선악을 알게 하는 나무의 열매는 먹지 말라 했다. 하나님이 창조한 세상에 모든 것이 허용되었다. 그런데 딱 하나만 금지되었다.

선악을 알게 하는 나무의 열매는 먹지 말라 먹으면 정녕 죽는다. 이 것은 하나님이 인간에게 주신 첫 번째 계명이다. 그리고 하나님이 인 간에게 요구한 원칙이다. 그런데 인간은 선악을 알게 하는 나무의 열 매를 먹었다.

"그런데 뱀은 여호와 하나님이 지으신 들짐승 중에 가장 간교하니라 뱀 이 여자에게 물어 이르되 하나님이 참으로 너희에게 동산 모든 나무의 열 매를 먹지 말라 하시더냐 여자가 뱀에게 말하되 동산 나무의 열매를 우리 가 먹을 수 있으나 동산 중앙에 있는 나무의 열매는 하나님의 말씀에 너희 는 먹지도 말고 만지지도 말라 너희가 죽을까 하노라 하셨느니라 뱀이 여 자에게 이르되 너희가 결코 죽지 아니하리라 너희가 그것을 먹는 날에는 너희 눈이 밝아져 하나님과 같이 되어 선악을 알 줄 하나님이 아심이니라 여자가 그 나무를 본즉 먹음직도 하고 보암직도 하고 지혜롭게 할만큼 탐 스럽기도 한 나무인지라 여자가 그 열매를 따먹고 자기와 함께 있는 남편 에게도 주매 그도 먹은지라 이에 그들의 눈이 밝아져 자기들이 벗은 줄을 알고 무화과나무 잎을 엮어 치마로 삼았더라"(창3:1-7).

하나님이 먹지 말라고 언약한 선악을 알게 하는 열매를 인간은 왜 먹 었을까?

첫 번째, 사단은 뱀을 속삭이며 유혹했다.

뱀은 지나갈 때 세미한 소리가 난다. 입술에 혀를 날름거릴 때 말을 하는 듯하다. 사단이 뱀을 유혹한 이유는 뱀의 영특함과 지혜였다. 사단은 뱀의 지혜와 영특함을 사악하고 교활한 도구로 사용했다.

두 번째, 사단의 유혹받은 것은 여자였다.

사단은 자신의 정체를 숨기고 뱀을 통하여 여자를 세 가지 방법으로 유혹했다.

의문(疑問)을 주었다.

"하나님이 정말로 동산 안에 있는 어떤 나무의 열매도 먹지 말라고 하시더냐"(창3:1).

확신(確信)을 주었다.

"너희가 선악과를 먹어도 결코 죽지 아니하리라"(창3:4).

보상(補償)을 주었다.

"너희가 먹는 날에는 너희 눈이 밝아져 하나님과 같이 된다"(창3:5).

뱀이 여자에게 말을 한 것은 사실(事實)이다. 그러나 진실(眞實)이 아니다. 거짓이다.

뱀은 여자에게 선악과를 따 먹도록 강압적으로 물리적 행동을 하지 않았다. 하나님의 말씀이 사실(事實)인지, 뱀이 말한 것이 사실(事實)인지 갈등(葛藤)을 하게 했다.

세 번째, 아담은 두 가지 사실(事實)로 유혹을 받았다.

아담은 하나님이 말씀하신 분명한 진실(眞實)이 있었다. 그러나 두 가지 사실 앞에 갈등했다.

아담은 아내로부터 뱀이 말하기를 "절대로 죽지 않으며 하나님과 같이 된다"는 사실을 전해 들었다.

또 하나 사실은 아내가 선악과를 먹었다. 그런데 아내는 죽지 않고 살아 있었다. 하나님은 선악과를 먹으면 정녕 죽으리라 했다. 그런데 아내는 살아 있다. 그러므로 하나님이 말씀한 것은 진실이 아니라 믿게 되었다. 뱀이 말한 것이 진실이라 생각했다 그리하여 아담은 두 가지 사실을 진실로 믿고 평안한 마음으로 선악과를 먹었다.

사실과 진실의 차이

사실(事實)과 진실(實際)은 다른 것이다.

사실(事實)이란? 실제(實際)로 있었던 일이나, 자신의 경험과 주관의 현상이다.

진실(眞實)이란? 참된 것과 거짓된 것을 구분하어 거짓이 아닌 사실(事實)이다.

사실은 다양하고 주관적이다. 모든 사실은 논리와 보상으로 확신(確信)을 준다. 그러므로 유혹은 언제나 하나의 진실 같은 사실로 다가온다. 힘겹지만 모든 사실들을 진실인지 거짓인지 분별해야 한다. 하나님의 뜻, 진리인지 아닌지 스스로 판단해야 한다.

여자는 뱀이 말하는 것을 유혹이라 생각지 않았다. 자신을 위한 위대한 충고로 받았다. 비밀로 숨겨진 새로운 사실을 깨닫게 해주는 것으로 생각했다.

인간이 창조주 하나님으로 신분 상승을 하려는 욕망을 뱀이 간단하게 해결해 줌으로 감사했다. 그래서 유혹은 가까운 곳에서 믿음과 신뢰를 통하여 다가온다.

유혹은 매혹적이며 강하다. 거절하기 힘들다. 그래서 진실을 버리고 실리를 선택한다. 한 번의 거역이 영원한 이익과 행복을 줄 것 같다. 그래서 유혹과 동행을 한다.

사단은 뱀을 통하여 아담과 하와를 유혹했다. 뱀을 신뢰하고 그의 말을 믿고 선악과를 먹었다. 그러나 하나님이 되지 못했다. 생각지도 않은 죄인이 되었다.

뱀은 아담과 하와가 선악과를 따 먹도록 유혹했다. 그리고 아담과 하와가 선악과를 먹는 것을 지켜보았다. 그 후에 뱀은 자신의 말을 믿고 선악과를 먹은 아담과 하와를 책임지지 않았다.

뱀은 아담과 하와에게 하나님이 된 증거가 너희들에게 있다 했다. 그것은 너희들이 벌거벗은 몸으로 부끄러움을 느끼는 것이며 마음에 두려움을 느끼는 것이라 했다.

"이에 그들의 눈이 밝아져 자기들이 벗은 줄을 알고 무화과나무 잎을 엮어 치마로 삼았더라 그들이 그 날 바람이 불 때 동산에 거니시는 여호와 하나님의 소리를 듣고 아담과 그의 아내가 여호와 하나님의 낯을 피하여 동산 나무 사이에 숨은지라 여호와 하나님이 아담을 부르시며 그에게 이르시되 네가 어디 있느냐 이르되 내가 동산에서 하나님의 소리를 듣고 내가 벗었으므로 두려워하여 숨었나이다 이르시되 누가 너의 벗었음을 네게 알렸느냐 내가 네게 먹지 말라 명한 그 나무 열매를 네가 먹었느냐"(창3:7-11).

죄인이 된 아담과 하와는 에덴동산 숲속 깊은 곳에 은신했다. 그들은 벌거벗은 모습을 보고 부끄러움을 느꼈다. 그리하여 무화과나무잎으로 앞을 가리는 옷을 만들었다.

아담과 하와가 선악과를 먹은 이후에 찾아 온 것은 자신의 외적인 모습을 보면서 부끄러움을 느꼈다. 그리고 심령 깊은 곳에서 하나님에 대한 두려움이 있었다. 부끄러움은 무화과나무잎으로 가리면서 조금 위안을 얻었다.

그러나 두려움은 어떠한 방법으로도 해결하지 못했다. 그리하여 에덴동산 깊은 숲속으로 숨었다. 하나님이 보이지 않는 곳을 찾아 간 것이다. 그런데 하나님이 "아담아 네가 어디 있느냐" 하시면서 부르셨다. 하나님은 아담과 하와가 뱀의 유혹을 받을 때 지켜보고 계셨다. 선악을 알게 하는 열매를 먹을 때에도 보고 계셨다. 동산 숲으로 피신하는 것도 지켜보고 계셨다. 그리고 아담을 향하여 말씀하셨다. "아담아 네가 어디 있느냐?"

하나님의 심판(창3:8-21)

하나님은 유혹받은 인간을 심문했다.(창3:9)

첫 번째 심문은 "아담아, 네가 어디 있느냐" 하셨다. 선악과를 따 먹는데 주도적인 행동을 한 사람은 하와이다. 그런데 하나님은 아담을 찾아와서 불렀다. 그러자 아담은 자신이 동산 숲속에 숨어있다며 현실을 고백했다.

"제가 하나님의 음성을 들었습니다. 그러나 벌거벗었기에 부끄러워서 숨어 있습니다."(창3:10)

하나님이 아담에게 말했다.

"누가 너의 벌거벗은 것을 탓했는가? 선악과를 먹지 말라고 했는데 왜 먹었느냐?"(창3:11).

아담은 선악과를 먹은 것은 책임이 없다 했다. 오직 하나님이 주신 저 여자가 선악과 열매를 따서 자신에게 주어서 먹었다며, 모든 책임은 여자를 만들어 주신 하나님과 아내에게 있다며 원망했다.

두 번째 심문은 여자를 향하여 "네가 어찌하여 이렇게 하였느냐?"로 여자를 심문했다(창3:13).

여자는 하나님이 창조한 뱀이 자신을 유혹함으로 선악을 알게 하는 열매를 먹었다 인정했다. 그리고 하나님을 원망했다.

하나님은 사단이 뱀을 통하여 유혹하는 것을 다보시고 있었다. 여자가 어떻게 유혹을 받고 행동하는지 보셨다. 아담이 어떻게 선악을 알게 하는 열매를 먹는지도 보셨다. 그리고 동산 숲에 숨어서 무화과나무잎으로 옷을 만들어 입고 부끄러움을 느끼는 것도 보셨다. 두려움에 떨면서 숲속에 은신해 있는 곳을 아시고 찾아 오셨다.

하나님께서 동산 숲속에 아담과 하와를 찾아오신 목적은 하나님이 말씀하신 것을 이루기 위해서였다.

선악을 알게 하는 나무의 열매를 먹으면 "정녕 죽으리라"는 그 말씀을 실현하기 위해서 찾아 오셨다. 그리하여 하나님은 아담과 하와와 뱀을 찾아 오셔서 "정녕 죽으리라"는 하나님 말씀대로 심판했다(창3:14-21절).

첫째로 사단은 이미 심판을 받았다. 또 다시 심판을 받을 필요가 없다. 사단은 영원한 멸망을 받아 지옥의 형벌을 받게 되었다. 하나님을 대적한 타락한 사단에게 없는 것 다섯 가지가 있다.

사단은 하나님을 이길 능력이 없다.

사단은 하나님과 같이 창조할 능력이 없다.

사단은 자신이 지은 죄를 용서받을 방법이 없다.

사단은 회개할 방법이 없다.

사단은 선을 행할 수 없다.

사단은 간교하게 자신의 정체를 숨겼다. 그리고 피조물 중에가 가장 간교한 뱀을 유혹했다. 사단은 뱀과 친근하게 교제하는 여자에게 접근했다. 사단은 자신의 정체를 숨기고 뱀을 통하여 여자를 유혹했다.

하나님은 이미 죄를 범하여 심판과 징벌을 받은 사단을 나시 징벌히고 심판하지 않았다. 그러나 사단의 죄는 새롭게 증가되었다.

둘째로 사단의 유혹을 받은 뱀을 심판했다.

하나님은 뱀에 대하여 심문하지 않았다. 이미 사단의 유혹을 받은 존재였으며 평소에 간교하였다. 뱀은 이미 하나님을 버리고 사단과 친밀한 관계를 유지했다. 그러므로 전능하신 하나님께서 뱀에게 어떻게 하여 사단의 유혹을 받았는지 심문하지 않았다. 그리고 뱀을 저주하였다.

"여호와 하나님이 뱀에게 이르시되 네가 이렇게 하였으니 네가 모든 가축과 들의 모든 짐승보다 더욱 저주를 받아 배로 다니고 살아 있는 동안 흙을 먹을지니라 내가 너로 여자와 원수가 되게 하고 네 후손도 여자의 후손과 원수가 되게 하리니 여자의 후손은 네 머리를 상하게 할 것이요 너는 그의 발꿈치를 상하게 할 것이니라 하시고"(창3:13-15).

뱀은 하와를 유혹할 때는 사람과 동일하게 직립하여 걸어 다녔다. 사단의 도구로 쓰임 받아 하나님의 저주를 받은 이후에는 땅에 기어 다니는 존재가 되었다. 그리고 뱀은 지속적으로 사단의 도구로 쓰이면서 수많은 사람들을 유혹할 것이며 사람의 뒤꿈치를 물어 치명상을 입힐 것을 예견했다.

사람을 한번 유혹한 경험을 통하여서 죄를 범한 인간의 죄의 근성을 통하여 그들의 육체가 흙으로 만들어졌음으로 육체(흙)를 지배하여 계속 타락의 길을 갈 것임을 예견했다.

사람들이 땅에 기어 다니는 뱀을 발견하고는 돌을 들어 그 머리를 쉽게 타격하여 죽도록 하였다. 특별히 여자의 후손이 이 땅에 오면 그가 뱀을 유혹한 사단의 머리를 파괴하여 영원한 죽음을 맛보게 할 것이다. 그리고 사단은 여자의 후손을 십자가에 못 박을 때에 발뒤꿈치에 못을 박을 것이다.

하나님은 뱀을 유혹한 사단과 유혹의 도구로 쓰임 받은 뱀을 소멸시키지 않았다. 하나님이 창조한 세상에 그대로 존재하게 했다. 그들은 세상의 종말에 심판받아 영원한 지옥의 형벌을 받을 것이다. 그러나 영원한 지옥의 형벌이 임하는 종말까지 사단과 사단의 타락한 도구로 쓰임 받은 뱀들은 인간을 타락시키는 그들의 목적을 쉬지 않을 것이다.

셋째로 사단이 뱀을 통하여 유혹받은 여자를 심판했다.
"또 여자에게 이르시되 내가 네게 임신하는 고통을 크게 더하리니 네가 수고하고 자식을 낳을 것이며 너는 남편을 원하고 남편은 너를 다스릴 것이니라"(창3:16).

뱀(사단)의 유혹을 받아 범죄의 도구가 된 여자에게는 두 가지의 형벌이 임하였다.

잉태의 고통과 출산의 고통을 받게 되었다.

본래에는 하나님이 인간을 창조하시고 사람이 생육하고 번성하여 땅에 충만한 복을 주셨다. 그리고 잉태하여 출산하는 것은 하나님이 주신 복이었다(창1:28). 그러나 죄를 범한 이후에 여인의 출산은 자신의 생명을 걸어야 되는 위험한 일이며 인간으로 느끼는 최고의 산통을 느끼게 되었다. 그리고 출산한 자녀를 양육하는 고통도 주었다.

남편을 사랑하고 사모하며 복종하며 살게 했다.

하나님이 여자를 만드신 목적은 남편을 도와주는 배필로 창조하였다. 그러나 여자는 남편에게 선악과를 먹도록 유혹하는 사단의 도구로 쓰임 받았다. 그리하여 남편을 도와주고 협력자가 되지 못했다. 오히려 죄를 범하는 도구가 되어 남편을 타락시켰다. 그러므로 여자에게 주어진 심판은 남편에게 복종하며 평생을 살게 했다. 결국 죄를 범함으로 창조 때의 돕는 배필에서. 남편에게 복종하는 여자의 지위가 되었다.

넷째로 사단과 뱀과, 여자의 유혹 받은 아담을 심판했다.

첫 번째 사람은 아담이다. 선악을 알게 하는 나무의 열매를 먹지 말라는 하나님의 말씀을 받은 사람은 아담이다. 하나님은 여자를 만드시고 아담에게 결혼시키면서 아담을 돕는 배필로 주셨다. 하나님은 여자에게 에덴동산 중앙에 있는 선악을 알게 하는 나무의 열매를 먹지 말라 말씀하지 않았다. 아담은 하나님이 주신 자의 아내에게 하나님으로부터 받은 에덴동산에서 살아가는 모든 방법을 상세한 설명과 교육을 할 의무를 가졌다.

아담이 하나님으로부터 받은 말씀은 분명했다. 그러나 자신의 아내에게는 하나님이 주신 말씀을 분명하게 확신 있게 가르치지 못했다. 그러므로 범죄의 결과에 대하여서는 모든 책임이 아담에게 있다. 그러므로 하나님의 심판은 아담에게 더욱 가혹했다.

"아담에게 이르시되 네가 네 아내의 말을 듣고 내가 네게 먹지 말라 한 나무의 열매를 먹었은즉 땅은 너로 말미암아 저주를 받고 너는 네 평생에 수고하여야 그 소산을 먹으리라, 땅이 네게 가시덤불과 엉겅퀴를 낼 것이라 네가 먹을 것은 밭의 채소인즉, 네가 흙으로 돌아갈 때까지 얼굴에 땀을 흘려야 먹을 것을 먹으리니 네가 그것에서 취함을 입었음이라 너는 흙이니 흙으로 돌아갈 것이니라 하시니라"(창3:17-19).

아담은 하나님의 말씀을 들었다. 하나님의 말씀을 끝까지 지켜야 했다. 그런데 하나님으로부터 들은 말씀을 버렸다. 그리고 여자의 말을 들었다.

그 결과 하나님이 선악을 알게 하는 나무의 열매를 먹으면 정녕 죽으리라는 말씀은, 죽을 수도 있고 살 수도 있으니 먹어봐야 알 수 있다는 생각을 했다. 그리하여 하나님의 말씀을 버리고 여자의 말을 듣고 선악과를 먹었다.

아담은 자신이 선악을 알게 하는 열매를 먹은 것은 '하나님이 창조하여 자신에게 돕는 배필로 주신 여자가 먹으라' 함으로 먹었다며 범죄 책임을 회피했다. 그러므로 하나님은 분명한 선언을 하셨다. 창조주 하나님의 말씀을 버리고 '여자의 말을 듣고' 죄를 범했다 판결했다. 그러므로 아담에게 죄를 범한 원인과 책임이 모두 있음을 깨닫게 했다.

하나님이 창조한 땅은 복을 받았다. 그러나 아담이 죄를 범함으로 땅이 저주를 받았다. 그리고 땀 흘리며 노력하고 경작을 해야만 먹을 소산을 얻게 되었다. 그리하여 아담은 자신과 가족의 생계를 위하여 죽는 날까지 땀 흘리며 노동을 해야 한다. 그리고 노동의 대가로 주어진 것을 먹어야 했다.

땅은 가시나무와 엉겅퀴가 무성하게 성장할 것이며 동물들은 사람을 보면 분노하고 공격하고 두려워하게 되었다.

하나님이 창조하신 복된 땅은 아담의 범죄로 인하여 칙박한 대지로 변모했다. 행복하게 살아갈 땅은 고통과 괴로움과 염려와 근심하며 살게 되었다.

결국은 인생은 하나님이 말씀하신 것과 같이 정녕 죽으리라 한 그 말씀대로 죽어 육체가 흙으로 돌아가는 사망이 임하였다.

하나님이 창조하실 때 흙을 창조하시고 그 흙으로 인간의 육체를 만드셨다. 코에 하나님의 생기를 불어 넣었다. 그리하여 인간은 살아있는 영적 존재가 되었다.

그런데 사단의 유혹으로 죄를 범함으로 인간에게 사망이 임하였다. 육체가 죽어 흙으로 돌아가는 사명이 모든 사람에게 있다. 하나님 앞에 죄를 지어 그의 영혼이 죽는 영혼의 사명도 모든 사람에게 임하게 되었다. 그리하여 하나님은 아담에게 말씀하셨다. "너는 흙이니 흙으로 돌아가라"

생명나무를 지켜라

하나님은 죄를 범한 인간을 심판했다. 심판은 저주다. 그러나 하나님은 심판을 하셨지만 새롭게 회복하는 기회를 주셨다.

죄를 범한 아담과 아내가 에덴동산에서 계속 살게 되면 그것은 더욱 큰 저주가 임할 수 있다.

"여호와 하나님이 이르시되 보라 이 사람이 선악을 아는 일에 우리 중 하나 같이 되었으니 그가 그의 손을 들어 생명 나무 열매도 따먹고 영생할까 하노라 하시고 여호와 하나님이 에덴 동산에서 그를 내보내어 그의 근원이 된 땅을 갈게 하시니라 이같이 하나님이 그 사람을 쫓아내시고 에덴 동산 동쪽에 그룹들과 두루 도는 불 칼을 두어 생명 나무의 길을 지키게 하시니라"(창3:22-24).

아담과 여자가 생명나무를 먹으면 그들은 영원한 사망이 임하게 된다. 그러므로 하나님은 아담과 하와를 에덴동산을 떠나 살도록 하셨다.

첫 번째 이유는 생명나무 열매를 먹지 못하게 했다.

죄를 범한 인간이 생명나무의 열매를 먹으면 영원한 멸망을 한다. 그러므로 하나님은 아담과 여자가 하나님의 말씀에 불순종하여 "정녕 죽으리라"는 말씀대로 저주를 받았지만, 영원한 멸망의 길을 가지 않게 하였다. 하나님은 천군 천사를 불러서 에덴동산에 있는 생명나무를 지키도록 했다.

두 번째 이유는 하나님의 사랑을 베풀기 위해서였다.

나무잎으로 만들어진 옷을 벗겼다. 그리고 피가 있는 짐승을 잡았다. 가죽을 벗겨서 아담과 하와에게 옷을 만들어 입혔다.

"여호와 하나님이 아담과 그의 아내를 위하여 가죽옷을 지어 입히시니라"(창3:21).

하나님의 사랑으로 사람을 구원하실 하나님의 계획을 보여 주셨다.

세 번째는 에덴동산을 떠나서 땅을 경작하며 살도록 했다.
아담이 에덴동산에서 추방당할 때 아담은 자신의 아내(妻)를 '하와'라고 했다. 하와의 뜻은 '살다', '생명'이다. 사실과 진실을 구분하지 못한 결과로 에덴에서 추방되었다. 그러나 하나님의 진실을 깨닫게 되었다.

"아담이 그의 아내의 이름을 하와라 불렀으니 그는 모든 산 자의 어머니가 됨이더라."(창3:20).

아담은 자신을 유혹한 도구로 사용된 아내를 하와라는 희망적인 이름을 지었다.
아담과 하와가 에덴동산에서 죄를 범한 것은 불행한 일이다. 그러나 하나님이 에덴동산에서 추방한 것은 하나님의 큰 사랑과 은혜였다.
하나님은 장차 여인의 후손을 통하여 영생하는 생명나무를 먹게 하실 것을 언약했다. 그리고 그 날이 되면 여인의 후손으로 오실 예수 그리스도가 십자가에서 보혈을 흘리시고 아담의 죄를 속죄해 주셨다. 그리고 말씀하셨다.

"예수께서 이르시되 내가 곧 길이요 진리요 생명이니 나로 말미암지 않고는 아버지께로 올 자가 없느니라"(요14:6).

새로운 선악과들

모든 사람은 유혹을 받고 유혹하며 살아간다. 유혹은 사람과 시간과 장소를 가리지 않고 다가온다. 유혹에 자유로운 사람은 없다. 유혹의 판을 펼치지 못할 장소가 없다. 술집도 좋다. 거룩한 성전도 가리지 않는다. 오히려 거룩하고 신성시되는 장소에서 유혹은 더욱 활동성이 강하다, 더욱 은밀해진다.

유혹은 뱀과 같이 지혜롭고 영리한 사람에게 더욱 많다. 하와와 같이 예쁘고 아름다운 여인에게 유혹이 많다.

아담과 같이 영성을 가지고 책임성 있고 권력이 있는 사람에게 유혹은 더욱 많다. 그러므로 모든 산 자에게 유혹이 있다. 오직 죽은 자만 유혹이 없다.

유혹은 언제나 사실을 통하여 진실 같이 다가온다.

유혹은 보상이 있다.

정신적, 육체적, 물질적 유익을 약속한다.

유혹을 유혹으로 알면 아무도 유혹에 넘어가지 않는다.

유혹은 언제나 사실로 다가와 진실을 혼미하게 한다.

눈앞에 보이는 사실이 중요한 것이 아니다.

진실이 중요하다.

불행한 일은 많은 사람들이 사실을 가지고 진실을 구별한다.

그렇게 되면 참담한 결과를 보게 된다.

진리로 사실을 판단해야 한다.

그러면 거짓된 사실과 진실된 사실을 구분할 수 있다.

에덴동산에서 뱀을 통하여 유혹한 사단은

지금도 유혹의 역사를 이루어간다.

선악을 알게 하는 나무는 다양한 변종을 하였다.

먹으면 죽는 죄악의 종자들이

세상 천지에 싹트고 성장하고 있다.

사람은 에덴동산에서도 만족하지 못했다.

하물며 오늘날 세태(世態)에서

만족을 찾는다면 희귀(稀貴)한 것이다.

사람들의 욕망은 다양하고 끝이 없다.

유혹은 욕망을 통하여 다가온다.

욕망이 강하면 강할 수로 유혹은 은밀하고 다양하다.

유혹을 물리치는 방법은

진리를 알고 만족(滿足)하는 것이다.

만족의 결과는 감사다.

만족은 물리적 충족에서 오는 것이 아니다.

만족은 영적 심리적인 것이다.

만족은 하나님의 은혜를 알 때 나온다.

유혹은 하나님의 은혜를 망각하는 욕망에서 나온다.

만족과 욕망은 내 마음에서 나오는 것이다.

만족하며 풍성한 감사는 하나님 은혜를 경험하게 한다.

유혹에 대한 원인은 나에게 있다.

유혹의 책임도 내가 져야 한다.

지금 내 삶에 원망이 많다는 것은 유혹이 많았다는 증거다.

감사가 많으면 유혹은 사라진다.

자족하고 만족하면 원망이 사라지고 유혹도 사라진다.

오늘 유혹에 넘어지지 않는 사람이 어디 있겠는가?

유혹에 넘어져 상처 입은 사람들에게 다시 일어서는 아담의 믿음이 필요하다.

"여호와 하나님이 이르시되 보라 이 사람이 선악을 아는 일에 우리 중 하나 같이 되었으니 그가 그의 손을 들어 생명 나무 열매도 따먹고 영생할까 하노라 하시고 여호와 하나님이 에덴 동산에서 그를 내보내어 그의 근원이 된 땅을 갈게 하시니라 이같이 하나님이 그 사람을 쫓아내시고 에덴 동산 동쪽에 그룹들과 두루 도는 불 칼을 두어 생명 나무의 길을 지키게 하시니라"(창3:22-24).

4. 에덴의 동쪽에는 무엇이 있을까
(창4장)

아담의 자손들 (창4:1-15)

에덴동산에서 추방된 아담은 자신의 아내를 하와라 이름 지었다. 에덴동산 주변에서 정착하여 땀을 흘리며 경작을 했다. 그리고 아담과 하와가 동침하여 첫 번째 아들을 낳았다. 이름을 가인이라 했다.

"아담이 그의 아내 하와와 동침하매 하와가 임신하여 가인을 낳고 이르되 내가 여호와로 말미암아 득남하였다 하니라 그가 또 가인의 아우 아벨을 낳았는데 아벨은 양치는 자였고 가인은 농사하는 자였더라"(창4:1-2).

'가인'의 뜻은 소유하다. 얻는다는 의미다. 즉 하나님이 창조한 아담과 하와가 동일한 사람을 얻은 것에 대한 기쁨과 감사의 이름이다. 비록 에덴동산 밖에서 생활을 하지만 하나님이 자신과 동일한 자녀를 주신 것을 감사 드렸다.

그리고 세월이 지나면서 아담과 하와가 두 번째 아들을 났았다. 그 이름을 아벨이라 했다. '아벨'의 뜻은 허무하다. 공허하다는 뜻이다.

아담과 하와가 에덴동산 밖에서 살아가는 것이 무척 힘들고 어려움에 처했다. 땀 흘려 일해야 했다. 자식을 양육하면서 어려움도 당했다.

그리하여 인생의 허무와 마음의 공허함을 느꼈다.

아담과 하와 그리고 가인, 아벨이 함께 생활했다 가인과 아벨이 성장하면서 그들에게 의문이 있었다. 왜 자신들은 힘들게 일하며 살아야 하는지? 저 곳 정말 아름답고 화려한 에덴동산이 있는데 왜, 그 곳에 살지 못하는지 의문이 생겼다.

가인과 아벨이 어느 날 아담에게 질문을 했다.
"아버지, 우리는 왜, 저 에덴동산에서 살 수는 없습니까?"
아담은 지난 날 자신의 슬픈 과거를 말했다.
아담은 에덴동산에서의 복된 생활을 말했다. 그리고 하나님의 말씀을 거역하여 선악을 알게 하는 열매를 먹음으로 에덴동산에서 추방당한 것을 말했다.
현재는 하나님이 에덴동산에 들어오지 못하도록 천사를 동원하여 지키게 하였다. 아담도 가인도 아벨도 에덴동산에 들어가서 살고 싶은 마음은 간절했다. 현실은 에덴동산에 들어가면 죽게 된다. 에덴동산의 생명나무를 지키기 위해서 하나님의 불칼 바람개비가 돌아가고 있었다.

가인의 분노

가인은 마음에 분노가 쌓여 갔다. 아버지와 어머니가 에덴동산에서 선악과를 먹음으로 에덴동산에서 추방당한 것에 분노하였다. 한번 실수한 것을 하나님이 용서하지 않고 에덴동산에서 추방한 것도 분노가 되었다.

가인은 매일 거칠고 척박한 땅을 갈며 살아가는데 눈 앞에는 에덴동산의 풍요함이 있지만 그곳에서 살 수 없다. 가인의 마음에는 늘 분노와 원망이 겹겹이 싸였다.

가인과 아벨이 성장하여 경제적으로 자립을 하였다. 아담은 가인과 아벨에게 매년 하나님께 감사의 제사를 드리도록 교육을 시켰다.

아담은 지난날 자신이 하나님 앞에 불순종하여 형벌을 받은 것을 기억했다. 가인과 아벨은 하나님을 바르게 섬김으로 복을 받는 자손이 되기를 희망했다. 그리하여 여호와 하나님을 바르게 섬기는 것을 늘 가르쳤다.

늘 때가 되면 가인과 아벨이 하나님 앞에 제사를 드렸다. 가인은 농사를 지어서 땅의 소산을 하나님께 번제물로 드렸다. 아벨은 목축업을 하면서 양의 첫 새끼와 그 기름을 드렸다.

"세월이 지난 후에 가인은 땅의 소산으로 제물을 삼아 여호와께 드렸고 아벨은 자기도 양의 첫 새끼와 그 기름으로 드렸더니 여호와께서 아벨과 그의 제물은 받으셨으나 가인과 그의 제물은 받지 아니하신지라 가인이 몹시 분하여 안색이 변하니"(창4:2-5).

하나님은 아벨과 그의 제사는 큰 기쁨으로 받았다. 그러나 가인과 그의 제사는 거부하셨다.

아벨은 제사를 받으신 하나님을 찬양했다. 그러나 가인은 하나님을 증오했다. 가인은 자신의 제사를 거부한 하나님에 대한 분노보다 더욱 큰 분노가 있었다. 그것은 아벨에 대한 분노였다. 아벨이 드린 제사만 하나님이 받았기 때문이다.

하나님께서 가인에게 나타나 말씀했다.

"여호와께서 가인에게 이르시되 네가 분하여 함은 어찌 됨이며 안색이 변함은 어찌 됨이냐. 네가 선을 행하면 어찌 낯을 들지 못하겠느냐 선을 행하지 아니하면 죄가 문에 엎드려 있느니라 죄가 너를 원하나 너는 죄를 다스릴지니라."(창4:6-7).

여호와 하나님은 가인의 분노를 책망하시면서 죄를 다스릴 것이라 말씀했다.

땅으로 스며들어간 아벨의 피 (창4:8-15)

가인은 자신의 힘으로는 하나님을 죽일 수 없었다. 그러나 하나님이 기뻐하는 아벨을 죽일 수 있었다. 가인은 아벨을 빈들로 유인하였다. 그리고 가인은 아벨을 쳐 죽여 땅에 묻었다.

가인이 아벨을 죽인 것은 모든 것이 계획대로 진행했다. 그리고 진인하게 쳐 죽였다. 그리고 사체를 완벽하게 땅에 묻었다. 어떠한 증인도 물증도 없는 완전 범죄를 하였다. 그러므로 영원한 비밀이 될 것이라 생각했다(창4:7). 그러나 죽은 아벨의 영혼이 여호와 하나님을 향하여서 말했다.

그 날 하나님이 가인을 찾아와 질문을 했다.

"가인아 너는 무엇을 하였느냐? 네 아우 아벨은 어디에 있느냐?"

"예? 내가 아우를 지키는 자입니까?"

"네 아우의 핏소리가 땅에서부터 내게 호소하느니라."

가인이 아벨을 죽인 모든 과정을 보신 하나님께서 죄책감을 가지고 있는 가인을 찾아 오셨다. 그리고 가인이 행한 죄에 대한 책망을 하였다. 그러나 가인은 자신의 죄를 숨겼다. 하나님을 대적했다. 가인은 자신의 행위를 하나님도 모를 것이라 생각했다.

가인은 자신의 죄를 숨겼다. 그런데 하나님께서 가인의 살인에 대한 확정적 증거를 보여 주었다. 그것은 아벨의 피가 하나님을 향하여 부르짖는 소리였다. 아벨은 죽었으나 아벨의 피가 하나님을 향하여 외치고 있었다. 그러므로 가인은 하나님이 가인의 피의 외침을 증거로 주장하신 자신의 죄를 인정했다. 그러나 회개하지 않았다.

저주 받은 가인

하나님은 살인을 한 가인을 향하여 저주를 했다.

"이르시되 네가 무엇을 하였느냐 네 아우의 핏소리가 땅에서부터 내게 호소하느니라 땅이 그 입을 벌려 네 손에서부터 네 아우의 피를 받았은즉 네가 땅에서 저주를 받으리니 네가 밭을 갈아도 땅이 다시는 그 효력을 네게 주지 아니할 것이요 너는 땅에서 피하며 유리하는 자가 되리라"(창4:10-12).

아담과 하와가 에덴동산에서 하나님의 말씀에 불순종함으로 "정녕 죽으리라"는 저주를 받고 에덴동산에서 추방되었다. 에덴동산 밖에서 생활하는 가인은 또 한 번의 땅에서 저주를 받았다.

아벨의 피를 먹은 땅이 가인을 복수했다. 그리하여 가인은 땀 흘려 일하지만 땅은 가인에게 충분한 소출을 주지 않는다. 그리고 사람들이 가인을 향하여 살인자라 정죄할 것이다. 그리하여 가인은 이곳저곳을 유리 방황하며 살아갈 것이다. 그것이 살인을 한 죄의 형벌이다.

가인이 하나님 앞에 저주를 받고 자신의 잘못을 회개하지 않았다. 오히려 자신이 지은 죄에 대한 것은 인정했다. 그러나 살인에 대한 하나님의 심판이 너무 가혹하고 크다며 불평했다. 가인은 여전히 하나님에 대한 분노와 대적하는 마음을 가졌다.

하나님 앞에 저주를 받은 가인은 두 가지의 두려움이 있었다. 첫째는 에덴동산 주변을 떠나서 살아가면 에덴동산도 보이지 않고 하나님이 없을 것 같은 생각을 했다. 둘째는 사람들을 만나면 동생을 죽인 살인자라고 자신을 죽일 것같은 죽음의 공포심을 가졌다.

하나님은 가인의 두려움과 염려를 해결해 주셨다.

"여호와께서 그에게 이르시되 그렇지 아니하다 가인을 죽이는 자는 벌을 칠 배나 받으리라 하시고 가인에게 표를 주사 그를 만나는 모든 사람에게서 죽임을 면하게 하시니라"(창4:15).

가인이 동생을 죽인 범죄는 모든 사람들에게 인식되었다. 가인의 죄에 대한 하나님의 저주가 임하였다. 그러므로 사람들이 가인을 죄에 대하여 문책하거나 죽이지 못하게 가인의 표식을 주었다. 그리고 가인을 죽이는 자는 가인보다 칠 배의 저주를 받을 것이라 했다.

그러므로 가인은 하나님으로부터 사람들에게 보복당하지 않는 보장을 받았다. 그러나 사람들은 가인을 볼 때마다 저주했다. 그리고 살인을 한 사람의 비참함과 땅의 저주가 어떻게 임하는지를 보게 했다. 그리고 살인에 대한 두려움을 가지게 했다.

엔덴의 동쪽으로 간 가인
가인은 하나님 앞에 저주를 받고 에덴동산 주변을 떠났다.

"가인이 여호와 앞을 떠나서 에덴 동쪽 놋 땅에 거주하더니"(창4:16).

에덴의 동쪽으로 이주하여 한 곳에 정착했다. 그곳은 에덴동산이 보이지 않는 곳이었다. 가인은 에덴동산이 보이지 않으면 하나님도 보이지 않을 것으로 생각했다.

가인은 자신이 정착한 에덴동산의 동쪽에 성읍을 건축하고 하나님 없는 가인의 문화를 만들었다. 그곳을 '놋'이라 하였다.

'놋'이라는 지명의 뜻은 '도망하다. 떠돌다. 탄식하다'는 뜻이다. 축복의 의미가 없다. 오히려 절망과 허망하고 힘겨운 인생의 삶을 뜻한다.

놋 땅에 거주하는 가인의 후손들이 동경하는 곳이 있다. '에덴동산'이다. 놋 땅은 지옥과 같은 곳이지만 '에덴'은 천국이었다.

에덴의 지명 뜻은 '화려하다', '좋다'는 뜻이다. 에덴은 하나님의 특별한 손길로 만들어진 곳이다. 그런데 가인은 에덴동산이 보이지 않는 곳에 정착했다.

가인은 하나님의 얼굴을 보고 싶지 않았다. 간섭과 통제와 책망이 없는 생활을 하고 싶었다. 육신의 욕망대로 살지만 그것을 죄라고 정죄하지 않는 곳을 만들었다.

가인은 에덴의 동쪽, 놋 땅에 정착해서 아들을 낳고 이름을 '에녹성'이라 했다. 에녹의 뜻은 '봉헌한다', '낙성식을 행하다'는 뜻이다 가인은 자신의 아들의 이름을 따라서 에녹 성을 축조했다. 가인은 그 땅에서 독자적인 가인의 문명(civilization)과 가인의 문화(culture)를 이루었다.

"가인이 여호와 앞을 떠나서 에덴 동쪽 놋 땅에 거주하더니 아내와 동침하매 그가 임신하여 에녹을 낳은지라 가인이 성을 쌓고 그의 아들의 이름으로 성을 이름하여 에녹이라 하니라 에녹이 이랏을 낳고 이랏은 므후야엘을 낳고 므후야엘은 므드사엘을 낳고 므드사엘은 라멕을 낳았더라 라멕이 두 아내를 맞이하였으니 하나의 이름은 아다요 하나의 이름은 씰라였더라 아다는 야발을 낳았으니 그는 장막에 거주하며 가축을 치는 자의 조상이 되었고 그의 아우의 이름은 유발이니 그는 수금과 퉁소를 잡는 모든 자의 조상이 되었으며 씰라는 두발가인을 낳았으니 그는 구리와 쇠로 여러 가지 기구를 만드는 자요 두발가인의 누이는 나아마였더라 라멕이 아내들에게 이르되 아다와 씰라여 내 목소리를 들으라 라멕의 아내들이여 내 말을 들으라 나의 상처로 말미암아 내가 사람을 죽였고 나의 상함으로 말미암아 소년을 죽였도다 가인을 위하여는 벌이 칠 배일진대 라멕을 위하여는 벌이 칠십칠 배이리로다"(창4:16-24).

가인은 에녹을 낳고, 에녹은 이랏을 낳고, 이랏은 므후야엘을 낳고,

므후야엘은 므드사엘을 낳고, 므드사엘은 라멕을 낳았다.

라멕이 두 아내를 맞이하였으니 하나의 이름은 아다요 하나의 이름은 씰라였다. 라멕은 인류 최초의 축첩을 둔 자의 시조가 되었다. 라멕은 잔인하여 자신의 기분을 상하게 하는 어린아이까지 무자비하게 살인을 행하였다. 그리하여 라멕은 자칭하여 말하기를 살인을 한 가인을 죽이는 자는 칠 배의 벌을 받는다 하였다. 그러나 라멕, 자신을 죽이는 자는 칠십칠 배의 벌을 받을 것이라 외쳤다.

가인의 후손들은 자신이 좋아한다면 여러 명의 아내를 둘 수 있었다. 풍류 가무를 즐기고, 철기문화를 만들어 더욱 강한 살인무기를 만들었다. 그곳에는 오직 가인의 감정과 가치관만 존재했다. 모두 자기 분노와 본능에 충실했다. 하나님을 거부하는 문화를 만들었다.

가인이 건설한 에덴의 동쪽은 범죄와 타락의 도시가 되었다. 사단의 향락과 쾌락이 번성하면서 어둠의 자식들이 마음껏 타락하는 곳이었다. 가인은 하나님을 대적하는 세상을 만들었다. 그러나 하나님은 타락한 가인이 거주하는 놋 땅과 에녹성의 타락과 범죄를 보시고 있었다.

셋의 자손들

에덴동산에서 추방된 아담과 하와는 가인과 아벨을 낳고 많은 자녀를 낳고 살았다. 하나님이 말씀한대로 생육하고 번성하였다. 그러나 땅을 경작하며 이마에 땀을 흘려야 했다. 하와는 잉태의 고통과 해산의 수고를 거듭하였다.

가인이 아벨을 살인하고 에덴의 동쪽으로 이주했다. 가인은 타락한 문화를 만들었다. 사람들은 가인의 문화에 빠졌고 하나님을 점점 잊어 갔다.

아담과 하와는 에덴동산이 보이는 곳에 거주하면서 늘 하나님을 찾고 구하였다. 자신의 범죄로 인하여 타락한 후손들을 보고 가슴아파 했다. 특별히 가인이 아벨을 죽인 것을 괴로워 했다.

죽은 아벨을 향한 아담과 하와의 심정은 무엇으로 표현할 길이 없었다. 그리고 장남이 살인을 하고 놋 땅으로 이주하여 타락된 생활을 하는 것을 보고 늘 탄식했다. 아담과 하와는 세상에 위로 받을 곳이 없었다. 그리고 무엇이 아담과 하와를 위로해 줄 수 있겠는가?

아담과 하와는 하나님의 은혜만 구하며 살았다. 그러는 중에 아담의 나이 130세에 하와와 동침하고 한 아들을 낳았다. 그 아들의 이름을 '셋'이라 하였다 '셋'의 이름은 '지정된 자, 안정된 자'의 뜻을 가지고 있다. 그리하여 아담과 하와는 하나님께서 아벨을 대신하여 다른 자손을 주셨다며 감사했다.

"아담이 다시 자기 아내와 동침하매 그가 아들을 낳아 그의 이름을 셋이라 하였으니 이는 하나님이 내게 가인이 죽인 아벨 대신에 다른 씨를 주셨다 함이며 셋도 아들을 낳고 그의 이름을 에노스라 하였으며 그 때에 사람들이 비로소 여호와의 이름을 불렀더라"(창4:25-26).

하나님은 아담과 하와에게 셋을 주시고 많은 위로와 희망을 주었다. 셋은 여호와 하나님을 섬기면서 아벨과 같은 믿음과 신앙을 가졌다.

셋이 장성하여 결혼을 하였다. 그리고 '에노스'를 낳았다. '에노스'의 뜻은 '죽음, 사람, 병든 자, 부패로 사라져갈 사람'이다.

하나님 앞에 죄를 범한 인간들의 인생 종말이 무엇인지를 생각하게 했다. 그리하여 가인과 같은 지상천국을 꿈꾸는 타락한 죄악을 배격했다. 그러므로 타락한 인간의 결과는 오직 창조주 하나님께만 희망이 있음을 발견하였다. 그리고 여호와의 이름을 부르며 찬양하고 하나님께 예배를 드렸다.

셋의 후손들은 여호와 하나님께 기도하고 예배드리면서 하나님의 나라, 천국을 사모하였다. 하나님이 주실 구원을 열망하였다.

모든 사람들의 마음에는 가인이 가진 분노가 존재한다. 마음 깊은 곳에 숨겨져 있을 뿐이다. 분노가 촉발하면 사람들은 본능적 살인 충동을 느낀다. "죽여 버린다", "죽고 싶다"는 극단적 언어를 사용한다.

생명이 있는 사람 중에 마음에 분노와 미움이 없는 사람이 있을까? 문제는 어떻게 자신의 감정을 조절할 수 있을까? 타인의 감정을 어느 정도 이해할 수 있을까?

하나님의 얼굴을 피하여 조성된 가인의 문화에는 타인은 인격체로 인정 않는다. 하나의 사물에 불과하다. 오직 나만 존재한다. 그래서 타인의 감정은 철저하게 무시하고 오직 자기감정에 충실하다. 지금 에덴의 동쪽에 살아가는 현대인도 통제되지 않는 분노를 가지고 있다.

분노는 신체적 반응과 인지적 반응에서 나온다.

내가 좋아하는 사람과 함께 있을 때 반응은 사랑으로 표현된다. 내가 미워하거나 싫은 사람으로부터는 분노가 발생한다.

신체적 반응과 인지적 반응이란 개인적이며 집단적이다. 소아 청소년의 분노에서 성인들의 화병까지 분노는 다양하다. 혼자 분노한다면 그것은 개인적 문제가 된다. 그러나 분노에 어떠한 상대가 있다면 개인적 사회적 집단적 갈등으로 증폭된다.

분노의 후유증

가인의 분노는 극단적 흑백논리와 비교 의식에 은밀히 숨겨져 있다. 사상과 이념적 흑백논리가 아니다. 아주 단순한 자기 목적적 흑백논리다. 내 생각은 옳고 그들의 생각은 틀렸다는 것이다. 내 것과 너의 것의 차이는 무엇인가? 끝없는 비교의식에서 나오는 자기 우월감과 자기 비하에서 분노가 생성된다. 그러므로 분노는 상대방의 부당한 행위로 발생할 수도 있다. 그러나 자신의 비합리적인 반응으로 인하여도 발생할 수 있다.

분노는 짧은 순간에 일어난다. 그 분노의 후유증은 평생을 간다. 에덴의 동쪽에 이룩된 가인의 문명에 결정적인 문제가 있다. 분노를 처리할 방법이 없다. 사람들은 넉넉하고 행복한 시대에 살고 있다. 최고의 지식과 첨단의 문화에 살고 있다. 그런데 감정은 점점 마르고 조급하며 분노는 증가한다. 개인과 집단적 분노는 통제가 되지 않는다. 지금 필요한 것은 화려한 의상과 풍족한 물질이 아니다. 오염된 자신의 분노를 여과시킬 마음의 정수기가 필요하다. 나는 내 안에 있는 가인의 분노를 어떻게 처리하고 있는지 아는가?

"가인이 여호와께 아뢰되 내 죄짐을 지기가 너무 무거우니이다 주께서 오늘 이 지면에서 나를 쫓아내시온즉 내가 주의 낯을 뵈옵지 못하리니 내가 땅에서 피하며 유리하는 자가 될지라 무릇 나를 만나는 자마다 나를 죽이겠나이다 여호와께서 그에게 이르시되 그렇지 아니하다 가인을 죽이는

자는 벌을 칠 배나 받으리라 하시고 가인에게 표를 주사 그를 만나는 모
든 사람에게서 죽임을 면하게 하시니라 가인이 여호와 앞을 떠나서 에덴
동쪽 놋 땅에 거주하더니 아내와 동침하매 그가 임신하여 에녹을 낳은지
라 가인이 성을 쌓고 그의 아들의 이름으로 성을 이름하여 에녹이라 하니
라"(창4:13-17).

5. 아담의 족보
(창5장)

족보상

족보(族譜)란 한 집안의 계통(系統)과 혈통(血統)의 관계(關係)를 적어
놓은 책(冊)이다. 임금과 왕실의 황족보(皇族譜)에 기록된 이름의 그늘
에만 있어도 권세를 누리며 살았다.

삼국 시대 이전에는 대부분 성씨가 없었다. 삼국시대 이후부터 상층
계급만 성씨를 사용했다. 나라에 큰 공을 세웠을 때, 임금이 어떤 지역
을 식읍(食邑)을 내리면 그 지역 이름을 가지고 본관(本貫)으로 삼았다.

사람들은 성씨와 본관을 가지기를 소원했다. 그러나 마음대로 성과
본관을 가질 수 없었다. 특별히 백정과 무수리, 노비 같은 불가촉 천민
은 성씨가 없었다.

아무리 머리가 좋고 뛰어난 재능을 가져도 족보가 없으면 사람 행
세를 할 수 없었다. 그리하여 평민들은 족보에 자신의 이름을 올리는
것이 소원이었다. 이러한 소원을 들어주는 사람들이 있었다. 양반 가
문의 족보에 평민의 이름을 올려 주고 돈을 받는 '족보상'이다. 족보
에 이름만 올려준다면 돈은 얼마든지 주겠다는 평민이 많았다. 그들
은 전국을 돌아다니면서 족보에 올라갈 사람을 모집하고 가짜 족보

를 만들었다.

　명문 가문에서는 가문의 명예를 훼손하면 족보에서 이름을 지웠다.
족보에 이름이 지워지면 천민이 된다. 인격적, 사회적 사형 선고였다.
실제로 족보에서 이름이 지워진 사람들이 많았다. 족보에는 가문에 영
광과 빛을 낸 사람들만 기록했다.
　족보는 가문의 영광이며 사회적 신분 증명서였다. 그래서 족보는 가
문의 최고 상속물이었다. 천재지변이 일어나도 가장 소중하게 보관하
는 것이 족보였다. 족보가 있어야 내가 있으니까.

　조선왕실 족보는 국가에서 관리했다. 왕의 친인척에 관한 인적 사항
을 조사, 기록한 것이다. 조선시대 왕실 족보는 일반적인 의미의 족보
와는 성격이 달랐다.
　족보는 본래 친족 간에 서로 알기 위해 작성하는 것이다. 왕실 족보
는 친족 상호간에는 볼 수 없었다. 왕의 친인척을 담당하는 국가 기관
에서 인사 파악 용도로만 이용했다. 왕실 족보는 새로 출생하거나 사
망한 왕의 친인척들을 정확하게 파악하기 위해 3년마다 수정, 작성되
었다. 이 결과 조선시대의 왕실 족보는 세계에서 유래를 찾을 수 없을
정도로 방대한 양을 갖게 되었다. 현재 왕실 족보는 한국정신문화연구
원 장서각에 5,400여권, 서울대학교 규장각에 4,400여 권이 있다. 왕
실 족보는 모두 합해 1만 권 가까이 된다.

아담의 족보(창5:1-32)

인류 최초의 족보는 창세기 5장에 있다.

태초에 하나님이 천지를 창조하실 때 아담(사람)을 창조했다. 그 후에 땅에는 많은 사람이 출생하고 죽었다. 그 중에 아담에서부터 노아까지 10명의 이름이 기록되었다.

"이것은 아담의 계보를 적은 책이니라 하나님이 사람을 창조하실 때에 하나님의 모양대로 지으시되 남자와 여자를 창조하셨고 그들이 창조되던 날에 하나님이 그들에게 복을 주시고 그들의 이름을 사람이라 일컬으셨더라. 아담은 백삼십 세에 자기의 모양 곧 자기의 형상과 같은 아들을 낳아 이름을 셋이라 하였고 아담은 셋을 낳은 후 팔백 년을 지내며 자녀들을 낳았으며 그는 구백삼십 세를 살고 죽었더라"(창5:1-5).

아담은 130세에 셋을 낳고 930세에 죽었다.

셋은 105세에 에노스를 낳고 912세에 죽었다.

에노스는 90세에 게난을 낳고 905세에 죽었다.

게난은 70세에 마할랄렐을 낳고 910세에 죽었다.

마할랄렐은 65세에 야렛을 낳고 895세에 죽었다.

야렛은 162세에 에녹을 낳고 962세에 죽었다.

에녹은 65세에 므두셀라를 낳고 300년을 하나님과 동행하다 365세에 하나님이 승천시켜 하나님 나라로 데려갔다.

므두셀라는 187세에 라멕을 낳고 969세에 죽었다.

라멕은 182세에 노아를 낳고 777세에 죽었다.

노아는 500세 된 후에 셈과 함과 야벳을 낳고 600세에 홍수 심판을 받고 950세에 죽었다.

노아의 족보에 올라온 10명 중에 900세 이상 생존한 사람은 7명이다. 가장 단명한 사람 라멕은 777세를 살았다. 에녹은 죽음을 통하지 않고 하나님이 승천시켜 갔다.

아담에서 노아까지 10명이 생존한 총 기간은 8,575년이다. 평균 나이는 857년이다. 에녹을 제외한 9명의 평균수명은 912세가 된다.

왜, 아담의 장남 가인은 족보에 올라가지 못했을까? 아벨이 죽은 후 출생한 셋이 족보에 올라갔을까? 창세기 5장의 아담의 족보는 장자의 혈통 계보가 아니다. 하나님의 뜻을 이루는데 쓰임 받은 사람들의 언약의 계보다.

오늘 사람들의 수명과 비교하면 상상을 초월하는 900세 시대 사람들이다. 한 가지 분명한 것은 모든 사람은 죽는다. 사람으로 최고 장수한 므두셀라도 죽었다. 출생한 사람은 모두 일생을 살다 죽는다.

900세 시대를 살면서 무엇을 했을까? 므두셀라는 969세를 살면서 많은 자식을 낳았을 것이다. 죽을 때까지 무엇을 했을까? 므두셀라가 살면서 무엇을 했는지 기록은 없다. 그러나 사람의 생명은 하나님의 권세에 있다. 그러므로 하나님께서 969세까지 생존하게 하신 목적을 이루며 살았을 것이다.

가인의 족보

창세기 5장에 아담의 족보 그늘에 숨겨진 가인의 족보가 있다. 창세기 4:16-24절에는 가인의 족보가 있다.

가인은 에녹을 낳고, 에녹은 이랏을 낳고, 이랏은 므후야엘을 낳고, 므후야엘은 므두사엘을 낳고, 므두사엘은 라멕을 낳았다.

가인의 족보는 축첩과 살인과 죄악의 문화로 얼룩져 있다. 가인의 족보에는 그들이 몇 년을 살았는지 수명에 대한 기록이 없다.

가인의 족보의 특징은 그들은 죄악을 행하며 짐승 같은 일생을 살았다는 기록을 남겼다. 그리하여 그들의 인생의 수명은 생략되었다. 그러나 아담의 계보와 동시대 사람들임을 생각하면 가인의 자손들도 평균 900세 전후를 살았을 것이다.

에덴동산 밖에서 아담 자손 셋의 계보와, 가인의 계보가 동일한 시대를 살면서 문화를 공유했다. 하나님을 믿는 자와 믿지 않는 자들이 함께 살고, 함께 죄를 짓고, 함께 타락했다. 그러는 가운데 하나님의 언약을 믿었다. 그리고 하나님의 뜻을 이루며 살았다.

가인의 족보에 나오는 사람들의 이름과 이름의 뜻과 아담의 족보에 나오는 사람들의 이름과 이름의 뜻을 보면 그 당시 타락한 문화를 유추해 볼 수 있다.

아담의 7대손 '에녹'은 그 이름 뜻은 '하인, 부하'다. 에녹은 65세에 아들을 낳았다. 아들 이름을 '므두셀라'라고 지었다. '므두셀라'의 뜻은 '창을 던지는 자'라는 뜻이다. 즉, 에녹은 아들 므두셀라가 죽으면 하나님이 타락한 세상을 심판한 것을 알았다. 그러므로 므두셀라의 이름은 예언적 의미를 가졌다. 에녹은 아들 므두셀라를 볼 때마다 하나님에 두려움을 가진 하나님의 '하인'으로 매일매일 살았다. 에녹은 매일 하나님의 뜻을 따라 충성된 종, '하인'의 생활을 자청했다. 그렇게 하루하루 하나님과 동행하며 살았다. 그러다 보니 300년을 하나님과 동행하며 살았다. 하나님은 에녹을 죽음을 보지 않고 하나님 나라로 승천시켰다.

에녹이 므두셀라를 낳을 당시 세상은 죄악이 극심한 때였다. 이미 하나님이 세상을 심판하기로 결심한 때였다. 그러나 하나님은 세상을 즉시 심판하지 않았다. 므두셀라가 죽을 때까지 하나님은 심판을 미루었다. 그리고 므두셀라의 수명을 장수하게 했다. 그리하여 므두셀라는 969세까지 살았다. 므두셀라가 죽었다. 그때 하나님은 세상 죄악에 대한 하나님의 심판을 실행했다.

그때가 노아의 때였다. 노아는 하나님의 명령을 받아 방주를 만들었다. 노아가 방주를 만들 그때에 므두셀라는 생존했다. 노아에게도 므두셀라는 하나님의 심판을 예언하는 실존적 인물로 동시대를 살았다. 노아가 방주를 건조를 다 한 후에 므두셀라가 죽었다. 그리고 하나님은 홍수로 세상을 심판하셨다.

예수 그리스도의 족보

창조 때부터 족보는 존재했다. 그 족보의 혈통이 아담의 족보에 있는가, 가인의 족보에 있는가, 둘 중에 하나에 속한다. 오늘 날에는 또 다른 한 족보가 태초부터 있다. 그것은 예수 그리스도의 족보다. 예수 그리스도의 족보 이름은 '죽임 당한 어린 양의 생명책'이다(계13:8).

"죽임을 당한 어린 양의 생명책에 창세 이후로 이름이 기록되지 못하고 이 땅에 사는 자들은 다 그 짐승에게 경배하리라 누구든지 귀가 있거든 들을지어다. 사로잡힐 자는 사로잡혀 갈 것이요 칼에 죽을 자는 마땅히 자기도 칼에 죽을 것이니 성도들의 인내와 믿음이 여기 있느니라."(계 13:8-10).

아담의 아들 셋의 계보에 이름이 있다 해서 자동으로 생명책에 기록되는 것이 아니다. 가인의 족보에 있다 해도 생명책에는 기록될 수 있다.

아담의 족보에 이름이 올라간 자들도 죄를 짓고 살았다. 가인의 후손들도 죄를 짓고 살았다. 그러므로 모든 사람은 죄를 지었고 죄의 값은 사망이다. 그리하여 모든 사람은 죽었다. 그리고 모든 사람은 죽는다(롬3:23, 6:23). 그러므로 인간의 혈통적 족보가 셋의 족보인가, 가인의 족보인가? 그것은 중요하지 않다. 오직 예수 그리스도의 언약의 족보에 그 이름이 기록되어야 한다.

"네가 만일 네 입으로 예수를 주로 시인하며 또 하나님께서 그를 죽은 자 가운데서 살리신 것을 네 마음에 믿으면 구원을 받으리라 사람이 마음으로 믿어 의에 이르고 입으로 시인하여 구원에 이르느니라"(롬10:9-10).

예수님이 나의 죄를 위하여 십자가에 못 박혀 죽음으로 내 죄가 예수님의 보혈로 다 용서 받음을 믿어야 한다. 예수님이 부활하신 것 같이 예수님을 믿음으로 부활할 것을 믿는 자다. 이러한 영적 거듭남의 사실이 있는 자만 예수 그리스도의 생명책 천국 족보에 기록된다.

개인적인 종말에, 우주적인 종말에 어린양의 생명책에 기록된 자는 천국에 들어간다(계21:27). 생명책에 기록되지 못한 사람은 누구든지 지옥에 들어간다(계20:15).

"사망과 음부도 불못에 던져지니 이것은 둘째 사망 곧 불못이라 누구든지 생명책에 기록되지 못한 자는 불못에 던져지리라"(계20-14-15).

"무엇이든지 속된 것이나 가증한 일 또는 거짓말하는 자는 결코 그리로 들어가지 못하되 오직 어린 양의 생명책에 기록된 자들만 들어가리라"(계 21:27).

중요한 것은 아담의 족보에 이름이 있느냐가 아니며, 가인의 족보에 이름이 있느냐가 아니다. 아담의 족보와 가인의 족보는 모두 죄를 범한 인간의 족보다. 그러나 누구든지 예수님을 믿고 영생을 받은 인간은 예수 그리스도의 족보인 생명책에 이름이 기록된다. 그 사람이 정녕 죽으리라는 사망에서 벗어나 영생을 얻게 된다.

하나님앞에 죄악을 행하면서 므두셀라와 같이 969세까지 장수하는 것이 진정한 복일까? 에녹과 같이 하나님과 동행하다 365세에 승천하는 것이 진정한 복이다.

몇 년을 살까를 생각하기보다는 어떻게 살까를 생각할 때다. 많은 사람들은 장수에 인생 목적을 두고 있다. 그러나 장수하면서 죄만 범하면 심판 날에 오래 산 것이 더욱 큰 형벌을 받을 것이다.
하나님의 뜻을 이루면서 장수하는 것은 정말 복된 인생이다. 그러므로 인생 성공은 세상에서 예수님을 믿고 회개하고, 구원받아 천국에 가는 것이다.

인생에 가장 보람된 일은 누군가를 예수 그리스도의 구원의 복음을 전도하여 그 영혼이 구원받아 하나님의 나라 생명책에 그 이름을 기록되게 하는 것이다.

인생은 '만남, 떠남과 보냄'이다. 하나님의 뜻하심 안에서 우연 같은 필연으로 만난다. 그리고 함께 살다가 때가 되면 이 세상에 미련없이 떠나야 한다.

때로는 어떠한 만남이 세상에서 아쉬움이 많을지라도 보내야 한다. 만남과 떠남과 보냄의 사이에 머무는 지금, 아주 짧은 일생을 살고 있다.

지나간 날보다 이제 남은 날이 많지 않은 때라면 어떻게 살아야 할까? 떠남과 보냄의 사이에 있는 많은 이름이 있다. 떠나기 전에, 보내기 전에, 예수 그리스도의 하나님의 나라 생명책에 그 이름을 기록시켜야 인생 성공자가 된다.

"이것은 아담의 계보를 적은 책이니라 하나님이 사람을 창조하실 때에 하나님의 모양대로 지으시되 남자와 여자를 창조하셨고 그들이 창조되던 날에 하나님이 그들에게 복을 주시고 그들의 이름을 사람이라 일컬으셨더라 아담은 백삼십 세에 자기의 모양 곧 자기의 형상과 같은 아들을 낳아 이름을 셋이라 하였고 아담은 셋을 낳은 후 팔백 년을 지내며 자녀들을 낳았으며 그는 구백삼십 세를 살고 죽었더라"(창5:1-5).

6. 믿을 수 없는 것을 믿는 믿음
(창6장)

네피림의 농염한 열매

죄(罪)란? '하나님의 계명을 거역하고 그의 명령을 따르지 아니하는 인간의 행위다'.

아담과 하와는 하나님이 먹지 말라 명령한 선악을 알게 하는 나무의 열매를 먹음으로 죄를 범했다. 그런데 그들은 회개하지 않았다(창3:12-13).

가인은 동생 아벨을 죽인 후 하나님 앞에 회개하지 않았다. 오히려 하나님이 내린 형벌이 가혹하다고 항의했다. 사람들이 자신을 죽이면 어떻게 할까 자신의 신상만 걱정했다(창4:13-14).

하나님이 "생육하고 번성하여 땅에 충만 하라" 말씀하셨다(창1:28). 아담의 계보와 가인의 계보가 동일한 시대와 문화 속에서 900세 시대를 살면서 많은 자녀를 낳았다. 그 결과 생육하고 번성하여 땅에 충만하게 되었다.

셋의 족보의 사람들과, 가인의 족보의 사람들이 함께 살면서 죄악을 행하였다. 그리하여 셋의 족보나 가인의 족보나 모두 무의미하게 되었다. 타락한 죄악으로 족보의 혈통은 사라졌다. 모든 사람이 죄를 짓고 악을 행하였다. 그리하여 하나님 앞에 근심이 되었다.

아담에서부터 노아 시대까지 모든 사람들은 육신의 안위와 성적 만족을 위해서 살았다. 하나님의 아들들과 사람의 딸들이 결혼을 하였다. 하나님은 결혼을 통하여 창조한 땅에서 생육하고 번성하라 했다. 그러나 인간들의 결혼은 육체를 따라서 살기 위한 한 가지 수단이었다. 그리고 결혼을 하거나 하지 않거나 자신의 성적 만족과 쾌락을 위해서 어떠한 제한을 받지 않고 살았다. 사람들은 자신들의 자유분방한 세상을 살아가는 것에 만족을 가졌다. 자유로운 세상, 행복한 세상이라고 했다. 그러나 하나님이 보시기에 심히 타락한 세상이었다. 하나님은 인간들의 타락한 문화를 수용하지 않았다. 심판의 대상으로 생각했다. 하나님이 창조한 목적에서 벗어난 세상에 대한 징벌을 생각하게 했다. 그리하여 하나님이 창조한 인간의 육체 안에 주신 영혼을 거두어 갈 계획을 하였다.

하나님께서 타락한 세상의 죄악을 보시면서 근심하였다. 그리고 타락한 세상을 새롭게 할 계획을 하셨다. 인간에게 준 영혼을 거두어감으로 인간의 육체를 한시적 존재로 생존하게 할 계획을 하였다. 오랫동안 장수하는 것이 저주와 형벌이 되었다. 오래 살면 살수록 죄악과 타락된 생활을 했다. 그리하여 하나님은 인간의 생명을 극히 단축시켜 짧은 인생을 살게 할 계획을 하셨다(창6:3).

세상을 바라보는 여호와의 눈

여호와 하나님은 타락된 세상을 보고 계셨다. 그 시대의 사람들은 자신의 육체의 힘만 의지하며 살아가고 육체의 욕심만 추구하였다. 자연적으로 육체의 힘을 자랑하고 경쟁하였다. 자신들의 죄악된 생활과 악함은 영웅의 표상이 되었다. 그리하여 세상은 약자와 강자의 죄악의 경쟁 구도가 되었다. 인간이면 같은 인간이 아니었다. 타락하고 죄를 범한 자가 존경받는 시대가 되었다. 하나님의 뜻을 따라 살아가는 사람은 시대적으로 존재감이 없는 나약한 자로 웃음거리가 되었다. 여호와 하나님은 타락된 세상의 인간들이 어떻게 살아가는지 보시면서 근심하고 한탄하였다. 그 이유는 인간들의 일상적 생활과 일생이 항상 악하였기 때문이었다(창5:5-8).

육체의 힘만 의지하고 육체의 욕심만 추구하는 인간들은 서로 약자와 강자의 경쟁 구도로 존재했다. 그리하여 육체적으로 강한 자들, 거인(네피림)이 세상을 지배했다. 하나님이 주신 영적인 것은 모두 버렸다.

그런데 하나님이 창조한 태초의 세상은 완벽한 무병장수 조건을 가졌다. 그 결과 장수하면서 보통 사람들과 다른 육체적 유전자를 가진 거인(네피림)이 존재했다.

그들은 압제자, 난폭군, 훼방자, 약탈자가 되었다. 사람들은 그들을 두려워했다. 죄악을 많이 행하는 자들에게 용사, 영웅 칭호를 주었다. 그때 사람들은 죄악을 마음껏 행하였으나 하나님을 의식하지 않았다. 당시 죄악 사회를 지배하는 거인(네피림)들을 존경했다. 그러한 시대에 하나님이 주신 영을 순종하는 영적인 사람을 찾아보기 어려웠다.

이러한 세상을 보시는 하나님의 마음은 찢어지는 고통을 가졌다. 천지 창조를 후회한 것이 아니다. 창조의 뜻에 벗어난 죄악 문화를 형성한 인간에 실망하셨다.

하나님은 창조한 목적을 회복하기 위해서 세상과 사람과 생물에 대한 심판을 계획했다. 심판 대상은 땅 위에 생존하는 인간과 짐승 등 생명체와 공중에 새들이었다(창6:5-7).

노아의 믿음을 보신 여호와의 눈

모든 사람이 타락한 시대에도 여호와 하나님의 마음을 기쁘게 하는 사람들이 있었다. 에녹과 같이 하나님과 동행하는 자들이었다. 타락한 네피림의 악행이 편만한 때에 하나님의 마음에 합당한 한 사람이 있었다. 그의 이름은 노아였다.

하나님은 창조의 목적을 회복하기 위하여 그 시대에 하나님의 마음에 합당한 사람을 보시고 노아를 선택하였다.

노아는 하나님 앞에 의인이 아니다. 그러나 타락한 그 시대에 사람들 앞에서는 하나님을 의지하는 믿음의 사람이었다. 그리하여 하나님은 노아를 의인이라고 칭하였다.

그 시대 사람들은 하나님을 생각하지 않았다. 그러나 노아는 다른 점이 있었다. 하나님 앞에 경건하게 살았다. 증조할아버지 에녹이 하나님과 300년을 동행하다 죽지 않고 승천하는 것을 보았다. 그리고 할아버지 므두셀라가 죽으면서 하나님의 심판이 있다는 것을 믿었다. 세상의 주인은 하나님이시며, 하나님의 뜻과 계획대로 이루어짐을 믿었다.

그리하여 노아는 여호와 하나님을 사랑하고 하나님의 마음에 합당한 사람이 되기 위하여 노력했다. 그리고 앞으로 하나님이 세상을 어떻게 심판할 것인지 의문을 가졌다.

노아의 삶은 하나님을 의식하며 하나님과 동행하며 진실과 경건을 탁월하게 유지했다. 하나님의 심판할 날이 조만간에 올 것임을 생각했다. 하나님은 그러한 마음을 가진 노아를 보시고 있었다. 그리하여 그 시대에 타락된 사람들 중에서 믿음을 가지고 노력하는 의인으로 인정하였다. 하나님은 그 시대 사람 중에 유일하게 노아에게 은혜를 베풀기로 선택하였다(창6:1-9).

믿을 수 없는 것을 믿어야 믿음

전능하신 여호와의 눈은 타락한 세상에서 죄악을 행하는 인간을 보셨다. 그리고 여호와의 눈은 믿음으로 하나님을 사랑하는 노아를 보셨다. 그리하여 타락한 세상과 인간을 심판하고 믿음으로 살아가는 노아를 구원하기로 결정했다.

하나님은 노아에게 세상을 심판할 계획을 실행할 것을 알렸다. 하나님이 세상을 심판할 계획은 에덴동산에서 아담이 죄를 범할 때부터였다. 그리고 세월이 지나면서 심판에 대한 구체적인 계획이 진행되었다. 노아의 할아버지 므두셀라가 출생할 때 이미 결정하였다. 조만간에 세상을 심판할 계획은 므두셀라가 생애를 마감할 때로 선택했다. 이러한 하나님의 계획을 인지한 에녹은 조마조마한 마음으로 하나님을 의지하며 경건하게 살았다. 그러한 삶을 하루 이틀 살다보니 삼백년을 하나님과 동행하다 그는 죽음을 보지 않고 영원한 하나님의 나라로 승천하였다.

이제 하나님은 노아를 선택하여 하나님의 심판을 진행할 계획을 말씀했다. 하나님의 말씀이 노아에게는 생명의 말씀이었으나 그 시대의 사람들에게는 미친 말이었다.

여호와께서 은혜를 베풀어서 심판을 위하여 노아에게 준비할 것을 말씀했다. 하나님은 노아에게 고페르 나무로 방주를 만들라 했다. 방주의 크기는 길이 137m, 넓이 23m, 높이 14m, 3층으로 채광과 통풍을 위하여 창문을 만들라 했다. 노아가 건조한 배는 23,000 톤으로 홍수에 뒤집어지거나 침몰되지 않고 물 위에 버티기 위한 목적으로 제작되었다.

하나님이 노아에게 방주를 만들라 하셨다. 방주의 목적은 심판 날에 은혜를 베풀기 위해서였다(창6:12).

노아가 만들 그 방주에는 노아의 아내와 아들 셋과 며느리 셋 8명이 들어가고, 하나님이 선택한 짐승들, 곤충들, 조류 들이 들어갈 것이라 했다. 그리고 심판 날에 방주 안에서 먹을 양식도 준비하라 했다(창6:23절).

믿음을 넘지 못하는 이성의 한계성

아담에서부터 노아 때까지 '홍수'라는 천재지변이 없었다. 한 번도 홍수를 경험해 보지 않았다. 하늘에 궁창이 있기에 대기권에 수증기가 고르게 퍼져 기후 변동이 없었다. 전 세계가 온화하고 청명했다. 폭풍과 홍수, 지진도 없었다. 땅은 사방으로 완만하여 대지는 넓고 바다는 좁았다. 그 때는 사막과 빙산도 없었다. 사람이 살기 가장 좋은 낙원이었다.

그런데 아름답고 평안한 세상을 하나님이 홍수로 심판한다는 것이다. 노아가 가진 이성으로 쉽게 믿을 수 없다. 그 시대의 사람들에게 홍수 심판은 망상과 같았다. 하나님이 건조하라 한 방주의 규모는 상상을 초월했다. 창조 이후에 노아 시대까지 인간이 만든 건조물 중에 방주보다 큰 것은 없었다. 그것은 불가능한 것이다. 노아의 상식과 경험으로 볼 때 실현 가능성이 없었다. 그러나 노아는 하나님 말씀을 믿었다. 노아의 믿음은 '하나님이 홍수 심판을 하신다' 말씀하였으므로 그 말씀을 의심 없이 믿었다. 하나님이 방주를 만들라 하심으로 하나님의 말씀을 믿었다. 노아의 믿음은 자신이 믿을 수 없는 것을 하나님이 말씀하실 때 하나님의 말씀을 믿었다. 하나님은 자신의 말씀을 믿어주는 노아에게 함께 하셨다. 방주를 건조하는 기술과 지혜를 주셨다. 비난하고 공격하는 자를 막아 주셨다. 하나님은 하나님을 믿어 주는 인간에게 함께 하신다.

노아는 하나님의 말씀을 믿음으로 하루 사이에 세상에서 미친 사람이 되었다. 사람들은 노아를 비난하고 불쌍하게 생각했다. 노아를 사랑하는 사람들은 노아에게 충고와 권면을 했다. "하나님을 믿지 말고 너의 이성을 믿으라", "오늘 하루를 즐기며 내일을 염려하지 말라" 노아를 향한 여러 가지 충고와 비난이 난무했다. 그러나 노아는 하나님을 믿고 흔들리지 않았다. 노아는 하나님이 자신에게 말씀하신 것을 믿었다. 사람들의 말을 믿지 않았다.

하나님의 말씀에 몰입한 노아

노아는 자신의 남은 모든 생애와 모든 재산을 하나님이 말씀하신 대로 방주를 만드는 데 사용했다. 노아는 홍수 심판을 믿지 않아도 죽을 것임을 알았다. 하나님의 말씀에 순종하여 살다가 죽기로 했다. 하나님의 말씀대로 세상이 심판을 받으면 세상에 재산을 남겨 둔다 해도 그것이 무슨 의미가 있을까를 생각했다. 재물은 없어질 것이다. 그러므로 재물이 있을 때에 하나님의 뜻대로 사용하기로 했다. 하나님의 뜻은 방주를 만드는 것이다. 그리하여 전 재산을 방주를 만드는 데 사용했다.

노아는 방주를 만들기 위해서 상당한 준비 기간이 필요했다. 목재를 준비하고 방주를 만들 장소를 준비하였다. 당시에 목공을 가진 기술자를 고용하였다. 노아는 하나님의 언약을 믿고 약 백 년 가까운 시간을 홍수를 맞을 준비하였다. 시간이 가면서 방주는 거대한 모양으로 건조되었다. 그리고 방주 안에는 사람과 짐승과 새들이 먹을 양식도 성실하게 준비하여 비축하였다.

노아의 방주가 점점 완성되어 갈 때에 그 시대의 사람들은 노아를 미친 사람으로 취급했다. 그들이 불쌍하여 동정할 사람으로 생각하면서 비난했다. 방주가 완성되어 갈 때 쯤 노아는 그 시대에 가난한 사람이 되었다. 그러나 하나님이 말씀하신 방주를 가졌다. 노아의 마음은 감격했다. 그러나 그 시대의 사람들은 노아를 쓸모없는 배를 산에서 만들어 놓고 미쳐 환장한 정신 나간 이상주의자로 치부하였다.

방주를 만들어가는 노아의 심정은 시간이 갈수록 하나님의 말씀과 심판의 계획을 믿었다. 방주를 만들어 가는 시간은 하나님과 동행하는 시간이었다. 마치 에녹이 아들 므두셀라를 보면서 하나님과 동행한 것과 같았다. 노아는 하나님이 말씀하신 방주가 점점 완성되어 갈수록 하나님과 동행하며 하나님에 대한 절대적인 믿음을 가졌다.

홍수 심판 날이 다가 올수록 하나님을 의지하는 노아와 그 시대의 타락한 문화를 공유한 사람들과의 관계는 점점 멀어졌다. 노아는 방주가 완성되어 갈수록 더욱 하나님을 의지했다, 불가능하게 생각한 방주 건조가 진행되었다. 그리고 완성되어 가는 것을 보면서 전능하신 하나님이 손길이 도우셨다며 감사했다. 그리고 하나님이 말씀하신 홍수 심판은 조만간에 있을 것을 믿으면서 믿음의 기대를 하였다. 사람들이 무슨 말을 하든지 신경 쓰지 않았다. 노아는 방주가 점점 완성되어 갈 때 하나님을 의지하는 믿음은 더욱 강하였다. 여호와 하나님을 믿는 믿음은 불같이 일어났다. 노아는 하나님이 말씀하신 대로 방주를 완성했다. 그리고 방주 안에 들어가는 모든 것들이 먹을 양식도 방주 안에 비축을 하였다(창6:22).

하나님의 선택

왜, 하나님은 노아에게 방주를 만들어라 했을까? 노아가 방주를 만들지 않으면 하나님은 세상을 심판할 수 없는가? 하나님이 세상을 심판하는데 방주가 필요했는가? 아니면 노아에게 방주가 필요했는가?

하나님이 노아에게 말씀하시를 "노아, 너를 위하여 방주를 만어라" 했다(창6:13). 그리하여 하나님은 노아가 방주를 만드는 약 100년의 시간 동안 심판을 미루시며 기다렸다.

하나님의 홍수 심판의 계획은 오래 전에 결정되었다. 그리고 홍수 심판을 실행하기 위해서 노아를 위하여 방주를 만들어라 했다. 그리하여 아주 큰 방주를 만들게 했다. 방주의 크기가 클수록 노아는 방주를 만드는 데 더욱 많은 시간이 필요했다. 노아가 방조를 만드는 시간만큼 하나님의 심판의 시간은 지연되었다.

전능하신 하나님은 세상을 심판하시는 데 방주가 필요 없다. 천지를 창조하신 하나님이 심판을 하시기로 작정하시면 순식간에 세상을 심판하시고 새로운 세상을 창조할 수 있다. 하나님은 자신의 전능하신 그 능력을 사용하지 않으셨다. 인간인 노아에게 방주를 만들게 했다.

그런데 노아는 하나님을 위하여 방주를 만든다 생각했다. 하나님이 방주를 만들라고 말씀하셨다. 방주의 크기도 하나님이 말씀하셨다. 노아는 하나님의 말씀에 순종했다. 하나님을 위해서 자신은 모든 것을 행한다 생각했다. 그러한 생각을 하고 있는 노아에게 처음부터 하나님은 말씀했다. 방주를 만드는 목적은 "노아, 너 자신을 위한 것이다." 하셨다.

믿음의 착시 현상이 있다. 하나님을 위하여 순종한다고 한다. 그러나 하나님은 인간이 순종하거나 하지 않거나 아무런 영향을 받지 않는다. 그러므로 인간이 하나님의 말씀에 순종하는 것은 하나님을 위한 것이 아니다. 자신을 위한 것이다.

하나님은 노아를 통하여 방주를 만들게 하셨다. 그리고 홍수로 세상의 죄악을 심판하였다. 하나님은 노아를 위하여 네피림을 소멸시켰다. 하나님은 홍수 심판을 통하여 노아에게 새로운 세상을 만들어 주시려고 방주를 만들어라 명령하셨다. 하나님이 노아를 선택한 것은 노아 자신에게 행복을 주기 위해서였다.

에덴동산에서부터 오늘까지 죄는 창궐(猖獗)했다. 종말까지 사악한 죄는 악마에게 융숭한 대접을 받으며 번성할 것이다. 사람들은 번성한 죄악의 문화를 누리며 즐거움을 누리며 살았다. 죄의 목적은 하나님 없이 영원히 사는 것이다. 그것은 망상적 착각이다. 하나님은 어디에나 계신다. 죄를 행하는 어느 곳에도 하나님 눈은 그곳에 있다. 사람들은 자신의 눈에 하나님이 보이지 않으면 하나님이 없다고 생각한다.

죄의식을 넘지 못한 회개

죄를 짓고 살아가는 사람들은 죄를 청산할 능력이 없다.

죄의 형벌을 피할 방법도 없다.

하나님은 죄를 싫어하신다.

하님은 심판을 즐거워하지 않는다.

모든 인간의 마음에 죄의 무게가 존재한다.

자신의 범죄로 인한 형벌의 두려움이 존재한다.

인간은 죄를 좋아하지만 회개는 싫어한다.

지옥에 가는 죄의 결과를 무시하며 살고 있다.

아담과 가인, 라멕도 죄의식을 가졌다.

사단은 인간들에게 마음껏 죄를 짓도록 유혹한다.

사단은 죄의식을 회개로 착각하게 한다.

사단은 회개의 기회를 영원히 놓치게 한다.

모든 사람들은 죄의식을 가지고 있다.

죄를 숨기며 회개하지 않는다.

이유가 있다.

스스로 죄를 회개 할 능력이 없다.

죄를 청산할 능력은 오직 예수 그리스도뿐이다.

예수 그리스도를 믿는 자는 모두 죄인이었다.

예수의 십자가의 보혈로 모든 죄가 씻음 받았다.

예수님이 십자가에 죽으시고 부활하심으로 영생을 얻었다.

사람들은 하나님의 뜻을 따라 회개하고 영생을 할 것인지, 하나님을 거역하여 지옥에 갈 것인지 선택하며 살고 있다.

"여호와께서 사람의 죄악이 세상에 가득함과 그의 마음으로 생각하는 모든 계획이 항상 악할 뿐임을 보시고 땅 위에 사람 지으셨음을 한탄하사 마음에 근심하시고 이르시되 내가 창조한 사람을 내가 지면에서 쓸어버리되 사람으로부터 가축과 기는 것과 공중의 새까지 그리하리니 이는 내가 그것들을 지었음을 한탄함이니라 하시니라 그러나 노아는 여호와께 은혜를 입었더라"(창6:5-8).

7. 어느 사형수의 마지막 하루
(창7장)

노아 시대의 홍수형(洪水刑)

하나님은 자신의 뜻대로 세상을 창조하셨다.

세상은 하나님의 뜻대로 되어간다.

세상을 살아가는 사람은 자신의 뜻대로 되지 않는다.

인간의 한계를 인정하고

인간이 하나님의 전능함을 인식하고 진리를 믿으면

하나님이 도우신다.

노아는 하나님이 명령하신 대로 긴 세월 동안 방주를 완성했다. 하나님의 심판의 계획이 실행될 때가 되었다. 노아 시대에 수많은 사람들이 생존했다. 하나님은 유일하게 노아에게만 말씀하였다.

"지금부터 칠 일이면 내가 사십 주야를 땅에 비를 내려 내가 지은 모든 생물을 지면에서 쓸어버리리라"(창7:4).

하나님은 노아에게 가족 8명과, 하나님이 선택한 짐승과 새들을 방주로 들어가게 했다. 노아 방주는 23,000 톤 규모로 현존하는 육상의

17,600종이 충분히 들어 갈 수 있었다.

　방주를 만드는 기간은 세상을 향한 하나님의 심판을 예언한 기간이다. 하나님은 사람들이 회개하고 돌아오기를 원했다. 그러나 돌아오지 않았다.

　노아 시대 사람들은 노아가 방주를 만드는 동안 의문을 가지고 살았다. 왜, 노아는 방주를 만드는가?

　왜, 완성된 노아의 방주에 짐승과 새들이 들어가는가?

　왜, 노아와 짐승들과 새들이 방주에 들어갔는데 비가 내리지 않는가?

　노아가 방주를 만들고 완성된 후에 짐승과 새들이 방주로 들어 왔다. 노아와 아내, 셈, 함, 야벳, 그들의 아내들, 여덟 명이 방주에 들어갔다. 그리고 일주일 동안 방주의 문은 열려 있었다.

　노아는 그 시대 사람들에게 마지막으로 말했다.

　"하나님이 홍수로 세상을 심판하시니 방주에 들어오세요."

　노아는 하나님의 심정으로 세상을 향하여 호소했다. 그러나 사람들은 관심을 가지지 않았다.

　사람들은 노아를 비웃고 믿지 않았다. 그것은 하나님을 비웃고 믿지 않은 것이다. 노아와 가족들을 향하여 미친 사람들이라 욕하였다. 그런데 자신들이 미친 사람인 것을 깨닫지 못했다.

　노아가 방주에 들어간 날이 칠 일이 되었다. 하나님이 방주의 문을 닫았다. 한번 닫힌 방주의 문은 열리지 않았다. 노아도 방주의 문을 열지 못했다. 노아가 방주를 만들었다. 그러나 방주의 주인은 하나님이시다. 하나님이 방주의 주인이심으로 문을 닫았다. 하나님이 닫는 방주의 문을 누구도 열 수 없다. 노아도 방주의 문은 열 수 없다. 모든 것이 하나님의 손에 있다.

그날, 노아의 나이 600세, 2월 17일에 홍수가 시작되었다. 오늘날 태양력으로 말하면 10월-11월이다.

노아는 방주 밖에서 어떠한 일들이 일어나는지 정확히 알 수 없었다. 하늘에서 비가 내리는 것과 자신이 만든 배가 흔들리며 어디론가 움직이는 것과 하늘이 어둡고 태양이 빛을 내지 못하는 것만 보았다.

노아는 하나님의 말씀을 따라서 방주를 만들었다. 방주에 들어가라 해서 들어갔다. 그것으로 노아가 할 일은 끝났다. 홍수 심판의 방법과 진행하는 순서는 하나님의 영역이다.

하나님이 홍수 심판을 행하신 일이다.

"큰 깊음의 샘이 터지며 하늘의 창문이 열려 사십 주야를 비가 땅에 쏟아졌더라"(창7:11-12절).

"물이 백오십 일을 땅에 넘쳤다"(창7:24).

하나님이 천지 창조를 하실 때 땅 위에 물을 두 곳으로 분리했다. 하늘의 궁창과 육지 낮은 곳에 물을 두었다. 육지와 바다의 경계를 정하고 유지하였다(욥26:10).

홍수 심판 때 지각 변동으로 무서운 해일과 큰 쓰나미가 일어났다. 땅 속 깊이 고인 물들이 솟아올랐다. 육지와 물의 경계가 무너졌다. 홍수로 인한 강한 바람이 발생하여 고기압이 형성되었다. 하늘 궁창의 물이 지상으로 쏟아졌다. 40일 주야로 무서운 바람이 불고 천둥과 번개가 쳤다. 태양은 빛을 잃었다. 온 세상은 물로 창일했다.

그때 사람들은 방주로 달려갔다. 절규를 하며 문을 열어 달라 외쳤다. 그때 노아가 말한 것이 진실이라는 것을 알았다. 하나님이 세상을 심판한다는 것이 사실인 것을 알았다. 그러나 하나님께서 한번 닫은 방주의 문은 열리지 않았다. 방주를 찾아 갔으나 방주에 들어갈 시간은 이미 지났다. 열려지지 않은 방주를 바라보면서 눈물을 흘리며 원망했다. 그러나 기회는 없었다.

지면은 사라지고 거센 물결이 휘몰아쳤다. 땅은 움직이며 산과 바다가 변하기 시작했다. 세상에 수평과 수직이 무너져 혼돈에 빠졌다. 그동안의 일상적 모든 상식이 무너졌다.

사람들이 살았던 땅은 수몰되고 높은 산들이 무너져 내렸다. 물 위에는 사람과 짐승들의 사체로 가득했다. 산 자는 살기 위해서 필사의 노력을 했다. 한 번도 상상하지 못한 일들이 현실로 다가왔다. 누구도 해결할 방법이 없다.

많은 사람들은 먹을 양식을 준비하고 높은 산으로 올라갔다. 심판의 물은 그들이 올라간 산을 뒤따라 올라갔다. 홍수는 지상에서 가장 높은 산 정상을 침수시켰다. 그들이 만든 조각배는 홍수를 견디지 못했다. 그리고 정상 위 7미터까지 물이 창일했다(창7:20).

"땅 위에 움직이는 생물이 다 죽었으니 곧 새와 가축과 들짐승과 땅에 기는 모든 것과 모든 사람이라 육지에 있어 그 코에 생명의 기운의 숨이 있는 것은 다 죽었더라. 오직 노아와 그와 함께 방주에 있던 자만 남았더라"(창7:21-23절).

사람들은 홍수 심판으로 죽어가면서 죄의 형벌이 얼마나 처참한지 깨달았다. 죄를 심판하시는 하나님의 홍수 형벌이 얼마나 엄중한지 깨달았다. 사람들은 홍수 심판으로 죽으면서 그들의 죄를 기억했다. 하나님의 공의와 그들에게 구원의 기회를 주신 하나님의 사랑을 그때야 깨달았다. 그러나 너무 늦게 죄를 깨달았다. 그러나 구원의 기회는 없었다.

최후의 심판은 화형(火刑)

홍수 심판에서 구원 받은 노아의 후손들은 어떻게 살았을까? 죄에 대한 하나님의 심판을 경험하고 오직 하나님만 바라보고 살았다.

세월이 가면서 노아의 후손들은 한 족속에서 여러 민족으로 번성했다. 다시 죄악에 빠져 생활했다.

세상 끝날 최후의 심판은 화형(火刑)이다. 아브라함 시대에 소돔과 고모라를 유황불로 심판하였다.

"여호와께서 하늘 곧 여호와께로부터 유황과 불을 소돔과 고모라에 비 같이 내리사 그 성들과 온 들과 성에 거주하는 모든 백성과 땅에 난 것을 다 엎어 멸하셨더라"(창19:24-25).

하늘에서 불이 내려와 소돔과 고모라를 멸망시켰다. 소돔과 고모라

지역은 오늘날 이스라엘의 사해 바다 지역으로 추정한다. 거대한 도시가 존재도 없이 사라지고 해수면보다 낮은 사해 바다는 생물이 생존할 수 없는 죽음의 바다가 되었다.

인간의 종말에 최후의 심판은 천지가 심판의 불로 완전 소멸된다.

"또 내가 새 하늘과 새 땅을 보니 처음 하늘과 처음 땅이 없어졌고 바다도 다시 있지 않더라"(계21:1).

하나님이 창조한 땅과 하늘이 소멸된다. 하나님은 최후의 심판을 피할 방법을 하나 주셨다. 죄인들에게 죄 사함의 길을 주셨다. 하나님의 아들, 예수님이 죄인을 위하여 십자가에 못 박혀 죽으셨다. 그리고 부활하셨다. 이 복음의 진리를 믿는 모든 사람은 심판을 면하고 천국의 영생을 얻는다. 불 심판을 받지 않고 하나님의 나라 천국으로 간다. 그러나 예수님을 믿지 않는 사람들은 모두 영원한 불이 꺼지지 않는 지옥에 들어간다(마25:41).

하나님의 마지막 심판은 우리가 살고 있는 천지가 불로 소멸되는 것이다. 예수님 믿고 죄 용서 받은 자는 하나님의 나라 천국에 간다. 그러나 예수님을 믿지 않는 모든 죽은 자와 산 자는 이러하다.

"그러나 두려워하는 자들과 믿지 아니하는 자들과 흉악한 자들과 살인자들과 음행하는 자들과 점술가들과 우상 숭배자들과 거짓말하는 모든 자들은 불과 유황으로 타는 못에 던져지리니 이것이 둘째 사망이라"(계21:8).

어느 시대나 사람들은 지상 천국을 꿈꾼다.

이 땅에서 행복하게 영원히 사는 것이 인류의 목표다.

죄에 대한 두려움도 없다.

돈과 지식을 믿는다.

예수님을 믿는 자도 천국과 지옥에 대한 개념이 사라졌다.

이 땅에 복을 받아 행복하게 사는 데 목적을 두고 있다.

교회, 목회자, 성경은 있는데 복음의 진리가 희귀하다.

예수님은 회개하라 말씀했다.

오늘 교회와 목회자 성도들은 회개를 말하지 않는다.

입으로는 죄를 싫어하지만 몸으로는 죄를 즐긴다.

회개하지 않은 죄가 태산을 이루고 있다.

최후의 심판은 종교 상식으로 알고 진리로 믿지 않는다.

사도 베드로는 최후의 심판을 분명하게 말한다.

주의 날이 도둑 같이 오리니

그 날에는 하늘이 큰 소리로 떠나가고

물질이 뜨거운 불에 풀어지고

땅과 그 중에 있는 모든 일이 드러나리로다

이 모든 것이 이렇게 풀어지리니

너희가 어떠한 사람이 되어야 마땅하냐

거룩한 행실과 경건함으로

하나님의 날이 임하기를 바라보고 간절히 사모하라

그 날에 하늘이 불에 타서 풀어지고

물질이 뜨거운 불에 녹아지려니와

우리는 그의 약속대로 의가 있는 곳인

새 하늘과 새 땅을 바라보도다"(베드로후서 3:10-13).

예수 그리스도의 재림을 기대하는가

모든 사람이 죄를 범함으로 육체는 죽임을 당한다.

사람들은 육체의 죽음을 두려워한다.

진정 무서운 형벌은 영혼의 죽음이다.

영혼이 죽으면 영원한 지옥 불에 들어간다.

진정 두려워해야 할 것은 영혼의 죽음이다.

최후의 종말은 두 종류다.

예수님이 재림할 때 우주적 종말이 있다.

나, 한 개인이 죽으면 개인적 종말을 맞이한다.

예수님이 언제 재림하느냐?

최후의 심판의 시간과 때를 계산하는 것보다

나의 개인적 종말을 염려해야 한다.

모든 사람은 한번 이 땅에 태어나면 한번 죽게 된다.

내가 언제 죽을지 나도 모른다.

하나님만이 알고 계신다.

죽음 이후에는 하나님의 심판이 있다.

그 심판을 피할 자가 없다.

예수를 믿고 구원받은 자는 예수님이 죄를 용서해 주셨다.

예수님이 영생을 주셨다.

예수님이 계시는 천국으로 인도함을 받는다.

예수님을 믿지 않는 자는 영원한 불이 붙는 지옥에 간다.

육체가 죽기 전에 예수님을 믿으면 천국에 간다.

육체가 죽으면 구원의 기회가 없다.

육체 안에 내 영혼이 거주할 때가 영혼이 구원받을 때이다.

예수님께서 마지막으로 말씀하셨다.

"진실로, 진실로 내가 속히 오리라" 하시거늘(계22:20)

"아멘 주 예수여 오시옵소서".

"물이 땅에 더욱 넘치매 천하의 높은 산이 다 잠겼더니 물이 불어서 십오 규빗이나 오르니 산들이 잠긴지라 땅 위에 움직이는 생물이 다 죽었으니 곧 새와 가축과 들짐승과 땅에 기는 모든 것과 모든 사람이라 육지에 있어 그 코에 생명의 기운의 숨이 있는 것은 다 죽었더라 지면의 모든 생물을 쓸어버리시니 곧 사람과 가축과 기는 것과 공중의 새까지라 이들은 땅에서 쓸어버림을 당하였으되 오직 노아와 그와 함께 방주에 있던 자들만 남았더라 물이 백오십 일을 땅에 넘쳤더라"(창7:19-24).

8. 회복의 바람이 불어오면
(창8장)

회복의 바람

노아가 만든 배는 방주다. 방주란 사각형 모양으로 물 위에 뜨는 배를 뜻한다. 하나님의 명령으로 노아는 방주를 만들었다. 그리고 하나님이 계획하신 홍수 심판이 이루어졌다. 땅 위에 모든 사람과 짐승들, 공중에 새들이 다 죽었다.

하나님은 방주 안에 있는 사람과 들짐승과 가축들을 통하여 새로운 세상을 회복하기 위하여 바람을 불게 했다(창8:1). 하나님 권능으로 강력한 바람이 일어났다. 바람이란 공기의 흐름을 뜻한다.

홍수 심판으로 궁창의 물이 지상으로 흘러내린 이후 이상 현상이 발생했다. 태양으로부터 방출되어 인체에 치명적 손상을 주는 엑스선, 감마선, 자외선은 인간의 수명을 120세 시대로 단축시켰다. 태양에서 방출되는 빛은 지구 표면의 온도를 상승시켰다.

바다의 물 온도가 올라갔다. 공중에는 더운 공기와 찬 공기가 이동하면서 바람이 발생했다. 바다에는 더운 물과 찬물이 흐르는 해류가 발생했다. 지구 중심부 내핵, 외핵으로부터 분출되는 화산은 무서운 열기를 뿜어내면서 바다의 해수가 강하게 이동을 하였다. 그 결과 더운 바람과 차가운 바람이 순환하면서 저기압과 고기압을 만들었다.

하나님은 바람을 통하여 물을 증발시켰다. 지구의 자전과 인력을 통하여 남극과 북극 지방으로 물을 집중시켜 빙산을 만들었다. 화산으로 인한 지각의 변동을 통하여 산을 더욱 높게 만들었다. 심해 바다는 더욱 깊어졌다. 그 과정에서 바람은 물을 밀어 내어 바다와 육지의 경계를 회복하기 시작했다.

올리브나무 잎사귀

노아가 방주에 들어간 후 7일이 지나서 방주의 문이 닫혔다. 그 날은 노아의 나이 600세 된 2월 17일이다 그리고 40일 동안 주야로 비가 내렸다(창7:11-12). 그리고 110일 동안은 계속하여 수심이 상승하였다.

홍수 심판이 시작된 후 150일째는 지상에 모든 산들이 물속으로 잠겼다(창7:24). 지상에 생존한 모든 사람과 동물들, 곤충들, 조류는 다 죽었다. 오직 수면 위에 있는 방주에 들어간 사람과 동물, 조류, 곤충들만 살아남았다.

홍수가 시작된지 150일 이후부터는 창일한 수심이 조금씩 줄어들었다.

노아의 나이 600세 된 7월 17일에 아라랏 산에 방주가 멈추었다. 그때는 홍수 시작으로부터 5개월이 지난 때였다(창8:4).

방주 안에 있는 노아는 하나님이 세상을 어떻게 회복시키는지 볼 수 없었다. 그러나 이상한 현상이 있었다. 비가 멈추었다. 낮과 밤이 뚜렷했다. 방주 윗편에 있는 창문을 통하여 낮에 햇살을 보았다. 밤이 되면 하늘에 별을 보았다. 밤낮으로 방주를 스쳐가는 바람 소리를 들었다. 그러나 방주 밖에서 어떠한 일들이 진행되는지 알 수 없었다. 노아가

느낀 것은 자신이 타고 있는 방주가 어느 곳에 멈춘 것이다. 물결 위에 흔들리며 떠다니지 않았다. 한 곳에 정착된 것을 느꼈다. 그러나 그곳이 어딘지 알 수 없었다.

하나님은 만물을 새롭게 하는 바람으로 창일한 물은 점점 줄어들었다. 방주가 아라랏 산에 멈춘 후, 다시 73일이 지났다. 노아 600세 10월 1일에 방주의 창문을 통하여 높은 산봉우리가 보였다. 그러나 노아가 창문을 통하여 본 그 산은 어디에 있는 어느 산인지 알 수 없었다. 노아는 그냥 방주가 머물고 있는 그 곳에 하나님의 인도를 기다렸다. 다만 노아가 알 수 있는 것은 홍수는 그쳤다는 것과, 그리고 물은 줄어들어가면서 무엇인가 새로운 회복이 시작됨을 인식했다. 그리고 방주는 어느 산에 머물고 있었다.

노아는 방주에 들어가는 날부터 일자를 계산하였다. 그 시간의 흐름 속에서 하나님이 역사하심을 느끼며 기다렸다.
노아가 산봉우리를 본 후 다시 40일이 지난 11월 11일에 방주의 창문을 열었다. 그때가 노아 홍수 시작된 266일 되는 날이다(창8:6).
노아는 홍수 심판을 받은 세상을 볼 수 없었다. 그러나 홍수심판의 참혹한 현상을 상상했다. 세상에 모든 사람과 짐승들이 죽었을 것이다. 그것은 심판을 하실 때 하나님이 말씀했다. 방주 밖에는 죽은 사체들이 널브러져 부패하면서 악취가 진동할 것이다. 이곳저곳에 죽은 유골들이 난무할 것이다.

노아는 방주 안에 있는 까마귀를 창문 밖으로 보내었다. 까마귀를 통하여 방주 밖에 현상에 대한 것을 알고 싶었다. 그런데 까마귀는 하늘을 선회하면서 방주로 돌아오지 않았다.

노아는 궁금하여서 다시 비둘기를 방주 창문을 통하여 날려 보내었다. 비둘기는 하늘 높이 날아올라 선회하다 방주 창문으로 돌아왔다. 그리고 일주일이 지났다. 노아는 방주의 윗문을 열고 비둘기를 날려 보내었다. 온종일이 지난 저녁 때에 비둘기가 돌아 왔다. 비둘기의 입에는 올리브나무의 파란 잎사귀를 물고 왔다. 노아는 올리브나무의 파란 잎사귀를 보면서 많은 생각을 했다.

올리브나무는 고산 지대에 자생하지 못한다. 낮은 저지대에서 자란다. 올리브나무가 자생을 한다면 그 아래 풀들도 성장하고 있을 것이다. 그러면 사람과 짐승과 곤충이 생존할 환경이 됨을 알았다. 노아는 하나님이 세상을 회복하시고 있음을 알았다. 그러나 노아는 방주의 문을 열고 밖으로 나가지 않았다. 비둘기가 가져온 올리브 잎사귀 하나로 많은 상상을 하였다. 그러나 하나님께서 방주 밖으로 나가라는 말씀이 없었다.

하나님은 바람으로 지상의 물을 바다로 돌려보내었다. 태양으로 대지를 건조시키면서 나무와 식물들이 자라기 시작했다. 사람과 가축과 짐승들이 생존할 환경을 준비하고 계셨다.

노아는 일주일 후에 세 번째로 비둘기를 날려 보냈다. 그러나 비둘기는 돌아오지 않았다. 그날은 노아의 나이 600세 12월 2일이었다.

비둘기가 다시 돌아오지 않는 것으로 땅 위에 물이 완전히 물러갔다는 것을 추정할 수 있다. 대지는 마른 곳이 있고 사람과 가축이 생존할 수 있는 모든 환경이 회복된 것을 알았다.

비둘기는 좁은 방주 안에서의 생활을 청산하고 넓은 하늘과 대지를 향하여 마음껏 생활할 수 있는 새로운 세상을 날아다녔다. 노아도 하나님이 새롭게 한 세상에서 어떻게 살아야 할 것인지 생각했다.

방주 안에서 있는 날들은 날마다 하나님을 찬송하고 예배를 드렸다. 매일매일 하나님께 감사했다. 방주 안에서도 안식일을 지키며 하나님께 영광을 올렸다.

새로운 세상을 본 노아

노아 601세 1월 1일에 땅 위의 물이 완전히 말랐다. 노아는 방주 위쪽이 있는 쪽문을 열었다. 그리고 방주 밖의 세상을 보았다. 산천은 초목으로 푸르게 성장했다. 땅 위에 물이 마른 것을 확인했다(창8:13).

노아는 방주 안에서 317일을 있었다. 하나님이 새롭게 만드신 세상을 보았다. 방주 안에서의 생활은 생각하면 참 힘든 시간이었다. 그러나 평안하고 행복한 시간이었다. 하나님의 심판을 피할 수 있었다. 방주 안에서 생활은 모든 것이 하나님의 은혜였다.

하나님이 새롭게 하실 세상에서 어떻게 살아갈까를 생각했다. 노아는 하나님이 심판하여 새롭게 한 세상을 잠깐 보고 다시 방주 안으로 들어 왔다. 그리고 하나님의 인도를 기다렸다.

노아 601세 2월 27일에 하나님께서 노아에게 말씀하셨다.

"하나님이 노아에게 말씀하여 이르시되 너는 네 아내와 네 아들들과 네 며느리들과 함께 방주에서 나오고 너와 함께 한 모든 혈육 있는 생물 곧 새와 가축과 땅에 기는 모든 것을 다 이끌어내라 이것들이 땅에서 생육하

고 땅에서 번성하리라 하시매 노아가 그 아들들과 그의 아내와 그 며느리들과 함께 나왔고 땅 위의 동물 곧 모든 짐승과 모든 기는 것과 모든 새도 그 종류대로 방주에서 나왔더라"(창8:15-19).

노아는 하나님의 방주에서 "나오너라." 하시는 말씀을 듣고 그 날 방주에서 나왔다. 노아 600세 방주에 들어간 2월17일부터 1년 10일 (375일) 지난 날, 노아 601세 2월 27일에 방주에서 나왔다.

노아와 가족들은 방주에서 나와서 하나님이 새롭게 하신 세상을 보았다. 그리고 심판의 물기가 사라진 마른 대지를 밟고서 하나님께 감사했다.

노아가 방주에서 나온 그곳은 해발 5,000m 높이에 있는 아라랏 산 어느 곳이었다. 지난 날 노아가 살았던 곳은 어딘지 알 수 없었다. 지형이 변화되었다. 새로운 산천이 생기고 골짜기들이 생겼다. 저 멀리 강물이 흘러가고, 먼 곳에 바다도 보였다. 지난날의 땅과 산천이 아니었다. 모든 것이 새롭게 변화되었다.

노아는 가족들과 함께 하나님 앞에 감사와 은혜에 제단을 쌓았다. 방주에서 나온 정결한 짐승 중에서 제물을 선택하고 정결한 새 중에서 제물을 선택하여 하나님께 제물을 드렸다. 하나님은 노아가 드린 제물을 기쁘게 받으셨다. 그리고 말씀하셨다.

"내가 다시는 사람으로 말미암아 땅을 저주하지 아니할 것이다. 이는 사람의 마음이 계획하는 바가 어려서부터 악하지만, 내가 이번에 행한 것 같이 땅 위의 모든 생물을 멸망시키는 홍수 심판의 일은 다시는 하지 않을 것이다. 땅이 있을 동안에는, 심고 거두는 일, 추위와 더위, 여름과 겨울, 낮과 밤이 그치지 않을 것이다"(창8:21-22).

하나님은 노아의 제물을 받으시고 다시는 세상을 홍수로 심판하지 않을 것이라 했다. 그리고 하나님이 창조하신 세상은 정상적으로 운영될 것이며, 심고 거두고 시간과 계절과 주야간의 진행은 그대로 될 것이라 했다. 그러나 그것은 땅이 있는 동안에만 진행될 것임을 말했다. 하나님이 창조한 세상이 홍수의 심판을 받았지만 후일 어느 날에는 하나님이 창조한 세상의 천지 자체가 사라질 심판의 날이 있음을 예시하였다(벧전3:10-13).

노아와 아내, 가족들은 방주 주변에서 정착하여 생활을 했다. 그리고 방주에서 나온 짐승들과 가축들 곤충들, 새들은 아라랏 산에 멈춘 방주를 중심하여 서식지를 만들었다. 그리고 그들은 점점 서식 영역을 넓혀갔다.

방주에서 나온 노아는 방주 주변에서 생활하면서 지난날을 생각했다. 홍수 심판은 인간의 상식을 초월하는 일이었다. 그리고 노아 자신이 행한 것을 생각해보면 자신은 아무것도 몰랐다.

몰랐다, 그래서 믿었다

노아는 하나님이 말씀하심으로 그대로 순종했다.
백 년의 세월을 지나고 보니 큰 방주가 되었다.
하나님이 방주에 들어가라 해서 들어 갔다.
어떻게 홍수 심판하는지 알려 주지 않았다.

홍수 심판이 며칠 동안 할 것인지 몰랐다.

방주가 어디로 가는지 몰랐다.

방주를 건조할 때 미친 사람이라 말했다.

방주의 건조 기간을 몰랐다.

얼마의 돈이 필요한지도 몰랐다.

그냥 하나님이 말씀을 믿고 하루하루 순종했다.

그러다 보니 약 100년의 세월 동안 방주를 만들었다.

방주가 완성되고 나니 아무것도 없었다.

오직 하나 남은 것은 방주가 남았다.

사람들은 방주를 무용지물이라 말했다.

노아에게 방주는 인생의 목적이었다.

어느 날 하나님이 방주에 들어가라고 말씀하셨다.

아무것도 모르고 방주에 들어갔다.

방주 문을 통하여 짐승들, 곤충들, 새들이 들어왔다.

그냥 방주의 문을 열고 있었다.

그 모든 것은 하나님이 보낸 것이다.

방주에 들어간 노아는 일자를 계산할 수 있었다.

방주 밖에서 일어나는 일들은 알 수 없었다.

하나님은 모든 것을 알려주지 않았다.

노아는 하나님이 하시는 일을 다 알지 못했다.

다만 하나님이 말씀하시는 것을 믿었다.

물 위에 배가 있는 것은 정상적인 것이다.

노아가 건조하는 배는 산 위에 있다.

비정상적인 것이다.

노아가 만든 방주는 선장실이 없었다.

방향을 조정하는 키가 없었다.

모든 것이 상식을 벗어난 것이다.

노아는 하나님이 말씀하심으로 믿었다.

모든 것을 다 알고 순종한 것이 아니었다.

몰랐지만, 이해할 수 없었지만, 일상적 상식에 벗어났지만 믿었다.

비가 내렸다,

하나님의 심판이 시작된 것을 알았다.

산 위에 배가 움직이며 비바람에 흔들렸다.

방주를 만든 그 산이 물에 잠겼다는 것을 알았다.

방주 밖의 세상이 어떻게 되었는지 궁금하였다.

하나님은 궁금한 노아에게 말하지 않았다.

노아는 궁금하여 까마귀를 창밖으로 보내었다.

비둘기를 보내었다.

비둘기가 물고 온 올리브 잎사귀를 보고 짐작을 했다.

"아마 세상은 이렇게 되었을 것이다."

어느 날 방주 지붕에 있는 문을 열고 밖으로 나왔다.

천지가 개벽된 것을 보았다.

방주가 높은 산 평원에 머물고 있었다.

산천이 초목으로 푸르게 회복된 것을 보았다.

다시 방주로 들어왔다.

방주의 위쪽 문을 굳게 닫았다.

아라랏 산 방주 옆에 앉은 노아는 생각했다.

그동안 궁금한 것이 풀어졌다.

방주의 선장은 하나님이었다.

노아와 가족은 8명은 선원이었다.

방주를 건조한 것은 노아 자신이었다.

선주는 하나님이셨다.

하나님이 바람과 비와 풍랑으로 방주를 움직였다.

모든 재산을 다 사용하여 방주를 만들었다.

노아가 사용한 재산은 자신의 것이 아니었다.

하나님의 것이었다.

재물을 낭비한 것이 아니었다.

홍수 심판 이후에 최고의 부자가 되었다.

노아는 하나님의 말씀에 순종했다.

하나님이 말씀을 다 이해할 수 없다.

하나님의 말씀을 믿었다.

그것이 노아의 믿음이었다.

"노아가 여호와께 제단을 쌓고 모든 정결한 짐승과 모든 정결한 새 중에서 제물을 취하여 번제로 제단에 드렸더니, 여호와께서 그 향기를 받으시고 그 중심에 이르시되 내가 다시는 사람으로 말미암아 땅을 저주하지 아니하리니 이는 사람의 마음이 계획하는 바가 어려서부터 악함이라 내가 전에 행한 것 같이 모든 생물을 다시 멸하지 아니하리니, 땅이 있을 동안에는 심음과 거둠과 추위와 더위와 여름과 겨울과 낮과 밤이 쉬지 아니하리라"(창8:20-22).

9. 무지개 비밀
(창9장)

전설에 감추어진 무지개

무지개에 대한 기원은 창세기 9장에 기록되어 있다.

"내가 내 무지개를 구름 속에 두었나니 이것이 나와 세상 사이의 언약의 증거니라"(창9:13).

무지개(rainbow)란? 비가 올 경우 태양과 반대쪽에 물방울에 비친 태양광선이 물방울 안에서 반사 굴절되어 일곱 빛깔로 나타나는 현상 이다. 무지개의 종류도 다양하다. 제1차 무지개(primary), 제2차 무지 개(쌍무지개 secondary), 과잉 무지개, 반사 무지개 ,안개 무지개, 수 평 무지개, 옥 무지개 등이 있다.

무지개를 과학적으로 분석한 것은 고대 그리스의 철학자 아리스토텔 레스(Aristoteles, BC 384~322)이다. 그가 세계 최초의 기상학 저서 에 기록한 무지개에 대한 분석과 정의는 현대 과학과 동일하다.

무지개는 세계적으로 다양한 전설을 가지고 있다.

한국에서는 선녀(仙女)들이 깊은 산속, 물 맑은 계곡에 목욕하러 무지개를 타고 지상으로 내려온다는 전설이 있다.

중국과 아메리카 인디언들은 무지개는 지상의 물을 빨아 올려서 생기는 현상으로, 가뭄이 생긴다는 전설이 있다.

말레이반도의 원주민은 무지개는 하늘나라의 거대한 뱀 또는 뱀이 물을 마시러 온 것이라는 전설이 있다.

아일랜드, 그리스, 노르웨이 등에서는 무지개가 선 곳을 파면 금은보화가 나온다는 전설이 있다.

무지개의 기원과 그 속에 감추어진 하나님의 진리는 무엇일까?

무지개 언약

노아 홍수 후, 하나님이 노아와 모든 생물들에게 다시는 홍수 심판을 하지 않을 것을 말씀하였다. 그리고 하나님의 언약의 표증으로 구름 속에 무지개를 두었다.

"내가 너희와 언약을 세우리니 다시는 모든 생물을 홍수로 멸하지 아니할 것이라 땅을 멸할 홍수가 다시 있지 아니하리라 내가 내 무지개를 구름 속에 두었나니 이것이 나와 세상 사이의 언약의 증거니라"(창9:11-13).

무지개는 홍수로 세상을 심판하지 않을 것이라는 하나님의 언약의 증표이다. 그러나 홍수 심판을 한 이후에 기상의 현상은 가끔 비가 내렸다. 그때마다 사람들은 노아 시대의 홍수 심판에 대한 공포심이 있었다. 하나님이 다시 홍수 심판을 하는 것이 아닐까 염려했다. 그런데 비가 내린 후에는 무지개가 보였다. 사람들은 무지개를 보면서 홍수 심판에 대한 두려움이 사라졌다. 마음에 평안을 얻었다. 그리고 세월이 지나면서 사람들은 홍수 심판에 대한 두려움이 사라졌다. 그리고 무지개를 보아도 하나님의 언약에 대한 생각을 하지 않았다.

노아 홍수 후 하나님이 새로운 시작을 하셨다.
홍수 심판을 하신 이후 아담에게 복을 주신 것과 똑같은 복을 노아와 후손들에게 주었다(창1:28).

"하나님이 노아와 그의 아들들에게 복을 주시며 그들에게 이르시되 생육하고 번성하여 땅에 충만하라 땅의 모든 짐승과 공중의 모든 새와 땅에 기는 모든 것과 바다의 모든 물고기가 너희를 두려워하며 너희를 무서워하리니 이것들을 너희의 손에 붙였음이니라"(창9:1-2).

홍수 이후 노아의 후손들은 생육하고 번성했다.
셈, 함, 야벳은 각각 가정을 이루면서 자녀를 낳았다. 하나님은 노아와 아들들에게 생육하고 번성하는 복을 주셨다. 세월이 지나면서 노아의 자손들은 번성하였다. 그리고 여러 민족 족속의 조상이 되었다.
홍수 심판을 겪은 이후 노아의 자손들은 경건하게 하나님을 섬기며 살았다. 노아의 자손들은 생육하고 번성하면서 하늘에 나타나는 무지개를 보면서 그들은 세 가지를 생각했다.
첫째는 무지개를 보면서 과거에 하나님이 세상 죄를 홍수로 심판한 것을 기억했다.
둘째는 무지개를 보면서 홍수로 세상을 심판하지 않는다는 하나님의 약속을 생각했다.

셋째는 무지개는 죄를 심판하시는 하나님이 계신다는 것을 기억하게 했다.

세월이 지나면서 노아도 죽고 셈도 함도 야벳도 죽었다. 노아 홍수 이후에 세상에는 때를 따라서 비가 내렸다. 비가 내린 후에는 하늘에 무지개가 나타났다.

사람들은 무지개의 신비함에 도취되었다. 그러나 하나님이 주신 무지개의 언약은 망각했다. 세월이 지나면서 무지개는 다양한 전설이 되었다. 그리고 비가 온 후에 나타나는 과학적인 자연의 한 현상으로 생각했다. 하나님이 주신 무지개의 언약은 기억하지 않았다.

무지개 경고

하나님이 노아 홍수 후에 무지개를 주신 것은 세상을 향한 경고였다. 무지개는 죄를 심판하신 하나님이 앞으로도 죄에 대한 심판을 할 것임을 사람들에게 상징적으로 알려 주신 것이다.

홍수 심판 이후에 노아와 가족들은 하늘에 보이는 무지개를 바라보면서 하나님께 감사했다. 그리고 홍수 심판을 기억하면서 죄에 대한 경각심을 가졌다. 홍수 심판을 경험한 노아는 홍수 이후 350년을 더 살다가 950세에 죽었다(창9:28-29).

노아와 세 아들, 셈, 함, 야벳은 그들의 후손들이 땅에 번성하고 충만했다(창9:19). 땅 위에 사람들이 번성하면서 하나님이 주신 은혜와 복이 풍성했다. 그리고 죄와 악도 번성했다. 홍수를 직접 경험한 노아의 식구들이 죽었다.

세월이 지나면서 사람들은 생육하고 번성하였다. 그리고 노아 홍수를 역사적 사실로 인식했다. 그리고 세월이 지나면서 홍수 심판을 전설로 생각했다. 그리고 무지개에 대한 해석도 달라졌다.

노아의 후손들은 아라랏 산에 있는 노아가 만든 방주를 보고 하나님의 심판이 사실인 것을 믿었다. 세월이 지나면서 노아의 방주는 비바람에 썩었다. 또다시 세월이 지나면서 아라랏 산에 썩은 널브러진 방주의 잔해를 보면서 아무런 감정이 없었다. 시간이 가면서 노아의 후손들도 타락하고 범죄하고 악을 행하였다.

타락한 범죄는 노아와 자녀들로부터 시작되었다. 노아와 후손들의 심령에 존재한 타락한 죄의 본성은 홍수 심판을 받을 때에 그들의 심령에 존재했다. 홍수 심판을 거친 후에 새로운 세상에 살면서 그들의 마음 깊은 곳에 존재한 죄악의 본성은 죄악의 열매를 만들었다.

하나님이 생육하고 번성하라고 말씀하셨다. 생육하고 번성할수록 죄악도 번성하였다. 세상에 사람이 충만하여 갈 때 죄악도 함께 충만하여갔다.

노아가 포도나무를 심었다. 포도주를 만들어 먹고 취했다. 노아는 벌거벗고 술주정을 하였다. 노아는 상상을 초월하는 홍수 심판으로 인하여 천지가 개벽하고 심판을 받은 것을 보고 외상 후 스트레스 장애로 고통을 당했다.

하나님이 홍수로 세상을 심판하였으나 노아의 마음에 존재하는 죄악된 근성은 그대로 남아 있었다. 노아는 홍수 심판에서 구원받았다. 그러나 타락한 죄악의 뿌리는 여전이 심령에 존재했다. 세월이 지나면서 노아의 삶은 홍수 이전의 죄악 생활로 신속히 돌아갔다.

노아가 포도주를 먹고 추한 모습을 본 둘째 아들 함이 형제 앞에서 아버지를 조롱하고 비난했다.

"노아가 농사를 시작하여 포도나무를 심었더니 포도주를 마시고 취하여 그 장막 안에서 벌거벗은지라 가나안의 아버지 함이 그의 아버지의 하체를 보고 밖으로 나가서 그의 두 형제에게 알리매 셈과 야벳이 옷을 가져다가 자기들의 어깨에 메고 뒷걸음쳐 들어가서 그들의 아버지의 하체를 덮었으며 그들이 얼굴을 돌이키고 그들의 아버지의 하체를 보지 아니하였더라"(창9:20-23).

홍수 심판에서 구원받은 노아, 그리고 그들의 아들 셈, 함, 야벳으로부터 인류의 새로운 시작이 되었다.

노아는 포도주에 취하였다가 깨어났다. 그리고 아들들이 어떻게 행동했는지 기억했다.

노아는 자신이 술 취한 것은 자신의 잘못임을 인식했다. 그러나 아버지의 권위를 멸시함을 저주했다. 그리고 자신의 부끄러움을 덮어 주고 아버지의 권위를 인정한 셈, 야벳에게 복을 주었다.

타락하고 죄를 범한 것을 바라보면서 판단하고 정죄할 권리가 없다. 죄인이 죄인을 심판하고 정죄한다. 그러나 정죄의 효력은 없다. 죄인이 죄인을 불쌍하게 여기며 허물을 덮어 주는 것은 사람과 하나님 앞에 긍휼을 받는다.

노아 홍수 후에 아름다운 무지개는 창공에 아름답게 걸쳐 있었다. 사람들은 생육하여 번성할수록 죄악을 행하였다. 새로운 하나님의 심판의 날은 점점 다가왔다. 그러나 사람들은 무지개를 신화와 전설로 생각했다. 사람들의 기억에서 망각된 하나님은 여전히 전능한 하나님이시다.

육식 시대

하나님은 홍수 후에 인간에게 육식을 허용했다. 단, 살아 있는 짐승을 잡아 먹더라도 그 피는 먹지 말라. 피를 다 뽑아낸 후 고기를 먹게 했다.

"모든 산 동물은 너희의 먹을 것이 될지라 채소 같이 내가 이것을 다 너희에게 주노라, 그러나 고기를 그 생명 되는 피째 먹지 말 것이니라 내가 반드시 너희의 피 곧 너희의 생명의 피를 찾으리니 짐승이면 그 짐승에게서, 사람이나 사람의 형제면 그에게서 그의 생명을 찾으리라 다른 사람의 피를 흘리면 그 사람의 피도 흘릴 것이니 이는 하나님이 자기 형상대로 사람을 지으셨음이니라"(창9:3-6).

하나님이 천지 창조를 하시고 인간에게 음식으로 주신 것은 채소와 열매였다. 그리고 노아 홍수가 끝난 후에 육식을 겸하여 먹도록 허락했다. 그러나 고기를 먹는데 반드시 피를 다 뽑아내고 난 후에 먹도록 명령했다.

"하나님이 이르시되 내가 온 지면의 씨 맺는 모든 채소와 씨 가진 열매 맺는 모든 나무를 너희에게 주노니 너희의 먹을거리가 되리라 또 땅의 모든 짐승과 하늘의 모든 새와 생명이 있어 땅에 기는 모든 것에게는 내가 모든 푸른 풀을 먹을거리로 주노라 하시니 그대로 되니라"(창1:29-30).

짐승은 특별히 사육할 필요가 없었다. 하나님 앞에 번제로 드릴 때만 제물로 드릴 수 있는 동물을 잡아 드렸다.

노아 홍수 심판 이전에는 인간과 동물은 친근한 관계를 유지했다. 그러나 인간이 타락하고 죄를 범한 이후 세상은 홍수 심판으로 저주를 받았다.

홍수 심판을 겪은 이후 짐승들은 사람을 보면 두려워 도망을 쳤다. 때로는 사람을 공격했다. 인간이 타락하고 죄를 범함으로 짐승과 세상이 함께 저주를 받았다.

그리하여 짐승들은 사람을 보면 두려워 도망쳤다. 사람들은 고기를 먹기 위해서 사냥을 했다. 고기를 안정적으로 많이 먹기 위해서 짐승을 사육했다.

노아 홍수 이후 사람들은 육식을 하면서 점점 잔인하게 되었다. 하나님이 주신 생명의 가치를 버렸다. 짐승을 살육하는 생활을 하면서 사람을 죽이는 살인도 자행했다. 하나님의 형상을 가진 인간의 귀중함도 사라졌다.

하나님은 사람이 사람을 죽여 피를 흘리면 하나님이 그를 심판한다 했다(창9:5). 그러나 홍수 심판 이후에 세상은 살인이 넘쳤다. 사람들은 자기 욕심을 성취하기 위해서 싸움과 전쟁을 하였다. 그때마다 살인은 인간의 타락한 목적을 위하여 정당화시켰다. 살인을 한 자를 영웅으로 존경했다. 그리하여 안심하고 육식을 즐기면서 잔인한 죄의 본성을 따라 살았다.

홍수 심판이 다시는 없으니까? 죄를 행하고 살인을 하여도 두려운 마음이 없었다. 그들은 잘못된 생각을 했다. 홍수 심판은 없다. 그리고 세상에는 어떠한 심판도 없을 것이라 믿었다.

무지개를 태우는 불 심판

무지개의 과학적 정의는 비가 올 경우 태양과 반대쪽에 물방울에 비친 태양광선이 물방울 안에서 반사 굴절 되어 일곱 빛깔로 나타나는 자연적 현상이다

태양빛이 없으면 무지개도 없다. 어두운 밤에는 무지개를 볼 수 없다. 무지개는 태양이 있을 때 존재한다. 그러므로 무지개는 빛과 연관성이 있다.

태양은 장차 있을 불의 심판을 상징한다. 그러므로 무지개를 볼 때 과거의 심판을 기억하고, 태양을 볼 때 앞으로 있을 하나님의 불 심판을 기억해야 한다.

태양은 그 자체가 불덩어리다. 사람이 살고 있는 지구의 내핵도 불덩어리다.

예수님이 재림할 때 세상을 불로 심판하여 모든 것을 소멸시킨다. 노아 홍수 때는 물의 심판으로 세상을 씻어 사람들에게 새로운 기회를 주었다. 그러나 예수님이 재림할 때는 이 땅의 죄악을 완전히 불태워 소멸시킨다.

아담보다 악한 시대가 노아 시대였다. 노아의 홍수 심판 이후에 사람들은 더욱 악하고 죄를 즐기며 살았다.

노아 시대보다 더 악한 시대가 아브라함의 시대였다. 하나님은 아브

라함 시대에 소돔과 고모라를 유황불로 심판했다.

아브라함 시대보다 더욱 악한 시대가 있었다. 예수님이 십자가를 질 때 그 시대였다.

예수님은 그 시대를 향하여 권능을 행하고 말씀하셨다. "회개하라 천국이 가까 왔다" 그러나 사람들은 예수님이 전파하는 천국 진리의 말씀을 거부했다. 세상에 죄악을 행하였다.

예수님께서 그 악한 시대를 향하여 탄식하며 말씀했다.

"가버나움아 네가 하늘에까지 높아지겠느냐 음부에까지 낮아지리라 내게 행한 모든 권능을 소돔에서 행하였더라면 그 성이 오늘까지 있었으리라"(마 11:23).

예수님이 사역하던 시대보다 더욱 죄악 시대가 있다. 오늘 우리가 살고 있는 말세 시대이다. 예수님이 종말 시대를 향하여 예언했다.

"인자가 올 때에 세상에서 믿음을 보겠느냐"(눅18:8).

종교적인 행위는 있지만 믿음의 사람들을 찾아보기 힘들다. 심판의 때가 가까워진 시대마다 사람들은 더욱 타락하고 악하여서 하나님을 멸시한다. 자기만족에 도취되어 진리를 믿지 않는다.

천궁비밀(天弓祕密)

무지개는 종말에 심판이 있음을 경고하지만,

초점 잃은 사람들은 무지개의 환상만 보고 있다.

종말에 최후의 심판이 임박하였다.

심판을 경고하는 자가 없다.

심판의 위기를 느끼는 사람이 없다.

모두 착각 시대를 살고 있다.

착시 현상으로 지상 천국을 추구한다.

지상 낙원과 육체의 행복과 장수를 추구하고 있다.

곧 사라지는 무지개를 위하여 살고 있다.

사람들, 심판과 종말을 믿지 않다.

육식을 즐기며 육신을 위하여 살고

지옥 형벌을 두려워하지 않는다.

하나님의 진리는 우화와 전설로 전락했다.

예수 종교의 행위가 있으나 영적 예수의 생명력이 없다.

하나님을 찾고 부르지만 무시하고 멸시한다.

심판을 믿지 않음으로 죄를 짓고 행하나 두려움이 없다.

더욱 큰 죄와 악을 행하며 타락의 경쟁을 한다.

간악한 죄악을 무지개의 아름다움으로 숨기고

죄는 생존의 수단이라며 자위한다.

악은 쾌락의 과정이 되어 죄책감도 두려움도 없다.

죄악에는 용감하나 믿음에는 비겁하다.

지식은 있으나 진리가 없다.

하나님은 샤머니즘의 허수아비가 되었다.

세상을 지배하는 것은 나 자신이다.

인간이 신이 되었다.

무지개를 한문으로 천궁(天弓)이라 한다.

천궁은 하늘에 하나님의 활이라는 뜻이다.

무지개는 하나님이 최후의 심판을 경고한 것이다.

무지개는 하나님의 심판의 활이다.

무지개는 죄인들의 영혼을 과녁으로 삼고 있다.

하나님의 심판의 활을 막을 방패는 없다.

"내가 내 무지개를 구름 속에 두었나니 이것이 나와 세상 사이이 언약이 증거니라 내가 구름으로 땅을 덮을 때에 무지개가 구름 속에 나타나면, 내가 나와 너희와 및 육체를 가진 모든 생물 사이의 내 언약을 기억하리니 다시는 물이 모든 육체를 멸하는 홍수가 되지 아니할지라 무지개가 구름 사이에 있으리니 내가 보고 나 하나님과 모든 육체를 가진 땅의 모든 생물 사이의 영원한 언약을 기억하리라 하나님이 노아에게 또 이르시되 내가 나와 땅에 있는 모든 생물 사이에 세운 언약의 증거가 이것이라 하셨더라"(창9:13-17).

10. 세계 족보 퍼즐
(창10장)

다양한 민족과 족속이 함께하는 세상

하나님이 노아와 그의 아들에게 생육하고 번성하여 땅에 충만하라 하시며 복을 주었다. 그 후 인간은 번성하고 충만하여 세계에 편만하고 많은 국가와 민족과 부족이 생겼다.

현재 지구상에 존재하는 국가는 몇 개의 국가인지 알 수 없다. 국제적으로 인정을 받은 나라도 있고 그렇지 못한 나라도 있다. 세계은행이 지구상에 229개국을 국가로 인정한다. 종족 수를 계산하면 기하급수적으로 많아진다.

현재 지구상에는 많은 나라와 많은 족속과 언어와 문화가 있다. 체격과 피부색과 문화와 언어가 각각 다르다. 이는 자연환경에 적응하는 과정에서 생물학적 특성의 차이를 가지게 되었다.

인간의 특성과 차이는 차별적 형태를 가지면서 우수한 종족과 미개한 종족 국가로 분류하였다. 문화가 앞선 나라가 지배하면서 식민지 제도를 통하여 백인 우월주의와 흑인을 노예로 착취하면서 영혼이 없는 사람으로 취급했다.

각 종족 민족이 가진 특별한 것들이, 다른 종족과 민족과 비교하면 우월적인 차이를 다 가지고 있다. 그러나 우월적 차이를 통하여 인종

종족을 차별하는 문화가 형성되었다. 그 결과 현재 지구 위에는 종족과 민족의 갈등과 분쟁으로 전쟁과 내전, 부족 간의 싸움이 진행되고 있다.

종족과 민족의 뿌리

오늘날 다양한 민족 종족의 퍼즐 조각을 맞추어 나가면 성경에서 하나의 그림이 완성된다. 하나님이 천지를 창조하시고 인간을 창조하였다. 노아 홍수 심판으로 인간은 새로운 시작을 하였다.

창세기 10장에서 노아 홍수 이후 하나님이 인간에게 생육하고 번성하여 땅에 충만 하라는 말씀이 성취된 것이다. 지금 현존하는 부족과 종족 국가는 모두 노아의 후손들이다.

노아의 아들은 셈, 함, 야벳이다. 이들은 하나님의 명령으로 방주를 만든데 동참했다. 그리고 홍수 심판에서 유일하게 구원받은 한 가족이다. 홍수 이후 하나님의 복으로 그들은 각기 종족이 번성하며 땅에 충만했다. 그들은 종족의 조상들이 되었다.

창세기 10장에는 노아의 세 아들을 통한 70개 인종의 번성을 기록하고 있다. 기록의 순서는 막내아들 야벳부터, 둘째 아들 함, 장남 셈의 순서로 기록되었다.

야벳은 14개 종족을 이루었다.

"야벳의 아들은 고멜과 마곡과 마대와 야완과 두발과 메섹과 디라스요,

고멜의 아들은 아스그나스와 리밧과 도갈마요 야완의 아들은 엘리사와 달시스와 깃딤과 도다님이라. 이들로부터 여러 나라 백성으로 나뉘어서 각기 언어와 종족과 나라대로 바닷가의 땅에 머물렀더라"(창10:2-5).

야벳은 일곱명의 아들을 낳았다. 고멜, 마곡, 마대, 야완, 두발, 메섹, 다르스이다. 야벳의 아들은 다시 많은 자녀를 낳았다. 그 많은 야벳의 손자들 중에서 성경에 기록된 자들은 일곱 명이다. 그들은 아스그나스, 리밧, 도갈마, 엘리사, 달시스, 깃딤, 도다님 이다 야벳의 아들 일곱과, 손자 일곱이 합하여 14명이 야벳의 후손으로 큰 족속을 이루었다. 그리고 많은 민족이 형성되었다.

야벳의 후손들은 오늘날 독일, 터키, 우크라이나, 그리스, 스페인, 러시아, 카피스, 메데 족속, 소아시아 여러 족속, 흑해 여려 족속들, 에게해 주변으로 번성했다.

함의 후손들은 30개 종족을 이루었다.

"함의 아들은 구스와 미스라임과 붓과 가나안이요 구스의 아들은 스바와 하윌라와 삽다와 라아마와 삽드가요 라아마의 아들은 스바와 드단이며, 구스가 또 니므롯을 낳았으니 그는 세상에 첫 용사 그가 여호와 앞에서 용감한 사냥꾼이 되었으므로 속담에 이르기를 아무는 여호와 앞에 니므롯 같이 용감한 사냥꾼이로다 하더라, 그의 나라는 시날 땅의 바벨과 에렉과 악갓과 갈레에서 시작되었으며. 그가 그 땅에서 앗수르로 나아가 니느웨와 르호보딜과 갈라와. 및 니느웨와 갈라 사이의 레센을 건설하였으니 이는 큰 성읍이라. 미스라임은 루딤과 아나밈과 르하빔과 납두힘과 바드루심과 가슬루힘과 갑도림을 낳았더라(가슬루힘에게서 블레셋이 나왔더라)"(창10:6-14).

함의 후손들은 30명이 기록되어 있다. 그들 중에는 오늘날 아프리카, 리비아인, 에티오피아, 애굽, 팔레스틴과, 가나안 9 족속 들이 되었다.
하나님을 대적하여 국가를 세운 '니므롯', 세상에 처음 영웅 용사였으나 하나님을 대적하며 사람을 죽이고 살해하는 전쟁에 능숙한 자였다.

셈의 후손들은 26개의 종족을 이루었다.(창10:21-32)

"셈은 에벨 온 자손의 조상이요 야벳의 형이라 그에게도 자녀가 출생하였으니 셈의 아들은 엘람과 앗수르와 아르박삿과 룻과 아람이요 아람의 아들은 우스와 훌과 게델과 마스며. 아르박삿은 셀라를 낳고 셀라는 에벨을 낳았으며. 에벨은 두 아들을 낳고 하나의 이름을 벨렉이라 하였으니 그 때에 세상이 나뉘었음이요 벨렉의 아우의 이름은 욕단이며 욕단은 알모닷과 셀렙과 하살마웻과 예라와 하도람과 우살과 디글라와 오발과 아비마엘과 스바와 오빌과 하윌라와 요밥을 낳았으니 이들은 다 욕단의 아들이며 그들이 거주하는 곳은 메사에서부터 스발로 가는 길의 동쪽 산이었더라, 이들은 셈의 자손이니 그 족속과 언어와 지방과 나라대로였더라 이들은 그 백성들의 족보에 따르면 노아 자손의 족속들이요 홍수 후에 이들에게서 그 땅의 백성들이 나뉘었더라"(창10:21-32).

셈의 후손들은 오늘날 페르시아 만, 카스피 해, 티그리스 강 동편의 아수르 족속, 수리아, 메소포다미야, 아랍 족속, 이스라엘 족속. 인도양 주변 족속들이 되었다.

노아의 세 아들을 야벳, 함, 셈을 통하여 오늘날 민족과 족속 종족이 번성하였다. 그러나 오늘 인종의 번성은 지금 인종이나 민족의 개념과는 다르다.

역사의 흐름 속에 분열과 통합, 혼합을 통하여 수많은 종족 민족이 번성하다, 그리고 많은 종족이 소멸되었다. 때로는 융합하기도 하였다. 그러나 오늘날 모든 민족 모든 족속의 뿌리는 노아이며 그의 세 아들을 통하여 이루어졌다. 하나님이 말씀하신 대로 생육하고 번성하여 땅에 충만하라는 말씀이 성취되었다.

나누어진 지형을 따라간 걸음들

하나님이 천지 창조를 하실 때의 바다와 육지의 지형이, 오늘날 우리가 살고 있는 오대양 육대주의 지형과 바다와 동일한 것일까?

현재 5대양 육대주로 편만한 세계를 지형적으로 조합을 하면 하나의 거대한 하나의 대륙이었다. 그런데 후일에 지형의 변화를 통하여 오늘날 5대양 6대주가 된 것이다. 이러한 큰 지형적 변화는 언제 일어난 것일까? 노아 홍수 이전일까 아니면 홍수 이후일까? 알 수 없다.

창세기 셈의 후손들 중에 언급된 이름들 중에 특이한 두 사람이 있다.
창세기 10장 24절에 "아르박삿은 셀라를 낳고"기록되어 있다. "셀라"의 이름 뜻은 '확대', '퍼짐'이다. 종족이 멀리 멀리 퍼졌다는 뜻이다.
창세기 10:24절에 "셀라는 에벨을 낳았으며"기록되어 있다. "에벨"

의 이름의 뜻은 '건너온 자'이다. 즉 바다를 건너왔다는 뜻이다.

창세기 10:25절에는 "에벨은 두 아들을 낳고 하나의 이름은 벨렉이라 하였으니 그때에 세상이 나뉘었음이요."라고 기록되어 있다.

"셈의 아들은 엘람과 앗수르와 아르박삿(아브라함의 조상)과 룻과 아람이요 아람의 아들은 우스와 훌과 게델과 마스며 아르박삿은 셀라를 낳고 셀라는 에벨을 낳았으며 에벨은 두 아들을 낳고 하나의 이름을 벨렉이라 하였으니 그 때에 세상이 나뉘었음이요 벨렉의 아우의 이름은 욕단이며 욕단은 알모닷과 셀렙과 하살마웻과 예라와 하도람과 우살과 디글라와 오발과 아비마엘과 스바와 오빌과 하윌라와 요밥을 낳았으니 이들은 다 욕단의 아들이며 그들이 거주하는 곳은 메사에서부터 스발로 가는 길의 동쪽 산이었더라 이들은 셈의 자손이니 그 족속과 언어와 지방과 나라대로였더라 이들은 그 백성들의 족보에 따르면 노아 자손의 족속들이요 홍수 후에 이들에게서 그 땅의 백성들이 나뉘었더라"(창22-32).

'세상이 나뉘었다'는 것에 대한 해석이 분분하다.

일설에는 '벨렉'의 시대에 오늘날 지구의 판구조가 변형되어 5대양 6대주로 지형이 나뉘었다고 주장하는 학설도 있다. 그런데 우리가 살고 있는 지구의 지각은 크고 작은 10개의 거대한 지판으로 나누어 지표면을 구성하고 있다.

맨틀의 대류에 의해서 지각의 판이 지금도 이동을 하고 있다. 지각의 판이 서로 반대 방향으로 이동하면 그 틈새로 지하의 마그마가 올라와 새로운 지각을 형성한다.

본래의 지구는 하나의 거대한 대륙이었다. 그리고 맨틀의 대류에 의

하여 지각 판이 이동하여 오늘날 오대양 육대주가 되었다. 그러한 지각의 변동으로 땅이 나누어지고 대륙이 생긴 때는 하나님만이 아신다. 우리가 지금 알 수 있는 것은 하나다. 지금도 지형의 변화가 계속 진행 중이라는 것이다.

사람은 땅 위에서 각각 생육하고 번성하며 충만하게 살게 되었다. 오늘도 하나님이 창조한 우주와 지구를 주관하신다. 자연적으로 세상이 돌아가는 것이 아니다. 하나님의 간섭과 운행하심으로 세상이 돌아간다.

지금도 지구는 융기와 침강이 계속된다. 그리하여 새로운 대지가 만들어진다. 해수면의 상승으로 침수되는 땅이 있다. 바다 속에 수중 도시들이 존재함을 볼 수 있다. 그곳은 과거에는 육지였다. 그런데 지금은 수중에 수몰되었다. 창조 이후부터 화산으로 인한 지형의 변화로 새로운 섬이 생성되고 있다. 하나님이 창조하신 그 날부터 종말까지 지구는 쉬지 않고 변형된다. 그 위에 사람들이 살고 있다.

사라진 영웅과 제국들

하나님이 창조한 세상은 넓었다. 땅 위에 살아가는 인간은 소수였다. 그리하여 노아의 후손들이 땅 위에 번성하면서 점점 넓고 좋은 땅을 차지하기 위해서 새로운 미지의 대지를 개척하였다.

새로운 대지에 그들의 문화를 형성하며 살았다. 그리고 세월이 지나면서 그들만의 문화와 민족과 종족을 이루었다. 가까운 거리에 있는 종족들은 교류를 하였다. 먼 거리에 있는 종족들과는 교류가 단절되었다.

세월이 가면 갈수록 각각의 문화와 종족의 특성을 유지하였다. 종족의 힘이 강해지면서 떠돌이 생활을 청산하였다. 한곳에 정착하여 민족과 종족이 연합하여 번성했다.

사람들에게 새로운 문제가 발생했다. 종족간의 충돌이 발생했다. 자연의 재해로 인하여 가뭄, 한발, 혹한 등으로 생존에 필요한 양식이 부족하였다. 좀 더 넓은 토지를 점령하여 안정적인 양식을 확보하기 위해서 종족과 부족 간의 전쟁이 쉬지 않았다. 넓고 넓은 땅이 있었다. 그러나 곡식을 경작하기 좋은 땅과 목축업을 하기 좋은 초지를 중심으로 도시가 발전되고 그 도시를 중심으로 그 지역을 쟁탈하는 전쟁이 발생했다. 그 결과 강한 자가 약한 자를 지배하고 약탈하였다. 풍요로운 땅은 강한 자가 차지했다. 약한 자들은 새로운 좋은 땅을 찾아 이동을 하였다. 원시적인 부족에서부터 현대에 이르기까지 전쟁은 여러 가지 명분을 가지고 있지만 본질은 배부르게 먹을 빵을 위해서다.

종족이 번성할수록 전쟁은 빈번하게 발생했다. 살인과 약탈을 하는 전쟁의 목적은 정당화되었다. 결국 강한 자가 세상을 지배하는 천지가 되었다. 그러나 영원히 강한 자는 없었다. 한때 강한 자, 강한 국가들이 존재하였다. 그러나 강한 자는 약해진다. 강한 자를 꺾을 더욱 강한 자가 출현했다.

인간의 역사에는 위대한 영웅과 제국과 국가, 종족이 있었다. 그리고 영원한 제국과 영원히 강한 자는 없었다. 모두 때가 되면 역사의 기록에 한 줄로 남았다. 무너진 제국 위에 새로운 국가가 세워지고 언젠가는 사라진다.

종족이 만든 종교들

칠레 산티아고에서 태평양으로 3,799km에 있는, 한국의 제주도의 1/10의 면적의 화산섬 라파누이(이스터 섬)가 있다. 1722년 네덜란드의 탐험가 야코프 로헤벤 선장이 칠레를 출발하여 태평양에서 15일 이상 헤매다 부활절에 도착한 곳이다.

탐험가들의 눈으로 보기도 믿기지 않을 기괴한 거석상을 보았다. 해안가에 크기가 7-8m에서 큰 것은 20m의 거석상이 세워져 있었다. 작은 것은 20톤에서 큰 것은 90톤이 된다. 모아이(Moai)는 약 600개로 모두 한쪽 방향을 보고 있다.

당시에 이스터 섬에 거주하는 원주민은 약 5,000명이었다. 그러나 탐험가들이 가져온 전염병으로 인하여 190년이 지난 1912년에는 약 100명이 거주했다. 그들의 일생 사업은 거대한 모아이(Moai) 석상을 만들어 해안가에 세우는 것이다 그들은 무엇을 바라보고 있는 것일까? 왜, 사람들은 죽으면서까지 그 모아이를 만들었을까? 거석상은 그들의 신앙이며 종교였다.

노아의 후손들이 땅 위에 번성하면서 흩어져 각각의 문화와 전통을 형성하였다. 그리고 여호와 하나님을 버렸다. 세상을 창조하신 전능자 하나님이 존재한다는 것은 알았다. 그러나 하나님을 어떻게 믿고 섬겨야 하는지를 몰랐다.

흩어져 살아가는 종족 부족들의 마음에는 그들이 생각하기에 절대자 하나님이라 생각되는 것을 만들고 믿었다. 그것이 그들의 종교와 신앙이 되었다.

비극적인 것은 그들이 믿는 것들은 하나님이 아니다. 자연을 숭배하거나 어떠한 인간을 숭배하면서 하나의 신앙과 종교로 발전했다. 그리하여 오늘날 세계는 다양한 샤머니즘과 부족 종교, 민족종교가 존재한다.

이스터 섬의 모아이와 같이 인도의 힌두교, 불교, 도교, 이슬람교 등은 뿌리 깊은 세계적 종교문화를 형성했다. 샤머니즘과 우상종교가 추구하는 것은 공통적이다.

민족 종교가 형성한 종교심과 문화가 세계를 지배하고 있다. 그러한 종교적 행위는 인간의 삶의 목적을 그들이 믿는 신과 신전에 집착하게 했다.

이스터 섬의 모아이, 캄보디아의 앙코르와트, 요르단의 페트라, 이집트의 피라미드와 스핑크스, 지구상에 혼재하고 있는 여러 종교적 유적들이 있다.

오늘날 경제 문화 외교 정치는 그들이 믿는 종교에 바탕을 두고 있다.

후회를 해도 돌이킬 수 없는 그 날

하나님은 노아시대 홍수로 죄를 심판했다.
노아의 후손들은 번성하여 민족과 종족 부족이 되었다.
땅 위에 인간이 번성할수록 하나님을 버렸다.
범죄와 타락으로 죄악도 깊어졌다.
출생하여 죽을 때까지
죄를 생산 배양하는 기계로 산다.
하나님을 버리고 다양한 종교를 만들었다.
영생복락을 누린다는 허상을 진리로 믿는다.

노아는 홍수 심판에서 구원받았다.

노아의 죄악 된 본성은 홍수 심판을 벗어났다.

다시 홍수 전과 같이 죄악이 창궐한 세상이 되었다.

홍수 심판은 없다.

불의 심판이 있다.

진리는 심판의 날이 다가오고 있음을 증거한다.

현실은 심판을 믿지 않는다.

현재의 지상낙원을 꿈꾸며 불멸의 존재가 되려한다.

그 심판의 날을 생각하는 사람은 없다.

그래도 심판 날이 다가오고 있다.

"노아의 아들 셈과 함과 야벳의 족보는 이러하니라

홍수 후에 그들이 아들들을 낳았으니"(창10:1).

"이들은 그 백성들의 족보에 따르면

노아 자손의 족속들이요 홍수 후에 이들에게서

그 땅의 백성들이 나뉘었더라"(창10:32).

11. 시날 평지의 총회
(창11장)

최초의 기독교 국가 아르메니아

노아가 홍수 심판 후 방주에서 나온 곳이 아라랏 산이다(창8:4). 지금 터키 동부지역 아라랏 산 근방이다. 그곳에서 생활한 노아의 후손들 중에 아라랏 주변에서 고도의 문명생활을 누리는 아르메니아 민족이 있었다. 기원전 2-3세기에는 유력한 왕국을 형성하였다. 아르메니아 문자도 있었다.

로마는 디오클레티아누스 황제(BC.284-505) 치하 때 그리스도 교인들을 박해하는 네 번의 칙령을 내렸다. 로마는 다신을 믿으며 황제를 신으로 섬겼다. 체포된 그리스도인들에게 로마의 다신과 황제를 숭배하면 석방을 하였다. 그러나 신앙적 절개를 지키는 그리스도인은 고문하고 참수형에 처하였다.

로마제국이 그리스도인들을 무참하게 박해 탄압하는 시기에 그리스도의 복음이 아라랏 산자락 아르메니아에 전파되었다. 주후 301년, 아르메니아는 그리스도교를 국교로 받아 들였다. 그리하여 지구상에 첫 번째 기독교 국가가 되었다.

BC.313년 로마의 황제 콘스탄틴이 밀란의 칙령을 발표했다. 그동안 박해를 받은 그리스도인들에게 다른 종교와 함께 로마의 법 앞에 동등

한 권리를 가졌다. 그리고 기독교의 부흥이 흥왕했다.

마호메트 (Mahomet ; BC. 570?~632.6.8)가 이슬람을 창시한 후 로마의 지배하에 있는 많은 국가들이 이슬람이 되었다. 그러나 터키 동북부에 위치한 아르메니아는 이슬람을 받아들이지 않았다. 많은 국가 민족들이 이슬람으로 개종되었으나 아르메니아 민족만 기독교 민족으로 남았다.

아르메니아의 집단 학살은 두 번에 걸쳐서 일어났다. 1차 아르메니아인 집단 학살은 1894년 아나톨리아 동부 비틀리스 주에서 거주하던 이슬람과 아르메니아인과의 대규모 충돌이 있었다. 오스만 정부는 군대를 동원해서 출동 진압하였다. 당시에 2만 명 이상의 희생자가 나왔다. 2차 아르메니아 집단 학살은 제1차 세계대전 전쟁 중에 오스만 제국 측의 아르메니아인 수천 명이 러시아 군에 참가하여 게릴라 활동했다. 이로 인하여 오스만 제국 내의 반 아르메니아인 감정이 조성되었다. 그로 인하여 오스만 제국은 아르메니아의 공동체 소탕 작전을 하였다. 그로 인하여 아르메니아 측 집계로 200만 명이 학살당했다. 그 후 지금까지 아르메니아 대학살 사건은 국제적으로 거명되지 않고 있다.

노아의 방주가 머문 곳에서 발생한 아르메니아 민족은 위대한 신앙과 절개를 가졌다.

1991년 소비에트 연방에서 독립한 아르메니아는 터키령으로 되어 있는 아르메니아의 거주 지역에 대한 영유권을 주장하기 시작했다.

2012년 프랑스 의회는 "아르메니아인 대학살 부인 금지법"을 통과시켰다. 그리하여 프랑스와 터키는 외교적인 문제로 발전되었다.

아르메니아에서 바벨론까지

노아의 방주가 머문 아르메니아 지역에 새로운 문화를 형성하며 번성했다. 그러나 해발 4,000m의 고지에서 많은 사람이 거주하기 힘들었다. 사람들은 새로운 넓은 땅을 찾아 아르메니아에서 남동방향으로 이주했다. 그들이 정착한 곳은 티그리스 강과 유프라테스 강과 강 사이 시날 평지다.

그곳은 넓은 평원이다. 땅은 비옥하고 풍성한 소출을 주었다. 목축업을 하기에 적합한 초지와 풍부한 수원이 있었다.

시날 평지에 정착한 사람들은 거대한 도시를 형성했다. 그들은 단일 언어를 사용했다. 인구는 많았지만 의사소통에 아무런 문제가 없었다. 언어가 동일함으로 그들의 문화도 동일했다(창11:1-4).

"온 땅의 언어가 하나요 말이 하나였더라 이에 그들이 동방으로 옮기다가 시날 평지를 만나 거기 거류하며, 서로 말하되 자, 벽돌을 만들어 견고히 굽자 하고 이에 벽돌로 돌을 대신하며 역청으로 진흙을 대신하고. 또 말하되 자, 성읍과 탑을 건설하여 그 탑 꼭대기를 하늘에 닿게 하여 우리 이름을 내고 온 지면에 흩어짐을 면하자 하였더니"(창11:1-4).

시날 평지에 정착한 노아의 후손들에게 구전으로 전해지는 전설이 있었다. 그들의 조상 노아 시대에 하나님이 세상을 홍수로 심판했다는 것이다. 노아 홍수의 사실은 세월이 가면서 전설이 되고 신화로 믿었다.

시날 평지에 거주하는 사람들은 두려움이 있었다. 방주가 머문 아라랏 산은 해발 4,000m 이었다. 홍수 심판을 받아도 아르메니아 고산지는 비교적 안전한 곳이었다. 그러나 시날 평지는 높은 산이 없다. 만약에 홍수가 난다면 그들이 피할 곳이 없었다. 모두 죽을 것이다. 그런데 가끔 큰 비가 내렸다. 그리고 상류에서 홍수가 나면 티그리스 강과 유프라테스 강물이 범람했다. 그때마다 홍수로 피해를 보았다. 그리고 홍수로 죽을수 있다는 두려움을 가졌다. 그 두려움은 시날 평지에 거주하는 모든 사람들의 공통적인 공포심 이였다.

하나님이 홍수로 세상을 심판한 것을 전설과 신화로 믿는 그들은 하나님을 떠난 지 오래 되었다. 그들의 관심은 시날 평지의 행복과 안정된 생활을 유지하고 싶었다. 혹시, 전설로 믿는 홍수 심판이 있다면 어떻게 할 것인지 생각했다. 시날 평지에 살고 있는 사람들의 공통된 두려움은 홍수 심판이 있다면 어떻게 될 것인가? 그들에게 해답이 없었다.

그들은 비가 온 후에 무지개를 보았다. 그러나 하나님이 주신 무지개 언약은 기억에서 사라졌다. 그러므로 늘 발생하는 홍수를 보면서 홍수에서 자력으로 생존할 방법을 생각했다.

시날 평지의 총회

시날 평지 주민들이 총회를 하였다. 홍수심판이 있을 때는 어떻게 해야 살아남을 수 있는가? 오랫동안 생각하고 연구했다. 긴 시간 동안 난상토론을 하여 하나의 결론을 내렸다. 시날 평지에 성과 대를 쌓아 인공적인 산을 만들어서 그 꼭대기가 하늘까지 닿게 하는 것이다.

시날 평지에 모인 사람들이 성과 대를 만드는 네 가지의 목적이 있었다.

첫째는, 자신들의 이름을 후손들에게 남기는 것이다. 노아가 만든 방주는 썩어 없어졌다. 그러나 벽돌과 역청으로 만들어 쌓은 거대한 건축물은 영원히 그 자리에 존재할 것이다. 후손들이 그 건축물을 보고 존경할 것을 기대했다.

둘째는, 서로 흩어짐을 면하고 영구히 결속하는 것이다. 시날 평지는 비옥한 토지로 생존하기 가장 좋은 곳이었다. 그리고 자신들이 만들 인공 건축물이 장차 있을 수도 있는 홍수 심판에 생존을 보장해 줄 것으로 생각했다.

셋째는, 사람이 서로 힘을 합하면 하나님 없이도 살 수 있다는 것이다. 하나님이 홍수 심판을 해도 인간들이 결집하면 하나님을 이길 수 있다는 자신감을 가졌다.

넷째는 하나님을 버리고 그들은 새로운 신을 믿었다. 그리하여 자신들이 만든 건축물 최 상부에 신전을 만들고 그곳에서 신을 숭배하며 교제하려 했다.

시날 평지에서 성과 탑을 축조하는 것은 단순한 것이 아니였다. 인간이 하나님을 버린다는 공개적인 표증이었다. 인간이 하나님을 이겼다는 증거물이었다. 그들은 하나님이 아닌 새로운 신을 선택하고 그 신을 믿고 경배한다는 것이다.

시날 총회에서 결정된 것은 일사천리로 진행되었다. 반대할 사람이 없었다. 그리하여 사람들이 가진 모든 기술을 동원하여 축조를 시작했다.

거대한 건축물인 성과 탑을 쌓기 위해서는 많은 돌이 필요했다. 그러나 시날 평지에서 산이 없었기에 충분한 돌을 구할 수 없었다. 돌을 대신하여 넓은 평지에서 흙으로 벽돌을 구워 사용하기로 했다. 그리고 땅에 고체로 있는 역청(瀝靑)을 열을 가하여 액체로 만들어 방수용 접착제로 사용했다.

시날 평지에서 사람들은 총회 회의로 결정한 것을 즉시 실천했다. 사람들을 효과적으로 관리하기 위해서 효율적인 조직도 하였다. 구조물에 대한 설계를 하였고 측량도 했다. 벽돌을 생산할 수 있는 거대한 공장이 건축되었다. 석청을 생산하기 위해서 지질을 연구하고 땅에서 콜타르를 생산했다. 건축의 공정에 따라서 필요한 모든 것을 생산하고 관리했다.

그리하여 일사불란하게 여러 개의 성과 대를 동시에 쌓아 올라갔다. 그들에게는 어떠한 어려움도 없었다. 사람들이 목적이 하나요, 뜻이 하나가 되어 함께 서로 협력하면서 노동을 하고 경제적 부담을 즐겁게 제공했다. 그 모든 것은 자신의 생존과 연관된 것이기에 동참했다.

소통에서 불통으로 남은 바벨탑

하나님이 땅에 살아가는 사람들을 보시고 있었다. 특별히 시날 평지에서 진행되는 여러 개의 성과 대를 쌓아 올리는 것을 보시고 있었다. 사람들의 목적이 무엇인지도 알고 있었다.

그리하여 하나님이 친히 세상으로 강림하셨다. 하나님이 강림한 목적은 인간들이 진행하는 것을 중지시키기 위해서였다. 하나님은 홍수 심판을 하지 않을 것이라 했다. 그리고 무지개 언약을 주었다. 사람들은 하나님의 언약을 믿지 않았다. 사람들이 하나님을 버렸다. 그러나 하나님은 사람을 버리지 않았다. 사람들이 하나님을 거역했다. 하나님은 하나님의 전능한 방법으로 인간을 다스렸다.

당시에 사람들은 단일한 언어를 사용했다. 그러므로 생각도 문화도 하나로 통일되었다. 하나님은 성과 대를 쌓은 일을 중단시키기 위해서 수만은 언어를 만들어 사람들에게 주었다.

"여호와께서 사람들이 건설하는 그 성읍과 탑을 보려고 내려오셨더라 여호와께서 이르시되 이 무리가 한 족속이요 언어도 하나이므로 이같이 시작하였으니 이후로는 그 하고자 하는 일을 막을 수 없으리로다, 자, 우리가 내려가서 거기서 그들의 언어를 혼잡하게 하여 그들이 서로 알아듣지 못하게 하자 하시고 여호와께서 거기서 그들을 온 지면에 흩으셨으므로 그들이 그 도시를 건설하기를 그쳤더라"(창11:5-8).

사람들은 갑자가 의사소통(communication)이 되지 않았다. 언어는 자신이 아는 것만 알아듣고 반응한다. 순식간에 사람들은 이상한 현상을 경험했다. 주변 사람들과 대화가 단절되었다.

거대한 공사는 중단되었다. 언어의 혼란은 상호 단절과 불신과 불평을 증폭시켰다. 언어가 달라지면 가치관과 생각도 문화도 달라진다. 사람들은 서로 언어가 통하는 사람을 찾아 연합하고 시날 평지를 떠났다. 동일한 언어를 구사하는 사람들끼리 그들의 정착지를 찾아 동서남북으로 흩어졌다.

하나님께서 언어를 혼잡하게 한 것을 '바벨'이라 칭했다. 바벨이란? '혼잡', '혼란'이라는 뜻을 가지고 있다. 시날 평지에서 사람들이 성과 대를 쌓은 거대한 건축이 중단되었다. 후일 사람들은 시날 평지에 미완으로 남겨진 건축물을 "바벨탑(Tower of Babel)이라 했다. 후일 시날 평지에 거주하는 사람들을 바벨론 사람이라 했다. 그리고 많은 세월이 지나서 바벨론 제국이 세워졌다.

오늘날 바벨탑과 유사한 것으로 추정되는 탑들이 메소포타미아 지역에 20여개 발견되었다. 이를 지구라트(ziggurat)라 한다. 네모 반듯한 계단 모양의 고대 성탑으로 하늘에 있는 신과 지상을 연결하려 건축을 했다. 큰 것은 저변이 122m에 높이 46.9m의 7층으로 된 계단식 탑이다. 탑 위에 그들이 믿는 신상을 세우고 숭배했다.

바벨탑 사건은 구약성경 창세기 1장에서 11장까지 내용 중 4대 사건이다. 첫째는, 천지창조, 둘째는, 인간의 타락, 셋째는, 대홍수 심판, 넷째가, 바벨탑 사건이다.

바벨탑 사건은 인간이 집단을 형성하고 조직적으로 하나님을 대적한 사건이다. 인간의 힘이 결집하면 하나님을 이길 수 있다는 발상의 출발이다.

바벨탑에 대한 세속적 뜻은 '천국의 계단'이다. 그 천국은 하나님이 계시는 곳이 아니다. 바벨탑의 천국은 사단에 이르는 사단의 왕국으로 올라가는 계단이다. 그러므로 바벨탑은 하나님이 계시는 천국으로 가는 계단이 아니었다. 지옥으로 가는 지옥의 문으로 가는 계단이었다.

오늘도 바벨탑은 건축 중이다. 인간 중심의 세상을 만들고 그들이 믿는 우상을 숭배하면서 하나님 없는 세상과 천국을 꿈꾸고 있다. 그리고 허상으로 보고 있는 천국의 계단을 올라가지만 종점은 사망이요 지옥이다.

하나님은 어떠한 바벨탑도 허용하지 않는다. 영원한 '혼잡', '혼란',

'갈등', '불신', '불안'만 가중될 것이다.

오늘도 바벨탑의 저주가 있다 의사소통이 되지 않는 것이다. 지상에 생존하는 모든 사람들의 문제는 의사불통의 문제다. 소통이 되지 않는 불통은 형벌이며 저주다.

흩어져 다시 세운 바벨탑들

바벨탑의 축조는 중단되었다. 언어의 혼란을 겪은 사람들은 동질성을 찾아 각각 규합했다. 그리고 같은 언어를 사용하는 자들이 집단을 이루어 땅 위에 각각 흩어졌다. 그 결과 지구상에 여러 국가 민족으로 번성하고 각각의 언어와 문자와 문화를 가지고 살고 있다.

"그러므로 그 이름을 바벨이라 하니 이는 여호와께서 거기서 온 땅의 언어를 혼잡하게 하셨음이니라 여호와께서 거기서 그들을 온 지면에 흩으셨더라"(창11: 9).

현재 세계는 3,000종류의 언어와 100여 종류의 문자를 사용하고 있다. 가장 많은 사람이 사용하는 언어는 중국어다 가장 많은 국가에서 사용하는 언어는 영어다.

언어와 문자가 다르면 생각과 문화도 다르다. 그러나 사람에게 통일된 것이 하나 있다. 하나님의 존재에 대한 의식이다. 하나님은 인간을 하나님의 형상으로 창조했다. 그러나 인간은 범죄함으로 하나님을 떠났다. 하나님을 버린 인간은 무엇인가 믿고 의지하려는 마음을 가졌다. 이것이 종교심이다. 사단은 인간이 본능적 심성의 종교심으로 다양한 우상 종교와 샤머니즘을 만들었다.

시날 평지에 바벨탑을 축조한 목적은 하나님 없이 영생불멸이다. 시날 평지를 떠나 흩어진 사람이 머문 곳에 또 다른 바벨탑을 쌓았다.

메소보타미아에 현존하는 지구라트, 이집트의 피라미드, 요르단의 페트라, 유럽의 거석문화가 바벨탑의 후속 작품이다.

남미 페루의 안데스 산맥 해발 3,339m에 잉카 제국의 마야 신전, 멕시코의 아즈텍 문명, 칠레 령의 이스터 섬에 모아이 석상도 새로운 형태의 바벨탑이다.

중국의 도교와, 서안에 진시황릉 병마총, 캄보디아의 앙코르와트, 인도의 불교, 힌두교, 중동지역을 중심으로 한 이슬람교, 세계 곳곳에 정령숭배 사상은 다양한 형태의 새로운 바벨탑이 축조되었다. 시날 평지에서 흩어진 사람들은 그들의 환경에서 지속적으로 새로운 바벨탑을 축조 발전시켰다. 그것은 민족과 국가의 종교와 문화와 전통이 되고 예술의 한 부분이 되었다.

하나님을 대신하는 AI, 인공지능 시대가 열렸다. 과학의 발전은 사람이 하는 것을 기계가 할 수 있게 했다. 로봇이 일을 하고 전쟁도 한다. 무인 시대에 인간의 가치는 점점 첨단 과학의 지배를 당하고 있다.

타락한 인간은 점점 영생을 꿈꾸며 생명을 연장시킬 수 있는 첨단의 과학과 의학이 발전을 한다. 죽지 않는 인간을 만들고 죽은 자도 다시 살리는 것을 추구한다. 그리하여 하나님을 믿고 죄 사함을 받는 것에 관심이 없다. 인간의 지상낙원 추구를 위해서 행하여지는 수많은 죄악은 합법적인 것을 생각한다. 그런데 인간들은 첨단의 문화와 과학의 힘을 빌려 영생을 꿈꾸지만 공허해진다. 그리하여 샤머니즘과 무속적인 신앙은 점점 왕성해 가고 있다. 신흥종교도 활발하게 성장하고 있다. 물질문명이 발전되면 될수록 사람들은 점점 공허해진다. 인생의 해답을 찾지 못하고 방황한다.

하나님이 선택한 셈의 후손

바벨탑 사건 이후에 흩어진 사람들 중에서 하나님이 선택한 자들이 있었다. 그 선택한 자들의 족보를 살펴보면 다음과 같다.

하나님은 노아 홍수 이후에 노아의 아들 셈을 선택했다. 셈의 아들은 엘람(페르시아, 파사, 이란의 조상)과, 앗수르와 아르박삿(아브라함의 조상)과 룻과 아람을 낳았다(창10:22).

바벨탑을 심판하신 이후 흩어진 노아의 자손 중에서 하나님은 셈을 선택했다. 셈의 많은 후손 중에서 아르박삿을 선택하셨다. 그리고 아브람을 선택하였다(창11:10-26절).

노아에서부터 아브람까지 선택된 과정에 11대 족보를 정리하면 세 가지 특징이 있다. 첫 번째, 출산 연령이 점점 낮아졌다. 두 번째, 인간의 수명이 점점 단축되었다. 세 번째, 많은 자녀를 낳았다.

노아부터 아브람까지 11대의 족보는 아래와 같다
노아는 셈과 함과 야벳을 낳았고 950세에 죽었다.

셈은 100세에 아르박삿을 낳고 600세에 죽었다.

아르박삿은 35세에 셀라를 낳았고 438세에 죽었다.

셀라는 30세에 에벨을 낳았고 433살에 죽었다.

에벨은 34세에 벨렉을 낳았고 464세에 죽었다.

벨렉은 30세에 르우를 낳았고 239세에 죽었다.

르우는 32세에 스룩을 낳았고, 239세에 죽었다.

스룩은 30세에 나홀을 낳았고, 230세에 죽었다

나홀은 29세에 데라를 낳았고 148세에 죽었다.

데라는 70세에 하란과 아브람과 나홀을 낳고 205세에 죽었다.

아브람은 75세까지 자녀가 없었다.

아브람은 노아로부터 11대 자손이다 아브람의 아버지 데라는 갈대아 우르에 거주했다. 그곳에서 데라는 70세에 하란을 낳았다. 그리고 둘째 아들 나홀을 낳고 셋째 아들 아브람을 낳았다. 그런데 데라의 장남 하란은 우르에서 죽었다.

데라는 205세에 둘째 아들 아브람(75세)과 함께 가나안으로 가려고 갈대아 우르를 떠나서 하란으로 왔다. 데라는 그곳 하란에서 205세에 죽었다(창11:26-32절).

바벨의 노래

모든 사람은 짧은 일생에 각자의 바벨탑을 쌓는다.

하나님은 있으나 하나님을 알지 못한다.

하나님을 위하여라고 말하지만 자신을 위하여 산다.

하나님을 믿는 것이 아니다. 하나님을 이용할 뿐이다.

오늘 바벨탑을 쌓은 자들에게 바벨의 저주가 임했다.

욕심과 정욕과 야망은 갈등과 혼동을 가져 왔다.

각각이 존재하면서 소통이 되지 않는다.

소통을 위하여 많은 노력한다.

사람과 관계에서 장벽은 더욱 높아 간다.

불신의 골은 점점 깊어졌다.

황금으로 축조되는 바벨을 위하여 모든 것을 집중한다.

결론은 '바벨'이다, 허망하다.

바벨의 허망함을 깨닫는 데는 상당한 시간이 필요하다.

천국의 계단이라 생각한 것이 죽음의 순간에야

허망한 지옥의 문에 이르는 계단임을 알게 된다.

하나님을 대적하지만 성공하지 못한다.

바벨의 혼란을 경험한 사람이라도

하나님과 교제하는 사람에게 소통의 은혜가 있다.

그 사람은 자신의 바벨탑을 쌓지 않는다.

예수 그리스도를 영접한 자만 바벨의 저주에서 벗어난다.

"여호와께서 사람들이 건설하는 그 성읍과 탑을 보려고 내려오셨더라 여호와께서 이르시되 이 무리가 한 족속이요 언어도 하나이므로 이같이 시작하였으니 이후로는 그 하고자 하는 일을 막을 수 없으리로다. 자, 우리가 내려가서 거기서 그들의 언어를 혼잡하게 하여 그들이 서로 알아듣지 못하게 하자 하시고 여호와께서 거기서 그들을 온 지면에 흩으셨으므로 그들이 그 도시를 건설하기를 그쳤더라. 그러므로 그 이름을 바벨이라 하니 이는 여호와께서 거기서 온 땅의 언어를 혼잡하게 하셨음이니라 여호와께서 거기서 그들을 온 지면에 흩으셨더라"(창11:5-9절).

　"데라의 족보는 이러하니라 데라는 아브람과 나홀과 하란을 낳고 하란은 롯을 낳았으며 하란은 그 아비 데라보다 먼저 고향 갈대아인의 우르에서 죽었더라 아브람과 나홀이 장가들었으니 아브람의 아내의 이름은 사래며 나홀의 아내의 이름은 밀가니 하란의 딸이요 하란은 밀가의 아버지이며 또 이스가의 아버지더라 사래는 임신하지 못하므로 자식이 없었더라"(창11:27-30절).

12. 떠나야 할 사람
(창12장)

메소포타미아 문명

하나님이 천지 창조를 하셨다. 그리고 에덴동산을 창조하였는데 에덴동산은 4개의 강이 흘러가는 곳에 위치하였다. 비손 강, 기혼 강, 티그리스(힛데겔) 강, 유프레테스 강이다. 에덴동산의 정확한 위치는 알수 없다. 그리고 에덴동산으로 흘러가는 비손 강, 기혼 강은 오늘날 정확한 위치를 말할 수 없다. 그러나 티그리스 강, 유프라테스 강은 분명히 알 수 있다(창2:8-14).

노아시대 홍수심판이 끝나고 방주가 머문 곳은 지금의 터키 동부 아라랏 산이다. 그곳 아르메니아 고원에서 위치한 아라랏트(Ararat) 산기슭의 반(Van) 호수에서 발원한 유프라테스 강은 2,6801km 흘러 페르시아 만으로 들어간다.

유프라테스 강과 함께 페르시아 만으로 흘러들어가는 티그리스 강이 있다. 터키에서 발원하여 1,890km을 흐르는 티그리스는 "자주 범람한다"는 뜻을 가지고 있다. 유프라테스 강과 티그리스 강은 티키에서 발원하여 시리아와 이라크를 가로질러서 이라크 남부에서 합류한다.

세계 4대 문명은 B.C. 4000~B.C. 3000년경 큰 강 유역에서 발달한 인류 문명 발생지를 말한다.

티그리스 강과 유프라테스 강 주변은 비옥한 메소포타미아 평원이 있다. 그곳이 세계 4대 문명의 발상지 중에 한 곳인 메소포타미아 문명의 발생지다.

메소포타미아란? "강 사이에 있는 좁은 땅"이란 뜻이다. 그러나 200km의 넓은 평원을 이루고 있다.

티그리스 강과 유프라데스 강의 하구에는 여러 도시가 형성되었다. 그 중에 최고 큰 도시는 우르(ur)였다. 당시에 지명 중에 우르(ur)라는 곳이 여러 곳이 있었다. 그리하여 메소포타미아의 강 하구에 위치한 우르는 "갈데아 우르(ur)"라 하였다.

"갈데아 우르"는 B.C. 2166년에 생존한 아브람의 고향이다(창 11:28-31). 우르는 수메르의 최대의 곡창 지대이다. 가장 강성 할 때에 거주하는 인구 20만 명의 도시국가였다. 그리고 갈데아 우르는 메소보타미아 문명의 중심지역이었다.

메소보타미아 사람들의 종교는 달(月)을 신(神)으로 믿었다. 그들은 월신(月神)을 '난나(Nanna)'라고 했다. 그리하여 달(月)을 중심으로 한 태음력(太陰曆)을 만들어 사용했다.

숫자 계산은 육십진법을 사용했다. 오늘날 시간을 계산할 때 60초는 1분, 60분은 1시간으로 사용하는 기원을 만들었다. 그리고 쐐기문자를 사용하였다. 그러므로 아브람이 살았던 우르는 그 시대에 첨단 기술과 융성한 문화가 존재했다.

고대의 갈데아 우르는 세월이 지나면서 해수면의 상승으로 인하여 침수되었다. 거주지와 많은 유적들은 해수면으로 수몰되었다. 그리고 남은 유적들 일부가 오늘날 이라크 남부의 텔엘무카야 근처에 있다.

지구라트(ziggurat)에 세워진 난나(Nanna)

1854년 영국의 부영사(副領事) J.E. 테이라가, 현재 시리아 텔 엘 무카이야르(Tall al-Muqayyar) 지역에서 발견한 설형문자로 쓰인 다섯 개의 문서를 조사했다. 조사 결과 텔 알 무카이야르 지역이 갈데아의 우르(ur)라는 사실이 밝혀졌다(창11:28).

그 후 우르의 본격적인 발굴은 1922년 미국의 펜실베이니아 대학과, 대영박물관의 합동 조사를 통해 고대 도시 우르의 모습이 드러났다. 그리하여 창세기 12장의 내용은 실존이였음을 고고학적 증명이 되었다.

현재 우르 지역에는 창세기 11장에 바벨탑과 유사한 20여개의 지구라트(ziggurat)가 존재한다. 지구라트는 다른 말로 성탑(聖塔), 단탑(段塔)이라고도 한다. 하늘에 있는 신(神)들과 지상의 인간을 연결시키기 위한 우상의 신전으로 사용되었다. 정상부는 '하얀 집'이라 하는데 달(月)의 신(神) 난나(Nanna)를 섬기는 신전 역할을 했다.

수메르어로 '난나'는 '빛나는 자'라는 뜻이다. 난나(Nanna)의 아내 닝갈(Ningal) 사이에 태양신이 출생했다는 신화를 가지고 있다.

노아 홍수 이후 사람들은 시날 평지에서 탑을 쌓아 올리다 하나님의 심판을 받고 흩어졌다. 그곳에 남은 사람들과 흩어진 사람들은 하나님을 버리고 우상을 섬겼다. 그러나 하나님을 믿는 자들도 극수소 존재했다.

하나님의 선택한 셈의 족보

하나님이 창조하신 에덴동산에 아담과 하와를 창조하여 살게 했다. 그 후 하나님은 인간들 중에서 타락으로 버림받고 하나님의 은혜로 선택 받은 자를 통하여 하나님의 뜻이 진행되었다.

아담이 죄를 범한 후 낳은 아들이 가인이다. 가인은 동생 아벨을 돌로 쳐 죽었다. 하나님은 새로운 아들 셋을 주셨다. 하나님은 장남 가인을 버리고 셋을 선택했다(창3장).

하나님은 셋의 후손 중에 노아를 선택했다.

노아 나이 500세가 지나면서 셈, 함, 야벳을 낳았다(창5:32). 노아는 500세가 지나서 방주를 건조하라는 하나님의 명령을 받았다(창6:9-22). 그리고 노아 600세 2월 17일에 홍수가 났다(창7:11). 601년 2월 27일에 홍수 심판이 끝나 방주에서 나왔다(창8:13-19).

하나님은 노아의 셋째 아들 셈을 선택했다(창11:10).

홍수 심판 이후 셈의 후손들의 수명은 500세를 넘기지 못했다. 결혼의 연령이 낮아지고 수명도 점점 단축되었다.

셈의 9대손 아브라함의 아버지 데라이다(창11:26). 셈의 후손들은 메소보타미아 평원 우르 일대에서 거주하였다.

데라가 출생할 때 사람들은 지구라트의 달신(月神) '난나'를 섬기며 살았다. 여호와 하나님을 믿는 자들은 찾기 어려웠다.

데라는 70세에 장남 하란을 낳았다. 그 후 둘째 아들 나홀을 낳았다. 데라의 나이 130세에 셋째 아들 아브람을 낳았다. 그러므로 장남 하란과 아브라함의 나이 차이는 60년이 된다. 데라가 70세에 낳은 장남 하란은 결혼하여 딸 밀가와 이스가를 낳고 아들 롯을 낳았다. [데라가 갈데아 우르를 떠나서 하란에서 죽을 때 나이가 205세(창11:32), 아브라함이 갈데아 우르를 떠날 때 나이가 75세(창12:4), 205세-75세 = 130세, 그러므로 데라와 아브라함의 나이 차는 60년으로 추정]

유대인의 전승에 의하면 아브람의 아버지 데라는 지구라트의 달신 난나를 숭배하는 광신자였다. 데라는 달신 난나의 형상을 제조하여 판매했다. 대부분 사람들은 데라가 만든 난나를 구입하여 자신의 집에 두고 섬겼다.

데라는 난나를 제조하여 부유한 생활을 하였다. 그런데 자신의 장남 하란이 난나 신 숭배를 거부했다. 데라는 분노하여 자신의 장남 하란을 지구라트 신전 사제들에게 고발했다. 난나 신상을 제조하는 가문에 난나를 믿지 않는 아들이 있다면 난나 신상 제조 판매권을 상실할 수도 있었다. 그러므로 데라는 자신의 아들 하란을 난나 신전의 제사장에게 고발하였다. 난나 신전의 제사장들은 하란에게 난나 신을 숭배하도록 회유하고 훈계를 받기를 원했다. 그러나 하란은 하나님을 믿는다 했다. 난나 신 숭배를 거부했다. 분노한 난나 신전의 사제들은 하란을 불 가운데 던져 죽였다. 하란이 죽을 때에 자녀들이 있었다. 큰 딸 밀가, 둘째 딸 이스가, 장남 롯을 두고 죽었다.

데라는 자신의 장남 하란이 난나 신전의 제사장들에 의하여 화형을 당한 후에 엄청난 고통 속에 살았다. 데라는 가문의 경제와, 자식을 살리기 위해서 고발했다. 결국은 아들을 죽음에 이르게 했다.

데라는 의문이 생겼다. 왜, 하란은 자신의 생명을 버리면서까지 하나님을 믿었는지 의문을 가졌다. 난나 신상을 만들어 유통하는 것에 회의감을 가졌다. 잘 먹고 잘 살자고 한 것이 자식을 죽이는 일이 되었다. 데라는 괴로운 심정을 하소연할 곳이 없었다. 그는 마음에 병이 들었다. 데라의 모든 가족들은 하란이 죽은 것에 대한 충격을 가지고 있었다.

데라는 큰 아들 하란이 죽은 후에 어린 손자 손녀를 양육했다. 그들이 성장하자 근친결혼을 시켰다.

둘째 아들 나홀을 데라의 큰 아들 하란이 낳은 큰 손녀 밀가와 결혼을 시켰다. 그러므로 나홀은 큰 형의 딸과 결혼을 하였다.

셋째 아들 아브람은 데라의 첩의 딸 사래와 결혼을 했다. 아브람은 계모의 딸과 결혼을 하였다. 그러므로 오빠와 동생이 결혼을 하였다(창 20:12).

데라는 큰 아들 하란의 아들 장손 롯도 결혼을 시켰다.

데라는 난나를 광신적으로 숭배했다. 장남 하란이 난나 신전의 사제들에 의하여 불타 죽은 이후에 괴로움으로 살았다. 난나 신에 대한 깊은 회의감을 가졌다. 큰 아들 하란은 왜, 난나를 믿지 않고 하나님을 믿었을까? 하나님은 어떠한 신인가? 아들이 자신의 목숨을 버리면서까지 믿는 하나님에 대한 의문을 가졌다. 데라는 가끔 하나님을 믿는 사람을 보았다. 그러나 정확히 하나님에 대하여 말하는 사람을 만나지 못했다. 하나님에 대한 말은 전설 같이 전해지고 있었다.

데라는 장남 하란이 죽은 이후에도 난나 신상을 제작하여 판매하였다. 가업으로 내려오는 것이기에 경제적인 문제로 포기할 수 없었다. 그런데 나이가 들어서 자손에게 넘겨 줄 때가 되었다. 데라는 난나 신상 제작을 셋째 아들 아브람에게 넘겨주기로 결정했다. 그리고 가문의 족장권도 아브람에게 주었다.

셈 자손 중에서 아브람을 선택

아브람은 아버지 데라로부터 족장권을 넘겨받음과 동시에 난나 신상을 만들어 팔아서 경제생활을 유지해야 했다. 그런데 아브람은 자신의 큰 형님 하란이 그토록 싫어하다 죽은 난나 신상을 만들어 생업을 유지해야 하는지 고민이 생겼다.

난나 신상을 만들지 않고 살아갈 방법이 없을까 생각했다. 아브람은 자신의 형님 하란이 믿는 하나님에 대한 의문이 생겼다. 그 하나님을 한번 만나보고 싶었다. 그러나 하나님에 대하여 정확하게 말해 주는 사람이 없었다.

아브람의 마음에 어떻게 살아야 할까에 대한 염려를 했다.하나님에 대하여 알고 싶은 마음으로 고민하였다.

어느 날 아브람이 염려와 근심 중에 있을 때에 하나님이 나타나서 말씀하셨다.

"여호와께서 아브람에게 이르시되 너는 너의 고향과 친척과 아버지의 집을 떠나 내가 네게 보여 줄 땅으로 가 내가 너로 큰 민족을 이루고 네게 복을 주어 네 이름을 창대하게 하리니 너는 복이 될지라 너를 축복하는 자에게는 내가 복을 내리고 너를 저주하는 자에게는 내가 저주하리니 땅의 모든 족속이 너로 말미암아 복을 얻을 것이라 하신지라"(창12:1-3).

하나님은 아브람에게 모든 문제를 해결해 주겠다며 약속했다. 그토록 하나님에 대하여 알고 싶었는데 직접 하나님이 아브람을 찾아 오셔서 말씀했다. 그리고 난나 신상을 만들어 생업을 유지해야 하느냐에 대한 회의감을 가진 아브람에게 복을 약속하였다. 그리고 난나 신을 믿지 말고 여호와 하나님을 믿으라 했다. 그리하면 하나님이 아브람을 지켜 주신다 했다. 자손의 문제도 해결해 준다 했다. 그리고 아브람을 통하여 모든 민족, 족속이 복을 받을 것이라 했다. 하나님은 그러한 모든 복을 주시는데 조건이 있었다. 갈데아 우르를 떠나서 가나안 땅으로 가라고 말씀했다.

아브람은 하나님의 말씀을 듣고 의문을 가졌다. 출생하여 평생을 살아온 갈데아 우르를 떠나라 하였다. 한번도 생각해 본 적이 없었다. 우르는 친척들이 많이 거주하였다. 고대 사회는 가족 중심의 사회였다. 가족들의 보호와 울타리가 없이는 생존하기 힘든 사회였다. 그런데 부족가문을 포기하고 단신으로 가족을 이끌고 소문으로만 들었던 가나안으로 이주하는 것은 매우 어려운 것이다. 그리고 가나안 땅에 대한 정확한 정보도 없었다. 그런데 하나님께서 복을 주시며 자손을 주신다고 약속을 했다. 아브람은 자신이 우르에 거주하면 난나 신을 만들어 팔아야만 경제적인 것을 해결할 수 있다. 가나안 땅으로 가면 난나 신상을 생산하여 판매하지 않아도 된다. 회의감을 가지고 있었는데 잘된 것이다. 그러면 가나안땅에 가서는 무엇을 할 것이며 어떻게 살아야 할 것인지 근심이 생겼다.

그런데 하나님은 가나안으로 가면 아브람이 복의 근원이 되어 많은 사람이 복을 받을 것이라 했다. 아브람은 여러 가지 생각을 했다. 그리고 하나님의 말씀을 믿고 고향 갈데아 우르를 떠나서 가나안 땅으로 이주하기로 했다.

아브람에게 한 가지 문제가 있었다. 하나님은 고향과 친척과 아버지를 두고 가나안으로 가라고 말씀했다. 그런데 아버지 데라가 생존해 계심으로 아버지를 설득해야 했다. 아버지의 나이가 205세인데 가나안 땅으로 이주하는데 약 1,500km 거리를 이동하는 것은 모험이었다.

아브람은 아버지로부터 족장권을 받았지만 생존하여 계시는 아버지의 동의를 받아야 했다.

아브람은 아버지 데라에게 여호와 하나님을 만난 것을 말했다. 그리고 하나님이 나타나서 자신에게 말씀한 약속을 말하였다. 그리고 갈데아 우르에서 난나 신상을 섬기며 만들어 팔고 생활하는 것을 그만두고 싶다고 말했다. 그리고 가나안 땅으로 가서는 난나 신을 믿지 않고 하나님을 믿을 것이라 했다.

아브람의 말을 들은 데라는 즐거운 마음으로 하나님을 믿고 살자 했다. 그러나 둘째 형 나홀은 갈데아 우르를 떠나고 싶지만 가나안 땅으로 가고 싶지는 않다 했다. 그리하여 아브람은 난나 신상 제조 판매권을 둘째 형 나홀에게 인수하였다. 그리고 아브람은 아버지 데라를 모시고 자신이 살아온 메소보타미아 갈데아 우르를 떠났다. 그리고 가나안 땅을 향하여 출발했다. 조카 롯도 함께 따라왔다. 롯은 자신의 아버지 하란이 난나 신전에 제사장들에 의하여 화형당한 것을 알고 있었다. 그리하여 가나안으로 가면 난나 신을 숭배하지 않아도 된다는 아브람의 말을 듣고 따라 나섰다. 아브람은 전 재산을 정리했다. 많은 종들과 가축을 이끌고 가나안으로 발걸음을 옮겼다.

"데라가 그 아들 아브람과 하란의 아들인 그의 손자 롯과 그의 며느리 아브람의 아내 사래를 데리고 갈대아인의 우르를 떠나 가나안 땅으로 가고자 하더니 하란에 이르러 거기 거류하였으며"(창11:31).

아브람은 하나님의 말씀을 듣고 갈대아 우르를 떠났다. 약 2개월 동안 1,000km 이동하여 하란에 도착을 했다.

가나안으로 가기 위해서는 갈대아의 제2도시 하란을 경유해야 했다. 하란(Harran)은 현재 터키 이스탄불에서 남동쪽으로 1,320㎞, 우르파에서 남쪽으로 44㎞ 떨어져 있는 곳이다. 원래 이름은 아람나하라임(Aramnaharaim)으로, 동쪽의 티그리스 강(江)과 서쪽의 유프라테스 강 사이에 있는 아람인(人)의 땅이라는 뜻이다.

아브람의 고향 갈대아 우르는 당시의 메소보타미아 문명의 제1의 도시였다. 그리고 하란은 제2의 도시였다. 하란은 갈대아 우르보다는 적은 도시였지만 상당히 부유하고 발달된 도시였다. 하란에서도 난나 신을 숭배했다.

아브람은 하란에 와서 잠시 동안 머물다 약 2개월 동안 이동을 하였기에 휴식이 필요했다. 가나안으로 가기 위해서 필요한 물품도 준비했다. 그리고 아버지 데라가 205세로 노년에 장거리 이주를 하는 것이 부담이 되었다. 아브람은 아버지 데라의 기력이 어느 정도 회복되면 가나안으로 가려 했다. 그런데 아버지 데라의 기력이 점점 쇠약해졌다.

아브람은 갈데아 우르에 거주하는 둘째 형 나홀에게 아버지 데라의 위독한 상황을 전해 주었다. 그리하여 나홀도 아브람이 가는 가나안으로 가기 위해서 재산을 정리하고 가족들과 함께 하란으로 왔다. 나홀이 하란에 도착한 이후에 데라는 205세의 나이로 죽었다(창11:32).

"데라는 나이가 이백오 세가 되어 하란에서 죽었더라"(창11:32).

아브람은 형 나홀과 함께 아버지 데라를 장사했다. 그리고 마음에 허전한 마음으로 하란에 머물고 있었다.

아브람의 마음에 자책하는 무거움이 있었다. 205세가 된 연로한 아버지와 함께 가나안으로 이주하는 것은 무리였다. 하나님이 말씀하셨지만 아버지가 돌아가신 후에 출발할 것인데 무리하게 출발한 것 같았다. 아브람은 여러 가지로 고민을 하게 되었다. 그리하여 가나안으로 가는 여정은 일시 중단되었다. 아브람은 고향을 떠난다는 것은 생각지 못한 많은 것을 포기해야 함을 경험했다. 그리하여 하나님이 약속한 가나안으로 갈 것인지 그곳 하란에 정착해 살 것인지 망설이고 있었다.

어느 날 아브람은 하나님이 자신에게 말씀하신 약속을 다시 생각했다.

하나님께서 말씀하시기를 고향과 친척과 아버지의 집을 떠나서 가나안으로 가라 하셨다. 아버지와 가족들, 친척들을 다 그냥 두고 떠나라고 했다. 그런데 아버지를 모시고 가려고 한 것은 자신의 고집이었다.

형 나홀은 가나안으로 가는 것을 거부하고 갈데아 우르에 거주하기를 원했다. 그리하여 함께 출발하지 않았다. 그렇다면 아버지 데라는 둘째 형님 나홀이 모시도록 하면 되었다. 아브람은 하나님의 말씀에 온전히 순종하지 못함을 한탄했다.

시간이 지나면서 아브람의 마음에는 가나안으로 가야 한다는 생각도 점점 희미해졌다. 하란에서 생활을 해보니 그곳도 살기 좋은 곳이었다. 아브람은 가나안 땅으로 이주하는 것을 망설였다. 그리고 둘째 형 나홀과 함께 하란에서 새로운 삶을 살아볼까 계획을 하였다. 나홀은 하란에서 생활하는 것에 매우 만족했다.

아브람아 메소포타미아를 떠나라

아브람이 하란에 머물고 있는 어느 날 하나님께서 아브람에게 다시 나타나서 말씀했다. 미래에 대하여 고민하고, 부모 형제들에게 집착하지 말고 약속한 가나안 땅 그 곳으로 가라 했다. 아브람에게 나타난 하나님은 처음에 말씀한 것과 똑 같은 말씀을 하였다.

"여호와께서 아브람에게 이르시되 너는 너의 고향과 친척과 아버지의 집을 떠나 내가 네게 보여 줄 땅으로 가라. 내가 너로 큰 민족을 이루고 네게 복을 주어 네 이름을 창대하게 하리니 너는 복이 될지라. 너를 축복하는 자에게는 내가 복을 내리고 너를 저주하는 자에게는 내가 저주하리니 땅의 모든 족속이 너로 말미암아 복을 얻을 것이라 하신지라"(창12:1-3).

아브람은 하나님의 말씀을 다시 생각했다. 가나안으로 가기 위해서는 "아버지 집을 떠나"라 했는데 아버지와 함께 하란까지 왔다. 하나님의 뜻에 온전히 순종하지 못함을 발견했다. 그리고 갈데아 우르를 떠나서 제2도시 하란으로 왔다. 그렇지만 그곳도 여전히 메소보타미아 지역이다. 1,000km을 이동했지만 여전히 고향 친척 아버지 집에 머물고 있음을 발견했다. 아브람은 자신이 아직 고향 친척 아버지 집을 떠난 것이 아님을 알았다.

하나님이 아브람에게 말씀했다. 하나님은 고도로 발전된 메소포타미아 문명을 포기하라는 것이다. 아브람의 염려는 가나안에 가서 무엇으로 먹고 사는가? 경제적인 문제를 생각했다. 가나안으로 이주를 하면 가업으로 내려오는 월신 난나를 제조 판매하는 것을 중단하야 한다. 가업을 바꾼다는 것이 그리 쉬운 것이 아니다. 한 사람의 직업을 바꾸는 것도 어려운 것이다. 그런데 가문의 생업을 바꾼다면 지금 가지고 있는 모든 기반을 포기하고 새로운 것을 받아 들여야 한다.

그리고 갈데아 우르와, 하란은 최고의 선진 문명도시였다. 하나님이 약속한 가나안 땅은 당시에 낙후된 미개한 땅이었다. 그러므로 가나안은 갈대아 우르와 비교하면 사람 살 곳이 못 되었다.

하나님은 아브람에게 갈대아를 "떠나라" 했다. 그리고 "가나안 그 땅에" 거주하라 했다. 깊은 고민 중에 아브람은 믿음으로 결정을 하였다.

아버지 데라가 죽은 이후에 가정에 실질적인 결정권은 아브람에게 있었다. "떠나면" 메소보타미아에서 누린 기존의 경제와 사회적인 모든 것을 포기해야 한다.

아브람은 가문의 족장으로서 하나님 말씀을 듣고 가족들과 함께 모여 의논을 하였다.

그런데 아브람의 둘째형 나홀은 자신은 하란에 머물겠다며 반대를 했다. 그 곳에 아버지 데라의 무덤이 있었다. 그리하여 아브람은 자신의 조카 롯과 함께 가나안을 향하여 떠났다. 그때 아브람의 나이 75세였다. 조카 롯도 이미 결혼을 하여 어린 자녀들이 있었다. 나홀은 하란에 정착했다.

아브람은 하나님의 말씀의 약속을 믿고, 하란을 떠났다. 그리고 가나안으로 이주를 했다.

"이에 아브람이 여호와의 말씀을 따라갔고 롯도 그와 함께 갔으며 아브람이 하란을 떠날 때에 칠십오 세였더라. 아브람이 그의 아내 사래와 조카 롯과 하란에서 모은 모든 소유와 얻은 사람들을 이끌고 가나안 땅으로 가려고 떠나서 마침내 가나안 땅에 들어갔더라"(창12:4-5).

떠난 자의 갈등

아브람이 가나안으로 가는 여정은 순탄하지 못했다. 여러 가지 문제들이 있었다. 가족과 종들과 어린 자녀들과 많은 가축이 이동을 했다. 이동을 하는 시간 동안은 수입은 없고 지출만 발생했다.

특별히 유프라테스 강을 건너는 것은 정말 위험하였다. 큰 강을 뗏목에 의지하여 건너야 했다. 그 모든 것은 상당한 비용을 지출해야 했다.

하란을 출한하여 야 1개월 동안 500km를 걸어 가나안 땅 세겜에 도착했다. 세겜은 그리심 산과 에발산 사이에 있다. 아브람은 세겜에서 상수리나무가 있는 곳에 임시 거처를 정하였다. 아브람이 가나안에 도착하자 하나님이 나타나서 말씀했다.

"아브람이 그 땅을 지나 세겜 땅 모레 상수리나무에 이르니 그 때에 가나안 사람이 그 땅에 거주하였더라. 여호와께서 아브람에게 나타나 이르시되 내가 이 땅을 네 자손에게 주리라 하신지라 자기에게 나타나신 여호와께 그가 그 곳에서 제단을 쌓고. 거기서 벧엘 동쪽 산으로 옮겨 장막을 치니 서쪽은 벧엘이요 동쪽은 아이라 그가 그 곳에서 여호와께 제단을 쌓고 여호와의 이름을 부르더니 점점 남방으로 옮겨갔더라"(창12:6-9).

아브람은 가나안 땅 세겜에서 다시 여호와 하나님을 만났다. 하나님이 말씀하시기를 그 땅을 복으로 주신다고 약속했다. 그리하여 아브람은 감사하여 그곳에서 여호와 하나님께 제단을 쌓았다. 그리고 세겜에서 벧엘로 이주했다.

아브람은 벧엘에 거주하면서 하나님의 인도를 받기로 했다. 정착하여 목축을 하면서 생업에 전념했다. 가나안은 아브람의 고향 갈데아 우르와 비교가 되지 않는 낙후된 곳이었다. 그러나 하나님이 말씀하신 약속을 믿고 가나안으로 왔다. 아브람은 후회하지 않았다. 자신에게 말씀하신 하나님을 믿었다. 하나님이 복을 주신다는 것을 믿었다.

가나안의 가뭄과 기근

아브람이 벧엘에 정착하였을 때 하나님이 자신에게 복을 약속했다. 그리하여 큰 기대를 하였다. 그런데 가나안에 극심한 기근이 왔다.

아브람은 메소보타미아 갈데아 우르에서는 가뭄이라는 것은 몰랐다. 항상 물이 넉넉했다. 오히려 비가 많이 내려서 홍수에 대한 두려움을 가졌다.

가나안 땅 벧엘에 거주하면서 가뭄이 무엇인지 몸소 체험을 하였다. 사람의 힘으로는 해결할 수 없는 것이 가뭄이었다. 하늘에서 비가 내리지 않는데 누가 비를 내릴 수 있겠는가? 벧엘에 거주하는 본토인들은 가뭄에 단련이 되어서 식수와 가축이 먹을 물들을 어느 정도 준비하였다. 그들은 자신의 소유의 샘물도 있었다. 그러나 아브람은 가뭄을 극복할 아무런 준비가 없었다. 그냥 하늘만 쳐다보고 비가 내리기를 기다릴 뿐이었다.

벧엘의 나그네 아브람은 기근을 이길 능력이 없었다. 후회가 되었다. 차라리 고향 갈대아 우르나 하란에 거주했다면 가뭄으로 인한 기근은 없었을 것이다.

아브람에게 갈등이 왔다. 굶어 죽어도 하나님이 말씀한 가나안 땅에 계속 머물 것인지? 아니면 살기 위해서 양식이 풍부한 이집트로 내려갈 것인지 고민 했다.

아브람은 다시 갈대아 우르로 가기에는 너무 먼 길을 왔다. 그런데 가까운 곳에 갈대아 우르의 메소포타미아 문명과 동일하게 경제적으로 풍요한 이집트의 나일강 문명이 있었다.

그리하여 아브라함은 스스로 가나안을 버리고 나일강 문명의 발상지인 이집트로 롯과 함께 내려갔다. 하나님은 아브람에게 가나안에 정착하라 했다. 그런데 아브람은 하나님의 약속을 버렸다. 현실적 문제를 해결하기 위해서 이집트로 이주했다.

"점점 남방으로 옮겨갔더라 그 땅에 기근이 들었으므로
아브람이 애굽에 거류하려고 그리로 내려갔으니
이는 그 땅에 기근이 심하였음이라"(창12:9-10).

이집트로 내려간 아브람은 흉년에 먹을 것은 우선 해결했다. 그러나 인생의 삶이 형통하지 못했다. 생명을 위협하는 재앙이 임했다.

극심한 기근으로 인하여 주변 국가에서 이집트로 이주하는 사람들이 많았다. 아브람은 극심한 가뭄과 흉년으로 인하여 이집트로 유입된 많은 사람들 중에 한 사람이었다.

고대에도 타국인이 입국을 할 때는 일정한 형식의 절차에 따라 외국인들의 거주는 허락을 받아야 했다.

이집트로 이주한 아브람에게 위기가 닥쳤다. 이집트 사람들과 파라오는(애굽의 최고 통치자) 아브람의 아내 사래의 미모를 보고 지대한 관심을 가졌다

파라오는 아브람에게 어느 나라에서 왔으며. 함께 동행하는 사래와 어떠한 관계인가 질문을 했다 아브람은 자신은 갈데아 우르 사람이라 했다. 사래는 자신의 여동생이라 말했다.

파라오의 질문은 간단한 가족관계를 확인하는 질문처럼 보였다. 그러나 아브람과 가족들의 생사가 달린 문제였다.

아브람이 아내 사래를 여동생이라고 거짓말을 한 배경이 있었다.

고대의 왕정 국가의 왕은 자신이 마음에 합당한 여자로 생각되면 남편을 죽이고 아내를 갈취하는 것이 관습이었다. 아브람은 사래를 자신의 아내라고 하면 파라오가 자신을 죽일 것을 두려워했다.

파라오는 아브람 가문의 족장임으로 결혼의 권리는 족장에게 있음을 말했다. 그리하여 즉시 파라오는 사래를 자신의 새로운 아내로 맞아들이기로 결정을 했다. 아브라함은 파라오의 결정을 거절할 능력이 없었다. 아브람은 죽고 사는 문제가 파라오의 손에 달린 것을 경험했다.

약속을 버린 아브람을 지키는 하나님

파라오는 사래를 자신이 아내로 맞아들이면서 아브람에게 신부 값을 지불했다.

"아브람이 애굽에 이르렀을 때에 애굽 사람들이 그 여인이 심히 아리따움을 보았고 바로의 고관들도 그를 보고 바로 앞에서 칭찬하므로 그 여인을 바로의 궁으로 이끌어들인지라 이에 바로가 그로 말미암아 아브람을 후대하므로 아브람이 양과 소와 노비와 암수 나귀와 낙타를 얻었더라"(창 12:14-16).

파라오는 아브라함에게 많은 가축과 남녀 종을 주었다. 그리하여 아브람은 경제적으로는 엄청난 부자가 되었다. 그러나 사랑하는 아내 사래는 애굽의 최고 권력자 파라오에게 빼앗겼다. 사래는 궁중의 신하들의 손에 이끌려 파라오의 궁전으로 들어갔다. 아브람은 홀로 남았다.

아브람은 외면적으로는 표현할 수 없었지만 죽고 싶은 심정이었다. 이미 혼인 거래는 일방적으로 끝이 났다. 아내 사래는 파라오의 여자가 되었다. 그리고 아브람은 파라오가 주는 신부 값을 받았다. 거역할 수도 없고 반복할 수도 없는 상황이 되었다. 아브람은 해결할 수 없는 큰 곤경에 처하였다. 하나님의 약속을 믿고 왔는데 재앙을 만났다. 하나님을 원망했다.

　아브람과 사래가 곤경에 처할 때에 하나님의 손이 파라오와 주변 사람들에게 나타났다.

　파라오가 자신의 법적 절차에 의하여 아내가 된 사래에게 접근하려 하자 갑자기 극심한 역병이 발생했다. 파라오 앞에 있는 사래에게 접근을 할 수 없었다. 사래 주변에 신비한 신적인 능력이 나타나서 접근을 막았다. 그리고 사래 주변으로부터 번져가는 급성 질병으로 사람들은 쓰러지고 고통에 몸부림을 쳤다. 파라오의 주변에 있는 사람들이 생사를 오가는 위기에 처하였다.

　파라오는 만물을 신으로 숭배하는 자였다. 그러므로 사래를 통하여 나타나는 현상은 신의 진노라는 것을 알았다. 그리하여 파라오는 죽음의 공포와 현상을 경험하면서 사래에게 무슨 숨겨진 사연이 있느냐고 말했다. 사래는 자신은 잘 모른다 했다. 아브람에게 물어 보라 했다. 그리하여 파라오는 아브람을 불러서 믿는 신이 무엇인지? 사래에게 어떠한 사연이 있는지 진실을 말하라 했다.

　아브람이 말했다 자신은 천지 만물을 창조하신 여호와 하나님을 믿는다 했다. 그리고 사래는 자신의 아내라 했다. 이집트 사람들과 파라오가 사래의 아름다운 미모를 보고 자신을 죽이고 아내를 빼앗을 것 두려워했다. 그리하여 아내를 동생이라 거짓말을 했다며 자백을 했다. 그리고 근친결혼을 하여서 혈육적으로 사래는 동생이라 했다. 그러나 법적으로는 정식으로 결혼을 한 아내라 했다.

파라오는 아브람을 보고 두려움과 극심한 공포심을 느꼈다. 아브람에게 함께하는 전능한 하나님의 손길을 보았다. 그리하여 파라오는 사래를 돌려준다고 했다. 그리고 아브람에게 신부 값으로 준 재산과 종은 그대로 가지라 했다. 그리하여 사래는 다시 아브람에게 돌아 왔다. 아브람은 파라오가 준 재산과 종들을 가지고 파라오를 떠났다. 아브람은 하나님이 말씀하신 가나안에 머물지 않고 이집트로 내려온 것이 잘못된 것임을 깨달았다.

"여호와께서 아브람의 아내 사래의 일로 바로와 그 집에 큰 재앙을 내리신지라 바로가 아브람을 불러서 이르되 네가 어찌하여 나에게 이렇게 행하였느냐 네가 어찌하여 그를 네 아내라고 내게 말하지 아니 하였느냐 네가 어찌 그를 누이라 하여 내가 그를 데려다가 아내를 삼게 하였느냐 네 아내가 여기 있으니 이제 데려가라 하고 바로가 사람들에게 그의 일을 명하매 그들이 그와 함께 그의 아내와 그의 모든 소유를 보내었더라"(창 12:17-20).

이집트의 최고 통치자 파라오는 두려울 것이 없는 자였다. 자신이 하고자 하면 못할 것이 없는 신적 존재임을 자처했다. 그런 그가 하나님의 손길이 임하는 자를 두려움과 공포에 질려서 혼비백산했다. 파라오는 하나님이 함께하는 아브람을 두려워했다.

아브람은 아내 사래와 함께 이집트의 파라오를 떠나면서 하나님께 감사했다. 아브람은 자신을 부르신 하나님이 위기에 처할 때 구원해 준 것을 경험했다. 그리고 하나님께 감사했다.

하나님이 아브람을 책망했다. 흉년과 기근이 왔다고 하여서 이집트로 내려간 것은 약속을 버린 것이다. 그러므로 아브람이 하나님의 약속을 버렸다. 그러나 하나님은 아브람을 버리지 않았다. 아브람이 위기에 처할 때 보호했다.

하나님은 아브람에게 약속한 가나안 땅으로 돌아가라 말씀했다. 아브람은 하나님의 말씀을 따라서 이집트에서 다시 가나안으로 출발했다.

롯은 이집트에 계속 머물자 했다. 나일강 유역은 롯의 고향인 메소보타미아 갈데아 우르와 같았다. 비옥한 초지와 넓은 초지에서 목축업을 한다면 그보다 좋은 곳이 없었다. 가나안 땅보다는 이집트가 좋다면 머물기를 원했다. 그러나 아브람은 하나님의 약속을 믿고 가나인으로 향하였다. 롯은 이집트에 미련을 두고 아브람과 동행하였다.

떠나야 할 곳과 머물러야 할 곳

인생은 "떠남"과 "보냄"의 과정이다.
떠나야 할 곳은 떠나야 한다.
머물러야 할 곳에 머물러야 한다.
보내어야 할 때는 보내어야 한다.

떠난다는 것은 단순한 것이 아니다.
떠날 수밖에 없는 사유보다는
떠날 수 없는 필연적 관계가 깊다.
떠남으로 새로운 관계를 개척하는 것보다
머물면서 누리는 인생의 안락함이 더욱 평안하다.

부름 받아 떠나야 할 자에게 온 유혹이다.

한 번의 위대한 떠남의 순종이

후손들에게 영원한 복의 근원이 되었다.

언제, 어디에서 떠나야 할지를 알고

행하는 사람이 복을 받는다.

하나님은 지금 "그 곳을 떠나라" 말씀하신다.

그때 그곳을 떠나야 한다.

하나님은 지금 "그 곳에 머물러라" 말씀하신다.

그때 그곳에 머물러야 한다.

하나님의 말씀이 들리지 않는 사람들이 있다.

그때 기다려야 한다.

하나님의 말씀을 들어도

부동의 자세로 머무는 자들이 있다.

떠날 곳을 떠나고 머물 곳이 있다.

보내어야 할 사람과 함께하는 사람이 있다.

무엇을 위해서 행동하고

무엇 때문에 망설이고 있는가?

망설이며 지체하는 중에 복의 기회가 지나간다.

내 인생이 삶에 찾아오시는 하나님의 기회를 바라보라.

믿음으로 순종하라.

환경을 넘어서 하나님의 전능함을 바라보라.

"여호와께서 아브람에게 이르시되 너는 너의 고향과 친척과 아버지의
집을 떠나 내가 네게 보여 줄 땅으로 가라. 내가 너로 큰 민족을 이루고 네

게 복을 주어 네 이름을 창대하게 하리니 너는 복이 될지라. 너를 축복하
는 자에게는 내가 복을 내리고 너를 저주하는 자에게는 내가 저주하리니
땅의 모든 족속이 너로 말미암아 복을 얻을 것이라 하신지라. 이에 아브람
이 여호와의 말씀을 따라갔고 롯도 그와 함께 갔으며 아브람이 하란을 떠
날 때에 칠십오 세였더라"(창12:1-4).

13. 보내야 할 사람
(창13장)

숲속의 싸움

아름다운 동산에 여러 종류의 나무와 식물이 자라고 있었다. 아름다운 꽃이 피고 무성한 숲을 이루었다. 각각 나무들은 자기 열매를 맺었다.

새들이 날아와 나뭇가지에 둥지를 만들었다. 알을 낳고 부화하여 새로운 생명을 잉태했다. 계절을 따라 벌과 나비가 날아왔다. 새들이 노래하는 숲은 평화로웠다.

어느 봄에 칡 홀씨와 등나무 홀씨가 바람을 타고 숲에 떨어졌다. 숲속의 모든 나무들은 칡과 등나무를 진정한 이웃으로 반겨주었다. 한 줄기 봄비가 내린 후 여린 새싹이 났다. 줄기를 넓게 펼치며 가련하게 자랐다. 칡과 등나무는 각각의 평화로운 공간을 확보하고 열심히 성장했다.

10년 세월이 지났다. 칡과 등나무는 자신의 줄기의 영력을 넓히면서 주변 나무를 휘감아 올라갔다. 점차 아름다운 숲은 사라졌다. 칡과 등나무의 넝쿨 천지가 되었다.

숲 속의 나무들은 햇살을 보지 못해 시름시름 앓다가 말라 죽었다. 나무들은 죽어가는 나무들의 절규를 들었다. 그러나 도와줄 능력이 없었다. 그러는 사이에 나무숲은 말라 죽었다. 숲이 사라진 곳에 칡과 등나무는 더욱 넓은 영역을 확보하기 위하여 서로가 충돌했다. 칡과 등나무는 자신의 덩굴을 더 넓게 펼치는 숲속의 전쟁은 계속되었다.

숲 속에서 가장 큰 굴참나무와 소나무도 칡과 등나무 덩굴을 짊어지게 되었다.

숲속에 모든 나무들은 10년 전에 칡과 등나무가 홀씨로 날아왔을 때 반겨준 것을 후회했다. 그때는 함께 사이좋게 살기로 했다. 그런데 10년이 지난 후 생사가 오가는 순간을 맞이했다. 모든 나무는 살고 싶어한다. 죽고 싶은 나무는 없다.

맑은 하늘에 태양이 있지만 숲속의 나무들은 햇살을 보지 못했다. 칡과 등나무가 햇살을 독식했다. 숲은 음습한 그늘이 되었다. 지네와 뱀들은 칡과 등나무 그늘에 은신하여 무리를 지었다.

숲에 살던 토끼와 사슴은 다른 곳으로 갔다. 나무에 둥지를 틀고 살던 아름다운 새들도 떠났다. 땅 위에 자라는 아름다운 꽃들도 죽었다. 아카시아 나무들도 앙상한 가지로 남았다. 울창한 숲은 사라지고 빈약한 나무들이 실바람에도 흔들리다 꺾였다.

어느 여름날 태풍이 불어왔다. 극심한 바람이었다. 죽어버린 굴참나무가 꺾이면서 넘어졌다. 백 년 된 소나무도 가지가 뚝뚝 부러지면서 떨어졌다. 푸른 숲이 무너지기 시작했다. 나무를 휘감은 칡과 등나무

넝쿨들도 함께 무너져 내렸다.

태풍이 휘돌아 간 자리는 처참했다. 숲은 사라졌다. 나무가 사라진 숲
에 남은 칡과 등나무도 함께 무너졌다. 칡과 등나무는 더 이상 하늘을
향하여 올라가지 못했다. 땅 위에 자신들의 가지와 줄기를 휘감아 조
여 갔다. 넘어진 나무들에 짓눌린 칡과 등나무 줄기들은 썩어갔다. 잎
사귀는 누런 떡잎이 되었다. 그러나 칡은 사력을 다하여 등나무를 휘
감았다. 등나무는 칡을 휘감았다, 숲은 서로 죽이지 않으면 살 수 없는
지옥이 되었다. 그리고 몇 년이 지난 후 등나무도 말라 죽고 칡도 말
라 죽었다.

역사의 그늘에 흐르는 갈등의 피

인간이 살아가면서 두 개의 상반된 경향이 동시에 존재할 때 어떻게
행동할지 결정을 못하는 것을 갈등(葛藤, conflic)이라 한다.

생명 있는 곳에는 갈등이 존재한다. 갈등은 인간 정신생활을 혼란하
게 하고 내적 조화를 파괴한다.

칡은 칡의 삶의 영역이 있다. 등나무는 등나무의 삶의 방식이 있다.
각각 다르기에 각각 다른 삶의 방법이 존재한다. 그러다 동일한 공간
에 함께 살다 보면 필연적 충돌이 일어난다. 갈등은 최종적으로 각각
의 생존과 연관된다. 이기느냐, 지느냐의 문제는, 결국 죽느냐, 사느냐
로 결론난다.

갈등을 해결하기 위해서는 상대를 죽이는 방법을 선택한다. 갈등의

당사자 가운데 상대가 죽어야 내가 산다는 논리는 증명된 역사이다.

인간 역사의 그늘은 전쟁이다. 갈등은 전쟁을 일으킨다. 전쟁으로 갈등을 해결했다. 그 후유증은 심각했고 수천 년을 두고 복수의 전쟁을 남겼다. 그리하여 강한 자가 살아남고 약한 자는 죽어야 한다. 그러나 영원히 강한 자는 없다. 약해진다. 약한 것은 다시 기회가 오면 강자가 된다. 그래서 갈등은 해결되지 않았다.

오늘도 갈등은 많은 시간과 돈, 정력과 기회를 앗아간다. 일생을 바쳐 성공을 이룬 후 갈등으로 모든 것을 소멸시킨다. 결국 남은 것은 허망한 패배와 상처뿐이다.

갈등에서 강한 자는 선택권의 권리를 가진다. 갈등에서 약자는 강자의 선택에 굴복함으로 종결된다. 그런데 강한 자가 권리를 포기하고 약한 자에게 선택의 기회를 준 때가 있었다. 그러한 방식은 일상적인 것이 아니다. 특별한 배려와 관용으로 갈등을 해결하는 곳에 평화가 있다.

선택권을 약한 자에게 넘긴 강한 자

아브람이 갈대아 우르에서 하나님의 부름을 받을 때부터 조카 롯과 동행했다. 한때 아브람은 조카 롯을 자신의 상속자로 생각했다. 그리하여 롯과 함께 가나안 땅으로 왔다. 아브람에게 롯은 하나님과 같은 든든히 의지할 혈육이었다. 그런데 가나안에 흉년이 들었을 때 롯과 함께 이집트로 이주했다 이집트에 간 아브람은 자신의 생명을 유지하기 위해서 아내 사래를 동생이라 거짓말하였다 그리고 신부 값을 받았다. 가문이 파멸하는 위기에 처했다. 그때 하나님의 도우심으로 파라오의 권세에서 벗어났다.

아브람은 자신의 모든 소유와 가족들, 종들과 함께 이집트를 떠나서 가나안 네게브로 올라 왔다. 그때 롯도 아브람을 따라서 가나안으로 올라 왔다. 아브람과 롯은 늘 함께 행동했다. 가족이며 혈육이었다. 아브람과 롯이 가나안에서 의지할 사람이었다. 그러므로 서로는 더욱 결속하여 생활했다.

아브람은 하나님이 부르실 때에도 경제적으로 부유한 사람이었다. 그 위에 하나님의 복이 임하였다 지난날보다 더욱 부유했다.

롯도 하나님이 주신 복을 받았다. 가문을 이루고 자녀를 낳았고 종들과 가축이 많았다. 롯도 한 가문에 족장이 되었다.

아브람과 롯은 잠시 동안 이집트의 나일강이 천국 같은 비옥한 땅으로 보였다. 그곳에 정착하고 싶었다. 그런데 하나님께서 그곳을 떠나라 해서 가나안으로 왔다.

아브람과 롯이 다시 돌아온 가나안 땅, 벧엘과 아이 사이에 장막을 치고 함께 생활했다. 그곳은 협소했다. 이미 토착민인 가나안 사람, 브리스 사람도 오랫동안 거주했다(창13:7).

아브람과 롯은 이집트의 나일 강 주변은 넓은 초지가 생각났다. 그곳은 목축하기에 정말 좋은 곳이었다. 그런데 다시 돌아온 가나안은 너무 좁았다. 한정된 수원과 초지를 서로 차지하기 위한 갈등이 일어났다.

벧엘과 아이 사이에는 이미 가나안 사람, 브리스 사람들이 좋은 땅을 차지하고 살았다. 그러므로 아브람과 롯은 그곳의 변두리에 거주하였다. 그러므로 물과 초지가 항상 부족했다. 그리하여 아브람의 종과 롯의 종들이 서로 좋은 우물과 초지를 차지하기 위해서 싸움을 하였다. 그러한 분쟁이 한 두 번이 아니었다. 종들의 싸움은 곧 아브람도 롯의 싸움이었다. 그 싸움의 본질은 경제적인 문제였다. 그리고 생존이 걸린 문제였다. 그러므로 아브람도 롯도 양보하기 힘든 상황이었다.

아브람이 롯에게 제안을 했다. 서로 부자가 되었다. 좁은 가나안 땅에 함께 거주하면서 갈등을 겪는 것은 좋지 못했다. 아브람은 롯에게 "나를 떠나가라" 했다.

지금까지 아브람이 롯을 이끌어 주었다. 그리하여 롯은 부자가 되었다. 그러니 이제는 "떠나가라" 했다.

아브람이 먼저 좋은 곳을 선택하고 롯을 버리고 떠날 수 있다. 그러나 강한 아브람은 약한 롯에게 선택권을 주었다.

서쪽 가나안 지역은 산지로 사람이 살기에 척박한 땅이었다. 수목도 부족하고 가축이 먹을 풀도 부족했다. 사람과 가축이 먹을 물도 부족했다. 그러나 동쪽 요단강이 흘러내리는 강변은 도시가 형성되었다. 그리고 많은 나무가 숲을 이루었다. 그리고 푸르고 넓은 초원이 있었다. 정말 살기 좋은 에덴동산과 같았다. 얼마 전에 보고 온 이집트의 나일강 주변의 아름다움을 모두 가진 곳이었다.

아브라함은 롯에게 "떠나라" 하면서 어디로 갈 것인지 롯에게 선택하도록 했다. 동쪽 요단강 주변의 소알 지역으로 갈 것인지 아니면 서쪽 가나안 산지로 갈 것인지 결정하고 그곳으로 "떠나라" 했다.

롯은 주저 없이 요단 강물이 풍부하게 흘러내리는 소알 지역인 요단 지역 동쪽을 선택했다. 그 곳은 나일 강변과 같이 풍부한 물과 넓고 좋은 초지가 있었다. 아브람이 보아도 탐나는 곳이다. 롯은 동쪽 요단 지역을 선택했다. 그리하여 롯은 아브람과 이별을 하고 벧엘과 아이 사이에서 친 장막을 정리하여서 요단 강변으로 내려갔다. 그리하여 소알 지역까지 이주를 했다.

아브람은 롯을 보내고 허전한 마음으로 서쪽 산지 가나안에 머물게 되었다. 아브람이 선택한 곳은 깊은 계곡과 암반이 많은 곳이다. 풀이 없고 물이 없었다. 그곳은 숲도 별로 없었다. 목축업을 하기는 아주 나쁜 곳이다. 잠시 머물다 지나가는 곳이다. 사람이 정착하여 생활하기에는 부적합한 곳이었다. 그런데 아브람은 그곳에 머물게 되었다.

아브람은 마음이 허전했다. 롯이 떠난 것도 허전했다. 그리고 가나안 산지에서 생활할 것을 생각하니 염려도 생겼다. 그러나 감사할 것도 있었다. 더 이상 롯과의 갈등을 겪지 않게 되었다. 종들이 서로 다투고 갈등을 겪을 일이 없었다.

아브람 홀로 있음으로 물도 충분했다. 가축이 먹을 풀도 그 정도면 만족했다. 그리고 하나님께 감사했다.

하나님이 결정한 갈등의 승자
롯은 삼촌 아브람을 배려하지 않았다. 롯의 갈등 해결 기준은 오직 경제적 논리였다. 무엇이 이익이 되는가, 손해가 되는가로 판단했다. 하나님의 뜻인가 아닌가는 생각지 않았다.

롯은 기회를 놓치지 않았다. 한번의 선택이 영원을 결정하기 때문이다. 요단 지역을 선택하고 소돔과 고모라가 있는 소알로 이주했다. 그런데 소돔 사람들은 하나님 앞에 악하며 큰 죄인으로 죄악된 문화가 번성한 곳이었다(창13:1-13). 롯이 선택한 소돔은 모든 것이 풍부했지만 하나님이 없는 땅이었다. 그리고 롯은 하나님을 망각했다.

아브람의 상실감은 대단했다. 롯이 선택하여 간 요단 지역의 소알 땅은 아브람이 보기에도 참 좋은 땅이었다. 은근히 롯이 양보할 것을 기대했다. 그런데 기대는 무너졌다.

하나님이 아브람을 부르실 때 친척, 가족을 떠나라 했다. 어쩌면 롯은 메소보타미아 우르에 두고 왔어야 했다. 아브람과 롯은 가나안으로 함께 왔다. 그리고 이집트로 내려갔다가 다시 가나안으로 왔다. 그리고 이제는 롯은 소돔으로 갔다. 아브람은 하나님의 부르심에 완전하게 순종하지 못함을 깨달았다. 비로소 롯을 보낸 이후에 자신이 하나님이 약속하신 가나안에 이주한 것을 깨달았다.

아브람은 갈등 해소를 위해서 모든 것을 양보했다. 그런데 너무 큰 것을 양보해 손해를 본 것 같다. 타향 땅 가나안에서 친근한 이웃도 없다. 이 산지에서 어떻게 살아갈까 근심이 되었다. 근심하는 아브람에게 여호와 하나님이 찾아 오셨다. 하나님이 아브람을 위로하시며 다시 복을 약속을 하였다.

"롯이 아브람을 떠난 후에 여호와께서 아브람에게 이르시되 너는 눈을 들어 너 있는 곳에서 북쪽과 남쪽 그리고 동쪽과 서쪽을 바라보라 보이는 땅을 내가 너와 네 자손에게 주리니 영원히 이르리라 내가 네 자손이 땅의 티끌 같게 하리니 사람이 땅의 티끌을 능히 셀 수 있을진대 네 자손도 세리라 너는 일어나 그 땅을 종과 횡으로 두루 다녀 보라 내가 그것을 네게 주리라 이에 아브람이 장막을 옮겨 헤브론에 있는 마므레 상수리 수풀에 이르러 거주하며 거기서 여호와를 위하여 제단을 쌓았더라"(창 13:14-18).

하나님은 상심한 아브람에게 눈을 들어 동서남북을 바라보라 했다. 그 땅을 아브람의 자손들에게 영원히 주리라 약속했다. 하나님이 아브람에게 너의 자손이 땅에 티끌 같이 번성할 것을 약속했다. 아브람이 발로 밟은 그 땅을 약속했다.

롯은 소알 땅을 선택하여 갔다. 그러나 아브람은 여호와 하나님을 선택했다. 그리고 하나님이 아브람을 선택했다.

롯의 기준은 환경과 조건을 따라 선택하여 자신이 승자라 했다. 아브람은 하나님이 함께 하는 곳을 선택했다. 그런데 하나님은 아브람을 갈등의 승자로 인정하였다.

하나님은 롯에게 나타나 말씀하지 않았다. 롯은 하나님을 버리고 소알 땅을 선택했다.

하나님은 아브람을 선택했다. 그리하여 홀로된 아브람에게 하나님이 찾아 오셨다. 위로하시면서 그 땅을 자손에게 줄 것이라 다시 약속했다.

아브람은 벧엘과 아이 사이의 장막을 정리하였다. 그리고 헤브론으로 이주했다. 그곳에 여호와 하나님 앞에 제단을 쌓고 하나님께 감사

했다. 그리고 하나님의 약속을 믿었다. 롯이 떠나간 빈자리에 하나님
이 함께 함을 확신했다.

떠남과 보냄의 사이에 있는 사람들
갈등은 '함께'하는 곳에 있다.
갈등을 해결하는 방법은 '보냄'이다.
함께와 보냄의 시간차는 작은 것이다.
결과는 크다.

지금 무엇인가 꼬인 것이 있지 않는가?
살아간다는 것
관계를 형성한다는 것
언제나 갈등은 존재한다.

죽은 자는 갈등이 없다.
산 자이기에 갈등이 있다.
갈등은 좋은 것도 나쁜 것도 아니다.
잘 해결하면 갈등은 좋은 것이다.
잘못 해결하면 인생에 치명상을 입는다.

죽는 순간까지 갈등을 어떻게 해결할 것인가?
현재 갈등을 어떻게 해결할 것인가?
완전히 굴복시키고 파멸시키는 것이 유일한 방법일까?

아브람 같이 롯을 돌려보내라.

공간적인 이별로 갈등을 보내라.

갈등을 생각과 마음의 포승줄을 풀어 주어라.

갈등의 상대자를 승자로 만들어보라.

하나님이 완전한 승자로 세워 주실 것이다.

갈등을 겪을 때 사람은 가장 추하고 악하다.

갈등 중에 용서하고 돌려보내는 행동이 아름답다.

삶이란 함께하는 만남으로 출발한다.

언젠가는 끝이 있다.

조금 먼저 보냄으로 끝을 맺으면 편안하다.

내 뜻대로 되는 것이 옳은 것일까?

내가 보내야 할 때가 있다.

내가 스스로 떠나야 할 그 때가 있다.

한 치 양보도 없는 사람은 늘 괴롭다.

한 치 배려도 받지 못하는 각박한 인생을 살게 된다.

보내고 포기하는 여유와 공간만큼

내 마음과 삶이 자유롭게 된다.

갈등을 넘어서 인생의 기쁨을 누려 보리라.

"롯이 아브람을 떠난 후에 여호와께서 아브람에게 이르시되 너는 눈을 들어 너 있는 곳에서 북쪽과 남쪽 그리고 동쪽과 서쪽을 바라보라 보이는 땅을 내가 너와 네 자손에게 주리니 영원히 이르리라 내가 네 자손이 땅의 티끌 같게 하리니 사람이 땅의 티끌을 능히 셀 수 있을진대 네 자손도 세리라 너는 일어나 그 땅을 종과 횡으로 두루 다녀 보라 내가 그것을 네게 주리라 이에 아브람이 장막을 옮겨 헤브론에 있는 마므레 상수리 수풀에 이르러 거주하며 거기서 여호와를 위하여 제단을 쌓았더라"(창세기 13:14-18).

14. 같은 출발, 다른 결과
(창14장)

가나안 땅의 이방인, 아브람

아브람은 75세에 갈대아 우르를 떠나 하란을 거쳐 가나안 땅으로 왔다. 흉년과 기근으로 잠시 이집트로 내려갔다. 그곳에서 아브람은 큰 어려움을 겪고 다시 약속의 땅 가나안으로 돌아 왔다.

아브람과 롯은 벧엘과 아이 사이에 장막을 치고 함께 살았다. 그러나 좁은 땅에서 함께 살면서 갈등이 일어났다. 아브람은 롯에게 선택권을 주어 자신을 떠나라 했다. 그리하여 롯은 요단지역을 선택하여 소알로 이주하여 소돔에 정착했다. 아브람은 벧엘에서 헤브론의 마므레 상수리나무 숲에 거주 하였다. 그리고 9년의 세월이 지났다.

아브람의 나이 84세가 되었다. 하나님의 약속을 믿고 가나안에 정착한 아브람은 큰 부자가 되었다. 함께한 조카 롯도 소돔에서 큰 부자가 되었다.

가나안 지역은 이미 그곳에는 가나안 땅을 지배하고 살아가는 부족 국가들이 많았다. 아브람은 전형적인 나그네 유목민 이었다. 가나안 사람들은 아브람에게 "히브리 사람" 이라는 별명을 붙여 주었다. 히브리란 유프라테스 강을 건너온 나그네라는 뜻이다. 가나안 토착민들이 유프라테스 강을 건너온 나그네를 하대하며 불러 주는 경멸스러운 별명이 '히브리 사람'이다.

하나님은 아브람에게 가나안 땅을 주신다고 약속했다. 그러나 아브람이 가나안 땅에 온지 9년의 세월이 지났지만 소유 토지는 없었다. 나그네로 살았다.

가나안에도 일부 지역은 좋은 초지와 물이 있었다. 그러한 곳은 이미 오래전부터 토착 원주민 부족들이 거주했다. 아브람이 거주하는 곳은 가나안에서도 가장 척박한 변두리였다. 아브람은 가나안 사람들의 눈에는 이방인, 히브리 이민자, 나그네였다. 아무도 아브람을 주목하지 않았다. 불쌍한 이방인으로 동정을 받는 처지였다. 그러므로 아브람은 가나안 지역 부족에 소속되지 못했다.

첫 번 성경에 기록된 전쟁 (창14:1-12)

아브람이 살아가는 당시의 정치적 군사적 상황은 부족 연합의 전쟁이 지속되었다.

가나안 땅을 기점으로 남과 북으로 크고 작은 부족 국가를 이루며 살았다. 그들 사이에는 동맹 협력과 경쟁이 지속되었다. 가끔 전쟁이 일어났다. 그리하여 함께 생존하기 위해서 부족 간에 동맹을 하여 연합군으로 전쟁을 하였다.

가나안 땅을 중심하여 메소보타미아 강이 위치한 북쪽의 부족 국가는 시날 왕 아브라벨, 엘라살 왕 아리옥, 엘람 왕 그돌라오멜, 고임 왕 다달이 통합하여 동맹을 이루었다. 그들을 메소보타미아 4국 부족동맹이라 칭했다. 그들의 대표자는 그돌라오멜이었다.

메소보타미아 4국 부족동맹은 결속력이 강하여 천하무적이었다. 아브람이 거주하는 가나안 남쪽을 지속적으로 정복하여 조공을 바치도록 하였다. 그리고 집요하게 약탈 침략 반복했다. 그들은 남쪽으로 약 1,000km 있는 아카바 만의 엘바란까지 지배를 하였다.

가나안 남쪽 사해 주변 부족들이 있었다. 소돔 왕 베라, 고모라 왕 바르사, 아드마 왕 시납, 스보임 왕 세메벨, 소알 왕과 함께 5개의 사해 5국 부족동맹을 형성했다. 사해 부족 동맹의 대포자는 소돔왕 베라였다. 그러나 이들은 군사력이 약했다. 약 600km 거리에 있는 메소보타미아 4개 부족동맹의 지배를 받았었다. 그리고 매년 엄청난 조공을 바쳤다.

당시에 아브라함의 위치는 가나안 땅에서 멸시 당하는 이방인 나그네였다. 그리하여 아브람을 '히브리 사람'이라고 불렀다. 가나안 땅 토속민들의 시각에서 바라보는 아브람은 나그네 중에 좀 부자라는 인식을 했다. 그들의 경쟁 상대도 아니며 위협적인 인물도 아니었다. 그리고 도움을 줄 수 있는 능력자도 아니었다. 그곳에 얼마간 머물다가 언젠가는 다시 떠나가는 유목민으로 생각했다.

가나안 사람들이 아브람을 보고 '히브리 사람' 이라고 부르는 것은 '이주자', '이민자', '이방인'이라는 뜻으로 가나안 토착민들과 구분을 짓는 차별적 언어였다. 그리고 족보는 노아의 아들 셈의 자손인 에벨의 후손이라는 뜻이다. 그러므로 아브람은 가나안 땅에 거주하는 이방인이요, 이민자에 불과했다. 가나안 사람들로부터 인정받지 못하는 나약한 자로 인식되었다.

아브라함의 나이 84세 때 가나안 지역의 정치적 군사적 균형은 북쪽 메소보타미아 4국 동맹이 우위에 있었다. 그들의 세력은 남쪽 가나안 땅을 거쳐 1,000km 이집트까지 진출하였다.

아브람이 가나안 땅에 정착하기 4년 전에 남쪽 사해 동맹군은 북, 메소보타미아 4개 부족 동맹과의 전쟁에서 패배했다. 그리하여 남쪽 5개의 사해 부족 동맹국은 북 동맹국의 맹주 엘람 왕 그돌라오멜에게 12년 동안 조공을 바쳤다. 아브람의 조카 롯이 살고 있는 소돔은 남 사해 부족 동맹에 속했다.

조공을 바치는 13년 되는 때에 남 시해 5국 동맹국이 북 동맹국에게 조공 바치는 것을 거부했다. 그것은 남 사해 5국 동맹국이 독립을 하겠다는 선전포고였다. 그때가 아브람의 나이 83세, 가나안에 정착한 후 8년이 지났을 때였다.

그리고 1년 후, 북 메소보타미아 동맹국과 남 사해 동맹국 간에 전쟁이 일어났다.

북 메소보다미아 4국 동맹은 이스라엘의 갈릴리 호수 남쪽 방향의 길을 선택하여 남쪽으로 내려오면서 주변 부족국가와 전쟁을 하였다. 이스드롯 가르나임에서 르바 족속을 침략 정복을 했다. 그리고 함에서는 수스 족속을 정복했다. 요단강 동편 길을 따라서 남쪽으로 침략하면서 사웨 가라다임에서 엠 족속을 정복했다. 계속 남쪽으로 정복하여 아카바 만의 끝인 엘바란까지 1,000km를 남진 정복을 하였다. 그들은 천하 무적이었다. 아카바만 엘바란에서 회군을 하여 서쪽 지중해 방향으로 100km 전진하였다. 아말렉 족속의 가데스를 공격 약탈을 하였다. 그리고 동쪽으로 90km을 북상하면서 아모리 족속의 다말을 정복하였다. 그리고 자신들이 내려온 요단강 동편 길을 따라 100km를 올라가서 싯딤 골짜기에서 남 사해 5국 동맹국과 마지막 전투을 하였다.

결과는 남 사해 5부족 군대가 패배했다. 메소보타미아 부족동맹은 대승을 하였다. 회군하면서 마지막 정복지로 소돔과 고모라를 선택했다. 소돔과 고모라 지역은 메소보타미아 침략군들에게 모든 재산을 약탈당했다. 사람들은 모두 포로가 되었다. 그 때 롯도 함께 모든 재산을 약탈당하고 가족이 포로가 되었다. 아브람을 떠나 살기 좋은 땅 소돔으로 간 롯은 9년 만에 비참하게 망했다(창14:12).

전쟁의 결과는 북 메소보다미아 4개 부족연합군이 승리했다. 그리고 남 사해 5부족 동맹은 다시 조공을 바쳐야 될 처지가 되었다(창14:1-12).

첫 번 전쟁 승리자는 아브람 (창14:13-16)

남 사해 5부족 군사 동맹은 패전하여 왕들은 살기 위해서 도망을 쳤다. 북 메소보타미아 4부족 동맹은 원정 정복 전쟁에서 승리했다. 그리고 마지막 정복지 소돔과 고모라 지역에서 많은 재물과 짐승을 약탈하고 노예로 사용하기 위해서 많은 사람들을 포로로 잡아서 회군하였다.

그들은 남쪽으로 침략하기 위해서 내려온 길을 선택했다. 소돔과 고모라에서 요단강 동편 길을 따라서 갈릴리 호수가 있는 방향으로 약 700km 북쪽으로 올라 갔다.

메소보타미아 부족 군대가 귀환하는 700km 거리에 그들을 공격할 어떠한 군대도 없었다. 몇 달 전에 남쪽으로 내려오면서 모두 정복한 지역이다. 그러므로 안심하고 전리품과 가축과 포로로 잡은 사람들을 이끌고 북진을 하였다.

아브람은 아모리 족속이 거주하는 곳 마므레의 상수리나무 숲 근처에 살았다. 북 메소보타미아 4부족의 군대가 침략을 한다는 소식을 들었다. 그들이 소돔과 고모라를 지나서 아카바 만의 끝 엘바란 까지 내려간 것을 알았다. 그들이 회군하면서 아말렉 족속의 거주지 가데스와 아모리 족속의 다말을 침략한 것을 알았다.

아브람이 거주하는 아모리 족속들도 긴장을 했다. 북 메소보타미아 연합군이 회군하면서 요단강 서편 길을 선택한다면 필연적으로 아모리 족속과 전쟁을 해야 한다. 그러한 상황이 되면 아브람도 전쟁에 동참하거나 아니면 전쟁 피해를 볼 수 있다. 아모리 족속과 아브람도 전쟁을 대비히고 있었다. 그리고 날마다 전쟁 소식을 듣고 있었다. 그런데 북 메소보타미아 4부족 동맹은 아브람이 거주하는 곳으로 오지 않았다. 요단강 남쪽 방향의 길을 선택하여 회군하는 것으로 알았다. 아브람과 아모리 족속들은 안심했다.

그리고 며 칠이 지난 후에 소돔 사람 하나가 아브람을 찾아 왔다. 자신은 소돔 사람이라 했다. 북 메소보타미아 연합군이 소돔과 고모리를 침략한 것과 많은 사람들이 포로가 되어 끌려가는 중이라 했다. 자신은 포로가 되어 끌려가는 중에 탈출하였다 했다. 그 사람은 아브람의 조카 롯과 그 가족들이 포로가 되어 끌려가는 중이라 했다.

아브람은 자신을 찾아온 소돔사람에게 북 메소보타미아 군대에 대한 정보를 물었다. 군사는 몇 명이며 하루에 얼마의 거리를 이동하는 것인지 포로는 몇 명 정도 되는지 자세한 것을 물어 보았다. 아브람은 롯을 구출하기 위해서 북 메소보타미아 군대와의 전쟁을 결심했다.

아브람은 자신의 집에서 출생하고 훈련된 가족 군대 318명을 거느리고 북 메소보타미아 연합군을 추격했다. 아브람은 메소보타미아 4부족이 요단강 동편의 길을 가고 있음을 알았다. 그리하여 아브람은 요단강 서쪽 방향으로 있는 길을 따라서 올라가면 갈릴리 호수를 지나서 200km 단에 이르면 동서로 나누어진 두 길이 합류하는 곳이 나온다. 아브람은 그곳에서 메소보타미아 연합군을 기습하기로 했다.

아브람과 함께 전쟁에 나가는 사병(私兵) 318명은 아브람의 집안 종들이 낳은 자녀들이다. 그들은 어릴 때부터 아브람과 함께 했다. 일부는 아브람과 동맹을 맺은 마므레의 형제 사람도 있었다.

유목민 생활은 공동체의 일사불란한 행동이 생명이다. 평시에는 목축업을 한다. 때로는 외부 세력으로부터 공격을 때가 있다. 그때는 스스로 가족과 재산을 지켜야 한다. 그러므로 족장들은 자신의 집안에 가족들을 군사화 하여서 재산과 가족의 생명을 지켜야 했다.

아브람과 함께하는 가족은 수천 명이었다. 그중에 젊은 청장년으로 중심한 가병 318명을 선발했다. 그들은 가족과 재산을 지키기 위해서 잘 훈련되었다. 아브람이 명령하면 생명을 바치는 충성심을 가졌다.

아브람은 자신의 가병 318명을 이끌고 헤브론을 출발했다. 요단강 서편 길로 전력 질주하여서 200km 북쪽으로 올라 가야 한다. 최대한 하루에 약 70km 거리를 북상을 하려면 사흘 길을 가야 단에 도착을 한다. 메소보타미아 군대보다 단에 먼저 도착해야 승산이 있다. 아브람은 318명의 군대를 무장을 하고 말과 낙타, 나귀를 타고 신속하게 추격을 했다.

메소보타미아 군대는 소돔과 고모라를 침략하여 약탈한 것을 가지고 출발한지 며칠이 되었다. 가축과 포로를 잡아 감으로 하루에 이동 거리는 약 30km를 넘지 못했다. 소돔에서 단까지 거리는 약 300km 이었다. 그러므로 그들은 약 10일 정도 걸어 북상해야 했다.

북 메소보타미아 4개 부족 연합군은 전쟁의 승리에 안도했다. 그들의 공격과 철수는 요단강 동편 길을 선택하였음으로 안전했다. 침략하려 남하하면서 모든 부족을 이미 정복했다. 그들은 이미 군사력을 상실했다.

아카바만의 엘바란까지 약 1,000km 남진 침략하면서 약탈한 엄청난 금은보화의 전리품을 가졌다. 마지막으로 소돔과 고모라에서 약탈한 것들은 낙타와 나귀에 싣고 1,000km 귀환 길에 올랐다. 철수하는 속도가 생각보다 느리게 진행되었다. 그들은 요단강 동편으로 올라가서 갈릴리 호수를 지나 위쪽에 있는 단 지역을 경유하여 호바로 가기로 했다.

단은 교통 요충지였다. 단에서 요단강 동편으로 가는 길이 소돔까지 내려간다. 그리고 단에서 요단강 서편으로 내려가는 중요한 도로가 있었다.

북 메소보타미아 군대는 자신의 국가가 점점 가까워졌다. 그들은 전리품과 포로들을 보면서 전쟁 승리에 만족했다. 그들은 상대할 적수가 없으므로 방심했다. 그러나 한 달 넘는 원정 전쟁으로 지쳤다. 그리고 소돔에서 끌고 가는 가축들도 지쳤다. 소돔에서 포로로 잡은 사람들도 힘겨운 길을 걸어가면서 모두 지쳤다. 그리하여 하루에 이동 거리가 점점 줄었다.

북연합군은 아브람의 추격을 전혀 알 수 없었다. 전쟁의 특성상 후퇴를 할 때는 뒤편에 관측병을 통하여 철저하게 감시를 한다. 그러나 북연합군을 추격할 군대가 없었다. 방심했다. 먼저 군사를 보내는 정탐병도 보내지 않았다. 단까이 올라 왔으면 그들을 대적할 자가 없었다.

　아브람의 318명의 군대는 이동 속도가 매우 빨랐다. 북연합군을 단에서 만나 기습하지 않으면 아브람에게는 승산이 없었다. 그러므로 밤잠을 자지 않고 달렸다. 헤브론을 출발한지 사흘 만에 갈릴리 호수를 지나서 오후에 단에 도착했다.

　아브람은 북 메소보타미아 군대가 올라오는 길에 감시병을 포진시켰다. 그리고 단 지역 사람들이 아브람의 군대가 온 것을 감지하지 못하게 병력을 분산하여서 이동을 했다. 메소보타미아 군대가 야영을 할 수 있는 넓은 지역으로 가서 은신하였다. 그리고 잠시 동안 휴식을 하였다.

　메소보타미아 북 연합군대는 갈릴리 호수를 지나면서 완전히 방심했다. 그들을 추격할 자가 없었다. 그리고 자신들의 거주지가 하룻길 정도 남았다. 단에서 하루 밤을 야영을 하면 자신들의 집으로 가는 길은 사흘이면 갈 수 있다.

　메소보타미아 연합군은 많은 군인들과 포로들을 이끌고 늦은 시간에 단에 도착하였다. 무리를 지어 휴식을 취하였다. 소돔에서 단까지는 약 600km 거리였다. 그들은 방심했다. 그리고 지쳤다. 그 날 저녁에 술과 음식을 먹으면서 전쟁 승리에 자축을 했다, 밤이 깊어 갈수록 그들은 술에 취하였으며 경계 근무는 태만했다.

　아브람은 은밀하게 매복을 하고 있었다. 방심하고 깊이 잠든 메소보타미아 부족 연합군을 기습했다. 어두운 밤 예상치 못한 기습을 받은 부족 연합군은 혼비백산하여 각각 말과 낙타를 타고 도망쳤다. 모든 전리품과 포로와 가축을 버리고 도망쳤다.

자신들은 추격할 자가 없을 것으로 생각하였는데 단에서 예상치 못한 복병을 만났다. 그들은 모든 것을 버리고 도망쳤다. 그리고 자신들을 공격하는 자가 누군지도 몰랐다. 아브람의 군사들이 도망치는 메소보타미아 부족 연합군을 다메섹 왼편 80km에 있는 호바까지 추격했다. 북 메소보타미아 연합군은 자신의 부족으로 돌아갔다. 그들의 전쟁은 승리한 것 같았지만 패배했다. 얻은 것이 없었다.

아브람은 호바에서 단으로 돌아왔다. 남 사해 5국 동맹의 모든 포로들과 아브람의 조카 롯과 모든 부녀와 사람들을 구출했다. 약탈당한 가축과 재산도 되찾았다.

아브람은 하나님께 감사했다. 318명의 가족 군대로 북 4개 부족 메소보타미아 연합군을 물리친 것은 하나님의 도움이었다. 개인적인 전쟁 승리가 아니었다. 아브람의 전쟁 승리는 당시에 가장 강력한 북 메소보타미아 4개 부족 동맹군을 폐망시켰다. 그리고 남 사해 5부족 동맹을 구한 것이다. 더 이상 조공을 바치는 일도 없어졌다. 포로가 되어 끌려가는 자들은 자유인이 되었다.

아브람은 단에서 요단강 서편 길로 귀환을 하였다. 단에서 헤브론까지 200km이다. 약 7일 동안 걸어야 도착할 수 있다. 그리하여 전령을 먼저 보내어서 헤브론과, 소돔에 전쟁에 승리하고 재산과 포로를 되찾았다는 기쁜 소식을 전했다.

북 메소보타미아 4개 부족연합군대의 침략으로 남 사해 주변 5개 부족 연합군대는 패배했다. 그들의 왕들은 도망가고 패주했다. 그런데 그들이 무시하던 히브리 사람 아브람이 북 메소보다미아 4개 부족 연합군대를 격파하였다. 그러므로 아브람은 남 사해 5개부족 군대보다 더욱 강하고. 북 메소보타미아 4부족보다 더욱 강한 자가 되었다. 그리하여 아브람은 가나안 지역 부족 전쟁에서 최고의 승리자가 되었다. 이제 아브람을 무시할 수 없는 존재가 되었다.

첫 번째 제사장 멜기세덱(창14:17-24)

예루살렘에서 500미터 정도 떨어진 기드론 시내 상류에 위치한 사웨 골짜기로 사람들이 모였다. 전쟁에 승리하고 돌아오는 아브람을 영접하기 위해서였다.

북 메소보타미아 부족동맹군 침략으로 소돔 왕 베라는 역청에 빠져 죽었다. 그리하여 소돔의 새로운 왕이 아브람을 영접하기 위하여 찾아왔다.

소돔에서 예루살렘 기드론 시냇가까지 올라오려면 이틀 길이다. 그런데 소돔 왕은 전쟁에서 승리하고 돌아오는 아브람을 영접하기 위해서 호위병을 이끌고 헤브론을 지나 예루살렘 사웨 골짜기까지 왔다. 그는 아브람에게 전쟁 승리를 축하하였다. 무엇보다 소돔 지역에 사람들이 포로가 되어 노예가 될 수밖에 없었는데 자유를 준 것에 감사를 했다.

아브람이 전쟁에 승리하고 돌아오는 사웨 골짜기에는 특별한 또 한 사람이 있었다. 그는 살렘 왕 멜기세덱이었다. 멜기세덱은 전쟁에 지치고 힘들어 하는 아브람의 군사를 위하여 떡과 포도주를 제공했다. 지친 군사들은 멜기세덱이 준 떡과 포도주를 먹고 힘을 얻었다.

멜기세덱은 성경에 기록된 첫 번째 제사장이다. 그는 "지극히 높으신 하나님의 제사장"이라 기록되어있다(창14:18).

멜기세덱은 신비의 인물이다. 그는 살렘 왕이면서 하나님의 제사장이다. 그의 족보와 그의 이후에 삶을 알 수 없다.

신약성경 히브리서에는 기록되기를 "아비도 없고 어미도 없고 족보도 없고 시작한 날도 없고 생명의 끝도 없이 하나님의 아들과 방불하여 항상 제사장으로 있다" 하였다(히7:3).

멜기세덱은 살렘 왕이다. "살렘"의 뜻은 "평강"이다. 멜기세덱은 평강의 왕이다. 그러한 신비에 싸인 멜기세덱이 아브람을 영접하기 위해 예루살렘 기드론의 사웨 골짜기로 찾아 왔다. 멜기세덱은 하나님의 도우심으로 전쟁에 승리한 아브람을 위하여 축복했다.

멜기세덱은 천지만물을 창조하신 하나님께서 아브람을 통하여 전쟁에 승리한 것을 찬양했다.

아브람이 전쟁에 승리한 것은 하나님의 도우심과 하나님의 역사였다. 하나님께 영광을 드렸다.

아브람의 가정군대 318명의 군사력은 북 메소보타미아 4개 부족 연합군의 군사력과 비교하면 보잘 것 없다. 그러나 전쟁에 승리하였다. 그것은 하나님의 도우심으로 승리한 것이다.

당시에 남쪽, 롯이 거주하던 소돔 주변의 5개 부족 국가들은 하나님을 믿지 않았다. 유일하게 하나님을 믿는 자는 헤브론의 마므레 상수리 나무 숲에 거주한 히브리 사람 아브람이었다.

그동안 남, 사해 5개 부족 국가는 히브리 사람 아브람을 무시했다. 그러나 이제는 아브람의 존재는 가나안에서 최고의 맹주가 되었다.

가나안 지역에서 아브라함은 최고의 군사력을 가진 강한 자가 되었다. 전쟁에 능숙한 지도자가 되었다. 사해 5개 부족들은 히브리 사람 아브람에 대한 존경과 두려움을 가졌다. 아브람을 히브리 사람이라며 놀리며 거리를 두는 것이 잘못됨을 알았다. 아브람에 대한 태도가 완전히 달라졌다(창14:1-16).

첫 번 십일조를 드린 아브람

아브람은 자신을 축복하는 제사장 멜기세덱에게 전쟁에서 얻은 전리품의 십일조를 드렸다(창14:20). 이는 성경에 첫 번째 기록된 십일조다.

아브람이 십일조를 드린 것은 하나님이 전쟁에 승리하게 했기 때문이다. 그리하여 하나님을 대신한 제사장 멜기세덱에게 십일조를 드렸다. 모세가 율법에 십일조를 말하기 630년 전에 아브람이 먼저 십일조를 하나님께 드렸다.

전쟁에 승리하고 돌아온 아브람에게 두 가지 처리할 문제가 있었다. 전쟁으로 되찾아 온 포로와 전리품 처리 방법이다.

소돔 왕이 남 사해 5부족 연합군을 대표하여 아브람에게 말했다. 전쟁에서 되찾은 사람은 각각 돌려보내라 했다. 그리고 전쟁에서 얻은 모든 재물은 아브람이 모두 가져라 했다. 아브람이 되찾아 온 전리품은 실상은 사해 5부족들의 재산이었다. 그러나 북 메소보타미아 군대에 약탈당했다. 그것을 다시 아브람이 빼앗아 왔다. 그러므로 당시의 전리품을 처리하는 관습법을 따르면 모든 전리품은 아브람의 것이다. 그리하여 소돔 왕은 당시의 관습법을 따라 모든 전리품은 아브람의 소유라고 인정했다. 이미 빼앗긴 재산권 행사를 하지 않겠다는 것이다.

아브람이 되찾아 온 전리품은 엄청난 가치를 가졌다. 어쩌면 하나님이 주신 복이라 생각할 수 있다. 그러나 아브람은 전리품을 거절했다. 이유는 아브람은 전쟁에 승리한 것은 하나님의 도우심이었다. 그리하여 전리품에서 먼저 하나님께 십일조를 드렸다. 그리고 남은 전리품을 아브람이 개인적으로 취하지 않았다.

당시의 전리품을 분배하는 관습은 타락된 문화였다. 아브람은 전쟁에서 빼앗은 전리품은 하나님이 주신 복이 아니라 했다. 다만 아브람과 동맹 관계를 가진 아모리 사람들에게는 관습법을 따라 전리품을 나누라 했다. 아모리 사람들은 여호와 하나님을 믿지 않았기 때문이다.

결국 아브람이 전쟁에서 가져온 전리품은 아모리 사람의 지분을 분배하고 남은 것은 사해 5부족들의 원주인들에게 돌려주었다.

사해 부족들이 되찾은 물질은 이미 아브람이 십일조를 드렸다. 롯도 아브람의 은혜로 빼앗긴 재산을 다시 되찾았다.

지금까지 전쟁에서 승리한 자가 전리품을 아브람 같이 분배한 적이 없었다. 사람들은 아브람이 물질에 대한 욕심을 가지지 않는 것을 칭송했다.

아브람을 위한 하나님의 역사

가나안 땅을 중심한 동맹군의 전쟁에 아브람은 소외된 히브리 이방인이었다. 모든 부족들은 아브람을 떠돌이 히브리 이방인 나그네로 생각했다. 그러나 부족 간의 전쟁에 진정한 승리자는 아브람이었다.

남 사해 5국 부족 동맹군은, 북 메소보타미아 4국 동맹군에 패배했다. 북 메소보타미아 4개국 동맹군은 승리에 취하였지만 아브람의 318명의 군대에 패배했다. 그러므로 가나안 땅을 중심한 부족 동맹군 전쟁의 승자는 아브람이었다.

부족 전쟁의 결과로 아브람은 가나안 땅의 중심 최고의 강자가 되었다. 그동안 이방인 "히브리 사람"에서 가나안 지역에 최고의 권력과 실력자가 되었다.

전쟁 이후 어떠한 부족들도 아브람을 간섭하지 못했다. 전쟁의 결과는 아브람에게 하나님이 함께 함을 보여 주었다.

하나님이 아브람에게 가나안 땅을 준다 약속했다. 하나님은 그 약속대로 전쟁을 통하여 아브람을 가나안 지역의 최고 실권자가 되게하였다. 하나님이 아브람을 부르실 때 약속한 것이 이루어졌다.

아브람을 통하여 모든 사람 모든 민족이 복을 받을 것이라는 말씀을 하나님이 이루어 주었다. 아브람은 약속을 이루어 주신 하나님께 감사했다.

같은 출발, 다른 결과

아브람과 롯은 갈데아 우르에서 함께 출발했다.

가나안으로 이주한 후 9년이 지났다.

아브람은 하나님의 약속을 따라 갔다.

롯은 눈에 보이는 경제적 이익을 따라 갔다.

9년이 지났다.

아브람은 가나안의 최고 권력자가 되었다.

롯은 모든 재산을 다 잃어버리고 전쟁 포로가 되었다.

롯은 하나님이 없는 소돔과 고모라를 선택했다.

그 결과는 롯은 실패했다.

아브람과 롯은 함께 출발했으나 결과는 달랐다.

아브람은 하나님만 보았다.

롯은 세상만 보았다.

하나님을 믿는 아브람의 믿음

하나님을 믿는 롯의 믿음 (벧후2:7)

같은 믿음이 아니였다.

믿음의 수준이 달랐다.

믿음이라 해서 다 같은 믿음이 아니다.

믿음의 격차는 삶의 격차를 가져 온다.

"살렘 왕 멜기세덱이 떡과 포도주를 가지고 나왔으니 그는 지극히 높으신 하나님의 제사장이었더라 그가 아브람에게 축복하여 이르되 천지의 주재이시요 지극히 높으신 하나님이여 아브람에게 복을 주옵소서 너희 대적을 네 손에 붙이신 지극히 높으신 하나님을 찬송할지로다 하매 아브람이 그 얻은 것에서 십분의 일을 멜기세덱에게 주었더라"(창14:18-20).

15. 왜, 흔들리는데 뽑히지 않을까?
(창15장)

아브라함의 우울증

아브람은 메소보타미야 4개 부족 동맹군을 격퇴한 후 가나안 지역의 새로운 권력자로 부상했다. 그러나 아브람은 시간이 갈수록 초조하고 두려움이 밀려왔다.

메소보타미야 4개 부족 동맹군의 보복이 두려웠다. 만약에 그들이 다시 쳐들어온다면 아브람의 힘으로는 이길 수 없다. 주변 사해 5부족 동맹군은 방관할 것이다. 그리하여 아브람은 극심한 스트레스와 우울증에 빠졌다.

갈데아 우르에 두고 온 가족들이 그리웠다. 온종일 무기력감에 빠지면서 흥미를 잃었다. 가끔 분노가 폭발했다. 나른하고 권태감을 느꼈다. 아브람은 전쟁 승리 후에 다가온 두려움과 우울증으로 흔들리고 있었다.

아브람은 하나님의 약속을 믿고 가나안 땅으로 왔다. 전쟁은 생각지도 못했다. 하나님이 자녀를 준다는 약속을 믿고 왔다. 갈데아 우르와 하란에서도 물질적으로는 부유했다. 가나안에서 존경 받는 사람이 되었다. 그런데 하나 부족한 것이 있었다. 그것은 자녀가 없었다. 그동안 자녀를 얻기 위해서 모든 방법을 다 해보았다. 그러나 자신의 힘으로 할 수 없다.

아브람은 하나님이 자식을 낳게 한다는 그 약속을 믿었다. 그래서 가나안으로 이주했다. 그리고 9년이 지났다. 하나님이 주신다는 자식은 없다. 아브람의 나이 84세가 되었다.

자식 없이 가나안 땅에 이방인으로 살아가는 것은 무의미했다. 이제 물질축복은 받을 만큼 받았다. 그리운 고향으로 돌아가고 싶다. 친족이 보고 싶었다. 고향으로 돌아가 여생을 평안하게 보내고 싶다. 아브람의 생각은 복잡했다. 많은 생각에 빠져 허우적거렸다.

다시 고향으로 돌아갈 수 없는 현실

현실은 고향으로 돌아갈 수 없었다. 일전에 사해 5개 부족연합군과 메소보타미아 4개 부족연합군의 전쟁에서 아브람이 메소보타미아 4개 부족 연합군을 물리친 것이 화근이 되었다.

아브람이 고향 갈데아 우르와 하란으로 돌아가려면 반드시 메소보타미야 4개 부족의 땅을 지나야 한다. 그런데 메소보타미야 4개 부족은 아브람이 자신의 지역을 통과하는 것을 허용치 않을 것이다. 반드시 아브람에게 보복할 것이다.

아브람은 고향으로 돌아가려는 마지막 계획마저 무너졌다. 아브람은 귀향하려는 생각을 가졌다. 그러나 환경적으로 불가능하게 되었다. 하나님이 전쟁 승리의 영광을 주었다. 그리고 하나님이 다시 갈데아 우르로 돌아가는 길을 막았다.

아브람은 두려움과 공포심으로 밤잠을 이루지 못했다. 그냥 방관했다면 오늘 같은 어려움은 없었을 것이다. 롯이 포로가 되어 잡혀간 것은 그의 선택의 결과요 운명이라 생각하고 체념했다면 얼마나 좋았을까? 아브라함은 여러 가지 생각으로 복잡한 마음을 정리하지 못했다.

아브람은 하나님이 자신에게 아들을 준다는 약속을 버렸다. 하나님이 약속한 이후 9년을 기다렸지만 하나님이 자식을 주지 않았다. 그러므로 기다릴 만큼 기다렸다. 아브람은 자식을 낳기 위해서 자신이 할 수 있는 것은 모두 다 해보았다.

아브라함은 자신의 종 엘리에셀을 상속자로 마음에 결정을 했다. 엘리에셀은 어릴 때부터 아브라함의 가정에서 성장하였다. 그리고 아브람의 충성된 종이며 현명했고 믿음이 충실했다. 하나님이 자식을 준다는 약속을 믿지 않았다. 9년을 믿었다. 믿을 만큼 믿었지 않는가? 현실을 인정하고 관습법을 따라서 엘리에셀을 상속자로 인정하고 살아가는 것이 마음 편한 것이다. 그러면 자식에 대한 미련을 영원히 버릴 수 있다.

나의 상속자는 종 엘리에셀(창15:1-11절)

어느 날 깊은 밤중에 우울증과 두려움으로 불면증으로 고통 중인 아브람에게 여호와 하나님이 환상 중에 오셨다. 하나님은 흔들리며 고통 중인 아브람에게 말씀했다.

"이 후에 여호와의 말씀이 환상 중에 아브람에게 임하여 이르시되 아브람아 두려워하지 말라 나는 네 방패요 너의 지극히 큰 상급이니라"(창15:1).

여호와 하나님은 두려워하는 아브람에게 마음에 평안을 주셨다. 북 메소보타미아 4개국의 연합군의 보복에 대하여 두려움을 내려놓게 했다. 하나님이 친히 방패가 되어 주신다고 위로했다. 그리고 아브람에게 상급이 되어 복되게 해 준다며 지난날의 하나님의 약속을 기억하게 했다.

아브람의 마음에 근심이 사라졌다. 하나님이 주시는 평안을 오랜만에 경험했다. 그런데 오랜만에 하나님이 자신을 찾아 오심으로 마음 깊은 곳에 있는 생각을 하나님께 항의하였다.

"왜, 하나님은 나에게 자녀를 주신다는 약속하시고 9년의 세월이 지났는데 그 약속을 지키지 않습니까? 하나님이 나에게 약속한지 9년이 지났습니다. 하나님은 나에게 나타 날 때마다 아들을 준다고 말씀했습니다. 그런데 지금까지 자녀를 주시지 않았습니다. 그러니 거짓말하는 하나님의 말씀을 더 이상 믿을 수 없습니다. 이제는 마음 편하게 살려고 합니다. 하나님이 약속을 지키지 않았습니다. 그러니 나는 사람들의 관습을 따라서 내종 엘리에셀을 상속자로 삼고 살겠습니다"(창15:2-3).

아브람은 오랜만에 자신을 찾아오신 하나님께 할 말을 다하였다. 그리고 하나님과 관계도 정리하고 싶었다.

아브람의 말을 다 들으신 하나님이 말씀하셨다.
"아브람아 힘들고 지쳤지? 지난 세월 9년이 그리 긴 세월이었는가? 그런데 내가 너에게 아들을 준다는 그 약속한 것은 반드시 지킬 것이다. 좀더 기다려라. 그리고 네가 생각한 종 엘리에셀은 상속자가 될 수 없다. 아브람 너의 아내 사래가 아들을 출산할 것이다. 그 아들이 상속자가 될 것이다. 그러나 좀더 기다려라"(창15:4).

여호와 하나님이 두려움과 근심 중에 있는 아브람을 집 밖으로 이끌고 나왔다. 어두운 밤하늘은 별빛 은하수가 강을 이루었다. 초롱초롱 빛나는 별들이 하늘 가득히 빛나고 있었다. 여호와 하나님이 아브람에게 말씀했다.

"아브람아 저 밤하늘에 뭇별을 세어 보라. 저 별들은 내가 창조한 것들이다. 만물을 창조한 나 여호와가 아브람 너에게 자신을 낳게 하는 것은 쉬운 일이다. 그리고 내가 너에게 자손의 복을 반드시 줄 것이다. 너의 자손은 저 하늘에 반짝이는 무수한 별들과 같이 많은 자손을 줄어 번성하게 할 것이다. 지금까지 내가 너와 함께한 것 같이 너와 영원토록 함께하고 너와 자손에게 복을 줄 것이다"(창15:5).

하나님은 약속의 믿음이 흔들리는 아브람에게 밤하늘의 별을 보여 주었다. 밤하늘의 무수한 별들과 같이 자손을 준다는 약속을 확인시켰다. 그리고 매일 밤하늘의 별을 보면서 하나님의 약속을 기억하게 했다. 그리하여 아브람은 하나님이 주시는 약속의 자녀를 기다렸다. 잠시 동안 자신의 종 엘리에셀을 상속자로 결정한 것을 취소하였다. 그리고 하나님이 사래를 통하여 아들을 주신다는 약속을 믿고 기대하였다. 여호와 하나님은 아브람이 믿을 수 없는 환경과 조건을 가졌는데 여호와 하나님의 말씀을 믿고 확신하는 것을 보고 의롭게 생각했다(창15:6).

아브람은 어두운 밤에 환상으로 찾아오신 여호와 하나님을 만나서 항의하고 하나님이 말씀한 것을 듣고 믿은 이후 불면증과 두려움이 사라졌다. 자신의 안전에 대한 문제도 자식에 대한 문제도 하나님께 맡기며 의지했다. 그리하여 오랜만에 마음에 평안과 기쁨이 충만했다.

아브람은 자신이 환상 중에 만난 여호와 하나님을 사래에게 말했다. 어두운 밤이 되면 아브람은 아내 사래를 데리고 장막 밖으로 나왔다. 그리고 밤하늘에 반짝이는 별빛을 보면서 말했다. 하나님이 자손을 저렇게 많이 주신다. 약속했다며 말했다.

사래는 정말로 하나님이 그렇게 해 주실까 의문이 생겼다. 남편의 말을 듣고 가나안으로 이주했다. 하나님이 아들을 주신다고 했는데 9년의 세월을 보내었다. 그런데 아들이 없었다. 그리하여 다른 방법을 한 번 생각해보기로 했다.

여호와 하나님은 아브람의 생활 환경과 그 모든 것을 주관했다. 아브람을 사용하여 메소보타미야 4부족 연합군과 전쟁에서 승리하게 했다. 그리고 패배한 메소보타미야 4부족이 아브람에 대한 복수심을 불타게 했다. 그리하여 아브람이 고향 갈데아 우르로 돌아갈 수 없게 귀향을 환경적으로 막았다.

여호와 하나님은 아브람의 마음에 복의 약속을 상기시켰다. 가나안에 거주하면 약속한 자녀를 준다고 말씀했다. 아브람은 하나님의 약속을 믿었다. 그리하여 가나안을 떠날 수 없었다.

현실적으로 아브람은 가나안 땅에 거주하는 이방인이다. 가나안에 거주한지 9년이 되었다. 그러나 아브람이 소유한 토지가 없었다. 하나님이 말씀하시는 가나안 땅을 준다는 언약을 믿었다. 그런데 지금까지 하나님이 약속한 것은 이루어지지 않았다. 그리하여 땅을 주신다는 하나님의 약속에 대한 확실한 증표를 달라고 기도했다(창15:7-8).

언약의 제물을 지키는 아브람(창15:9-11)

여호와 하나님은 아브람이 약속의 증표를 요구할 때 허락했다. 여호와 하나님이 아브람에게 언약을 세우기 위한 구체적인 방법을 말했다.

삼 년 된 암소 한 마리, 삼 년 된 암 염소 한 마리, 삼년 된 숫양 한 마리, 그리고 집비둘기와 산비둘기 새끼를 언약의 제물로 준비하라 했다.

아침이 밝았다. 아브람은 여호와 하나님이 환상 중에 말씀하신 동물들을 잡았다. 그 제물을 쪼개어 갈라놓았는데 비둘기는 쪼개지 않았다.

고대에 언약을 체결할 때는 당사자가 짐승 몇 마리를 잡아 둘로 완전히 쪼개었다. 그리고 짐승을 적당한 간격으로 갈라놓았다. 그리고 언약한 두 사람이 그 짐승 사이를 지나간다. 그것은 짐승이 죽은 것과 같이 생명을 담보로 약속했다. 약속을 지키지 않으면 짐승과 같이 죽을 것이라는 의미가 있다. 약속한 것은 자신의 생명 같이 목숨 걸고 지키라는 뜻이다. 그 약속을 이루기 위해서는 두 사람이 서로 목숨 걸고 협력해야 할 의무가 있었다.

아브람은 여호와 하나님 말씀대로 3년 된 짐승을 쪼개었다. 그리고 하나님께서 어떻게 언약을 체결하실 것인지 기다렸다.

아침부터 하나님이 다시 나타나 언약을 할 것으로 기대했다. 그러나 정오가 지나도 하나님은 나타나지 않았다. 언약의 제물로 짐승을 쪼개 놓은 사체 위로 솔개와 독수리, 육식성 맹금류들이 모여 들었다. 아브람은 맹금류들이 접근하지 못하도록 힘겹게 쫓아내었다. 아브람은 피곤하여 지쳤다. 그리고 초조했다. 하나님의 임재가 없었다. 하나님이 영영 떠나가신 것이 아닐까? 왜, 하나님은 나에게 말로는 약속하시면서 약속의 증표는 주시지 않을까? (창15:9-11)

아브람은 제물을 지키며 종일 보내었다. 하나님이 언약하면서 약속을 확증해 줄 것을 기대하며 저녁까지 기다렸다. 석양에 해가 기울고 아름다운 노을이 붉게 물들었다.

아브람은 온종일 지쳤다. 하늘에는 별들이 반짝였다. 지쳐 버린 아브람은 깊은 초자연적인 깊은 잠에 빠졌다. 그리고 엄청난 두려움이 밀려 왔다. 아브람은 극심한 공포와 두려움에 떨고 있었다. 그러나 잠에서 깨어날 수 없었다.

여호와의 횃불 언약 (창15:12-21)

어두운 밤하늘에 별빛이 반짝였다. 그 때 여호와 하나님께서 타오르는 신비한 횃불로 아브람에게 나타났다. 횃불은 어둠 속에서 더욱 선명하고 환하게 빛났다.

밤하늘에 횃불로 나타나신 하나님께서 아브람이 제물로 잡아 쪼갠 그곳으로 다가와서 말씀하였다. 하나님께서 아브람에게 앞으로 이루어질 장기적인 계획을 말씀하였다.

첫째는 아브람의 자손이 이방 지역에서 나그네가 될 것이며 이방인 그들을 섬길 것이다(창15:13).

둘째는 이방 나라에서 나그네가 된 아브람의 후손들이 400년 동안 괴롭힘을 당할 것이다(창15:13).

셋째는 아브람의 후손들을 괴롭히는 그 나라를 여호와 하나님이 심판하고, 아브람의 후손들을 해방시켜 큰 재물을 가지고 가나안 땅으로 돌아 올 것이다(창15:14).

넷째는 아브람, 너의 자손이 사대 만에 돌아 올 때는 지금 가나안 땅에 거주하는 아모리 족속의 죄악이 가득 차 심판 할 것이다(창15:16).

다섯째는 아브람 너의 후손에게 줄 땅의 경계는 가나안 땅을 중심하여 이집트의 강에서부터 유프라테스 강까지이다. 지금 가나안 10개 부족이 살고 있는 모든 땅이다(창15:18-21).

여섯째는 아브람 너는 장수하다 평안히 죽어 너의 조상에게로 돌아 갈 것이다(창15:15).

여호와 하나님이 아브람에게 장기적인 계획을 말씀하셨다. 그리고 여호와 하나님의 신비한 횃불이 움직이기 시작했다. 아브람이 제물을 쪼개어 놓은 그 사이로 여호와 하나님의 횃불이 지나갔다. 아브람은 두려움으로 지켜보았다.

제물을 두고 쌍방이 언약을 할 때의 방법은 제물을 두고 쌍방이 교차하며 지나가야 한다. 그런데 제물 사이로 여호와 하나님만 불길로 지나가셨다. 그런데 아브람은 제물 사이로 지나가지 못했다. 그것은 여호와 하나님의 일방적 언약의 약속이기 때문이다. 하나님이 말씀하신 여섯 가지의 미래의 약속을 이루기 위해서 아브람이 할 수 있는 것은 하나도 없었다. 그 모든 것은 하나님이 하실 일이다. 아브람은 그 하나님의 하시는 일을 믿는 것뿐이다. 설령 아브람이 믿지 않는다 해도 하나님은 그 계획을 이루어 가실 것이다.

그러므로 아브람은 제물들을 쪼갠 그 사이를 지나갈 수 없었다. 아브람은 자신의 후손에게 이루어질 미래에 대해 계획할 것이 없었다. 그러므로 횃불로 나타나신 여호와 하나님께 아브람을 향하여 일방적으로 행하신 약속이다.

여호와 하나님의 신비한 횃불은 사라졌다. 그리고 아브람의 마음에 완전하고 확증적인 언약의 증표로 남았다. 아브람은 하나님의 신비한 횃불 언약을 마음 깊이 간직했다. 그런데 무엇인가 허전했다. 아브람은 자식이 없었다. 그런데 하나님이 횃불 언약을 하였다. 그 횃불 언약을 이루어갈 자식이 없었다. 그러면 그 언약은 무효가 되지 않는가?

아브람은 메소보타미야 4부족 연합군과 전쟁에 승리한 후 잠시 하나님이 주신 약속을 믿지 못하고 흔들렸다. 흔들리는 아브람에게 여호와 하나님이 찾아와 횃불 언약으로 더욱 큰 확신을 주었다.

하나님은 아브람에게 가나안 땅에 가면 복을 주시며 자식을 주시며 열국의 아비와 어머니가 된다 약속했다. 그리하여 아브람은 가나안 땅으로 이주했다(창12:1-9). 그리고 9년이 지난 후에 하나님은 아브람에게 그와 그 후손에게 주실 땅의 정확한 지경을 말씀했다(창15:18-21).

흔들리나 뽑히지 않는다.

하나님의 언약을 믿는 자들도 흔들린다.

시간이 기면서

환경이 변하면서

살아있는 믿음도 흔들린다.

어두운 흑암에 별빛을 주시며 약속하신 하나님

횃불로 찾아오셔 먼 미래의 언약을 주신 하나님

두려움은 믿음의 사람에게도 찾아온다.

염려와 근심은 그림자와 같이 존재한다.

여호와는 항상 새로운 언약을 주신다.

흔들릴 때 찾아와 믿음을 주신다.

두려울 때 다가와서 평안을 주신다.

연약할 때 하나님의 힘을 주신다.

언약을 기억하며 살아가는 믿음의 사람들

시간의 흐름 속에 더욱 견고한 신앙으로 세워진다.

환경의 변화에 하나님을 바라보라.

하나님은 나를 위하여 사건을 만드신다.

하나님은 믿음의 사람을 위하여 환경을 조성한다.

하나님은 우연 같은 필연으로 가는 길을 인도한다.

스쳐 가는 한 줄기 바람도

피어난 들풀도 우연은 없다.

모든 것이 하나님의 손길이며 음성이다.

세미한 하나님의 음성을 들리느냐.

하나님이 이루시는 역사가 눈에 보이는가?

하나님을 인정하는 자에게만 하나님의 존재가 보인다.

바람 부는 날 천 년 고목도 흔들린다.

바람 부는 날 모든 것이 흔들린다.

흔들린 것을 부끄러워하지 말자.

믿음이 없는 것을 부끄러워하자.

흔들릴 때 염려하지 말자.

믿음의 사람도 때로는 흔들릴 수 있다.

지금 흔들리고 있는가?

여호와 하나님이 찾아오신다.

불안한가, 잠시 기다려 보라.

염려가 되는가, 조금 더 기다려 보라.

여호와 하나님이 말씀과 은혜로 다시 세우신다.

성령님을 통하여 다시 새롭게 하신다.

너 하나님의 사람아.

너는 흔들릴지라도 뽑히지 않는다.

넘어질지라도 다시 일어선다.

나 여호와 하나님이 너와 함께 한다.

하나님이 너를 선택하셨기 때문이다.

"그 날에 여호와께서 아브람과 더불어 언약을 세워 이르시되 내가 이 땅을 애굽 강에서부터 그 큰 강 유브라데까지 네 자손에게 주노니, 곧 겐 족속과 그니스 족속과 갓몬 족속과, 헷 족속과 브리스 족속과 르바 족속과. 아모리 족속과 가나안 족속과 기르가스 족속과 여부스 족속의 땅이니라 하셨더라"(창15:18-21).

16. 사래의 '씨받이' 도박
(창16장)

철거지악과 삼불거

유교문화에서 발전한 예교(禮敎) 중에 철거지악(七去之惡)이 있다.

칠거지악(七去之惡)은 첫째, 시부모를 잘 섬기지 못하는 것. 둘째, 아기를 낳지 못하는 것. 셋째, 부정한 행위를 하는 것, 넷째, 질투하는 것. 다섯째 나병, 간질 등 유전병이 있는 것. 여섯째, 말이 많은 것. 일곱째, 훔치는 것이다.

고려 말 유교가 왕성할 때 칠거지악은 조선시대 이혼제도의 근간이 되었다.

조선왕조 초기에 법제로서 통용한 〈대명률(大明律)〉에 의하면 칠거지악에 해당하지 않는데 이혼을 하거나. 국가가 정한 법에 강제 이혼 사유되지 않는데 이혼을 한 남자는 장(杖) 80대 형에 처했다.

칠거지악을 범하였으나 삼불거(三不去)에 해당하는데 이혼을 하면 국가가 강제로 함께 살도록 했다.

삼불거(三不去)란 아내가 칠거지악 사유로 이혼을 할 사항이지만, 첫째, 부모의 삼년상을 함께 치렀거나. 둘째, 가난 할 때 장가들었거나,

셋째, 아내가 돌아 갈 곳이 없을 때는 이혼을 하지 못한다. 그러나 부부가 쌍방 합의해서 이혼하기로 하면 처벌하지 않았다.

조선시대는 남성과 가문 중심이었다. 여성이 결혼한다는 것은 한 남자와 결혼을 하는 것이 아니다. 남편과 남편의 가문과 결혼을 한다. 그래서 '시집', '시집살이'라 했다.

시집은 남편과 시부모와 형제들로 구성된 대가족이다. 가족은 가문과 문중과 깊은 연관을 유지했다. 그리하여 칠거지악을 만들었다.

여자는 결혼을 하여 남편의 가문을 승계해 갈 아들을 낳아 대를 이어야 했다. 족보와 혈통을 중시하면서 불륜으로 가문의 피를 더럽히지 않게 했다. 시부모에게 효도하게 함으로 조상들을 잘 섬기도록 했다.

유교 문화권은 남성중심의 사회다. 가정에 나쁜 것은 모두 여성에게 책임을 돌렸다. 자녀를 출산하지 못하는 것을 전적으로 여성에게 책임을 돌렸다.

고대에는 동양, 서양을 말론하고 자녀를 출산하지 못하는 것에 대한 책임은 모두 여자에게 짐을 지웠다. 남자가 자식을 낳지 못할 때는 씨받이를 하였다. 여자가 자녀를 잉태하지 못할때는 후처를 두었다.

씨받이와 첩 제도

일부일처(一夫一妻)는 하나님의 창조원리요 가정의 구조다. 에덴동산에서 추방된 가인의 후손 라멕이 인류 최초의 첩을 들였다(창4:19).

타락한 인간들의 죄악이 극에 달한 노아시대는 "하나님의 아들들이 사람의 딸들의 아름다움을 보고 자기들이 좋아하는 모든 여자를 아내로 삼는지라"(창6:1)했다. 노아 시대의 죄악 중에 하나는 첩을 두고 성적인 문란한 생활을 한 것이다. 그리하여 하나님은 홍수로 세상을 심판했다.

홍수 심판 그 후 인간들이 땅 위에 번성하기 시작하면서 하나님이 창조한 일부일처를 버리고 일부다처로 살았다.

우리나라는 고대부터 기본적으로 일부일처였다. 사유재산제, 가부장적 가족제도를 근간으로 함에 따라 첩제(妾制)가 인정되어 옥저, 고구려, 백제, 신라, 고려, 조선 시대를 거쳐 근대까지 축첩 관행이 있었다. 첩을 얻는 것을 가문의 혈통을 계승할 아들을 얻기 위한다는 대의명분을 내세웠다 그러나 물질과 권력을 가진 자의 부도덕한 권리요 향락을 위한 변칙이었다.

유교문화에는 아내가 아기를 낳지 못하면 첩(妾)을 들였다. 본부인이 첩에게 질투를 하면 칠거지악으로 가문의 평화를 위해서 아내와 이혼을 했다.

첩의 존칭은 첩실(妾室)·소실(小室)·부실(副室)·별실(別室)·별가(別家)·별방(別房)·별관(別館)·측실(側室)·추실(簉室)이라고 했다.

첩의 별칭은 가직(家直)·여부인(如夫人)이라하며, 혹은 아아서·작은집·작은마누라·작은계집이라고도 하는데 모두 첩에 대한 호칭 혹은 별칭이다.

아내가 출산하지 못하면 자녀를 낳기 위하여 조건부로 데려와서 동거하는 여자를 '씨받이'라 한다. 경제적으로 가난해서 첩을 들이지 못할 형편이거나 자손만 얻을 목적을 가지고 씨받이를 들였다.

씨받이는 아기를 출산하여 아기가 젖먹일 때 적정한 시기에 약속된 돈이나 재물을 주어 내어 보냈다. 일반적으로 씨받이로 들이는 여자는 남편이 없는 가난한 과부들이었다. 그러나 남자 씨받이도 있었다. 그러한 경우는 가문의 비밀 유지를 위하여 대부분 남자 씨받이는 자식을 잉태하면 죽였다.

언제부터 씨받이 제도가 시작되었는지 분명치 않다. 그러나 현대사회에서는 대리모가 곧 씨받이이다. 오늘날은 정자은행, 난자은행이라는 것이 있다. 우수한 유전자를 가진 정자나 난자를 매입하여 아이를 출산한다. 이러한 모든 것은 현대판 씨받이이다.

사래의 고민(창16:1)

아브람의 아내 사래는 아름다운 여인이다. 아브람과 결혼한 지 오래되었지만 자식이 없었다. 아브람의 가문에 모든 것이 있었다. 그런데 하나 없는 것이 있었다. 그것은 자녀였다. 이는 돈으로 해결할 수도 없었다. 아기를 낳지 못하는 여인의 고통을 누가 이해할 수 있겠는가? 상속자가 없는 가장의 심정을 누가 알 수있는가?

사라의 나이 65세에 하나님이 약속하기를 가나안 땅으로 이민을 가면 자식을 준다고 약속했다. 그 약속을 믿고 사라는 남편 아브람과 함께 가나안 땅에 이주했다.

뜻하지 않게 가나안 땅에 흉년이 왔다. 흉년을 피하기 위해 이집트로 이민을 갔다. 당시 사래는 나이 65세를 넘겼으나 여성의 심히 아름다움을 간직했다. 출산을 하지 않았으므로 사래의 얼굴은 동안(童顔)이였다. 고운 피부와 아름다운 몸매를 가졌다.

　이집트의 통치자 파라오가 사래를 보고 첫눈에 반해 아내로 맞이했다. 파라오는 자신의 나라에서 아름다운 여자를 보면 누구든지 첩으로 맞이할 절대통치 권리를 가졌다. 자신이 취하고 싶은 여자가 있는데 그에게 남편이 있다면 죽였다. 그리하여 아브람은 아내 사래를 동생이라 했다. 그렇게 말한 이유가 있었다. 아브람은 생명의 위협을 느꼈기 때문이다. 파라오가 아브람과 사래가 부부 관계라는 것을 알게 되면 아브람을 죽이고 사래를 아내로 데려 갈 수 있었다. 그러한 일들은 흔하게 있었다.

　아브람은 아내 사래를 지킬 힘이 없었다. 파라오는 사래를 아내를 맞이하면서 궁중에 최고 아름답고 총명한 몸종 몇을 주었다. 파라오가 사래에게 준 몸종들은 이집트 출신으로 파라오의 궁전에서 지식과 예도를 겸비한 최고 수준을 겸비했다.

　하나님께서 이집트의 파라오에게 나타나 진노했다. 이유는 아브람의 아내 사래를 아내로 맞은 것 때문이다. 파라오는 하나님이 전해 주는 말을 듣고 죽음의 공포에 사로잡혔다. 그리고는 즉시 사래를 아브람에게 돌려보내었다. 사래에게 준 이집트 궁중 출신의 몸종들도 사래와 함께 보내었다. 아브라함에게 신부 값으로 준 것은 회수하지 않았다. 그리고 파라오는 아브람에게 말했다.

　"너는 즉시 가나안 땅으로 돌아가라. 그렇지 않으면 죽을 것이다. 그리고 나는 네가 믿는 여호와 하나님으로 인하여 죽음의 공포와 두려움 속에 살고 있다."

　아브람은 하나님의 뜻을 거역하고 흉년을 피하기 위해서 이집트로 내려갔다. 그러나 인생 최대의 시련을 당한 후에 다시 가나안으로 돌아 왔다. 그때 이집트의 파라오의 궁전 출신의 여자 종들도 함께 가나안으로 왔다. 그들은 아브람을 파라오를 섬기듯이 극진히 섬겼다. 그들은 아름다운 미모도 겸비했다. 지식도 풍부했다. 아브람의 집에 여종들 중에 최고가 되었다.

사래의 선택 씨받이(창16:1-2)

사래는 아브람과 결혼한지 오래 되었으나 아기를 낳지 못하는 것은 자신에게 문제가 있다는 것을 알았다. 남편 아브람에게는 아무런 문제가 없었다. 아브람이 스스로 첩을 두거나 씨받이를 둔다면 사래는 어찌할 수 없는 형편이다. 그런데 아브람은 첩이나 씨받이를 두지 않았다. 사래를 항상 사랑했다. 그리고 하나님이 사래를 통하여 자녀를 준다는 약속을 늘 믿었다.

하나님은 아브람과 사래에게 가나안 땅으로 이주를 하면 자녀를 주신다고 약속했다. 그리하여 가나안으로 이주했다. 그동안 자녀를 얻기 위해서 모든 수단과 방법을 다 해보았다. 그러나 허사였다.

하나님의 약속을 믿고 가나안으로 이주한지 10년이 되었다. 그런데 하나님은 자식을 주지 않았다. 이제 사래의 나이 75세다 이미 육체는 출산을 할 때가 지나 폐경이 되었다. 아브람도 85세로 점점 쇠락해 갔다(창16:3).

사래는 우울했다. 자식을 낳지 못하는 불임 여자의 심정을 누가 이해할 수 있을까. 사람들은 자식이 없는 것은 하나님의 징벌이라 했다. 다른 사람들은 여러 자식을 낳고 잘 살고 있다. 그러나 자신은 자식을 낳지 못했다. 사래는 부러울 것이 없었다. 세상에 모든 것이 다 있다. 그런데 단 하나가 없었다. 다른 사람에게는 다 있는 자식이 없다. 돈으로 해결할 수 없다. 젊은 시절은 지나고 이제 노인이 되었다. 무슨 희망을 더 가질 수 있는가?

얼마 전에 여호와 하나님이 아브람에게 나타나서 말씀하셨다. 사래를 통하여 반드시 자녀를 준다고 약속했다. 그러면 어떻게 하나님이 자녀를 주실 것인지 생각했다.

사래는 이미 자신의 육체적인 생산력이 중지됨을 알았다. 생리가 없는 여자가 어떻게 아기를 잉태할 수 있겠는가? 하나님도 불가능하다 생각했다.

하나님이 자녀를 주신다는 약속을 믿고 가나안으로 이주한지 9년의 세월이 지났다. 그런데 하나님이 자녀를 주지 않았다. 사래는 생리는 끝이 나고 폐경의 징후가 뚜렷했다. 그런데 하나님이 아기를 낳게 한단 말인가. 하나님의 약속을 계속 믿어야 되는가? 아니면 하나님의 다른 방법은 없는가?

사래는 초조했다. 남편 아브람의 생식 능력이 사라지기 전에 자식을 낳아야 한다는 조바심이 생겼다. 아브람이 종 엘리에셀을 상속자로 결정하려 했지만 하나님이 거절했다.

하나님은 반드시 아브람의 몸에서 출생한 자가 상속자가 될 것이라 해다. 그러면 사래 자신은 이미 출산이 불가능함으로 다른 방법을 생각했다.

사래는 고민 끝에 당시 사회적 관습을 따라서 몸종을 통하여 아브람의 아들을 낳기로 했다. 몸종이 출산한 자녀는 여 주인의 자녀가 되기 때문이다. 종이 낳은 모든 자손들은 주인의 소유가 된다. 사래는 자신의 여종들 중에서 씨받이를 택하여 자녀를 보기로 했다.

　아브람의 집에는 많은 여종들이 있었다. 사래는 자신의 여러 몸종 중에 누구를 선택할지 고민했다. 갈데아 우르에서부터 함께하는 젊고 건강한 여종들도 많았다. 사래는 오랫동안 고민하다가 결정을 내렸다. 얼마 전에 이집트로 내려갔을 때에 파라오가 준 지혜롭고 총명하고 예쁜 몸종이 몇이 있었다. 그들 중에서 가장 아름답고 건강한 한 여종을 선택했다.

　사래는 아브람과 몸종을 통하여 아기를 출산하는 것을 진지하게 의논했다. 아브람은 하나님이 사래를 통하여 하늘에 뭇 별과 같은 많은 자손을 준다는 약속을 믿었다.

　사래는 아브라함을 설득했다. 사래는 자신의 신체적 변화에 대하여 아브람에게 말했다. 이미 아기를 출산할 여성의 능력이 사라진 것을 아브람도 알고 있다. 사래는 몸종을 통하여 낳은 자식이 여주인의 자녀가 되는 관습법을 따라가자 했다. 그러므로 사회적 통념으로 인정되는 것임으로 문제가 없다며 아브람을 설득했다. 사래는 아브람에게 몸종과 동침하여 상속자를 얻도록 하자며 계속 설득했다. 사래는 자신이 아들을 낳거나 종이 낳거나 다 자신의 자식이라며 아브람에게 말했다.

　아브람은 고민을 했다. 그동안 자녀를 낳기 위해서 부부가 함께 많은 노력을 했다. 그 결과는 자식이 없지 않은가?

얼마 전에 하나님이 나타나서 사래를 통하여 자식을 준다는 약속이 혹, 사래가 지금 말하는 여종을 통하여 낳는 씨받이 자녀를 뜻하는 것이 아닐까를 생각했다.

아브람은 고민 중에 결정을 했다. 사래의 몸종과 동침하여 아들을 낳으면 아브람과 사래의 아들이 된다. 참 좋은 방법이라 생각했다.

당시의 사회적 관습은 몸종은 주인의 부속적인 물건으로 취급했다. 종은 인격과 권리가 없었다. 가축과 같은 존재로 생각했다. 주인의 소유로 죽고 사는 것도 주인의 손에 달렸다.

사래의 말은 상당한 설득력이 있었다. 아브람도 몸종을 통하여 자식을 낳는 방법을 잘 알고 있다. 이제 사래가 자신의 몸종을 통하여 자식을 낳자며 간청을 하고 있다. 그리하여 아브람과 사래는 몸종을 통하여 자식을 낳는 것이 하나님의 뜻이라 생각했다.

사래의 발등을 찍은 몸종 (창16:1-4)

사래는 이집트에 내려갔을 때 바로가 몸종으로 준 젊은 종을 선택했다. 사래는 몸종에게 당시의 사회적 통념을 말하면서 아브람과 동침하여 아들을 낳아 줄 것을 요청했다.

사래의 몸종은 선택의 권리가 없었다. 주인의 뜻이라면 목숨까지 바쳐야 하는 종이었다. 그러므로 주인의 아기를 낳는 것은 종의 입장에서 어려운 것이 아니다. 오히려 종의 신분에서 최고의 부귀영화를 누릴 수 있는 기회였다.

사래의 요청으로 아브람은 즐겁게 몸종과 동침했다. 얼마 후 몸종은 임신을 했다.

아브람과 사래 그리고 모든 사람들이 웃음꽃이 피었다. 그동안 아브람의 가문에 자녀가 없는 것은 아브람의 문제가 아님이 증명되었다. 사래가 임신하지 못한 것이다.

아브람의 가문에 경사가 났다. 하나님이 자식을 준다는 약속이 이루어졌다. 가장 기뻐하는 사람은 사래였다. 이제 자식 낳지 못하는 서러움을 몸종이 해결해 주었다.

사래는 몸종이 임신한 아기를 건강하게 출산하기 위해서 최고 좋은 음식과 약재를 먹였다. 몸종은 이제 귀하신 몸이 되었다. 아브람의 가문에서 최고 귀중한 존재가 되었다.

사래의 몸종은 자신이 임신한 것을 알고 여주인 사라에게 감사를 했다. 비록 몸종이지만 주인의 아기를 잉태하여 사랑을 받게 되었다. 여자 종으로서는 최고의 인정을 받기 때문이다. 그동안 힘겨운 노동을 하지 않아도 된다. 귀하신 몸으로 모든 가족들의 관심과 보호를 받았다.

그런데 몸종은 태중에 아기가 성장해 갈수록 마음에는 욕심이 생겼다. 자신이 아브람의 아내가 되려는 생각을 가졌다. 그리하여 여 주인 사래를 은연중에 멸시하며 무시했다. 아기를 낳지 못하는 여인은 사회적으로 무시당했다. 임신한 여종도 공공연하게 사래를 무시하였다.

아브람의 아이를 잉태한 여종은 매우 지혜로운 종이였다.

애굽의 파라오를 섬기는 궁중에 소속된 종이다. 지혜와 예도를 겸비한 종이였다. 그러므로 이집트의 문화와 가나안의 관습에 대하여도 정통했다. 여종은 자신이 아브람의 아들을 잉태함으로 자신이 아브람의 합법적 아내가 될 수 있는 희망이 있었다. 그리하여 자신의 계획을 진행하였다.

사래는 잉태한 몸종으로부터 멸시를 당하면서 속히 출산할 날을 기다렸다. 그러나 시간이 갈수록 몸종은 사래를 멸시하였다. 사래가 받는 스트레스는 극에 달했다. 사래는 자신의 몸종에게 아브람의 아내의 신분에 대한 위기를 느꼈다.

아브람 당시의 결혼제도의 특별한 원칙이 있었다. 결혼식을 해서 부부가 되었다 해도 자식이 없으면 완전한 부부로 인정하지 않았다. 즉 결혼이란 두 사람이 자녀를 낳는다는 계약이었다. 그런데 아브람과 사래가 결혼식은 했으나 사래가 자녀를 낳지 못했으므로 결혼 계약은 완성되지 못했다. 그러므로 아브람과 사래의 결혼은 언제라도 깨어질 수 있었다.

아브람의 자녀를 잉태한 이집트 여종은 희망을 가질 근거가 있었다. 여주인 사래를 멸시하였다. 여종과 사래가 갈등을 겪을 때에 아브람이 누구를 선택하느냐에 따라서 운명이 달라진다. 잉태한 여종과 사래가 계속 갈등을 겪을 때에 아브람이 사래에게 아기를 출산하지 못한 사유로 추방할 것을 기대했다. 그리하면 잉태한 여종은 아기를 출산하면 아기의 어머니로 아브람의 합법적 아내가 된다.

아브람의 아기를 잉태한 몸종은 자신이 아브람의 완전한 아내가 될 것을 꿈꾸었다. 비록 지금은 사래의 몸종이다. 그러나 자신이 아브람의 아기를 낳으면 아브람의 정식 아내가 될 수 있는 희망을 가졌다. 그리하여 아브람의 마음을 기쁘게 하기 위해서 수단과 방법을 가리지 않았다. 그리고 여주인 사래에 대하여 멸시하는 언행을 계속하였다. 사래와 임신한 이집트 몸종의 보이지 않는 치열한 싸움이 진행되었다. 아브람의 가정은 혼돈에 빠졌다. 아브람과 사래도 임신한 여종이 행동하는 목적을 알고 있었다. 모든 결정의 권한은 아브람에게 있었다.

사래는 여종을 씨받이로 선택한 것을 후회했다. 미처 생각지 못한 당시의 결혼 제도의 허점을 생각지 못한 것을 후회했다. 사래는 남편 아브람과 몸종에게 깊은 배신감을 느꼈다. 사래의 마음은 아브람에 대한 질투심이 불같이 일어났다. 그리고 몸종에 대한 분노가 치밀어 올라서 학대를 했다. 그러나 시간을 흘러가면서 점점 출산할 날이 다가왔다.

사래는 자신의 무기력함을 한탄했다. 그러나 사래가 할 수 있는 권리가 있었다. 아브람의 아기를 잉태한 여종은 사래의 몸종이다. 몸종은 주인이 결정에 따라서 죽고 사는 것이 결정된다. 그러므로 사래도 여주인의 권한을 사용하기로 했다.

사래는 씨받이 몸종을 통하여 자식을 낳는 것을 포기했다. 그리고 몸종을 학대하였다. 그 학대는 극심하여서 여종이 견딜 수 없게 하여 도망을 치도록 유도하였다. 그리고 도망친 여종은 죽일 수 있었다. 아니면 도망친 여종이 광야로 피신하면 그곳에서 죽음에 이르게 할 수 있다.

사래는 비장한 각오로 아브람과 의논을 하였다. 사래는 아브람에게 여종을 추방하여 죽도록 할 생각이었다. 아브람도 가정에 풍파가 일어나 편하지 못함을 늘 한탄했다. 아내 사래의 심정도 이해했다. 아기를 잉태한 여종의 마음도 이해가 되었다. 그리하여 아브라함은 사래의 결정에 어떠한 말도 하지 않았다. 난감한 처지가 되었다.

아내 사래의 편을 들어야 했다. 그런데 자신의 아기를 임신한 여종이 불쌍했다. 그리하여 아브람은 냉정하게 생각했다. 아내와 여종의 신분적 관계로 정리를 했다.

사래는 아브람의 아내이다. 여종은 아내 사래의 몸종이다. 그러므로 몸종에 대한 처분은 아브람에게 있는 것이 아니다. 사래에게 처분권이 있었다. 그리하여 아브람은 사래에게 몸종을 처분하는 권리가 있음을 말했다. 그리고 아브람 자신은 어떠한 책임도 지지 않았다.

사래가 아브람에게 단호하게 말했다.
"나를 버리고 저 몸종을 아내로 맞아 할 거요?"
"나를 사랑한다면 저 몸종을 집 안에서 쫓아내세요!"
아브람이 사래에게 말했다.
"당신의 몸종이니까 죽이거나 살리거나 당신 뜻대로 하세요, 몸종을 통하여 자식을 보자고 한 것은 당신이 아니요?"
아브람은 여종에 대한 모든 권한은 사래에게 있음이 확인 되었다(창 16:6).

도망친 하갈의 기도(창16:6-16)

사래는 임신한 몸종을 심하게 학대했다. 사래는 몸종에게 심한 노동을 시키고 신체적으로 학대시켜 자연 유산을 시킬 작정이었다.

이집트 출신의 몸종은 자신이 잉태한 아기를 보호해야 한다는 모성적 본능이 발동했다. 주인 사래와 함께 있으면 자신과 태중에 아기가 죽을 것 같았다. 사래의 학대는 극에 달하였다.

잉태한 여종은 아기를 살리기 위해서 아브람의 집에서 도망을 쳤다. 그리고 자신의 고향 이집트로 가는 길이었다. 헤브론에서 이집트로 가는 길은 대상로였다. 많은 무역상들이 애굽으로 내려가고 올라오는 길이다. 10일이면 이집트의 파라오에게 돌아 갈 수 있었다.

잉태한 여종은 임신한 몸으로 아브람의 집을 가출하여서 힘겹게 길을 걸었다. 도망친 종은 잡히면 사형에 처해진다. 그러므로 죽기 아니면 살기로 죽을 힘을 다하여 도망쳤다. 시간이 가면서 배고픔과 극심한 탈수증으로 갈증을 느꼈다. 아브람의 집에서 도망쳐서 약 20km 거리에 있는 광야의 술 길 샘을 발견했다. 샘에서 충분한 물을 마시고 지친 몸을 나무 그늘에서 쉬고 있었다.

여종은 앞으로 자신이 걸어갈 먼 길을 염려했다. 그리고 주인의 집을 도망친 자신이 잡히면 곧 죽음뿐이다. 염려와 두려움 중에서 술길 샘 곁에서 아브람이 믿는 여호와 하나님께 기도했다.

아브람의 아기를 잉태한 여종은 이집트의 파라오 궁전에 있을 때 에는 파라오가 섬기는 다양한 이집트의 신들을 숭배했다. 그러나 아브람의 아내 사래의 몸종이 되어 가나안으로 이주한지 10년이 지났다. 이집트의 신을 버렸다. 아브람이 믿는 여호와 하나님을 믿었다.

하갈은 위기에 처한 광야 술길 샘에서 주인 아브람이 믿는 여호와 하나님을 향하여 기도했다.

"주인님 아브람이 믿는 여호와 하나님, 나를 살려 주세요. 나는 주인의 아이를 잉태하였습니다. 내가 잉태한 아기를 살려 주세요. 그리고 여주인 사래의 학대를 견디다 못하여 도망쳐 나왔습니다. 나는 주인에게 잡히면 죽게 됩니다. 나를 살려 주세요. 지금 내가 갈 곳은 내 고향 이집트입니다. 그러니 나를 이집트로 갈 수 있도록 저를 도와주세요."

눈물로 탄식하는 여종의 기도는 오래 동안 지속되었다. 여호와 하나님의 사자가 여종의 기도를 들으시고 광야 술길 샘 곁에 나타나서 말했다.

"사래의 몸종아, 네가 어디서 왔으며 어디로 가느냐?"
"내 주인 사래의 학대를 피하여 도망하나이다."
"내가 너무 고통 중에 있습니다. 나를 도와주세요."

여종은 사래의 학대를 피하여 도망쳤지만 이집트까지 먼 길을 가기에는 힘겨웠다. 주인의 집을 도망친 종의 말로는 비참한 죽음이다. 그동안 주인 사래에게 행한 일들이 잘못된 것을 알았다. 그러나 사래에게 돌아가서 학대를 당하다 죽는 것보다. 이집트로 가는 길을 선택했다.

여호와 하나님의 사자가 여종에게 말하였다.
"두려워하지 마라. 내가 너를 죽지 않게 보호할 것이다. 그러니 내가 너에게 명령하는 것 여섯 가지를 명심하고 실천하여라. 그리하면 너와 네가 임신한 아기가 살 수 있다. 그리고 출생하는 아기도 복을 받을 것이다"

여호와 하나님의 사자가 여섯 가지를 말했다.

첫째는 네 여주인 사래에게 속히 돌아가서 그 수하에 절대 복종하라. 그것이 네가 살아 날 수 있는 유일한 방법이다. 사래를 대적하여 격동시키면 너와 자식은 죽을 것이다.

둘째는 나 여호와가 임신한 너의 자식이 크게 번성하게 하며 복을 받아 그 수가 많아 셀 수 없게 많으리라. 그도 아브람의 아들이니 내가 복을 줄 것이다. 그러나 아브람이 사래를 통하여 자식을 반드시 낳을 것이다. 그러니 헛된 생각을 하지 말아라.

셋째는 네가 아들을 낳으리니 이름을 "이스마엘"이라 하라 여호와께서 너의 고통을 들으셨다.

넷째는 네가 낳은 그 아들은 장차 광야를 종횡무진하는 들나귀 같이 자유분방하게 살 것이다. 그도 아브람의 자손으로 한 족속이 될 것이다. 내가 그에게도 복을 줄 것이다.

다섯째는 네 아들은 모든 사람을 공격할 것이며, 모든 사람이 너의 아들을 공격할 것이다.

여섯째 네 아들은 형제들의 동방에서 살 것이다. 그러나 후일에 아브람이 사래를 통하여 출생하는 자손들과 대항해서 살 것이다.

광야에서 하나님께 기도하는 여종에게 여호와 하나님이 나타나서 기도에 응답하시고 사라졌다.

여종은 아브람의 하나님이 자신에게 나타나 말씀하신 것을 믿었다. 그리고 하나님을 찬송하고 감사했다(창16:7-13).

브엘라헤로이 하나님 (창16:14-16)

광야의 샘, 곧 술 길 샘에서 여호와 하나님의 사자를 만난 사래의 몸종은 그곳을 '살아계셔서 감찰하시는 자의 우물'이라는 뜻으로 "브엘라헤로이"라 불렀다.

이집트인 몸종은 주인의 아기를 임신하고 도망쳤으나. 머나먼 애굽까지 가기에는 힘도 없고 가진 돈도 없었다. 출산을 앞둔 임산부의 체력으로 당할 수 없다.

다시 주인 사래에게 돌아가면 도망친 종에게 내리는 가혹한 형벌로 죽을 수 있었다. 또한 그동안 행한 자신의 행위는 주인 사래의 분노를 풀어 줄 수 있는 방법도 없었다. 그동안 자신이 잘못한 것을 깨달았지만 자신의 힘으로 사래의 분노를 그칠 수 없었다. 자신이 낳은 자식의 장래가 어떻게 될지 두려웠다. 주인 아브람이 자신과 동침하여 임신을 했으나 아브람이 자신을 보호해 주지 않았다. 그러한 고통을 스스로 해결할 수 없었다.

그런데 여호와 하나님의 사자가 나타나서 모든 문제를 해결해 주신다 약속했다. 자신의 아들의 미래까지 축복으로 예언해 주었다. 그리하여 하갈은 여호와 하나님을 찬양했다. 술 길 샘에서 하나님의 사자를 만나 살아계시는 하나님의 돌보심과 인도를 받은 것을 기념하여 "브엘라헤로이"라 고백했다. 하갈은 광야 술길 샘 곁에서 살아계시는 여호와 하나님을 만났다.

집을 나간 사래의 몸종은 이틀 만에 집으로 돌아 왔다. 여종은 아브람과 사래 앞에 엎드려 그동안 저지른 잘못을 용서해 달라 청했다. 앞으로는 절대적으로 복종하겠다 맹세했다. 그리고 아브람의 하나님이 광야 술 길 샘에서 자신에게 나타나서 말씀한 여섯가지의 말씀을 전해 주었다. 아브람은 여종의 말을 경청했다. 그러나 사래는 여전히 분노했다.

하나님보다 앞선 아브람과 사래의 고통

아브람과 사래는 하나님께 회개했다. 하나님이 자식을 준다는 그 약속을 믿었다. 그러나 9년이 지나서 하나님보다 앞선 생각을 했다. 몸종을 통하여 자식을 얻으려는 행동이 가정에 큰 불화를 자초했다. 몸종을 통하여 자식을 잉태하게 했지만 그는 육체를 따라 난 자식이 되었다(갈 4:23). 약속의 자녀가 되지 못했다.

사래는 자신의 몸종으로 아기를 임신하고 도망쳤다가 집으로 돌아온 몸종의 이름을 "하갈"이라 했다.

"하갈"의 뜻은 '도망쳤다 돌아온 종'이다. 하갈이라는 이름은 아주 저주스럽고 죄를 범한 종의 이름이다.

사래는 이집트 출신 몸종에 대한 분노가 다 풀어지지 않았음을 뜻한다.

'하갈'이라는 종이 도망쳤다 돌아왔다는 범죄 경력을 상기시키는 이름이다. 이는 사래의 분노가 얼마나 큰지 알 수 있다. '하갈'이라는 이름 자체가 주인을 거역한 종이라는 불명예스러운 이름을 지어 줌으로 주변 사람들로부터 철저하게 소외시켰다. 사람들이 하갈이라는 이름을 부를 때마다 나쁜 종임을 기억하게 했다.

아브람의 아기를 잉태한 여종은 자신의 이름을 '하갈'이라 이름 지어 주어도 어떻게 할 수 없었다. 다만 하나님이 자신에게 말씀하신 6

가지를 믿었다.

몇 달이 지났다. 하갈이 아들을 낳았다. 아브람은 아들의 이름을 하갈이 하나님의 사자가 지어준 그대로 '하나님이 들으셨다'는 뜻으로 "이스마엘"이라 했다. 그때 아브람의 나이 86세였다(창16:15-16).

하갈은 자신이 낳은 아들 이스마엘을 양육했다. 하갈은 하나님이 자신에게 나타나서 말씀한 것을 믿었다. 그 하나님의 말씀이 이루어지기를 기대 했다.

아브람은 이스마엘을 통하여 즐거움을 얻었다. 그러나 사래는 이스마엘을 사랑하지 않았다.

사래와 아브람은 하나님의 방법을 믿지 못했다. 하나님보다 앞선 인간적 생각과 방법을 사용했다. 그 결과 가정에 해결할 수 없는 갈등이 발생했다.

하나님보다 앞선 인간적 생각과 방법은 아브람의 가문과 후손에게 지속적 고통이 되었다. 아브람과 사래가 몸종을 통하여 자식을 얻으려는 것은 당시의 타락한 풍습이다. 그것은 일부일처의 하나님의 원리에 벗어났다. 사래가 자청하여 아브람에게 씨받이를 들인 것이다. 사래는 자신의 발등을 자신이 찍었다. 후회해도 돌이킬 수 없었다.

첩의 자식에서 출생한 자도 남편의 자식이었다. 하나님도 하갈을 통하여 출생한 이스마엘을 언약의 자녀로 인정하지 않았다. 그러나 하나님은 이스마엘을 아브람의 육신을 따라 난 자식으로 인정했다. 그리하여 복을 주었다.

인류에 상속된 고통

한국 속어에 "계집 둘 가진 놈의 창자는 호랑이도 안 먹는다."는 말이 있다.

이스마엘이 출생한 것이 가문에 복이 되지 못했다. 이스마엘이 성장할수록 사라의 마음은 괴로웠다. 하갈은 아들 이스마엘을 지키기 위해서 피눈물 나는 고통을 참았다. 아브람의 마음먹기에 따라서 안주인이 될 수 있는 희망이 있었다.

아브람이 사래를 버리고 자신을 아내로 맞이한다면 모든 고통에서 벗어날 수 있었다. 그러나 아브람의 마음은 오직 사래를 사랑하고 하나님이 주실 언약의 자손을 기다렸다.

아브람은 이스마엘을 통하여 즐거움을 얻었다. 그리고 한편으로는 이스마엘을 통하여 가문에 일어나는 시험과 고통으로 괴로워했다. 사래와 하갈과의 갈등은 지속되었고 아브람은 스스로 해결 방법을 찾지 못했다.

아브람이 몸종 하갈을 통하여 낳은 "이스마엘 백성"은 후일 중동의 아랍 민족의 조상이 되었다. 후일 아브람의 아내 사래를 통하여 이삭을 낳고 이삭의 아들 야곱이 "이스라엘" 백성이 되었다.

아브람 때부터 지금까지 아브람의 씨들의 분쟁은 국제적 갈등이 되었다. 한번 하나님보다 앞선 인간적 생각이 영원한 인류의 고통이 되었다.

믿음의 길

조급한 욕심을 따라가지 마라.

내 뜻대로 되지 않을 때가 있다.

연하여서 하나님을 대적하지 마라.

하나님이 인도하신다.

조급한 욕심을 따라가지 마라.

때로는 내 생각이 앞선 듯하다

결국은, 하나님보다 앞선 생각은 허망하여진다.

믿어라, 하나님이 말씀을

의심이 생긴 것이다.

지루할 것이다.

그래도 믿어라

믿음도 숙성할 시간이 필요하다.

조급한 생각으로 지름길을 찾지 마라.

그 지름길이 최선이라 여길 때가 있다.

지나고 보면 내가 만든 내 인생의 함정이었다.

지름길은 없다.

하나님의 길만 있다.

하나님 없이 노력한 것은 다 허망해진다.

앞만 보고 가는 것이 능사가 아니다.

하나님을 보고 가는 길이 최선이다.

때로는 돌아서야 할 때가 있기 때문이다.

때로는 잠잠히 머물러야 할 때가 있다.

때로는 어리석은 사람이 되어야 한다.

하나님의 그늘에 내가 거하면 안전하다.

하나님 바라보며 살아가는 자들에게 평안이 있다.

불순종은 매우 쉬운 것이다.

노력하지 않아도 만족을 느낄 수 있다.

그 모든 것이 환상이었다는 것.

그 모든 것이 허망하다는 것.

뼈저리게 느끼는 회한은 조금 후에 다가온다.

불순종의 결과는 영원한 고통이 된다.

끝까지 흔들리지 말고 순종하라.

순종은 어려운 것이 아니다.

순종은 쉬운 것이다.

순수하게 하나님을 믿으라.

의심없이 믿으라.

이루어질 때까지 기다리라.

믿음은 그러한 것이다.

"하갈이 자기에게 이르신 여호와의 이름을 나를 살피시는 하나님이라 하였으니 이는 내가 어떻게 여기서 나를 살피시는 하나님을 뵈었는고 함이라 이러므로 그 샘을 브엘라해로이라 불렀으며 그것은 가데스와 베렛 사이에 있더라 하갈이 아브람의 아들을 낳으매 아브람이 하갈이 낳은 그 아들을 이름하여 이스마엘이라 하였더라 하갈이 아브람에게 이스마엘을 낳았을 때에 아브람이 팔십육 세였더라"(창16:13-16).

17. 할례, 육체에 쓴 계약서
(창17장)

계약으로 이루어진 세상

성경은 하나님의 말씀이다. 성경은 하나님이 인간에게 주신 계약의 말씀이다. 창세기부터 계시록까지 계약이다. 믿음이란? 하나님이 주신 계약, 언약을 믿는 것이나.

인간은 살아가면서 여러 가지 계약(契約))을 한다. 계약의 종류는 물권계약, 채권계약, 신분계약 등으로 구분한다.

계약은 다양한 기준에 따라 이루어진다. 전형계약(典型契約)· 비전형계약(非典型契約), 쌍무계약(雙務契約)· 편무계약(片務契約), 유상계약(有償契約)·무상계약(無償契約), 낙성계약(諾成契約)· 요물계약(要物契約), 요식계약(要式契約)· 불요식계약(不要式契約), 계속적 계약, 일시적 계약, 본 계약(本契約)·예약(豫約) 등으로 나눌 수 있다.

계약은 누구든지 자유롭게 할 수 있다. 계약은 상대 선택의 자유, 내용결정의 자유, 계약형식의 자유가 있다.

하나님의 청약(請約)을 승낙(承諾)한 아브람

하나님이 아브람에게 청약(請約)을 하였다.

"여호와께서 아브람에게 이르시되 너는 너의 고향과 친척과 아버지의 집을 떠나 내가 네게 보여 줄 땅으로 가라. 내가 너로 큰 민족을 이루고 네게 복을 주어 네 이름을 창대하게 하리니 너는 복이 될지라. 너를 축복하는 자에게는 내가 복을 내리고 너를 저주하는 자에게는 내가 저주하리니 땅의 모든 족속이 너로 말미암아 복을 얻을 것이라 하신지라"(창 12:1-3).

아브람은 하나님의 청약(請約)에 승낙(承諾) 했다.

"이에 아브람이 여호와의 말씀을 따라갔고 롯도 그와 함께 갔으며 아브람이 하란을 떠날 때에 칠십오 세였더라"(창12:4).

하나님과 아브람과 쌍방 계약관계가 성립되었다. 아브람은 하나님의 청약에 어떠한 조건도 제시하지 않았다. 계약 내용은 아브람이 상상할 수 없는 복이었다.

아브람은 순종만하면 된다. 그런데 하나님과 아브람이 계약한 내용에서는 계약의 성취의 날짜가 없었다. 신기하게도 계약이 이루어지는 명확한 일자가 없다. 계약 성취 일자는 오직 하나님이 정한 때, 오직 하나님의 시간에, 오직 하나님이 이루신다는 것이다. 그러나 아브람은 하나님을 믿었다. 하나님이 이루어 주실 때까지 기다렸다. 그런데 아브람은 하나님의 약속이 신속히 이루어지지 않아서 매우 지쳤다.

계약을 위반한 아브람

아브람은 하나님과 이루어진 계약을 따라 자신에게 주어진 의무를 했다. 고향 친척 아버지의 집을 떠나 가나안 땅으로 이민 온지 10년이 되었다. 아브람은 자신이 하나님의 말씀대로 순종할 것은 다 했다.

하나님이 계약한 대로 물질의 복은 받았다. 그런데 아브람의 아내 사래를 통하여 자식을 주어 큰 민족을 이루겠다는 핵심적인 약속은 이루어지지 않았다. 그리하여 아브람의 믿음이 흔들렸다. 그리하여 하나님은 언약에 흔들리는 아브람에게 횃불 언약을 주었다. 그리고 언약에 대한 확신을 새롭게 하였다.

하나님이 아브람에게 말씀했다. 아브람 너의 자녀들이 400년 후에 어떻게 살아 갈 것인지 구체적 예언 약속을 했다(창15장). 그런데 아브람은 그때 자식이 없었다. 아브람은 나이 85세 때, 사래는 75세임으로 출산할 희망이 사라졌다.

아브람은 하나님이 주신다는 자식을 기다리다 지쳤다. 사래가 자신의 몸종 하갈을 첩으로 들여서 이스마엘을 낳았다. 이스마엘을 출산할 때 아브람의 나이 86세, 사래의 나이 76세였다.

아브람과 사래는 몸종을 통하여 자식을 낳는 것이 하나님의 계약을 이루는 방법이라 생각했다. 그런데 하나님의 계약을 위반하였다.

계약을 위반하면 책임과 고통이 따르게 된다. 아브람의 가정에 환란이 왔다. 사래와 여종 하갈과 갈등이 일어났다. 그때 하나님은 하갈에게 사래에게 순종하라며 정리했다. 그러나 이스마엘을 낳은 이후 아브람의 가정에는 새로운 근심이 생겼다. 하나님은 계약을 위반한 아브람에게 14년 동안 나타나지 않았다. 하나님의 침묵에 아브람은 고통과 외로움 속에 살았다. 아브람이 하나님을 찾아도 하나님은 만나 주지 않았다. 기도하여도 하나님의 특별한 응답이 없었다. 하나님의 침묵 속에 아브람은 고독한 14년을 살았다. 계약을 위반한 대가는 혹독했다. 아브람은 하나님을 만나기를 원했다. 그러나 하나님은 아브람을 찾아오지 않았다.

이스마엘을 출생한 이후 시간이 가면서 아브람은 자녀를 준다는 하나님의 약속을 믿지 않았다. 아내 사래도 여성의 출산 능력이 사라졌다. 그러므로 이스마엘을 상속자로 결정하고 남은 여생을 보내기로 했다.

이제 이스마엘의 나이가 13살이 되었다. 아브람의 나이 99세, 사래의 나이 89세가 되었다. 아브람과 사래는 이제 자식에 대한 욕심이 사라졌다. 하나님의 언약을 스스로 체념했다.

14년 만에 다시 찾아오신 하나님 (창17:1-8)

아브람이 가나안으로 이주한지 24년이 된 어느 날이었다. 아브람의 나이 99세 때에 여호와 하나님이 찾아 오셨다.

13년 전에 횃불 언약을 주신 후 하나님은 아브람에게 나타나지 않았다. 그런데 여호와 하나님께서 14년의 침묵을 깨고 말씀했다. 아브람아 "나는 전능한 하나님이라, 너는 내 앞에서 행하여 완전하라." 말씀했다(창17;1).

하나님의 능력을 믿지 않는 아브람에게 하나님이 말씀하셨다. "나는 전능한 하나님이라" 했다.

아브람은 하나님이 전능하시다면 왜, 약속한 대로 사래를 통하여 자녀를 주신다는 약속을 이루어 주지 않는가?

아브람은 전능하신 하나님으로 믿지 않았다. 하나님도 자신에게 자식을 줄 수 있는 능력이 없다 생각했다. 그런데 이스마엘이 출생한 이후 13년 만에 나타나셔서 말씀했다.

"나는 전능한 사람이라"하신다. 그러면 하나님께서 전능하심을 나타내 보이면 될 것이 아닌가? 그런데 지난 13년 동안 하나님의 전능하심은 없었다. 하나님은 계속해서 말씀만 하셨다. 하나님이 자손을 주시지 않으니 포기한 것이다. 아브람은 하나님께 책임을 돌렸다.

하나님이 아브람의 불신앙을 책망했다. "너는 내 앞에서 행하여 완전하라" 말씀했다.

아브람이 이스마엘을 낳은 이후 하나님은 아브람의 행위에 대하여 어떠한 반응도 보이지 않았다. 아브람을 책망하지도 않았다. 아브람에게 칭찬도 하지 않았다. 그런데 13년의 침묵을 깨고 아브람을 향하여 하나님이 책망을 했다. 아브람이 몸종 하갈을 첩으로 들여 이스마엘을 낳은 것을 질책했다. 아브람이 하갈을 첩으로 들이고 이스마엘을 낳은 행위가 도덕적으로 완전하지 못하다는 것이다.

하나님의 능력을 무시하고 첩을 얻어 자식을 본 아브람의 행위는 더러운 행위라는 것이다. 그러므로 더러운 행위를 중단하고 깨끗하고 거룩하게 살라며 극심한 책망을 했다. 아브람이 하나님의 언약을 믿지 않고 이스마엘을 낳은 계약 위반을 13년이 지나서 질책을 하셨다. 하나님은 언약을 믿지 않고 불순종한 아브람을 13년 동안 침묵으로 지켜보고 계셨다.

계약서의 이름을 확인하자

여호와 하나님께서 아브람에게 24년 전에 갈데아 우르에서 가나안으로 가라 말씀하시면서 계약한 내용을 상기시키면서 그때 "내 언약이 있어 여러 민족의 아버지가 될 것이다" 약속한 내용을 다시 말씀하였다.

아브람의 이름은 그가 출생할 때 아버지 데라가 지어준 것이다. "아브람"의 이름의 뜻은 한 가정에 '존귀한 아버지'라는 뜻이다.

그런데 24년 전에 하나님께서 갈데아 우르에 살고 있는 아브람에게 나타나서 가나안으로 이주하여 가라 말씀하시면서 아브람에게 언약을 주셨다.

"내가 너로 큰 민족을 이루고 네게 복을 주어 네 이름을 창대하게 하리니 너는 복이 될지라" 했다(창12:2).

그때 하나님은 아브람을 "큰 민족을 이루는 열국의 아버지"가 되는 "아브라함"으로 불렀다. 그러므로 아브람은 하나님이 24년 전에 언약을 할 때 한 가정의 존귀한 아버지의 "아브람"을 큰 민족을 이루는 열국의 아버지 "아브라함"으로 부르셨다. 그러므로 아브람의 이름은 24

년 전에 갈데아 우르에서 부름을 받을 그때에 아브라함으로 이름이 변경되었다.

그리하여 하나님은 24년 갈데아 우르에서 아브람과 언약을 할 때 "아브라함"의 이름으로 계약을 하였다. 그러므로 하나님이 주신 열국의 아버지인 '아브라함'으로 살아야 된다. 그런데 여전히 아브람으로 살았다. 하나님이 새롭게 지어준 이름 아브라함으로 살지 못하였다. 그 결과는 지난 24년 동안 하나님의 언약의 자손을 얻지 못했다. 그러므로 하나님의 잘못이 아니었다. 아브람이 아브라함으로 살지 못한 책임이었다. 그리하여 여호와 하나님이 아브람에게 나타나서 말씀했다.

존귀한 아버지로 한 가정에 아버지 살아가는 "아브람"으로 살지 마라. 이미 24년 전에 갈데아 우르에서 너를 부를 때 복을 준 큰 민족을 이루는 열국의 아버지 "아브라함"이 된 것을 다시 확신하도록 했다. 그리고 그 이름대로 아브라함으로 살아라 하셨다.

아브람은 자신의 이름이 24년 전에 하나님이 '아브라함'으로 바꾸어진 사실을 망각했다. 그리하여 24년 동안 '아브람'으로 살았다. 하나님이 나타나서 말씀했다. 너는 '아브람'이 아니라 "아브라함"이다 다시 깨닫게 해주었다. 그리고 다시는 너의 이름을 아브람이라 부르지 말아라. 너의 이름은 아브라함이다 하시며 다시 확인시켜주었다.

아브라함의 아내 "사래"의 이름은 사래의 이름의 뜻은 한 가정에 어머니로서 "여주인. 나의 공주"라는 뜻이다.

하나님은 24년 전에 갈데아 우르에서 아브람을 부르실 때에 "사래"의 이름을 열국의 어머니라는 뜻을 가진 "사라"가 된 것을 다시 가르쳐 주었다(창15:15-22).

남편 아브라함이 열국의 아버지가 됨으로 아브라함의 아내는 당연히 열국의 어머니 "사라"가 되는 것이다.

갈데아 우르를 떠나서 가나안으로 온 아브람과 사래는 아들을 낳고 행복하게 인생을 사는 것이 인생 목적이었다. 그러나 하나님은 아브람과 사래가 하나님의 복과 언약을 따라서 열국의 아버지 아브라함으로, 열국의 어머니 사라로 부르셨다.

아브라함과 사라는 세계 역사를 이끌어갈 위대한 사명과 복을 하나님이 주셨다. 그런데 하나님이 주신 사명과 복을 발견하지 못하고 한 가정에 아버지, 어미로 살려 하는 아브람과 사래를 책망하시면서 24년 전에 하나님이 주신 복의 이름을 다시 상기시켰다.

계약서에 내용도 중요하지만 계약 당사자가 중요하다. 그리하여 하나님은 아브람이 아브라함이 된 것과 사래가 사라가 된 것을 다시 한 번 상기시켰다. 그리고 아브람이 아브라함이 된 것과 사래가 사라가 된 것을 말씀했다.

아브람이 아브라함으로 살고, 사래가 사라로 살았다면 하나님은 일찍 언약의 자손을 주었을 것이다.

하나님이 아브람과 사래를 부르실 때 그들이 잘 먹고 마시며, 부자가 되어 행복하게 살기 위해서가 아니었다. 열국의 아버지 아브라함이 되고 열국의 어머니 사라가 되어서 하나님의 위대한 뜻을 이루어가는 사명을 주셨다.

그런데 24년 동안 하나님의 뜻과 사명을 저버리고 가나안 땅으로 이주하였다. 가나안 땅으로 이주한 진정한 목적을 잃어버렸다. 그리하여 여종 하갈을 통하여 이스마엘을 낳고 자족하는 치졸한 여생을 보내었다. 그러면서 하나님을 불신하고 하나님의 능력을 믿지 않았다. 하나님이 주신 믿음도 꿈도 없이 나그네로 살았다.

그리하여 하나님은 열국의 아버지, 열국의 어머니의 꿈을 잃어버린 아브라함에게 찾아 오셔서 말씀했다. "나는 전능한 하나님이다. 너는 내 앞에서 행하여 완전하라." 하셨다.

육체에 기록한 계약서(창17:9-14)

처음 하나님과 아브라함이 24년 전에 복을 약속한 계약은 구두 계약이었다. 여호와 하나님이 말씀하셨고. 아브라함은 하나님의 말씀을 믿고 승낙했다. 하나님과 아브라함이 계약을 하였으나 눈에 보이는 계약서가 없었다. 오직 아브라함이 하나님의 말씀을 믿음으로 계약은 성립되었다.

아브라함은 하나님이 말씀한 것을 믿고 말씀을 따라 갈대아 우르를 떠나 하란을 거쳐서 가나안으로 이주했다. 그러나 아브라함은 가나안에서 왜, 자신이 그곳에 왔는지 하나님의 언약을 상실했다. 그리하여 이집트로 이주하였다가 큰 시련을 당했다. 그리고 24년을 허송세월로 보냈다.

하나님이 아브라함에게 나타나서 횃불 언약을 주시면서 밤하늘에 반짝이는 아름다운 별을 보여 주시면서 하나님의 언약의 약속을 확인시켰다. 그러나 횃불 언약도 밤하늘에 반짝이는 별들의 증표도 사라졌다.

열국의 자손이 될 언약의 자손을 생각지 못하고 육신의 자녀 이스마엘을 낳았다. 이스마엘이 성장하는 것을 보면서 하나님이 주신다는 언약을 버렸다. 그러면서도 14년 동안 하나님을 원망하며 세월을 보냈다.

열국의 아버지, 어머니의 소망을 잃어버린 아브라함과 사라를 하나님이 찾아오셨다. 그리고 그 언약을 마음에 믿음으로 약속한 것을 명문화하자 말씀하였다. 그리하여 하나님은 아브라함에게 영원토록 지워지지 않고 매일매일 확인할 수 있는 확실한 계약서를 육체에 작성할 것을 명령하였다. 그리고 아브라함의 언약을 믿는 자들은 자손 대대로 언약의 계약서를 육체에 기록하여 증표로 남기라 했다. 그것이 할례 (circumcision) 언약이다.

하나님은 아브라함 가정의 남자들은 할례를 통하여 하나님이 약속하신 열국의 아버지, 열국의 어머니가 되며 복의 자손이 되는 언약의 표징으로 할례를 행하도록 명령했다.

할례는 남성의 생식기 끝 표피를 절제하거나 절개하는 것이다. 할례를 행하면 남성의 성기에 흔적이 남는다. 그 흔적은 죽을 때 까지 지울 수 없다. 그러므로 할례를 받은 자는 하나님의 언약을 죽을 때까지 보고 확신하라는 뜻이다.

할례의 대상은 아브람 가문의 모든 남자들이다. 그리고 아브라함에게 주신 언약의 복을 믿는 모든 자들이다. 할례의 언약은 혈통 족속을 초월하여, 언약을 믿는 자들 누구든지 할례를 받게 했다.

출생한 남자는 8일째 날에 할례하게 했다. 인종, 가문, 신분을 초월하여 하나님이 아브라함에게 주신 약속을 믿는 자는 모두 할례를 받으라 했다. 하나님의 언약을 믿는 자는 즉시 나이에 상관없이 할례를 받게 하였다.

할례 언약은 하나님이 아브라함에게 주시는 복의 약속을 믿는 모든 자들에게 주었다.

할례를 통하여 남겨진 육체의 흔적은 하나님의 할례 언약의 계약서다. 그러므로 할례는 "하나님과 아브라함과 아브라함의 후손들 사이에 지킬 영원한 언약의 표징이라"했다(창17:11-13). 그러므로 할례언약은 아브라함의 육신의 가문을 넘어 전 세계 모든 족속 모든 민족 모든 사람에 주었다. 그것은 하나님이 주신 복의 언약이이다. 언약의 약속을 육체의 기록하여 일생동안 기억하게 하였다.

1년 후에 약속의 아들을 주겠다(창17:15-27)

하나님은 아브라함에게 아내 사라를 통하여 아들을 주신다고 약속했다. 그러나 언제 주신다고 일자를 명시하지 않았다. 하나님과 아브라함과 계약을 한 이후 24년이 지났지만 하나님은 사라를 통하여 자녀을 주시지 않았다. 하나님은 아브라함에게 "아들을 주는 그때까지 기다려라" 했다.

하나님이 아들을 주실 그 때는 아브라함과 사라가 열국의 아버지가 되고 어머니가 되어 언약의 자손을 주실 것을 믿을 그때였다. 그런데 아브라함과 사라는 열국의 부모가 될 꿈이 없이 가나안에 머물렀다. 그리하여 하나님이 아브람에게 자녀를 주지 않았다.

이스마엘을 출산하고 난 이후 14년이 지나서 하나님이 나타나서 아브라함과 사라의 이름의 뜻이 무엇인지 다시 확인시켜 주셨다. 그리고 새로운 할례의 언약을 주시면서 육체에 할례의 언약을 표시하게 했다.

그리고 난 후 하나님은 1년이 지나서 아브라함과 사라에게서 자녀가 출생할 것을 약속했다. 하나님이 아브라함에게 1년 후라는 분명한 시간을 명시하시고 자녀를 준다 했다. 하나님은 아브라함에게 아내 사라가 낳을 아들의 이름을 '이삭'이라 지어 주었다.

아브라함은 기뻐하며 웃었다. 아브라함은 자신과 아내가 이미 출산 능력을 상실한 것을 알고 있다. 그러나 하나님께서 자신과 아내가 하나님이 이루어 가실 열국의 아버지와 어머니의 꿈을 이루어 주실 것을 믿었다.

그 꿈을 육체의 할례를 통하여 하나님의 언약을 육체에 기록하라 했다. 그러므로 "전능한 하나님"으로 찾아오신 하나님의 말씀을 믿었다.

아브라함의 나이 99세에 가문의 모든 남자들과 할례를 받았다. 아브라함도 99세에 할례를 받았다. 하나님이 아브라함에게 약속으로 주신 그 언약을 믿는 자들은 영원토록 할례를 받음으로 하나님의 약속을 육체에 기록하여 영원토록 믿게 하였다. 그러나 혈통적으로 아브라함의 자손이라 해도 할례의 언약을 믿지 않고 받지 않으면 아브라함의 열국의 족속의 복에서 탈락되게 하였다.

할례의 믿음

하나님의 약속을 믿는 것이 믿음이다.

약속은 분명하고 세밀해야 한다.

하나님은 하나님의 약속을 믿지 못하고 흔들릴 때마다

전능하신 하나님으로 아브라함을 찾아 오셨다.

아브라함에게 확증적인 증거와 약속을 하였다.

아브라함은 99세 이후 날마다 할례의 흔적을 보면서

하나님의 약속을 확인했다.

1년 후 아들을 주신다는 약속을 기다렸다.

아브라함의 가문에 할례를 받은 모든 사람들은

자신은 하나님이 이루시는 열국의 자손이며

하나님의 복이 자신들에게 임한다는

하나님의 약속을 믿었다.

믿음은 약속이다.

약속은 계약이다.

계약을 믿는 자에게는

그 계약 그대로 반드시 이루어진다.

"아브람이 구십구 세 때에 여호와께서 아브람에게 나타나서 그에게 이르시되 나는 전능한 하나님이라 너는 내 앞에서 행하여 완전하라. 내가 내 언약을 나와 너 사이에 두어 너를 크게 번성하게 하리라 하시니. 아브람이 엎드렸더니 하나님이 또 그에게 말씀하여 이르시되. 보라 내 언약이 너와 함께 있으니 너는 여러 민족의 아버지가 될지라. 이제 후로는 네 이름을 아브람이라 하지 아니하고 아브라함이라 하리니 이는 내가 너를 여러 민족의 아버지가 되게 함이니라. 내가 너로 심히 번성하게 하리니 내가 네게서 민족들이 나게 하며 왕들이 네게로부터 나오리라. 내가 내 언약을 나와 너 및 네 대대 후손 사이에 세워서 영원한 언약을 삼고 너와 네 후손의 하나님이 되리라. 내가 너와 네 후손에게 네가 거류하는 이 땅 곧 가나안 온 땅을 주어 영원한 기업이 되게 하고 나는 그들의 하나님이 되리라. 하나님이 또 아브라함에게 이르시되 그런즉 너는 내 언약을 지키고 네 후손도 대대로 지키라. 너희 중 남자는 다 할례를 받으라 이것이 나와 너희와 너희 후손 사이에 지킬 내 언약이니라. 너희는 포피를 베어라 이것이 나와 너희 사이의 언약의 표징이니라"(창17:1-11).

18. 아브라함의 카팔 바루카 기도
(창18장)

아브라함의 이사

아브라함은 이사를 많이 다녔다. 하나님의 약속의 말씀을 믿고, 고향 갈대아 우르에서 하란으로 이사를 했다. 하나님이 약속한 가나안 세겜 땅 모레 상수리나무 아래에 정착했다. 그곳에서 첫 번으로 하나님께 이사 감사 제단을 쌓았다(창12:7).

아브라함은 다시 벧엘 동쪽으로 이사를 했다. 그곳은 동쪽에 벧엘이 있고, 서쪽은 아이 성이 있었다. 아브라함은 그곳에서 여호와의 이름을 부르며 두 번째 이사 감사 제단을 쌓았다(창12:8).

얼마 후 아브라함은 점점 남방으로 옮겨 이주를 했다. 상상을 초월하는 기근이 왔다. 약속의 땅 가나안을 버리고 이집트로 이사를 했다(창 12:10-20).

아브라함은 이집트에서 바로에게 아내 사라를 빼앗겼다. 불행 중에 하나님의 은혜로 아내를 되찾았다.

아브라함은 자신이 하나님의 뜻을 따라 가나안에 거주하지 않은 것을 깨달았다. 기근을 피하기 위해서 이집트로 이사를 한 것이 잘못된 것임을 깨달았다. 아브라함은 하나님이 약속한 가나안 땅 네게브로 다시 올라 왔다. 두 번째 이사 감사 예배를 드렸던 벧엘과 아이성 사이에 다시 정착했다. 그곳에서 아브라함은 세 번째 이사 감사 제단을 쌓았다. 그곳에서 아브라함은 처음으로 '여호와의 이름'을 불렀다(창13:4).

하나님은 아브라함이 이사를 할 때마다 큰 복을 주셨다. 아브라함은 그곳 벧엘과 아이성 사이에서 오래 살기를 원했다. 그러나 조카 롯과 분쟁이 생겼다. 좁은 땅에서 함께 거주하기 힘들었다. 롯은 살기 좋은 요단강 물이 흐르는 소돔으로 이사했다(창13:1-13). 아브라함과 롯은 서로가 하나님으로부터 큰 복을 받았다. 그러므로 협소한 공간에 함께 할 수 없기에 서로 이별을 했다. 아브라함과 롯은 축복된 이별이었다. 그러나 아브라함의 마음은 허전했다. 아브라함은 무엇인가 상실한 듯한 마음을 달래며 헤브론으로 왔다. 아브라함은 헤브론으로 이사를 하고 하나님께 네 번째 이사 감사 제단을 쌓았다(창13:18).

헤브론은 아모리 족속이 거주하였다. 마므레 상수리나무 숲에 장막을 쳤다. 아브라함은 그 곳에 약 20년을 살았다.
하나님이 아브라함에게 가나안 땅과 자손을 준다 약속했다. 그러나 아브람이 가나안 땅에 이사한지 24년 되었지만 하나님이 말씀한 그 약속은 이루어지지 않았다. 소유한 토지도 없었다. 사라를 통하여 아들도 주시지 않았다. 아브라함은 헤브론에서 20년 동안 거주하였다. 그러나 가나안 토속 주민들에게는 여전히 유프라테스 강을 건너온 이방인 나그네였다.

나그네가 나그네를 대접하고 얻은 정보

아브라함의 집안에 함께 거주하는 자들은 약 2,500명에 가까웠다. 아브람은 직접 일터에 나가지 않았다. 아브라함은 족장으로 자신이 받은 복을 이웃과 나누며 살았다. 특히 길을 가는 나그네를 초대하여 융숭한 대접을 하였다.

아브라함은 헤브론을 지나가는 나그네를 늘 자신의 집으로 초대하였다. 나그네에게 씻을 물과 먹을 음식과 잠자리를 무료로 제공했다. 그것은 당시의 관습이었다. 그러므로 넉넉한 사람만이 나그네를 대접할 수 있었다. 헤브론의 원주민들이라 해도 가난한 사람들은 나그네를 접대하지 못했다.

아브라함은 나그네들을 대접하면서 많은 대화를 했다. 대부분 나그네들은 자신들의 출발지와 목적가 분명했다. 그러므로 그들은 헤브론을 경유하는 중이다. 그러므로 나그네들이 살고 있는 곳의 소식과 지나쳐 온 지역의 소식을 알고 있다. 그리하여 아브라함은 나그네를 대접하면서 그들의 경험과 본 것을 담소를 통하여 주고받았다.

아브라함은 나그네를 만나면 갈대아 우르에서 가나안 땅 헤브론에 이주하여 살고 있는 것을 말했다. 그리고 여호와 하나님의 약속을 믿고 가나안으로 이민 온 것을 간증했다. 전능하신 여호와 하나님을 믿으라 했다.

아브라함은 나그네들을 대접하면 돈보다 귀중한 것을 받았다. 그것은 나그네들이 길을 오고 가면서 보고 들은 주변 소식이다. 나그네들이 전해 주는 지역 주변의 정세나 사람들이 살아가는 소식은 매우 중요했다.

극진한 대접을 받을수록 나그네들은 자신들이 경험한 것을 남김없이 아브라함에게 전해 주었다. 나그네를 통하여 얻어진 정보들은 귀중한 자산이 되었다. 아브라함은 헤브론에서 가장 많은 나그네를 대접했다. 그리고 헤브론에서 가장 많은 정보를 가지고 있었다.

아브라함은 자신이 살고 있는 주변 지역에 정보를 시간차로 듣고 어떠한 영향이 올 것인지를 예측했다. 그리고 아브라함은 지역 정보를 통하여 행동했다.

나그네를 접대하는 비용도 많이 들었다. 그러나 나그네를 통하여 주변 정보를 얻는 것은 더욱 큰 가치가 있었다. 그리하여 아브라함은 가나안 지역에서 최고급 정보를 가졌다. 아브라함은 헤브론에 있으면서 인접 국가들에서 일어나는 많은 정치적인 현상들을 알았다. 그리하여 국제 외교정세에도 정통했다. 가나안 지역에서 주변에서 일어나는 크고 적은 사건들에 대하여도 소상하게 알게 되었다.

어느 정오에 만난 나그네들 (창18:1-15)

어느 무더운 날 정오에 아브라함은 헤브론의 마므레의 상수리나무 그늘에서 더위를 피하여 앉아 있었다. 정오에는 햇살이 가장 뜨겁기 때문에 모든 일을 일시 중단한다. 모두 짧은 낮잠을 잔다. 정오의 무더운 햇살이 조금 지나면 그때 다시 일을 한다. 아브라함도 상수리나무 그늘에서 휴식을 하고 있었다. 그때 아브라함의 쉬고 있는 장막으로 나그네 세 사람이 다가왔다. 무더위를 피하여 모두 휴식을 취할 그 때, 쉬지 않고 길을 가는 그 사람들은 특별한 사연이 있는 것이다. 아브라함은 길을 가는 나그네를 보고 달려가 엎드려 간청을 했다.

"지금 정오의 무더운 날씨인데 어디로 가시는 길입니까? 우리 집에 잠시 쉬었다가 가세요. 지금 점심 식사 때가 지나지 않았습니까? 그리고 곧 해가 저물어 갈 것입니다. 그러면 노숙을 해야 할 것 같습니다. 지금 물을 가져 오겠습니다. 발을 씻고 상수리나무 그늘에서 잠깐만 쉬었다 오늘 저녁 나의 집에서 주무시고 가시면 좋겠습니다. 지금 즉시 떡과 음식을 준비하여 가져 오겠습니다. 식사를 하시고 새 힘을 얻은 후에 내일 떠나가시기 바랍니다."

나그네들은 아브라함의 식사 초대를 허락하고 상수리나무 그늘에 있는 평상에 앉았다.

아브라함은 아내 사라에게 고운가루 4리터를 가지고 빵을 만들게 했다. 기름진 최상급의 송아지 한 마리를 잡아 종에게 주면서 최고의 요리를 만들라 했다. 아브라함은 정성껏 준비한 빵과 우유, 버터 송아지 요리로 대접했다.

아브람은 궁금했다. 무더운 정오에 이들은 어디로 가는 것일까? 아브라함은 식사를 하는 나그네를 분석했다. 그런데 지금까지 본 나그네들과 확연히 달랐다. 그들의 얼굴에서 느끼는 고귀함과 몸가짐과 옷차림을 보면 특별한 사람 같았다. 아브라함은 의문을 가졌다. 이들은 누구일까? 이들은 어디로 가는 길일까? 가는 목적은 무엇일까? 일반적인 나그네들이 아님이 분명했다. 의문은 더욱 깊어졌다(창18:1-8).

너의 정체를 다 알고 있다

식사를 하던 한 나그네가 아브람에게 말했다.

"아브라함아 네 아내 사라가 지금 어디 있느냐?"

"예, 저 건너편 장막에 있습니다."

아브라함은 얼떨결에 대답했으나 현기증이 났다.

아니 처음 보는 나그네가 자신의 이름과, 아내 이름을 알고 있을까?

그 당시에는 남자가 타인의 아내 이름을 부르는 것은 예도에 벗어나는 것인데? 그런데 어찌 아내의 이름을 알고 당당하게 부를 수 있는가? 이들은 도대체 누군가? 분명 보통 사람이 아닐 거야? 혹, 하나님이 나타나신 것인가? 아브라함은 머리를 스쳐가는 복잡한 생각에 정신을 잃을 뻔했다.

그 나그네 중에 한 사람이 다시 아브람에게 말했다.

"아브라함아 내년 이맘때에 내가 반드시 너에게 돌아 올 것이다. 그리고 네 아내 사라에게 아들이 있을 것이다."

아브라함은 두려움으로 떨었다. 처음 보는 나그네가 어떻게 자신에게 아들이 없다는 것을 알고 있는가? 그리고 사라가 아들을 낳을 것이라고 확신 있게 말할 수 있는가?

얼마 전 하나님이 나타나서 1년 후에 아들을 주신다고 약속하였다. 하나님이 말씀하신대로 할례도 하고 이름도 바꾸었다. 그렇다면 저 나그네들은 하나님이 나그네의 형상으로 찾아오신 것이 아닌가? 아브라함은 두렵고 떨리기 시작했다. 저 나그네들은 무슨 목적으로 이곳을 지나가는 것인가? 아브라함은 긴장을 하였다(창18:9-10).

그때 사라는 뒤편 장막에 혼자 있었다. 사라는 아브라함이 영접하는 나그네를 대면하지 않았다. 아브라함이 손님이 왔다며 빵을 만들라고 해서 만들어 주었다. 아브라함과 종이 음식을 가지고 나그네들의 상을 차렸다.

사라는 나그네를 대면하지 않았지만 장막 뒤에 있었으므로 대화는 자연적으로 들렸다. 그런데 생명부지 나그네가 자신의 이름을 알고 말했다. 그리고 1년 후에 아들을 낳을 것이라 말을 했다. 어떻게 아들이 없다는 것을 알고 저러한 말을 하는 것일까? 혹 자식 없다는 소문이 나서 그냥 지나가는 덕담으로 하는 말이 아닐까 생각했다. 그리하여 나그네가 1년 후에 아들이 있을 것이라는 말을 듣고 혼자서 비웃으며 중얼거렸다.

"내가 어떻게 아기를 낳을 수 있단 말인가? 불가능하다."

사라는 자신의 신체 현상을 가장 잘 알고 있다. 생리가 그친지 오래되었다. 89세의 할머니가 된 자신이 어떻게 아기를 출산한단 말인가. 그리고 남편 아브라함은 99세 노인이다. 장막 저편에 식사를 하는 나그네들이 헛소리를 하고 있다 생각했다. 사라는 마음에 분노가 일어났다. 나그네 주제에 어디서 아기를 낳지 못한다는 소문을 듣고 왔는가? 밥값을 내지 못할망정 1년 후에 아들을 낳을 것이라고 망언을 하는가? 사라는 심한 모욕감을 느꼈다(창18:9-12).

나그네가 준 기쁜 소식

나그네가 다시 아브라함에게 말했다.

"아브라함아, 어찌하여 너의 아내 사라가 장막 뒤에서 내가 한 말을 비웃고 있느냐? 나이가 많고 늙었기에 아기를 낳지 못한다고 중얼거리고 있구나. 나는 전능한 여호와니라. 나 여호와가 불가능한 일이 있겠느냐? 내년 정한 때에 내가 다시 돌아오리니, 그때 너의 아내 사라에게 아들이 있을 것이다" (창18:13-14).

장막 뒤에 혼자 비웃으며 중얼거리던 사라가 소스라치게 놀랐다. 혼자 웃고 중얼거리는 것을 어떻게 알까? 사라는 그때 나그네가 하나님이라는 것을 알았다. 사라는 두려워 엉겁결에 거짓말을 했다.
"아닙니다. 나는 절대로 비웃지 않았습니다."
나그네가 장막 뒤에 있는 사라를 향하여 말했다.
"아니다, 너는 내가 말한 것을 비웃었다."
아브라함과 사라는 심히 두렵고 떨렸다. 여호와 하나님이 천사를 보낸 것으로 생각했다.

하나님의 계획을 알려주노라

나그네들은 맛있는 점심 식사를 마쳤다. 그리고 아브라함과 작별을 하고 자신들은 소돔으로 간다 했다. 아브라함은 나그네를 전송하기 위하여 헤브론에서 카팔 바루카(Caphar barucha)까지 약 5km를 동행했다. 카팔 바루카로 올라가는 길은 험준했다. 카팔 바루카에 올라가면 아스라이 산 아래로 내려다보면 저 멀리 눈 아래로 소돔성과 고모라보다 더 넓은 소돔 평원이 보인다.

카팔 바루카에서 세 나그네들은 서로 무엇인가 중요한 대화를 하였다. 아브라함은 그들이 말하는 것이 무엇인지 알 수 없었다. 그리고 난 후에 두 천사는 카팔 바루카 정상에서 소돔성을 향하여 가는 길을 날아가듯이 사라졌다. 그리고 한 나그네만 남았다.

그 나그네가 아브라함에게 말했다.

"아브라함아 나는 여호와 하나님이다. 너는 막강한 나라의 조상이 될 것이다. 세상의 모든 민족이 너를 통하여 복을 받을 것이다. 내가 아브라함 너를 택한 이유가 있다. 아브라함 너의 후손들을 잘 인도하여 의롭고 선한 일을 하게 할 것이다. 그리고 경건하게 살도록 하기 위해서다. 그렇게 함으로 나 여호와는 너 아브라함에게 한 모든 약속을 이행하게 할 것이다"(창18:16-19절).

소돔을 보라(창18:16-33)

여호와 하나님이 다시 아브라함에게 말씀했다

"아브라함아 나는 여호와 하나님이다. 내가 계획한 것을 아브라함에게 숨기겠는가? 내가 이제 너에게 말하겠다. 소돔과 고모라 사람들이 아주 악한 죄를 짓고 있다. 내가 내려가서 심판을 하겠다."

아브라함은 하나님의 계획을 듣고 번개같이 스쳐가는 것이 있다. 만약 소돔성이 멸망하면 그곳에 살고 있는 조카 롯도 함께 죽을 것이다.

아브라함은 하나님께 한 가지 요청을 했다.

"하나님은 공의로우신 분이 아닙니까? 어찌 죄인을 심판하시기 위해서 의인을 함께 죽이시려 합니까? 하나님 부탁하나만 들어 주시면 감사하겠습니다. 저 소돔성에 의인 50명만 있으면 심판하지 않고 용서하시겠습니까?"

"아브라함아 소돔성에 의인 50명만 있으면 내가 소돔 성을 용서하겠다."

아브라함은 저 넓은 소돔성에 의인 50명은 있을 것으로 생각했다. 아무리 타락한 소돔성이라 해도 그래도 여호와 하나님을 믿는 사람 50명은 있지 않을까?

여호와 하나님을 믿는 롯이 소돔성에 거주한지 20년이 넘었다. 그동안 조카 롯과 그의 가족 식구 중에 여호와 하나님을 믿는 자가 분명 50명은 될 것이라 생각했다. 그 외 소돔에는 여호와 하나님을 믿는다고 말하는 사람들이 많이 있었다. 아브라함은 자신감을 가지고 소돔성을 위하여 기도를 했다. 그런데 여호와 하나님이 말씀하시기를 소돔성에는 의인 50명이 없다 하셨다.

아브라함은 심히 실망을 했다. 그러나 포기할 수 없었다. 다시 아브라함이 여호와 하나님께 간청했다. 소돔성과 백성들을 위해 의인 45명을 찾았으면 소돔성을 멸망시키지 않으시면 좋겠다 했다. 그런데 하나님이 말씀하셨다. 소돔성에는 의인 45명이 없다 하였다.

아브라함은 두려움을 느꼈다. 소돔성에는 분명이 롯이 하나님을 믿고 있다. 그런데 롯의 집안에 가족과 종들은 수천 명은 될 것이다. 그런데 하나님을 믿는 자가 45명도 되지 않는다고 하나님이 말씀하신다. 다시 아브라함이 의인 40명을 찾는 중보기도를 드렸으나 없었다. 하나님은 의인 40명이 없다고 간단하게 말했다.

다시 아브라함이 의인 30명을 찾는 중보기도를 드렸으나 없었다. 다시 아브라함이 의인 20명을 찾는 중보기도를 드렸으나 없었다.

아브라함은 하나님께 마지막으로 요청했다. 소돔성을 바라보면서 의인 10명을 찾는 기도를 드렸다. 그러나 의인 10명이 없었다.

여호와 하나님께서 아브라함이 소돔성 사람을 구원하기 위해 낙심하지 않고 중보기도 하는 것을 보시고 매우 기뻐하셨다. 그러나 소돔성에는 의인 10명이 없었다. 아브라함의 증보 기도가 끝나자 여호와 하나님이 아브라함을 떠났다. 두 천사는 이미 소돔을 심판하기 위해서 출발한지 오래 되었다.

아브라함의 중보기도

아브라함은 하나님이 떠난 카팔 바루카에서 소돔성을 바라보며 탄식의 기도를 했다.

"하나님 어찌 저 소돔성에 의인 10명이 없습니까? 내 조카 롯이 저곳에 20년을 살았는데 어떻게 여호와 하나님을 믿는 자 10명을 전도하지 못했습니까?"

아브라함은 카파 바루카에서 통곡했다. 소돔의 심판은 죄악 때문에 심판을 받는다. 그러나 의인 열 사람이 없음으로 심판을 받는다. 그러나 아브라함은 기도를 계속했다.

"하나님 소돔성에 의인 10명이 없지만 내 조카 롯을 불쌍히 여겨 주십시오. 내 조카 롯을 심판 날에 구원해 주십시오."

아브라함은 자신의 조카 롯이 구원받기 위해서 눈물의 중보기도를 쉬지 않았다.

아브라함은 카팔 바루카에서 헤브론으로 돌아왔다. 아내 사라에게 오늘 영접한 나그네들은 하나님과 천사들이였음을 알려 주었다. 그리고 아들을 주신다는 기쁜 소식을 전해 주었지만 슬픈 소식은 소돔과 고모라를 심판한다는 나쁜 소식을 전해주었다. 아브라함은 소돔성에 살고 있는 조카 롯을 위한 밤을 새우며 기도를 했다.

"아브라함이 또 이르되 주는 노하지 마옵소서 내가 이번만 더 아뢰리이다 거기서 십 명을 찾으시면 어찌 하려 하시나이까 이르시되 내가 십 명으로 말미암아 멸하지 아니하리라 여호와께서 아브라함과 말씀을 마치시고 가시니 아브라함도 자기 곳으로 돌아갔더라"(창18:32-33).

19. 소도마이트의(Sodomoite) 원조
(창19장)

아브라함과 함께 출발한 롯

아브라함과 롯은 출발은 함께 했다. 결과는 전혀 달랐다.

롯은 어린 시절에 아버지가 하란이 죽었다. 할아버지 데라와 삼촌 아브라함과 함께 생활을 했다. 하나님이 아브라함을 가나안 땅으로 가라고 부를때 롯은 아브람을 따라서 하란을 떠났다.

아브라함은 자식이 없었다. 그리하여 롯을 양자로 삼으려 했다. 그런데 아브라함과 롯은 삼촌과 조카. 처남 사이지만 나이 차이가 크지는 않았다. 큰형 하란과 아브라함의 나이차가 60세가 터울이 있다. 그러므로 하란은 일찍 결혼을 하고 막내 아들 롯을 낳았다.

롯은 삼촌 아브라함과 함께 하면서 손해 본 적이 없다. 하나님이 아브라함에게 복을 주실 때 롯도 함께 복을 받았다. 가나안 땅에 흉년이 들었을 때 아브라함과 롯은 함께 이집트로 잠시 이민을 갔다 그곳에서 다시 가나안 땅에 돌아 왔다. 롯에게 삼촌 아브라함은 부모님과 같은 존재였다. 그리하여 늘 아브라함을 따라 다녔다. 롯은 하나님을 직접 만난 적이 없었다. 그러나 아브라함은 가끔 하나님을 만났다. 아브라함은 하나님을 만난 것을 말해 주었다.

벧엘과 아이 사이에 좁은 땅에서 초지들 두고 아브라함의 종과 롯의 종들이 늘 싸웠다. 아브라함의 해결 방법은 서로가 부자가 되어 좁은 공간에 함께 거주하는 것이 불편하니까 이제는 서로 떠나서 일정한 거리를 두고 살자 했다. 그리하여 롯은 요단강이 흐르는 비옥한 땅 소돔 평야로 이사를 왔다.

선택한 소돔의 함정

소돔과 고모라 지역은 아름답고 비옥한 땅이다. 그리하여 에덴동산과 비교하는 지상천국과 같은 곳이었다. 사람이 살기 좋은 땅은 역사를 가진 도시가 있었다. 롯은 소돔성에 거주하면서 사람들과 교제를 나누며 나름대로 열심히 살았다.

소돔의 문화는 향락과 사치가 극에 달했다. 먹고 마시며 즐기면서 세상에 모든 죄악이 집중되었다. 특별히 성적인 타락은 성인에서부터 어린이까지 자연스럽게 자행되었다. 롯은 아브라함과 함께 생활을 할 때는 여호와 하나님을 찾고 구했다. 아브라함의 믿음에 영향을 많이 받았다. 그러나 소돔으로 이주한 후 아브라함의 신앙적 영향은 사라졌다. 아침부터 저녁까지 눈에 보이는 것은 타락된 문화였다. 그러한 문화에 물들지 않기 위해서 나름대로 노력하였지만 점점 소돔의 죄악에 스며들었다.

소돔으로 이주한지 얼마 안 되어 북 메소보타미아 군대가 쳐들어 왔다. 소돔 사람들은 모두 모든 재산을 잃고 포로가 되었다. 그때 롯도 함께 포로가 되었다. 모든 재산을 약탈당했다. 롯은 탄식을 했다. 여호와 하나님을 떠나 살아가는 자신의 죄악을 회개했다. 그러나 늦었다. 모든 것을 잃어버렸다. 그런데 하나님의 은혜로 삼촌 아브라함의 군대가 소돔의 모든 포로를 구출해 주었다. 그때 롯은 소돔을 떠나 다른 곳에 이주하고 싶은 마음을 가졌다. 그러나 생활 터전이 모두 소돔에 있었다. 소돔이 비록 타락된 문화였지만 그곳에서 사는 것이 익숙하고 좋았다.

소돔성에 정착한지 20년이 지났다. 롯은 소돔에서 인정받는 사람이었다. 모두 타락된 생활을 하였지만 롯은 하나님을 믿으면서 나름대로 정결하게 살려고 노력했다.

소돔 사람들은 그들이 죄악을 행하면서도 롯의 공정한 삶을 인정하고 칭찬했다. 그래서 롯은 소돔에서 신뢰받는 정직한 인물이 되었다. 그 결과 롯은 소돔성에 유력 인물이 되었다.

나그네를 영접(창18:1-11)

롯은 해가 저물어가는 어느 날 소돔 성문에 앉아 있었다. 성문 앞 광장은 넓고 큰 종려나무들이 많이 자라고 있었다. 하루를 마친 사람들은 종종걸음으로 집을 향하고 있다.

롯은 광장에서 거리를 배회하는 두 나그네를 발견했다. 그들은 일반적인 나그네와 달랐다. 외적인 모습은 준수하고 직위가 높은 귀족 같이 보였다. 롯은 성루에서 나려와 그 나그네를 향하여 달려갔다. 엎드려 자신의 집으로 초대했다. 그런데 나그네들은 롯의 초청을 거절했다.

자신들은 소돔의 밤거리를 구경하며 거리에서 밤을 새울 것이라 했다.

롯이 나그네들에게 말했다.

"이곳 소돔의 밤은 무섭고 두려운 곳입니다. 악한 사람들이 당신들을 죽일 수 있습니다. 그러니 오늘 저녁은 나의 집에 머물고 저녁 식사를 함께 나누시면 좋겠습니다."

두 나그네는 롯의 거듭된 요청을 수락했다. 롯은 나그네에게 물을 주어 씻게 하고 신속하게 최고의 음식을 준비하여 접대했다. 롯과 나그네는 잠시 동안 담소를 나누었다. 그러나 나그네들은 자신들의 출신과 신분을 말하지 않았다. 밤이 깊었다. 잠자리에 들 시간이 되었다.

소돔의 소도마이트(Sodomoite) 문화

저녁 늦은 시간에 롯의 집 대문을 세차게 두드리는 소리가 들렸다. 롯은 의문을 가지고 대문 밖으로 나왔다. 소돔성의 남자들이 어른에서부터 아이까지 수백 명이 있었다. 그들은 횃불을 들고 롯의 집을 촘촘히 둘러서 있었다. 그들 중에 한 사람이 롯에게 말했다. 저녁에 손님으로 온 두 남자를 집 밖으로 끌어내라 했다. 그리고 그 나그네와 동성관계를 가지겠다 한다.

당시에 소돔성에는 남성 동성연애(Sodomoite)가 만연했다. 소돔에는 동성연애가 일상이 되었으며 자연스러웠다. 그리고 사람들은 동성관계를 하는 것을 바라보며 즐기는 관음증에 중독되어 있었다. 그리하여 함께 모여서 롯의 집에 머물고 있는 두 사람을 집 밖으로 내어 줄 것을 요구했다.

당시 가나안의 관습법에는 나그네를 대접하는 주인은 그 나그네를 보호할 책임이 있었다. 그리하여 롯은 자신의 집에 머물고 있는 두 나그네를 보호하기 위하여 중재안을 말했다.

롯에게는 결혼하기로 이미 결정된 두 딸이 있었다. 롯은 자신의 두 딸을 내어 줄 것이니 그들과 즐기라 했다.

롯이 자신의 두 딸을 나그네를 대신하여 주겠다는 것은 소돔성의 동성애자들의 난폭성을 알고 있었기 때문이었다.

음탕한 소돔의 남자들이 요구하는 두 나그네를 그들에게 줄 수 없다 하면 난폭하게 집으로 난입하여 두 나그네를 끌고 갈 것이다. 롯은 그들과 물리적 대결을 해서는 이길 수 없다는 것을 알았다. 그리하여 자신의 두 딸을 그들에게 준다 하였다. 그런데 소돔 사람들은 일제히 롯을 비난했다. 소돔의 문화는 동성애를 하는 것이 그들의 일상이다. 그런데 롯이 동성애가 죄악된 것이라 하자 무리는 흥분했다. 롯은 흥분한 소돔성의 동성애자들을 막을 능력이 없었다.

소돔 사람들은 롯을 향하여 말했다. 떠돌이가 소돔에 들어와서 법관 노릇을 한다며 흥분했다. 소돔 사람들은 자신들이 결정하는 것이 곧 법이라 했다. 외국 갈대아 우르에서 이민 온 나그네, 롯이 소돔에 정착한 지 20년 되었지만 롯은 나그네에 불과했다. 그리하여 롯이 중재하는 것에 대하여 극도로 혐오하며 흥분했다.

수백 명의 소돔 사람들이 롯을 향하여 소리치며 죽일 듯이 달려들었다. 난폭해진 사람들은 롯을 향해서 돌을 던지면서 폭행을 하였다. 그리고 흥분한 사람들은 롯의 집 대문을 부수고 들어가려 모였다.

　그 소란함과 흥분한 소돔 사람들 앞에 나그네 둘이 대문을 열고 밖으로 나왔다. 소돔성 사람들은 반가워하며 나그네를 향하여 소리치며 손을 흔들었다. 스스로 나와 준 것을 즐거워했다. 그런데 군중들은 그 나그네들의 용모와 위엄에 압도되어 주춤거리면서 몇 걸음씩 물러났다. 그들이 생각하기에 나그네들은 미남이었다. 그러나 어딘가 모르게 존귀한 외모를 느낄 수 있었다. 그들은 흥분한 상태에서 잠시 소강된 반응을 보였다.

　롯의 대문 밖으로 나온 나그네는 주변에 둘러선 사람들을 향하여 아무런 말도 하지 않았다. 위기에 처한 롯을 잡고 집으로 들어왔다. 그리고 대문을 닫아걸었다.

　롯의 대문 밖에 수백 명의 흥분한 사람들 괴성을 질렀다. 그런데 그 나그네가 롯을 데리고 집안으로 들어갔다. 그리고 대문은 닫혔다. 군중들은 흥분했다. 미친듯이 소리치며 대문을 흔들고 부수기 위해서 수단과 방법을 가리지 않았다.

　롯과 나그네는 대문 밖에 흥분한 사람들의 소란한 소리를 듣고 있었다. 롯은 저 무리들이 분명 대문을 부수고 들어와 자신의 집에 머무는 나그네를 잡아갈 것이라고 염려했다.

　그때 나그네는 롯에게 자신들의 신분을 말했다. 지극히 높으신 여호와 하나님의 명령을 받고 소돔성을 심판하기 위해서 왔다 했다. 그리고 자신은 사람이 아니며 하나님의 천사라 했다.

두 나그네 천사는 흥분한 군중들을 향하여서 말했다. 저들의 눈을 잠시 동안 닫아서 아무것도 볼 수 없게 해 달라 했다. 그러나 대문 밖에 있는 수백 명의 군중들은 장님이 되었다. 그들의 눈에는 아무것도 보이지 않았다. 깜깜한 흑암이 그들에게 임하였다. 그들은 나그네를 내어 놓으라 소리치다가. 갑자기 자신들의 시력이 사라짐으로 극심한 공포에 질렸다.

그들은 롯의 집 앞에서 그들은 도망을 치기 시작했다. 그러나 앞이 보이지 않는 상태에서 뛰면서 서로 넘어져 밟고 뒤엉켰다. 무리들 서로 밀고 폭행을 하면서 주변 사람들에게 폭력을 행하였다. 그들은 극심한 공포와 두려움을 경험했다. 그들은 살기 위해서 미친 듯이 발광을 했다. 그러나 그들에게는 빛이 보이지 않았다. 더욱 큰 소리를 차며 아수라장이 되었다. 그들의 괴로워하는 소리를 듣고 또 다른 소돔 사람들이 모여 들었다. 인산인해를 이루었다.

상당한 시간이 지난 후 군중들은 정신을 차리고 보니 정말 이상한 일을 당했다. 자신들이 롯의 집 앞에서 일시적인 장님이 된 것을 알았다. 점차 정신이 돌아 오고 시력이 조금씩 회복되었다. 그들은 롯의 집에 머물고 있는 두 나그네가 특별한 사람이라는 것을 인식했다. 그리고 두려움과 공포심을 느꼈다. 그들은 롯의 집 앞에서 죽을힘을 다하여 도망을 쳤다. 그러나 그 날 밤, 소돔의 밤거리는 타락한 풍요에 춤을 추며 극심한 동성애의 밤을 보내고 있었다. 타락한 죄악이 일상이 된 소돔의 밤은 음란한 불빛과 사악한 인간들의 눈빛만 반짝였다.

즉시 소돔을 떠나라

롯은 소돔 사람들에게 봉변을 당할 때 나그네가 구해주었다. 그리고 롯의 집을 찾아 온 소돔 사람들이 일정한 시간 동안 장님이 되어 아비규환이 된 것을 보았다.

롯은 자신의 집에 머물고 있는 나그네가 일반적인 사람이 아님을 직감했다. 이는 분명 하나님이 보낸 천사들임을 인정했다. 롯은 아브람과 함께 생활하면서 하나님의 역사와 천사들의 사역에 대한 이야기도 듣고 본 적도 있었다.

그 나그네가 롯에게 말했다.

"우리는 하나님의 천사다. 그리고 하나님의 명령으로 소돔 성을 심판하기 위해서 왔다. 그러니 롯, 너를 구원하기 위해서 왔다. 그러므로 너와 속한 사람들은 지금 즉시 소돔성 밖으로 멀리 피신하라. 내일 새벽 동이 틀 때 하나님께서 소돔을 심판하신다. 그러니 지금 즉시 이 소돔을 떠나라."

롯은 천사가 한 말을 믿었다. 그러나 그 날 밤에 소돔성을 떠나는 것은 어려운 일이였다. 밤이 이미 깊었다. 시간이 없었다. 빈 몸으로 갈수는 없지 않는가? 그동안 쌓아 둔 재산은 가지고 가야 되지 않는가?

고민에 빠진 롯은 깊은 밤중에 자신의 딸과 정혼한 사위들을 찾아갔다. 그날 저녁에 나그네가 오고 난 후 일어난 상황을 자세히 이야기했다. 롯의 사위가 될 자들도 밤중에 롯의 집 앞에서 일어난 일을 알고 있었다. 그들은 롯이 두 나그네를 집 밖으로 내어 주지 않은 것을 탓했다. 그것은 당시에 소돔의 문화였기에 이상할 것이 없다 말했다. 그 나그네가 중요한가 아니면 가족의 목숨이 중요한가? 롯의 정혼한 사위들은 롯을 어리석다 했다.

롯이 정혼한 사위들에게 말했다.
"그 나그네는 하나님의 천사들이다. 그들은 내일 새벽에 소돔성을 심판하기 위해서 왔다. 그러니 지금 즉시 도망치자."
롯의 딸과 정혼한 사위들은 롯이 말하는 것을 믿지 않았다 그것도 밤중에 롯이 찾아와 급하게 말하자 농담으로 여겼다. 지상 낙원과 같은 소돔의 행복을 두고 어디로 간단 말인가? 소돔성이 멸망할 이유가 없다며 롯에게 말했다.

롯은 낙심하고 집으로 돌아왔다. 집에 있는 종들을 깨워서 함께 성 밖으로 도망치자고 했다. 그러나 어떠한 종들도 따라 나서지 않았다. 다른 때에는 롯이 명령하면 종들은 잠을 자다가도 순종했다. 그러나 소돔성의 멸망에 대하여 주인이 종들에게 말했다. 그러나 모든 종들은 롯의 말을 믿지 않았다. 오히려 정신 나간 사람으로 취급했다.

롯은 심판이 임박한 상황에서 재산 중에서 무엇을 가지고 나갈까 고민했다. 무엇을 가져 갈 것인 물품을 분류하면서 생각했다. 가장 귀중한 것은 금은보석이었다.
딸들은 자신의 정혼한 남편 될 사람들이 농담으로 여긴 것을 당연한 것이라 생각했다. 아버지 롯이 정신적으로 이상해 진 것으로 생각했다. 그리하여 롯의 말을 믿지 않았다.

롯의 아내는 절대로 떠날 수 없다고 한다. 어떻게 떠돌이 나그네들의 말을 믿을 수 있는가 하며 의심했다. 지금까지 소돔 사람들이 어떻게 살고 있는지 잘 알면서, 오늘은 유별나게 과잉반응을 한다며 롯은 미친 사람으로 취급했다.

롯은 밤을 새우며 하나님이 소돔성을 심판함으로 함께 탈출을 하자 했다. 그러나 아무도 귀담아 듣지 않았다. 두 천사는 롯과 가족들을 지켜보고 있었다.

밤 시간은 신속하게 지나갔다. 새벽이 되었다. 롯은 지체하고 있었다. 나그네가 빨리 성을 떠나라고 재촉했다. 그렇지 않으면 소돔성이 멸망할 때 함께 멸망할 것이라 경고했다. 그러나 롯은 자신의 모든 재산을 그냥 두고 떠날 수 없었다.

롯의 아내와 두 딸은 소돔에 미련을 버리지 못하고 망설이고 있었다. 그때 천사 나그네가 지체하는 롯과 아내 두 딸의 손을 강권적으로 잡았다. 그들은 천사의 손에 잡혀 꼼짝없이 이끌려서 소돔성 밖으로 끌려 나왔다.

천사 나그네가 말했다.

"어리석은 사람아, 불타 없어질 이 소돔성에 대한 미련을 버려라. 즉시 목숨을 걸고 소돔성을 등지고 모압산으로 도망하라. 그리고 도망칠 때는 뒤를 돌아보지 말라 했다"

롯은 모압산까지 가는 것이 두려웠다. 나그네에게 가까운 소알로 도망치도록 부탁을 했다. 천사가 롯의 요청을 허락했다.

롯은 가족과 함께 소돔에서 소알로 힘을 다하여 달렸다.

두 천사의 손에 이끌려 나온 롯과 아내. 두 딸은 소돔성을 벗어났다. 그리고 찬사는 거듭하여 말했다. "뒤를 돌아보지 마라, 뒤돌아보면 죽는다." 그리고 천사는 사라졌다.

롯과 아내와 두 딸은 소알산을 향하여 힘을 다하여 달렸다. 뒤편에서 들리는 엄청난 폭음 소리가 들렸다. 그리고 뜨거운 불의 기운을 느꼈다. 롯과 두 딸은 그럴수록 앞만 바라보고 뛰었다. 그런데 롯의 아내는 소돔성에 미련이 남아서 더 이상 달려갈 수 없다고 돌아섰다. 저 소돔에 모든 재산이 있고 가까운 사람이 있는데 빈 몸으로 나와 살 수 없다며 탄식했다. 롯의 아내는 가는 길을 멈추고 소돔의 미련에 이끌려서 뒤돌아섰다. 그 순간 롯의 아내는 죽어서 소금 기둥이 되었다.

롯이 소알에 도착했을 때 동쪽에 해가 돋았다. 롯과 두 딸만 도착했다.

소돔과 고모라는 무서운 불길로 타 올랐다. 어제 밤에 찾아온 나그네들은 하나님의 천사임을 알았다. 그들이 손을 잡아 소돔성 밖으로 이끌어 준 것을 감사했다. 그런데 롯의 아내는 아직 소알에 도착하지 않았다.

저 멀리 롯의 아내가 길에 서있었다. 롯은 힘을 다하여 아내를 향하여 소리쳤다.

"여보 뒤돌아보지 말고 힘을 다하여 달려오세요."

롯의 아내는 대답이 없었다. 미동도 하지 않고 그 자리에 머물러 있었다. 롯은 아내가 오는 길을 멈추고 소돔의 미련에 이끌려 돌아봄으로 죽은 것을 알았다. 그러나 죽은 아내에게 가까이 가보려 했으나 불가능했다. 소돔의 불길이 하늘 끝까지 올라가고 있었다. 뜨거운 불기운이 소알산 바위까지 불태우고 있었다. 롯과 두 딸은 소돔의 불기운을 피하기 위해서 동굴을 찾아 들어 갔다.

심판의 불꽃

하나님이 소돔성을 심판했다. 하늘에서 유황불이 소나기 같이 떨어졌다. 그 유황불은 지구 밖에서 대기권으로 들어온 유황불이었다. 소돔과 고모라 성에 집중적으로 떨어진 유황은 땅에 떨어져 불타기 시작했다. 천지는 지독한 유황 냄새로 호흡을 할 수 없었다. 소돔과 고모라는 온 천지가 불바다가 되었다.

요단강 낮은 지류 주변에 분지 형식으로 구성된 소돔은 불구덩이 분지가 되었다. 불타는 소돔으로 요단강물은 계속해서 유입이 되었다. 뜨거운 불길에 요단강물은 거대한 수증기 기둥이 되었다. 그리하여 불길은 더욱 강하게 타 올랐다.

소돔성 사람은 새벽에 갑자기 하늘에서 떨어지는 유황불 소나기를 피하지 못했다. 순식 간에 불바다가 된 소돔은 불타올랐다. 소돔성의 불타는 거대한 연기가 하늘을 향하여 올라갔다.

소돔성에 있는 모든 것이 불타기 시작했다. 소돔성 사람들은 살기 위해서 도망을 쳤다. 그러나 하늘에 뜨거운 불길이 그들을 불태웠다. 소돔성 사람 중에 심판의 불을 피하여 도망쳐 생존한 사람은 아무도 없었다. 모두 죽었다.

롯의 정혼한 사위들도 어젯밤에 롯이 자신에게 말한 것을 기억했다.

그들은 죽어 가면서 말했다. "농담으로 생각했는데 진실이었네." 그러나 살아날 기회는 사라졌다.

롯은 소알산에서 불타는 소돔성을 보았다. 평생을 두고 모은 재산이 불타고 있었다. 사랑하는 아내는 저 멀리 길에서 죽어 소금기둥이 되었다

아브라함과 함께 갈대아 우르를 떠나 가나안에 온지 24년 만에 모든 것을 잃어버렸다. 지난 날 살아온 것들이 후회가 되었다. 앞으로 어떻게 살아야 할지 막막했다.

롯은 모든 것을 잃어 버렸다. 롯은 허망한 인생의 종말을 보았다. 불타 없어질 것을 위하여 그렇게 분쟁하면서 소돔으로 왔을가? 그런데 남은 것이 무엇인가? 인생의 허무함을 생각하며 탄식의 눈물을 흘렸다.

헤브론에 있는 아브람도 아침 일찍 일어났다. 힘겹게 5km의 산길을 걸어서 카팔 바루카로 올라갔다. 소돔에서 무서운 불길과 연기가 하늘로 솟아오르는 것을 보았다. 조카 롯은 구원받았는지 궁금했다. 죄악된 도시 소돔성의 유황불 심판을 멀리서 바라보면서 탄식했다.

아브라함이 조카 롯을 위하여 기도하였다. 그 기도를 하나님이 들으시고 응답하셨다.

하나님이 소돔과 고모라 지역을 심판하실 때에 하나님이 아브라함을 생각하여 심판 중에 롯을 구원하였다(창19:29).

아들이냐 손자냐 (창19:30-38)

소돔과 고모라의 불타는 복사열로 인하여 소알성 주변 산천에 모든

나무들이 불타기 시작했다. 거대한 암석 바위는 소돔의 열기에 복사가 되어 불덩어리가 되었다.

하늘의 태양은 뜨거운 열기를 뿜어내었다. 소돔성 주변 천지는 유황불 길이 미쳐 춤을 추고 있다. 복사된 열기는 주변 온 산천을 불태우고 바위는 뜨거운 불덩어리가 되었다. 모든 물은 말라 증발했다. 소돔성을 거대한 분지로 변했다. 요단강물은 쉬지 않고 소돔으로 흘라와 불길을 만났다. 거대한 수증기가 하늘을을 덮었다.

소돔을 탈출할 때 롯이 천사에게 소알산으로 도망하도록 요청했다. 그 때 천사는 허락을 했다. 소알산에 도착한 후에 천사가 모압산으로 피신하라고 한 이유를 알았다. 모압 산에는 동굴들이 많았다. 그리하여 소돔의 심판의 불길을 피할 수 있는 곳은 동굴뿐이었다. 그리하여 롯과 두 딸은 동굴로 은신했다.

소돔의 심판의 불길은 오랫동안 타올랐다. 주변 산천은 뜨거운 열기로 며칠 동안 접근하지 못했다. 시간이 가면서 조금씩 열기가 식었다.

갈릴리 호수에서 흘러내리는 요단강 강물은 불타는 소돔성으로 들어오면서 엄청난 수증기를 만들고 하늘로 올라갔다. 화려한 소돔성은 불타 없어졌다. 그곳에는 아주 깊은 분지가 만들어졌다. 흘러내리는 요단강물이 분지에 고여 가면서 아주 큰 호수가 되어가고 있었다.

롯과 두 딸은 동굴에 머물렀다. 소돔의 모든 사람이 사라진 것을 그때 인정했다. 그리고 하나님이 계신다는 것을 알았다. 이제는 정혼한 약혼자도 죽었다. 가진 재산도 없다. 이웃도 없다. 극심한 스트레스와 두려움과 염려가 찾아 왔다. 그러나 어떻게 하든지 살아야한다는 생존 본능이 움직였다. 다시 갈데아 우르에 갈 수 없다. 그러나 가나안 땅에서 가장 가난하고 비천한 존재가 되었다. 그리하여 롯의 딸들은 이제는 자신들이 선택할 결혼 대상자가 없었다. 결혼을 할 수 있는 형편도 되지 못했다. 그렇다면 자신들의 종족을 어떻게 번성시키며 살아야 할 것을 생각했다.

롯과 두 딸은 소돔을 떠날 때 주머니에 넣어온 얼마의 금화가 있었다. 그 돈을 생활비로 사용했다. 롯은 날마다 탄식하며 눈물을 흘리며 괴로워했다. 그리하여 두 딸은 소알로 내려가서 술을 구해 왔다. 그리고 괴로워하는 아버지 롯에게 술을 먹였다. 모든 것을 다 잃어버린 롯은 딸들이 구해온 술을 마시고 취했다. 롯은 아내가 죽고 모든 재산을 잃어버림으로 희망이 없었다. 술이라도 마셔야 고통을 잊을 수 있었다.그러나 되돌릴 수 없는 현실이 되었다. 가나안에서 가장 불쌍한 사람이 되었다.

롯의 딸들은 이제는 어떠한 남자와도 결혼하기 힘들었다. 그들은 갈대아 우르에게 온 이방인이다. 그렇다고 많은 재산을 가진 것아 아니다. 소돔성이 불탈 때에 모든 것이 소멸되었다. 재산도 희망도 없어졌다.

밤이 되었다. 롯의 큰 딸은 아버지와 동침을 했다. 그 다음 날은 둘째 딸이 아버지 롯과 동침을 하였다. 그러나 롯은 술에 취하여 자신의 딸과 동침한 사실을 몰랐다.

롯의 딸들은 이제 결혼을 할 능력도 없었다. 자신들도 결혼할 방법이 없었다. 그리하여 아버지를 통하여 자식을 낳고 그 자식들로 가정을 이루기를 원했다.

　얼마 후에 무섭게 불타오르는 소돔의 불길이 멈추었다. 롯과 두 딸이 불타버린 소돔을 찾아 갔다. 그런데 소돔과 고모라는 흔적도 없이 사라졌다. 깊고 거대한 죽음의 분지가 생겼다. 소돔이 불탈 때 소돔의 흙과 돌까지 불타 증발했다. 요단강 물은 쉬지 않고 흘러 내렸다. 수백 미터의 길은 구덩이에 요단강 물이 고였다. 그리고 거대한 호수가 생겼다. 그러나 호수에 고인 물은 주변의 소금 산을 침식시켰다. 어떠한 생물도 살 수 없는 죽음의 호수, 사해가 되었다.

　롯의 딸들이 임신을 했다. 롯은 딸들과 정혼한 사위들이 자신의 말을 농담으로 여긴 것을 애석하게 생각했다. 그들은 소돔이 멸망할 때 죽었다. 그런데 딸들의 임신을 보며 한탄했다. 롯은 자신의 딸이 임신한 것은 정혼한 예비 사위들의 자녀로 생각했다. 그리하여 아버지 없는 자식을 임신한 딸들이 불쌍했다.
　롯의 큰 딸과 두 번째 딸이 출산을 하고 이름을 지었다. 그런데 딸들이 출산을 하고 아이의 이름을 지었다. 그때야 롯은 자신의 아들이라는 것을 알았다.
　큰 딸은 자신의 아들의 이름을 "모압"이라 지었다. 모압의 뜻은 "나의 아버지로부터 태어난 자식"이란 뜻이다.
　둘째 딸이 아들을 낳고 이름을 "벤암미"라고 지었다. 벤암미의 뜻은 "나의 아버지의 아들"이다.
　롯은 자신의 딸들이 출산한 자녀들이 곧 자신의 자식인 것을 알았다.
　롯은 딸을 통하여 자식을 낳았다. 그 자식은 롯의 손자인가, 아들인가? 후손을 본 것이 영광인지 수치인지 표현하기 힘들었다.

롯이 두 딸을 통하여 자식을 낳았다는 소문이 번져갔다. 롯은 소돔성의 심판으로 모든 것을 잃었다. 그리고 두 딸이 낳은 자녀로 인하여 롯의 명성까지 잃어버렸다.

후일에 롯은 자신이 삼촌 아브람의 중보기도를 통하여 하나님이 소돔에서 구원해 주신 것을 감사했다. 그러나 롯은 실패자였다. 모든 재산을 잃어버리고 가난하게 되었다. 딸을 통하여 자식을 낳은 수치심으로 남은 인생을 살았다.

그 후 롯이 딸을 통하여 낳은 아들 모압은 모압 족속이 되었다. 벤암미는 암몬 족속의 조상이 되었다.

그러나 롯은 아브람을 통하여 하나님을 믿었다. 소돔성에서 하나님의 의지하며 살았다. 그런데 모든 것을 잃어버리고 난 후에 하나님의 은혜로 소돔성에서 구원을 받았다.

롯은 모든 것을 잃어버리고 난 이후에 깨달은 것이 있었다. 여호와 하나님을 믿고 의지하는 것이다. 그리하여 소돔의 심판을 통하여 롯은 변화되었다. 그리고 여호와 하나님을 의지하는 믿음의 사람이 되었다 (벧후2:7).

"하나님이 그 지역의 성을 멸하실 때 곧 롯이 거주하는 성을 엎으실 때에 하나님이 아브라함을 생각하사 롯을 그 엎으시는 중에서 내보내셨더라"(창 19:29).

"우리가 우리 아버지에게 술을 마시게 하고 동침하여 우리 아버지로 말미암아 후손을 이어가자 하고"(창19:32).

"롯의 두 딸이 아버지로 말미암아 임신하고 큰 딸은 아들을 낳아 이름을 모압이라 하였으니 오늘날 모압의 조상이요 작은 딸도 아들을 낳아 이름을 벤암미라 하였으니 오늘날 암몬 자손의 조상이었더라"(창19:36-38).

"소돔과 고모라 성을 멸망하기로 정하여 재가 되게 하사 후세에 경건하지 아니할 자들에게 본을 삼으셨으며 무법한 자들의 음란한 행실로 말미암아 고통 당하는 의로운 롯을 건지셨으니 이는 의인이 그들 중에 거하여 날마다 저 불법한 행실을 보고 들음으로 그 의로운 심령이 상함이라"(벧후2:6-8절).

20. 아내 미모, 남편의 위기
(창20장)

마지막 혈육인 롯을 보내라

아브라함은 소돔성이 멸망하는 것을 보았다. 특히 자신의 조카이며 처남이 되는 롯은 20년 동안 타락한 소돔의 문화에 빠져 여호와 하나님을 멀리한 결과를 보았다. 죄에 대한 심판을 하신 하나님의 공의 앞에 모든 것을 상실한 비참한 소돔의 종말을 보았다. 죄에 대한 하나님의 무서운 진노가 얼마나 큰지 깨달았다.

아브라함은 조카 롯을 상속자로 생각한 때가 있었다. 자신을 따라 가나안으로 함께 온 롯에게 늘 고마움이 있었다. 고향 갈대아에는 형제 친척들이 있다. 그러나 가나안 땅에서는 유일한 친족은 롯뿐이다. 그리하여 아브라함은 가나안에서 형제가 그리울 때 롯을 통하여 많은 위로를 받았다. 안타까운 것은 롯이 소돔 성으로 이주한지 20년이 지났는데. 소돔의 멸망으로 완전한 실패자가 되었다.

타락한 소돔성은 유황불의 심판으로 소멸되었다. 그러나 소돔성에 타락한 문화와 의식은 롯과 그의 딸에게 존재했다. 소돔성의 문화를 맛본 사람들이 심판 받는 것을 보았다. 그러나 자신들의 쾌락의 깊은 곳이 뿌리 내린 타락한 죄의 뿌리는 새로운 싹으로 성장했다.

아브라함은 하나님이 말씀하신 것을 다시 기억했다. 왜, 본토 친척 아비의 집을 떠나라는 하셨을까? 가나안에 와서 롯과 함께 4년을 동고동락을 했다. 그리고 20년 전에 롯은 초지가 많고 수원이 풍부한 소알 땅으로 이주하였다. 그리고 하나님의 유황불 심판으로 소돔과 고모라 지역은 화산 분화구와 같이 함몰되었다. 그 곳에는 요단강 물이 흘러들어 넓고 넓은 호수가 되었다. 롯은 불타는 소돔성에서 탈출을 하였으나 딸을 통하여 자식을 낳았다. 사람들의 비난을 받으며 은둔의 생활을 하면서 세월을 보내었다.

아브라함은 다시 롯과는 함께 할 수 없다는 것을 깨달았다. 일정한 부분의 경제적인 면은 도움을 줄수 있었다. 그러나 지난날과 같은 롯의 사회적 지위는 가질 수 없었다. 그리고 경제적으로 부족한 상황에 처하였다. 그러나 롯은 다시 하란으로 돌아가지는 않았다. 아브라함이 롯을 생각할 때는 자신의 상속자로 삼으려 했다. 그러나 단념했다.

아브라함은 롯을 위하여 늘 기도했다. 스스로 하나님을 찾아가 믿음과 신앙을 회복하기를 소원했다. 소돔성의 심판을 경험한 롯이 하나님의 분명한 뜻이 무엇인지 깨닫고 하나님의 뜻을 따라 살기 위해서 기도했다. 롯은 소돔성이 멸망한 이후에 믿음과 신앙을 회복했다. 스스로 홀로서기 위한 믿음의 사람으로 거듭났다. 그리고 후일 사람들은 롯을 의로운 자라 칭하였다(벧후2:7).

헤브론을 떠나 그랄로

아브라함은 20년 동안 거주한 헤브론의 마므레 상수리나무 숲을 떠났다. 가나안에 이주한지 24년 동안 헤브론에서 20년을 거주했다. 그곳에서 여호와 하나님으로부터 복을 받았다. 특별히 1년 후에 아내 사래를 통하여 아들을 주신다는 약속을 받았다. 그리고 하나님을 분노하게 한 소돔성의 유황불 심판을 보았다. 헤브론에 거주하면서 메소포타미아 연합 군대를 격멸하는 전쟁에서 승리했다. 그 전쟁에서 하나님이 도우심으로 승리하고 헤브론에서는 명망 있는 가문이 되었다. 그러나 아브라함은 여전히 가나안 땅의 이방인이다. 아브라함은 20년 동안 헤브론에서 쌓은 명성과 인적관계를 청산했다.

아브라함은 가사 남쪽 방으로 약 16km 떨어진 그랄로 이사를 했다. 그랄은 가데스와 술 사이에 있었다(창20:1).

그랄은 지중해 해안 근처에 위치하였다. 팔레스타인에서 이집트로 가는 대상로에 위치하였다. 그랄은 정착민들이 많았다. 매일 대상로를 통한 유동인구도 많았다. 그 결과 유통이 발달되었고 경제가 성장했다. 무엇보다 주변 정세를 알 수 있는 소식도 빨리 접할 수 있다. 그리고 그랄은 목축업하기에 좋은 조건을 가지고 있다. 문제는 생존경쟁이 극심했다. 부유하고 살기 좋은 곳이기에 오래전부터 침략이 많았다. 그러므로 그랄에서 살아남은 자들은 이기적이면서 강하고 담대하며 포악성을 가지고 있었다.

남편의 생명을 위협하는 아내의 미모

그랄에는 마음대로 이사 와서 살 수 없다. 그랄 왕 아비멜렉(Abi-melek)의 이주 하락을 받아야 한다. 아비멜렉의 이름의 뜻은 '아버지는 왕이다' 강력한 군사력으로 주변을 다스렸다. 그의 궁전은 크고 화려했다. 그랄을 지배하는 아비멜렉은 절대 왕권을 가졌다. 지역왕권은 상속되어 가문의 영광을 누렸다. 그리고 왕권을 행사하여 이방인들에게는 배타적이며 위협적인 곳이었다.

아브라함이 그랄로 이주 할 때 99세였다. 사라는 89세였다. 아브라함에게 말 못할 고민이 있었다. 아내 사라의 미모 때문이다. 사라는 89세의 나이지만 동안으로 너무 아름다웠다. 아브라함은 이사를 할 때마다 그 지역 왕들이 사라의 아름다운 미모에 빠져 아브라함의 생명에 위협이 되었다.

아브라함은 아내 사라가 아름다움을 유지하는 것이 좋았다. 그러나 주변 사람들이 늙은 할머니로 보지 않고 젊은 여인으로 사랑을 함께 나누고 싶은 욕망을 주는 미모가 부담이 되었다. 사라의 나이 89세에도 아름다움을 유지하는 것이 감사한 일이지만 또 한편으로는 처신하기 매우 어려운 조건이었다.

그랄에서 거주하려는 아브라함은 고민을 했다. 그랄에 이주를 하면 이기적인 그랄 왕 아비멜렉이 자신을 죽이고 사라를 빼앗아 갈 것이다. 그것은 망상이 아니었다. 현실적으로 그동안 허다한 사실이었다. 그 당시에 지역 왕은 아름다운 미모를 가진 여성은 그 남편을 죽이고 아내를 빼앗는 경우가 허다했다.

아브라함은 24년 전에도 비슷한 상황이 있었다. 가나안으로 이주하여 흉년이 들어 이집트에 이주하였다 아브라함은 사라의 미모 때문에 고민했다. 파라오가 아브라함에게 사라를 보고 누구냐 질문을 했다. 그때 아브라함은 여동생이라 말했다. 파라오는 사라를 자신의 첩으로 들이고 많은 재물을 신부 값으로 아브라함에게 주었다. 그런데 하나님의 역사로 바로가 잘못을 깨닫고 사라를 돌려주었다. 그런데 그랄에서 동일한 일이 발생하게 되었다.

아브라함에게는 헤브론에서 그랄로 이주하는 것이 중요했다. 그리하여 아브라함은 그랄의 실권자인 아비멜렉에게 이주를 청했다.

아비멜렉은 음흉한 생각을 하고 있었다. 사라를 보고 아브라함에게 누구냐며 소개를 하라 했다. 그때 아브람은 아내 사라를 자신의 여동생이라 거짓말을 했다.

아비멜렉은 사라를 보고 첫눈에 반했다. 즉시 자신의 후궁으로 맞이하겠다 했다. 사라는 아비멜렉의 왕궁으로 들어갔다. 아브라함은 난처한 상황에 빠졌다. 아브라함은 자신이 살기 위해서 아내를 버린 것이다. 사라는 남편을 살리기 위해 아비멜렉의 후궁이 되는 것을 거부할 수 없었다. 그러나 아브라함은 더욱 큰 것을 버렸다. 하나님이 사라를 통하여 약속의 자녀를 주신다는 언약을 버렸다. 아브라함은 자신의 아내 사라를 지키지 못했다. 아브라함은 하나님보다 그랄 왕 아비멜렉이 두려웠다. 하나님이 보호한다는 믿음이 없었다. 24년 동안 기다린 약속의 자녀 축복을 버렸다. 아내를 빼앗긴 아브라함은 분노하고 허전했다. 아브라함은 아비멜렉을 대결할 군사력이 있었다. 그러나 아비멜렉은 지역 왕으로써 부족의 군대가 있었다. 그리고 주변 부족의 동맹군들이 있었다. 그리하여 아브라함은 아비멜렉을 두려워했다.

아비멜렉이 사라의 미모에 빠졌다. 신하들에게 오늘 저녁 새로운 후궁 사라와 동침할 것이라 했다. 신하들은 분주히 신방을 준비를 했다. 아브라함은 아내를 빼앗기고 허탈하게 집으로 갔다.

그날 저녁 아비멜렉은 새로운 신부 사라와 저녁식사를 했다. 아비멜렉은 기분 좋은 저녁식사였다. 그러나 사라는 말이 없었다. 자신이 아브라함의 아내라 말할까? 아비멜렉이 어떻게 반응할까? 고대 왕들은 사람 하나 죽이는 것은 짐승 한 마리 죽이는 것이 간단했다. 죄가 있어 죽이는 것이 아니다. 자신의 목적을 위해서 쉽게 사람을 죽였다. 밤이 깊었다.

아비멜렉의 두려움과 분노

아비멜렉이 사라를 이끌고 침실로 들어가자 신비한 형상이 일어났다. 여호와 하나님이 아비멜렉에게 현몽하여 나타나 말씀했다.

"아비멜렉아 나는 아브라함이 믿은 여호와 하나님이다. 지금 네가 데려온 이 여인으로 말미암아 네가 죽으리라. 사라는 아브라함의 아내니라. 오늘부터 너의 죄악된 행위로 인하여 너의 잡 안에 남자와 여자가 생식력이 없어질 것이다. 그리고영원히 자녀를 출산하지 못할 것이다. 얼마 후 너의 가문을 멸망할 것이다"(창20:1-5).

하나님의 음성을 들은 아비멜렉은 두려워 떨었다. 집안에 가족들이 밤 사이에 극심한 통증과 고통을 당하였다. 아비멜렉의 아내와 여종들이 극심한 고통을 당했다. 그러나 그 통증의 원인을 알 수 없었다. 그리고 치료 방법도 없었다. 모든 남녀 가족들은 극한 고통에 지쳐 죽어갔다. 아비멜릭은 자신의 기족에게 나타는 이상한 질병의 원인이 하나님의 진노라는 것을 깨달았다.

그랄 왕 아비멜렉은 여호와 하나님이 소돔과 고모라를 유황불로 심판한 것을 알고 있다. 그런데 여호와 하나님이 나타나셨다. 또한 말씀하시기를 자신이 새로운 아내로 맞이한 사라 때문에 자신이 죽을 것이라 했다. 아비멜렉은 두려웠다. 여호와 하나님께서 소돔과 고모라를 심판한 것과 같이 그랄과 자신과 가문을 심판할까 두려웠다.

아비멜렉은 두렵고 떨리는 목소리로 하나님께 소리쳤다.

"하나님 사라에게 손도 대지 않았습니다. 하나님 살려 주세요, 나는 사라에게 죄를 짓지 않았습니다.

나는 아브라함이 자신의 동생이라 소개해서 아내로 맞이했습니다. 사라도 아브라함을 자신의 오빠라 말했습니다. 내 잘못이 아닙니다. 하나님 말씀대로 지금 즉시 사라를 아브라함에게 돌려보내겠습니다."(창 20:5).

여호와 하나님이 아비멜렉에게 말씀했다.

"아비멜렉아 너가 아무런 죄를 짓지 않은 것을 내가 알고 있다. 그리고 아브라함이 거짓말한 것을 내가 알고 있다. 사라는 내가 택한 특별한 여성이다. 네가 동침하려는 것을 내가 막았다. 지금 사라를 돌려보내라. 사라의 남편 아브라함은 선지자다. 아브라함이 너 아비멜렉을 위하여 기도할 것이다. 그러면 내가 너를 살려주게다. 그러나 사라를 돌려보내지 않으면, 너와 너에 속한 모든 사람을 죽일 것이다"(창 20:6-7).

아침이 밝아 왔다. 아비멜렉은 궁전에 모든 사람을 불렀다. 지난밤에 여호와 하나님이 현몽하여 나타나 말씀한 것을 전해 주었다. 소돔과 고모라를 멸망시킨 여호와 하나님이 진노한 것을 두려워했다.

아비멜렉의 속죄

아비멜렉이 종을 보내어 아브라함을 궁전으로 불러들었다. 그리고 아브라함에게 왜 거짓말을 했느냐며 책망했다. 아브라함은 자신이 죽을까 두려워 거짓말했다고 변명했다. 아브라함은 자신만 살려고 아내를 두 번 버렸다.

아비멜렉은 자신의 잘못을 하나님 앞에 속죄했다. 아브라함에게 양과 소와 종들을 이끌어와 아브라함에게 주었다. 잠시나마 자신이 잘못된 행동을 용서해 달라 했다.

사라에게는 은 천 개를 주면서 잘못을 빌었다.

그랄 왕 아비멜렉은 아브라함을 선지자로 인정하고 그랄에서 거주할 수 있도록 거주권을 허락했다(창20:15).

아비멜렉은 조급했다. 아브라함에게 속죄하고 화해를 요청했다. 용서와 화해를 하는 증표로 짐승과 종을 아브라함에게 주어야 했다. 그러한 이유는 하나님이 말씀했다. 아브라함이 너를 위하여 기도하면 하나님이 너를 용서하고 죽지 않게 해 줄 것이다 했다. 그러나 아브람은 아비멜렉을 위하여 기도하지 않았다.

아비멜렉의 심정은 아브라함 같은 하나님의 사람은 함께 할 수 없는 두려운 사람으로 생각했다 그러나 아브라함의 기도를 받지 않으면 자신과 모든 가족이 죽게 된 상황에 처하였다. 아브라함이 마음에는 들지 않지만 자신이 살기 위해서 큰 은혜를 베풀었다. 그랄 왕 아비멜렉은 아브라함에게 말했다. 그의 눈에 보기에 좋은 곳 어디든지 그랄에 거주하도록 허락했다. 아비멜렉은 아브라함이 믿는 여호와 하나님이 두려웠다.

소돔과 고모라를 멸망시켰는데 혹시 그랄도 멸망시키면 어떻게 할까 근심했다. 몇 년 전에 아브라함이 가신들을 이끌고 메소보타미아 연합군을 격멸하고 대승한 그 사건을 기억했다. 아브라함에게 잠재된 엄청난 군사력을 두려워했다. 그리하여 아비멜렉은 자신이 할 수 있는 모든 것을 동원해서 아브라함과 화해를 요청하였다. 그리고 사라에게도 은 일천을 주면서 화해를 요청했다.

그러한 모든 과정을 지켜 본 아브라함은 여호와 하나님께 기도를 했다. 하나님의 진노로 아비멜렉의 가문에 가족과 여종들에게 임한 하나님의 징벌과 재앙이 떠나도록 기도했다. 하나님은 아브라함의 기도를 들으시고 그랄 왕 아비멜렉의 가문에 임한 징벌을 거두어갔다. 그리하여 아비멜렉의 아내와 여종들을 치료하여 주었다(창20:9-18).

아비멜렉은 아브라함이 두려웠다. 아브라함의 배후에는 소돔과 고모라를 멸망시킨 여호와 하나님이 함께함을 보았다. 아비멜렉은 그랄을 지배하며 자신도 다른 신을 믿었다. 그러나 여호와 하나님이 전능하다는 것을 알았다.

아비멜렉은 아브라함의 아내 사라를 아내로 맞이한 것은 어떠한 말을 해도 용서될 수 없는 범죄였다. 그러나 지금까지 아무런 거리낌 없이 그러한 일을 자행하였다. 그런데 아브라함이 믿는 여호와 하나님이 그것이 죄악된 것임을 책망하였다.

"아브라함이 거기서 네게브 땅으로 옮겨가 가데스와 술 사이 그랄에 거
류하며 그의 아내 사라를 자기 누이라 하였으므로 그랄 왕 아비멜렉이 사
람을 보내어 사라를 데려갔더니 그 밤에 하나님이 아비멜렉에게 현몽하시
고 그에게 이르시되 네가 데려간 이 여인으로 말미암아 네가 죽으리니 그
는 남편이 있는 여자임이라"(창20:1-3).

"아브라함이 하나님께 기도하매 하나님이 아비멜렉과 그의 아내와 여종
을 치료하사 출산하게 하셨으니 여호와께서 이왕에 아브라함의 아내 사라
의 일로 아비멜렉의 집의 모든 태를 닫으셨음이더라"(창20:17-18).

21. 사라의 웃음
(창21장)

100년 웃음

아브라함이 블레셋 그랄에서 새롭게 시작된 생활은 순탄치 못했다. 그랄 원주민들의 방해를 많이 받았다. 아브라함의 가문은 하나님이 함께 함으로 날로 창대하였다.

아쉬운 것은 아브라함과 사라의 육체는 자녀를 생산할 능력이 사라졌다. 그러나 언약의 자녀를 준다는 하나님의 약속을 믿었지만 늘 의심했다.

어느 날 99세 아브라함과, 89세 사라가 일상적인 동침을 하였다. 그런데 하나님의 은혜로 기적이 일어났다. 사라가 임신을 했다. 생리적으로 불가능한 일이 일어났다.

임신은 젊은이들에게는 일상이다. 그러나 99세의 노인 아브라함과 89세의 할머니 사라에게 임신은 기적 중에 기적이었다. 사라의 임신 소식은 지역사회에 큰 소문이 되었다. 사람들은 어떻게 89세의 할머니가 임신을 할 수 있는가? 그것은 불가능한 것이라 말했다. 아브라함의 가문에서는 정말 기쁘고 즐거운 경사였다.

아브라함과 사라는 그 얼마나 하나님이 주실 자녀를 기다렸는가? 하나님이 자녀를 주신다는 약속을 믿고 가나안으로 왔다. 그리고 약속을 받은지 25년만의 응답이다.

　아브라함이 여종 하갈을 통하여 이스마엘을 낳은 후 약 14년 만에 사라가 임신을 했다. 얼마 전 헤브론에서 하나님의 사자가 말씀한 것을 기억했다. 1년 후에 사라가 아들을 낳을 것이라는 말씀을 들었다. 그때는 반신반의했다. 그런데 하나님의 사자가 말씀한 것이 현실이 되었다.
　아브라함이 그랄에서 원주민들과 갈등을 겪었지만 사라가 임신한 그 기쁨으로 꿈같은 날을 보내었다.

　아브라함의 나이 100세, 사라의 나이 90세에 사라가 아들을 낳았다. 출생한 후 팔일 만에 할례를 행하였다. 그것은 하나님이 아브라함의 자손에 대한 언약의 표증이다. 아브라함은 아들의 이름을 이삭이라 했다.
　'이삭'의 이름의 뜻은 '웃음'이라는 뜻이다. 아브라함과 사라의 그동안의 자녀가 없는 것 때문에 큰 근심 중에 살았다. 그런데 하나님의 기적으로 이삭을 낳고는 근심이 웃음으로 변했다. 아브라함은 100년 만에 최고의 웃음을 웃었다. 아브라함의 가문에 웃음꽃이 피었다(창 21:1-7).

　이삭이 출생한 이후 아브라함의 집안에는 많은 변화가 있었다. 어린 이삭이 가문의 중심이 되었다. 아브라함이 100세에 얻은 아들, 이삭 보다 소중한 것이 없었다. 사라는 온종일 이삭을 위하여 살았다. 아브라함의 집안은 이삭을 통하여 항상 웃음이 넘쳤다.

왜, 하나님은 일찍 아브라함과 사라에게 이삭을 주시지 않았을까? 그러나 하나님은 하나님이 정한 때, 하나님의 시간에 아브라함에게 이삭을 주었다.

아브라함과 사라는 하나님의 약속을 기다리다 지쳐 불신할 때도 있었다. 그러나 하나님은 아브라함에게 약속한 것을 지켰다. 한때 아브라함과 사라가 하나님의 약속을 불신했다. 그러나 하나님은 하나님이 계획한 것을 이루었다. 아브라함과 사라는 하나님이 성취할 방법과 그 시간은 몰랐다.

하나님은 한번 약속하신 것은 반드시 이루신다. 하나님이 이루실 때까지 믿고 기다린다는 것이 믿음이었다.

이스마엘의 불안

이삭이 출생한 후 아브라함의 집안에는 미묘한 갈등이 일어났다.

하갈과 이스마엘은 신분의 위기를 느꼈다. 아브라함은 이스마엘을 상속자로 생각했다. 이스마엘은 이삭이 출생하기 전까지는 집안에 최고의 사랑과 관심을 받았다.

아브라함은 이스마엘이 여종 하갈을 통하여 낳은 아들이지만 그래도 자신의 아들이었다. 그러므로 아브라함은 이스마엘을 사랑하고 잘 돌보았다. 이스마엘은 아브라함과 가족들로부터 큰 사랑과 관심을 한 몸에 받았는데 이삭이 출생하면서부터 위기를 맞이 했다.

이스마엘은 사라가 임신한 때부터 소외되었다. 모든 관심은 사라가 임신하여 출생한 아이에게 있었다.

사라가 이삭을 낳고 난 후에 집안에 관심은 이삭에게 집중되었다. 아브라함도 이스마엘에게 별 관심이 없었다. 이삭에게 사랑을 주고 관심을 가졌다.

이스마엘과 그의 어머니 하갈의 마음에 일어난 위기의식은 극심한 질투가 되었다. 이삭이 출생하지 않았다면 아브라함의 상속자 후계자는 이스마엘이 된다. 그런데 이삭이 출생함으로 이스마엘은 상속의 서열에서 밀려났다.

이삭이 성장하는 과정에서 이스마엘은 자신의 감정을 통제하기 힘들었다. 사랑을 빼앗긴 마음에서 일어나는 질투심은 생각보다 강하였다. 그리고 이스마엘은 자신이 처한 상황을 보고 절망했다. 그러나 아브라함의 장자로 상속되는 것은 지금 결정할 것이 아니었다. 고통스럽지만 잘 참고 견디기로 했다. 이삭의 신변에 무슨 일이 일어날지 아무도 모른다. 하갈과 이스마엘은 앞으로 일어날 일을 염려하면서 시간 속에 모든 것을 맡겼다.

이스마엘과 이삭의 충돌

이삭이 3살쯤에 젖을 떼고는 가문에 성대한 축하 잔치를 열었다. 아브라함도 사라도 가문의 모두와 그랄 지역의 사람들이 함께 기뻐했다. 모든 사람들이 100세 할아버지와 90세 할머니가 첫아들을 낳았다며 축하했다(창21:1-9).

그 날 잔치 때 이스마엘은 약 17세가 되었다. 이삭은 3살이 되었다. 이스마엘은 17세 소년으로 사춘기에 접어들었다. 이삭이 출생한 후 차별 받은 것을 이삭에게 폭발했다.

"이삭 너만 없다면 내가 이 집안에 상속자가 될 것이다."

이스마엘이 이삭에게 거칠고 도가 넘은 위험수준의 행동을 하였다. 이스마엘의 행동을 목격한 사라는 본능적으로 이삭을 보호했다.

사라는 오랫동안 이스마엘이 이삭을 어떻게 대하는가를 지켜보았다. 사라는 이스마엘이 이삭의 생명에 위협을 줄 수 있다 판단했다. 이삭을 낳은 사라가 다시 아기를 낳는다는 것은 불가능한 것이다. 사라의 본능적인 모성애는 이삭을 보호하기 위해서는 무슨 일이라도 할 수 있는 처지였다. 그러므로 이삭을 희롱하는 이스마엘의 행동을 묵과할 수 없었다. 그리하여 아브라함에게 요청을 했다.

"이 여종의 하갈의 아들 이스마엘은 내 아들 이삭과 함께 당신의 상속자가 될 수 없습니다. 이삭의 생명을 보호하기 위해서는 반드시 이스마엘과 어머니 하갈을 집에서 추방해야 합니다." (창21:9-10)

사라의 결단은 단호했다. 이스마엘의 출생의 원인은 사라에게 있지 않는가? 사라는 자신이 아기를 낳지 못함으로 몸종 하갈을 통하여 아브라함의 자식을 낳아 사라의 아들로 하려 했다.

이제 사라가 이삭을 낳았다. 종 하갈과 이스마엘이 이삭의 앞날에 걸림돌이 될 것을 염려했다. 그리하여 이스마엘과 하갈을 집에서 즉시 추방하라고 아브라함에게 말하였다. 사라의 요구는 단호했다. 한 치의 양보할 생각도 없으며 두 번 다시 거론할 것이 아니라 했다. 아브라함에게는 아들 이스마엘과 하갈에 대한 처분에 대한 문제를 해결할 숙제가 생겼다.

아브라함의 근심 (창21:11-14)

이삭을 위한 성대한 잔치는 끝났다. 늦은 저녁 모두 자신의 처소로 들어갔다. 밤하늘의 별들만 총총 빛나고 있다. 아브라함은 아들, 이삭과 이스마엘을 생각하며 근심했다.

이스마엘이 비록 종인 하갈의 몸에서 출생했지만 아브라함이 낳은 친 아들이다. 한때 이스마엘을 자신의 상속자로 생각했다. 그런데 이삭이 출생한 후 3년 동안은 이스마엘을 잘 돌봐주지 못했다. 오늘 이스마엘의 행동을 보면 앞으로 더욱 심각한 문제가 발생할 것을 예상했다. 아브라함은 사라의 말대로 쉽게 결정할 수 없었다. 아브라함은 고민 중에 밤하늘에 별들을 바라보며 하나님께 기도했다. 이 문제를 어떻게 해결해야 할지 하나님의 지혜를 구하였다. 그때 하나님이 아브라함에게 나타나 말씀하셨다.

"사라의 말대로 이스마엘과 그 어머니 하갈을 집에서 내어 보내라. 이스마엘도 너의 자식이다. 나 여호와가 그에게도 복을 주어 한 민족을 이루게 복을 줄 것이다. 그러니 염려하지 말라"(창21:11-13).

아브라함은 하나님의 음성을 듣고 아침 일찍 일어났다. 아브라함은 지난밤에 여호와 하나님께서 말씀하신 것을 다시 생각했다. 이스마엘에게 아버지로서 냉정한 결정을 한 것이 마음이 아팠다. 그러나 하나님의 뜻을 따르기로 했다. 그리고 이스마엘을 통하여 한 민족 족속을 이루게 하시는 하나님의 계획을 들었다.

이스마엘과 하갈에게 여비와 떡과 물 한 가죽부대를 주고 집에서 내어 보내었다. 이스마엘과 하갈도 눈물을 흘리며 아브라함의 집을 떠났다. 아브라함은 이스마엘에게 어떠한 재산도 주지 않았다. 아브라함은 눈물을 흘리면서 떠나가는 이스마엘에게 축복을 빌었다. 하나님의 계획으로 한 민족 족속을 이룰 것임을 말했다. 이스마엘이 17세에 아브라함을 떠났다. 아브라함에게는 정말 가슴 아픈 일이었다. 인간적으로는 함께 하기를 원하지만 하나님의 뜻은 이스마엘을 떠나보내는 것이다. 그리하여 하나님의 뜻에 순종했다. 이스마엘이 어디를 가든지 여호와 하나님이 함께하며 인도해 줄 것을 믿고 기도했다.

하갈의 눈물 기도 (창21:14-21절)

하갈은 18년 전 이스마엘을 임신하였을 때 주인 사라를 멸시했다. 하갈이 사라의 박해를 받아 아브라함의 집에서 도망친 적이 있다.

광야에서 통곡하며 눈물을 흘리고 있을 그때, 주인 아브라함이 믿는 여호와의 사자를 만났다. 그가 말하기를 지금 속히 집으로 돌아가 사라에게 복종하라 했다. 그리고 자신이 임신한 아기는 장차 크게 번성하여 그 수가 많아 셀 수 없을 것이라 약속했다. 그 약속을 믿고 아브라함의 집으로 다시 들어갔다.

그런데 18년 후에 오늘은 아들 이스마엘과 함께 다시 추방을 당했다. 이제는 재산도 없고 돌봐주는 사람도 없었다. 아들과 자신뿐이다. 하갈은 자신의 고향 이집트로 돌아가기로 결심했다.

그랄에서 출발하여 이집트로 이틀 길을 걸어서 약 50km 쯤 왔다. 그런데 길을 잘못 들어 브엘세바 광야에서 방황했다. 가져온 떡은 다 먹었다. 마지막 물 한 방울까지 다 마셨다. 브엘세바 광야의 작열하는 햇살에 하갈과 이스마엘은 갈증을 느끼며 죽어 갔다.

하갈은 이스마엘을 나무 그늘에 눕혔다. 그리고 물을 찾아 나섰으나 어디에도 물이 없었다.

하갈은 물을 찾다가 지쳤다. 저 멀리 약 250미터쯤에 이스마엘은 탈 수증으로 지쳐 죽어가고 있었다. 하갈은 태양이 작열하는 광야에서 그냥 주저 않았다. 마실 물이 없어 죽어가는 이스마엘을 바라보며 통곡했다. 그리고 여호와 하나님께 기도했다(창21:16-21).

"하나님, 내 아들 이스마엘을 살려 주세요."

하갈은 절규의 기도를 드렸다. 하갈이 아브라함의 집으로 온지 약 24년이 지났다. 그동안 주인 아브라함이 믿는 여호와 하나님을 믿고 섬겼다. 하갈은 아브라함이 위기를 당할 때마다 하나님이 역사하는 것을 보았다. 그러므로 광야에서 목말라 죽어가는 상황에서 유일한 방법은 아브라함의 하나님께 기도하는 것 뿐이었다.

이스마엘은 아브라함의 아들로 사랑을 받았다. 그리고 여호와 하나님을 믿는 믿음을 어릴 때부터 배웠다. 아버지 아브라함으로부터 많은 사랑을 받았다. 그리고 아버지 아브라함이 가정의 모든 남자들이 할례를 행하라 할 때 이스마엘의 나이 13세에 할례도 받았다(창17:25-26). 그러므로 이스마엘도 하나님을 믿는 믿음을 가지고 있었다. 광야에서 목말라 죽어가는 고통 앞에서 이스마엘과 하나님께 기도했다.

"나의 아버지 아브라함이 믿는 여호와 하나님, 나에게 마실 물을 주시고 나를 지켜 보호해 주세요."

브엘셀바 광야에서 하갈과 이스마엘의 기도를 여호와 하나님이 들으시고 응답했다.

"여호와 하나님이 그 어린 아이 이스마엘의 기도 소리를 들으셨으므로 하나님의 사자가 하늘에서부터 하갈을 불러 이르시되 하갈아 무슨 일이냐 두려워하지 말라 하나님이 저기 있는 아이의 소리를 들으셨느니라. 하갈아 일어나 아이 이스마엘을 일으켜 네 손으로 붙들라 그가 큰 민족을 이루게 하리라 하시니라 하나님이 하갈의 눈을 밝히셨으므로 샘물을 보고 가서 가죽부대에 물을 채워다가 그 아이에게 마시게 하였더라"(창 21:17-19).

아버지 아브라함의 집에서 추방당한 이스마엘이 브엘셀바 광야에서 죽음을 앞두고 여호와 하나님께 기도한 것이 응답되었다. 여호와의 사자가 허탈하고 절망적인 하갈에게 말씀했다. 미래에 주어질 하나님의 복에 대하여 말씀했다. 현재 필요한 샘물을 눈을 열어 보게 하셨다. 하갈은 가죽부대에 샘물을 채워서 이스마엘에게 달려가 마시게 했다.

브엘셀바에서 이스마엘과 하갈은 아브라함의 여호와 하나님이 살아 계신 것을 경험했다. 그들이 위기에 처할 때 여호와 하나님께 기도하면 응답한다는 확신을 가졌다. 비록 아브라함의 집에서 추방을 당하였을지라도 아브라함이 믿는 여호와 하나님이 자신과 함께 함을 확신했다.

그 후 이스마엘에게 여호와 하나님이 함께 하였다(창21:20). 이스마엘은 성장하면서 하나님의 인도를 받아 바란에 거주하였다.

바란은 동쪽으로는 아라비아, 서쪽 방향은 이집트와 인접했다. 사람이 거주하기 힘겨운 바란에서, 이스마엘은 성장하면서 아버지 아브라함과 이삭과 소식을 주고받으며 살았다.

이스마엘이 장성하여 결혼할 때가 되었다. 어머니 하갈은 이집트에서 신부를 구하여 이스마엘이 결혼을 하였다.

이스마엘은 아브라함을 떠날 때 나이 17세였다. 그 후 이스마엘은 한 가문을 이룬 족장이 되었다. 아버지 아브라함과 교류를 하다가 아브라함이 175세에 세상을 떠났다. 그때 이스마엘의 나이 90세였다. 이삭과 함께 아버지 아브라함을 막벨라 굴에 함께 장례식을 하였다(창 25:7-10).

브엘셀바에서 심은 에셀나무(창21:22-34)

아브라함은 이삭을 위하여 아들 이스마엘을 집에서 내어 보낸 이후 마음에 무거운 짐을 지고 살았다. 비록 종 하갈을 통하여 낳은 아들이지만 자신의 아들이다. 그러나 하나님이 보내라고 하심으로 이스마엘과 하갈을 아무런 대책 없이 일방적으로 보내었다. 아브라함은 이스마엘과 하갈에 대한 염려를 항상 하였다. 그리고 기도할 때마다 하나님께서 약속대로 보살펴 줄 것을 구하였다.

4년 전에 아브라함은 헤브론에서 그랄로 이주할 때 그랄왕 아비멜렉은 사라를 자신의 후궁으로 삼겠다며 빼앗아 갔다. 당시 아비멜렉의 권세를 당할 자가 없었다.

하나님이 아비멜렉에게 현몽하여 사라를 돌려보내라고 명령했다. 아비멜렉은 즉시 하나님 말씀에 순종했다. 그리고 아브라함에게 그랄에 거주하도록 허락을 했다. 그때 아비멜렉은 강했고 아브라함은 약했다.

그리고 4년이 지난 후 하나님은 아브라함에게 창대한 복을 주었다. 주변 부족들과 권세자들은 아브라함이 번성하는 것을 보고 시기하면서 한편으로는 심히 두려워했다.

그랄 주민들은 아브라함이 우물을 파면 메꾸어 버렸다. 어떻게 하든지 아브라함을 그랄에서 추방하려 했다. 아브라함은 분쟁을 피하여 그랄에서 브엘세바로 이주를 했다. 그러나 아브라함은 이주하는 곳에서 점점 강하고 부유했다.

그랄 왕 아비멜렉은 아브라함에 대하여 위기의식을 가졌다. 아브라함이 자신들을 침공한다면 어떻게 될까를 생각했다. 과거 아브라함이 메소보타미아 연합 군대를 물리치고 소돔 사람들을 구한 사건을 기억하고 있었다. 그러므로 아비멜렉은 아브라함에게 진멸당할 것을 두려워했다.

그랄 왕 아비멜렉이 아브라함을 무시할 수 없는 존재로 인정했다. 아비멜렉과 군대장관 비골이 브엘세바에 거주하는 아브라함을 찾아 왔다. 서로 영구적으로 상호 불가침 조약을 맺자 제안했다.

그랄 왕 아비멜렉은 아브라함이 점점 강성함으로 후일에 자신을 지배할 수 있는 날이 올 수 있다 고 생각했다. 사전에 협상을 통하여 문제를 막아보려 했다. 그리하여 아브라함을 찾아와서 협상을 재안했다. 그러나 협상의 주도권은 아브라함에게 있었다. 아브라함은 아비멜렉 왕을 심하게 책망했다. 아브라함이 판 우물을 그랄 사람들이 메꾸며 빼앗앗다. 아비멜렉은 자신은 모르는 일이라고 발뺌을 했다.

아비멜렉은 아브라함의 후손들의 충돌을 피하기 위해서 맹세의 언약을 요구했다. 아브라함이 양과 소를 아비멜렉에게 주며 서로 맹세했다. 그리고 일곱 암양 새끼를 아비멜렉에게 주면서 아브라함의 소유 일곱 우물에 대한 소유권이 아브라함에게 있음을 확정했다. 아비멜렉은 아브라함의 요구를 인정하고 맹세한 후에 자신의 땅 블레셋으로 돌아갔다.

아브라함이 맹세한 그곳 이름을 브엘세바라 명했다. 브엘세바는 '일곱 우물'이라는 뜻이다 아브라함은 그곳에 상록수 에셀나무를 기념으로 심었다. 이삭이 장성 할 때까지 거기에 머물렀다. 아브라함이 심은 에셀나무도 푸르게 성장하였다(창21:22-34).

"여호와께서 말씀하신 대로 사라를 돌보셨고 여호와께서 말씀하신 대로 사라에게 행하셨으므로 사라가 임신하고 하나님이 말씀하신 시기가 되어 노년의 아브라함에게 아들을 낳으니 아브라함이 그에게 태어난 아들 곧 사라가 자기에게 낳은 아들을 이름하여 이삭이라 하였고 그 아들 이삭이 난 지 팔 일 만에 그가 하나님이 명령하신 대로 할례를 행하였더라 아브라함이 그의 아들 이삭이 그에게 태어날 때에 백세라, 사라가 이르되 하나님이 나를 웃게 하시니 듣는 자가 다 나와 함께 웃으리로다, 또 이르되 사라가 자식들을 젖먹이겠다고 누가 아브라함에게 말하였으리요마는 아브라함의 노경에 내가 아들을 낳았도다 하니라"(창 21:1-7).

22. 마지막 비밀 여행
(창22장)

하나님을 버린 아브라함

아브라함이 가나안 땅에 이주한지 25년 만에 하나님이 이삭을 주셨다. 그때가 아브라함의 나이 100세, 사라의 나이 90세였다. 아브라함에게는 부족한 것이 없었다. 하나님이 모든 것을 주셨다. 물질의 복과 주변으로부터 존경과 명성도 얻었다. 자녀의 복도 받았다. 더 이상 복을 구할 것도 없고 받을 것이 없는 행복한 사람이 되었다.

아브라함은 이삭이 출생한 이후 생각과 행동이 변했다. 아브라함은 오직 이삭을 위해 살았다. 이삭이 성장하는 과정에서 이스마엘과 하갈이 장애가 되었다. 아브라함은 단호하게 그들을 집 밖으로 추방했다.

아브라함은 하나님의 부름을 받은 이후 이삭을 낳을 때까지는 하나님을 위하여 살았다. 그리고 이삭을 낳은 이후부터는 이삭을 위하여 약 25년을 살았다. 그러므로 아브라함은 하나님을 찾지 않았다. 이제 하나님으로부터 더 이상 받을 것이 없었다. 이미 물질의 복은 그랄 왕 아비멜렉이 시기할 정도로 받았다. 나이도 125세를 넘겼다. 살 만큼 살았다. 지금 죽는다 해도 아쉬움이 없었다. 그러므로 이제는 하나님 앞에 특별히 기도하여 응답받을 것도 없었다. 부족하여 하나님께 구할 것이 없었다. 아브라함의 일생에서 가장 평안하고 행복한 날들을 보내었다.

아브라함의 믿음은 점점 관념적 신앙으로 흘러갔다. 이미 주신 현실에 복을 누리는 것으로 만족했다. 아브라함과 사라의 인생 최고의 기쁨은 이삭이었다. 그러한 생활이 이십오 년쯤 하였다. 이삭을 낳은 이후 여호와 하나님은 아브라함에게 이스마엘을 집에서 보내라고 하신 이후에 나타나 말씀하지 않았다. 길고 긴 여호와 하나님의 침묵이 약 25년 동안 계속되었다. 그런데 어느 날 여호와 하나님이 아브라함에게 나타나서 말씀했다. 그 말씀은 아브라함의 일생에 가장 충격적인 말씀이었다.

"그 일 후에 하나님이 아브라함을 시험하시려고 그를 부르시되 아브라함아 하시니 그가 이르되 내가 여기 있나이다. 여호와께서 이르시되 네 아들 네 사랑하는 독자 이삭을 데리고 모리아 땅으로 가서 내가 네게 일러 준 한 산 거기서 그를 번제로 드리라"(창22:1-2).

25년 만에 아브라함에게 나타나신 여호와 하나님은 아브라함에게 간단하게 말씀하고 사라졌다.

아브라함은 여호와 하나님이 말씀하신 것을 듣고 말할 수 없는 충격을 받았다. 사라에게는 하나님이 말씀하신 것을 말하지 못했다.

아브라함은 심히 괴롭고 답답했다. 왜, 이삭을 바쳐야 하는지 이유를 말씀하지 않았다. 하나님의 뜻을 알아야 순종하지 않는가?

왜, 저 멀리 모리아 땅으로 가서 바치라고 하는지도 말씀하지 않았다. 굳이 저 멀리 모리아 산까지 가야 하는가? 가까운 곳에서도 드릴 수 있지 않는가?

왜, 100세에 아들을 주시고 이제 아들을 번제로 드리라는 이유를 말씀하지 않았다. 자식을 제물로 바치는 것은 이방 가나안 사람들이 행하는 악한 풍습이 아닌가? 그런데 어찌하여 하나님이 이삭을 바치라고 하는가? 이삭을 번제로 드리면 복을 받는 것이 아니라 그 행위 자체가 저주가 되지 않는가? 이삭을 드리지 않으면 어떠한 형벌을 내린다는 말씀도 없었다. 순종하지 않아도 하나님이 책임을 묻지 않는다는 뜻인가? 평화로운 생활을 하는 아브라함에게 여호와 하나님이 혜성 같이 나타나서 말씀하시고 바람 같이 사라졌다.

근심과 괴로움의 하루 밤

밤은 깊어가고 하늘에 별빛만 반짝인다. 어둠 속에 적막만 흐르고 있다. 하나님의 말씀이 분명하다. 그렇다고 누구와 상담을 하여 결정할 일이 아니다.

하나님의 명령을 거부하면 어떻게 될까? 아내 사라와 의논을 한다면 사라는 반대할 것이다. 어쩌면 사라는 남편 죽이고 아들 이삭을 택할 것이다.

아브라함은 이스마엘을 집에서 추방한 그때를 기억했다. 이삭을 위해서라면 생명을 바칠 행동을 주저하지 않는 사라에게는 비밀에 부치는 것이 좋을 듯했다.

하나님으로부터 받은 말씀을 가족들에게 말하면 이해해 줄 사람이 없다. 만약에 가족이 그 사실을 알게 된다면 아브라함은 죽거나 아니면 감금시킬 것이다. 일백십 칠 세 넘은 노인의 정신병이나 치매현상으로 받아들일 것이다.

 아브라함에게 가장 중요한 것이 이삭이다. 이삭이 없다면 아브라함의 가문은 없는 것과 같다. 하갈을 통하여 출생한 이스마엘은 집에서 추방한지 오래 되었다. 아브라함은 이삭이 자신의 뜻을 따라서 모리아 산으로 갈지 모를 일이다. 그리고 어떻게 아들을 잡아서 하나님께 바칠 수 있는가도 문제다. 유목생활을 하면서 많은 짐승을 잡았다. 그러나 사람을 죽이는 것은 전쟁 때만 가능한 일이었다. 하물며 평화로운 집안에서 아들을 잡아 하나님께 바친다는 것은 주변 사람들이 이해할 수 없는 짓이 된다.

 그날 밤은 더욱 어두웠다. 하늘에 별빛은 빛나고 떨어진 유성을 바라보는 마음은 길을 잃었다. 어떻게 해야 할지 밤을 새우며 고민을 했다. 일생 중에 가장 외롭고 고독했다. 어떻게 할 것인지 결정하기 힘겨웠다.
 "왜, 하나님 이삭을 바쳐야 합니까?"
 "이스마엘을 바치면 안 됩니까?"
 이스마엘은 14년 전에 이미 추방하였다. 이스마엘을 드리라 해도 드릴 수 없는 상황이 되었다.
 하나님이 사라를 통하여 아들을 주신다 했다. 그 아들 이삭을 하나님이 번제로 드리면 언약의 자손은 누가 되는 것일까? 하나님께서 아들을 주시고, 아들을 번제로 드리라는 것은 무슨 이유가 있을 것이다. 그러나 알 수 없다. 하나님이 이유를 말하지 않았다. 요구만 말씀했다.

아브람은 잠을 잘 수 없었다. 이삭을 낳은 과정을 생각했다. 아들을 낳을 수 없는 불가능한 상태에서 아들을 주셨다. 그러하다면 하나님이 죽은 자를 다시 살릴 수 있는 능력이 있지 않은가? 그러나 하나님이 그렇게까지 할 수 있을까?

애석한 것은 이삭이 결혼을 하여 자식이 있다면 순종할 수 있다. 그러나 이삭은 이제 25살이 되었다. 자식도 없다. 하나님이 사라를 통하여 주신다는 약속은 거짓이었을까? 이삭이 죽으면 하나님의 복의 약속은 취소되는가? 그렇다면 하나님의 말씀만 믿고 가나안 땅에 와서 살아온 세월이 다 헛된 것이 아닌가? 아브라함에게 17세 된 아들을 번제로 드린다는 것은 불가능에 가까운 것이다.

삼 일 비밀 여행

아브라함은 새벽 일찍 일어났다. 하나님이 말씀하신 대로 이삭을 번제로 드리기로 결심했다. 그 마음과 생각이 흔들리지 않기 위해서 새벽부터 준비했다. 가족들과 얼굴을 대면하기 전에 이른 새벽에 출발하기로 했다.

충성된 종들을 깨워서 은밀하게 나귀와 장작나무와 횃불과 칼을 준비하라 했다. 새벽잠을 자는 이삭을 깨웠다. 그리고는 하나님께 제사를 지내려 가니까 동행하라 했다. 이삭은 아브라함의 말에 순종하여 일어나서 준비를 했다.

아브라함이 사라에게 말했다. 이삭과 함께 모리아 땅으로 가서 하나님께 번제를 드리고 돌아 오겠다 했다.

그런데 이삭은 돌아오지 못할 것이다. 이삭과 사라가 영영 이별하는 순간이지만 서로는 알지 못했다. 후일에 사라가 알게 되면 어떠한 반응을 할까? 얼마나 원망할까?

아버지가 아들을 죽여 하나님께 바친 것을 어떻게 이해하겠는가? 분명 미친 행동으로 인정하고 죽일지도 모를 일이다. 아브라함은 마음에 일어나는 수많은 상상과 갈등에서 벗어나기 위해서 일찍 모리아 산을 향하여 출발했다.

브엘세바에서 모리아 땅 그 산까지는 80km이다. 이제 아브라함은 125세가 되어 체력의 한계를 느꼈다. 사흘 길은 가야만 모리아 땅에 도착한다. 그리고 하나님이 명령한 산으로 올라가야 한다. 결코 쉬운 길이 아니다.

아브라함은 잠잠히 길을 걸었다. 갈등과 괴로움의 늪으로 빠져 들어갈 때 생각을 바꾸었다. 그동안 하나님이 자신에게 주신 은혜와 복을 감사할 것을 찾았다.

하나님이 노년에 이삭을 주셔서 짧은 25년 동안 행복했다. 하나님은 언제나 좋은 것을 주셨다. 위기에 처할 때마다 하나님은 보호해 주셨다. 모든 대적을 하나님이 물리쳐 주었다. 그러나 이번에는 하나님이 잔인한 고통과 괴로움을 주셨다. 순종할 수 없는 일을 행하라 하신다. 그런데 아브라함은 하나님 앞에 어떻게 살았는지 돌아보았다. 특별히 이삭을 낳은 이후에 삶은 정말 행복했다. 그러나 자신의 생활에 하나님이 사라진 것을 그때야 알았다. 이삭을 너무 사랑하여 하나님을 잠시 잃어버렸다. 아브라함의 현재 상태는 하나님 없이 살 수는 있어도, 이삭 없으면 살 수 없는 삶을 살고 있었다. 그런데 하나님은 이삭을 바치라고 한다.

아브라함은 믿음의 본질을 생각했다. 하나님과 자신의 관계를 점검했다. 그러했다. 이삭 없이 100년을 살았다. 잠시 이삭을 주셔 17년을 꿈 같이 행복한 날을 보내었다.

이제 사흘이 지나면 그 행복은 사라질 것이다. 그래도 하나님만 있다면 살 수 있을 것이다. 그동안 하나님의 전능하신 능력을 경험했다.

아브라함은 이삭을 바치라는 하나님의 깊은 뜻을 다 이해할 수는 없었다. 그러나 지난 날 자신을 인도하신 하나님의 깊은 은혜와 권능을 생각했다. 그러므로 자신이 생각할 수 없는 하나님의 역사가 있을 것을 믿었다. 그것이 무엇인지는 모르지만, 하나님의 특별한 계획과 인도하심이 있을 것을 믿었다. 그러한 하나님의 역사가 없다고 해도 하나님의 뜻에 순종하는 것으로 자족하려 했다.

아브라함은 함께 동행하는 이삭을 보았다. 가슴이 찡하며 괴로움이 왔다. 사랑하는 이삭과 하나님의 명령 사이에 있는 자신을 발견했다.

아브라함은 사흘 동안 이삭과 함께 걸으면서 여호와 하나님이 지금까지 인도하심과 지켜주심과, 복을 주심에 대하여 말했다. 아브라함은 이삭과 진지하고도 깊은 대화를 했다. 아브라함이 믿는 여호와 하나님의 전능하심과 언약에 대하여 아브라함은 이삭에게 간증을 했다.

특별히 여호와 하나님이 자신을 부르신 목적은 열국의 아버지로 불러서 많은 민족을 형성하며 믿음의 조상이 될 것을 언약함을 말했다. 이스마엘이 출생한 과정과 집에서 추방하게 된 사연도 이삭에게 말해 주었다.

이삭이 출생하게 된 과정도 소상하게 말해 주었다. 그동안 하나님이 어떻게 복을 주셨는지 설명했다.

이삭은 아버지가 말하는 여호와 하나님을 전적으로 믿고 의지했다. 그리고 순수하게 여호와 하나님의 복을 받고 싶다 했다. 아버지와 함께 한 하나님이 자신과도 함께하여 그 복을 상속받겠다 했다. 그렇게 아브라함과 이삭과 친밀한 대화는 모리아 산에 도착할 때까지 3일 동안 계속되었다.

브엘세바에서 출발한지 사흘째 되었다. 하나님이 명령하신 모리아 산이 멀리 보였다. 아브라함은 함께 동행한 종들과 나귀는 산 아래에 머물게 했다. 아브라함은 이삭을 제물로 바치려 할 때 방해되는 것을 사전에 정리했다. 이삭을 제물로 바치려 할 때 종들은 방해자가 될 것이다(창22:3-5).

아브라함과 이삭의 마지막 순종

아브라함은 이삭에게 나귀에 싣고 온 장작을 등에 지게 했다. 함께 온 종들은 산 아래에 머물도록 했다.

아브라함은 한 손에 칼을 잡고 한 손에는 횃불을 들었다. 그리고 험한 산길을 따라 올라갔다. 모리아 산으로 올라가는 길은 힘겨운 산길이었다. 무엇보다 아브라함의 마음에 표현할 수 없는 괴로움이 뭉쳐 있었다, 이삭에 대한 사랑하는 마음은 불같이 일어났다.

이삭이 아브라함에게 질문을 했다.

"아버지 번제에 사용할 장작도 있고 짐승을 잡을 칼도 있고 횃불도 있습니다. 가장 중요한 제물이 없습니다."

"이삭아, 여호와 하나님이 번제할 양은 친히 준비하실 것이다."(창

22:7-8).

이삭의 말을 들은 아브라함은 깊은 한숨을 내쉬었다. 아브라함은 순수한 이삭의 마음을 보았다.

하나님은 이삭을 번제물로 사용하기 위해서 17년 전에 이미 준비하셨다. 그리고 오늘 때가 됨으로 모리아 산에 가서 바쳐라 하셨다. 아브라함은 이삭이 번제물이라는 것을 하나님이 알려 주었다. 그러나 이삭은 자신이 번제물임을 알지 못했다. 아브라함의 마음은 무엇으로 표현할 수 없는 고통이 밀려왔다.

모리아 땅에 있는 한 산에는 몇 개의 봉우리가 있었다. 그 중에 한 봉우리에 구름이 깔려 있었다. 그곳이 여호와 하나님이 명령한 곳이었다.

아브라함은 아무 말이 없었다. 이삭과 한 장소를 정했다. 횃불과 장작을 내려 두었다. 그리고 아브라함과 이삭은 주변에 흩어져 있는 돌로 제단을 조용히 쌓아 올렸다. 그리고 이삭이 가져온 장작도 불이 잘 타오르도록 차곡차곡 쌓아 올렸다. 아브라함과 이삭은 하나님 앞에 번제를 드릴 모든 준비가 되었다.

아브라함은 하나님께 침묵 기도했다.

"하나님 내 마음이 흔들리지 않게 해 주시옵소서. 그리고 이삭이 순순히 하나님의 뜻을 따르게 해 주시옵소서"

아브라함은 마음속으로 생각했다. 이제 마지막 남은 일은 아들 이삭을 결박하고, 돌 제단 위에 올려놓고 칼로 심장을 찔러 고통 없이 죽여야 한다. 그리고 제단 위에 불을 붙여 태워야 한다. 가장 힘든 마지막 순종이 남았다.

모든 준비를 다하고 아브라함이 이삭에게 말했다. 아브라함은 이삭에게 하나님의 뜻을 조용히 설명했다.

여호와 하나님이 사흘 전에 나타나 모리아 땅으로 가서 하나님이 정한 이곳에서 이삭 너를 번제물로 드리라고 말씀한 것을 말했다. 그리하여 이곳 모리아 산으로 온 목적을 말했다. 그리고 번제물은 이삭이 됨을 말했다.

아브라함은 이삭에게 말했다.

"나는 지금까지 여호와 하나님의 말씀에 순종하며 살았다. 그리고 그때마다 하나님은 복을 주시며 지켜 인도하였다. 그러므로 이번에도 하나님의 말씀에 순종하여 너, 이삭을 하나님께 번제물로 드리기를 원한다. 그러니 이삭, 너도 하나님의 뜻에 순종하여 번제물이 스스로 되는 것이 좋겠다."

이삭이 아버지 아브라함의 말을 듣고 대답을 했다.

"하나님의 뜻대로 번제물이 되겠습니다. 그리고 아버지가 믿는 여호와 하나님을 나도 믿으며 하나님의 뜻에 순종하겠습니다"

아브라함은 천천히 이삭을 결박했다. 이삭은 아버지가 자신을 결박할 때 저항하지 않았다. 아버지를 힘들게 하지 않게 하기 위하여 스스로 돌 제단 위 장작 위로 올라가서 반듯하게 누웠다. 그리고 아버지를 바라보면서 아버지의 마음이 흔들릴까 봐서 두 눈을 지그시 감았다.

아브라함은 하나님의 말씀을 순종하는 믿음과 자식을 사랑하는 마음이 충돌했다. 아브라함은 자신의 믿음이 흔들리지 않기 위해서 신속하게 이삭을 번제로 드리기 위해서 두 손으로 칼을 잡고 높이 쳐들었다. 단숨에 심장을 찔러서 동맥을 끊어야 한다. 그래야만 고통 없이 죽게 된다.

아브라함은 있는 힘을 다하여 칼을 잡고 이삭의 심장을 내려쳤다.

그 순간 여호와의 사자가 나타나서 아브라함의 손을 잡았다. 그리고 아브라함에게 말씀했다.

"아브라함아 아브라함아 너의 아들 이삭에게 손을 대지 마라 이삭에게 아무 일도 행하지 마라, 아브라함아 내가 너를 시험하기 위하여 너의 독자 이삭을 바치라 했다. 그런데 너는 독자 이삭을 아끼지 아니하고 이미 나에게 바쳤다. 그러므로 내가 이제야 네가 여호와 하나님을 경외하는 것을 알았다"(창22:8-12).

아브라함은 두 손에 잡고 있는 칼을 들고 얼어붙은 듯이 정지되었다. 하나님의 음성을 듣고 아브라함은 뜨거운 눈물을 흘렸다. 그리고 이삭은 제단 위에 누워 여호와 하나님의 사자와 아버지 아브라함과의 대화를 들었다. 이삭은 살아 계시는 여호와 하나님의 음성을 처음 들었다. 아버지로부터 듣기만 한 여호와 하나님의 음성을 듣고 하나님의 역사를 보았다.

아브라함은 그때야 깨달았다. 왜, 하나님이 이삭을 바치라 한 것인지 알았다. 하나님을 버리고 이삭만 사랑한 것을 후회했다. 그래서 이러한 시험이 있었다는 것을 깨달았다. 아브라함은 하나님을 잊어버리고 아들 이삭만 사랑하고 생각한 것을 회개했다.

순종하는 자에게만 있는 여호와 이레

여호와 하나님이 아브라함의 눈을 열어 주셨다. 수풀 속에 숫양 한 마리가 뿔이 수풀에 걸려 있었다. 하나님께서 말씀했다.

"아브라함아, 너를 위하여 이삭을 대신하여 제물을 준비하였다. 저 숫양을 번제물로 드려라."

아브라함은 신속히 달려가 숫양을 끌고 왔다. 그리고 제단 위에 있는 이삭을 결박한 줄을 풀어 주었다. 아브라함과 이삭은 여호와 하나님께 감사의 기도를 드렸다. 그리고 숫양을 제단 위에 올렸다. 아브라함이 준비한 칼로 숫양을 잡았다. 제단 위에 붉은 피가 흘려 내렸다. 아브라함은 준비해온 횃불을 장작 밑으로 넣었다. 장작이 불타올랐다. 이삭을 대신한 숫양은 온전한 제물이 되어 불타올랐고 연기로 사라지고 검은 재로 남았다. 하나님이 명령한대로 다 순종한 이후 아브라함은 그 곳을 "여호와 이레"라 했다(창22:14).

그 이유는 네 가지였다.

첫째는 그곳 산에 여호와 하나님이 임재 하셨다.

둘째는 여호와 하나님이 제물을 준비하셨다.

셋째는 하나님이 이삭의 생명을 대신하여 준비한 숫양으로 번제를 드렸다.

넷째는 하나님이 준비한 깊은 은혜를 경험했다.

아브라함과 이삭이 행하는 모든 과정을 여호와 하나님이 지켜보시고 계셨다. 하나님께서 아브라함의 믿음을 그때에야 인정을 했다.

하나님의 음성을 들은 이삭

여호와의 사자가 다시 나타났다. 하나님의 명령에 온전히 순종한 아브라함에게 복을 주셨다.

"이르시되 여호와께서 이르시기를 내가 나를 가리켜 맹세하노니 네가 이같이 행하여 네 아들 네 독자 이삭도 아끼지 아니하였은즉 내가 네게 큰 복을 주고 네 씨가 크게 번성하여 하늘의 별과 같고 바닷가의 모래와 같게 하리니 네 씨가 그 대적의 성문을 차지하리라, 또 네 씨로 말미암아 천하 만민이 복을 받으리니 이는 네가 나의 말을 준행하였음이니라 하셨다 하니라"(창22:16-18).

하나님이 아브라함에게 말씀할 때에 이삭은 옆에서 듣고 있었다. 여호와 하나님은 아브라함이 어떻게 순종하는가 모든 과정을 지켜보셨다. 이삭이 어떻게 행동하는지도 지켜보셨다. 그리고 아브라함의 믿음과 이삭의 순종을 보신 하나님은 기뻐하셨다. 그리고 믿음으로 순종하는 아브라함의 믿음과 이삭의 순종하는 믿음을 인정하셨다. 그리고 하나님은 아브라함에게 이삭에게 복을 주셨다.

이삭은 처음 하나님의 음성을 들었다. 그리고 하나님이 자신에게 주실 엄청난 복을 받았다. 하나님 앞에 한번 순종함으로 영원한 복을 받았다.
아브라함과 이삭은 모리아 땅에서 살아계신 하나님을 경험했다. 하나님 앞에 온전한 희생의 제물을 드린 이후 아브라함과 이삭은 산 아래로 내려 왔다.
그리고 아브라함과 이삭은 산 위에서 어떠한 일이 일어났는지에 대하여 비밀에 부쳤다. 산 아래 기다리고 있는 종들에게도 아무런 말을 하지 않았다. 그것은 하나님의 은혜가 너무 큰 것이다. 그리고 하나님의 역사로 이루어진 일련의 일들을 말해도 이해하지 못하고 믿지 못하기 때문이다.

아브라함과 이삭은 산 아래 종들과 함께 다시 브엘셀바로 향하여 3일간의 여행을 시작했다. 아브라함과 이삭은 집으로 돌아오는 3일 동안 전능하신 하님에 대하여 많은 대화를 하였다. 그리고 아브라함은 하나님이 자신과 후손들에게 주시는 엄청난 복과 약속에 대하여 이삭에게 말했다. 이삭은 아버지로부터 여호와 하나님의 복과 언약에 대하여 듣고 믿음을 가졌다.

아브라함과 이삭이 모리아 산으로 가는 3일 동안의 비밀 여행과 다시 모리아 산에서 브엘셀바로 돌아오는 3일간의 비밀 여행을 하면서 살아 계시는 하나님에 대한 깊은 대화를 하였다. 이삭은 여호와 하나님을 어떻게 섬겨야 할 것인지를 알게 되었다. 아브라함은 이삭과 함께 돌아오는 사흘 동안 자신의 모든 믿음과 신앙을 이삭에게 유산으로 상속시켰다. 이삭은 비록 어린 나이지만 하나님의 전능하심과 순종의 결과가 얼마나 큰 것인지를 몸소 경험했다.

그리하여 이삭의 일평생은 평탄했다 이삭은 아버지로부터 모리아 산에서 받은 여호와 이레 하나님을 경험했다. 그리고 일평생 여호와 이레의 믿음으로 순종하며 살았다.

아브라함과 이삭이 브엘셀바 집으로 돌아왔다. 그리고 아무런 일이 없는 듯이 평소와 같은 일상을 보내었다. 그러나 아브라함과 이삭의 마음에는 모리아 산에서 살아 역사하신 여호와 이레의 하나님을 의지하는 믿음을 견고히 가졌다. 그 믿음은 다른 사람들은 알 수 없다. 오직 여호와 하나님만 보시고 인정했다.

아브라함의 동생 나홀

아브라함과 이삭이 모리아산에 삼일간의 비밀 여행을 한 이후였다. 아브라함은 고향 갈대아에 대한 소식을 들었다. 아브라함이 직접 갈 수는 없었다. 그러나 장사를 하는 대상들이 먼 길을 오고 가는 가운데 일정한 비용을 지불하면 소식을 전해 주었다.

아브라함은 갈대아 우르를 떠나서 하란에서 아버지 데라가 죽은 이후 가나안으로 이주했다. 그리고 약 50년의 세월이 지났다. 하란에 머물고 있는 동생 나홀에 대한 소식을 듣게 되었다.

나홀은 동생이지만 일찍부터 자녀를 낳았다. 나홀의 아내는 밀가이다. 밀가는 아브라함의 큰형 하란의 딸이다. 아브라함의 동생 나홀은 큰형 하란의 딸과 근친결혼을 하였다. 그리고 8명의 아들을 낳았다. 또한 나홀은 첩 르우마를 통하여 4명의 아들을 낳았다. 나홀의 8번째 아들 브두엘은 딸 리브가를 낳고 아들 라반을 낳았다. 라반은 딸 레아와 라헬을 낳았다. 아브라함의 동생 나홀은 12명의 아들을 낳았다.

이삭은 후일 어머니 리브가가 죽은 후 갈대아 우르에 있는 리브가와 결혼을 하였다(창24:67). 이삭의 아들 야곱은 후일 라반의 딸 레아와 라헬과 결혼을 하여 12명의 아들을 낳았다(창29:21-30).

"여호와의 사자가 하늘에서부터 그를 불러 이르시되 아브라함아 아브라함아 하시는지라, 아브라함이 이르되 내가 여기 있나이다 하매 사자가 이르시되 그 아이에게 네 손을 대지 말라 그에게 아무 일도 하지 말라 네가 네 아들 네 독자까지도 내게 아끼지 아니하였으니 내가 이제야 네가 하나님을 경외하는 줄을 아노라"(창22:11-12).

23. 공짜가 없는 믿음의 세계
(창23장)

다시 하나님을 사랑하며

아브라함은 이삭과 함께 모리아 땅 한 산에서 여호와 이레의 하나님을 경험하고 돌아왔다. 그리고 브엘세바에서 헤브론으로 이주를 했다. 헤브론은 아브라함이 가나안 땅에 이주한 초기에 약 20년 가까이 살았던 곳이다. 그리고 그랄과 브엘세바에서 20년을 살다 헤브론으로 다시 왔다.

얼마의 시간이 지난 후에, 아브라함은 사라에게 '여호와 이레'에 대하여 말했다. 이삭을 모리아 산에서 제물로 드리게 된 과정과 하나님이 준비한 양을 번제로 드린 것을 말했다.

아브라함이 사라에게 말했다. 아들 이삭을 사랑하고 귀하지만 하나님보다 더 사랑하는 것은 하나님이 기뻐하지 않는다 했다. 그러므로 아들 이삭보다 하나님을 더욱 사랑하는 것이 이삭을 사랑하는 방법이라 했다.

그 후 아브라함과 사라는 오직 여호와 하나님을 사랑했다. 아들 이삭을 사랑하는 진정한 방법은 이삭을 주신 여호와 하나님을 사랑하는 것임을 깨달았다.

이삭의 삶에도 많은 변화가 왔다. 모리아 산에서 하나님의 사자가 나타나 말씀하는 것을 듣고 보았다. 이삭은 모리아 산에서 여호와 이레의 하나님을 경험한 이후 오직 하나님만을 위해서 살았다. 자신의 존재가 무엇인지, 하나님이 어떠한 분인지 분명하게 알았다. 그리고 20년의 세월이 지났다.

사라의 죽음

사라가 127세에 가나안 땅 헤브론에서 죽었다. 아브라함과 함께 하나님의 복의 언약을 따라 갈대아 우르에서 가나안 땅으로 이주할 때 나이 65세였다. 그리고 가나안 땅에서 이방인 나그네로 62년을 살다가 죽었다(창23:1).

사라는 지혜로움과 아름다운 미모와 부유한 생활을 하였다. 유능한 남편 아브라함의 사랑을 받았다. 그러나 아들을 낳지 못함이 늘 괴로움이 되었다. 사라의 일생에 가장 큰 실수는 몸종 하갈을 아브라함과 동침하여 이스마엘을 낳게 한 것이다. 하갈이 임신한 후에 사라를 멸시할 때의 고통은 이루 말할 수 없었다. 그리고 이스마엘이 성장할수록 괴로움과 고통이 되었다.

하나님께서 사라에게 은혜를 베풀어 90세에 이삭을 낳게 하셨다. 하나님이 약속한 대로 사라는 열국의 어머니가 되었다. 이삭을 낳은 후 37년 동안 정말 행복하게 살았다. 그러나 이삭의 결혼을 보지 못하고 죽었다.

아브라함은 사라가 죽음으로 극도의 슬픔과 고통으로 애곡했다. 하나님의 약속을 받아 가나안 땅으로 이주한지 62년 동안 정말 파란만장한 인생을 살았다.

아브라함이 힘들고 어려울 때 사라는 가장 든든한 버팀목이었다. 아브라함이 하나님의 말씀에 순종할 때 늘 함께 했다. 많은 고난과 시련도 묵묵히 견디며 아브라함을 사랑했다. 행복한 삶과 고난의 날들도 있었다. 그러나 죽음은 모든 인생이 가는 길이다. 아브라함과 사라가 사랑하는 아름다운 사이였지만 죽음으로 두 사람의 관계를 갈라놓았다. 아브라함은 아내 사라를 위해서 할 수 있는 것은 아무것도 없었다. 다만 인생의 마지막인 장례식을 잘 치루는 것 뿐이였다.

정당한 대가를 지불하라

아브라함은 사라가 죽음으로 장사할 묘지가 필요했다. 아브라함이 가나안 땅에 이주하여 62년이 되었지만 자신이 소유한 땅이 없었다.

사라의 묘지로 사용할 토지를 매입하기 위해서 당시 헤브론 지역을 지배하는 헷 족속에게 갔다. 헷 족속은 노아의 아들 함의 손자 가나안의 후손들이다. 그들은 사람이 죽으면 화장을 했다.

아브라함은 헤브론의 성문 위에 많은 사람들을 불러 모았다. 헷 족속의 지도자들에게 요청했다. 아내 사라가 죽었으니 장사할 땅을 나에게 매매하라 했다.

헷 족속은 아브라함을 나그네로만 생각하지 않았다. 아브라함은 하나님이 세운 왕으로 인정했다. 헷 족속이 볼 때는 아브라함은 하나님이 함께하는 두려운 존재였다. 아브라함의 요청을 거절 할 수 없었다. 그리하여 헷 족속 사람들은 아브라함에게 사라를 장사할 장지를 공짜로 주겠다고 했다.

그런데 아브라함은 헷 족속이 공짜로 묘지를 준다는 말을 거절했다. 아브라함은 구체적으로 헷 족속의 가장 부유한 소할의 아들 에브론이 소유한 막벨레 굴 주변 땅을 묘지로 사용하도록 매매를 허락해 달라 요청했다.

아브라함이 매입을 요구한 것은, 막벨레 밭은 그 곳에 는 두 개의 바위 동굴이 있었다. 그 주변에는 상수리나무가 많고 넓은 땅이다. 아브라함이 매입을 원하는 그 토지는 헷 족속들에게는 별 가치가 없는 곳이다. 그러나 아브라함은 자연적 동굴로 된 막벨라 굴은 무덤으로 사용하기에 최고 좋은 곳이라 생각했다.

아브라함의 요청을 받은 에브론이 말했다. 자신이 소유한 막벨라 굴과 주변 땅을 그냥 주겠으니 죽은 사라를 장사 지내라 했다. 에브론은 헷 족속 중에 부자였다. 그리고 그 곳에 최고의 권세를 가진 사람이다. 막벨레 굴 정도는 아브라함에게 그냥 공짜로 주어도 된다. 에브론은 이방 나그네로 살고 있는 아브람에게 최고의 예우와 대접을 한 것이다. 그러나 아브라함은 에브론이 공짜로 막벨라 굴과 주변 땅을 주겠다는 것을 거절했다. 아브라함은 반드시 땅 값을 정당하게 지불하고 그 곳에 아내 사라를 위한 묘지를 쓰겠다 했다.

그리하여 아브라함과 헷 족속 에브론과 막벨라 굴과 주변의 땅을 매매하기로 했다. 땅값은 은 사백 세겔로 하기로 했다. 이는 당시에 상당이 높은 값이었다. 은 1세겔은 당시의 노동자가 4일 동안의 품삯이었다. 아브라함이 제시한 땅값은 에브론에게 엄청난 이익을 가져다주었다. 아브라함과 에브론이 토지 매매를 하기로 합의를 하고 계약을 했다.

당시에 토지 매미 계약은 성문 위에서 많은 사람들 앞에서 구두(口頭)로 계약을 했다. 그곳에 있는 모든 사람은 토지 매매의 증인이 되었다. 구두 계약도 법적 구속력이 있었다. 그런데 일반적으로 토지를 매매할 때 우물이나 동굴은 매매에 포함되지 않았다. 토지와 우물, 동굴은 별도의 재산으로 분리되어 있었다.

아브라함은 헷 족속 에브론과 막벨라 굴을 매매 계약을 할 때 모든 것을 명시했다. 에브론의 소유의 막벨라 밭과 그 밭에 있는 동굴과 그 주변에 있는 수목들도 매매 물권으로 확정했다.

아브라함은 약속한 은 사백 세겔을 지급했다. 그리고 몇 사람들의 증인이 서명을 하고 매매 계약서를 두 통 작성했다. 하나는 모든 사람이 볼 수 있는 곳에 공개적인 장소에 게시되었다. 한 통은 봉해서 항아리에 넣어 안전한 장소에 보관 했다(창23:3-18).

막벨레 굴에 사라가 장사됨

아브라함은 하나님의 부름을 받아 가나안 땅으로 왔다. 하나님이 가나안 땅을 준다. 약속한지 육십 이 년 만에 아내 사라가 죽음으로 묘지로 쓸 땅을 구입했다.

막벨라 밭과 동굴은 아브라함이 가진 첫 번째 토지 소유였다. 하나님이 아브라함에게 가나안 땅을 주신다고 약속을 했다. 그러나 하나님은 그냥 공짜로 주신 것이 아니다. 아브라함이 힘을 다하여 노력하게 했다. 그리고 아내 사라가 죽어 묘지로 사용할 땅을 매입하게 했다.

아브라함은 헷 족속들이 땅을 공짜로 주겠다고 했으나 거절했다. 아브라함은 정당한 값을 지불하기를 원했다. 그리하여 아브라함은 정식으로 토지를 매입한 후에 사라를 동굴에 장사 지냈다.

아브라함은 아내 사라의 죽음으로 가장 애절한 눈물을 흘렸다. 결혼하여 갈대아 우르에서 가나안으로 이주했다. 그리고 이집트로 이주하였다 다시 가나안으로 왔다. 아브라함은 하나님의 명령을 따라 살았다. 그때마나 자신을 믿어주고 함께한 사라는 천군만마와 같은 귀중한 아내였다. 그런데 일찍 세상을 떠났다. 애석한 마음을 무엇이라 표현할 수 없었다.

아브라함은 사람의 일상과 죽고 사는 것은 하나님의 뜻 안에 있음을 다시 한 번 실감했다. 무엇보다 사랑하는 아들 이삭이 결혼하여 가정을 이루고 손자 손녀를 보는 기쁨을 맛보지 못하고 죽었다. 모든 것이 가능하고 모든 것을 가진 것 같았는데 죽음은 막을 수 없고 대신할 수 없는 것이다. 아브라함도 자신의 인생의 삶을 생각하며 하나님 앞으로 갈 날이 언제인지 많은 생각을 했다.

요셉의 유언

사라는 열국의 어머니가 되는 복을 받았다. 그러나 사라가 죽을 때는 가나안 땅에 나그네 아브라함의 한 아내로 죽었다.

아들 이삭이 결혼하는 것도 보지 못했다. 그러나 사라가 죽은 이후에 이삭이 결혼하고 그의 아들 에서와 야곱이 각각 한 민족을 이루면서 열국의 어머니가 되었다.

아브라함이 사라의 묘지로 사용하기 위해서 구입한 막벨라 밭과 석굴은 복의 근원이 되었다. 그곳에 사라가 먼저 장사되었다. 후일에 아브라함이 죽어 장사를 지냈다(창25:7-10). 아들 이삭과, 이삭의 아내 리브가가 그곳에 장사되었다(창35:27-29).

그 후 야곱은 요셉을 따라서 이집트로 이주했다. 야곱이 이집트에서 12명의 아들에게 유언을 했다. 자신이 죽으면 반드시 가나안에 에브론의 막벨라 밭에 있는 석굴에 우리 선조와 함께 장사지내라 했다(창49:29).

야곱이 죽자 요셉은 야곱의 유언대로 이집트에서 가나안 땅으로 가서 막벨라 굴에 장사를 했다. 그 곳에는 아브라함과 사라. 이삭과 리브가, 야곱이 함께 장사되었다.

후일 요셉이 죽을 때 후손들에게 유언을 했다. 내가 죽으면 내 해골을 매고 가나안 땅으로 가서 매장을 하라 했다(창50:25). 요셉이 죽은 이후 후손들은 요셉의 시신을 미라로 만들어 보관을 했다. 그리고 출 이집트의 날을 기약 없이 기다렸다.

이집트에 살고 있는 아브라함의 후손들에게 사명이 있었다. 그들은 이집트 고센에서 영원히 정착해 살 수 없었다. 반드시 가나안 땅 막벨라 석굴에 장사된 아브라함과 이삭과 야곱이 있는 그곳으로 돌아가 요셉의 해골을 장사하는 것이다.

요셉이 죽고 세월이 지나면서 이집트에서 아브라함의 후손들은 번성했다. 그들의 소명은 출 이집트를 하여서 가나안 땅으로 가서 요셉의 유골을 장사 지내는 것이다.

요셉이 죽은 이후 많은 세월이 지났다. 하나님은 아브라함의 후손들을 이집트에서 한 민족으로 성장시켰다.

모세를 통하여 출 이집트 시켜 약속의 땅 가나안으로 인도하였다. 모세는 출애굽 할 때 가장 중요하게 챙겨 간 것은 요셉의 유골이었다(출 13:19).

출애굽 할 때 백성들은 금은보화 중요한 물질을 가지고 나왔다. 그러나 모세는 출애굽 할 때 가장 중요한 것을 가지고 나왔다. 그것이 요셉의 유골이다(출13:19). 요셉이 죽은 후 360년이 되었다. 요셉의 유골은 훼손 되어 유골만 남았다. 출이집트하는 이스라엘 백성들에게 가장 중요한 것은 요셉의 유골이었다. 출 이집트의 목적은 요셉의 유골을 가나안 땅에 매장을 하는 것이다. 요셉의 유골을 매장하려면 가나안 땅을 점령해야 한다.

모세는 출애굽 할 때 요셉의 유골을 가지고 나와서 40년 동안 광야 생활을 할 때도 귀중하게 보관했다. 출 이집트한 이스라엘 백성들에게 요셉의 유골은 가나안 땅에 반드시 들어간다는 소망을 가지게 했다. 40년의 광야 생활이 끝내고 느보산에서 모세는 죽었다.

모세가 죽은 이후 여호수아가 가나안 땅을 점령하는 지도자로 세움 받았다. 여호수아가 모세로부터 지도자로 승계를 받을 때 요셉 유골을 인수받았다. 그때가 요셉이 죽은지 400년 되었다.

여호수아는 가나안 땅을 정복하기 위해여 15년 동안 전쟁을 했다. 그리고 가나안 땅 정복을 마감하면서 하나님이 이스라엘 12자파에게 분배한 약속의 땅을 나누어 주었다. 그리고 여호수아가 마지막으로 행한 것은 요셉의 유골을 가나안 땅 세겜에 장사를 지낸 것이다(수:24:32). 그리하여 요셉의 유언이 이루어졌다.

공짜가 없는 믿음의 세계

아브라함의 아내 사라가 죽어

묘지로 구입한 마므레 막벨라 밭과 석굴은

아브라함의 첫 번째 소유 토지였다.

하나님은 가나안 땅을 아브라함과

그 후손들에게 주신다고 약속했지만 공짜로 주지 않았다.

아브라함은 공짜는 없다는 것을 일찍부터 알았다.

자신의 아내 사라의 묘지도 정당한 값을 지불하였다.

후일 여호수아와 이스라엘 백성들은

생명을 걸고 15년 동안 가나안 점령 전쟁을 하였다.

하나님이 주신다 약속한 가나안 땅은

공짜로 주시지 않았다.

여호수아와 이스라엘 백성들은 생명을 걸고

전쟁을 하여 그 땅을 차지했다.

하나님의 약속은 공짜로 주시지 않는다.

반드시 대가를 지불해야 한다.

아브라함은 막벨라굴을 매입하는데 정당한 값을 지불했다.

그것이 씨앗이 되어

후일에 야곱이 세겜 땅을 돈을 주고 매입했다.

출애굽 한 이스라엘 백성들이 생명을 건 전쟁으로

핏 값을 지불하고 가나안 땅을 매입했다.

하나님은 공짜로 은혜와 복을 주시지 않는다.

"에브론이 아브라함에게 대답하여 이르되. 내 주여 내 말을 들으소서 땅 값은 은 사백 세겔이나 그것이 나와 당신 사이에 무슨 문제가 되리이까 당신의 죽은 자를 장사하소서 아브라함이 에브론의 말을 따라 에브론이 헷 족속이 듣는 데서 말한 대로 상인이 통용하는 은 사백 세겔을 달아 에브론에게 주었더니 마므레 앞 막벨라에 있는 에브론의 밭 곧 그 밭과 거기에 속한 굴과 그 밭과 그 주위에 둘린 모든 나무가 성문에 들어온 모든 헷 족속이 보는 데서 아브라함의 소유로 확정된지라"(창 23:14-18).

24. 리브가, 이삭의 위로자
(창24장)

아들을 위한 마지막 선택

아브라함은 아내 사라를 장사 지낸 후 외로운 시간을 보냈었다. 그러나 하나님은 아브라함에게 범사에 복을 주시며 형통한 삶을 주셨다. 아브라함에겐 자신이 인생 마지막에 해야 할 중요한 일이 하나 있었다. 그것은 아들, 이삭의 결혼이다. 믿음의 좋은 며느리를 선택하기 위해서 오랫동안 기도했다.

아브라함은 종 엘리에셀을 불렀다. 아브라함은 이삭의 아내를 선택하기 위해서 종 엘리에셀을 하란으로 보내기로 결정했다. 엘리에셀은 아브라함이 가장 신임하는 종이다. 아브라함에 갈데아우르에서 가나안으로 올 때는 어린 종이었다. 세월이 지나서 아브라함의 가문에서 가장 신임하는 종이 되었다. 이스마엘과 이삭이 출생하기 전에 자신이 엘리에셀을 상속자로 생각한 적이 있었다.

아브라함은 종 엘리에셀을 불러 며느리 선택의 기준과 모든 과정을 설명하였다. 아브라함은 자신의 남근(男根)이 있는 환도 뼈 사이에 엘리에셀의 손을 넣게 했다. 그것은 당시에 중요한 맹세를 할 때 그리했다. 남자의 남근이 있는 환도뼈 사에 손을 넣고 맹세하는 것은 충성을 맹세하는 것이다. 그리고 종족 번성의 근원을 뜻하였고. 할례 언약을 기억하게 한다.

아브라함은 엘리에셀에게 이삭의 아내를 선택하는데 확고한 기준을 주었다.

첫째는, 가나안 이방 여인들 중에서는 이삭의 아내를 선택하지 말 것. 둘째는, 메소보타미야 하란에 있는 아브라함의 형제들의 후손 중에서 선택할 것. 셋째는, 선을 보기 위해서 이삭을 하란으로 절대로 데려가지 말 것. 넷째는, 처녀가 이삭에게로 오지 않는다면 그대로 오라 했다.

아브라함은 엘리에셀에게 기준을 따라서 성실하게 행할 것을 환도뼈에 손을 넣고 맹세하게 하였다. 엘리에셀은 아브라함의 명령을 따라서 맹세를 하였다.

아브라함은 이삭의 결혼을 위하여 많은 생각을 하였다. 우상숭배와 악을 행하는 가나안 처녀와는 결혼시킬 수 없었다. 고향 하란에 살고 있는 형제 나홀의 자녀들과 근친 결혼하여 믿음의 혈통을 지키려 했다.

이삭을 하란으로 데려가지 못하게 한 것은 이삭의 믿음을 지키기 위해서다. 이삭은 외로운 아들이다. 가나안에는 형제도 친척도 없었다. 소돔성이 멸망할 때 비참하게 망한 롯뿐이다. 가나안은 열악하고 척박한 환경을 가지고 있었다. 그런데 하란에 있는 동생 나홀은 12명의 아들을 낳았다. 그리고 결혼하여 많은 자손이 일가를 이루며 살아간다. 하란은 국제도시였다. 그러므로 이삭이 신부를 선택하기 위해서 하란으로 가면 새로운 세상의 신세계를 보는 듯 할 것이다. 젊은 이삭은 하란에 머물기를 원할 것이다.

이삭은 가나안으로 돌아오지 않을 수 있다. 만약에 그러한 일이 발생한다면 그동안 아브라함이 열국의 아버지가 되며 열국의 어머니가 되는 복의 약속을 믿고 가나안에서 육십오 년 동안 수고한 것이 물거품이 된다.

아브라함은 이삭의 결혼을 통하여 열국의 아버지가 되는 축복을 유산으로 이루기를 원했다. 하나님이 주시는 가나안의 복을 이삭이 상속받아 하나님의 뜻을 이루기 원하였다(창24:1-6).

하나님의 인도를 구하는 엘리에셀

종 엘리에셀은 아브라함의 환도뼈에 손을 넣고 맹세했다. 낙타 열 마리에 결혼에 필요한 예물과 여정에 필요한 돈을 실었다. 함께 동행할 건장한 종들을 선택하여 즉시 메소보타미아 하란으로 출발했다.

아브라함이 거주하는 가나안 헤브론에서 메소보타미아 하란까지는 800km이다. 약 26일 정도 거리다. 아브라함은 엘리에셀이 출발할 때 여호와 하나님의 인도를 위하여 축복기도를 했다. 아브라함은 종 엘리에셀을 보내면서 말하였다. 여호와의 사자가 너보다 먼저 가서 내 아들 이삭의 신부가 될 사람을 준비할 것이라 했다(창24:7).

엘리에셀은 주인 아브라함이 믿는 여호와 하나님을 철저하게 믿었다. 엘리에셀은 하란으로 가며서 하나님께서 준비한 신붓감을 만나도록 해달라고 기도했다. 그는 출발할 때부터 하루도 거르지 않고 기도하였다. 엘리에셀은 하루 종일 여호와 하나님께서 주인의 아들, 이삭의 신부를 준비해 주실 것을 믿었다. 그리고 주인의 명령을 따라서 이삭의 아내가 될 사람을 어떻게 선택하고 말할 것인지를 생각했다. 엘리에셀은 신부를 선택하는 방법으로 우물의 물과 나그네와 연결해 구체적으로 기도했다.

강수량이 부족한 곳에서 가장 귀한 것은 물이다. 물이 있는 우물을 중심하여 도시와 촌락이 형성된다. 또한 큰 도로는 우물을 기준으로 연결되었다. 나그네도 정착민들도 우물을 중심하여 하루의 일상이 이뤄진다.

낮 시간은 뜨거운 태양열로 사람들은 움직이지 않는다. 특별히 여인들은 아침, 저녁에 우물가로 나와 물을 길어간다. 우물가에서 나그네들이 안식하며 교제를 하는 곳도 있다. 그리하여 정착민과 나그네가 자연스럽게 만남이 이루어진다.

엘리에셀은 어떻게 신부를 선택할지 구체적인 기도를 했다. 그리고 하나님의 특별한 인도와 지혜를 구하였다. 그리하여 엘리에셀은 우물에 물을 길으러 나오는 처녀 중에서 신부를 선택하기로 계획했다. 엘리에셀은 상식을 넘어서는 가장 힘든 것을 부탁하고 그 부탁을 들어준 처녀가 하나님이 준비한 사람이라 생각했다. 엘리에셀은 쉬지 않고 기도했다. 하나님의 인도와 역사를 구하면서 순탄하게 신부를 선택할 수 있도록 기도했다.

우물가에 만난 소녀

엘리에셀은 해가 질 때쯤에 목적지 메소포타미아 하란에 있는 나홀의 성에 도착했다. 마을 우물은 정결을 유지하기 위해서 한적한 곳에 있다. 우물로 내려가는 길목에 열 마리의 낙타와 동행하는 종들과 휴식을 하였다. 갈증을 느끼지만 우물로 내려가서 물을 길어 오지 않았다. 그리고 엘리에셀은 우물을 바라보면서 하나님께 기도했다.

"여호와여, 주께서는 저의 주인 아브라함의 하나님이십니다. 오늘 제가 주인 아들 이삭의 신부를 순탄하게 찾을 수 있도록 도와주옵소서. 제 주인 아브라함에게 은혜를 베풀어 주옵소서. 저는 지금 우물가에 있습니다, 나홀 성의 여자들은 물을 길으러 나오고 있습니다. 제가 그 중 한 처녀에게 '그 물동이에 있는 물을 좀 먹게 해 주십시오' 하고 말하겠습니다. 그 때 그 처녀가 '마시세요. 내가 당신의 낙타들에게도 물을 먹이겠습니다 하면, 그 처녀를 주의 종 이삭의 신붓감으로 하나님이 준비하심을 알겠습니다. 여호와 하나님께서 제 주인에게 은혜를 베푸신 것으로 알겠습니다. 아멘"(창 24:12-14).

엘리에셀이 기도를 마치자 눈앞에 아름다운 소녀가 우물에서 물동이를 메고 힘겹게 올라 왔다. 그 소녀를 유심히 지켜보고 있었다. 그는 정말 아름다운 처녀였다.

엘리에셀이 소녀에게 다가가서 말했다.

"내가 먼 길을 여행 중에 왔는데 목이 메우 마르니 지금 그 물동이에 있는 물을 조금 주어 마시게 할 수 있습니까?"

그 소녀는 즉시 물동이를 내려 주면서 말했다.

"여기 있습니다. 마시세요. 먼 길을 가시는 것 같아 보입니다. 그리고 당신의 모든 낙타들에게도 물을 길어 마시게 하겠습니다."

소녀는 자신에 물을 달라 하는 사람이 누군지 물어보지도 않았다. 엘리에셀과 동행하는 열 마리의 낙타와 몇 종들이 우물가에 있었다. 깊은 우물에서 힘겹게 길어 올린 물을 달라고 하는 것은 상식을 벗어난 무례한 행동이다. 대부분 자신이 필요한 물은 스스로 우물에서 길어 올리고 물통에 담아 간다. 그런데 힘겹게 물을 길어 오는 연약한 소녀에게 물을 좀 달라하여 마시게 하라는 요청은 부당한 것이다. 그런데 그 처녀는 엘리에셀의 부당한 모든 요구를 순순히 들어 주었다. 요청하지도 않은 낙타 열 마리에게도 물을 길어 주겠다 자청했다. 그 소녀는 자신이 물을 길어 주는 것에 대하여 어떠한 대가를 요구하지도 않았다.

사람은 하루에 2리터의 물을 마신다. 그러나 큰 낙타는 하루에 70-190리터의 물을 마신다. 낙타 10마리에게 물을 다 마시게 한다는 것은 어린 소녀가 할 수 있는 일이 아니다. 낙타에게 물을 주는 것은 낙타를 돌보는 남자들이 할 일이다.

그런데 소녀가 물통 하나로 낙타 열 마리에게 물을 먹도록 수십 번 반복하여 길어왔다. 엘리에셀은 그 소녀가 하는 대로 가만히 지켜보았다.

엘리에셀은 하나님께 진심으로 감사 기도를 드렸다.

"하나님께서 종의 가는 길을 순탄하게 하셨습니다. 이삭의 아내가 될 처녀를 만나게 해주서 감사합니다."

하나님이 선택한 신부 리브가

엘리에셀은 소녀에게 감사의 표시로 선물을 주었다. 반세켈 무게의 금 코걸이 한 개와, 열 세켈 무게의 금 손목 고리 한 쌍을 주었다.

엘리에셀이 소녀에게 말했다. 오늘 자신에게 은혜를 베풀어 줌을 감사했다. 그리고 나홀의 성에 누구의 집안의 자녀인지 물어 보았다. 소녀는 자신은 브두엘의 딸이라 했다.

엘리에셀이 그 소녀에게 말하였다. 자신은 이곳 나홀의 성을 방문한 사람으로서 오늘 저녁에 잠을 자고 가야 하는데, 혹시 잠잘 곳이 있는지 부탁을 했다.

그 소녀가 말했다. 소녀는 자신의 아버지 집에는 낙타가 먹을 사료와 나그네들이 머물 수 있는 방이 있다 했다. 종 엘리에셀은 소녀의 말을 다 듣고 난 후에 다시 하나님께 감사의 찬양을 드렸다.

"제 주인 아브라함의 하나님이신 여호와를 찬양합니다. 여호와께서는 제 주인에게 은혜와 자비를 베풀어 주셔서, 저를 제 주인의 동생 집으로 인도하셨습니다"(창 24:27).

소녀는 엘리에셀에게 나홀의 성 안에 있는 자신의 아버지 브두엘의 집을 가르쳐 주었다. 그리고 자신의 집으로 갈 것을 권유했다.

소녀는 엘리에셀을 앞질러서 자신 집으로 달려가서 어머니에게 우물가에서 있던 일을 말하였다. 그 사람이 준 진귀한 선물도 보여 주며 자랑했다.

소녀의 오빠 라반이 듣고 급하게 우물가로 갔다. 그곳에서 엘리에셀을 만났다. 라반은 자신의 집으로 갈 것을 권유했다. 라반은 욕심이 많은 젊은이였다. 혹시 자신도 선물을 받을까 하는 기대감을 가졌다.

엘리에셀은 라반의 인도를 받아서 브두엘의 집으로 들어 왔다. 소녀의 가족을 만났다. 그때는 해가 기울어진 저녁이었다.

소녀의 아버지 브두엘은 자신의 집으로 찾아 온 엘리에셀의 일행을 위하여 씻을 물을 주었다. 낙타들에게는 먹을 것을 주었다.

저녁식사를 준비하여 함께 교제의 식탁에 가족들과 앉았다. 그들의 관습은 차려준 음식을 다 먹은 후에 긴 시간 교제하는 것이다. 그런데 엘리에셀은 식사하기 전에 자신의 신분과 방문 목적에 대하여 말했다. 그리고 난 후에 식사를 하겠다고 했다. 브두엘의 식구들은 엘리에셀이 무슨 말을 할 것인지 궁금했다. 그 일이란 무엇인가 의문을 가졌다.

엘리에셀이 자신은 65년 전에 하란에서 가나안 땅으로 이주한 아브라함의 종이라고 자신을 소개 했다.

엘리에셀은 주인 아브라함의 아들 이삭의 신부를 선택하기 위해서 왔다 했다. 주인 아브라함이 며느리가 될 신부를 선택할 기준을 자신에게 말한 것을 소상하게 설명했다.

그리고 자신이 주인의 심부름으로 찾아오면서 하나님께 계속 기도한 것을 말했다. 신부를 선택하기 위해서 자신이 기도한 내용과 조건에 대하여 말했다. 그런데 이 모든 과정에서 여호와 하나님이 함께하여 선하게 인도해주신 것을 찬양했다. 그리고 주인 아브라함의 아들 이삭의 신부는 오늘 우물가에서 자신과 낙타에게 물을 길어 준 그 소녀임을 확신했다. 그러므로 주인 브두엘에게 아브라함의 아들 이삭의 아내로 그 소녀를 허락해 줄 것을 요청했다.

브두엘은 어린 시절에 자신의 삼촌 아브라함이 가나안 땅으로 이주한 것을 알고 있다. 그동안 65년의 세월이 지났다. 만나보지는 못하였지만 오고 가는 인편으로 소식을 가끔 들었다. 삼촌 아브라함이 100세에 아들 이삭을 낳은 것도 알고 있었다. 그리고 아브라함이 하나님이 주신 복으로 큰 부자가 된 것도 알았다. 아브라함의 아내 사라가 죽은 소식도 알고 있었다.

브두엘이 엘리에셀에게 말했다(창24:50-51).

오늘 일어난 일련의 모든 일은 여호와 하나님이 인도하셨습니다. 그러므로 어떻게 사람이 거부할 수 있겠습니까? 자신의 딸 리브가를 이삭의 신부로 허락합니다."

종 엘리에셀은 그 자리에서 일어나 엎드려 여호와 하나님께 절을 했다. 그리고 낙타에 싣고 온 혼수 패물과 옷을 소녀 리브가에게 주었다. 가족들에게도 진귀한 선물을 주었다. 브두엘에게 신붓 값으로 지불한 많은 재물도 주었다.

엘리에셀은 자신이 온 목적을 이루었다. 그리고 브두엘의 가족과 함께 식사를 하며 즐거운 시간을 가졌다.

브두엘과 라반은 아브라함의 가정형편과 어떻게 살고 있는지 궁금한 것을 질문했다. 엘리에셀은 아브라함과 이삭과 가정에 대한 내용을 말해 주었다. 밤 깊도록 대화를 나누고 깊은 잠을 청하였다.

다음 날 일찍 일어난 엘리에셀은 브두엘에게 또 한 가지 부탁을 했다. 아침에 일찍 신부를 데리고 출발하게 해 달라 요청했다. 그러나 브두엘의 가정에서는 너무 갑작스러운 일이다. 한 열흘쯤 함께 머물다가 그 후에 가라고 했다.

엘리에셀은 지금 신부를 데리고 갈 수 있게 다시 요청했다. 그 이유를 말했다. 하란으로 출발한지 약 26일 가까이 되었고, 다시 돌아가는 데 약 26일 가까이 가야 했다. 주인 아브라함과 아들 이삭이 오래 동안 궁금해 할 것이라 했다.

브두엘은 아쉬운 마음을 가지고 한 열흘 쯤 머물면서 정리할 시간을 가지는 것이 좋을 것이라 했다. 그러나 엘리에셀은 오늘 출발하도록 허락해 달라 요청하였다.

브두엘은 난감하였다. 그리하여 신부로 선택된 소녀 리브가에게 직접 결정하도록 하자 했다. 그러나 리브가는 오늘 엘리에셀을 따라 이삭이 있는 가나안으로 가겠다 했다.

엘리에셀은 하란에서 가나안으로 출발했다. 브두엘은 자신을 떠나는 리브가를 축복했다. 그리고 리브가의 유모 드보라를 함께 보내었다. 그리고 필요한 많은 것을 주고 축복하였다. 엘리에셀은 하루도 지체하지 않고 다시 아브라함이 있는 가나안으로 800km 여정에 올랐다 (창24:10-60).

허전한 이삭의 빈들 기도

이삭은 어머니 사라가 죽은 이후 3년간의 애도의 기간을 보내었다. 이삭의 나이 40세가 되었다. 여전히 어머니 생각에 마음이 우울했다. 아브라함도 사라가 죽은 이후에 우울한 날을 보내었다. 자신이 마지막으로 할 수 있는 것은 아들을 결혼시키는 것이다. 그리고 가정에 많은 부분을 이삭이 처리하도록 권한을 주었다.

이삭은 40세가 되었지만 가나안 여인들 중에서 신붓감을 찾지 않았다. 모리아 산에서 여호와 하나님을 만난 이후에 하나님께 기도하고 인도를 받기를 원했다. 그런데 종 엘리에셀이 자신의 아내가 될 사람을 선택하기 위해서 메소보타미아 하란으로 출발하였다. 이삭은 자신의 아내가 될 사람을 하나님이 어떠한 사람을 보내어 줄 것인지 궁금했다.

이삭은 엘리에셀이 메소보타미아 하란으로 출발한 이후 늘 기도했다. 특별히 빈들에 나가서 여호와 하나님께 깊은 기도의 시간을 가졌다. 그 날은 엘리에셀이 메소보다미아 하란으로 출발한 이후 약 50일이 조금 지난 날이었다. 이제는 종 엘리에셀이 순탄하게 길을 가고 온다면 도착할 때가 됨을 생각했다.

이삭은 아내가 될 신부를 기다리는 마음으로 빈들로 나갔다. 그리고 하나님께 기도했다.

어떠한 신부가 올까 기대했다. 어떻게 살아야 할까를 생각했다. 여러 가지 근심 중에 빈들에서 기도하며 방황하였다.

이삭이 빈들에서 깊은 기도와 묵상을 하였다. 눈을 들어 보니 저 멀리 엘리에셀과 열 마리의 낙타들이 오고 있었다. 두근거리는 가슴을 억제하며 엘리에셀을 향하여 달려갔다.

리브가가 종 엘리에셀에게 저 멀리서 달려오는 저 사람이 누구냐 질문했다. 엘리에셀이 주인 이삭이라 했다. 그러자 리브가는 즉시 낙타에서 내려서 너울로 자신의 얼굴을 가렸다. 그것은 신부가 신랑에게 갖추는 기본예절이었다.

종 엘리에셀이 집에 도착했다. 신부를 선택하게 된 전 과정을 아브라함과 이삭에게 소상하게 보고를 했다. 그리고 하나님께서 순탄하게 인도하여 주신 것을 찬양했다. 하나님이 신부로 리브가를 선택하여 보내준 것을 감사했다.

이삭은 40세에 리브가를 자신의 아내로 맞이하였다. 어머니 사라의 장막에서 신혼생활을 했다.

이삭은 어머니 사라가 죽은 후 삼 년 동안 우울했다. 그러나 리브가와 결혼한 후 늘 위로와 기쁨 가운데 생활했다. 이삭에게 리브가는 최고의 기쁨이요 행복의 근원이었다. 이삭은 평생 리브가만 사랑했다. 이삭은 리브가와 결혼하여 20년이 지나서 에서와 야곱을 낳았다. 리브가는 이삭과 결혼하여 약 120년 가까이 함께 살았다.

"리브가가 일어나 여자 종들과 함께 낙타를 타고 그 사람을 따라가니 그 종이 리브가를 데리고 가니라 그 때에 이삭이 브엘라해로이에서 왔으니 그가 네게브 지역에 거주하였음이라 이삭이 저물 때에 들에 나가 묵상하다가 눈을 들어보매 낙타들이 오는지라 리브가가 눈을 들어 이삭을 바라보고 낙타에서 내려 종에게 말하되 들에서 배회하다가 우리에게로 마주 오는 자가 누구냐 종이 이르되 이는 내 주인이니이다 리브가가 너울을 가지고 자기의 얼굴을 가리더라 종이 그 행한 일을 다 이삭에게 아뢰매 이삭이 리브가를 인도하여 그의 어머니 사라의 장막으로 들이고 그를 맞이하여 아내로 삼고 사랑하였으니 이삭이 그의 어머니를 장례한 후에 위로를 얻었더라"(창24:61-67).

25. 한 세대는 가고, 한 세대는 오고
(창25장)

아브라함의 서자들

아브라함은 99세 때 아이를 출산할 능력이 없었다. 89세가 된 사라도 이미 생리가 끝나 출산은 불가능했다. 아브라함도 사라도 출산의 능력이 완전히 사라졌다. 오히려 마음이 편했다. 자식을 기대하며 애쓸 필요가 없었다. 그런데 아브라함의 나이 99세에 하나님의 사자를 만나서 아들을 낳을 것이라는 언약을 받았다. 그리고 하나님의 은혜로 아브라함과 사라가 동침을 했다. 신비하게도 그날 동침 후에 이삭이 출생했다. 그때 아브라함의 나이 100세였다. 하나님이 이삭을 주신 것이다.

아브라함은 이삭을 낳으면서 정력이 회복되었다. 아브라함의 나이 137세에 아내 사라가 죽었다. 사라가 죽은 이후 아브라함은 허전한 날을 보내었다.

아브라함은 집에 있는 여종 '그두라'를 후처로 맞이했다. '그두라'의 이름 뜻은 '향기'다. 아브라함이 후처 그두라를 맞이한 때는 이삭을 낳은 이후 사라가 죽기 전으로 추정된다.

아브라함은 후처 그두라를 통하여 시므란, 욕산, 므단, 미디안, 이스박, 수아 등 6명의 서자를 낳았다.

서자를 통하여 7명의 손자인 스바, 드단, 에바, 에벨, 하녹, 아비다, 엘다아를 보았다. 그리고 3명의 증손자 앗수르 족속, 르두시 족속, 르움미 족속을 보았다. 아브라함이 그두라를 통하여 낳은 자손들은 후일 아람 민족의 조상이 되었다(창25:1-6). 그리고 이삭의 후손은 이스마엘의 대적이 되었다.

손자를 본 할아버지의 웃음

아브라함은 손자를 보고자 했으나 이삭은 자식이 없었다. 자신이 결혼하여 사라를 통하여 자식이 없었던 것을 기억했다. 그러나 하나님께서 이삭을 낳게 하신 것과 같이 이삭에게도 자녀를 주실 것을 믿었다. 하나님이 약속한 언약의 자손은 이삭과 리브가를 통하여 출생할 것을 믿었다.

이삭은 40세에 결혼 후 불임으로 오랫 동안 자녀가 없었다. 이삭은 자식을 낳기 위해서 첩을 들이지 않았다. 리브가와 결혼한 지 20년이 지나 60세에 쌍둥이 에서와 야곱을 낳았다. 그때 아브라함의 나이는 160세였다.

아브라함은 손자 에서와 야곱이 성장하는 모습을 보고 즐거워했다. 하나님이 약속의 자녀를 주심을 감사했다. 특별히 며느리 리브가를 통하여 에서와 야곱에 대한 태몽에 깊은 관심을 두었다. 큰 손자 에서보다 작은 손자 야곱이 더욱 큰 자가 될 것을 믿었다(창25:19-26).

아브라함은 이삭이 출생한 후에 가정의 평화를 위하여서 몸종 하갈과 아들 이스마엘을 추방했다. 하나님은 이스마엘에게 복을 주셨다. 애굽 여인과 결혼을 하여 여러 손자가 출생했다. 한때 아브라함과 이스마엘은 소식을 단절하고 살았다. 그러나 아브라함의 노년에는 이스마엘과 서로 소식을 전하며 왕래하며 지냈다. 이스마엘이 낳은 12명의 손자를 보았다. 그리고 첩 그두라를 통하여 낳은 손자들과 증손자를 보았다. 늦은 나이에 아브라함은 이삭이 낳은 두 에서와 야곱을 보면서 노년에 즐거운 시간을 보냈다(창25:12-18).

이삭을 위하여 서자의 길을 열어라

아브라함은 죽기 전에 장자 이삭을 위하여 가족관계를 정리했다. 아브라람은 사라를 통하여 이삭을 낳았다. 종 하갈을 통하여 이스마엘을 낳았다. 후처 그두라를 통하여 사르단, 욕산, 므단, 미디안, 이스박, 수아를 낳았다. 그러므로 아브라함이 낳은 아들은 모두 8명이다.

아브라함은 장자 상속권과 족장권이 이삭에게 있음을 명확히 했다. 하나님으로부터 받은 열방의 아버지요 민족의 아버지가 되는 복의 언약이 이삭에게 있다는 것도 확증했다.

그것은 아브라함이 죽은 이후 이삭에게 어려움이 없도록 이스마엘과, 그두라의 소생 서자들과 명확하게 정리를 했다.

아브라함은 후처 그두라를 통하여 낳은 6명의 서자들에게도 각각 많은 재산을 상속했다. 그들을 가나안의 동쪽으로 이주시켰다. 이삭이 거주하는 곳에서 먼 곳으로 보냈다. 그두라의 아들들은 이삭보다 나이가 어렸다. 그러나 손자들은 빨리 낳았다. 그들이 동쪽으로 가서 아라비아

반도를 중심으로 여러 족속을 이루며 번성했다. 그들 중에 그두라의 네 번째 아들 미디안은 후일 미디안 족속이 되어서 이삭의 자손들과 전쟁을 치면서 원수가 되었다(창25:5-6).

아브라함은 죽기 전에 장자권의 문제와 재산 상속의 문제를 깨끗하게 정리했다. 이삭이 어려움을 당하지 않도록 하였다. 그리고 언약의 자손이 되지 못한 자들에게도 많은 재산을 주면서 그들에게도 복을 주었고 그들이 정착하는 데 필요한 것을 공급했다. 그리고 아브라함은 흩어져 살아가는 자신의 자손들을 돌보았다.

아브라함의 죽음

아브라함은 사라가 죽은 후 38년을 더 살다가 175세에 죽었다. 죽을 때는 머리는 백발이 되고 질병 없이 당시 평균 수명을 살았다(창25:7-8).

아브라함이 죽을 때 이삭은 75세였다. 손자 에서와 야곱은 15살이었다. 이스마엘은 90세였다. 그두라의 자식들도 분가하여 살았다.

아브라함은 하나님의 부름을 받고 가나안으로 이주할 때 나이가 75세였다. 가나안에서 100년을 거주하고 175세에 죽었다. 그리고 하나님이 계시는 영원한 가나안 천국으로 이주했다.

아브라함은 만족한 인생을 살았다.
첫째는 하나님과 동행하는 삶을 살아 만족했다.
둘째는 자신의 인생의 수한을 다 살았기에 만족했다.

셋째는 세상에서 복을 받고 내세 준비를 완전하게 했다.

아브라함의 장례식은 장자 이삭이 주관했다. 장례식에 이스마엘을 참석시켰다. 그러나 후처 그두라의 자식들은 일절 참석하지 못했다. 이삭은 아브라함을 막벨라 굴에 장사했다. 막벨라 굴은 아브라함이 죽기 전 45년 전에 사라가 죽어 묻혀 있는 곳이다(창25:7-11).

아브라함이 85세에 낳은 이스마엘은 이삭이 출생한 후 3년 쯤 지나서 17세에 아브라함을 떠나 아라비아로 갔다. 그곳의 애굽 여자와 결혼을 하여 12명의 자녀를 두었다. 아브라함은 이스마엘의 자손들에게 복을 빌었다. 이스마엘은 12명의 자손을 낳을 것이며 그 자손이 큰 민족이 될 것이라 했다. 그러나 여호와 하나님이 주시는 언약의 복은 주지 않았다(창17:20). 그리고 이스마엘의 나이 90세에 아버지 아브라함이 죽었다. 그리고 48년이 지난 후 이스마엘은 137세에 죽었다. 이스마엘의 후손들은 애굽의 국경과 인접한 곳에서 동쪽으로 술 광야와 아라비아 반도를 주변에서 살았다(창25:12-18).

이삭의 후손

이삭은 어릴 때부터 많은 사랑을 받고 성장했다. 그러나 형제가 없으므로 고독했다. 37세에 어머니가 죽었다. 이후 3년간 애곡하는 기간을 보내었다. 그리고 40세에 리브가와 결혼하여 행복한 날을 보내었다.

이삭은 자녀를 낳기 위해서 백방으로 노력했다. 그러나 허사였다. 아버지 아브라함의 말이 기억났다. 이삭은 자신의 출생 배경에는 하나님의 복과 은혜가 있었다는 것을 들었다. 하나님이 언약의 자손을 주실 것을 믿었다. 그러나 결혼한지 20년이 가까웠는데도 자녀가 없었다. 아기를 낳지 못하는 것은 리브가는 불임 때문이었다. 이삭은 리브가를 통하여 자녀를 낳기 위해서 20년 동안 기다렸다. 그래도 자녀가 없음으로 하나님 앞에 특별한 중보기도를 드렸다. 아브라함의 언약을 상속한 아들을 달라고 특별한 기도를 드렸다. 이삭의 특별한 중보 기도를 하나님이 들어 주시고 쌍둥을 잉태했다(창25:19-26). 이삭이 결혼한 지 20년 만에 리브가가 임신을 한 것이다. 그것은 하나님의 특별한 섭리적 응답이었다.

리브가가 임신을 한 후 태중에 있는 아이가 서로 발로 차고 다툼이 일어났다. 리브가는 복통을 호소하며 하나님께 기도했다. 하나님께서 리브가 에게 말했다.

"태중에는 쌍둥이가 있는데 그들이 각각 한 국민을 이룰 것이라, 두 족속이 각각 강할 것인데 한 족속은 더욱 강할 것이라, 아기가 출생하면 첫 번째 출생하는 아이가 두 번째 출생한 아이를 섬길 것이다"(창25:23).

리브가가 출산을 했다. 먼저 출생한 형은 피부가 붉다하여 그 이름을 '에서'라 했다. 동생은 형의 발꿈치를 잡고 나왔기에 이름을 '야곱'이라 했다.

아브라함의 손자 교육

이삭은 60세에 에서와 야곱을 낳았다. 그때 아브라함의 나이는 160

세였다. 에서와 야곱은 할아버지 아브라함의 축복을 받으며 성장했다.

아브라함은 손자 에서와 야곱을 사랑했다. 늘 축복하고 기도했다. 아브라함은 손자 에서와 야곱에게 어릴 때부터 여호와 하나님에 대한 믿음과 신앙을 심어 주었다. 특별히 하나님이 주신 특별한 축복에 대하여 말했다. 그 복이 에서와 야곱을 통하여 이루어질 것이라 말했다.

그때마다 야곱은 할아버지 아브라함이 전해주는 하나님의 복을 받을 믿음에 욕심이 났다. 야곱은 자신이 둘째로 출생한 것을 애석하게 생각했다. 야곱은 하나님이 주시는 장자의 복에 대한 이야기를 들을 때마다 야심을 가졌다. 그러나 에서는 장자의 복에 대하여 큰 관심이 없었다. 할아버지 아브라함이 하나님으로부터 받은 언약의 복에 대하여 관심이 없었다. 오직 육신의 욕구를 따라서 야성적인 생활을 즐겼다.

쌍둥이, 각각 다른 삶

에서와 야곱은 쌍둥이로 출생했다. 그러나 에서와 야곱의 삶의 방향은 달랐다. 아브라함의 손자였지만 각각 믿음이 달랐다.

에서는 하나님이 주시는 언약의 복에 관심이 없었다. 외향적인 사람이 되었다. 산과 들로 나가서 사냥을 했다. 집에는 사냥을 하지 않아도 먹을 것이 많았다. 에서는 매일 사냥을 나갔다. 어떠한 때는 며칠 동안 사냥을 하다 집으로 왔다.

이삭은 에서가 사냥하여 온 고기를 무척 좋아했다. 방목하여 기른 가축들보다는 야생하는 짐승 고기 맛이 좋았다. 에서는 사냥에 전문가가 되었다. 그래서 집에 머무는 것보다는 빈들에 머무는 것을 좋아했다. 이삭은 에서의 모험적이며 저항적인 삶을 좋아 했다. 유목민들의 생활에서 가장 중요한 생존법을 어릴 때부터 습득하는 것을 보고 만족했다.

야곱은 할아버지 아브라함이 하나님으로부터 받은 언약에 관심을 가졌다. 그 언약의 복을 자신이 받고자 하는 강한 욕구가 있었다. 그리고 서정적이면서 집안에 머물렀다. 집안에 종들이 많았다. 야곱은 집안에 머무는 시간이 많음으로 할아버지 아브라함으로부터 하나님의 언약에 대한 말씀을 들었다. 아버지 이삭으로부터 신앙적 교육을 잘 받았다. 하나님이 할아버지 아브라함에게 주신 복이 아버지에게 임하였고 곧 형 에서와 자신 중에 한 사람에게 언약의 약속이 이루어 질 것을 알았다. 그리하여 야곱은 자신이 출생의 순서는 둘째 아들이 되었지만 하나님의 복을 받은 족장권을 가지기를 원했다. 가정 중심의 생활을 하는 야곱은 어머니 리브가의 사랑을 많이 받았다. 어머니의 가사를 돕고 할아버지 아브라함과 아버지 이삭으로부터 여호와 하나님의 말씀을 듣는 것을 좋아 했다. 야곱은 성장하면서 여호와 하나님을 믿는 믿음이 성장했다. 그런데 에서에게는 믿음을 볼 수 없었다. 에서와 야곱의 나이 17세에 할아버지 아브라함이 죽었다. 그리고 에서는 40세에 가나안의 헷 족속 엘론의 딸 바스맛과 결혼을 하여 자녀를 낳았다. 그 후 야곱은 77세까지 결혼을 하지 않았다. 이삭과 리브가의 근심은 두 가지였다. 장자 에서는 가나안 여인과 결혼하여 가정이 회목하지 못한 것이 근심되었다. 둘째아들 야곱은 77세까지 결혼하지 못한 것을 근심했다.

진실이 된 장자권 매매 (창25:27-34)

어느 날, 야곱은 집에서 붉은 콩과 쌀, 양파와 올리브기름을 넣고 큰 솥에 죽을 끓이고 있었다. 죽 끓이는 냄새가 온 집안에 가득했다.

그때 에서가 빈들에서 사냥을 하고 기진맥진하여 돌아왔다. 에서는 며칠 동안 빈들에서 사냥을 했다. 에서는 며칠 만에 집으로 돌아왔는데 자신의 아내가 있는 집으로 들어가지 않고 아버지의 집으로 들어왔다.

에서는 빈들에서 사냥을 하면서 무척 허기진 상태였다. 그리하여 맛있는 음식 냄새가 나는 아버지의 집으로 들어왔다.

에서는 아버지의 집으로 들어와서 후각을 자극하는 붉은 죽 냄새에 정신이 들었다. 부엌으로 달려가서 야곱에게 빨리 죽을 한 그릇을 달라했다. 그러나 야곱은 느긋하게 여유를 가지면서 공짜로는 줄 수 없다며 거절했다.

에서가 무엇을 주면 팥죽을 주겠느냐 했다. 돈을 주면 되느냐 했다. 그런데 야곱은 돈은 필요 없다 했다.

에서가 그러면 무엇을 주어야 죽을 줄 것인가 했다. 그때 야곱은 장자권을 주면 팥죽을 주겠다 한다.

에서는 야곱의 요구를 듣고 웃었다. 한번 장자는 영원한 장자다. 그런데 장자권을 주고받는 것이 아니다. 출생할 때 순서에 따라서 첫 번째 아들이 장자가 되는 것이다. 그런데 장자권을 팔아라 하니까 웃음이 나왔다. 장자권을 팔고 산다고 해서 없어지나? 출생순서를 바꿀 수 있는가? 야곱의 말은 농담 수준이라 생각했다.

야곱이 말했다.

"형이 나에게 장자권을 준다는 말만 한번 하면 되는 것이야. 내가 장자권을 동생 야곱에서 준다. 이제는 야곱이 장자다 하면 되는 것이지. 그렇게 말한다고 해서 출생순서가 뒤바뀌어 지는가? 그대로가 아닌가? 이렇게 쉬운 것을 못하면 죽을 먹을 자격이 없는 거야. 더운 날씨에 죽 끓이는 것이 얼마나 어려운 것인지 알아? 그러니 형이 장자권을 나에게 그냥 넘겨준다는 농담도 못해? 그 말만 하면 내가 죽을 두 그릇이라도 주지!"

에서는 야곱이 말하는 것을 듣고 그렇지 장자권은 출생 순서로 정해진 것이기에 바뀌어 질 수 없는 것이다. 동생이 장난을 하는 것으로 생각했다. 그리하여 에서는 야곱을 향하여 말했다.

"그래, 오늘부터 야곱 너가 가문의 장자다. 장자권을 너에게 넘겨준다."

그런데 야곱이 말하기를 형이 말한 것을 맹세하라 했다. 맹세의 의미는 '일곱 번 말한다'는 뜻이 있다. 야곱이 에서에게 맹세하라는 것은 하나님 앞에 장자권을 동생 야곱에게 준다고 맹세하라는 것이다.

에서는 동생의 말을 농담으로 생각했다. 이미 장자권을 준다 말했으니 맹세하는 것은 쉬운 것이다. 그리하여 에서는 야곱을 향하여 맹세하며 말했다.

"오늘부터 야곱이 장가가 된 것을 맹세합니다."

그리고서 에서와 야곱은 크게 웃었다. 야곱은 형 에서에게 팥죽을 마음껏 먹도록 했다. 에서는 야곱의 모든 말을 농담으로 생각했다. 그러나 야곱은 야곱이 맹세한 것을 언약으로 믿었다.

야곱은 장자권의 다섯 가지 권리를 알았다.

첫째는, 가문의 중요한 결정권을 가진다.

둘째는, 다른 아들보다 갑절의 상속을 받는다.

셋째는, 가문의 전통과 대를 이어 나간다.

넷째는, 외부적으로 가문의 대표성을 가진다.

다섯째, 가문에 축복권이 있다.

야곱의 손익 계산서

야곱은 하나님께 감사했다. 에서로부터 장자 권한을 정식으로 매입했다. 이제 아브라함의 축복을 상속할 자가 된 것을 감사했다.

장자는 분명 출생 순서에 의해서 결정된다.

첫 번째 출생한 아들이 장자가 된다. 즉 장자란 첫 번째 태(胎)를 열고 나온 자를 뜻한다. 생물학적 출생의 순서는 분명 장자이지만 장자권은 달라진다. 장자로 출생한 자가 장자로서 권리와 의무를 행하지 않으면 장자권이 다른 아들에게 넘어 갈 수 있다. 또한 아버지가 장자권을 출생순서가 아닌 다른 아들에게 줄 수도 있었다. 그리고 장자가 장자의 권리를 다른 형제들에게 넘겨 줄 수 있다.

야곱은 장자의 복을 받기로 어머니 태중에서부터 결심했다. 그래서 출생할 때 자신이 먼저 나가려 했는데 에서가 먼저 나가자 못나가게 발목을 잡았다.

출생 후에 에서는 자신에게 주어진 장자의 귀중한 권리와 복을 망각했다. 그는 눈앞에 보이는 한 끼 식사인 죽 한 그릇에 장자의 명분을 팔았다.

하나님은 때가 되면 장자권이 야곱에게 넘어 올 것이라 했다. 그런데 죽 한 그릇으로 흥정하여 장자권을 받았다. 야곱은 언제나 장자의 복을 받기 위한 치밀한 계획을 하였다. 기회가 올 때 장자의 축복권을 합법적으로 매입하려는 생각을 했다. 그리고 죽을 끓이는 그날 에서가 배고파하는 그때 장자권을 형으로부터 합법적으로 받았다.

에서는 동생 야곱이 장자권을 달라는 말이 농담과 장난으로 생각했다. 그러나 야곱은 하나님 앞에 맹세를 통하여 장자권을 합법적으로 매매를 한 것이다. 말로만 한 것이 아니다. 에서로부터 장자권을 받고 그 대가로 죽 한 그릇을 주었다. 에서는 죽을 맛있게 먹었다. 그러므로 장자권에 대한 매매는 합법적이며 완전한 거래가 완성되었다. 그러나 에서는 농담으로 생각했으나 야곱은 믿음의 약속으로 받았다. 에서는 장자권을 가볍게 휴지 같이 여겼으나 야곱은 장자권을 생명 같이 여겼다. 하나님은 에서와 야곱이 장자권을 매매하는 부엌에서 맹세를 보시고 에서의 맹세를 인정했다(창25:27-34).

그 후 야곱은 에서를 만날 때마다 말했다.

"내가 형님이야."

"너 농담하지 마라. 내가 먼저 태어났어."

"내가 장자권을 합법적으로 매입했으니 내가 형님이지."

"야곱이 이르되 형의 장자의 명분을 오늘 내게 팔라. 에서가 이르되 내가 죽게 되었으니 이 장자의 명분이 내게 무엇이 유익하리요. 야곱이 이르되 오늘 내게 맹세하라 에서가 맹세하고 장자의 명분을 야곱에게 판지라. 야곱이 떡과 팥죽을 에서에게 주매 에서가 먹으며 마시고 일어나 갔으니 에서가 장자의 명분을 가볍게 여김이었더라"(창25:31-34).

26. 이삭의 하나님
(창26장)

일백 년 만의 흉년

이삭은 아버지 아브라함이 죽은 후 헤브론에서 브엘라해로이 근처로 이주했다(창15:11). 아버지가 세상을 떠난 후 야곱은 허전하게 생활했다. 그런데 아브라함이 죽은 그 해에 가나안 땅에 큰 흉년이 들었다. 100년 만에 찾아온 흉년은 가문의 생존의 문제였다. 가문으로는 아버지 아브라함의 죽음과 환경적으로 닥쳐 온 흉년으로 이삭은 큰 근심했다.

그때 능력 있는 사람들은 흉년을 피하여 이집트로 이주했다. 지리적으로 가나안에는 큰 강이 없다. 일 년만 비가 오지 않으면 큰 흉년이 들었다. 그러나 이집트의 나일강은 풍부한 수원을 공급받아 넉넉한 곡물과 초지가 있었다. 흉년은 생각보다 심했다. 모두들 100년 만에 찾아온 큰 흉년이라 했다.

이삭은 흉년을 어떻게 넘길까 고민했다. 100년 전 아브라함이 가나안 땅에 이주했을 때 극심한 흉년이 들었다. 그 때 아브라함도 흉년을 피하기 위해 이집트로 갔다. 이삭도 100년 만에 닥친 흉년을 넘기기 위해서 이집트로 가기로 결심했다(창26:1).

이집트로 가려면 브엘라해로이에서 블레셋 그랄을 경유해야 한다. 그랄에는 블레셋의 왕 아비멜렉이 거주했다. 블레셋은 최고 통치자 왕을 '아비멜렉'이라 한다.

아브라함 시대의 아비멜렉은 죽었다. 그의 아들이 지금 아비멜렉이다. 그랄은 블레셋 전 지역에서도 가장 발전된 도시다. 애굽으로 가는 큰 도로가 있는 그랄은 상업의 중심지며 외교, 문화가 교류되었다. 그래서 그랄은 곡물이 항상 풍부했다.

이삭은 가족을 이끌고 그랄로 왔다. 이삭의 가족은 수천 명이였다. 그리고 많은 가축과 재산을 소유했다. 이삭은 대가족을 이끌고 그랄에 머물다가 왕의 대로를 따라서 이집트로 내려가려 계획했다.

이삭은 아버지 아브라함이 100년 전에 이집트로 내려갔다는 이야기를 기억했다. 아브라함도 75세에 흉년을 피하여 애굽으로 내려갔다. 아브라함은 이삭에게 말했다. 흉년이 들어도 이집트에는 내려가지 말라 했다. 그런데 이삭이 맞이한 현실은 이집트로 내려가지 않으면 모두 굶주려 죽을 형편이 되었따. 그리하여 이삭의 나이 75세에 흉년을 피하여 이집트로 내려 갈 계획을 하고 단계적으로 준비를 하였다.

하나님의 약속을 믿으라

이삭이 흉년을 피하여 그랄에서 이집트로 가려 할 때 여호와께서 나타서 말씀하셨다.

"애굽으로 이주하지 말고 약속의 가나안 땅에 거주하라, 가나안 땅에 거주하면 여호와 하나님이 너와 함께 있어 복을 주며, 이 땅을 너의 후손들에게 주겠다, 또한 너의 아버지 아브라함에게 약속한 복을 다 너를 통하여 이룰 것이며, 너의 후손들이 그 복을 받으며, 천하 만민이 복을 받을 것이라"(창26:2-4).

이집트로 내려가기 위해서 그랄로 온 이삭에게 하나님이 설득을 하였다. 그리고 아버지 아브라함에게 주시는 복을 상속받은 이삭에게 100년 만에 닥쳐온 극심한 흉년 중에도 지켜 주신다 약속을 하였다.

그때 이삭은 50년 전에 모리아 산에서 여호와 이레를 기억했다. 그때 하나님이 아버지 아브라함과 말씀하는 것을 함께 들었다. 그 여호와 하나님이 지금 자신에게 나타나 말씀하셨다. 이삭은 하나님의 음성을 듣고 이집트로 내려가려는 계획을 취소했다. 그리고 그랄에 잠시 머물기로 했다.

아비멜렉의 접촉 금지령

이삭의 아내 리브가는 상당한 미인이었다. 그랄로 이주할 때 이삭의 나이 75세였으며 쌍둥이 에서와 야곱은 15살이 되었다. 리브가는 에서와 야곱을 낳은 이후 출산이 없었다. 리브가는 힘겨운 노동을 하지 않았다. 늘 풍요로운 생활을 하였다. 무엇보다 여호와 하나님의 은혜 가운데 생활했기에 몸도 마음도 늘 기쁨이 충만했다.

이삭은 리브가의 아름다운 외모로 인하여 위험에 처하였다. 당시 블레셋의 최고 통치자 아비멜렉은 자신의 눈에 아름다운 여인이 있으면 아내로 맞이했다. 남편이 있다면 죽이고 아내를 빼앗는 일이 허다했다. 그것이 아비멜렉의 권리였다.

어느 날 아비멜렉이 이삭에게 리브가와 어떠한 관계인지 질문을 했다. 그때 이삭은 자신의 신변에 위협을 느끼면서 리브가를 누이라 했다. 촌수를 따지면 리브가는 이삭의 이종사촌 여동생이다. 그러나 리브가는 이삭의 아내이다.

이삭이 그랄에서 거주한지 얼마 지났을 때다, 아내 리브가와 부부로서의 깊은 사랑을 나누었다. 그런데 그랄 왕 아비멜렉이 창 너머로 이삭과 리브가가 한 몸이 된 모든 것을 보았다.

아비멜렉은 이삭을 불러서 아내를 누이라 거짓말했다며 책망을 했다. 아비멜렉은 리브라에 대하여 깊은 관심을 가졌다. 자신의 첩으로 맞이할 생각을 하면서 기회를 보고 있었다. 그런데 며칠 전 블레셋 한 남자가 리브가의 외모에 반하여 겁탈을 하려다 미수에 그친 사건이 있었다 말했다.

이삭은 아비멜렉에게 솔직하게 말했다. 자신을 죽이고 아내를 빼앗아 갈까봐 거짓말을 했다며 실토했다.

블레셋 왕 아비멜렉이 그랄에 거주하는 모든 백성들에게 명령을 내렸다. 오늘부터 이삭과 아내 리브가를 만지거나 때리거나 하지 못하게 신체접촉 금지령을 공포했다. 위반하면 사형에 처한다고 했다.

아비멜렉이 그러한 선포를 한 사연이 있다. 아비멜렉의 아버지 때 한 사건이 있었다. 이삭의 아버지 아브라함이 그랄에 잠시 거주할 때 동일한 사건이 있었다.

그때도 아브라함이 자신의 아내 사라를 누이 동생이라 했다. 그 말을 믿고 아비멜렉이 사라를 후궁으로 맞이했다. 그날 밤 여호와 하나님이 아비멜렉에게 나타나 엄하게 책망했다. 집안의 남자와 여자들에게 잉태할 수 없는 무서운 재앙이 임하였다. 그 사건 이후 아비멜렉 가문은 오랫 동안 고통을 당하였다. 그러므로 이삭을 통하여 또 그러한 불행한 일이 있을까봐 두려웠다. 또한 당시에 아브라함과 그랄의 아비멜렉이 상호불가침의 언약한 것을 기억했다. 그러므로 아브라함의 아들 이삭에 대한 보호 의무가 있었다.

이삭의 100배의 기적

그랄 정착민들 중에는 곡물 농사를 짓는 자들이 많았다. 그러나 이삭은 짐승을 먹이는 유목민이다. 정착하여 전문적으로 곡식을 경작한 적이 없다. 그런데 이삭은 종들에게 땅을 개간하게 하고 그곳에 곡물을 심었다. 이삭이 곡물경작을 시도한 것은 일종에 모험이었다.

100년 만의 흉년은 곧 가뭄으로부터 시작된 것이다. 그런데 100년 만에 극심한 가뭄을 만나서 흉년이 들었다. 그러한 상황에 땅에다 파종을 하여 곡식을 얻겠다는 것은 무모한 모험이다. 성공할 확률이 없었다.

더욱이 이삭은 목축업을 하는 사람이다. 곡물을 경작에 관한 경험도 없고 지식도 없었다. 더욱이 100년 만의 가뭄으로 물이 없다. 곡물경작은 불가능한 것이다.

그랄 사람들은 이삭이 곡물 경작을 시도하자 비웃었다. 아무나 농사를 짓는 것인가? 자신들은 평생 경작을 했다. 극심한 가뭄으로 인하여 농사를 포기한 사람도 많았다. 농사를 하지만 큰 소출을 기대하지 않았다.

그런데 이삭은 가뭄과 흉년 중에 경작을 하였다. 추수를 하여 보니 일백 배의 수확을 얻었다. 평년작을 하는 것도 힘든 것인데 어떻게 100년 만에 찾아 온 가뭄과 흉년 중에 100배의 소출을 얻을 수 있는가? 모든 사람들은 기적이라 했다. 그랄 지역에 곡물 농사를 하는 진문적인 사람들도 100년 만의 흉년으로 말미암아 평년작하기도 힘들었다. 이삭은 흉년 중에 재산과 가축이 엄청난 큰 거부가 되었다.

그랄의 정착민들은 파종을 하여 흉년이 들어 수확은 전무하였다. 그런데 이삭이 일백 배 수확을 한 것을 블레셋 모든 사람이 알게 되었다. 그로 인하여 그랄 사람들의 마음에는 이삭을 향하여 시기심이 불같이 일어났다.

이삭은 곡물 농사를 하여 흉년 중에서 100배의 풍년을 경험한 것은 하나님이 베푸신 기적인 것을 알고 감사했다. 하나님 말씀을 따라 이집트로 가지 않고 그랄에 정착함으로 주신 복이다(창26:10).

그런데 문제가 발생했다. 그랄 사람들의 심통이 터졌다. 나그네로 온 이삭은 상상을 초월하는 복을 받았다 그런데 정착민인 자신들은 흉년으로 더욱 굶주리고 점점 가난해졌다. 그랄 사람들은 이삭에 대하여 분노와 시기심이 일어났다. 떠돌이가 자신들이 거주하는 그랄에 와서 부자가 된 것을 보고 흥분했다.

그랄 사람들의 반란의 질투

그랄 사람들은 흉년에 이삭이 농사를 짓는다 할 때, 농사는 아무나 하는 것이 아니라며 비웃었다. 그런데 이삭은 농사를 지었다. 결과는 일백 배의 추수를 했다.

그랄 사람들은 이삭이 자신들의 복을 가로챘다고 생각했다. 그리고 는 이삭을 죽이려 했다. 그리하여 그랄 사람들은 이삭을 향하여 말했 다.

"이삭 너는 우리보다 크고 강성한 즉 우리가 살고 있는 그랄을 떠나 라."

그랄 사람들은 아브라함 때 판 우물에 흙과 돌을 집어넣었다. 그것은 선전포고와 같았다(창26:12-22).

특별히 가뭄 중에서 우물은 생존이 걸린 문제다. 우물이 없어지는 것 은 곧 죽음을 뜻한다. 그랄 사람들이 메워버린 그 우물은 아브라함의 소유였다.

아브라함의 생전에 블레셋의 아비멜렉과 맹세를 했다. 그 우물의 소 유는 아브라함과 그 후손 이삭의 것이다(창21:22-34). 그런데 흉년 중 에 이삭이 거부가 되자 그랄 사람들은 이삭의 우물을 메워 빼앗았다. 그것은 불법이었다. 이삭은 그들과 분쟁을 피하였다. 얼마든지 권리를 주장할 수 있었다. 그러나 우물을 양보하고 그랄의 험준한 골짜기로 이 주했다. 이삭에게 필요한 것은 우물이 아니라 하나님이었다.

우물보다 중요한 하나님

이삭은 깨달았다. 농사를 하여 일백 배의 소출을 얻은 것이 우물 때 문이 아니다. 하나님이 복을 주셨기 때문이다. 이삭에게는 우물은 중요 하지 않았다. 여호와 하나님이 중요했다. 그래서 그랄 사람들이 우물을 빼앗자 다투지 않고 양보했다. 우물이 없어도 하나님이 있으면 된다.

이삭이 이주한 그랄 골짜기는 사람들이 생활할 수 없는 버려진 땅이다. 이삭은 그곳에 정착하고 새로운 우물을 파게 했는데 그곳에 아주 좋은 깊은 샘물이 나왔다.

이삭은 다시 우물을 중심으로 목축업과 곡물경작을 하였다. 이삭은 해마다 풍성한 소출을 얻었다. 그랄 목자들이 또 심술이 났다. 이삭이 판 우물이 자신의 것이라며 큰 다툼이 일어났다. 이삭은 그 우물을 다툼의 우물이라 하고 양보했다.

이삭은 다시 이주하여 종들에게 새로운 우물을 파게 했다. 그 곳에서도 또 아주 좋은 샘물 근원을 발견했다. 넉넉한 물로 생활했다. 또 다시 그랄 사람들이 찾아와 우물을 빼앗고 행패를 부렸다. 이삭은 그 우물을 그랄 사람들이 대적했다는 뜻으로 '싯나'라 이름 짓고 또 양보했다.

물이 귀한 가나안 땅에서 우물은 최고의 재산이다. 우물이 있어야 사람도 살고 짐승도 살고 촌락이 형성된다. 우물이 말라버리면 그곳에 사람이 살지 못한다. 그러므로 개인소유의 우물을 하나 가진다는 것은 대단한 축복이다. 또한 우물을 파서 물을 얻는다는 것도 최고의 복을 받은 것이다. 그런데 가뭄 중에 우물을 파고 샘물을 얻는다는 것은 기적이다.

이삭은 가는 곳마다 우물을 파게 되었다. 그곳에 풍성한 수원을 가진 좋은 샘을 얻었다.

이삭은 세 번째로 판 우물의 이름을 '르호봇'이라 했다. 그 뜻은 '이제는 여호와께서 우리를 위하여 넓게 하셨다'는 뜻이다. 그랄 사람들도 이삭에게 하나님이 함께하는 것을 보고 더 이상 간섭하지 못했다. 이삭을 두려워 했다.

이삭을 두려워하는 그랄 사람

그랄 사람들은 이삭을 대적하였다. 이삭은 그때마다 양보했다. 그런데 이삭이 다시 우물을 파면 더욱 좋은 샘물이 나왔다. 다시 그랄 사람들은 우물을 빼앗았다. 그러나 이삭은 망하지 않았다. 더욱 번성했다.

그랄 사람들은 평생에 우물하나 파는 것이 소원이다. 그런데 이삭은 땅을 파면 그 곳에 좋은 샘물이 솟아올랐다. 그랄 사람들은 이삭이 망하기를 원했다. 그러나 이삭은 점점 강해졌다.

그랄 사람들은 여호와 하나님을 믿지 않았다. 그러나 여호와 하나님이 이삭과 함께하는 것을 보았다.

처음에는 이삭을 미워하고 시기하였다 그러다가 혹시 이삭이 믿는 여호와 하나님이 자신들에게 벌을 내리지 않을까 두려워했다. 그리고 이삭에게 하나님이 함께하는 것을 보면서 이삭을 존경하였다.

브엘세바의 하나님

이삭은 그랄에서 생활을 정리했다. 고향 브엘세바로 올라왔다. 자신을 미워하는 그랄 사람들과 거리를 두었다. 그리고 흉년으로 애급으로 내려가려는 계획이 취소되었으므로 타락하고 인심 나쁜 그랄에 머물 필요가 없었다. 사람들은 100년 만에 닥친 흉년이라 했다. 그러나 하나님이 이삭에게 복을 주심으로 이삭에는 흉년이 아니었다. 하나님의 은혜와 복을 받는 시기였다.

브엘세바는 오래 전 아브라함 때 블레셋의 왕 아미멜렉과 군대장관 비골이 찾아 올라왔었다. 그리고 아브라함의 가문과 아비멜렉의 가문의 후손들이 상호불가침과, 아브라함의 우물 소유권을 확정하고 맹세한 곳이다. 그때 아브라함이 에셀나무를 심고 영원하신 하나님의 이름을 부르고 제단을 쌓았다. 그때 심은 에셀나무는 크고 무성하게 자라 숲을 이루었다(창21:32-33).

이삭이 브엘세바로 돌아온 밤에 여호와 하나님이 이삭에게 나타나 말씀했다.

"이삭이 거기서부터 브엘세바로 올라갔더니. 그 밤에 여호와께서 그에게 나타나 이르시되 나는 네 아버지 아브라함의 하나님이니 두려워하지 말라 내 종 아브라함을 위하여 내가 너와 함께 있어 네게 복을 주어 네 자손이 번성하게 하리라 하신지라 이삭이 그곳에 제단을 쌓고, 여호와의 이름을 부르며 거기 장막을 쳤더니 이삭의 종들이 거기서도 우물을 팠더라"(창26:23-25).

이삭은 축복의 땅을 두고 흉년을 피하여 애굽으로 가려한 것을 회개했다. 하나님의 약속을 믿고 다시 브엘세바로 올라오기까지 하나님이 복을 주시고 대적을 물리쳐 주심을 감사했다.

이삭은 아버지 아브라함이 없는 허전한 자리에 하나님이 계시면서 자신을 지켜 보호하는 것을 경험했다. 그리하여 이삭은 여호와 하나님을 만난 그곳에 제단을 쌓고 하나님께 감사했다. 그리고 종들을 시켜 다시 그곳에 우물을 파게 했다. 그곳에서도 참 좋은 샘물을 얻었다.

아비멜렉의 두려움

블레셋 그랄 왕 아비멜렉과 백성들은 이삭이 망하기를 기대했다. 아브라함의 우물도 빼앗았다. 흉년 중에 이삭의 새로운 우물도 빼앗았다. 그런데 이삭은 죽거나 망하지 않았다. 이삭은 더욱 번성하며 복을 받았다.

아비멜렉과 군대장관 지도자들은 이삭을 보고 위기를 느꼈다. 이삭에게 함께하는 여호와 하나님이 자신들에게 벌을 내리지 않을까? 아니면 시간이 지나면 이삭이 강성하여 그랄을 침략할까? 두려웠다.

이삭의 보복을 두려워하는 그랄의 아비멜렉은 오래 전에 이삭의 아버지 아브라함과 그랄에 우물에 대한 언약을 하여 불가침 협약을 한 것을 기억하였다. 그리하여 아브라함의 아들 이삭과 새로운 상호 불가침 조약을 하여 후일을 대비하기로 했다.

그랄 왕 아비멜렉과 친구 아훗삿과 군대장관 비골이 브엘세바로 올라왔다. 이삭에게 정중히 사과했다. 지난 날 자신들의 잘못을 인정했다. 그리고 새로운 평화 협정을 제안했다.

새롭게 판 우물 앞에서 이삭이 자신들을 공격하고 해치지 않겠다는 맹세를 요구했다. 이삭은 그랄 왕 아비멜렉과 상호불가침의 맹세를 했다. 그리고 전쟁을 칠 생각이 없었다.

아비멜렉은 이삭을 간섭하지 않겠다고 했다. 얼마나 감사한 일인가. 그랄의 아비멜렉과 모든 자들이 스스로 굴복한 것이다. 이삭은 하나님의 말씀에 순종함으로 하나님이 이삭을 대적 앞에서 승리하게 했다(창 26:26-33).

이삭과 아비멜렉의 일생이 하룻 밤을 함께 보낸 후에 새롭게 판 우물에서 맹세를 했기에 맹세의 우물이라는 뜻으로 '세바'라 하였다. 그 후 그곳 지명이 '브엘세바'가 됐다. 그날부터 오늘까지 우물이 존재한다. 지금은 '바르에스 세바'하다. 이스라엘 성지 순례자들이 찾아 가는 곳이다.

한편 에서는 40세에 이방인 헷 족속의 여자와 결혼을 하여 곧 자녀를 낳았다. 그리고 자손이 번성하면서 이삭과 리브가에게 괴로움을 주었다(창26:34-35).

"이삭이 그 땅에서 농사하여 그 해에 백 배나 얻었고 여호와께서 복을 주시므로 그 사람이 창대하고 왕성하여 마침내 거부가 되어 양과 소가 떼를 이루고 종이 심히 많으므로 블레셋 사람이 그를 시기하여 그 아버지 아브라함 때에 그 아버지의 종들이 판 모든 우물을 막고 흙으로 메웠더라 아비멜렉이 이삭에게 이르되 네가 우리보다 크게 강성한즉 우리를 떠나라 이삭이 그 곳을 떠나 그랄 골짜기에 장막을 치고 거기 거류하며 그 아버지 아브라함 때에 팠던 우물들을 다시 팠으니 이는 아브라함이 죽은 후에 블레셋 사람이 그 우물들을 메웠음이라 이삭이 그 우물들의 이름을 그의 아버지가 부르던 이름으로 불렀더라"(창26:12-18).

27. 리브가의 유언
(창27장)

리브가의 족보

노아의 아들은 셈, 함, 야벳이다. 노아의 장남 셈의 팔대 손에서 데라가 출생한다. 데라는 갈데아 우르에서 아들 셋을 낳았다. 70세에 장자 하란을 낳았고(창11:26), 그 후 60년이 자나서, 데라는 130세에는 둘째 아들 아브라함을 낳았다. 그리고 막내 나홀을 낳았다.

장남 하란은 일찍 결혼해 딸 밀가, 이스가와 아들 롯을 낳고 갈대아 우르에서 죽었다. 데라는 장남의 죽음으로 심리적으로 큰 상처를 입었다. 그리고 손자 손녀를 양육했다. 그리고 세월이 지나서 자녀들을 근친결혼을 시켰다. 데라는 자신의 둘째 아내가 낳은 딸 사래를, 둘째 아들 아브라함과 결혼을 시켰다. 그러므로 아브라함은 이복 여동생과 결혼을 했다. 막내아들 나홀은 큰 아들 하란의 딸, 밀가와 결혼을 시켰다.

데라의 아들 하란이 죽음으로 장자권은 둘째 아들 아브라함에 있었다. 아브라함은 결혼하였으나 자녀가 없었다. 어느 날 갈대아 우르에 있을 때에 하나님이 나타나서 말씀했다. 아브라함에게 자녀의 복과 물질의 복과 영적인 복을 줄 것이니 가나안으로 이주하라고 했다. 아브라함은 하나님의 약속을 믿고 가나안으로 가는 중에 하란에서 아버지 데라가 죽음으로 장사를 했다. 동생 나홀을 남겨 두고 가나안으로 이주했다.

갈데아 우르는 아브라함의 고향이지만 슬픈 사연이 있었다. 아버지 데라는 태양신을 섬기는 자로서 태양 신상을 만들어 팔아 수입을 얻었다. 아브라함의 가문에 태양신상을 재조 유통하는 것이 중요한 생업이었다. 그런데 큰형 하란은 태양신을 숭배하지 않았다. 당시에 태양신을 숭배하지 않는 자들은 태양신을 모독한다 하여 화형에 처하였다.

아브라함의 아버지 데라는 태양신상을 만들어 수입을 얻었다. 그런데 자신의 아들이 태양신을 섬기지 않는 것을 한탄했다. 그것은 생업에 위기를 주는 일이었다. 그리하여 태양신전의 사제들에게 아들을 고발하였다. 자신의 아들에게 따끔한 맛을 한번 보여 주고 태양신상을 믿도록 회유하도록 요청했다. 그런데 데라의 생각은 빗나갔다. 태양신(日神)과 달신(月神)신을 믿는 사제들은 하란에게 태양신을 믿도록 회유하였으나 실패했다. 하란은 하나님을 믿는다 했다. 그리하여 당시의 법을 따라서 하란은 신성모독죄로 화형을 당했다. 결국 데라의 순수한 마음으로 아들을 고발한 것이 그를 죽음에 이르게 했다.

데라는 자신 때문에 큰 아들 하란이 죽었다며 괴로움으로 살았다. 그러나 가업이 태양신과 달신 신상을 제조 매매하는 것이기에 중단할 수 없었다. 데라는 점점 자신이 믿는 태양신과 달신에 대한 회의감을 가졌다. 아들을 죽게 한 것에 대한 무거운 자책감에 빠졌다. 그러나 먹고 살기 위해서는 태양신과 달신을 제조·유통을 해야만 했다.

아브라함과 큰 형 하란과의 나이 차이는 60년이 난다(창11:26,32). 아브라함도 큰형 하란의 죽음을 보고 충격에 빠졌다. 아브라함은 큰형 하란이 하나님에 대하여 말하는 것을 들었다. 그러나 구체적으로 하나님에 대한 믿음이 없었다. 그리고 하나님에 대하여 가르쳐 주는 사람도 없었다. 주변에는 하나님을 믿는 자들이 있었다. 아브라함은 태양신과 달신을 제조하고 판매하는 가업이 싫었다. 그렇다고 벗어날 방법도 없었다. 그리고 세월이 지난 후 어느 날 여호와 하나님이 아브라함에게 나타나서 말씀했다.

"아브라함아 나는 천지만물을 창조한 여호와 하나님이다. 그리고 나는 태양신상과 달 신상을 만들어 섬기는 것을 싫어한다. 아브라함아 너는 나 여호와 하나님을 섬겨라. 그리하면 내가 너를 세상의 복의 근원으로 만들어 주겠다. 그 복을 받으려면 지금 거주하고 있는 우르를 떠나라. 그리고 가나안으로 가라."

아브라함은 가정의 실질적인 가장이었다. 큰형 하란의 죽음으로 장자권은 아브라함에게 있었다. 아버지 데라가 생존해 있었지만 205세의 노년으로 실질적인 가문의 결정권이 없었다. 그러나 아브라함은 아버지 데라에게 하나님이 나타나서 말씀한 모든 것을 전달했다. 그리하여 데라는 아브라함의 말을 듣고 우르를 떠나서 가나안으로 가자 했다(창11:31).

아브라함은 여호와 하나님이 가나안 땅으로 가라고 말씀하는 약속을 믿고 갈대아 우르에서 모든 재산을 정리하여 출발했다. 아브라함이 갈대아 우르를 떠나는 것은 자신의 모든 것을 포기한 것이다. 태양신, 달신을 제조·유통하는 일을 청산했다. 인간적 관계도 단절했다. 사회적인 지위도 포기했다. 아브라함의 일생에 가장 힘겨운 결정을 하였다. 다시 돌아올 여지를 남기지 않았다.

아브라함이 우르에서 가나안으로 가기 위해서는 하란을 경유해야 했다. 그런데 아버지 데라는 노년에 극도로 쇠약했다. 하란에서 잠시 머물면서 아버지의 기력이 회복되기를 기다렸다. 그런데 아버지 데라는 회복되지 못하고 하란에서 205세로 죽었다(창11:32).

아브라함에게는 또 한 번의 슬픔이었다. 아브라함은 아버지 데라를 하란에서 장사 지내고 그곳에 머물고 있었다. 가나안으로 가기 위해서 우르를 출발했는데 하란에서 아버지의 죽음으로 방황하고 있었다. 하란도 나름대로 살기 좋은 곳이었다. 그곳에 정착하는 것도 좋은 방법이었다. 가나안으로 가는 것은 많은 것을 희생하고 모험을 해야 한다. 아브라함은 많은 생각을 하고 고민을 했다. 그때 여호와 하나님이 다시 아브라함에게 나타나서 말씀했다.

"여호와께서 아브람에게 이르시되 너는 너의 고향과 친척과 아버지의 집을 떠나 내가 네게 보여 줄 땅으로 가라 내가 너로 큰 민족을 이루고 네게 복을 주어 네 이름을 창대하게 하리니 너는 복이 될지라 너를 축복하는 자에게는 내가 복을 내리고 너를 저주하는 자에게는 내가 저주하리니 땅의 모든 족속이 너로 말미암아 복을 얻을 것이라 하신지라"(창12:1-3).

하나님은 아브라함에게 가나안 땅으로 가라 했다. 아브람은 동생 나홀과 하나님의 뜻을 어떻게 순종할 것인지 의논을 했다.

아브라함은 하나님의 약속을 믿고 가나안을 향하여 출발했다. 그러나 동생 나홀은 아버지의 묘지가 있는 하란에 정착했다. 그때 큰형의 아들 롯은 가나안으로 가겠다며 아브라함과 동행하였다. 그때 아브라함의 나이는 75세였다(창12:4).

아브라함의 동생 나홀은 하란에 홀로 정착했다. 그리고 큰형님 하란의 딸 밀가와 결혼하여서 8명의 아들을 낳았다. 그 이름은 장자 우스, 부스, 그므엘, 게셋, 하소, 빌다스, 이들람, 막내아들 브두엘이다(창22:20-24). 나홀과 그의 자녀들은 하란에서 번성하여 복을 받았다.

아브라함은 하나님의 약속의 말씀을 믿고 가나안에 이주했다. 가나안으로 이주하여 25년이 지나서 100세에 이삭을 낳았다. 가나안에 거주하는 아브라함과 하란에 거주하는 동생 나홀과는 서로 인편으로 소식은 주고받으며 살았다.

아브라함은 아들 이삭을 40세에 하란에 거주하는 동생 나홀의 막내아들 브두엘의 딸 리브가와 결혼시켰다.

리브가의 축복 가문 훈련 20년

리브가는 자신을 끔찍이 사랑하는 이삭의 사랑에 만족했다. 그러나 800km 멀리 떨어진 친정은 가지 못했다. 대상들을 통하여 소식을 주고받을 뿐이었다.

리브가는 아브라함의 하나님, 이삭의 하나님에 대하여 잘 몰랐다. 시아버지 아브라함으로부터 하나님이 주신다는 복의 언약이 무엇인지 처음부터 듣고 가르침을 받았다.

리브가는 결혼하기 전까지 하란에서 잡신을 섬겼다. 그러나 이삭과 결혼 한 후에 오직 여호와 하나님만 섬겼다.

여호와 하나님이 아브라함에게 주시는 복이 무엇인지 몸소 배우는데 많은 기간이 필요했다. 하나님은 리브가가 완전한 여호와 하나님을 믿고 그 약속을 믿을 때까지 자식을 주지 않았다.

열국의 어머니가 된 시어머니 사라의 믿음과 약속을 계승하였다. 새로운 열국의 어머니가 되는 믿음과 연단의 과정 20년 동안 불임으로 고통을 받았다.

하나님은 리브가에게 즉시 자녀를 허락지 않았다. 믿음의 어머니로 성장된 이후에 잉태의 복을 허락했다.

믿음이 완성될 때 주신 자녀

이삭과 리브가는 여호와 하나님 앞에 자녀를 달라고 간절히 기도했다. 결혼 후 19년 동안 자녀가 없었다. 하나님은 이삭과 리브가가 결혼지 20년 되는 때에 쌍둥이를 주셨다.

리브가의 태중에 쌍둥이는 극심하게 싸움을 하였다. 리브가는 임신 중에 복통 때문에 하나님께 기도했다. 리브가의 기도에 여호와 하나님이 응답하였다(창25:21).

"그 아들들이 그의 태속에서 서로 싸우는지라 그가 이르되 이럴 경우에는 내가 어찌할꼬 하고 가서 여호와께 묻자온대 여호와께서 그에게 이르시되 두 국민이 네 태중에 있구나 두 민족이 네 복중에서부터 나누이리라 이 족속이 저 족속보다 강하겠고 큰 자가 어린 자를 섬기리라 하셨더라 그 해산 기한이 찬즉 태에 쌍둥이가 있었는데 먼저 나온 자는 붉고 전신이 털옷 같아서 이름을 에서라 하였고 후에 나온 아우는 손으로 에서의 발꿈치를 잡았으므로 그 이름을 야곱이라 하였으며 리브가가 그들을 낳을 때에 이삭이 육십 세였더라"(창25:22-26).

하나님이 리브가에게 응답하였다. 쌍둥이가 잉태 되었고 그들은 각각 한 민족을 이룰 것이며. 형이 동생을 섬길 것이라 했다.

아브라함은 160세에 아들 이삭이 낳은 손자, 에서와 야곱을 보았다. 그리고 에서와 야곱이 17세가 되는 때 아브라함은 175세에 죽었다.

아브라함은 손자 에서와 야곱을 위해서 많은 기도를 했다. 하나님이 주신 아브라함의 가문의 복을 받기 위해서 손자 에서와 야곱은 출생 후 8일에 할례를 행하였다. 시간 있을 때마다 항상 하나님의 약속과 복을 가르쳤다. 그런데 야곱은 할아버지 아브라함의 가르침을 받고 믿음의 꿈을 가졌다. 그리고 믿음의 선한 욕심을 가지고 성장했다. 그러나 에서는 관심이 없었다.

아브라함의 쌍둥이 손자 에서와 야곱은 성장하면서 각각 다른 성품과 기질을 가졌다.

에서는 남성적이며 사냥을 좋아했으나 신중하지 못했다. 무엇보다 여호와 하나님을 믿는 믿음이 없었다.

동생 야곱은 집안에 머물면서 가정 일을 돕고 모든 일에 치밀하고 욕심이 많았다. 할아버지 아브라함을 통하여 여호와 하나님에 대한 믿음을 가졌다. 그리고 자신이 믿음의 자녀가 될 것을 다짐했다. 자신이 장남으로 출생하지 못한 것이 애통했다.

아브라함과 이삭은 에서와 야곱에게 하나님의 언약의 복에 대하여 교육을 하였다. 그때마다 에서는 사냥을 한다고 광야로 갔다. 야곱은 여호와 하나님에 대한 복을 듣고 자신이 그 복을 받겠다는 거룩한 욕심을 가졌다.

에서는 40세에 가나안 원주민 헷 족속의 권세자 브에리의 딸 유딧과 결혼했다. 가정이 화목하지 못했다. 그리하여 이삭과 리브가에게 근심이 되었다. 그 후 에서는 헷 족속의 엘론의 딸 바스맛을 아내로 삼았다. 헷 족속은 여호와 하나님을 믿지 않았다. 에서의 아내들은 우상숭배와 주술적 행위를 했다. 그리하여 에서는 하나님의 복의 언약에서 멀어졌다. 헷 족속의 문화를 즐기면서 육신의 만족을 위해서 살았다. 에서는 이삭과 리브가에게 고통과 근심의 아들이 되었다(창26:34-35).

이삭의 임종 준비 (창27:1-4)

이삭의 나이 137세가 되었다. 그때 애서와 야곱은 77세가 되었다. 에서는 40세에 결혼하여 37년이 지났다. 두 명의 아내를 두고 여러 자녀를 낳았다. 그런데 야곱은 77세가 되었지만 결혼을 하지 않았다. 형 에서의 가정을 보고 큰 실망을 했다. 차일피일 결혼을 미루고 있었다.

이삭의 나이 124세에 형 이스마엘이 137세에 죽었다. 그 후 13년이 지나서 이삭의 나이 137세가 되었다. 오랫동안 안질로 인하여 고통을 당하다가 시력을 완전히 상실했다. 사물을 보고 분간하기 힘든 상태가 되었다. 그리고 점점 육체적인 한계를 느꼈다. 임종을 준비하면서 에서에게 장자권과 족장권 축복하기로 결심 했다. 그리하여 아내 리브가에게 에서를 불러 오라 했다.

에서는 아버지의 부름을 받고 왔다. 혹, 아버지가 돌아 가실까 염려했다. 이미 장님이 된 아버지는 사물을 분별하기 힘들었다. 에서는 아버지를 위해서 특별히 할 수 있는 것이 없었다.

이삭이 에서에게 말했다.

"이제 이 땅에서 살날이 몇 날 남지 않은 듯하다. 그리고 내가 언제 죽을지 나도 모르겠다. 기력이 떨어지고 삶에 의욕이 없다. 이는 죽음이 곧 나에게 다가온 징조가 아닌가. 그러니 내가 죽기 전에 너를 위하여 축복을 빌어 주려 한다. 내 사랑하는 아들 에서야, 너는 활을 들고 빈들로 나가서 짐승을 잡아서 내가 좋아 하는 특별한 요리를 해서 가져오면 좋겠다. 나는 네가 사냥하여 잡은 들짐승들의 고기가 먹고 싶다"(창27:1-4).

에서는 임종을 앞둔 아버지를 기쁘게 해 드리고 싶었다. 일찍 결혼을 했으나 아내들은 아버지를 즐겁게 하지 못했다. 아내들은 하나님을 믿지 않았다. 헷 족속의 신들을 믿었다. 자녀들도 하나님을 믿지 않았다. 에서는 자신의 불효함을 통탄하였지만 어찌 할 수 없었다. 에서는 즉시 사냥도구를 준비하여 광야로 사냥을 나갔다.

야곱에게로 흘러가는 축복의 물줄기 (창27:5-29)

리브가는 남편 이삭이 장자 에서를 불러 달라고 할 때 궁금했다. 남편의 건강 상태가 극도로 나빠졌다. 시력을 이미 상실하여 밖으로 출입이 어려웠다. 그냥 집안에 머물고 있었다. 그런데 남편이 장자 에서를 불러 달라고 함으로 중요한 이야기를 할 것 같았다. 그리하여 장막 밖에서 남편과 에서가 긴밀하게 대화하는 것을 들었다. 그런데 이삭이 임종언약의 축복을 에서에게 하려는 것을 알았다.

리브가는 77년전 에서와 야곱을 임신했을 때 여호와 하나님이 말씀한 것을 기억했다. 큰 자가 작은 자를 섬길 것이며 두 국민이 태중에서 싸운다는 말씀을 기억했다(창25:19-26).

리브가는 하나님의 뜻은 장자의 복과 족장권의 복은 야곱에게 주어야 함을 깨달았다. 남편 이삭이 하나님의 뜻을 생각지 못했다. 그리하여 하나님의 계획을 따라서 에서에게 축복하는 것을 막아야 했다. 이삭이 에서에게 복을 주려는 것을 야곱에게 주도록 특별한 방법이 필요했다.

리브가는 급하게 야곱을 불렀다. 지금 아버지가 형 에서에게 장자의 축복을 주려는 현 상황을 설명했다. 리브가는 야곱에게 어린 염소 두 마리를 끌고 오라고 했다. 아버지를 위해서 특별한 요리를 만들어 줄 것이니까 아버지에게 들어가서 장자와 족장권의 축복을 받으라 했다.
야곱은 그것은 불가능하다 했다. 형 에서는 몸에 털이 많고 자신은 털이 없으므로 아버지가 손으로 만져 보면 금방 알 것이라 했다. 아버지가 비록 시력을 상실했지만 에서의 목소리와 야곱의 목소리는 분명히 구분할 것이라 했다. 리브가는 하나님이 도와 줄 것을 믿자 했다. 그리고 하나님의 뜻이 이루어질 것이니 염려하지 말자 했다.

리브가는 이삭과 결혼하여 97년을 살았다. 그러므로 남편 이삭의 입맛을 잘 알고 있다. 남편이 가장 좋아하는 특별한 요리를 했다. 그리고 에서의 채취와 땀이 진하게 배여 있는 옷을 야곱에게 입혔다. 야곱의 손등에는 염소 털로 적당하게 감싸고 음성은 에서의 흉내를 내도록 했다.

하나님의 뜻을 기억하는 리브가

리브가가 요리한 음식은 맛있는 향기가 났다. 이삭의 식욕을 깊이 자극했다. 그리고 야곱은 어머니가 요리한 음식을 들고 에서의 옷을 입고 이삭이 있는 방으로 들어갔다.

이삭의 시력은 완전히 상실했다. 이삭은 후각, 청각이 민감하게 반응했다. 이삭은 에서에게 어떻게 사냥을 하여 이렇게 빨리 요리를 해왔냐면 칭찬을 했다. 그런데 대화 중에 의문을 가졌다. 별미를 만들어 오라고 에서에게 말했다. 그런데 별미를 들고 온 것은 야곱 같았다. 그리하여 이삭은 의심을 하였다. 시력을 상실하였음으로 눈으로는 확인 할 수 없었다. 손으로 만져 보고 후각으로 느껴 보려했다.

별미로 만들어온 요리가 더욱 군침을 흘리게 했다. 후각으로 진하게 느끼는 별미 냄새가 식욕을 자극했다.

이삭은 다시 의심을 하였다. 어떻게 빨리 짐승을 잡아 요리를 해서 왔을까? 평소에 사람을 잘 속이는 야곱이 아닐까 의심했다. 그리하여 가까이 오라고 했다. 그리고 옷에서 나는 채취를 통하여 구분하려 했다. 이삭은 자신의 얼굴 앞에 다가온 옷을 잡고는 체취를 맡았다. 그 냄새는 분명 에서의 냄새였다. 그래도 의심이 가서 손을 만져 보았다. 촉각으로 느껴지는 거친 털은 에서가 분명했다. 그러나 목소리는 야곱이다.

그때 옆에 있는 리브가가 말했다. 에서가 오랜만에 요리한 음식을 식기 전에 빨리 들어라 재촉했다. 이삭은 아내 리브가의 말을 듣고 즐겁게 식사를 했다.

이삭이 식사를 마친 후에 임종을 앞둔 비장한 마음으로 아들에게 장자권과 족장권에 대한 축복기도를 했다.

"그가 가까이 가서 그에게 입 맞추니 아버지가 그의 옷의 향취를 맡고 그에게 축복하여 이르되 내 아들의 향취는 여호와께서 복 주신 밭의 향취로다. 하나님은 하늘의 이슬과 땅의 기름짐이며 풍성한 곡식과 포도주를 네게 주시기를 원하노라. 만민이 너를 섬기고 열국이 네게 굴복하리니 네가 형제들의 주가 되고 네 어머니의 아들들이 네게 굴복하며 너를 저주하는 자는 저주를 받고 너를 축복하는 자는 복을 받기를 원하노라"(창세기 27:27-29).

이삭은 아들에게 아버지 아브라함의 축복과 믿음의 족속의 장자권과 족장권의 축복을 마음껏 빌었다. 야곱은 아버지로부터 축복 기도를 받고 밖으로 나갔다. 리브가와 야곱은 기쁘하며 즐거워했다.

이삭은 맛있는 음식을 먹고 식곤증으로 깊은 낮잠을 자기 시작했다. 얼마나 잠을 잔 것일까? 그때 에서가 사냥한 짐승을 어께에 매고 집으로 들어 왔다(창27:30).

에서의 방성대곡 (창27:31-40)

에서는 콧노래를 부르며 즐거워했다. 오늘 사냥은 아주 쉽게 하였다. 집으로 와서 아내들에게 아버지가 자신에게 장자의 복을 빌어주실 것이니 그것을 위해서 접대할 최고 맛있는 요리를 하라 했다.

에서는 그동안 아버지에게 불효한 것을 생각했다. 그리고 이제 아버지가 얼마 후 세상을 떠날 것이다. 오늘 아버지에게 별미를 대접하는 것은 하나님이 주신 마지막 기회라고 생각했다.

에서의 아내들은 최고의 특별 요리를 했다. 평소에 시아버지에게 효도하지 못했다. 그런데 시아버지가 임종 전에 자신의 남편에게 축복 기도를 한다고 하니 최선을 다하였다.

에서는 특별 요리를 들고 아버지 이삭이 거처하는 방으로 들어갔다. 그때 이삭은 깊은 낮잠을 즐기고 있었다. 아버지를 향하여 말했다.

"아버지여, 사냥을 하여 요리를 하여 왔습니다. 이것을 드시고 축복하여 주소서."

이삭은 졸음을 이기지 못하여 귀찮은 듯이 말했다.

"너는 누구냐?"

"아버지, 에서입니다!"

이삭이 벌떡 일어나 두려워 부들부들 떨면서 말했다.

"아니, 그러면?"

"조금 전에 요리하여 들고 온 자가 누구냐?

"에서 너가 얼마 전에 음식을 가지고 왔지 않느냐?"

"예?"

"조금 전에 별미를 먹고 모든 장자의 축복을 해 주었다. 또 음식을 가져왔느냐?"

에서는 아버지의 말을 듣고 의심을 했다. 아버지가 나이가 많아서 이제 망상 증상이 있는 것이 아닐까 생각했다. 그리고 큰 소리로 말했다.

"아버지, 내가 에서입니다. 아버지가 말씀하신 대로 사냥을 하여 특별 요리를 가져왔습니다. 지금 드시고 축복해 주세요."

이삭은 더욱 두려움에 떨며 말했다.

"아니야, 내가 좀 전에 별미를 먹고 하나님이 나에게 주신 모든 축복을 다 빌어 주었다. 그러니 나는 더 이상 복을 빌어 줄 수 없다."

에서는 그때에야 상황 파악이 되었다. 자신이 들에 사냥을 하려 간 사이에 야곱이 간사하게 아버지를 속이고 별미를 대접한 후에 모든 복을 받아 간 것을 알았다.

에서는 큰 소리로 방성대곡을 했다. 에서의 큰 울음은 다른 장막과 가족에게도 들렸다. 리브가와 야곱도 장막 뒤에서 에서와 야곱의 대화를 다 들었다. 그리고 에서의 분노와 통곡을 들었다. 야곱은 신변에 위협을 느끼면서 몸을 피하였다.

이삭은 에서의 울음소리를 듣고 두려웠다. 이삭도 상황 파악이 되었다. 조금 전에 자신에게 복을 받은 자가 야곱인 것을 알았다. 그러나 한번 축복한 것을 취소할 수 없다. 다시 장자의 축복과 족장권의 복을 빌어 줄 수 없었다. 장자권과 임종 축복기도는 일생에 한반만 할 수 있는 것이다.

에서는 아버지에게 눈물을 흘리면서 애원을 했다.

"아버지 남은 복이라도 나에게 주세요."

"조금 전에 내가 복을 빌어 준 것은 다시는 축복 할 수 없다. 그러나 내가 너에게 다른 것을 빌어 주겠다." 이삭은 마지못하여 에서를 위하여 기도했다.

"네 주소는 땅의 기름짐에서 멀고 내리는 하늘 이슬에서 멀 것이며, 너는 칼을 믿고 생활하겠고 네 아우를 섬길 것이며 네가 매임을 벗을 때에는 그 멍에를 네 목에서 떨쳐버리리라 하였더라"(창27:39-40).

이삭이 에서에게 어떠한 복도 주지 않았다. 에서의 일생이 거칠고 힘겨운 삶을 살 것을 예언했다. 그 후손들이 어떠한 인생을 갈아 갈 것인지를 예언했다.

이삭은 에서가 사냥하여 요리하여 가져온 음식을 먹지 않았다. 에서는 통곡하며 아버지의 방에서 나왔다.

이삭은 자신의 경솔한 생각 때문에 아들 에서와 야곱에게 돌이킬 수 없는 갈등의 씨앗을 남긴 것을 후회했다.

그 때 리브가가 이삭에게로 다가와서 말했다.

"여보, 77년 전에 에서와 야곱을 잉태한 후에 하나님이 말씀하시기를 두 국민이 태중에서 싸운다 했습니다. 그리고 큰 자가 적은 자를 섬길 것이라 했습니다."

이삭은 리브가가 임신 중에 하나님이 말씀한 것을 기억했다. 리브가는 이삭에게 오늘 행한 일은 하나님의 뜻대로 된 것임으로 하나님께서 선하게 인도해 주실 것이라며 위로 했다. 그리고 에서도 한 민족을 이루는 복을 하나님이 주실 것이라 했다.

이삭의 나이 137세에 야곱에게 유언축복을 하였다. 그때 에서와 야곱의 나이 77세였다. 에서는 이미 결혼을 한지 37년이 되었다. 그러나 야곱은 결혼을 하지 못했다.

이삭은 137세에 시력을 완전히 상실한 소경의 상태에서 임종축복 기도를 하였다. 그리고 난 후 43년을 세상을 보지 못하며 장수하다가 180세에 죽었다(창35:29).

헤브론에서 하란으로 (창27:41-45)

에서는 자신의 유언축복을 빼앗아 간 동생 야곱을 죽이기로 결심을 했다. 아버지 생전에 동생을 죽이면 아버지에게 고통이 될 것이다. 그러므로 몇 날이 지나면 아버지가 죽을 것이다. 그 때는 동생 야곱을 죽여 복수할 것을 다짐했다.

이삭은 임종을 앞두고 자신의 신변정리를 하였다. 리브가는 남편의 임종을 준비하면서 지극한 간호를 하였다.

야곱은 형 에서를 피하여 은신했다. 그러나 같은 거주 공간을 공유함으로 피할 수 없었다.

에서는 비록 자신이 받을 복을 동생 야곱이 빼앗아 갔지만 그 장자와 족장의 복을 다시 자신의 것으로 만들 방법을 생각했다.

동생 야곱을 죽인다면 장자의 축복과 족장권은 자연적으로 생존하여 있는 에서 자신에게 돌아온다. 그리하여 에서에게는 무력을 통하여 동생을 죽이고 축복권을 되찾아 오는 방법을 생각했다.

에서의 이러한 장자권 회복에 관한 계획을 주변 사람들에게 공개적으로 이야기 했다. 그리고 야곱에게도 말했다.

"아버지가 죽으면 반드시 죽일 것이다. 네가 죽으면 장자권과 모든 축복은 나의 것이 된다."

야곱은 형 에서가 두려웠다. 에서는 자신이 말한 것을 실천하는 사람이었다. 사냥에 능숙한 에서를 이길 힘이 없었다. 야곱은 하나님께 기도했다.

리브가의 근심도 깊어 졌다. 에서가 야곱을 죽인다는 말을 공개적으로 하고 다니는 것을 알고 있었다. 그리하여 에서의 심리와 행동을 주시했다. 아들 에서의 성품과 행동은 어머니 리브가가 제일 잘 알고 있다. 에서는 호전적이며 사냥에 능숙하다. 그러므로 에서가 야곱을 죽이는 것은 쉬운 일이다.

이삭과 리브가는 자식 간에 살인을 하는 끔찍한 일이 일어날까봐 잠을 이루지 못했다. 이삭과 리브가는 하나님께 기도하였다. 하나님이 야곱에게 주신 축복을 지키기 위해서는 어떻게 하든지 야곱을 살려야 했다. 리브가는 에서의 결심을 이삭에게 말했다. 에서와 야곱은 인간적으로 화해를 할 수 있는 단계는 이미 지났다. 어느 한쪽이 죽어야만 해결될 문제였다. 그렇다고 어떠한 아들이라도 죽는 것은 볼 수 없다.

리브가의 유언 (창27:46)

이삭과 리브가는 야곱을 불러 말했다. 갈대아 하란 외갓집으로 잠시 피신하라 했다. 분노한 에서의 한이 풀어지면 그 때 돌아오라고 했다.

야곱도 동일한 생각을 했다. 형님을 설득하는 것은 불가능하다. 야곱은 노총각이였기에 하란으로 피신하는 것은 간단했다. 야곱을 하란으로 도피시키는 것은 에서에게는 비밀로 모든 준비가 진행되었다.

이삭은 야곱이 77세가 되도록 결혼하지 않은 것을 가슴 아프게 생각했다. 그리하여 하란으로 떠나는 야곱에게 특별한 부탁을 하였다.

외삼촌 라반의 딸들 중에서 신부를 정하고 결혼하도록 했다. 야곱이 지금까지 결혼하지 않고 총각으로 살고 있는 것을 이삭과 리브가는 고통스러워했다.

에서는 이미 결혼한 지 37년이 되었지만 이방인 헷 족속 여인과 결혼하였다. 첩까지 둔 에서의 가정은 환란과 풍파가 많았다. 그리하여 이삭과 리브가는 큰 근심을 하였다.

그리하여 리브가는 야곱에게 결혼에 대하여 말했다.

"리브가가 이삭에게 이르되 내가 헷 사람의 딸들로 말미암아 내 삶이 싫어졌거늘 야곱이 만일 이 땅의 딸들 중에서 아내를 맞이하면 내 삶이 내게 무슨 재미가 있으리이까"(창27:46).

외갓집으로 떠나는 야곱에게 어머니 리브가가 한 말은 후일 지나고 보니 유언이 되었다. 그 후 리브가는 야곱을 보지 못하고 죽었다.

그리고 이삭은 야곱이 하란으로 가는 길에 넘치는 축복의 기도를 하였다.

"이삭이 야곱을 불러 그에게 축복하고 또 당부하여 이로되 너는 가나안 사람의 딸들 중에서 아내를 맞이하지 말고. 일어나 밧단아람으로 가서 네 외조부 브두엘의 집에 이르러 거기서 네 외삼촌 라반의 딸 중에서 아내를 맞이하라. 전능하신 하나님이 네게 복을 주시어 네가 생육하고 번성하게 하여 네가 여러 족속을 이루게 하시고. 아브라함에게 허락하신 복을 네게 주시되 너와 함께 네 자손에게도 주사 하나님이 아브라함에게 주신 땅 곧 네가 거류하는 땅을 네가 차지하게 하시기를 원하노라"(창28:1-4).

이삭과 리브가는 야곱을 밧단아람으로 피신시키고 얼마 후 야곱이 돌아 올 것이라 생각했다. 그런데 야곱이 하란으로 피한 이후 20년 동안 돌아오지 못했다. 그 이유는 에서의 분노가 20년이 지나도 풀어지지 않았기 때문이다.

리브가는 야곱을 외갓집으로 피신시킨 후에 야곱이 집으로 돌아오기 전에 죽었다. 야곱이 외갓집에 피신하여 있는 중에 어머니 리브가가 죽었다는 소식을 들었다. 그리하여 어머니의 유모 드보라가 하란으로 돌아왔다. 그러자 야곱은 어머니의 늙은 유모를 잘 돌보았다. 다시 고향 헤브론으로 돌아올 때 어머니의 유모를 모시고 왔다. 그런데 고향으로 돌아오는 중에 어머니의 유모 드보라는 죽었다.

이삭은 137세에 자신의 임종을 준비하였다. 여전히 시력은 상실된 상태로 답답하고 괴로운 남은 여생을 보내었다.

20년 후 이삭의 나이 157세 때, 야곱의 나이 97세에 밧단아람 외갓집에서 돌아왔다. 그때는 애석한 것은 아내 리브가는 죽고 없었다. 이삭은 여전이 허전한 여생을 보내는 장님 이였다.

이삭은 야곱이 큰 아들 에서와 화해를 한 것도 보았다. 야곱이 낳은 12명의 손자와 손녀 디나를 보았다. 그런데 야곱은 헤브론으로 오지 않고 세겜에 10년 동안 살았다. 가끔 야곱이 찾아와 문안을 하였다.

에서는 야곱이 돌아와 세겜에 거주하는 10년 동안 아버지 이삭을 잘 섬겼다. 그리고 모든 가족과 재산을 정리하여 스스로 세일 산으로 이주했다.

에서는 야곱의 장자권과 족장권을 인정했다. 세겜에 머물고 있는 야곱을 아버지 이삭이 있는 헤브론으로 돌아오게 했다. 그리고 야곱이 아버지 이삭의 모든 재산을 상속받게 했다.그리고 아버지를 봉양했다 (창 36:1-9).

이삭의 나이 167세에, 야곱의 나이 107세 때, 야곱은 30년 만에 아버지가 거주하는 고향 헤브론으로 돌아왔다. 그때 요셉은 나이 16세 전후였다. 그리고 요셉은 실종되었다.

이삭은 11번째 손자가 행방불명된 것을 들었다. 그리고 13년을 더 살다가 180세에 죽었다. 야곱과 에서는 이삭을 막벨라 굴에 장사를 하였다(창35:27-29). 그때 요셉은 30세가 되어 이집트에 총리가 되었다. 그러나 서로의 소식을 알 수 없었다.

"그의 아버지가 야곱에게 축복한 그 축복으로 말미암아 에서가 야곱을 미워하여 심중에 이르기를 아버지를 곡할 때가 가까웠은즉 내가 내 아우 야곱을 죽이리라 하였더니 맏아들 에서의 이 말이 리브가에게 들리매 이에 사람을 보내어 작은아들 야곱을 불러 그에게 이르되 네 형 에서가 너를 죽여 그 한을 풀려 하니 내 아들아 내 말을 따라 일어나 하란으로 가서 내 오라버니 라반에게로 피신하여 네 형의 노가 풀리기까지 몇 날 동안 그와 함께 거주하라 네 형의 분노가 풀려 네가 자기에게 행한 것을 잊어버리거든 내가 곧 사람을 보내어 너를 거기서 불러오리라 어찌 하루에 너희 둘을 잃으랴 리브가가 이삭에게 이르되 내가 헷 사람의 딸들로 말미암아 내 삶이 싫어졌거늘 야곱이 만일 이 땅의 딸들 중에서 아내를 맞이하면 내 삶이 내게 무슨 재미가 있으리이까"(창27:41-46).

28. 하나님을 만난 광야의 노숙자
(창28장)

에서의 분노, 가문의 격랑

이삭이 에서에게 장자권, 족장권 축복하려는 것을 리브가의 언약의 기지로 야곱이 축복을 받았다. 그 후 에서는 자신이 받아야할 복을 도둑질 당했다 생각했다. 에서는 야곱을 죽이려는 살인계획을 준비했다. 아버지 이삭은 137세로 시력을 상실하고 임종준비를 하였다. 삼촌 이스마엘도 137세에 죽었다. 그러므로 에서는 아버지가 이삭의 죽음은 수일 내로 이루어질 것이라 믿었다. 그리고 야곱을 살해하기로 했다.

리브가는 야곱을 살리기 위해서 새로운 계획을 하였다. 에서는 40세에 헷 족속 여인과 결혼을 하였고 그리고 두 명의 아내를 두면서 자녀를 낳았다.

그러나 이삭과 리브가는 에서와 아내들을 보고 큰 실망을 했다. 그들은 우상을 숭배했다. 가나안 타락한 문화에 빠져있었다. 여호와 하나님을 섬기지 않았다. 그리하여 이삭과 리브가에게 고통과 괴로움이 되었다.

에서도 결혼한 후 37년의 동안 행복하지 못했다. 늘 아버지와 어머니에게 근심을 준 것을 잘 알고 있었다. 그런데 야곱은 77세가 되었는데도 결혼을 하지 않았다. 결혼하지 않고 혼자 사는 것이 효도라 생각한 적도 있었다.

야곱을 하란으로 인도하는 하나님 (창27:1-4)

이삭과 리브가는 에서의 분노를 피하여 야곱을 하란에 있는 라반의 집으로 피신시키기로 결정했다. 그리고 야곱의 결혼에 대하여 의논했다. 야곱을 하란으로 보내어 외갓집의 딸들과 결혼시키자 했다. 야곱이 헷 족속의 딸들과 결혼을 하면 남은 인생에 무슨 낙이 있겠느냐 했다.

이삭은 자신의 결혼을 생각했다. 아버지 아브라함이 자신의 신부를 구하기 위해서 종 엘리에셀을 하란으로 보내어 리브가를 선택하여 왔다.

이삭과 리브가는 자신들과 같이 야곱을 하란에 나홀의 성으로 보내어 외삼촌 라반의 딸들 중에서 신부를 선택하도록 했다.

이삭과 리브가는 야곱을 불러 77세가 되도록 결혼하지 않는 것을 책망했다. 그리고 형 에서와 같이 헷 족속의 딸들과는 결혼하지 말라했다. 이제 하란에 있는 외삼촌 라반의 집으로 가서 신부를 선택하여 결혼하라 했다.

이삭과 리브가는 야곱이 은밀하게 하란으로 출발할 모든 준비를 하였다. 800km의 먼 거리를 걸어가야 한다. 길을 떠나는 야곱을 위하여 다시 이삭이 축복 기도를 했다.

"전능하신 하나님이 네게 복을 주시어 네가 생육하고 번성하게 하여 네가 여러 족속을 이루게 하시고 아브라함에게 허락하신 복을 네게 주시되 너와 함께 네 자손에게도 주사 하나님이 아브라함에게 주신 땅 곧 네가 거류하는 땅을 네가 차지하게 하시기를 원하노라"(창 28:3-4).

야곱은 아버지와 어머니에게 인사를 하고 형, 에서를 피하여 길을 떠났다.

부모의 마음을 읽지 못하는 에서

에서는 동생 야곱이 보이지 않자 야곱이 어디에 있느냐고 물었다. 그때 아버지 이삭이 말했다.

"너의 동생은 지금까지 장가도 못 갔다. 너는 결혼한 지 37년이 되고 내가 손자도 보아서 즐겁다. 그런데 야곱은 지금 77세가 될 때까지 장가도 못 갔으니 불효자식이 아니냐? 그래서 가나안 땅에는 마땅한 신부감이 없는 것 같아서 외갓집 밧단아람으로 보냈다. 그곳에서 신붓감을 구하도록 했다. 야곱이 외갓집으로 떠난 지 며칠이 되었으니 곧 돌아 올 것이다"라고 했다.

에서는 자신이 결혼을 잘못하여 아버지, 어머니에게 근심을 준 것을 알았다. 헷 족속의 아내들은 아버지와 어머니를 기쁘게 하지 못했다. 아버지, 어머니가 자신의 아내들로 인하여 실망하고 근심하는 것을 본 에서는 어떻게 하면 부모님을 기쁘게 할까 생각했다.

에서는 아브라함의 축복을 상속할 자라는 것을 그동안 망각했다. 여호와 하나님을 섬기는 것도 잘 몰랐다. 결혼이 얼마나 중요한지도 몰랐다. 영적인 세계도 몰랐다.

빈 들을 누비며 사냥을 하는 맛으로 살았다. 육신의 욕정을 해소할 헷 족속에서 아내를 얻었다. 그리고 첩도 두었다. 그 모든 것이 아버지와 어머니께 근심을 끼쳤다. 에서는 그동안 아버지와 어머니를 실망시킨 것을 만회할 수 있는 일이 무엇일까 골똘히 생각하다가 결론을 내렸다.

이스마엘의 딸 마할렛을 새로운 첩으로 맞이했다. 에서는 자신에게 삼촌이 되는 삼촌의 딸과 결혼을 하면 아브라함 가문의 혈족 결혼이 된다고 생각했다. 동생 야곱이 외삼촌 라반의 딸들과 결혼하는 것보다 가까운 혈족이라 생각했다(창27:6-9).

에서는 이스마엘의 딸과 결혼한 것이 아버지와 어머니에게 기쁨이 될 것이라 생각했다. 그런데 이삭과 리브가에게 새로운 근심이 되었다. 이스마엘은 종의 자식으로 아브라함의 축복의 자녀인 이삭의 혈통과 함께할 수 없다.

도망자는 돌아보지 마라

야곱은 두려웠다. 브엘세바에서 하란까지는 약 800km이다. 야곱은 한 번도 하란을 가본 적이 없다. 동행하는 사람도 없다. 낙타나 나귀를 끌고 가는 것도 아니다. 야곱은 홀로 은밀하게 출발했다. 가죽 부대에 올리브기름을 조금 넣은 것과 가면서 사용할 얼마의 돈이 전부다.

하란으로 가는 길은 늘 위험이 존재했다. 강도들이 출몰하여 약탈하고 사람을 죽이는 경우가 많았다. 그런데 야곱은 혼자다.

야곱은 최대한 빨리 아버지의 집과 멀어져야 했다. 그리고 하란으로 가는 일반도로를 가지 않았다. 다른 길을 통하여 하란으로 갈 생각이다. 이유는 형 에서 때문이다.

　야곱은 에서가 자신을 추격할까봐 두려웠다. 에서는 평소 사냥을 잘하는 광야의 전문가다. 에서가 추격하면 야곱은 피할 길이 없다. 에서는 사람들이 어디에서 잠을 자고 어느 길을 가며, 어떠한 길들이 있는지 잘 알고 있었다. 그러므로 일상적인 단거리의 길을 택한다면 추격하는 에서에게 잡혀 죽게 된다. 그러므로 남들이 가지 않는 험한 길을 선택하여 가는 것이 안전하다.

　그동안 집에서는 아버지와 어머니, 종들이 자신을 보호해 줄 수 있었다. 그러나 집을 떠나 빈들로 나온 후 야곱을 보호해 줄 사람은 없다. 야곱에게는 자신이 편안하게 쉬는 안식처가 없었다. 두렵고 외로운 광야를 죽을 힘을 다하여 걸었다.

별빛 속에 숨은 야곱

　야곱은 아버지의 집을 새벽에 출발한 이후 쉬지 않고 걸었다. 이제 해가 지고 어둠이 내렸다. 하늘에는 별빛이 총총히 빛났다. 야곱은 황량하고 거친 광야에 홀로 되었다. 어쩌면 사람들과 함께하지 않는 것이 신변에 도움이 된다. 순간순간 어둠 속에 형 에서가 나타나 자신을 죽일 것 같은 공포심이 밀려왔다.

　광야의 밤은 기온이 내려가서 매우 춥다. 모닥불을 피울까 생각했지만 그것도 할 수 없다. 형 에서에게 쉽게 발견 될 수 있었다. 야곱이 할 수 있는 것은 아무것도 없다.

브엘세바에서 메소보타미아 하란으로 가는 길은 많은 사람들이 이용한다. 그 길을 가면 함께 길동무가 되어 즐겁게 갈 수도 있다. 곳곳에 우물이 있다. 사람들이 거처할 숙박시설도 잘 되어 있다. 돈만 가지고 가면 다 해결된다. 그러나 야곱은 그 모든 것을 포기했다.

에서의 추격을 피하기 위해서 빈들에 머물기로 했다. 하루 종일 달리고 뛰었기에 육신은 곤고했다. 가지고 온 물도 다 마셔버렸다. 가죽부대에 올리브유가 조금 있었다.

야곱은 주변을 관망할 수 있는 언덕에 잠자리를 잡았다. 형에서가 다가올 경우 도망치기 좋은 장소를 정했다. 야곱은 형 에서를 두려워하며 브엘셀바를 떠나서 사흘 동안 85km를 걸어서 루스 지역의 빈들에 도착했다.

잠을 자기 위해서 길쭉한 돌 하나를 베게 삼아 놓고 자리에 누웠다. 밤하늘에 별들이 빛나고 있다. 어둠 속에 별빛은 아름답고 깨끗하지만 싸늘했다.

야곱은 밤하늘에 반짝이는 별을 보았다. 지난날 좋았던 그 때를 추억했다. 그 옛날에 할아버지 아브라함과 아버지 이삭과 함께 별들을 보고 말했다. 장차 우리의 후손들이 하나님의 복을 받아 하늘의 별과 같이 많아질 것이라고 했다. 그런데 할아버지 아브라함은 죽었다. 아버지도 임종이 얼마 남지 않은 듯하다. 야곱은 허전한 마음으로 밤하늘의 별 빛을 보았다.

정말 하나님의 복이 있을까 궁금했다. 아버지로부터 장자와 족장의 복을 받았다. 그러나 77세가 된 지금 결혼도 못한 노총각이다. 그리고 아무런 재산도 없는 빈털터리가 아닌가? 형 에서가 두려워서 외갓집으로 도망치는 한심한 신세가 되었다.

야곱은 따뜻하고 평안한 집을 떠나 빈들에 홀로 머물면서 밤하늘의 무수한 별들을 바라보면서 두려움과 근심이 가득한 밤을 보내었다.

하늘이 열리는 꿈 (창28:10-17)

황량한 광야에서 야곱은 곧 잠들었다. 죽을 힘을 다하여 도망친 사흘 길은 험하고 고통스러운 길이었다. 야곱은 돌베개를 베고 잠들었다. 그런데 신비한 꿈을 꾸었다.

야곱이 잠자는 곳에서 하늘 끝까지 황금 사다리로 연결되었다. 빛나는 사다리에는 하늘의 천사들이 빛나는 옷을 입고 야곱이 누워 있는 땅으로 무수히 내려오고 있었다. 그리고 잠자는 야곱을 바라 본 천사들이 다시 사다리를 타고 하늘로 천천히 올라갔다. 두려움에 떨고 잠을 자는 자신을 하나님의 천사들이 내려와서 지켜주고 있었다. 저 위에 하늘에는 여호와 하나님이 거룩하고 빛난 형체로 계셨다. 그리고 여호와 하나님이 야곱을 향하여 말씀했다.

"꿈에 본즉 사닥다리가 땅 위에 서 있는데 그 꼭대기가 하늘에 닿았고 또 본즉 하나님의 사자들이 그 위에서 오르락내리락 하고 또 본즉 여호와께서 그 위에 서서 이르시되 나는 여호와니 너의 조부 아브라함의 하나님이요 이삭의 하나님이라 네가 누워 있는 땅을 내가 너와 네 자손에게 주리니

네 자손이 땅의 티끌 같이 되어 네가 서쪽과 동쪽과 북쪽과 남쪽으로 퍼져
나갈지며 땅의 모든 족속이 너와 네 자손으로 말미암아 복을 받으리라 내
가 너와 함께 있어 네가 어디로 가든지 너를 지키며 너를 이끌어 이 땅으로
돌아오게 할지라 내가 네게 허락한 것을 다 이루기까지 너를 떠나지 아니
하리라 하신지라"(창28:12-15).

야곱은 꿈에서 깨어났다. 신비하고 정말 기분 좋은 꿈이었다. 하나님
은 광야 빈들에는 계시지 않을 것으로 생각했다. 그런데 하나님이 자신
이 누워 있는 그곳에도 계셨다. 하나님이 천사를 보내어 자신을 보호하
는 것을 보았다. 그리고 할아버지 아브라함과 아버지 이삭에게 약속하
신 복을 자신이 받고 이룰 것이라는 약속도 주었다.

야곱은 두려움을 느꼈다. 자신이 있는 빈들 그곳에 하나님이 계셨기
때문이다. 그러하다면 하나님은 언제나 어디에서나 계시며, 자신과 함
께한다는 것을 깨달았다.
지금 이 광야에도 하나님이 함께하시면서, 내가 가는 하란으로 가는
길에도 하나님이 지켜 인도해주신다. 내 평생에 여호와 하나님이 나를
지키며 인도하신다는 것을 깨달았다. 그러므로 하나님이 계시는 곳이
곧 하나님의 집인 것을 알았다. 하나님은 항상 자신과 함께하고 있음을
알았다. 그리고 그곳에도 열려진 하늘의 문이 있다는 것을 알았다. 그
러하다면 하나님은 언제나 함께 하시면서 내가 기도하면 응답하신다.
하나님이 지켜 인도함을 확신했다.

그 순간 야곱은 형 에서가 두려워 도망치는 공포심에서 자유를 얻었

다. 형 에서가 두려운 것이 아니었다. 하나님이 함께 함으로 빈들 어둠 속에 있지만 평안을 누리게 되었다.

야곱은 신비한 꿈을 꾸고 난 후 더 이상 잠을 이룰 수 없었다. 할아버지와 아버지로부터 들은 여호와 하나님을 꿈속에서 처음 만났다. 그리고 여호와 하나님이 자신에게 축복을 하였다. 아버지 이삭으로부터 축복을 받은 것이 응답됨을 확신했다.

야곱의 서원기도 (창28:18-22)

야곱이 지난밤에 잠잔 곳은 루스의 어느 광야였다. 야곱은 동쪽에 해가 솟아오르기 전에 일찍 일어났다. 지난밤에 돌베개로 사용한 길쭉한 돌을 세웠다. 가죽 부대에 있는 올리브기름을 부었다. 그리고 그 곳에서 큰 소리로 '벧엘'이라 외쳤다. '벧엘이란 하나님의 집이라는 뜻이다.

야곱은 자신이 늘 하나님과 함께하며 하나님의 집에 있다는 것을 선포했다. 그리고 하늘을 향하여 큰 소리로 외쳤다. "벧엘의 하나님, 야곱의 하나님!"

야곱이 외치는 소리가 광야에 울려 퍼졌다.

야곱은 형 에서에 대한 두려움이 모두 사라졌다. 자신이 가는 길에 하나님이 함께 함을 확신했다. 그리고 반드시 하나님의 도움으로 다시 고향으로 돌아 올 것을 믿었다.

야곱은 돌베개를 세우고 올리브유를 붓고서 여호와 하나님께 서원기도를 하였다.

하나님이 함께하여 지금 메소보다미아 하란에 있는 나홀 성의 라반의 집으로 가는 길을 안전하게 가게 하시고, 그 곳에서 언젠가 아버지의 집으로 돌아오는 길에 하나님이 먹을 것과, 입을 것을 주시어 평안히 돌아오게 하시면, 세 가지를 실행하겠다며 서원했다.

첫째는 나의 일평생 여호와 하나님만 섬기며 살겠다.

둘째는 돌베개를 세운 이곳에 후일에 돌아와 여호와 하나님을 위하여 제단을 쌓겠다.

셋째는 하나님이 주신 재산의 십일조를 드리겠다.

야곱은 빈들에서 여호와 하나님을 처음 만난 이후 모든 염려와 근심이 사라졌다. 에서의 추격을 두려워하지 않았다. 여호와 하나님이 자신을 지켜 주시며 반드시 아버지가 있는 곳으로 돌아오게 할 것이라 약속했다. 야곱은 죽음의 공포에서 벗어났다. 하나님이 함께함으로 지금 걸어가는 삶을 축복을 받아 영광의 모습으로 돌아올 것을 믿었다.

야곱은 빈들을 벗어나 메소보타미아로 가는 넓은 길로 나왔다. 야곱은 모든 공포와 두려움에서 벗어났다.

"야곱이 아침에 일찍이 일어나 베개로 삼았던 돌을 가져다가 기둥으로 세우고 그 위에 기름을 붓고. 그 곳 이름을 벧엘이라 하였더라 이 성의 옛 이름은 루스더라. 야곱이 서원하여 이르되 하나님이 나와 함께 계셔서 내가 가는 이 길에서 나를 지키시고 먹을 떡과 입을 옷을 주시어. 내가 평안히 아버지 집으로 돌아가게 하시오면 여호와께서 나의 하나님이 되실 것이요. 내가 기둥으로 세운 이 돌이 하나님의 집이 될 것이요 하나님께서 내게 주신 모든 것에서 십분의 일을 내가 반드시 하나님께 드리겠나이다 하였더라"(창 28:18-22).

29. 노총각 야곱의 결혼 사기
(창29장)

하란 평원의 우물 (창29:1-15)

야곱은 아버지 아브라함의 축복을 받고 아버지의 집을 떠나 하란으로 가야 했다. 야곱은 형, 에서를 피하여 공포의 사흘 길을 도망쳤다. 해가 저물어가는 광야의 저녁은 허전했다. 형, 에서의 추격을 피하여 죽을 힘을 다하여 도망친 하루하루는 피를 말리는 고통이었다. 야곱은 곤고한 잠을 청하였다. 그곳에서 잠을 자다가 꿈속에 여호와 하나님을 만났다. 그리고 하나님이 자신과 함께하는 약속을 받았다. 꿈에서 깨어난 야곱은 여호와 하나님 앞에 서원기도를 하였다. 야곱은 그곳을 벧엘이라 하였다.

그곳에서 야곱은 형, 에서의 공포에서 벗어났다. 하란으로 가는 머나먼 길에 대한 염려도 버렸다. 오직 여호와 하나님의 인도하심을 믿었다. 하란으로 가는 800km 머나먼 길을 하나님과 동행하는 즐거움이 있었다.

야곱은 가나안 브엘셀바에서 갈대아 하란으로 가는 800km 머나먼 길을 가면서 수많은 도시와 촌락을 지났다. 야곱이 바로본 거리의 풍경은 갈대아 하란이 가까워질수록 문명이 발전된 것을 보았다. 그리고 사람들의 생활수준도 점점 높아지는 것을 경험했다. 그리고 강물도 많고 우물도 많은 것을 보았다.

인간이 거주하는 촌락과 도시는 생활용수의 공급에 따라 그 규모가 결정된다. 생활용수가 풍부한 곳은 농업과 유목업이 발달하였다. 물이 있는 곳에 사람이 모여 도시가 형성된다. 그곳에 상업이 발달되었다. 그리고 마을과 도시를 따라 길이 연결되고 그 길을 따라서 유통과 무역이 형성되었다. 가끔 길을 따라서 전쟁도 일어났다. 정치와 경제 문화가 길을 따라서 오고 갔다.

야곱은 멀고 먼 하란으로 가는 길을 걸어가면서 무수히 많은 생각을 했다. 야곱은 아버지의 집에 머물며 여호와 하나님이 주시는 복을 받기 원했다. 그러나 형 에서가 죽이려는 복수심을 피하여 멀고 먼 하란으로 가는 도망자가 되었다.

야곱은 하란이 가까워지자 설레는 마음도 있지만, 한편으로는 어떻게 외삼촌 집을 찾을까 염려했다. 외삼촌의 이름과 가족 사항만 조금 알고 있을 뿐이다. 한 번도 대면한 적이 없다.

어느 오후 지친 몸으로 어느 마을 어귀에 있는 목축용 공동 우물을 찾았다. 오후가 되면, 목자들은 자신의 가축을 이끌고 우물가로 모여든다. 그곳에서 가축에게 충분한 물을 마시게 하고 집으로 돌아간다. 그러므로 가축용 공동 우물가는 그 지역의 하루의 중요한 소식과 정보를 교류하는 장소가 된다.

우물은 유목민들에게 중요한 재산이다. 개인적 우물이 있다면 큰 부자다. 대부분 마을이 공동으로 소유하는 우물이 있다. 그 우물은 지역 거주자들의 각각의 공동지분이 있다. 우물의 지분을 따라서 가축들에게 물을 마실 권리가 주어진다. 지분이 없는 자들에게는 물을 주지 않는다.

　대부분 공동 우물의 뚜껑은 무겁고 큰 돌로 막아 둔다. 대부분 우물을 깊다. 혹, 사람이나 짐승이 빠지면 죽을 수 있다. 그리고 햇살이 강하게 비춰면 아까운 우물이 증발할 수 있다. 그리하여 무거운 돌로 우물을 덮었다. 몇 명의 남자들이 힘을 합하여 우물을 덮은 돌을 밀어낸다. 그리고 가축에게 물을 마시게 한다.

우연한 만남으로 싹튼 사랑

　평원의 공동 우물가에는 목자들이 모여 있었다. 저 멀리 추원에는 많은 가축들이 한가롭게 풀을 먹고 있다. 야곱이 한 목자에게 말을 하였다.

　"그대들에게 평안이 있기를 축복합니다."

　"먼 길을 가는 그대에게도 평안하기를 축복합니다."

　"하란으로 가려면 어느 방향으로 가야 합니까?"

　"아, 저 멀리 보이는 저 도시가 하란입니다."

　"그러면, 하란에 나흘의 손자 라반을 알고 있습니까?"

　"예, 잘 알지요. 라반은 우리 마을에 살고 있습니다."

　"그러면 라반의 집을 찾아 가도록 인도해 줄 수 있습니까?"

　"그럴 필요가 없습니다."

　"예?"

　"저기 보세요. 큰 양 무리를 몰고 오는 것 보이지요"

"그런데요"

"저 양무리가 라반 양입니다. 그리고 말을 타고 오는 사람이 보이지요. 그가 라반의 딸 라헬입니다."

"아니 벌써 우물가로 양 때를 몰고 오는가요?"

"일찍 와야 양들에게 물을 먹일 수 있습니다."

야곱은 의문을 가졌다. 아직 해가 지려면 시간이 남았다. 그런데 목자들이 우물가로 모이는 것을 이해할 수 없었다. 가축에게 물을 먹이고 다시 초원으로 가서 풀을 먹이는가? 아니면 그냥 집으로 돌아가는가?

목자들은 야곱의 의문에 설명을 했다. 공동 우물을 사용하는 규약에 따라서 지분을 가진 자들이 모여서 함께 우물 뚜껑을 열어야 하고, 함께 가축들에게 물을 마시게 한 후. 다시 힘을 합하여 우물 뚜껑을 덮는다 했다. 그러므로 라반의 집안에는 남자 목자가 없음으로 처녀 목자는 일찍 와서 기다려야 된다 했다.

야곱은 저 멀리 라반의 양 떼를 몰고 오는 처녀 목자를 보았다. 아주 아름다워 보였다. 말을 타고 양 때를 몰고 오는 모습을 멀리서 보면서 마음 깊은 곳에서 기쁨이 넘쳤다.

그들이 우물가로 도착했다. 야곱은 주변의 목자들과 함께 우물 위를 덮은 큰 돌을 밀어 내었다. 그리고 먼저 라반의 양 떼에게 물을 마시게 했다. 그곳에 목자들은 야곱의 행동에 대하여 질서를 깨는 일이라며 불평하였다. 그러나 우물을 덮고 있는 무거운 돌을 함께 밀어 내는 것에 협력을 함으로 잠잠했다.

라반의 딸 라헬은 평소와 다르게 자신의 양 떼에게 먼저 물을 마시게 하는 것을 보고 의아한 생각을 했다. 그리고 낮선 한 남자가 우물을 덮고 있는 돌을 함께 밀어 내고 자신의 양들에게 물을 열심히 마시게 하고 있었다. 그 남자는 초면이었다. 목자들 중에서 본 적이 없었다. 아마 길 가는 나그네가 자신에게 친절을 베푼다 생각하며 감사했다.

야곱은 양떼 들에게 물을 다 마시게 한 후에 라헬에게 자신을 소개했다.

"그대에게 하나님의 평강이 있기를 축복합니다."

"나그네 길에 평화가 있기를 축복합니다."

야곱은 라헬에게 자신을 소개했다.

가나안 브엘셀바에서 왔으며, 가족 사항은 할아버지는 아브라함, 아버지는 이삭, 그리고 어머니 리브가에 대하여 말했다. 그리고 라반은 자신의 외삼촌이라 했다. 그리고 자신은 이삭의 아들 야곱이라 소개했다.

야곱은 자신의 외삼촌 라반을 한번도 본 적이 없었다. 그러나 대상들이 전해 주는 하란의 라반의 소식과 자녀들의 소식을 들어 잘 알고 있다 했다.

야곱이 자신을 소개할 때에 라헬은 두 눈이 번쩍 열렸다.

레헬은 말에서 내려서 야곱에게로 다가가며 말했다.

"아버지를 통하여 가나안에 살고 있는 소식을 들었습니다."

야곱은 라헬을 끌어안고 울었다. 야곱은 한 달 가까운 먼 길을 걸어온 긴장이 풀어졌다. 무사히 하란에 도착했다는 안도의 한숨을 내쉬면서 라헬을 끌어안고 기뻐하며 눈물을 흘렸다. 라헬도 가나안에 있는 이

모에 대한 소식을 들었는데 이종 사촌 오빠를 만난 것이 반가웠다. 야곱과 라헬이 끌어안고 한동안 반가운 인사를 하였다.

라헬이 갑자기 말에 올라타면서 말했다.

"이 기쁜 소식을 빨리 집에 가서 전하고 오겠습니다. 그러니 양 떼를 잠시 돌봐 주기기 바랍니다."

라헬은 말을 타고 하란으로 질주하였다. 흙먼지를 날리면서 라헬은 순식간에 집으로 왔다. 그리고 아버지에게 우물가에서 만난 가나안에서 온 야곱에 대한 소식을 말했다. 라반도 놀라면서 말을 타고 우물가로 달렸다. 그 뒤를 라헬이 말을 타고 달렸다.

우물가로 말을 타고 온 라반은 야곱을 만나서 기쁨을 나누었다. 그리고 궁금한 가나안의 이삭과 리브가의 소식을 물어 보았다. 라반은 야곱을 자신의 집으로 인도했다.

야곱은 안전하게 외삼촌 라반의 집에 도착했다. 그동안 위험한 길을 한 달 동안 걸었다. 야곱은 벧엘에서 만난 하나님을 생각했다. 그리고 하나님이 자신을 지켜 주심으로 무사히 하란에 도착함을 감사했다.

사랑의 대가 지불(창29:15-20)

라반은 동생 리브가가 이삭과 결혼한 지 97년 만에 조카 이삭을 보았다. 라반과 리브가는 만나는 일은 없었다. 그러나 먼 거리에 있지만 무역을 하는 대상들을 통하여 편지를 보내고 받으면서 소식을 알렸다.

라반은 자신의 여동생 리브가가 쌍둥이를 낳았다는 소식을 들었다. 그리고 큰 아들 에서는 결혼을 했지만 둘째 아들 야곱은 결혼을 하지 않음으로 근심이 된다는 소식도 들었다. 그런데 그 야곱이 자신의 집으로 왔다.

라반은 야곱이 자신의 집으로 온 사연이 무엇인지 알 수 없었다. 그러나 조카를 만나게 된 것이 반가워서 극진하게 대접을 하였다.

라반은 야곱에게 씻을 물을 주었다. 모든 가족이 함께 저녁 식사를 했다. 야곱은 자신이 어떠한 과정으로 외삼촌 집으로 왔는지 자세한 설명을 했다.

라반은 먼 길을 온 야곱에게 한 달간 쉬도록 했다. 그것은 유목민들에게 한 달 동안 휴식하는 관습을 따른 배려였다. 야곱은 한 달 동안 휴식을 하면서 외삼촌의 딸 라헬과 많은 시간을 보내었다. 야곱이 하란에 와서 처음 만난 사람은 라헬이었다. 그리하여 야곱과 라헬은 서로 사랑하는 연인이 되었다.

야곱의 한 달간 휴식이 끝났다. 라반이 야곱에게 말했다. 그 동안 먼 길을 오느라 지친 몸이 완전히 회복되었다. 그러니 이제는 일을 해야 되지 않겠느냐, 그러므로 우리 집에서 일을 하면 품삯을 정하여 주겠다고 했다.

야곱은 자신이 외삼촌 집으로 온 목적은 형, 에서의 분노를 피하기 위해서였다는 것을 말했다. 그리고 하란으로 와서는 외삼촌의 집안의 처녀와 결혼을 하는 것이 목적이었음을 말했다. 특별히 결혼은 아버지의 유언이라 했다.

외삼촌 라반의 딸은 장녀 레아와 차녀 라헬이 있었다. 야곱은 레아와 라헬을 유심히 지켜보았다. 그 중에 야곱은 라헬과 결혼하기를 원했다.

야곱은 라헬을 초원 우물가에서 처음 만났던 그때 감정을 잊을 수 없다. 그리고 라헬은 매우 아름다웠다. 레아는 가정적이지만 시력이 나쁨으로 집 밖에서 생활하기 힘들었다. 그러나 성실했다. 야곱은 라헬과 결혼하기로 마음먹었다. 그러나 야곱은 신부의 아버지께 지불할 지참금이 없었다. 야곱은 홑몸으로 외삼촌 집으로 온 가난한 사람이었다.

야곱은 외삼촌이 노동을 하고 돈으로 받으라는 일방적인 제안을 듣고 자신의 생각을 말했다. 야곱은 하란으로 온 목적은 돈을 벌기 위해서가 아니다. 결혼을 위해서 왔다. 그러므로 외삼촌 라반에게 라헬과 결혼을 청원했다. 그런데 문제는 야곱에게는 신부값을 지불할 결혼 지참금이 없었다.

결혼을 하려면 신랑은 신부값을 준비하여 신부의 아버지에게 지불해야 했다. 그 관습은 야곱에게도 동일하게 적용되었다. 야곱은 라헬과 결혼하기를 원했다. 그러나 야곱은 신부값을 지불한 능력이 없었다. 그리하여 야곱은 라헬과 결혼을 언약해 주면, 7년 동안 외삼촌 집에서 노동을 한 품삯으로 신부값을 지불하겠다고 했다.

라반은 야곱이 제안한 것을 듣고 잠시 고민했다. 야곱이 나이가 많으니까 라헬과 먼저 결혼을 시킨 후에 신부값은 7년 동안 분할해서 받아야 된다. 그러나 라반은 계산적인 사람이었다. 사람일이 어찌 될지 모르는 일이 아닌가? 그리하여 야곱에게 라헬과 결혼을 허락하는 언약을 하였다. 그리고 7년 동안 집안에서 노동을 하여 신부값 지참금으로 지불하라 했다. 그 후에 결혼을 하도록 했다.

라반은 또 다른 숨겨진 생각이 있었다. 야곱에게 라헬을 결혼시키는 것이 유익이라고 했다. 야곱은 비록 조카이지만 관습법으로 보면 종의 신분이다. 아무것도 가지지 않은 자로 자신의 집에 들어왔다. 라헬과 야곱이 결혼을 하면 야곱이 낳은 자녀들의 소유권도 라반의 것이 된다. 후일에 야곱의 모든 재산도 곧 자신의 것이 된다. 그리하여 라반은 야곱의 조건을 즐겁게 수락했다.

그 후 야곱은 라헬을 사랑함으로 꿈같은 시간을 보내었다. 그리하여 7년 동안 라반의 집에서 노동하는 것이 몇 날을 보내는 것 같이 즐겁게 생활을 하였다.

야곱과 라헬은 결혼을 약속했다. 서로 사랑했다. 이러한 모습을 지켜보는 레아는 마음이 불편했다. 레아는 자신의 한계를 알았다. 시력이 나쁜 육체적 연약함을 수용해줄 남자가 없었다. 이미 결혼 적령기가 넘어 가고 있었다. 그러므로 야곱과 라헬이 사랑하는 연인이 됨을 보고 질투가 났다.

첫날밤의 사기 결혼 (창29:21-30)

야곱이 외삼촌 라반의 집에 왔을 때 나이가 77세였다. 그때 라헬을 사랑하여 7년 후에 결혼을 약속했다. 야곱과 라헬이 서로 사랑하였다. 그러나 동침을 하거나 자녀를 낳지 않았다.

야곱은 자신의 나이가 84세가 됨으로, 신속하게 결혼을 하여 자신의 자녀를 낳고 가정을 이루는 것이 소원이었다. 그런데 외삼촌 라반은 야곱의 결혼을 차일피일 미루었다. 야곱은 외삼촌에게 7년 전의 약속을 지키라 했다. 라반은 야곱의 항의를 받고서 결혼식을 허락했다. 야곱의 나이 84세에 결혼을 하게 되었다.

　당시 하란 지역의 결혼식은 일주일 동안 진행된다. 지역의 유력한 사람들과, 유목생활을 하는 이웃을 불러 함께 즐기며 교제를 나누었다.
　유목민들은 대부분 반경 150km 거리에 흩어져 생활하였다. 그러므로 결혼식을 한다는 것은 한두 달 전에 소식을 전해야 한다. 그리고 결혼식을 하는 날을 생각하여 사흘 길 쯤 오고 가야한다. 그러므로 결혼식은 일주일 동안 진행되었다.
　결혼식에 참석한 사람들은 후일 결혼과 자녀와 가족에 대한 분쟁이 있을 때는 중요한 법적인 증인이 된다. 그러므로 결혼식에 초대하고 참석하는 것은 유목민들의 부족 공동체에 상부상조하는 중요한 일이었다.

　결혼식 첫날 낮에는 신랑과 신부가 마주쳐 볼 수 없었다. 저녁에 신부는 신랑을 맞이할 준비를 하고 신방에서 신랑을 기다린다. 신부의 모습을 일반 사람들은 볼 수 없다. 신랑은 결혼식 저녁에 등불을 들고 신부의 집으로 찾아 가서 신부가 들어가 있는 신혼 방으로 들어간다. 그리고 불 꺼진 신혼방에서 신랑과 신부가 동침을 하게 된다. 다음 날 아침에 태양이 밝아 오면 그때에 신랑과 신부는 서로의 얼굴을 볼 수 있다.

　결혼식 첫날 야곱은 기분이 좋아 많은 포도주를 마셨다. 늦은 밤, 즐거운 마음으로 사랑하는 라헬이 기다리는 신방으로 들어갔다. 꿈같은 신혼의 첫날밤을 보내었다.
　아침이 되었다. 동녘에 밝은 태양이 솟아올랐다. 야곱이 자신의 품안에 안겨 있는 라헬을 바라보았다. 그런데 야곱은 소스라치게 놀랐다. 자신의 품에 안겨 있는 여인은 레아였다. 신부가 바뀌어졌다. 야곱은 신혼방에서 뛰쳐나왔다.

야곱은 분노했다. 야곱의 결혼식 둘째 날 아침은 아수라장이 되었다. 야곱은 분노하여 외삼촌에게 가서 외삼촌이 자신을 속였다고 항의했다.

잔치 집은 초상집과 같이 되었다. 남은 6일 동안 결혼 축하는 무의미하게 되었다. 결혼식에 참석한 모든 사람들도 참 이상한 일이 일어났다며 궁금했다. 이러한 소문이 퍼져 나가면 결혼식장으로 찾아오는 유목민들은 발걸음을 돌릴 것이다. 그러면 야곱의 결혼은 파혼이 될 상황이 되었다. 그런데 라반은 어떠한 동요도 하지 않았다. 분노한 야곱을 주시하면서 야곱의 감정이 안정되기를 기다렸다.

라반이 야곱에게 침착하게 말했다. 하란의 관습법에는 동생이 언니보다 먼저 결혼할 수 없다는 것을 말했다. 그러므로 잘못이 없다 했다. 하란의 관습법을 따라서 큰 딸 레아와 결혼 시킨 것을 주장했다. 결혼식에 참석한 사람들은 관습법에 따라 결혼한 것은 정당하다 했다. 그러므로 야곱과 레아가 결혼한 것은 정당한 것이며, 파혼 할 수 없다며 라반의 편을 들었다. 그러한 상황에서 야곱은 자신의 억울함을 말하였지만 아무도 야곱의 편이 된 사람이 없었다. 오히려 야곱이 하란의 관습법도 모르는 멍청한 사람이라 말했다. 야곱은 하란에서 이방인 외톨이였다.

야곱은 통곡하며 울었다. 어떻게 외삼촌이 자신을 속이며 거짓말할 수 있는가? 그런데 이미 레아와 동침하였다. 모든 사람이 부부가 된 것을 인정하였다. 그러므로 레아가 자신의 아내가 된 사실은 되돌릴 수 없는 현실이 되었다.

속인 자는 속임을 당한다

라반은 오래 전부터 야곱의 결혼을 계산하고 준비했다. 야곱이 어떻게 할 것인지? 관습법을 따라서 신부를 바꾸면 어떠한 법적 책임이 있는지 준비를 했다. 그러므로 라반의 간교한 술책에 야곱은 속수무책으로 당했다.

야곱이 할 수 있는 것은 아무것도 없었다. 그냥 사랑하지 않는 레아를 신부로 맞이하고 살아갈 수밖에 없다. 라반이 라헬과 결혼을 반대한다면 영원히 라헬과 결혼할 수 없다.

라헬을 사랑하여 지난 7년간 신부값으로 노동한 것은 레아를 위한 것이 되었다. 다시 신부값을 돌이킬 수 없다. 다시 라헬을 위하여 7년간 노동을 할 수 없다. 어쩌면 외삼촌이 허락하지 않는다면 불가능하다. 야곱은 심각한 고민을 하였다. 야곱은 외삼촌 라반의 간교함으로 사기결혼을 한 것을 알았다. 그러나 하소연을 하여도 들어 줄 사람이 없었다. 오히려 하란의 관습법을 모르는 가나안 이방인으로 무시당했다.

라반은 야곱이 무슨 고민과 생각을 하는지 다 알고 있었다. 그리하여 라반은 자신의 명분도 살고 야곱의 명분도 살릴 수 있는 새로운 방법을 제안했다.

라반은 야곱에게 레아의 결혼을 합법적인 것을 인정하게 했다. 그것은 취소할 수 없는 관습법으로 확정하였다. 그러므로 레아와 결혼을 하여 진행되는 7일이 지나도록 하였다. 그리고 난 후에 야곱에게 7년 전에 약속한 것과 같이 라헬과 결혼을 허락한다 했다.

라반은 야곱에게 라헬과 결혼 방법과 조건에 대하여 말했다. 라헬과 결혼 방법은 레아와의 결혼하는 7일이 끝나면 다시 라헬과 결혼하여 7일을 결혼식을 보내도록 했다. 그리고 라헬에 대한 신붓값 지불은 후불로 7년 동안 집안에서 노동을 하여 그 신붓값을 지불하라 했다.

야곱은 외삼촌 라반이 그토록 간교한 사람인지 몰랐다. 야곱은 선택할 것이 없었다. 이미 사랑하지 않는 레아와 결혼은 성립되었다. 야곱은 외삼촌 라반의 라헬과 결혼 조건을 거절하지 못했다.

야곱은 사기 당한 레아와 결혼 7일을 보내었다. 그리고 다시 라헬과 결혼하여 7일을 보내었다.

야곱은 뜻하지 않게 두 명의 아내를 맞이하였다. 그러나 야곱이 생각한 결혼 방식이 아니었다. 야곱은 외삼촌 라반으로부터 결혼 사기를 당했다. 야곱은 자신의 아내가 된 레아를 사랑했다. 그리고 라헬은 더욱 사랑했다.

라반은 야곱에게 자신의 두 딸을 결혼시킨 계략이 성공했다. 그리고 야곱이 하란에서 자신의 두 딸과 행복하게 살기를 원했다. 그리고 많은 자녀를 낳기를 기대했다.

라반은 야곱과 결혼한 큰딸 레아의 몸종으로 실바를 주었다. 라헬의 몸종으로 빌하를 몸종으로 주었다.

야곱이 라헬과 결혼할 때 나이가 84세였다. 야곱과 아내 레아, 라헬은 상당한 나이차가 있었다. 야곱과 그의 아내 레아와 라헬은 젊은 30대 처녀들이었다. 그러므로 야곱과는 나이 차는 약 50년 쯤 되었다.

야곱은 그 이름대로 자신의 행복을 위하여 아버지 이삭을 속이고 형, 에서를 속였다. 그런데 야곱은 가장 믿고 신뢰한 외삼촌 라반에게 속았다.

야곱은 외삼촌 라반에게 20년 동안 속았다. 심은 대로 거둔다. 삶에 우연한 것은 없다. 우연 같지만 필연적 사건과 계기가 존재했다. 야곱은 하란에 도착하여 결혼을 위해서 7년을 수고했다. 그리고 다시 아내의 신붓값을 지불하기 위해서 7년을 수고했다. 야곱은 14년을 아내를 위하여 노동하고 그 품삯은 신붓값으로 외삼촌 라반이 착복했다, 야곱은 라반의 집에서 14년을 살았지만 자신의 재산 소유는 없었다.

라반은 야곱이 자신의 집에 온 날부터 하나님이 복을 주심으로 부자가 되었다. 라반은 야곱이 자신의 집에 있음으로 하나님이 복을 주신다는 것을 경험했다. 그리하여 라반은 어떻게 하든지 야곱을 자신의 집에 영원이 살게 할 방법을 연구하였다.

"야곱이 아침에 보니 레아라 라반에게 이르되 외삼촌이 어찌하여 내게 이같이 행하셨나이까. 내가 라헬을 위하여 외삼촌을 섬기지 아니하였나이까 외삼촌이 나를 속이심은 어찌됨이니이까 라반이 이르되 언니보다 아우를 먼저 주는 것은 우리 지방에서 하지 아니하는 바이라 이를 위하여 칠일을 채우라 우리가 그도 네게 주리니 네가 또 나를 칠 년 동안 섬길지니라. 야곱이 그대로 하여 그 칠 일을 채우매 라반이 딸 라헬도 그에게 아내

로 주고 라반이 또 그의 여종 빌하를 그의 딸 라헬에게 주어 시녀가 되게
하매 야곱이 또한 라헬에게로 들어갔고 그가 레아보다 라헬을 더 사랑하
여 다시 칠 년 동안 라반을 섬겼더라"(창29:25-30).

30. 하늘 문이 열리는 날
(창30장)

한 남자와 두 여자가 함께 살아가는 법

야곱은 뜻하지 않게 두 아내를 두고 살았다. 야곱이 사랑하는 아내는 라헬이었다. 레아는 마음이 상했다. 분명 자신이 첫 번째 아내였다. 남편은 자신을 사랑하지 않다. 동생에게 남편을 빼앗긴 레아는 우울한 날을 보내었다. 레아 자신이 남편의 사랑을 받고 동생 라헬을 이기는 방법은 오직 하나였다. 야곱을 통하여 장자를 낳는 것이다. 참된 아내가 되는 방법은 장자를 낳음으로 가문의 족장권을 아들이 가진다면 오늘의 서러움은 다 해결된다. 그리하여 레아는 남편이 믿는 여호와 하나님께 사랑을 받은 아내가 되어 속히 아들을 낳게해 달라고 기도했다. 레아는 내세울 것이 없었다. 동생 라헬은 아름다운 외모를 가졌다. 나이도 적었다. 레아는 시력이 약하여 외부 생활에 부담을 느꼈다. 그리하여 집안에 머무는 시간이 많았다. 남편과 함께하는 시간이 별로 없었다. 레아는 아침부터 저녁까지 집안 일만 했다.

야곱과 라헬은 아침이면 양 떼를 몰고 초원으로 나갔다. 함께 점심을 먹고 온종일 사랑을 나누었다. 야곱과 라헬은 늘 함께 생활을 했다.

레아는 동생 라헬을 향한 질투심이 불같이 일어났다. 남편에 대한 배신감을 무엇으로 표현하기 어려웠다. 이러한 상황이 진행될 것을 알고 결혼을 시킨 아버지가 원망스러웠다. 그리하여 레아는 남편의 사랑을 받는 아내가 되도록 하나님께 기도했다.

레아의 기도 (창29:31-35)

야곱은 늘 라헬만 사랑하고 동침했다. 야곱은 라헬을 통하여 장자를 보기를 원했다. 그러나 라헬은 잉태하지 못했다.

어느 날 야곱이 레아와 동침을 했다. 하나님이 레아의 기도에 응답하셨다. 레아가 임신을 했다.

"여보 나 임신 했어요"

"정말이야?"

"만져 보세요. 임신한 것이 사실이지요!"

"그래 임신한 것이 분명해"

"아들이었으면 좋겠다. 내가 하나님께 아들을 잉태하게 해 달라고 기도했는데."

그날부터 야곱의 관심은 레아에게 기울어졌다. 레아는 하나님께 감사했다. 라헬은 언니 레아가 잉태한 소식을 듣고 하나님을 원망했다. 왜 자신은 임신이 되지 않는지 한탄을 했다.

레아가 아들을 출산을 했다. 낳은 아기의 이름을 "하나님께서 자신의 괴로움을 돌아보고 아들을 주셨다", 감사의 고백으로 "르우벤"이라 이름을 지었다. 레아는 무엇보다 자신이 장자를 낳은 것을 감사했다. 그러므로 가문의 혈통은 자신이 낳은 아들 르우벤에게 장자권이 있다. 그리고 족장권도 앞으로 주어질 것이다.

　야곱은 자신의 첫아들이 출생하자 매우 기뻐했다. 그동안 레아에게 무관심했던 것을 후회했다.

　레아는 하나님께 장자 르우벤을 주신 것에 대하여 감사 기도를 하였다. 그리고 남편의 사랑을 지속적으로 받을 수 있도록 다시 아들을 낳게 해 달라며 간청했다. 레아는 자신의 남편이 라헬을 통하여 자녀를 낳기 위해서 무척 노력하는 것을 보았다. 라헬도 곧 자신이 아들을 낳을 것이라며 무시했다.

　그런데 레아가 다시 잉태를 하였다. 하나님의 은혜로 레아가 둘째 아들을 낳았다. 둘째 아들의 이름은 "남편의 사랑을 받지 못함을 하나님께 기도하였는데 하나님이 그 기도를 들으셨다"는 고백으로 '시므온'이라 했다.

　레아는 시므온을 낳은 후에 안심을 했다 이제 남편의 사랑을 다 차지할 것이라 생각했다. 그런데 라헬의 질투심은 더욱 강하여졌다. 자식을 낳을 수 있는 여러 가지 방법을 사용했다. 좋은 음식과 약초를 구하여 먹었다. 그러나 라헬은 잉태하지 못했다. 라헬의 마음은 초조했다.

　하나님께서 레아에게 셋째 아들을 낳게 했다. 레아는 하나님께서 자신을 통하여 아들 셋을 낳게 하셨으니 이제는 남편과 연합하여 사랑하며 살 것이라는 뜻으로 '레위'라 했다. 그러나 레아는 야곱을 통하여 아들 셋을 낳았지만 남편의 마음을 완전히 얻지 못했다. 그러나 결혼한지 4년 만에 아들 셋을 낳았다. 하나님이 주신 복을 받았다. 동생 라헬은 결혼한지 4년이 되었지만 자식이 없었다.

하나님의 은혜가 레아에게 다시 임하였다. 네 번째 아들을 낳았다. 레아는 하나님께서 은혜를 베풀어 주셔서 자신에게 아들 넷을 주셨기에 여호와 하나님을 찬송한다는 뜻으로 이름을 '유다'라 했다.

레아는 이제는 야곱의 아내로서 확고한 자리를 잡게 되었다. 하나님은 레아의 눈물과 괴로움을 돌아보셨다. 남편의 사랑을 받는 아내가 되게 했다. 야곱은 5년 동안 연년생으로 출생한 르우벤, 시므온, 레위, 유다를 통하여 항상 즐거운 날을 보냈다. 야곱과 레아의 마음은 즐거웠다. 그러나 라헬은 우울했다. 자식을 낳지 못하는 서러움에 고통의 날을 보냈다. 자식을 낳지 못한 것을 형벌과 저주로 생각하는 사회적 풍습은 무거운 짐이 되었다. 정상적인 여인이라면 결혼하여 5년이 지났는데 어떻게 자식을 낳지 못하는 것인가? 남편 야곱에게는 문제가 없음이 증명되었다. 야곱이 라헬과 동침하여 5년 동안 아들 넷을 낳았다. 라헬의 불임은 야곱의 문제가 아니였다. 라헬에게 불임의 문제가 있었다(창29:31-36).

라헬의 고민(창30:1-8)

라헬은 고민이 깊어졌다. 결혼지 약 8년이 지났지만 임신이 되지 않았다. 언니 레아가 미웠다. 라헬과 야곱은 서로 사랑했다. 그러나 아버지의 간교함으로 원치 않게 둘째 여자가 되었다.

라헬은 결혼하는 날 아버지와 언니가 합작을 해서 자신을 감금시키고 신부를 바꾸었다. 언니가 남편을 빼앗아갔다. 언니가 그렇게 할 수 있을까? 그런데 언니는 아들 넷을 낳았다, 라헬은 언니 레아와 자신을 비교하면 부족할 것이 없었다. 그런데 한 가지는 자신의 힘으로 해결되지 않는 것이 있었다. 자식을 낳지 못하는 것, 그것이 결정적인 문제였다.

라헬은 지난날을 돌아보면서 언니에 대해 섭섭함과 마음의 상처는 더욱 깊었다. 레아와 결혼식이 끝난 일주일이 지나고 다시 야곱은 라헬과 결혼을 했다. 그러나 라헬은 야곱의 둘째 아내다.

라헬이 생각했다. 야곱은 처음에는 자신을 사랑했다. 그런데 요즘은 언니 레아를 더 사랑하였다. 결혼한 지 팔 년이 지났지만 자신은 임신이 되지 않았다. 미운 언니는 아들 넷을 낳았다. 라헬은 우울했고 소외감을 느꼈다.

어느 날, 라헬은 남편 야곱에게 하소연을 했다.

"나와 동침하여 아기를 낳게 해라, 왜, 언니에게만 자식을 낳느냐? 나와 동참하자. 자식 없는 서러움을 씻어 달라."

야곱이 화를 내면서 라헬에게 말했다.

"내가 아기를 가지기 싫어서 그러느냐? 하나님이 당신에게 자식을 주지 않는데 어떻게 하겠느냐, 내가 하나님이냐?"

라헬이 흥분하여 남편에게 말했다.

"그러면, 내 몸종 빌하와 동침하여 아들을 낳아 내가 품에 안고 그를 키우겠다. 그러면 나도 아들을 낳았다 말할 수 있지 않느냐?"

야곱은 라헬이 요구한 것을 처음에는 거부했다. 당시에는 여주인이 자식을 낳지 못할 경우에는 몸종을 통하여 자식을 낳으면 그 자식의 소유는 여주인의 자녀가 된다.

라헬의 거듭된 요청을 받은 야곱은 거절할 수 없었다. 야곱은 라헬이 요구한 대로 몸종 빌하와 동침했다. 그리고 빌하가 아들을 낳았다.

라헬은 빌하가 낳은 아들의 이름을 '단'이라 했다. 단이란 '하나님이 내 억울함을 푸시려고 내 호소를 들어서 아들을 주셨다'는 뜻이다. 라헬은 자신이 아들을 낳지 못한 것이 한 맺힌 고통이었다.

라헬은 야곱에게 다시 빌하와 동침하라 했다. 그리하여 라헬의 몸종 빌하가 다시 둘째 아들 '납달리'를 낳았다.

라헬은 자신이 언니와 아들 낳기 경쟁에서 이겼다는 뜻으로 '납달리'라 이름 지었다.

라헬은 자신의 몸종 빌하를 통하여 "단", "납달리"늘 낳고 만족했다. 자신도 아들을 낳았다며 만족했다. 이제는 남편의 사랑을 받는 아내가 되었다고 감사했다. 그런데 마음 한 구석에는 무거운 고통이 있었다. 자신은 영원히 자녀를 낳지 못하는 것인가? 몸종이 낳은 자식을 보며 내 자식이라 위안을 받고 살아야 하는 것일까? 라헬은 몸종 빌하를 통하여 자식을 낳은 것에 만족하지 않았다. 어떻게 하든지 자신의 몸으로 아들을 낳을 것이라는 집념을 가졌다. 그리하여 임신하는데 도움이 된다는 것은 모두 해보고 있었다(창30:1-8).

레아는 자신이 아들 넷을 낳고 남편의 사랑을 차지한 것으로 생각했다. 그런데 동생 라헬이 아들을 낳지 못하자 몸종 빌하를 통하여 아들 둘을 낳았다.

레아는 안심할 수 없었다. 자신은 이미 단산하였다. 그러나 동생 라헬이 몸종을 통하여 자식을 낳은 방법을 사용하기로 했다. 그리하여 레아는 자신의 몸종 실바를 통하여 자식을 낳기로 했다.

레아가 야곱에게 말했다.

"여보, 내 몸종 실바와 동침하여 아들을 낳아주세요."

" 이미 당신은 아들 넷을 낳았으니 욕심내지 마세요."

"왜, 안 돼요? 빌하를 통하여서는 아들을 둘을 낳았는데 왜 실바를 통해서는 아기를 낳지 못할 이유가 있나요?"

"여보, 그것은 라헬이 자식이 없으니까 마지못해서 그렇게 한 것이지, 당신은 아들이 넷을 낳았으니 부족할 것이 없지 않습니까?"

레아는 야곱에게 실바와 동침하여 자녀를 낳으라는 집요한 요청을 하였다. 레아는 야곱에게 집안의 평화를 위해서 가정이 공평해야 된다며 소리쳤다. 레아는 아들 넷을 낳았으니 야곱이 자신을 버릴 수 없다는 것을 알았다.

그래도 야곱은 거절했다. 레아가 말한 대로 몸종 실바를 통하여 아들을 낳으면 라헬은 죽는다고 야단을 부릴 것이다. 그러므로 야곱은 레아의 요청을 거절했다.

그러자 레아는 야곱을 향하여 편파적인 사랑을 한다며 난동을 부렸다. 어떻게 라헬의 시종 빌하와 동침하여 단과 납달리를 낳지 않았는가? 그런데 왜, 내 몸종 실바와는 동침할 수 없는가? 레아의 거듭된 요구를 들은 야곱은 레아의 몸종 실바와 동침하였다. 그런데 실바가 첫 아들을 낳았다. 그 이름을 '갓'이라 하였다. 그 이름의 뜻은 '복덩이. 앞으로 이 아들을 통하여 큰 복이 들어 올 것이다'이다.

레아는 야곱에게 다시 요청했다. 실바를 통하여 다시 아들을 낳으라 했다. 그리하여 야곱은 레아의 몸종 실바를 통하여 아들을 낳았다. 레아는 실바가 낳은 둘째 아들의 이름을 '아셀'이라 했다. 그 이름의 뜻은 "기뻐하고 만족한다"는 것이다. 레아는 야곱을 통하여 사랑받지 못하는 서러움을 가졌다. 그런데 야곱을 통하여 장남 르우벤. 시므온, 레위, 유다를 낳았따. 그리고 몸종 실바를 통하여 갓, 아셀을 낳았다. 그러므로 더 이상 부러울 것이 없었다. 그리하여 기쁨으로 만족한다는 뜻으로 '아셀' 이라는 이름을 지었다.

레아는 자신이 낳은 아들 넷과 몸종 실바가 낳은 두 아들을 두었다. 이제는 6명의 아들을 낳았다. 그러나 동생 라헬이 몸종 빌하를 통하여 2명의 자녀를 낳은 것과 비교할 수 없었다. 가정의 모든 주도권은 이미 자신에게 있다며 만족했다. 그리고 자신이 야곱의 사랑을 받는 아내라 생각했다. 그러데 라헬은 자신이 자식을 낳지 못하는 괴로움에 늘 울었다. 몸종 빌하가 야곱과 동침하였으나 더 이상 자녀를 낳지 못했다.

합환채의 비밀 (창30:9-17)

유목민들은 5월에 보리 추수를 한다. 보리와 밀 추수를 하여 1년 동안 양식으로 비축해야 했다.

야곱의 장자 르우벤의 나이가 6살 쯤 되었다. 어른들을 따라 5월 보리 추수하는 곳으로 놀러갔다. 그곳에서 어른들이 합환채를 꺾어 어머니에게 가져다주라 했다. 르우벤은 합환채가 무엇인지 그 효력이 무엇인지 몰랐다. 그날 어른들이 들에서 채취하여서 이것이 매우 귀중한 것이니 어머니께 가져다주라는 말을 듣고 집으로 왔다.

합환채는 감자류에 속하는 식물이다. 합환채를 먹으면 아기를 낳지 못하는 여인의 임신을 촉진시켜서 아기를 낳게 된다는 신비한 식물이다. 합환채에 있는 성분이 강정제 최음제의 효력이 있다. 그래서 부부 생활을 촉진시키고 아기를 낳기를 원하는 사람들이 합환채를 먹었다. 그런데 합한채는 매우 신비한 식물로 사람들의 눈에 잘 보이지 않는 식물이다.

어린 르우벤은 어른들이 시키는 대로 합환채을 가지고 어머니 레아에게 걸어갔다. 라헬은 르우벤의 손에 들려진 합환채를 보고 극심한 질투심이 발동했다.

라헬이 언니 레아에게 시비를 걸었다.

"언니는 아들 넷을 낳고 종 실바를 통하여 아들 둘을 낳았다. 그런데 또 아기를 낳고 싶어서 합환채를 먹으려 하느냐? 무슨 자식 욕심이 그렇게 많으냐?

"아니 무슨 말을 그리 하느냐? 애기도 낳지 못하는 것이."

"언니는 이제 합환채를 먹어도 아기를 가질 수 없지?"

"신랑이 있어야 아기를 가질 것이 아닌가?"

" 하긴 그래 요즘은 야곱이 너하고만 살지."

그때 야곱은 레아가 아들 넷을 낳자 다시 라헬의 장막에 거주했다. 야곱은 라헬과 동침하며 생활을 했다. 레아는 단산하였으므로 멀리했다. 그러므로 레아가 합환채를 먹는다 해도 야곱과 동침하지 않으면 자녀를 낳지 못한다.

라헬은 언니 레아에게 흥정을 하였다.

"언니는 동생이 자식을 낳지 못하는 것이 불쌍하지도 않아. 무슨 욕심이 그리도 많아요.”

“난 지금도 자식 욕심은 끝이 없다.”

“그 합환채를 나에게 주세요!”

“안되지”

“합환채를 나에게 주면 오늘 저녁에 야곱과 동침하는 것을 내가 허락해 주겠어!”

레아는 야곱의 본부인이다. 4명의 자식을 낳았고 몸종을 통하여 2명의 아들을 낳았다. 합환채를 먹는다 해서 다시 자녀를 낳는다는 보장도 없다. 남편 야곱은 자신의 거처에서 생활하지 않는다. 동생 라헬의 집에서 생활을 한다. 그러므로 합환채를 동생 라헬에게 주고 오늘 밤은 오랜만에 남편 야곱과 동침하는 것도 좋은 방법이라 생각했다.

라헬의 흥정

레아는 라헬이 제안한 조건을 받아 들였다. 아들 루으벤이 들에서 채취하여 온 합환채를 라헬에게 넘겨주었다. 그날 밤에 야곱을 레아와 동침하기로 서로 합의했다.

라헬의 입장은 어떻게 하든지 자식을 낳아야 했다. 합환채를 구하는 것은 정말 어려운 것이다. 그러므로 자신이 합환채를 먹고 남편과 동침하면 자식을 낳을 것이라 기대했다. 그래서 흥정을 했는데 레아가 즐겁게 수용했다.

그날 저녁 야곱이 집으로 왔다. 라헬이 야곱에게 말했다.

"여보 내가 너무 피곤하니 오늘 저녁은 언니 집에서 잠을 자세요."

야곱은 라헬이 말하는데 레아의 집으로 가서 저녁을 먹고 잠자리에 들었다. 야곱은 낮에 르우벤이 합환채를 가져온 것과 동생 라헬과 서로 이야기한 내용을 다 들었다. 그리고 야곱은 이미 단산한 레아와 오랜만에 동침을 하였다.

야곱의 생각은 레아는 이미 자녀를 많이 낳았으니 더 이상 바랄 것이 없었다. 그러나 라헬은 결혼한 지 7년이 되었지만 자식이 없으니 늘 염려했다.

그 다음 날 야곱은 다시 라헬의 장막으로 가서 동침하였다. 야곱은 합환채를 먹은 라헬이 잉태하기를 기대했다.

그리고 7월, 여름이 지날 때였다. 라헬은 합환채를 먹었으니 당연히 자식이 있을 것으로 기대했다. 두 달이 지나도 잉태의 징조가 없었다. 라헬은 점점 낙심했다. 하나님이 자신에게 자녀를 주지 않는 것을 원망했다.

그런데 기대하지 않은 레아가 임신을 하였다. 레아는 즐거워 춤을 추면서 하나님이 자신에게 새로운 자녀를 잉태하게 했다며 즐거워했다. 야곱도 레아가 잉태한 것을 즐거워했다. 그러나 라헬의 마음에 상처가 됨으로 감정 표현을 절제했다.

레아가 다섯 번째 아들을 출산하고 그 아들의 이름을 '잇사갈'이라 이름 지었다. '잇가갈'의 뜻은 '값', '보상'의 뜻이 있다. 레아는 자신의 시녀 실바를 야곱에게 주어 자식을 낳은 값을 받았다는 뜻이다. 그리고 르우벤이 가져온 합환체를 동생 라헬에게 주고 그 값으로 하나님이 아들을 보상으로 주셨다는 뜻이다.

합환채를 양보한 레아에게 자식을 주었다. 합환채를 먹은 라헬에게
는 자식이 없었다. 라헬은 점점 절망했다. 자식을 낳지 못하는 여인이
고통에 괴로워했다. 세상 누구도 자신의 괴로움과 고통을 알아 줄 사람
이 없었다. 남편 야곱도 라헬의 무자식한 고통을 다 이해하지 못했다.

레아가 잇사갈을 낳은 후에 다시 잉태하였다. 그리고 여섯 번째 아들
'스블론'을 낳았다. 레아는 그동안 하나님도 남편도 자신을 버린 것으
로 생각했다. 그런데 하나님은 자신에게 6명이 아들을 낳게 하시고 시
녀 실바를 통하여 2명의 아들을 낳게 했다. 그러므로 자신이 이제 8명
의 자식을 보게 한 것은 하나님이 함께한 것이며 남편 야곱이 함께 하
는 것이었다. 그리하여 하나님이 함께 거하고 남편이 자신과 함께 거한
다는 뜻으로 '스블론'이라 이름 지었다.

그리고 난 후 몇 년의 세월이 지나서 레아는 딸을 낳았다. 그 이름은
'디나'이다. 그 이름의 뜻은 '재판관'이다.

레아는 하나님께 감사하고 부족함이 없는 생활을 하였다. 자식들의
사랑과 즐거움으로 살았다.

라헬의 눈물

라헬은 눈물을 흘리며 탄식했다. 합환채를 먹었지만 자식이 없었다.
자식을 낳기 위해서 수단과 방법을 다 사용했다. 그러나 결혼한 지 6년
이 되었지만 그토록 소원한 자녀를 낳지 못했다.

라헬은 하나님 앞에 아들 하나만 낳게 해 달라고 소원기도 했다. 하

나님께서 라헬의 자식이 없는 처량한 신세를 불쌍하게 보셨다. 그리고 하나님은 라헬의 기도를 들으시고 응답했다. 라헬이 잉태하자 집안에 축제가 열렸다. 정말 기다리고 기다린 자녀였다. 야곱은 자신이 사랑한 라헬을 통하여 자녀를 얻기를 기도하고 기다렸다. 하나님이 결혼 6년 만에 잉태의 복을 주셨다

라헬은 결혼 한지 7년 만에 아들 '요셉'을 낳았다. 라헬은 그동안 아들을 낳지 못한 서러움으로 살았다. 라헬이 낳은 아들을 요셉이라 이름 지은 것은 두 가지 뜻이 있다.

첫째는 하나님이 아들 낳지 못하는 부끄러움을 씻어 주셨다는 의미다.

두 번째는 여호와는 다른 아들을 더 주실 것을 소원했다.

라헬은 계속 아기를 낳고 싶었지만 하나님은 허락지 않았다. 라헬은 요셉 하나를 사랑하고 아끼며 살았다. 야곱은 자신의 자녀 중에 라헬이 낳은 요셉을 가장 사랑했다.

야곱은 레아와 실바를 통하여 아들 여덟과 딸 하나를 두었다. 라헬을 통하여 아들 하나와 몸종 빌하를 통하여 아들 둘을 낳았다. 야곱은 아들 열하나 딸 하나를 낳았다. 야곱이 장자 르우벤과 열한 번째 막내아들 요셉과 나이 차이는 약 7살쯤 된다.

하란으로 온 목적을 이룬 야곱

야곱이 외삼촌 라반의 집으로 온지 7년 만에 결혼을 하였다. 그리고

14년이 되는 해에 요셉이 출생했다. 야곱에게 외삼촌 집에서 14년은 특별한 의미가 있었다. 야곱은 아버지의 집에서 외삼촌 집으로 올 때 목적이 하나 있었다. 결혼이다. 야곱은 외삼촌 집에서 사랑하는 라헬을 위하여 7년간 노동을 하였다. 7년간의 임금은 노동계약을 통하여 신부 값으로 삼게했다.

결혼을 했으나 신부가 바뀌었다. 외삼촌이 자신을 속이고 레아를 신부로 주었다. 일주일 후에 라헬과 다시 결혼을 했다. 그때부터 야곱은 레아와 몸종 실바. 라헬과 몸종 빌하를 통하여 7년 동안 아들 열하나, 딸 하나를 낳았다. 막내 요셉을 낳을 때가 라헬을 위하여 외삼촌 라반의 집에서 일한지 14년이 되었다. 그러므로 야곱은 외삼촌의 딸과 결혼하기 위해서 신부 값으로 지불하기 위한 노동을 14년 동안 한 것이 끝나는 때가 되었다. 그러므로 야곱은 새로운 인생의 방향을 설정해야 했다.

야곱은 이제 외삼촌 집으로 온 결혼의 목적을 이루었다. 아내도 자식도 있으니 자신의 고향 가나안 땅 브엘세바로 가고 싶었다. 그래서 외삼촌에게 이제 고향으로 돌아가야겠다고 말했다. 외삼촌이 결혼 사기를 하지 않았다면 이미 7년 전에 고향으로 돌아갔을 것이다. 뜻하지 않게 다시 7년을 신부 지참금을 위해서 노동을 하였다. 그런데 야곱은 라반의 집에서 14년을 일했지만 자신의 재산은 없었다.

야곱이 라반의 집에서 14년을 일한 결과 라반은 엄청난 부자가 되었다. 라반도 하나님이 야곱을 통하여 자신에게 복을 주셨다는 것을 인정했다. 그러나 야곱은 재산이 없었다. 제산이 없다는 것은 문제가 되지 않았다.

야곱이 아버지 이삭이 있는 곳 가나안 땅 브엘세바로 가면 경제적인 문제는 다 해결된다. 아버지 이삭의 모든 재산을 유산으로 상속받을 수 있다.

야곱은 장자권과, 족장권을 가진 자였다. 그러므로 고향으로 돌아가면 아버지 이삭의 많은 재산을 상속받는다. 그리고 많은 종들이 있었다. 야곱은 하란에서는 외삼촌 라반의 집에 종과 같은 비천한 사람이었다. 그러나 가나안으로 돌아가면 아브라함의 복을 유산으로 받은 엄청난 부자로 살 수 있다. 그러므로 메소보디미아 하란에서 생활을 청산하고 아버지 이삭이 있는 고향으로 가나안으로 돌아가기를 원했다.

하늘의 축복 문을 열게 한 자유 계약

라반은 야곱이 14년의 계약기간이 끝나고 자신의 집으로 돌아가려 할 때 어떻게 하든지 야곱을 자신의 집에 머물도록 회유했다. 라반은 철저하게 자기 이익 추구를 하였다. 야곱이 떠나면 자신을 향한 하나님의 복의 통로가 사라진다는 것을 알았다.

라반은 자신의 딸과 결혼을 별미로 야곱을 14년 동안 무임금으로 노동을 한 것을 인정했다. 그리하여 야곱에게 자유롭게 노동 임금 조건을 제시하면 다 들어 주겠다 했다. 라반은 야곱에게 수평적인 관계에서 새로운 계약을 하자고 제안을 하였다.

야곱은 지금의 상태로 고향 가나안으로 돌아간다면 아내와 자식뿐이다. 재산은 없다. 사람들이 무엇이라 말할까? 빈 거지로 돌아왔다며 비난할 것이 두려웠다. 그런데 14년 전에 벧엘에서 하나님을 만났을 때에 자신에게 복을 주신다는 약속을 기억했다. 하나님이 주시는 복을 받아서 고향으로 가야한다는 생각을 하였다.

야곱은 자신이 어떠한 결정을 해야 하는지 하나님 앞에 기도했다. 야곱은 기도하고 하나님이 주시는 방법을 외삼촌 라반에게 말했다.

야곱이 새로운 임금 조건은 이러했다.

외삼촌의 양과 염소 중에서 점박이 얼룩진 것은 야곱의 소유로 인정하라 했다. 양은 흰색이다. 양이 새끼를 낳았을 때 얼룩진 양이나 검은 양은 모두 야곱의 소유로 인정해 달라 했다. 염소는 검정색이다. 그런데 염소가 새끼를 낳았는데 흰 얼룩진 염소나 하얀 염소가 태어나면 그것을 다 야곱의 재산으로 인정해 달라 했다(창30:25-36).

야곱이 제시한 노동임금 조건을 들은 라반은 마음이 즐거워 웃었다. 라반은 평생 유목 생활을 했다. 하얀 양, 검정 염소의 단색 동물에서 점박이 얼룩진 것이 출생하는 것은 유전 법칙상 열성에 속한다. 그러므로 얼룩진 양과 염소가 출생할 확률은 매우 낮다.

야곱이 제안한 임금 조건을 들은 라반은 즉시 허락했다. 손해 볼 것이 없는 조건이었다. 라반은 야곱이 바보 같은 요구를 한다 생각했다. 라반은 야곱이 제안을 번복하지 않을까 조바심을 가졌다. 야곱은 외삼촌 라반이 자신의 계약조건을 수용함으로 감사했다. 그리고 즉시 계약을 이행하도록 하였다.

라반은 즉시 자신의 양과 염소 중에서 얼룩진 것은 다 구분하였다. 그리고 자신의 아들들에게 가축을 이끌어 가도록 했다. 그리고 야곱에게는 흰색의 양, 검정색 염소만 남겼다. 라반은 야곱이 있는 곳에서 사흘 길을 걸어서 약 100km의 거리를 두고 목축을 하였다. 라반이 이렇게 한 것은 혹시라도 얼룩진 양과 염소가 교미를 할까 두려웠기 때문이다.

야곱은 평소 외삼촌이 욕심 많은 것을 알고 있다. 14년 동안 생활하면서 외삼촌은 거짓말로 많은 것을 속였다. 라헬과 결혼하는 것도 속았다. 수차례 임금 조건을 말했지만 외삼촌은 지키지 않았다. 야곱이 일반적인 약속으로 임금을 정하면 외삼촌은 그때 가서 자신의 가축이라 하며 술수를 사용할 것을 알았다. 그러므로 외삼촌 라반이 쉽게 허락할 수 있는 조건으로 얼룩진 것만 자신의 소유가 되도록 요구했다. 그리고 야곱은 얼룩진 것 점박이가 출생할 확률이 낮다는 것을 알고 있다. 그러나 야곱은 여호와 하나님의 은혜와 복을 기대했다. 하나님이 주신 것만 가지겠다며 욕심을 버렸다. 야곱은 오직 하나님만 의지했다.

믿음의 꿈을 현실화 시킨 야곱

야곱은 외삼촌과 사흘거리에 있으면서 양과 염소를 먹였다. 야곱은 자신이 키우는 모든 양과 염소들이 얼룩진 점박이를 낳고 번식하는 것을 생각했다.

야곱은 우물에서 신풍나무를 꺾어 왔다. 나무껍질을 벗기면 나무 속살은 하얀색이다. 그리고 남은 나무껍질은 갈색과 검정색이 된다.

그 나무를 짐승들이 물을 먹는 물구유에 많이 가져왔다. 그것은 야곱의 꿈이요 믿음이었다. 그리고 야곱의 기도였다.

짐승들이 우물에서 물을 먹을 때 교미를 많이 했다. 교미를 하는 짐승들이 얼룩진 무늬를 보게 했다. 그래서 짐승들이 얼룩진 것을 보고 새끼를 잉태하면 얼룩진 짐승이 태어 날 것이라는 믿음을 가졌다. 야곱은 꿈속에 자신의 소유가 점점 많아지는 것을 보았다.

야곱은 얼룩진 양과 염소가 태어나면 흰 양과 검정 염소와 격리를 시켰다. 그래서 얼룩진 양과 염소들이 서로 교미를 하여 튼튼한 새기를 낳게 했다. 반면에 흰 양과 검정 염소들끼리 방목을 하였다. 그들에게는 얼룩진 나무를 보지 않게 했다.

외삼촌의 소유가 된 짐승들은 대부분 가을에 교미를 하여 봄에 새끼를 낳았다. 그런데 모두 약한 것들이었다. 반면에 야곱은 얼룩진 양과 염소들이 봄에 교미를 하여 가을에 새끼를 낳게 했다. 모두 튼튼하게 성장했다.

야곱은 벧엘의 하나님이 자신에게 복을 주신다는 약속을 믿었다. 그리고 아브라함의 하나님이 아버지 이삭을 통하여 자신에게 복을 주신다는 믿음을 늘 기억했다. 그러므로 하나님이 복을 주실 것을 믿었다(창 30:37-43).

하나님이 야곱에게 주신 복

야곱이 라반의 집에 와서 14년은 레아와 라헬의 신부값을 지불하기 위한 노동을 하였다. 그리고 새로운 임금 계약을 하여서 6년이 지났을 때에 하나님으로부터 엄청난 복을 받았다.

하나님이 야곱에게 믿음을 주시고 꿈을 이루어 주셨다. 외삼촌 라반이 평생 쌓은 재산보다 많았다. 하나님은 자신을 의지하는 야곱에게 짧은 시간 동안 양, 염소, 낙타, 나귀와 종, 헤아릴 수 없는 복을 주셨다.

야곱은 자신의 감정대로 생활하지 않았다. 자신을 인도하시는 하나님의 음성을 듣고 살았다.

야곱이 부자가 되자 외삼촌 라반과 그의 아들은 야곱을 보고 시기했다. 자신의 재산을 빼앗았다 주장했다. 그러나 야곱과 라반이 계약은 명확했다. 라반은 얼룩진 양과 염소에 대하여 자신의 소유권을 주장하지 못했다. 인위적으로 가축의 출산을 조작할 수는 없다. 그러므로 야곱의 재산이 많아진 것은 사람의 능력으로는 불가능하다. 오직 하나님만이 할 수 있는 것이다.

외삼촌 라반과 그의 아들들은 야곱이 부자가 된 것을 시기하였으나. 야곱의 재산을 빼앗을 수 없었다. 야곱은 짧은 6년 동안 하나님이 자신에게 복을 주신 것을 감사했다.

"오늘 내가 외삼촌의 양 떼에 두루 다니며 그 양 중에 아롱진 것과 점 있는 것과 검은 것을 가려내며 또 염소 중에 점 있는 것과 아롱진 것을 가려내리니 이 같은 것이 내 품삯이 되리이다. 후일에 외삼촌께서 오셔서 내 품삯을 조사하실 때에 나의 공의가 내 대답이 되리이다 내게 혹시 염소 중 아롱지지 아니한 것이나 점이 없는 것이나 양 중에 검지 아니한 것이 있거든 다 도둑질한 것으로 인정 하소서 라반이 이르되 내가 네 말대로 하리라 하고"(창 30:32-34).

31. 돌아설 때는 화해하라
(창31장)

환경에 있는 하나님의 뜻을 읽으라

야곱은 외삼촌 라반의 짐승을 먹이는 일을 정리했다. 야곱은 부자가 되자 외삼촌 라반과 그의 가족들의 싸늘한 질투를 의식했다. 그동안 가진 가족의 따뜻함도 사라졌다. 욕심 많은 외삼촌 라반은 야곱과 함께 있으면 자신의 재산이 모두 야곱의 것이 될까 두려웠다.

야곱은 결혼을 한 후 라반의 가정에서 독립했다. 야곱은 도적질한 적이 없다. 라반의 짐승을 먹일 때 잠잘 시간조차 없을 정도로 열심히 일했다. 외삼촌의 짐승 한 마리도 빼돌린 적이 없다. 가축이 죽으면 그것을 보충해 주었다. 그렇게 14년을 살았다.

6년 전 야곱과 라반은 임금 지급 방식을 증식계약으로 했다. 양과 염소 중에서 얼룩무늬 있는 것과 점 있는 것은 야곱의 것이 되고 순수한 흰 양과 검정 염소는 라반의 것이라 약속했다. 그 후 양과 염소가 새끼를 낳으면 점박이 얼룩무늬 있는 것이 태어났다.

야곱의 재산이 증식되자 욕심 많은 라반은 야곱에게 일방적으로 임금 계약조건을 변경했다. 양과 염소 중에 점 있는 것만 야곱의 재산이 되고, 나머지는 자신의 것이라며 일방적으로 통보했다. 야곱은 외삼촌 라반에게 의의를 제기할 수 없었다. 그 후 양과 염소들이 모두 점 있는 것만 낳았다. 그것은 하나님이 야곱에게 복을 주신 것이다.

라반은 야곱에게 다시 계약을 변경시켜 통보했다. 양과 염소가 낳은 새끼들 중에서 점 있는 것은 라반의 소유가 된다 했다. 그리고 야곱의 것은 얼룩무늬가 있는 것으로 한정했다. 그때부터 하나님의 은혜로 양과 염소가 새끼를 낳으면 모두 얼룩무늬를 가진 것만 낳았다.

야곱은 외삼촌이 부당하게 계약을 변경할 때마다 벧엘의 하나님을 의지했다. 하나님이 욕심쟁이 라반의 계략을 무산시켰다. 여호와 하나님이 어리석고 힘이 없어 보이는 야곱에게 축복을 부어 주셨다. 라반은 야곱의 재산이 증식되는 것이 배가 아파 심통이 났다. 그러나 어찌 할 수 없었다. 그것은 사람의 힘으로 할 수 있는 일이 아님을 라반도 알았다. 야곱이 믿는 여호와 하나님이 야곱에게 복을 주신다는 것을 알았다. 그러나 심통이 나고 분노했다.

야곱은 외삼촌 라반과 그의 아들로부터 신변에 위협을 느꼈다. 고대 사회에서 사람이 사람을 죽이는 것은 매우 쉬운 일이다. 특별히 유목민들은 짐승을 죽이는 일이 일상이다. 그러므로 사람을 죽이는 것은 마음만 먹으면 언제나 할 수 있었다. 특별히 가문 안에서 일어나는 일들은 보복의 위험도 없었다. 유목민들은 타인의 가정에서 사람을 죽인 것에 대하여 간섭하지 않는다. 그러므로 외삼촌과 그의 아들들이 야곱을 죽이면 모든 재산과 자녀들은 외삼촌 라반의 소유가 된다. 야곱은 이러한 극단적인 방법은 상상하기 싫은 것이다. 그러나 외삼촌 라반은 능히 그러한 방법을 선택할 수 있었다.

야곱 하나 죽으면 모든 것이 자신의 소유가 되는 방법을 라반은 생각했다. 그러한 생각은 언행으로 표현되었다. 야곱은 외삼촌과 조카들로부터 살기를 느꼈다. 야곱은 자신과 가족의 생존을 위하여 안전한 곳으로 이주할 것을 생각했다. 야곱에게 가장 안전한 곳은 아버지 이삭이 거주하는 가나안으로 돌아가는 것이다. 그러나 쉬운 일이 아니다(창31:1-2).

하나님의 음성을 들으라

야곱은 생존을 위한 심각한 고민을 하였다. 라반은 야곱이 무슨 생각을 할 것인지 다 알고 있었다. 그리하여 라반은 야곱에게 하란에서 정착하여 살도록 권면을 했다. 라반은 야곱의 것은 모두 자신의 것이라 생각하고 있었다. 그런데 야곱이 가족과 재산을 가지고 자신의 고향 가나안으로 간다면 어찌 할 수 없다. 야곱을 하란에 잡아 둘 명분도 없다. 그러한 능력도 없었다. 그리하여 라반은 야곱을 회유하기 시작했다.

외삼촌 라반이 야곱에게 말했다. 이제 가족도 많아지고 재산도 많아졌으니 이곳 하란에 정착하여 함께 살자 했다. 그러나 야곱은 외삼촌 라반이 살고 있는 하란에 정착할 생각이 없었다. 야곱의 소원은 아버지 이삭이 있는 가나안 땅으로 빨리 가는 것이다. 특별히 오래전 벧엘에서 하나님께 서원한 것을 지킬 때가 되었다. 하나님이 20년 동안 신변을 지켜 주셨다. 축복의 가문을 이루는 복을 주셨다. 하나님이 부자가 될 수 없는 환경에서 부자가 되는 복을 주셨다. 그러므로 20년 전에 벧엘에서 서원한 기도를 생각했다. 야곱은 벧엘의 하나님을 기억하며 그 서원한 때가 됨을 알았다. 그러나 하나님이 자신을 인도해 주어야 가능함을 알았다.

최근 현실은 외삼촌 라반과 갈등을 겪고 있었다. 어떻게 외삼촌과의 관계를 풀어 나갈까 근심했다. 외삼촌 라반을 떠나는 것은 매우 복잡한 문제들이 연관되어 있었다. 그리하여 야곱은 벧엘에서 자신을 향하여 말씀하신 여호와 하나님께 기도하였다. 지금의 어려운 상황에서 어떻게 결정해야 할지 지혜를 구하였다.

야곱이 근심 중에 있는 어느 날, 여호와 하나님이 나타나 말씀했다.

"야곱아 네 조상의 땅 네 족속에게로 돌아가라. 내가 너희와 함께 있으리라" (창31:3).

야곱에게 나타나신 여호와 하나님은 간단하게 응답했다.

외삼촌 라반의 회유에 넘어가지 말았고 하란에 정착하지 말고, 이제 고향으로 가나안으로 돌아가라 말씀하셨다. 외삼촌 라반에 대한 두려움을 버리라 했다. 여호와 하나님이 야곱을 지켜 인도할 것이라 말씀했다.

20년 전에 벧엘에서 나타나신 여호와 하나님이 야곱에게 믿음의 확신을 주었다. 야곱은 하나님으로부터 분명한 응답을 받았다. 이제 어떻게 가나안으로 갈 것인가 때와 방법을 생각했다.

최고 설득의 힘은 간증

야곱이 고향으로 돌아가는 방법은 가족과 모든 재산을 가지고 가는 것이다. 그러나 쉬운 일이 아니었다. 가족들의 적극적인 동의와 협력이 필요했다. 그중에 첫 번째의 일은 아내 라헬과 레아를 설득하는 것이다. 아내들은 밧단아람이 고향이다. 그곳에 아버지와 형제들이 살고 있다. 야곱의 아내와 자녀들, 종들은 그곳에서 출생하여 지금까지 살아왔다. 야곱의 고향 가나안은 한 번도 가보지 않은 미지의 땅이다. 밧단아람에서 가나안 까지 약 800km이다. 그러므로 가나안으로 이주를 한다는 것은 어려운 일이다.

만약에 라헬과 레아가 야곱의 고향 가나안으로 가지 않겠다면 어떠한 일이 발생할까? 야곱은 아내와 자식을 두고 가나안으로 갈 수 없다. 그러나 고향 가나안 땅으로 가야 한다. 그것은 20년 전에 벧엘에서 하나님과 서원약속이었다. 그러므로 야곱은 어떻게 하든지 아내들의 동의를 구해야 했다.

야곱은 사람들을 보내어 라반의 집에 거주하는 라헬과 레아를 조용한 목축장으로 불렀다. 그리고 그동안 자신이 라반의 집에서 어떻게 일한 것과 하나님이 어떻게 복을 내린 것을 간증했다. 그리고 여호와 하나님이 고향으로 돌아가라고 명령한 것을 말했다.

라헬과 레아도 야곱의 말에 동감했다. 아버지 라반에 대하여 불만이 많았다. 야곱과 결혼 과정을 말했다. 레아와 라헬은 자신들을 이용했다며 분개했다. 야곱에게 14년 동안 신부 값, 지참금 명목으로 남편의 노동력을 착취하였다. 그리하여 가난한 생활을 하였다. 가난함으로 아버지 라반에게 의존적 생활을 유도한 것에 분노했다. 그동안 사랑과 가난의 족쇄로 자신들을 억압한 아버지에게 분노했다.

　레아와 라헬은 아버지 라반의 곁에 있다 해도 상속지분이 없다. 그런데 남편 야곱이 믿는 여호와 하나님이 가정에 복을 주시는 것을 눈으로 보았다. 결혼하여 14년 동안은 정말 가난했다. 그러나 여호와 하나님이 지난 6년 동안 넘치는 복을 주시고 번성하는 것을 경험했다. 그것은 남편이 믿는 여호와 하나님의 인도하심이었다.

　레아와 라헬은 여호와 하나님께서 가나안으로 돌아가라 했으니 그 말씀에 순종하는 것이 합당하다 했다. 그러므로 야곱을 따라서 가나안으로 가겠다고 했다(창31:4-16).

하나님 뜻을 이루는 계획과 준비

　야곱은 하란을 떠나 가나안으로 가기 위해서 구체적인 계획을 했다. 장거리 이주를 위해서는 많은 것을 준비해야 한다.

　라반은 자신의 가축과 야곱의 가축이 섞이지 않게 하기 위하여서 사흘 간의 거리를 두고 멀리 있었다. 유목민들이 가까이 있으면 짐승들이 섞여 소유권에 대한 분쟁이 발생한다. 그래서 사흘거리를 두고 목축을 했다.

　라반은 갈대아의 관습법에 따라 야곱을 종으로 생각했다. 종의 소유는 곧 주인의 것이다. 그것이 당시의 생활 관습법이었다. 그러므로 라반은 야곱의 모든 재산은 자신의 것이며. 야곱의 자식들도 자신의 것이라 생각했다. 그리하여 라반은 주변 유목민들에게 야곱의 상황을 감시하도록 했다. 라반은 야곱이 가나안으로 도망칠 것을 염려했다. 그리하여 늘 감시하도록 했다.

라반은 야곱이 결혼도 하고 가족들이 밧단아람에 있음으로 쉽게 가나안으로 가지 못할 것이라 생각하며 안심했다. 라반은 야곱의 가족들을 무언의 인질로 생각하였다. 그리하여 야곱이 쉽게 행동하지 못하게 했다. 그리고 시간 날 때마다 라반은 자신의 딸 레아와 라헬에게 고향을 떠나지 말고 야곱과 함께 살아야 된다며 세뇌했다.

야곱은 밧단아람을 언제, 어떻게 떠날 것인지 고민했다.

야곱에게 또 하나의 어려움이 있었다. 라반은 자신의 외삼촌이요 장인이다. 정식으로 찾아가서 고향으로 돌아가겠다고 통보하면 된다. 그러나 라반은 어떠한 수단과 회유를 하여서라도 가나안으로 가는 길을 막을 것이다. 그리고 관습법을 따라서 야곱이 외삼촌 라반의 집으로 올 때 빈몸으로 들어 왔다. 비록 가족관계는 친척이다. 그러나 노동관계에서는 종의 신분이다. 종은 주인집에서 결혼을 하고 독립하여 나갈 때는 종은 모든 재산과 가족을 두고 홀로 주인집을 떠나야 한다. 외삼촌 라반은 지금까지 그러한 생각으로 야곱을 대하였다. 야곱도 유목민들이 지키는 관습법이 어떠한지 잘 알고 있다. 그러므로 가볍게 행동할 문제가 아니었다.

야곱은 라반에게 말하지 않고 조용히 가나안으로 가기로 했다. 야곱은 라반의 감시와 권한을 벗어나는 탈출을 결심했다. 야곱이 자유인으로 스스로 고향으로 가는 길을 막을 자가 없다. 그러나 하란의 유목 관습법은 야곱에게 어떠한 권리도 권한도 인정하지 않았다. 그리하여 야곱은 은밀하게 외삼촌 라반의 권세에서 벗어나 가나안으로 가기로 했다.

　야곱은 고심하여 탈출할 날짜를 정했다. 외삼촌 라반이 양털을 깎는 날 출발하기로 했다.

　통상적으로 유목민들은 양털 깎는 날을 일찍 정한다. 유목민들은 양털 깎는 날이 서로 겹치지 않게 일정을 만들어 함께 공유한다. 그러므로 일 년 중에 양털 깎기를 하는 일정이 공개되어 있다.

　양털을 1년에 한번 깎는다. 양 떼가 많으면　전문적으로 양털을 깎는 전문인을 불러서 일을 시킨다. 그리고 가까운 유목 이웃을 초청하여 큰 잔치를 한다. 좋은 음식을 먹고 술도 많이 마신다. 그런데 라반은 오래 전부터 자신의 양털을 깎는 날 야곱과 그의 딸들을 초대하지 않았다. 야곱과 라반은 장인과 사위 사이지만 관계는 이미 남남이 되었다.

　야곱은 외삼촌 라반이 양털을 깎는 날에 가나안으로 이주하기로 날짜를 정했다. 그때는 라반의 지시에 따라 야곱을 감시하는 자들도 긴장을 풀고 있을 것이다. 그때가 최고의 탈출기회다. 야곱은 가나안으로 가는 길에 먹을 양식도 준비하고 튼튼한 수레들도 은밀하게 준비했다.

　외삼촌 라반이 양털 깎는 그날이 되었다. 야곱은 이른 새벽 어두울 때에 가족을 이끌고 가나안을 향하여 출발했다. 그때 야곱의 장자 르우벤은 13살이며 막내 요셉은 6살이었다. 가축과 어린이들과 여인들과 종들과 함께 가나안으로 가는 길은 느리게 움직였다. 야곱의 마음은 조급했다. 속히 밧단아람을 벗어나고 싶었다.

가나안으로 가는 길에 위험한 지리적인 문제가 있었다. 반드시 유프라테스 강을 건너야 한다. 유프라테스 강은 터키 동부 고원에서 발원하여 총길이 2,680km를 흐른다. 강은 생각보다 넓고 깊었다. 체질적으로 양과 염소는 물을 싫어한다. 강을 건너기 위해서는 뗏목 배를 타고 건너야 한다. 유프라테스 강은 하란과 가나안을 가는 경계점이다. 유프라테스 강을 건너야 하란을 완전히 벗어난다. 그리하여 유프라테스 강을 뗏목 배를 타고 건너는 데 상당한 시간이 필요했다. 그리고 많은 돈을 지불했다.

야곱은 유프라테스 강을 건넌 후에 조금 안심을 했다. 야곱의 가축은 많았고 가족과 종들도 많았다. 사람들은 생각보다 무관심하다. 남의 일에 큰 관심을 두지 않는다. 그래서 야곱이 유프라테스 강을 건너는 것을 일상적인 생활로 여겼다.

야곱의 마음은 조급했다. 빨리 가나안으로 가기를 원했다. 그러나 가족들이 많고 가축이 많아서 느리게 길을 가게 되었다.

야곱은 자신의 가는 길을 하나님이 지켜 인도할 것을 믿었다. 무엇보다 하나님이 나타나서 분명한 말씀을 주셨다. 가나안으로 가라 했다. 그러므로 불안한 심정을 하나님께 맡겼다.

야곱은 외삼촌 라반이 며칠 후에 자신을 추격하여 올 것을 예상했다. 욕심 많은 외삼촌이 그냥 두고 보지 않을 것이다. 어떠한 형태로든지 고통과 괴로움을 줄 것을 알았다. 그리하여 야곱은 더욱 긴장을 했다. 두려움이 밀려 올 때마다 야곱은 벧엘에서 만난 여호와 하나님께 기도했다.

감시망을 벗어난 야곱, 추격하는 라반

유목민들의 양털깎기는 일 년 중에 최고의 축제일이다. 그리고 양털을 전문적으로 깎는 사람들을 고용하여 떨 깎기를 한다. 많은 음식을 준비하여서 이웃과 나누며 술을 먹고 고기를 먹으며 즐거운 시간을 가진다. 그때 대부분의 사람들은 긴장감을 풀고 편안하게 쉬게 된다.

야곱을 감시하기 위해서 라반이 심어둔 자들로부터 소식이 왔다. 사흘 전에 야곱이 가족과 짐승을 이끌고 유프라테스 강을 건너갔다 한다.

라반은 자신의 허락 없이 야곱이 도망쳤다며 분노했다. 라반은 양털깎기를 중단했다. 양털을 깎는 것보다 중요한 일이 있다. 그것은 도망친 야곱을 잡아 오는 것이다. 그리고 야곱의 모든 재산을 몰수하고 야곱을 죽이는 것이 더욱 중요했다.

라반은 신속하게 야곱을 추격하는 가족 군사를 소집했다. 그리고 함께할 전쟁에 능한 자들을 고용했다. 그들은 잘 훈련된 말과 비상식량과 무기를 가지고 함께 모였다.

라반은 삼일 전에 도망친 야곱을 추격하는 것은 매우 험난한 여정이 될 것을 알았다. 그리하여 자신이 믿는 드라빔 앞에서 안전을 기원하는 의식을 행하려 했다. 라반은 자신의 집안에 귀중하게 보관된 드라빔을 찾았는데 없었다.

드라빔은 나무나 은으로 만들어진 조그마한 조각 형상이다. 쉽게 휴대할 수 있는 것에서부터 아주 큰 것까지 있다. 일반적으로는 가정의 수호신 드라빔은 손바닥 크기 정도였다.

라반이 분노와 두려움에 질려 나왔다. 야곱이 자신의 드라빔을 훔쳐 갔다며 땅을 치며 통곡했다.

그 당시 유목민들은 각 가정에 있는 드라빔을 가진 자에게 모든 재산의 상속권을 인정했다. 그러므로 하란에 살고 있는 각 가정에서 가장 중요한 것이 드라빔이다.

드라빔이 없어지면 자신을 지켜줄 신과 상속권이 없어진 것이다. 라반이 분노하고 통곡하는 것은 자신의 드라빔이 없어진 것은 곧 야곱이 가져간 것이라 단정했다. 만약에 야곱이 드라빔을 가지고 와서 라반의 소유물에 대한 상속권을 주장하면 라반은 알거지가 된다. 라반은 상상을 하면 할수록 분노하고 야곱에 대한 적개심이 불타올랐다.

라반의 아들들은 더욱 분노했다. 자신들의 재산 상속권을 야곱이 찬탈해 갔기 때문이다. 라반과 그의 아들들은 위기를 느꼈다.

후일에 야곱이 드라빔을 가지고 상속권을 주장하면 모든 재산을 잃게 된다. 라반의 아들들은 야곱이 아버지의 재산을 도적질해서 부자가 되었다고 생각했다. 그런데 은밀하게 가족과 가축을 데리고 도망을 쳤다. 그리고 자신들의 상속권의 증표인 드라빔까지 가져갔다. 그리하여 야곱에 대한 복수심으로 흥분했다.

라반과 아들들 그리고 동원된 가병들은 야곱이 가는 길을 추격했다. 그들은 분노와 복수심에 불타올랐다. 유프라테스 강으로 전력질주했다. 주변 유목민들에게 탐문을 하고 야곱이 도망친 방향을 잡았다. 라반의 군대는 야곱이 2일간 간 길을 하룻길로 잡아 초원을 질주했다. 야곱이 도망친 후 3일이 지나서 라반은 추격을 시작했다. 계산대로 하면 야곱이 도망을 친 후 9일 쯤 되면 라반의 군대 무리와 조우할 수 있다.

야곱을 추격하는 라반의 무리는 유프라테스 강을 건너 하루에 약 70km를 전력질주했다. 만난 사람들에게 야곱의 일행에 대한 소식을 탐문하며 야곱을 추격하며 간격을 좁혀 나갔다.

야곱도 라반이 자신을 추격해 올 것을 예상했다. 그리고 몇 날이 되면 자신을 죽이러 올 것을 알았다. 그러므로 더욱 빨리 가나안으로 가려고 무리한 길을 재촉했다.

라반에게 경고하는 하나님

야곱이 밧단아람을 출발한지 9일 되었다. 야곱은 길르앗 산에 장막을 쳤다. 야곱도 하루에 약 40km 정도 이동을 했다. 광야에서 하루 40km를 가족과 가축을 이끌고 가는 것은 생명을 걸고 이동하는 것이다.

하란에서 밧단아람으로 가는 거리는 약 800km 이었다. 야곱은 9일 동안 약 절반의 거리를 이동했다. 그리하여 이제는 외삼촌 라반의 손에서 완전히 벗어나 안심했다. 그런데 라반은 자신의 가족 군대를 이끌고 7일 동안 전력 질주하여 야곱을 따라 잡았다. 라반은 군대를 이끌고 야곱이 머물고 있는 곳을 발견하고 은밀하게 잠복을 했다. 야곱이 머물고 있는 곳 아주 가까이 숨어들었다. 그 날 밤에 야곱을 기습하여 야곱 하나만 죽이면 된다. 가족은 모두 살려서 다시 하란으로 데려갈 계획을 하였다.

라반의 계획은 자신의 드라빔을 찾아 야곱이 도적질한 종으로 몰아서 모든 재산을 몰수하려 했다. 라반은 힘들게 칠 일 동안 추격하였지만 헛되지 않았다며 안심했다. 야곱의 재산을 몰수하면 하란에서 최고의 부자가 된다.

라반은 자신의 이익을 생각하며 기습할 시간을 기다리고 있었다. 해는 지고 천지는 어둠이 깊었다. 7일 동안 추격으로 몹시 피곤하여 잠깐 잠이 들었다. 그 때. 하나님이 라반에게 나타나 말씀했다.

"라반아 너는 야곱에게 선악 간에 어떠한 일도 행하지 말라. 야곱의 머리털 하나도 상하게 하지 말라. 내가 지금까지 야곱과 함께한 것을 너도 보았지. 내가 야곱과 함께하며 그를 보호할 것이다. 만약에 야곱을 상하게 하면 너는 죽을 것이다"(창31:24, 29).

라반은 꿈속에 하나님의 음성을 듣고 두려웠다. 지난 20년 동안 야곱과 함께하는 하나님을 보았다. 자신이 야곱을 속이고 약속을 어기면서 야곱을 괴롭혔다. 그러나 하나님이 야곱에게 자녀를 주시고, 재산을 증식시키는 것을 보았다.

하나님이 자신에게 나타나서 야곱을 공격하지 말라고 경고를 했다. 그런데 야곱을 죽이기 위해서 7일간 말을 타고 달려 왔다, 그런데 하나님이 야곱을 죽이 말라 경고함으로 어떻게 할지 고민했다.

라반은 하나님이 함께하는 야곱을 공격할 수 없었다. 야곱을 공격하는 것은 하나님을 공격하는 것이 된다. 야곱과 함께하는 그 하나님이 자신을 그냥 두지 않을 것을 알았다.

라반은 극심한 공포심으로 괴로워했다. 만약에 야곱을 공격하면 하나님께서 자신을 징벌하여 죽을 것이라 생각했다. 라반은 야곱은 두렵지 않았다. 자신의 군사력으로 죽이고 모든 것을 빼앗을 수 있었다. 그러나 야곱이 믿는 여호와 하나님은 두려웠다. 하나님이 야곱을 보호한다면 야곱을 죽일 수 없다. 하나님이 자신을 죽일 것임을 알았다. 라반은 밤을 세우며 고민을 했다. 처음 생각은 그날 밤에 야곱을 기습하여 죽이고 재산을 찾아 갈 것을 계획했다. 그러나 라반은 자신의 뜻을 포기했다. 괴로움 속에 밤을 보내었다.

드라빔을 내어 놓아라

아침이 되었다. 야곱이 밧단아람을 도망친 10일째 되는 날이다. 그날도 일찍 가나안으로 가려 준비를 했다. 그런데 라반이 군대를 이끌고 나타났다. 야곱의 가족을 포위하였다.

야곱과 가족들은 긴장했다. 잔인한 라반이 자신들을 다 죽이고 재산을 빼앗아 갈 것으로 생각했다. 야곱은 물리적으로 라반을 대적할 수 없었다. 야곱은 오직 여호와 하나님을 의지하며 기도했다.

살기등등한 라반과 함께한 무리들이 야곱과 대면을 했다. 라반이 야곱을 향하여 흥분하여 질책했다.

하란의 관습법을 따라서 야곱의 모든 재산은 자신의 것이라 했다. 야곱의 아내와 자녀들도 모두 라반 자신의 것이라 했다. 라반은 야곱을 향하여 자신의 소유 종이라고 신분을 주장했다. 라반은 자신의 재산을 도적질하여 도망친 야곱의 부당함에 대하여 질책했다.

야곱은 자신을 향하여 음흉한 짓을 행한 라반을 향하여 말했다. 야곱은 지난 20년 동안 외삼촌 라반의 악행과 속임에 대하여 말했다. 죽고 사는 것은 하나님의 손에 달렸다. 외삼촌 라반으로부터 받은 부당함과 서러움을 거침없이 말했다. 외삼촌은 욕심 많고 임금 계약을 지키지 않는 나쁜 사람이라 했다. 야곱은 20년 동안 마음에 담아둔 모든 말을 했다.

라반은 야곱을 향하여 칼을 뽑지 못했다. 야곱을 해치지 말라는 하나님의 음성을 들었기 때문이다. 라반은 하나님을 믿지 않았다. 그러나 야곱이 믿는 하나님을 두려워했다. 그리하여 라반은 야곱에게 드라빔을 도적질했다며 문초했다.

야곱은 드라빔을 훔쳤다는 것은 터무니없는 일이라며 거칠게 항의했다. 라반이 만약에 드라빔을 찾으면 어떻게 할 것인가 말했다. 그때 야곱이 말했다. 만약에 가족 중에 드라빔을 가진 자를 찾으면 그를 죽여도 좋다 했다. 그러면 야곱의 이삿짐 속에서 드라빔을 찾아보기로 했다.

라반은 드라빔을 찾기 위해서 수색을 했다. 그러나 드라빔은 나오지 않았다.

그때 야곱의 아내 라헬은 장막에 있었다. 라헬은 라반에게 생리 중이라 했다. 그리고 먼 길을 오느라 몸이 지쳐 병들었다 말했다. 라반은 생리 중인 여인을 가까이 하면 불결해진다는 관습을 따라 라헬의 몸은 수색하지는 못했다. 그런데 라반의 드라빔은 라헬이 훔쳐 왔다. 그리고 장막에 깔고 누워서는 생리 중이라고 거짓말을 했다. 야곱도 라헬이 드라빔을 훔친 것을 몰랐다(창31:31-42).

야곱은 라반에게 거칠게 항의했다. 자신이 아버지의 집을 가나안으로 가는 것이 무엇이 잘못인가? 왜 드라빔을 훔쳤다고 도적으로 몰아 세우는가?

라반은 드라빔을 찾지 못했다. 야곱이 드라빔을 가지고 자신의 재산을 빼앗아 갈 것이 두려웠다. 잃어버린 드라빔을 무력화 시키는 법적 행위가 필요했다.

라반은 지금까지 고압적인 행동을 바꾸었다. 화해하는 방향으로 분위기를 이끌었다. 그리고 야곱에게 맹세의 돌을 세우자 제안했다. 야곱은 변덕이 심한 외삼촌의 행위를 이해할 수 없었지만 받아 들였다.

야곱의 가족과 라반과 함께 추격하여 온 자들이 주변에 돌을 가져와 큰 돌 무더기를 쌓았다.

라반은 야곱에게 네 가지를 맹세했다.

첫째는 야곱이 가나안으로 가는 것을 허락하겠다.

둘째는 이 돌무더기를 넘어서 야곱을 추격하지 않겠다.

셋째는 야곱은 라헬과 레아 외에 아내를 두지 않겠다.

넷째는 야곱이 이 돌무더기를 넘어 하란으로 오지 말라 했을 때에, 야곱은 이 돌무더기를 넘어 하란으로 가지 안 않겠다 맹세했다.

야곱은 아브라함의 하나님, 이삭의 유일하신 하나님 이름으로 맹세했다. 라반은 그가 믿는 드라빔과 여러 잡신들과 하나님의 이름으로 맹세했다.

그 맹세의 돌 무더기를 라반은 아람 언어로 '여갈사하두라' 명했다.

야곱은 그 맹세의 돌 무더기를 히브리말로 '갈르엣'이라 했다. 그 뜻은 "증거의 무더기"라는 뜻이다.

라반은 돌 무더기 맹세를 통하여 잃어버린 드라빔의 효력을 무효화 시켰다. 야곱은 돌 무더기 맹세를 통하여 고향 가나안으로 가는 길에 라반 방해를 제거했다.

그리하여 라반은 그곳 돌 무더기가 자신의 신변을 지켜 줄 것을 믿었다. 야곱은 그곳 돌 무더기가 여호와 하나님이 자신의 신변을 지켜 인도함을 믿었다. 그리하여 그곳 돌 무더기를 하나님이 파수하여 지켜 준다는 뜻으로 '미스바'라 하였다.

야곱은 그곳 미스바에서 양과 염소를 잡아서 하나님 앞에 감사의 제단을 쌓았다. 좋은 음식을 준비하여 외삼촌과 함께 온 사람들을 잘 대접했다. 야곱은 20년 동안 외삼촌 라반과 아들에게 응어리진 감정을 다 풀었다. 그날 밤 야곱과 라반과 서로 용서하고 화해했다. 그리고 서로의 앞날을 축복하였다.

아침 해가 밝았다. 라반이 야곱에게 말했다, 자신의 생각은 야곱을 죽이려 했는데 어젯 밤에 여호와 하나님이 나타나서 말씀하기를 야곱을 죽이지 말라 경고한 것을 말했다. 그리하여 하나님이 말씀한 데로 야곱을 죽이지 않았다 했다.

라반은 야곱과 딸들과 손자 손녀들을 축복하고 작별인사를 하고 밧단아람으로 즐거운 마음으로 돌아갔다.

야곱은 자신이 가야 할 가나안 땅, 아버지 이삭이 있는 곳을 향하여 출발했다.

　야곱은 미스바, 갈르엣에서 맹세의 돌단을 쌓은 이후 라반의 가족은 죽을 때까지 서로 만나지 못했다. 그날은 이 세상에서 마지막 만남이요 영원한 이별의 날이었다.

　그날의 이별이 영원한 이별이 될 줄 몰랐다. 영원을 기대하며 살고 있지만 언제까지 영원하지 않다.

　야곱은 외삼촌 라반을 웃으면서 돌려보내었다. 그동안 두려운 사람이었지만 이제는 그리운 사람으로 남았다. 야곱은 지난 20년을 회상하며 생각했다. 함께 살아가면서 상처 입고 고통 중에 살았다. 그러나 돌아설 때 화해한 것은 하나님의 은혜였다.

　야곱은 라반과의 20년 동안 쌓인 깊은 묵은 감정과 고통을 떨쳐버렸다. 야곱의 마음에 평안과 기쁨이 일어났다. 야곱은 자신을 지켜 주신 하나님을 찬송했다.

　"여호와께서 야곱에게 이르시되 네 조상의 땅 네 족속에게로 돌아가라 내가 너와 함께 있으리라 하신지라"(창 31:3).

　"라반이 그의 형제를 거느리고 칠 일 길을 쫓아가 길르앗 산에서 그에게 이르렀더니 밤에 하나님이 아람 사람 라반에게 현몽하여 이르시되 너는 삼가 야곱에게 선악 간에 말하지 말라 하셨더라"(창31:23-24).

　"이제 오라 나와 네가 언약을 맺고 그것으로 너와 나 사이에 증거를 삼을 것이니라 이에 야곱이 돌을 가져다가 기둥으로 세우고 또 그 형제들에게 돌을 모으라 하니 그들이 돌을 가져다가 무더기를 이루매 무리가 거기 무더기 곁에서 먹고 라반은 그것을 여갈사하두다라 불렀고 야곱은 그것을 갈르엣이라 불렀으니 라반의 말에 오늘 이 무더기가 너와 나 사이에 증거가 된다 하였으므로 그 이름을 갈르엣이라 불렀으며 또 미스바라 하였으니 이는 그의 말에 우리가 서로 떠나 있을 때에 여호와께서 나와 너 사이를 살피시옵소서 함이라"(창31:44-49).

32. 절망의 그늘에 숨겨진 희망
(창32장)

인생의 절벽에 선 야곱

야곱은 형 에서와 아버지를 속이고 아브라함의 축복을 받았다. 에서는 장자의 축복을 받을 것으로 확신했다. 그러나 동생 야곱이 장자의 복을 받았다.

에서는 뒤늦게 장자의 축복을 받지 못함을 애통했다. 아버지 이삭이 죽으면 야곱을 반드시 죽여 복수하리라 했다. 이삭과 리브가가는 에서의 거침없는 복수심을 두려워했다. 에서의 분노를 피하기 위해서 야곱을 하란에 있는 외삼촌 라반의 집으로 보내었다. 외삼촌 라반의 집에서 20년 동안 생활하면서 가족을 이루며 부자가 되었다.

야곱은 외삼촌 라반의 집에 있으면서 가나안 땅에 살고 있는 아버지 이삭과 형, 에서의 소식을 들었다. 에서는 에돔 사람들과 함께하며 가문을 이루어 강력한 한 족장으로 성장했다. 에서는 물질적으로 부유하였다. 집안에 있는 남자들 중에서 전쟁에 참가할 군사로 동참할 수 있는 자는 400명이 되었다. 에서는 공격적인 사람이었다. 족장 중심의 가족 군대의 능력은 곧 가문이 능력이다. 에서의 400명의 군사는 천하무적의 강력한 군대였다. 그러므로 야곱은 에서를 두려워했다.

에서의 자녀들은 장성하였다. 그리고 가병으로 400명의 군대를 가지고 있었다. 그러나 야곱의 자녀들은 어렸다, 야곱은 자신의 가문을 지킬 군대가 없었다. 그러므로 야곱과 에서를 가시적으로 비교하면 야곱보다 에서가 복을 많이 받았다.

야곱은 20년 만에 고향으로 돌아가는 소식을 아버지 이삭에게도 전달하였다. 그리고 형 에서에게도 소식을 전했다.

야곱은 아버지를 만나는 기대감에 기쁨이 있었다. 그러나 형 에서와의 관계에서 해결할 문제는 방법이 없었다. 야곱도 뚜렷한 해결방법이 없었다. 문제는 형, 에서는 야곱을 죽이려는 마음이 20년 동안 변함이 없었다. 고향이 가까워질수록 야곱의 마음은 무겁고 괴로웠다.

야곱은 홀로 고민하며 갈르엣을 거쳐서 요단강 지류인 얍복강 나루터를 향하여 가고 있었다. 야곱의 고민을 이해하는 가족은 없었다.

야곱이 고민하며 근심하고 있을 때에 하나님의 천사가 나타났다. 무수한 하나님의 천사는 두 진영으로 무리를 지었다. 그리고 야곱을 지켜 보호하였다.

야곱의 눈에 보이는 하나님의 군대 천사들은 모든 대적을 물리칠 권세와 능력을 가지고 있었다. 그들이 야곱에게 말하기를 두려워하지 말라 여호와 하나님이 지켜 보호하신다 말했다.

야곱은 20년 전에 외삼촌 집으로 도망칠 때에 벧엘에서 하나님의 천사를 만났다. 그때에도 천사는 두려움에 움츠린 야곱을 위로하며 평안을 주었다. 그런데 이번에 나타난 천사들은 그 무리가 헤아릴 수 없이 많았다. 그들은 하나님이 보낸 하나님의 군대였다. 그리고 에서가 400명의 군대를 이끌고 온다 해도 두려울 것이 없었다. 하나님의 군대가 에서의 군대를 물리쳐 줄 것이다.

야곱은 하나님이 자신을 지켜 보호하기 위해서 눈에 보이는 하나님의 군대를 만난 이후에 그곳을 '마하나임'이라 했다.

야곱을 지키는 하나님의 군대 '마하나임'은 야곱의 눈에 사라졌다. 그러나 하나님의 군대는 야곱을 늘 지켜 보호했다. 야곱도 하나님이 자신을 지켜주시며 늘 함께 하고 있음을 확신했다(창32:1-2).

화해를 거절한 에서

야곱은 하나님이 보낸 군대를 만난 후에 안심하였다. 그러나 조금 지나서 야곱에게 두려움이 밀려왔다. 하나님이 보낸 군대가 자신을 보호하지만 그러나 에서의 군대가 두려웠다.

야곱은 자신의 가족 중에 가장 영리하고 상황 판단을 잘하는 종들 몇 사람을 세일 땅에 사는 에서에게로 보냈다. 야곱은 어떻게 하든지 에서의 무력에 피해를 보지 않으려 했다. 최상의 방법은 형 에서와 화해를 하는 것이다. 그러기 위해서는 지금까지 자신이 축적한 명성과 재산도 다 버릴 생각이었다.

야곱은 종들을 에서에게 보내면서 이렇게 말하라고 했다.

"우리 주인 야곱은 밧단아람의 라반의 집에서 20년 동안 머물렀습니다. 그곳에서 결혼을 하여 일가를 이루었습니다. 주인 야곱은 소 떼와 나귀와 양 떼와 노비가 많이 있습니다. 그러므로 지난날의 허물을 용서해 주시며 주인 야곱을 불쌍하게 여겨 은혜를 베풀어 주시기 바랍니다. 그리고 주인 야곱이 보낸 선물입니다. 기쁨으로 받아 주시면 감사하겠습니다."

에서가 야곱이 보낸 사람들에게 말했다.

"나는 간사한 내 동생 야곱에게 반드시 복수할 것이다. 지난 20년 동안 야곱에 대한 복수심으로 나는 살았다. 이제 복수의 날이 왔다. 너의 주인 야곱에게 나의 심정을 전달해 주기 바란다. 그리고 내가 400명의 군사를 이끌고 갈 것이다. 반드시 피의 복수를 할 것이다."

야곱이 보낸 종들이 돌아와 에서가 한 말을 전달했다.

"형 에서는 아무런 것을 요구하지도 않고 받지도 않았습니다. 오직 400명의 군대를 이끌고 와서 복수하는 것이라 했습니다. 그리고 지금 400명의 군사를 이끌고 이곳으로 오고 있습니다."

야곱은 두렵고 떨렸다. 자신의 방법으로는 형 에서의 칼날을 피할 길이 없다. 에서와 정면 대결할 능력도 없었다. 결과는 모든 것을 잃게 된다. 야곱은 최후의 방법을 생각했다. 어떻게 하든지 살아남아야 했다.

유목민의 50% 생존 계획

야곱은 두려움과 공포에 사로잡혔다. 형, 에서의 분노와 공격을 막을 방법이 없었다. 야곱은 고민하다. 자신의 가족과 재산을 두 떼로 나누었다. 에서가 한 떼를 공격하면 야곱은 남은 한 떼와 도망칠 계획을 했다.

20년 동안 이룬 가족과 재산을 에서에게 100%로 잃을 수는 없었다. 절반만이라도 건질 계획을 했다. 그 방법은 유목생활에서 습득한 것이다. 에서의 복수를 피할 방법이 없었다. 그러나 절반은 살아야 된다고 생각했다(창32:8).

야곱의 마음에 후회가 있었다. 이러한 상황일 줄 사전에 알았다면 밧단아람 외삼촌 집에 그대로 살았다면 좋았을 것이다. 그러나 다시 외삼촌 집으로 돌아 갈 수도 없다. 외삼촌 라반과 갈르엣에서 돌 무더기 맹세를 했다. 서로 그 돌 무더기를 넘지 않기로 했다.

야곱이 가족을 이끌고 그 갈르엣 돌 무더기를 넘어가면 외삼촌에게 죽게 된다. 고향으로 가면 형 에서에게 죽게 될 처지가 되었다. 야곱은 자신의 현실 문제를 해결할 어떠한 방법도 능력도 없었다.

하나님께 올린 구원의 기도

야곱은 여호와 하나님께 기도했다(창32:9-12). 야곱은 하나님의 인도로 밧단아람 외삼촌 집에 20년을 살았다. 일찍 고향으로 돌아가려고 생각했으나 그때마다 하나님은 허락하지 않았다. 그런데 하나님께서 고향으로 돌아가라는 분명한 말씀을 했다. 그 하나님 말씀에 순종하여 유프라테스 강을 건너 고향 땅 가까운 얍복 강을 앞두고 있다.

형 에서는 자신과 모든 가족을 죽이기 위해서 점점 다가오고 있지만 하나님은 어떠한 역사도 하지 않는다. 야곱은 하나님 앞에 자신과 가족의 생명을 구해 달라고 처절하게 기도했다.

야곱이 믿을 것이 없었다. 자신을 생각하면 정말 나약한 존재였다. 가족들과 종들이 있지만 자신의 고뇌를 이해할 사람이 없다. 많은 재산을 가졌다. 그러나 죽느냐, 사느냐 하는 상황에서 재물은 의미가 없었다. 이렇게 허무하게 죽을 것이라면 왜 그렇게 치열하게 살았는지 후회가 되었다.

야곱은 오직 여호와 하나님 앞에 자신의 모든 것을 포기하고 죽거나 살거나 결정은 하나님께 있음을 인정했다. 그리고 야곱은 진솔한 기도를 드렸다. 하나님께서 야곱의 근심된 기도에 응답하셨다.

"네가 반드시 네게 은혜를 베풀어 네 씨로 바다의 셀 수 없는 모래와 같이 많게 하리라"(창32:12).

하나님은 미래에 주어질 복만 약속했다. 현실적 문제에 대한 하나님의 응답과 역사는 없었다. 야곱은 답답했다. 하나님의 초자연적인 능력이 임하여 형, 에서의 군대를 향한 기적은 나타나지 않았다. 하나님은 아브라함에게 말씀하신 그 복이 자신에게 임할 것이라는 말씀만 했다. 야곱은 하나님의 응답을 받았지만 답답한 마음은 여전했다.

야곱의 심리전

야곱은 얍복 강 앞에서 두려움과 절망의 밤을 보내었다. 야곱은 밤을 새우면서 에서의 마음을 돌릴 방법을 생각했다. 고통 중에 있는 야곱은 날이 밝지 않았으면 하는 생각을 했다. 그러나 새 날이 밝아왔다.

야곱은 자신의 가장 좋은 가축을 다시 선별하여 에서에게 보내었다. 에서와 화해하는 것만이 살 길이었다. 에서의 마음을 돌리기 위하여 치밀한 작전을 진행했다. 짐승을 구분하여 시차를 두고 보내었다.

첫 번째는 염소 220마리를 보내었다. 두 번째는 양 220마리를 보내었다. 세 번째는 새끼 딸린 낙타 30마리와, 암소 40마리, 황소 10마리를 보내었다. 네 번째로 나귀 30마리를 보내었다.

야곱이 에서에게 보낸 짐승은 모두 580마리였다. 한 번에 보내는 것보다 시간차를 두고 네 번에 걸쳐 선물을 보내면 에서의 마음이 계속 즐거워 자신을 용서 해 줄 것이라 생각했다. 그러나 종들이 차례로 돌아와서 말했다. 에서는 여전히 복수심에 불타고 있다 한다. 야곱은 자신의 가장 좋은 가축을 형 에서에게 종일 보내었다. 그러나 헛된 일이 되었다.

에서가 원하는 것은 야곱이 보낸 가축이 아니었다. 야곱의 생명을 원하고 있었다. 야곱은 살고 싶었다. 그러나 형, 에서의 칼날을 피할 방법이 없었다. 20년 전에는 혼자 도망을 쳐서 살았다. 그러나 지금은 아내와 자녀들을 두고 도망칠 수 없었다. 차리라 자신이 죽고 아내와 자녀들을 살려야 할 상황이 되었다.

그날 저녁, 노을이 붉게 번져 가고 있었다. 긴장된 하루가 지났다. 이제 마지막 남은 한 가지 방법을 현실로 받아들일 때가 되었다. 내일이면 형 에서가 400명의 군대를 이끌고 자신을 공격할 것이다.

해가 지기 전에 두 떼로 나눈 가족과 가축이 얍복강을 건너가게 했다. 간격을 두고 있으면서 혹시 에서가 한쪽을 공격하면 남은 한쪽은 도망을 치라고 했다. 가족들도 종들도 긴장을 했다. 절반이라도 건지려는 야곱의 계획은 현실적이었다. 그러나 야곱은 얍복 강을 건너지 않았다. 그 이유는 에서의 공격으로 두 떼가 에서에게 죽더라도 자기 혼자라도 살아남으려 했다. 그래서 야곱은 얍복 강을 건너지 않고 홀로 남았다.

인생 절벽에서 눈물의 기도

얍복 강 나루터에서 두 번째 밤을 맞이하는 야곱의 심정은 두렵고 괴로웠다. 야곱 인생일대에 최고의 위기에 처했다. 자신과 가족의 죽음을 앞둔 가장의 심정은 누구도 이해할 수 없다.

아내가 있고 자녀가 있지만 야곱을 이해하는 사람은 아무도 없다. 어떠한 사람도 야곱에게 위로가 되지 못했고 힘이 되지 못했다. 야곱은 괴로운 밤을 맞이했다. 어쩌면 인생의 마지막 밤이 될 수 있다.

야곱이 근심 중에 자신이 할 수 있는 것은 오직 하나, 기도뿐이었다. 지금까지 자신의 인생에 함께하시며 인도하신 하나님께 일생에 마지막이 될 수 있는 기도를 했다.

야곱의 기도는 진실했으며 애절했다. 밤이 깊을수록 야곱의 기도는 깊어졌다. 야곱은 눈물을 흘리며 지난날을 회개 했다. 그리고 벧엘에서 하나님께서 응답하신 하나님의 약속을 믿었다. 인생 마지막으로 드리는 기도는 진실했다. 그렇게 밤이 깊어갔다.

하나님은 야곱이 기도할 때 함께하셨다. 야곱의 기도를 들으셨으며 그 중심을 보시고 있었다. 두려움에 떨고 있는 야곱에게 하나님은 천사를 보내었다. 그리고 두려운 공포심을 가진 야곱을 붙들어 기도에 집중하게 했다.

그러나 야곱은 자신의 기도에 집중하면서 하나님의 천사가 자신을 붙잡고 있는 줄 몰랐다. 야곱은 기도에 집중하다 어느 순간 누군가 자신을 잡고 있는 것을 느꼈다. 야곱은 있는 힘을 다하여 그를 잡았다. 야곱은 자신이 잡고 있는 그는 하나님이 보낸 천사라 생각했다. 그리하여 죽을 힘을 다하여 그 천사를 잡았다. 그리고 생명을 다하여 자신의 문제를 해결해 달라고 외쳤다. 그리고 하나님이 자신에게 복을 주어 형 에서로 인하여 죽지 않게 간구했다. 그렇게 야곱의 처절한 기도는 계속되었다. 밤이 깊었다. 그리고 새벽이 가까이 온다. 날이 밝기 전에 하나님으로부터 응답을 받아야 했다. 그러나 하나님의 응답은 없었다. 야곱을 붙들고 있는 그는 여전히 야곱과 함께 하였다. 기도하며 지친 야곱을 붙들어 주었다. 야곱은 죽을 힘을 다하여 그를 잡고 외쳤다.

야곱은 생명을 걸고 기도에 전념했다. 야곱은 그와 함께 영으로 기도하며 육적으로 몸을 잡고 씨름을 했다. 야곱의 기도와 씨름은 죽음을 앞둔 자의 몸부림이었다.

날이 밝으면 에서의 칼날에 죽을 것이다. 차라리 하나님 앞에 기도하며 자신의 생명을 버리기로 했다. 이미 날이 밝아 오므로 기도할 시간도 얼마 남지 않았다.

아침이 밝아왔다. 야곱은 밤을 새워 기도했지만 응답을 받지 못했다. 그런데 야곱과 함께 씨름하던 자가 해가 돋기 전에 돌아가려했다. 그러나 야곱은 죽을 힘을 다하여 그를 잡고 말했다. 당신이 나에게 복을 주시지 않으면 놓아 줄 수 없다며 통곡했다. 야곱은 자신이 잡고 있는 자는 하나님이 보낸 천사라는 것을 알았다.

이스라엘의 축복

야곱은 간절하게 구했다.

"당신이 축복하지 않으면 내가 놓아 주지 않겠습니다."

그 사람은 야곱의 허벅지를 강하게 타격을 했다. 야곱의 다리 한쪽이 완전 탈골되었다. 야곱은 자신만이 가진 마지막 하나 희망이 사라졌다. 에서가 자신이 나눈 가족과 재산을 다 공격하면 야곱은 홀로 살기 위해서 도망치려 했다. 그러나 한쪽 다리가 탈골되었다. 그러니 홀로 도망치려는 계획도 사라졌다. 그러므로 야곱은 지금 기도하다 죽으나 에서의 칼날에 죽으나 죽는 것은 마찬가지다. 그러나 하나님의 응답을 받아야만 했다. 그리하여 죽을 힘을 다하여 자신을 축복해 달라고 요청했다.

그 천사가 말했다 너의 이름이 무엇인가? 야곱은 자신의 이름을 야곱이라 말했다. 천가가 말했다

야곱이라는 이름 그대로 인생을 살았구나! 많은 사람을 속이고 너 자신만을 위해서 살아온 이기적인 인생을 살았구나. 그러니 오늘 이후로는 너는 야곱이라 하지 마라.

야곱이 말했다, 야곱이라는 이름을 버리고 어떠한 이름을 사용해야 합니까? 천사가 야곱에게 말했다. 오늘부터 너는 '이스라엘'이라고 하라. 이스라엘의 뜻은 사람이 하나님과 겨루어 이겼다는 뜻이다.

"네가 밤을 새워 기도하고 나를 잡고 씨름을 함으로 내가 너에게 져 준 것이다."

야곱은 자신이 잡고 있는 그 천사에게 말했다. 당신의 이름이 무엇인가 질문을 했다. 그 천사는 이름을 말하지 않았다. 그리고 야곱에게 놀라운 복을 주었다. 야곱은 눈물로 하나님이 주시는 복을 받았다. 그리고 죽을 힘을 다하여 잡은 손을 놓았다. 천사는 순식간에 사라졌다.

밤을 새워 얍복 강에서 몸부림친 온 몸은 먼지로 범벅이 되었다. 온몸

에는 타박상과 상처가 남았다. 한쪽 허벅지는 탈골이 되었다. 죽음 같은 통증이 왔다. 그러나 야곱은 너무 기쁘고 감사했다. 하나님을 만났고 하나님으로부터 엄청난 복을 받았다. 그리하여 야곱은 자신이 기도한 그곳을 큰 소리로 '브니엘'이라고 외쳤다. 야곱이 말하기를 나 같은 간사한 야곱이 전능하신 여호와 하나님을 만나 대면하였다. 그리고 내가 하나님을 보았으나 죽지 않고 내 생명이 보전되었다.

야곱은 '브니엘'의 하나님을 마음에 간직했다. 아침이 되었다 야곱은 탈골된 자신의 다리의 통증으로 일어서 걸을 수 없었다. 엉금엉금 기어가다 절뚝절뚝 걸었다. 야곱이 가는 길은 지렁이가 지나가듯이 탈골된 다리가 끌려간 자국이 남았다.

야곱은 얍복 강에서 기도하며 만난 브니엘의 하나님을 마음에 품었다. 야곱은 자신이 죽지 않을 것을 확신했다. 지난밤에 하나님을 보았으나 자신은 죽지 않았다. 그러므로 오늘 형 에서의 얼굴을 볼지라도 자신은 죽지 않는다는 확신을 가졌다.

야곱은 홀로 얍복강을 건넜다. 온몸은 아침 강물에 흠뻑 젖었다. 그리고 땅을 기어가면서 온몸은 먼지투성이가 되었다. 그리고 환한 얼굴로 가족을 만났다.

야곱의 아내와 자녀들은 하룻밤 사이에 지친 몰골로 변한 야곱을 부고 의문을 가졌다. 지난밤에 강 건너에서 무슨 일이 있었는지 아무도 모른다.

야곱은 가족과 종들에게 두 가지를 말했다.

오늘부터 내 이름은 '야곱'이 아니라 "이스라엘"이라 했다.

어제 저녁 내가 머물고 있는 저 곳을 "브니엘"이라 했다.

야곱은 오늘 형 에서가 다가오지만 두려워 말라 했다. 지난밤에 여호
와 하나님이 복을 주셨고 결코 죽지 않게 보호해 줄 것이라 했다.

"야곱은 홀로 남았더니 어떤 사람이 날이 새도록 야곱과 씨름하다가. 자
기가 야곱을 이기지 못함을 보고 그가 야곱의 허벅지 관절을 치매 야곱의
허벅지 관절이 그 사람과 씨름할 때에 어긋났더라. 그가 이르되 날이 새
려하니 나로 가게 하라 야곱이 이르되 당신이 내게 축복하지 아니하면 가
게 하지 아니하겠나이다. 그 사람이 그에게 이르되 네 이름이 무엇이냐 그
가 이르되 야곱이니이다. 그가 이르되 네 이름을 다시는 야곱이라 부를 것
이 아니요 이스라엘이라 부를 것이니 이는 네가 하나님과 및 사람들과 겨
루어 이겼음이니라. 야곱이 청하여 이르되 당신의 이름을 알려주소서. 그
사람이 이르되 어찌하여 내 이름을 묻느냐 하고 거기서 야곱에게 축복한
지라. 그러므로 야곱이 그 곳 이름을 브니엘이라 하였으니 그가 이르기를
내가 하나님과 대면하여 보았으나 내 생명이 보전되었다 함이더라. 그가
브니엘을 지날 때에 해가 돋았고 그의 허벅다리로 말미암아 절었더라. 그
사람이 야곱의 허벅지 관절에 있는 둔부의 힘줄을 쳤으므로 이스라엘 사
람들이 지금까지 허벅지 관절에 있는 둔부의 힘줄을 먹지 아니하더라"(창
32: 24-32).

33. 에서의 눈물
(창33장)

문제 앞에 정면으로 서는 야곱

에서는 사해 바다 아래쪽의 에돔에 거주하였다. 야곱이 돌아온다는 소문을 듣고 400명의 가병(家兵)을 거느리고 사흘 동안 행군을 하였다.

야곱의 가족들은 공포심을 느꼈다. 이제 에서의 칼에 모두 죽게 되지 않을까 염려했다. 그때 야곱의 장남 르우벤은 13세, 막둥이 요셉은 6살이었다. 비록 자녀들이 어리지만 상황이 심상치 않다는 것을 느꼈다.

야곱은 형 에서가 두려웠다. 어떻게 하든지 피할 생각을 했다. 그러나 피할 수 없는 상황이 되었다. 이제 야곱은 자신이 직면한 문제 중심에서 에서를 대하기로 했다.

지난 밤 브니엘의 하나님을 경험했다. 하나님의 얼굴을 보고도 살았다. 그러므로 에서의 얼굴을 본다고 죽지 않을 것이다. 이스라엘의 하나님이 자신과 가족을 보호해 준다는 약속을 받았다. 그러나 현실은 두려움이 가득했다.

어제 밤에 야곱은 가족을 두 떼로 나누어서 압복 강을 건너게 했다. 자신은 강을 건너지 않고 홀로 남았다. 에서가 공격을 하면 가족 중에 절반은 죽고 절반은 도망을 치도록 계획했다. 그리고 마지막으로 가족이 다 죽는다 해도 홀로 살아남을 계획이었다.

야곱은 브니엘의 하나님을 경험하고 얍복 강을 건너서 에서가 오는 것을 알고 두 무리로 갈라둔 가족을 합하였다.

맨 앞에 야곱이 섰다. 야곱은 지난밤에 하나님과 씨름하면서 한쪽 다리가 환도 뼈가 탈골되고 힘줄도 상처를 입었다. 그리하여 정상적으로 보행이 불가능했다. 지팡이에 의지하여 한쪽 다리를 지렁이 같이 끌면서 걸었다.

야곱의 뒤편에 거리를 두고 세 무리를 이루어 가족들이 따르게 했다.

첫 번째 무리는 레아의 몸종 실바와 그의 아들 갓, 아셀이 따라갔다. 그리고 라헬의 몸종 빌하와 그의 아들 단, 납달리가 그뒤를 따라 갔다.

두 번째 무리는 아내 레아와 그의 자녀 르우벤, 시므온. 레위, 유다, 잇사갈, 스블론, 딸 디나를 따르게 했다.

세 번째 무리는 야곱이 가장 사랑하는 아내 라헬과 요셉이 따르게 했다.

야곱이 가족 앞에 선 것은 에서가 공격을 하면 자신이 먼저 죽을 각오를 한 것이다. 그리고 몸종과 자식은 죽어도 사랑하는 아내 라헬과 아들 요셉을 지키기 위해서였다.

야곱은 하나님의 얼굴을 본 브니엘의 하나님을 경험했다. 그리하여 생각과 행동에 변화를 가져 왔다. 그러나 인간적인 생각은 여전히 남아 있었다. 에서가 공격하면 자신은 죽어도 사랑하는 라헬과 막내 요셉은 살려두고 싶었다.

야곱은 형 에서가 오는 길을 힘겹게 걸었다. 그리고 하나님께 기도했다.

"여호와 하나님. 이 간사한 인간을 불쌍히 여겨 주시옵소서. 밧단아
람에서 20년 동안 이루어진 모든 것이 에서의 칼날에 사라질 위기에 처
하였습니다. 브니엘의 하나님께서 나의 처참한 형편을 불쌍히 보시고
에서의 분노에서 자신과 가족과 재산을 지켜 주시옵소서."

야곱은 하나님께 기도하며 눈물을 흘렸다. 인생의 위기에 처한 자신
에게 도움을 줄 수 있는 것은 세상에 없었다. 오직 하나님만이 자신을
도울 수 있음을 깨달았다.

진심으로 용서를 구하는 야곱

야곱은 한쪽 다리가 탈골되었다. 그는 지팡이 하나에 체중을 의지하
였다. 그의 걸음은 느리고 탈골된 한쪽 다리는 흙먼지 길 위에 끌리며
힘겨웠다. 야곱이 지난 곳에 발자국이 남은 것이 아니라 지렁이 같이
발이 끌려간 자국이 남았다. 야곱은 지속되는 탈골의 통증에 시달리며
에서가 오는 길을 향하여 걸었다. 그 길은 외롭고 고독한 길이었다. 죽
느냐 사느냐의 문제가 다가오는 순간이다.

저 멀리 뿌연 먼지를 일으키며 절도 있게 행군하는 400명의 무장한
군대가 보였다. 앞에는 말을 타고 칼을 든 대장이 보였다. 그는 에서였
다. 에서는 침착하고 여유 있게 야곱을 향하여 다가왔다.

야곱이 형 에서가 가까이 오는 것을 보고 머리를 땅에 닿을 정도로
굽혀 큰절을 했다. 고대 인사법에 왕이나 정복자에 대한 최고의 존경과

항복을 뜻할 때 큰절을 했다.

야곱은 에서를 향하여 머리가 땅에 닿을 정도로 굽혀 큰절을 하고 얼마간 길을 가다가 다시 엎드려 큰절을 하였다. 야곱은 에서를 향하여 그렇게 일곱 번을 절하였다.

야곱이 그렇게 일곱 번을 절한 것은 자신이 살기 위해서가 아니였다. 야곱은 형, 에서의 마음과 상처를 생각하지 않고 살았다. 자신이 복을 받을 생각만 했다. 그로 인하여 에서가 상처를 받은 것을 이전에는 생각지 못했다. 야곱은 자신으로 인하여 형 에서가 얼마나 큰 상처와 고통을 받았는지 이제야 알았다. 그리하여 야곱은 에서를 향하여 일곱 번 큰절을 하면서 진정으로 회개하였다. 그리고 에서에게 용서를 청하였다.

야곱은 초라한 모습이었다. 탈골된 한쪽 다리는 야곱의 모습을 더욱 처참하게 보이게 했다. 그리고 야곱이 에서를 향한 참회의 눈물을 흘렸다. 흙먼지 바람이 야곱의 온몸과 얼굴에 묻었다. 야곱은 노숙자 같은 처참한 모습을 하고 에서를 향하여 힘겹게 걸었다.

에서의 마음을 변화시킨 하나님

에서는 400명의 군대를 이끌고 에돔 땅 세일에서 3일 동안 행군하여 야곱이 찾아왔다.

저 멀리 한 무리의 가축과 사람들이 자신을 향하여 다가오는 것을 보았다. 야곱이 보낸 가축과 선물은 받았지만 화해할 생각이 없었다. 20년 동안 자신의 마음에 쌓인 상처와 분노를 야곱을 죽임으로 해결하려 했다. 그리하여 야곱을 향하여 칼을 들고 나왔다.

저 멀리 한 사람이 지팡이를 짚고 한쪽 다리를 절뚝절뚝 거리며 오고 있었다. 그 사람은 야곱이었다. 에서는 의문이 생겼다. 왜, 야곱이 저러한 절뚝발이가 되었는가? 그런데 야곱은 다가오면서 엎드려 큰절을 하였다. 그리고 조금 걸어오면서 또 큰절을 한다. 그렇게 일곱 번을 큰절을 하였다. 에서는 야곱의 초라한 모습을 바라보면서 생각했다. 일곱 번 절을 한 것이 진심일까? 저 간사한 야곱이 또 나를 속이는 것이 아닐까?

야곱의 가족들은 가는 길을 멈추었다. 그리고 에서가 이끌고 오는 400명의 군사들도 길을 멈추었다. 군사들은 공격을 하기 위해서 무기를 힘껏 쥐고 있었다.

야곱은 발걸음을 멈추었다. 에서가 야곱을 향하여 걸어 왔다. 순식간에 접전이 일어날 수 있었다. 초긴장 상태였다. 무슨 일이 돌발할지 예상할 수 없다. 다만 야곱은 자신의 현 상황을 하나님께 맡겼다.

에서가 20년 만에 만난 동생 야곱은 비참하기 이를 때 없는 모습이었다. 그동안 어떠한 삶을 살았는지는 모른다. 하나님의 복을 받는다고 자신을 속이고 외갓집으로 도망을 쳤다. 그리고 20년 만에 돌아온 그의 모습이 너무도 초라했다. 그리고 장애자가 되었다. 이끌고 온 가족이나 가축을 보면 복을 받은 것이 아니었다. 얼마나 힘들게 살았는지를 느낄 수 있었다. 에서는 20년 동안 복수의 날만 생각했다. 그러나 동생 야곱을 만나 보니 불쌍하고 측은한 마음이 들었다.

에서는 야곱을 보는 순간 동생에 대한 사랑하는 마음이 역동했다. 에서는 달려갔다. 땅에 엎드린 야곱은 얼굴을 들고 형 에서가 자신을 향하여 다가오는 것을 보고 있었다. 혹시 칼날로 내려친다면 죽을 것이다.

에서가 땅에 엎드린 야곱을 일으켜 세우면서 끌어 안고 눈물을 흘리며 통곡했다. 야곱도 에서를 끌어 안고 눈물을 흘렸다.

"형님, 네가 다 잘못했습니다. 용서해 주세요"

"아니야, 다 지난 일이지"

"형님, 용서해 주세요."

"모든 것이 하나님의 뜻이지"

"형님, 용서해 주시오."

"동생, 내가 너를 죽이라고 왔는데 하나님이 너를 사랑하고 용서하라며 말씀하였다. 그러니 안심해라."

야곱과 에서는 20년 만에 만나서 눈물을 흘리며 통곡을 했다. 야곱의 가족들도 모두 눈시울을 붉히며 울었다. 에서의 400명의 군사들도 숙연하게 야곱과 에서가 화해하는 모습을 지켜보았다.

그 모든 것이 지난 밤 얍복 강에서 야곱이 기도한 응답이었다. 하나님이 야곱의 마음에 에서를 사랑하고 용서를 구하는 진정한 마음을 주셨다. 하나님께서 에서의 마음에 쌓인 증오와 분노를 눈 녹듯이 사라지게 했다. 지팡이를 의지하여 다리를 끌면서 힘겹게 오는 동생을 불쌍히 여기는 마음이 주셨다. 어제 밤에 야곱의 한편 다리 환도 뼈가 탈골된 것도 하나님의 깊은 뜻이 있었다.

모든 것이 하나님의 계획과 뜻 안에서 이루어진 일이다. 때로는 분노하고 미워했다. 하나님의 뜻을 거역하기도 했다. 하나님보다 먼저 앞서 행동하였다. 그러나 서로 용서하게 했다. 그리고 이해할 수 있는 마음을 하나님이 주셨다.

야곱의 눈물의 기도가 하나님이 에서의 마음을 녹였다. 에서의 눈물이 야곱을 살렸다. 그 모든 것이 하나님이 하신 것이다. 야곱은 브니엘의 하나님이 역사한 것을 감사했다.

은혜를 베푸는 에서

에서와 야곱은 한동안 끌어 안고 통곡하였다. 그리고 얼마의 시간이 지난 후에 에서가 야곱에게 말했다.

"너와 함께한 이들은 누구냐?"

야곱은 하나님이 주신 아내와 자녀라 했다. 그리고 가족을 소개했다. 앞에 있는 여종과 자녀들부터, 마지막으로 라헬과 요셉까지 인사를 시켰다.

에서가 본 야곱의 자녀들은 모두 어렸다. 장남 르우벤은 13살이고 막내 요셉은 6살이었다. 에서는 야곱과 자신을 비교했다. 하나님의 복은 에서 자신이 더욱 많이 받았음을 생각했다.

그때 에서와 야곱은 97세였다. 에서는 일찍 40세에 헷 족속 브에리의 딸 유딧과 결혼을 하였다. 에서의 자녀들은 50세 전후가 되었다. 그러나 야곱은 84세에 장남 르우벤을 낳았다.

에서의 눈에 보인 야곱과 자녀들은 천진난만한 어린이들이다. 불쌍하고 측은한 생각이 들었다. 동생이 지난 20년 동안 얼마나 고생을 하며 살았는지 느낄 수 있었다.

에서는 야곱을 생각하면서 하나님으로부터 많은 복을 받은 것을 감사했다. 그런데 20년 만에 야곱을 만나 보니 야곱은 초라했다. 자녀들도 어리고 재산도 많지 않았다.

에서는 자신이 야곱에게 복을 다 빼앗겼다 생각했다. 그런데 야곱과 비교해 보니 하나님으로부터 받는 복은 자신이 더욱 많이 받았다. 그동안 복을 빼앗아간 동생을 증오하며 살았다. 그런데 이제 보니 그것이 아니었다. 에서는 그동안 자신의 생각이 잘못된 것을 알았다. 그리고 동생 야곱이 고향으로 다시 돌아 온 것을 즐거워했다. 그리고 앞으로는 서로 사랑하며 살려 생각했다.

야곱은 에서에게 자신이 보낸 가축들을 선물로 받아 달라 간청했다. 에서는 선물을 거절했다. 에서는 큰 재산을 소유한 부유한 사람이 되었다. 동생 야곱이 주는 가축을 선물로 받지 않아도 부유하게 살고 있었다.

야곱은 에서를 향하여 말했다.

"오늘 형님이 얼굴을 보니 하나님의 얼굴을 본 것과 같습니다. 오늘 하나님이 나에게 형님을 통하여 은혜를 베풀어 주셨습니다. 나도 내 소유로 만족합니다. 그러니 형님, 내가 드리는 예물을 받아 주시기 바랍니다."

야곱은 에서에게 자신이 준 선물을 받아 달라고 간청했다. 그것은 당시의 관습이었다. 화해를 할 때는 가축을 주고받아 증거로 삼았다. 야곱은 에서가 자신이 준 화해의 선물을 받기를 원했다. 야곱의 진심이었다. 선물을 거절하면 여전히 적대적 관계임을 뜻한다. 그러므로 에서는 야곱의 간청을 받아 들여 가축을 선물로 받았다.

에서가 야곱에게 말했다.

"함께 아버지가 계시는 곳으로 가자, 내가 너와 가족을 보호하겠다."

에서는 진정으로 야곱을 사랑하고 보호하며 동행하기를 원했다. 그러나 야곱은 정중히 거절했다.

첫째는 야곱은 자신의 어린 자녀들과 가축을 이끌고 조금 휴식을 하고 천천히 가나안 땅으로 올라가겠다 했다. 밧단아람에서 출발하여 약 한 달 동안 정말 힘든 여정을 왔다. 그러므로 형에서와 화해도 하였다. 그러니 긴장이 풀어지면서 일정한 시간을 두고 휴식이 필요했다.

둘째는 야곱은 아직도 에서의 400명의 군사를 두려워했다. 형, 에서가 언제 돌변하여 자신을 죽이고 재산을 빼앗아 갈지 의문을 가졌다. 그리하여 에서가 함께 가자 할 때 야곱은 거절했다.

에서는 진심으로 야곱을 보호해 줄 생각이었다. 야곱이 먼 길을 오느라 지쳤기에 일정한 시간 동안 휴식을 하고 아버지 이삭을 만나러 가자 약속하였다.

에서는 자신의 군사 중에 야곱을 보호해 줄 소수의 군인들 남겨 둘 것이니 보호를 받으라 했다. 그러나 야곱은 거절했다.

20년 만에 휴식

에서는 자신의 주거지 세일로 떠나기 전에 다시 한 번 야곱을 끌어안고 입을 맞추며 작별인사를 했다.

야곱이 형, 에서에게 말했다.

"형님을 통하여 하나님의 은혜를 주시니 감사 합니다."

그날, 얍복 강 나루터에서 인생의 무거운 현실의 짐을 짊어진 야곱에게 하나님이 함께 하시며 야곱의 심령을 움직였다.

그날, 에서의 400명의 군대와 분노를 가진 에서의 마음을 움직여 용서하고 사랑하게 한 것은 하나님의 움직임이었다.

야곱은 지난밤 얍복 강에서 만난 브니엘의 하나님을 찬양했다. 그리고 자신의 이름을 이스라엘로 만들어 주심을 감사했다.

야곱의 일생에 무거운 짐인 에서와의 관계를 하나님께서 회복시켜 주셨다.

야곱은 하나님이 자신을 위하여 역사하는 것을 두 눈으로 보았다. 그러므로 야곱은 자신이 하나님의 얼굴을 본 것 같이 형의 얼굴을 보고 살았다는 감사의 표현을 하였다.

에서는 400명의 군사를 돌려서 자신의 거주지 요단강 서편 사해 바다 아래쪽의 에돔 땅 세일로 갔다. 에서는 400명의 군사를 이끌고 3일 길을 행군하여 갔다.

숙곳의 오두막에서 세겜으로

얍복 강 근처에 야곱은 처참한 모습으로 가족과 함께 남았다. 한 달 가까운 먼 길을 걸어온 피곤함이 몰려왔다. 무엇보다 염려한 외삼촌 라반과의 갈등도 해결되었다. 그리고 형 에서와의 갈등도 하나님께서 해결하셨다.

야곱은 벧엘의 하나님을 기억하고 있었다. 20년 전에 외갓집으로 가

다가 벧엘의 빈들에서 하나님을 뵙고 서원한 것을 기억했다. 그때 그 서원대로 하나님은 자신을 아버지의 집으로 평안하게 돌아오게 했다. 그리고 자신에게 먹을 것과 입을 것을 주셨다. 그러므로 아버지 이삭을 만나기 전에 먼저 벧엘로 올라가서 하나님께 제단을 쌓고 하나님께 감사를 드리려 했다.

야곱은 임시 거주지를 얍복 강에서 북쪽으로 약 16km 정도에 있는 한곳에 정착했다. 그곳에 임시 오두막을 짓고 짐승들을 위하여 우리를 만들었다. 야곱은 그곳을 '숙곳'이라 했다. 숙곳의 뜻은 '오두막'이라는 뜻이다. 그곳은 요단강 동편에 위치하였으며 벧엘로 올라가는 길목에 있다. 숙곳에서 하룻길이면 세겜에 도달한다. 또 하룻길이면 벧엘에 올라갈 수 있다.

야곱은 심신이 지쳤다. 며칠 후에 벧엘로 올라가기 위해서 잠시 동안 휴식이 필요했다. 그리하여 숙곳에서 가족을 위하여 임시로 집을 짓고 짐승을 위하여 엉성한 가축의 우리도 짓고 잠시 동안 머물기로 했다.

야곱은 정신적·육체적으로 지쳤다. 외삼촌 라반의 집으로 가서 20년의 생활은 매일매일 긴장된 생활이었다. 외삼촌 집에서 나올 때도 탈출을 하듯이 나왔다. 자신을 추격하는 외삼촌을 만나 가족이 죽느냐 사느냐의 문제로 긴장했다. 다행이 하나님의 도움으로 외삼촌과 화해했다.

평생 고통의 짐으로 남은 형 에서와의 문제로 긴장했다. 모든 것이 사라질 위기에 처했다. 하나님의 도움으로 형과의 관계도 회복되었다. 얍복 강 나루터에서 밤을 새우며 씨름하다 한쪽 다리가 골반으로부터 탈골되었다. 육신적으로는 중상을 입었다. 심히 지치고 탈진한 상태였다. 그러므로 치유의 시간이 필요했다.

야곱은 20년 동안의 긴장이 풀어졌다. 야곱의 가족들도 그리했다. 가축들도 장시간 휴식이 필요했다. 야곱은 숙곳에서 수년 동안 머물면서 몸과 마음이 회복했다. 되자 요단강을 건너서 세겜으로 이사했다.

세겜은 아브라함이 여호와의 언약을 받고 믿음으로 하란을 떠나 가나안 세겜에 이르렀을 때, 여호와께서 다시 나타나시어 이 땅을 내 자손에게 주시겠다고 허락하시므로 아브라함이 그 곳 세겜에서 단을 쌓았다(창 12:1-7).

세겜은 요단강 서편의 에발산과 그리심산 사이에 있다. 세겜은 교통의 요충지로 많은 대상들이 오고 가는 곳이다.

야곱이 요단강을 건너서 세겜으로 이주함으로 약속의 땅 가나안으로 들어 왔다. 야곱은 하나님께 감사했다. 그리하여 야곱은 세겜의 아버지 하몰에게 은 일백 개를 주고 토지를 구입했다. 야곱은 그 밭에 장막을 쳤다.

야곱은 그곳에서 여호와 하나님께 제단을 쌓았다. 하나님의 약속과 은혜로 가나안 땅에 다시 돌아온 것을 감사했다. 야곱은 그곳을 "엘 엘로헤 이스라엘"이라 했다.

그 뜻은 '전능자, 이스라엘의 전능자'라는 뜻이다. 하나님께서 신실하게 약속을 지켜 역경 가운데서 보호하고 지켜주셔서 약속의 땅으로 돌아 왔다는 의미다.

야곱은 77세에 가나안을 떠날 때 벧엘에서 돌베개를 세우고 기름을 붓고 서원하며 제단을 쌓았다. 야곱이 20년이 넘어 가나안 땅으로 돌아와 세겜에서 "엘 엘로헤 이스라엘"이라 고백하며 제단을 쌓았다. 그것은 20년 전 벧엘의 서원이 이루어졌다는 선포였다.

야곱의 삶은 하나님이 인도하였다. 야곱은 얍복 강에서 하나님을 만난 이후 삶은 영적 가치관으로 변화 되었다. 그동안 외삼촌 집에서 물질의 복을 받기 위해서 노력했다. 그러나 벧엘의 하나님에 대한 영적복은 상실했다.

얍복 강에서 하나님 앞에 생명을 걸고 기도할 때 그곳에 브니엘의 하나님을 만났다. 다시 하나님을 경험하면서 영적 회복을 하였다. 그동안 잃어버린 하나님과 관계가 회복되었다. 그리하여 야곱은 세겜에서 제단을 쌓았다. 야곱의 가족들도 살아 계신 하나님을 찬양하며 하나님을 의지했다. 그리고 며칠 후에 벧엘에 올라가려 생각했다(창33:16-20).

"야곱이 밧단아람에서부터 평안히 가나안 땅 세겜 성읍에 이르러 그 성읍 앞에 장막을 치고. 그가 장막을 친 밭을 세겜의 아버지 하몰의 아들들의 손에서 백 크시타에 샀으며 거기에 제단을 쌓고 그 이름을 엘엘로헤이스라엘이라 불렀더라"(창33:18-20).

34. 어두운 미혹의 십 년
(창34장)

세겜에서 멈추어버린 야곱의 영성

세겜의 역사는 깊다. 지리적으로는 북쪽으로 에발산, 남쪽으로는 그리심산, 동쪽으로는 요단강, 서쪽으로는 지중해를 끼고 있다.

세겜은 고대부터 교통요지였다. 수원이 풍부하여 다양한 종족 부족들이 어우러져 살았다. 인구가 집중되자 물자교역도 증가했다. 아브라함 시대에 큰 도시를 형성했다. 야곱 시대에 세겜을 지배했던 사람들은 함 족속의 후손인 히위족속의 하몰 이었다.

세겜은 야곱의 할아버지 아브라함이 전능하신 하나님의 부름을 받고 갈데아 우르에서 가나안으로 왔을 때에 여호와 하나님이 나타나서 아브라함에게 축복의 말씀을 하셨다. 아브라함이 머물고 있는 세겜 땅을 아브라함의 후손에게 주리라 말씀했다. 그리하여 아브라함은 세겜에서 여호와 하나님께 제단을 쌓았다(창 12:1-7).

하나님이 아브라함에게 세겜의 땅을 후손에게 주리라고 말씀하신 후 185년 쯤 지나서 아브라함의 손자 야곱이 세겜에 토지를 매입하였다. 하나님의 약속이 이루어졌다.

야곱은 20년 만에 가나안 땅에 돌아와 세겜에 임시로 정착하였다. 추장 세겜의 토지를 매입하고 하나님께 제단을 쌓았다. 야곱은 그곳에서 "엘 엘로헤 이스라엘"이라 고백했다. 그 뜻은 "전능자, 이스라엘의 전능자"라는 뜻이다.

　야곱은 개인적으로 압복강 나루터에서 자신을 만나 복을 주시며 역사하신 전능하신 하나님을 경험했다. 그것을 믿음으로 고백한 것이다.

　하나님은 야곱의 이름을 '이스라엘'이라 개명하셨다. 하나님이 야곱의 개인적 문제에 개입하셨다. 하나님의 은혜로 외삼촌 라반과 화친하게 됐다. 에서와 관계를 회복했다. 가나안으로 들어와서 세겜에 정착하여 제단을 쌓고 믿음을 고백했다. 세겜에 임시 정착할 때 야곱은 하나님을 만난 은혜를 경험하고 깊은 영성을 가졌다

　세겜에서 "엘 엘로헤 이스라엘"이라고 고백한 이후 세겜에 정착하여 살아가는 야곱의 마음에 하나님이 사라졌다.
　야곱의 인생 문제에 큰 어려운 문제가 없었다. 외삼촌 라반과 형 에서와 같은 존재가 없었다. 야곱은 자신의 부유한 재물과 행복한 가정과 지혜로운 판단력으로 살았다. 두려울 것이 없었다. 부끄러울 것이 없고. 아쉬울 것이 없었다. 그리하여 하나님을 향한 열정과 믿음이 자신도 모르는 사이에 사라졌다.
　야곱의 세겜의 생활은 지금까지 살아온 인생에서 가장 평안하고 즐겁고 행복했다. 세겜, 그곳의 가나안 문화는 유흥과 향락이 넘실거렸다. 성적 무질서와 물질만능 주의에 빠져 생활을 했다. 마치 하란의 문

화를 닮았다.

　세셈 사람들 가운데 살아가는 야곱도 점점 하나님을 떠난 생활을 했다. 야곱의 자녀들과 종들도 여호와 하나님을 벗어났다. 하나님에 대한 간절함이 없었다. 하나님은 상식이 되었다. 현실에서는 하나님 보다는 자신의 육신적 만족을 추구했다. 하나님을 믿는 믿음을 지키는 것보다 우선 주어지는 이익에 집착하며 살았다.

　야곱은 그렇게 숙곳과 세겜에서 10년 동안 거주하면서 아버지 이삭이 있는 곳 헤브론으로 문안을 다녔다. 그때마다 벧엘을 지나갔다. 마음에 지난날 하나님께 서원기도를 한 것을 기억했다. 하나님 앞에 약속한 대로 제단을 쌓고 하나님을 대면해야 한다는 것을 알았다. 그러나 차일피일 미루다가 보니 10년이 되었다. 그러는 중에 가나안의 문화를 즐기며 우상을 숭배하며 살았지만 어려움이 없었다. 모든 것이 형통했다. 야곱의 가족들도 세겜의 향락에 깊이 물들었다. 그 누구도 탓하는 사람이 없었다.

　그렇게 야곱의 평화로운 생활 10년이 지났다. 야곱의 '브니엘'의 영성은 완전히 무너졌다. 하나님이 '이스라엘'이라는 이름을 주셨는데 그 이름을 버렸다. 다시 야곱으로 살았다.

　하나님을 간절히 찾고 구할 어려운 문제가 없었다. 하나님이 없어도 세상 모든 것이 형통했다. 그런데 하나님과는 불통이 되었다. 야곱은 자신이 하나님을 떠나 있다는 것을 몰랐다. 여전히 하나님과 함께 살아가는 이스라엘이라 생각했다. 30년 전 벧엘의 서원을 망각하고 살았다.

강간을 당한 디나

야곱이 세겜에 정착할 때 딸 다나는 7세 쯤 되었다. 세겜에서 정착한 지 10년이 지났다. 디나는 17세의 소녀가 되었다. 당시에는 12세가 되면 결혼할 때로 보았다. 디나는 성숙한 처녀가 되었다. 디나에게 세겜에 많은 친구들이 있었다.

하루는 디나가 여자 친구를 만나기 위해 집을 나갔다. 그런데 하몰의 아들 추장 세겜이 디나의 외모를 보고 흠모했다. 세겜은 디나를 강압적으로 끌고 자신의 집으로 가서 강간을 했다. 세겜 지역의 도덕적 수준은 땅에 떨어져 있었다. 당시의 사회적 문화는 추장의 권세는 막강했다. 사회생활과 가정과 개인적 사생활까지 간섭했다. 그러므로 마음에 들어 하는 처녀를 끌고 가서 강간하는 것은 세겜의 문화에서는 흔한 일이였다. 추장의 권위로 다나를 강간을 했다.

추장의 행위에 저항할 사람이 없었다. 불합리하지만 주민들은 복종하며 살았다. 그러므로 추장 세겜은 자신의 권력으로 이방인 나그네 야곱의 딸 디나 하나쯤 강간한 것은 특별한 일이 아니었다. 야곱의 가문에 명령하면 디나를 아내로 맞이할 수 있었다.

세겜은 야곱의 딸 디나를 강간하고 자신의 집에 감금시켰다. 야곱에게 통보하기를 디나를 아내로 맞이하길 원한다 했다. 그러므로 혼사를 성사시켜 달라 했다. 그것은 고대의 관습이었다. 부모들이 자녀의 혼사를 결정했다.

세겜은 아버지를 통하여 디나의 아버지 야곱에게 결혼을 승낙 받기를 요구했다. 자녀의 결혼 결정권은 부모들이 하는 것이다. 그러므로 세겜의 추장이 야곱에게 디나를 아내로 달라는 요구는 야곱이 거절하기 힘든 문제였다.

수욕을 벗을 힘이 없는 가문

야곱은 딸 디나의 소식을 듣고 어떠한 결정도 내릴 수 없었다. 야곱은 세겜에서 나그네로 살아가는 한 사람이다. 히위 족속 하몰의 가문은 세겜의 가장 큰 부족이었다. 그곳의 추장 역시 하몰의 아들 세겜이다.

야곱은 침착하게 대응했다. 디나가 강간당한 것에 대하여 어떠한 응답도 주지 않았다. 결정할 시간을 달라고 요청했다. 그리고는 양을 치려 나간 아들들에게 종들을 보내어 소식을 전했다. 양을 치는 야곱의 아들들이 세겜에 있는 집으로 다 모였다.

고대 동양권에서는 처녀가 순결을 상실하는 강간은 개인과 가문의 치욕이었다. 디나가 강간을 당한 것은 곧 야곱 가문의 불행이요 수치였다. 또한 아브라함의 약속을 가진 혈통의 남자는 반드시 할례를 행해야 언약의 자손이 된다. 여자는 할례를 받은 남성과 결혼을 해야 아브라함의 언약을 계승할 수 있다. 그런데 하몰의 족속은 하나님을 믿지 않았다. 히위 족속은 할례를 행하지 않는다. 그러므로 더욱 큰 수치였다.

세겜의 아버지 하몰이 야곱의 집을 방문했다. 그리고 자신의 아들 세겜이 디나를 강간한 것을 사과하면서 결혼을 성사시키자 했다. 지금 세겜이 디나를 열정적으로 사랑하고 있다 했다. 야곱의 가문에서 요구하는 모든 것을 다 줄 수 있으니 서로 통혼하자 했다.

하몰은 좀 더 큰 제안을 했다. 자신들이 그곳을 지배하는 절대 세력 부족임을 말했다. 야곱의 한 가정이 세겜에 정착한 것은 존재 가치가 없었다. 그러나 추장 세겜과, 디나가 결혼을 하면 야곱의 가문은 세겜의 실권자가 된다. 추장의 아내가 된 가문이 되면 세겜 지역에서 상당한 권세를 누릴 수 있다.

하몰은 야곱의 아들들도 세겜에 있는 여인들과 서로 결혼하자 했다. 하몰이 야곱에게 쌍방 간 결혼을 하자고 제안한 것은 대단한 호의였다.

고대에는 부족 간에 정략적 동맹을 위하여 통혼을 했다. 그러니 추장 세겜이 디나를 사랑함으로 결혼을 하면 정말 좋은 동맹을 할 수 있다 했다.

하몰은 결혼이 성사되면 세겜에서 야곱의 가문을 철저하게 보호해주며 상당한 특혜를 약속했다. 그리고 야곱의 가문이 원한다면 자신들이 가진 토지를 더 많이 매매할 수 있다 했다. 다른 곳에 이주하지 말고 세겜에 대대로 정착하는 것을 허용하겠다 했다. 하몰의 제안은 파격적이었다. 야곱이 수용만 한다면 야곱은 쉽게 가나안 땅을 자신의 것으로 만들어 갈 수 있었다.

언약을 빙자한 무서운 음모

야곱은 침묵했다. 야곱의 아들들이 세겜의 아버지 하몰에게 말했다. 추장 세겜과 동생 디나는 결혼할 수 없다고 거절했다. 이유는 할례를 받지 않은 가문의 사람과는 결혼을 못한다 했다. 디나는 반드시 할례를 받은 남자와 결혼을 해야 한다고 말했다.

야곱은 아들들과 의논을 한 후에 간단한 결혼 조건을 요구했다. 추장 세겜과 그에 속한 모든 부족 남자들이 할례를 행하면 하몰이 요구한 대로 결혼을 허락하겠다고 했다. 그리고 세겜에 정착하여 통혼하자 제안했다.

야곱은 할례는 하나님이 조상 아브라함에게 언약으로 준 것이라 했다. 그리하여 할례를 행한 자들만 결혼을 할 수 있다 했다. 그리고 하나님의 약속을 따라 할례를 행한 자들에는 하나님의 복이 임한다 했다.

하몰은 할례를 행하는 것은 어려운 것이 아니라 했다. 지금 즉시 가서 히위 족속 세겜의 모든 남자들이 할례를 받겠다했다 그리고 결혼을 하도록 하자고 했다.

하몰은 숨은 계략이 있었다. 할례를 통하여 아브라함의 자손이 되며 복을 받는 것에는 관심이 없었다.

자신의 아들 세겜과 야곱의 딸 디나와 결혼을 성사시키는 것이다. 그리고 야곱의 가문과 통혼을 하면 야곱이 지금 가지고 있는 모든 재산은 결국 세겜의 것이 되게 하는 것이다. 하몰의 목적은 야곱의 가문을 세겜에 정착시켜 세겜의 부족으로 흡수하는 것이다.

하몰은 돌아와 아들 추장 세겜에게 할례만 하면 결혼을 할 수 있다 했다. 즉시 세겜과 성문을 출입하는 모든 성인들은 할례를 행하였다(창 34:23).

은밀한 복수, 공개적 약탈

디나가 하몰의 아들 세겜에게 강간을 당할 때는 야곱이 숙곳과 세겜에 정착한지 10년이 되었을 때이다. 야곱의 장남 르우벤은 23세, 막내 요셉은 16세였다.

야곱의 아내 레아는 아들 르우벤, 시므온, 레위, 유다, 이사갈, 스블론과 딸 디나를 낳았다. 야곱의 가족 중에 레아가 낳은 아들들은 더욱 분노했다.

하몰이 아들 세겜과 모든 남자들이 할례를 행한지 삼 일이 되었다. 할례의 통증을 가장 힘겨워 할 때였다. 디나의 친오빠 시므온과 레위가 칼을 들고 세겜성에 잠입 기습을 했다.

시므온과 레위는 은밀하게 세겜 사람들의 집을 찾아다니면서 조용히 들어가 할례를 받고 고통 중인 남자들을 죽였다. 그리하여 하몰의 부족 남자들을 집집마다 다니면서 모두 죽였다.

추장 하몰도 죽였다. 그리고 감금되어 있는 여동생 디나를 구출했다. 시므온과 레위는 자신의 여동생을 강간한 세겜의 부족을 철저하게 복수했다. 그것은 이미 계획된 것이다.

야곱의 아들들이 세겜의 아버지 하몰에게 할례를 행하면 세겜을 디나와 결혼을 시키고 서로 통혼하겠다는 것은 거짓말이었다. 하몰의 남자들이 할례를 행하게 하고 그들이 통증을 느낄 때 철저하게 복수할 생각을 가졌다(창34:13).

시므온과 레위가 여동생 디나를 구출하여 집으로 왔다. 그리고 하몰의 남자들에게 철저하게 복수한 것을 말했다. 그리고 야곱의 아들 시므온과 레위와 다른 아들들이 세겜 성으로 들어갔다. 몰려다니며 집으로 들어가 가축과 재물을 철저하게 약탈을 했다. 그것은 자신의 동생 디나를 강간한 것에 대한 복수였다.

야곱의 아들들은 청소년들로 혈기 충천한 나이였다. 자신의 동생을 강간한 세겜에게 복수심이 불탔다. 자신들의 행위가 정당한지 생각하지 않았다. 세겜 사람들이 악행을 함으로 자신들도 똑같이 보복했다. 야곱의 아들들은 자신들이 당한 것보다 몇 배의 보복을 행하였다. 세겜의 남자들은 대부분 살해당했고 저항하지 못했다. 야곱의 아들을 막을 자가 없었다.

가문의 멸절 위기

야곱이 자신들의 아들들이 살인과 약탈을 한 행위를 들었다. 그리고 낙담했다. 딸 디나가 강간당한 것도 수치스럽고 충격적 사건이다. 그러나 이번에는 자신의 아들들이 히위족속 하몰의 가문에 행한 살인과 약탈을 한 것은 더욱 수치스럽고 두려웠다.

야곱의 아들들은 자신들이 행한 살인과 약탈이 가문에 어떠한 영향을 줄 것인지 생각지 않았다. 젊은 혈기와 복수심에 진인하게 행동했다.

야곱의 아들이 자행한 살인과 약탈의 소문은 세겜 전역으로 퍼져갔다. 주변 부족들은 강력한 복수심을 가지게 되었다.

야곱은 시므온과 레위를 심하게 책망했다. 그리고 다른 아들들도 책망을 했다. 그러나 야곱의 아들들은 뉘우치지 않았다. 당당하게 말했다. 하몰의 아들 추장 세겜이 자신의 동생 디나를 창녀 같이 대한 것이 옳은 것이냐고 항의했다.

문제는 야곱의 가문에 대한 소문이 주변에 번져 가면서 세겜과 주변 부족들에게 야곱 가문은 살해와 약탈의 표적이 되었다.

가나안 땅과 세겜에는 히위 족속만 살고 있지 않았다 가나안 족속, 브리스 족속도 살았다. 그들은 엄청 큰 부족이다. 그들은 오랫동안 연합 공동체를 이루었다. 함께 전쟁도 하고 서로를 지켜 주는 무력 공동체가 되었다. 그들이 야곱의 아들들이 행한 소문을 들었다. 그러므로 야곱의 가족에게 모두 죽을 위기가 다가왔다.

야곱의 두려움은 자신들의 아들들의 악행이 가나안 전역에 알려지면 그들이 군사를 이끌고 와서 응징할 것을 두려워했다. 그들은 역사적으로 가나안 지역 토박이들이다.

야곱은 한 가정을 이끌고 세겜에 들어온 나그네에 불과하다. 야곱은 나름대로 열심히 살면서 자신이 이룬 모든 것이 물거품이 될 상황에 처했다. 야곱의 아들들의 복수와 약탈의 후유증은 야곱의 가문이 생존하느냐 멸절하느냐의 문재였다.

야곱의 아들들이 행한 살인과 약탈의 소문은 순식간에 세겜 지역에 퍼져 나갔다. 세겜에는 집집마다 죽은 남자들의 장례를 치루고 있었다. 그들은 장례식이 끝나면 주변 모든 부족이 연합하여 야곱의 가문을 멸절시킬 것이라는 소문이 돌았다.

늦은 후회는 방법이 없다

야곱에게 닥친 현실은 일생에 가장 큰 문제였다. 외삼촌 라반의 문제와 형, 에서의 복수의 문제보다 수천 배의 큰 위기가 닥쳤다. 라반과 에서는 개인적인 문제였다. 그러나 지금은 야곱의 적은 가족과 세겜의 여러 부족의 군사적 공동체와의 살인과 약탈과 관련된 문제다. 딸 디나의 강간 문제는 묻혔다. 세겜 사람들은 그것을 개인적인 문제로 생각했다. 그러나 야곱의 자녀들이 행한 살인과 약탈은 세겜 부족들의 공동 생존에 관련된 것이다.

야곱은 더 이상 세겜에서 생활할 수 없다. 이제는 세겜을 떠나야 한다. 그곳에 머물고 있으면 가나안 족속, 여부스 족속들이 몰려와서 죽일 것이다.

야곱이 세겜을 떠나 새롭게 정착할 곳은 어디에도 없었다. 야곱이 가려고 한 곳은 모두 가나안 족속들이 살고 있었다.

그때 야곱은 자신이 가나안 땅에 들어왔으나 10년 동안 벧엘을 찾지 않은 것을 후회했다. 30년 전 벧엘로 도망칠 때 그곳에서 서원한 것을 지켜야 했는데 숙곳과 세겜에 살다 보니 10년 동안 망각했다.

야곱은 자신이 벧엘의 서원기도를 하고 그 서원이 성취되었다. 그러나 야곱은 서원한 것을 지키지 않았다. 벧엘의 하나님을 찾지 않은 결과 딸 디나가 강간당했다. 아들들이 살인과 약탈을 하게 되었다. 그로 인하여 모든 가족이 죽음을 당할 위기에 처한 것이다.

지금 야곱을 받아 줄 도시도 없었으며 사람도 없었다. 야곱은 선택의 여지가 없이 벧엘로 올라가야 했다. 하나님의 은혜가 아니면 모두 죽게 되었다.

야곱이 후회한들 이미 엎질러진 물이 되었다. 자신의 힘으로 상황을 수습할 수 없는 현실이다. 아들을 책망하였지만 문제는 자신에게 있었다. 야곱의 아들들은 자신이 벧엘에서 서원한 것을 모른다. 야곱은 세겜에서 인생 최고의 위기를 인정하였다. 그리고 위기가 온 것은 아들들의 잘못이 아님을 알았다. 근본적인 문제의 발생은 자신이 30년 전에 벧엘에서 하나님을 만나고 서원한 것을 지키지 않은 것임을 알았다.

야곱이 인생 최대의 위기에 처하여 고통 중에 있을 때에 전능자 여호와 하나님이 찾아 오셨다. 하나님은 야곱에게 즉시 벧엘로 올라가서 30년 전에 한 서원기도의 약속을 지키라 명령했다(창35:1).

야곱은 여호와 하나님께 회개를 했다. 그동안 세겜에서 10년을 살면서 하나님을 버리고 가나안 문화에 심취한 것을 회개했다. 자식들에게 믿음과 신앙을 심어주지 않고 세속에 물들게 한 죄를 철저하게 회개했다.

아버지 이삭이 거주하는 헤브론으로 갈 때 벧엘을 지나가면서 서원의 약속을 지켜야 한다는 하나님의 음성을 들었지만 무시한 것을 회개했다.

이제 하나님께서 도와주지 않으면 자신과 가족이 살 수 없음을 고백했다. 그리고 하나님께 30년 전에 벧엘에서 서원한 것을 지킬 것이니 하나님이 긍휼히 여겨서 도와 달라고 눈물로 기도했다.

야곱은 가족을 한곳에 모이도록 했다. 그리고 30년 전에 벧엘의 하나님에 대하여 말했다. 그리고 함께 벧엘로 올라가서 하나님께 제단을 드리고 하나님을 온전히 믿는 것이 지금의 위기에서 살 수 있다 했다. 그리하여 야곱은 세겜을 떠날 준비를 하였다.

"야곱이 시므온과 레위에게 이르되 너희가 내게 화를 끼쳐 나로 하여금 이 땅의 주민 곧 가나안 족속과 브리스 족속에게 악취를 내게 하였도다. 나는 수가 적은즉 그들이 모여 나를 치고 나를 죽이리니 그러면 나와 내 집이 멸망하리라. 그들이 이르되 그가 우리 누이를 창녀같이 대우함이 옳으니이까?"(창34:30-31).

35. 돌아온 자와 떠난 자의 눈물
(창35장)

후회는 마지막 숨겨진 기회를 찾는 길

후회할 수 있다는 것도 축복이다. 후회는 숨겨진 마지막 기회를 찾는 막다른 길이다. 야곱은 세겜에서 10년 동안 육체적으로나 심리적으로는 생애의 최고의 부귀영화를 누리며 즐거웠다. 그러나 영적으로는 흑암의 깊은 수렁에 빠져 축복의 언약도 삶의 방향도 잃어버렸다. 그리하여 두려움도 시련도 궁핍도 없었다. 하나님도 은혜도 언약도 없었다. 모든 것이 만족했다. 그런데 뜻하지 않은 딸 디나의 강간 사건과, 아들들의 세겜의 살육과 약탈 사건이 일어났다. 그 모든 사건들은 세겜의 문화에 함몰된 야곱을 깨우치는 충격과 두려움으로 다가왔다. 야곱이 해결할 수 없는 문제다. 피할 수 없는 현실에 처했다. 야곱의 아들들에게 세겜의 부족들이 살해당한 소식은 순식간에 가나안 부족들에게 알려졌다. 그들은 야곱의 가문을 멸절시키기 위해서 복수의 칼날을 갈며 군사력을 결집했다.

야곱이 선택할 수 있는 것은 두 가지였다. 다른 부족들의 연합공격에 정면 승부를 거는 것이다. 그러나 야곱의 가문은 소수이다. 세겜의 부족연합을 당할 능력이 없다. 그런데 한 방법이 있다. 에서의 군사력을 지원 받는다면 승산이 있었다. 그리고 또 하나의 남은 한 방법은 세겜의 부족연합군 앞에 항복을 선언하는 것이다. 그들의 명령을 따르고 종이 되는 것이다. 그러나 모두 현실성이 없는 어리석은 생각들이다. 그러한 방법을 택하기 보다는 차라리 죽는 것이 좋을 것이다.

야곱은 심히 고민하면서 하나님께 기도했다. 주변을 통하여 도움 받을 길도 없다. 어떠한 방법도 없었다. 인생에 막다른 골목에서 닥쳐온 인생 최대의 위기를 극복하기 위해서 할 수 있는 것은 여호와 하나님께 기도뿐이다. 야곱은 하나님을 향하여 진심으로 기도하고 회개하였다. 야곱은 지난 30년 동안 자신의 기도에 응답해 주심을 확인했다. 그리고 지금 위기에서 마하나임의 하나님이 되어 주실 것을 기도했다. 야곱의 기도는 진실했다. 그리고 생명을 걸고 하나님의 은혜를 구하였다.

그때 여호와 하나님이 야곱에게 나타나서 말씀했다.

"하나님이 야곱에게 이르시되 일어나 벧엘로 올라가서 거기 거주하며 네가 네 형, 에서의 낯을 피하여 도망하던 때에 네게 나타났던 하나님께 거기서 제단을 쌓으라 하신지라"(창35:1).

인생에 큰 위기에 두려워하는 야곱에게 하나님이 나타나서 분명한 말씀을 주셨다. 벧엘로 올라가라는 말씀이다. 야곱은 자신이 하나님 앞에 믿음을 버린 것을 후회했다.

야곱은 다가온 문제 앞에서 누구도 원망하지 않았다. 야곱은 아들들이 살해를 하고 약탈을 한 것은 책망했다. 그러나 근본적인 문제는 야곱 자신임을 깨달았다. 야곱이 서원 기도를 한 벧엘의 하나님을 잊어버리고 살았기 때문이다.

세겜에서 땅을 매입하고 생활하면서 차일피일 미루다가 보니 10년이 지났다. 모든 문제가 자신이 하나님을 떠났고, 벧엘의 서원을 이행하지 못함을 깨달았다. 야곱은 누구도 원망하지 않았다.

야곱은 절대적 하나님을 다시 의지했다. 에서의 군사력을 구하지 않았다. 지금까지 야곱의 인생에 함께하신 하나님을 의지했다. 비록 10년 세월 동안 하나님을 떠나 어둠에 거하였다, 그러나 위기에 직면하여 다시 하나님을 찾았다.

회개가 있는 곳에 생명의 길이 있다

야곱은 가족을 모아 놓고 선언했다. '세겜을 떠나 루스(벧엘)로 올라간다.' 루스는 내가 30년 전에 에서의 살해 위협으로 외갓집 밧단아람으로 도망갈 때 하나님 앞에 서원한 곳이다. 그리하여 나는 루스를 벧엘이라 부른다.

오늘날 하나님이 나의 서원을 이뤄 주셨다. 그런데 내가 그 하나님 앞에 서원한 것을 지키지 않았기 때문에 지금 가문이 멸절할 위기에 처하였다. 모든 것은 나의 책임이다.

지금의 문제를 해결하는 유일한 방법은 하나뿐이다. 하나님이 나타에서 나에게 '벧엘로 올라가라' 말씀했다. 그러므로 하나님의 말씀에 순종하자. '벧엘로 모두 올라가자' 그곳에 거주하면서 여호와 하나님 앞에 제단을 쌓아야 한다. 그러므로 벧엘에 올라가서 여호와 하나님 앞에 서원을 지키자, 그리하면 하나님이 긍휼을 베풀어 주실 것이다. 야곱의 아내들과 자식들, 종들은 야곱의 말을 듣고 순종했다.

야곱은 벧엘의 하나님을 대면하기 위하여 준비할 3가지가 필요하다 말하고 반드시 실천하도록 했다(창35:2-4).

첫째는, 지금까지 섬긴 우상을 완전히 버려라. 여호와 하나님도 믿고 당시 사람들이 믿는 가나안의 우상들을 섬겼다. 점치는 귀걸이를 하고 살았다. 야곱의 가족들은 그동안 섬기던 우상과 부적을 가져와 상수리 나무아래 묻었다.

둘째는, 자신을 정결하게 하라 했다. 야곱은 가족들에게 하나님이 기뻐하지 않는 마음과 생각의 더러운 것들을 정리하게 했다. 세겜의 타락한 문화에 물든 심령을 정결하게 하고, 오직 여호와 하나님만 의지하도록 했다.

셋째는, 하나님 앞에 진정한 회개 행위로 입고 있는 옷을 갈아입으라 했다. 옛것을 청산하고 새로운 마음, 새로운 생각으로 회개했다는 의미다. 야곱의 가족들은 옛 옷을 벗어 버리고 모두 새로운 옷으로 갈아입었다.

야곱의 가족들은 자신들에게 닥쳐온 현실을 인정했다. 그리고 야곱이 말한 것을 절대적으로 순종했다. 가족 공동체가 살아남은 방법은 가장의 말에 절대 순종하는 것뿐이다.

세겜에서 벧엘까지 거리는 48km였다. 장정이 말을 타고 달리면 두 시간 거리지만 대가족이 대이동을 하는 데는 2일 정도 소요된다.

야곱은 가족과 모든 짐승 떼를 이끌고 고통의 땅으로 변한 세겜을 떠났다. 세겜의 부족 연합군들이 공격을 하면 방어할 능력이 없다. 그러나 절대적 하나님이 함께 해주실 것을 믿었다.

　세겜의 부족들은 죽은 세겜의 남자들을 모두 장례식을 하였다. 그리고 부족장들이 모여서 결정을 했다. 야곱의 가족을 모두 죽이고 재산을 약탈하자 했다. 그것이 불의를 행한 야곱의 가문에 마땅한 응징이라 생각했다. 그리하여 세겜의 부족들은 연합하고 군대를 소집하였다. 그런데 야곱의 가족들이 집과 땅을 그냥 두고 집단으로 루스(벧엘)로 이주를 시작했다. 모든 가축과 가족이 이삿짐을 꾸려서 세겜을 떠나고 있었다. 그런데 세겜의 부족 동맹은 야곱의 가는 길을 막지 못했다. 야곱의 가족이 벧엘로 올라가는 길을 지켜만 보았다. 그것은 하나님께서 세겜의 부족 연합군대에 큰 두려움과 공포심을 주었다. 그들은 야곱을 두려워하지 않았다. 그러나 야곱이 믿는 여호와 하나님을 두려워했다. 야곱이 벧엘로 올라가는 길에 누구도 추격하는 자가 없었다. 그것은 이상한 현상이었다. 회개하는 야곱에게 하나님이 생명의 길을 열어 주셨다(창35:5).

　세겜의 부족 연합군들은 야곱을 향하여 이러한 생각을 했다. 지금 야곱의 가족들이 세겜을 떠난다 해도 자신들의 마음 먹기에 따라서 언제든지 응징할 수 있었다. 야곱은 소수의 한 가족들이다. 그들이 이주를 한다 해서 어디에 살고 있다 해도 상관 없다. 세겜의 부족들이 연합하여 언제든지 찾아가서 공격을 할 수 있었다. 그리하여 야곱의 가족이 어디로 가는지 지켜보고 있었다. 반드시 복수할 것이라 다짐을 하였다.

　야곱의 가족들은 벧엘로 올라가면서 현실을 깨닫고 두려웠다. 그리고 여호와 하나님만 의지했다. 하나님께서 자신들을 지켜줄 것을 기도했다. 고통스러운 순간이었다. 그리하여 가족이 하나님을 믿는 신앙으로 하나 되었다. 야곱의 가족들이 무너진 신앙이 회복되었다. 그리고 하나님이 지켜 인도하지 않으면 모두 죽는다는 것을 고백했다. 그리하여 하나님의 절대적인 도우심과 인도하심을 기도하였다.

서원의 자리로 돌아온 야곱

야곱은 마하나임의 하나님의 도우심으로 세겜에서 벧엘로 올라왔다. 죽느냐 사느냐의 긴장된 이주였다.

벧엘에 도착한 야곱은 여장을 풀었다. 그리고 30년 전에 서원한 곳에 그때 세운 돌기둥을 찾았다. 그때 올리브기름을 붓고 서원한 그곳에 돌 베게는 그 자리에 그대로 있었다.

야곱은 무릎을 꿇고 여호와 하나님께 어린 양을 잡아서 그 피를 붓고 그 위에 올리브기름을 부었다. 그리고 그곳을 벧엘이라 불렀다.

30년 전 광야 빈들 루스에서 두려움으로 떨면서 그곳에서 잠을 잘 때 하나님이 그곳에 나타나 천군찬사를 보내어 두려움에 떨고 있는 야곱을 지켜 주었다. 그리고 하나님은 복을 주시며 위로해주었다. 야곱은 빈들 그곳에도 아브라함의 하나님이 자신을 지켜 주며 복을 주심을 확신하였다. 그리하여 아침 일찍 일어나 자신이 지난 밤 베게로 삼은 돌을 세우고 올리브를 붓고 서원했다. 야곱은 그곳을 하나님을 만난 곳이라 하여서 '벧엘'이라 칭하였다.

그런데 야곱은 30년 전에 서원한 것이 이루어 졌다. 그리고 다시 루스에 찾아왔다. 그리고 하나님을 만났다. 그리하여 야곱은 그곳을 '엘 벧엘'이라 칭하였다. 그곳은 하나님을 만난 곳이기에 그곳이 하나님의 집이었다(창35:7).

　루스, 그곳 벧엘은 30년 전과 비교하면 변한 것이 없었다. 광야의 빈들, 그때 세운 돌기둥은 그대로 그 자리에 있었다. 변한 것은 하나 있었다. 30년 전 단신으로 도망친 77세의 야곱이 107세가 되어서 일족을 이루어 돌아 왔다. 지팡이 하나 들고 도망친 가난한 야곱이 지금 하나님이 주신 큰 복을 받아 돌아왔다. 아브라함의 약속을 승계할 믿음의 사람으로 연단되어 벧엘로 돌아와 여호와 하나님을 찬양하고 영광을 드렸다. 야곱은 벧엘에 거주하면서 하나님 앞에서 두렵고 떨림으로 엎드렸다. 지난 30년의 그 모든 일련의 일들은 모두 하나님의 은혜로 이루어진 것을 감사했다. 야곱은 벧엘에서 생활하면서 그의 믿음과 신앙을 회복하였다. 가족들돌 하나님을 의지하는 믿음의 가문으로 거듭났다.

두 번째로 세운 벧엘의 돌기둥

　야곱이 벧엘에서 거주한지 얼마의 시간이 지났다. 야곱과 가족들의 믿음과 신앙이 회복될 때에 하나님이 나타나서 다시 복을 주시며 말씀했다.

　하나님은 야곱에게 10년 전에 얍복강에서 기도할 때 그때를 상기시켰다.

　그때 야곱은 인생에 절명의 위기에 처하였다. 그때 하나님 앞에 생명을 걸고 기도하였다. 여호와 하나님이 나타나서 야곱에게 말씀했다. 그때 '야곱'의 이름을 '이스라엘'로 바꾸어 주셨다. 벧엘에서 나타나신 여호와 하나님은 10년 전에 '야곱'을 '이스라엘'로 개명해 준 사실을 다시 확인시켰다. 그리고 지난 10년 동안 하나님이 주신 '이스라엘'로 살지 못하고 야곱으로 살아간 것을 깨닫게 했다. 그리고 지금부터 '이스라엘'로 살도록 말씀하였다. 그리고 야곱의 자손들이 복을 받을 것을 말씀했다. 그리고 할아버지 아브라함에게 주시는 축복의 언약이 자신에게 이루어 질것이라는 언약의 복을 다시 주셨다.

"야곱이 밧단아람에서 돌아오매 하나님이 다시 야곱에게 나타나사 그에게 복을 주시고 하나님이 그에게 이르시되 네 이름이 야곱이지마는 네 이름을 다시는 야곱이라 부르지 않겠고 이스라엘이 네 이름이 되리라 하시고 그가 그의 이름을 이스라엘이라 부르시고 하나님이 이스라엘에게 이르시되 나는 전능한 하나님이라 생육하며 번성하라 한 백성과 백성들의 총회가 네게서 나오고 왕들이 네 허리에서 나오리라. 내가 아브라함과 이삭에게 준 땅을 네게 주고 내가 네 후손에게도 그 땅을 주리라"(창35:9-12).

30년 전에 밧단아람에서 하란으로 도망칠 때 그때 하나님이 꿈속에 나타나 임재하여 말씀하셨다. 전능하신 여호와 하나님은 지난 날 복을 주신 것을 다시 상기시켰다. 그리고 다시 그 복을 주시고 약속하셨다. 그리고 다시 하늘로 올라가셨다(창35:13).

야곱은 하나님이 자신을 얍복강 나루터에서 생명을 걸고 기도할 때 이스라엘로 축복하시고, 아브라함의 언약의 복을 허락하셨다. 그리고 야곱이라 하지 말라 했다. 그런데 숙곳과 세겜에 10년 동안 이스라엘로 살지 못했다. 야곱으로 살았다. 하나님이 10년 전에 이스라엘의 축복을 주신 것을 확신시켜 주셨다. 아브라함의 복을 받기를 원한다면 '

야곱'으로 살지 말고 '이스라엘'로 살아야 됨을 깨닫게 했다.

야곱은 자신이 인생에 위기를 당할 때마다 찾아오시는 전능하신 여호와 하나님을 찬양했다. 그리고 벧엘에 다시 나타나서 자신에게 복을 주신 하나님을 기념하여 새로운 돌기둥을 세웠다. 그 곳에 전제물인 포도주 올리브유 번제물의 피를 부었다. 그리고 그곳의 이름을 다시 '벧엘(하나님의 집)'이라 불렀다. 30년 전에 벧엘의 서원이 이루어졌다. 그 서원대로 하나님이 은혜와 복을 주셨다. 그리고 벧엘에서 다시 하나님을 만났다(창35:14-15).

야곱의 눈물

야곱은 세겜에서 벧엘을 거쳐서, 자신의 고향 마므레로 돌아오는 짧은 길에 인생에 가장 큰 슬픔을 보았다. 야곱이 사랑하는 사람 세 사람이 죽었다.

세겜에서 벧엘까지는 약 48km였다. 벧엘에서 헤브론 마므레까지는 약 60km였다. 야곱이 세겜에서 벧엘로 올라와 일정기간 머물며 생활을 했다.

사랑하는 어머니의 유모 드보라의 죽음

야곱이 벧엘에서 서원을 지켜 하나님 앞에 제단을 쌓을 때, 어머니 리브가 유모 '드보라'가 죽었다.

유모 드보라는 야곱의 어머니 리브가의 유모였다. 아버지 이삭이 결혼할 때 어머니 리브가와 유모 드보라도 함께 이삭의 집으로 왔다.

유모 드보라는 일생을 이삭의 집에서 리브가의 몸종으로 살았다. 리브가는 결혼 후 20년 만에 야곱과 에서를 출산했다. 드보라도 함께 기뻐하며 야곱과 에서를 양육했다. 야곱에게 드보라는 어머니와 같은 존재였다. 야곱이 77세에 형 에서의 분노를 피하기 위해서 외갓집 밧단아람으로 도망 할 때도 생존했다.

애석한 것은 야곱이 밧단아람에서 20년 동안 거주할 때 어머니 리브가는 세상을 떠났다, 야곱은 어머니가 죽은 이후에 홀로 남은 어머니의 유모 드보라를 모시고 왔다. 야곱은 어머니에 대한 향수와 그리움이 간절했다. 그리하여 어머니 리브가의 유모 드보라를 어머니 같이 자신의 집으로 모셔 함께 생활했다. 그런데 유모 드보라가 벧엘에서 죽었다. 그리하여 벧엘 아래 상수리나무 아래 장사를 지내고 한없이 울었다. 야곱은 어머니의 유모 드보라가 묻힌 곳 상수리나무를 '애곡의 상수리나무라는 뜻으로 '알론밧굿'이라 했다(창35:8).

사랑하는 아내 라헬의 죽음

야곱의 사랑하는 아내 라헬이 벧엘에서 이삭이 거주하는 헤브론으로 가는 중에 죽었다.

라헬은 요셉을 낳은 후 16년 만에 세겜에서 둘째를 임신했다. 벧엘의 서원을 지키고 일정기간 벧엘에서 생활을 했다. 그리고 아버지 이삭이 거주하는 헤브론으로 올라갔다, 아르밧에 도착하기 전에 라헬이 출산하여 아들을 낳았다. 모두 기뻐했다. 그러나 라헬은 난산으로 생명이 위독했다.

라헬은 아기를 품에 안았다. 자신의 죽음을 예견하고 어머니 없이 성장할 아들을 생각하며 슬퍼했다. 그리고 아들을 향하여 '슬픔의 아들'이라는 뜻으로 '베노니'라 이름 짓고 죽었다.

야곱은 자신이 사랑하는 아내 라헬의 죽음 앞에 얻은 슬픔의 아들 '베노니'를 품에 않고 통곡하며 울었다. 그리고 품에 안겨진 아기의 이름을 '내 오른손의 아들' 이라는 뜻으로 '베냐민'이라 했다. 야곱은 12번째 아들 베냐민을 얻었다. 그리고 사랑하는 아내 라헬이 죽었다.

야곱은 라헬과 결혼하여 30년 동안 사랑하며 살았다. 라헬은 자녀를 낳지 못하여 고통을 겪었다. 16년 전에 요셉을 낳았다. 그리고 베냐민을 낳고 죽었다.

야곱은 라헬을 헤브론으로 올라가는 길 에브렛(베들레헴)에 장사를 했다. 그곳에 사랑하는 아내 라헬을 기념하여 눈물의 돌비석을 세웠다. 야곱은 애통하고 슬퍼하며 라헬의 죽음을 애도했다. 그러나 죽음을 막을 능력이 없었다. 죽고 사는 것이 하나님의 손에 있음을 야곱은 확인했다. 고향 헤브론으로 돌아가서 라헬과 행복한 날을 꿈꾸었다. 그런데 그 꿈은 꿈으로 사라졌다(창35:18-20).

야곱은 일생에 네 번 기념비를 세웠다

첫 번째는, 30년 전 밧단아람으로 도망칠 때 벧엘에서 하나님을 만나고 돌베개를 세우고 기름을 붓고 서원을 했다(창28:18).

두 번째는, 밧단아람에서 20년 생활을 청산하고 고향으로 돌아오는 길에 외삼촌 라반의 추격을 받았다. 그리고 서로 만나서 화해를 한

때 불가침의 언약을 한 후에 길르앗에서 언약의 돌무더기를 쌓았다(창 31:45).

세 번째는, 30년 만에 다시 벧엘에 올라와 하나님 앞에 서원을 지킨 후 여호와 하나님이 복을 주실 때 다시 돌기둥을 세웠다(창35:14절).

네 번째는, 사랑하는 아내 라헬이 죽은 후에 에브랏, 곧 베들레헴길 에서 라헬의 묘비를 세웠다. 라헬의 묘비는 수천 년이 지난 후에도 남 아있다(창35:19-20).

아버지 이삭의 죽음

벧엘에서 아버지 이삭이 거주하는 헤브론 마므레로 올라오는 길에 사랑하는 아내 라헬이 죽었다. 길가에 무덤으로 남기고 무거운 발걸음 으로 헤브론. 기럇아르바의 마므레에 도착했다(창35:27-29).

야곱은 숙곳과 세겜에서 10년 동안 머물 때 가끔 아버지 이삭을 찾 아 문안을 했다. 야곱은 아버지와 함께 생활하기 위해서 고향으로 돌 아 왔다. 그때 야곱의 나이는 108세였으며 아버지 이삭의 나이는 168 세였다.

야곱이 고향으로 돌아오기 전에 형 에서가 아버지 이삭을 섬기며 효 도를 하였다. 그런데 에서는 세일로 이주하였다. 그리고 아버지 이삭의 재산은 동생 야곱에게 다 주었다(창36:6-8).

에서는 하나님의 언약을 따라서 야곱이 아버지 이삭을 이어 족장이 되고 장자의 상속권을 받는 것을 인정했다. 에서는 깨끗하게 야곱에게 모든 것을 양보하고 아버지 이삭을 떠났다.

야곱은 30년 만에 아버지 집으로 돌아왔다. 어머니 리브가는 오래 전에 죽었다. 외롭게 살아가는 아버지를 위로하며. 그동안 효도하지 못한 것을 후회하고 잘 보살피기로 했다.

야곱이 헤브론으로 돌아온 그때 야곱은 108세였다. 장남 르우벤은 24세였다. 12번째 막내 베냐민은 1세였다. 그런데 야곱이 고향으로 돌아오고 난 후에 11번째 아들, 17세 된 요셉이 행방불명이 되었다. 야곱은 고향으로 돌아온 기쁨도 잠시였다. 새로운 아들 베냐민을 얻었으나 가장 사랑하는 요셉을 잃었다.

야곱이 고향 헤브론으로 돌아와서 12년 동안 이삭을 섬기며 봉양했다. 이삭은 180세에 하나님의 부름을 받고 천국으로 가셨다(창35:28-29).

아버지 이삭의 노년은 불행했다. 야곱이 30년 전에 아브라함의 언약의 하나님의 복을 받으려 어머니 리브가와 아버지를 이삭을 속였다.

그때 이삭은 이미 두 눈으로 세상을 볼 수 없었다. 그 후 30년 동안 이삭은 앞을 보지 못하는 장님으로 살았다. 그러는 사이에 아내 리브가가 먼저 세상을 떠났다.

이삭은 아내 리브가가 죽은 이후에 유모인 드보라는 야곱과 함께 생활하도록 했다. 그리고 이삭은 에서와 함께 생활을 했다 장남 에서와 그의 아내들, 손자들은 믿음과 신앙이 없었다. 그러한 가정에서 이삭의 노년은 참 외로웠다.

둘째 아들 야곱은 30년 동안 객지에 생활하면서 함께하지 못했다. 그런데 고향으로 돌아왔다. 12명의 손자를 보는 즐거움도 잠시였다. 11번째 손자 요셉이 행방불명된 것이다.

이삭은 아들 야곱의 사랑을 받으면서 12년 동안 생존하다가. 180세에 죽었다. 그리하여 야곱과 에서가 함께 이삭의 장례를 하였다. 이삭은 헤브론의 상수리나무가 무성한 막벨라 동굴에 장사되었다. 그곳은 아브라함과 사라가 장사된 곳이다. 그리고 이삭과 리브가가 장사되었다(창35:27-29).

산자와 죽은 자의 사이에서

야곱, 그는 30년 만에 고향으로 돌아왔다.
사랑하는 사람들을 죽음으로 이별을 했다.

어머니 리브가의 죽음은 보지 못했다.
어머니 리브가의 유모 드보라의 죽음을 보았다.
사랑하는 아내 라헬의 죽음을 보았다.
아들 요셉이 행방불명이 되었다.
아버지 이삭의 죽음을 보았다.

고향으로 돌아온 야곱
죽음으로 세상을 떠난 자의 사이에
그리움의 눈물이 고였다.

사랑하든 사람도,
사랑받은 사람도
그리움에 남겨 둘 때가 있다.

세월이 가면

사랑하는 사람도 함께 할 수 없는

그리움으로 남는 그 날이 온다.

"야곱이 기럇아르바의 마므레로 가서 그의 아버지 이삭에게 이르렀으니 기럇아르바는 곧 아브라함과 이삭이 거류하던 헤브론이더라 이삭의 나이가 백팔십 세라, 이삭이 나이가 많고 늙어 기운이 다하매 죽어 자기 열조에게로 돌아가니 그의 아들 에서와 야곱이 그를 장사하였더라"(창 35:27-29).

36. 하나님의 관심에서 벗어난 인생
(창36장)

에돔의 조상이 된 에서

이삭은 40세에 리브가와 결혼했다. 리브가는 임신을 하지 못했다. 이삭은 여호와 하나님께 아브라함에게 주신 복을 상속할 자녀를 달라 간절히 기도했다. 그리고 20년이 지난 후, 이삭의 나이 60세에 하나님의 은혜로 리브가가 쌍둥이를 임신했다.

자손이 귀중한 아브라함의 가문에 쌍둥이 임신은 복된 것이다. 그런데 문제가 생겼다. 태중에 쌍둥이가 날마다 싸움을 했다. 리브가는 복통으로 심히 괴로웠다. 리브가는 하나님께 태중에 아이들이 싸우지 않도록 기도했다. 리브가의 기도에 여호와 하나님이 응답했다.

"여호와께서 리브가에게 이르시되 두 국민이 태중에 있구나. 두 민족이 네 복중에서부터 나누이리라 이 족속이 저 족속보다 강하겠고 큰 자가 어린 자를 섬기리라"(창25:23).

쌍둥이는 출산 때도 서로 먼저 나오려고 경쟁을 하였다.

첫 번째 나온 아이는 온몸이 머리에서부터 발끝까지 붉은 색깔을 가지고 전신이 붉은 털을 가졌다.

둘째는 먼저 나온 아이의 발목을 잡고 나왔다,

이삭은 결혼 후 20년 만에 주신 두 아들의 이름을 지었다.

장남은 전신이 붉고 털이 많아 에서라고 했다. '에서'의 뜻은 붉다는 것이다. 차남은 형의 발목을 잡고 출생하여 야곱이라 했다.

쌍둥이로 출생한 두 아들은 성장 과정도 달랐다. 에서는 성장하면서 남성적 기질이 강했다. 산과 들로 다니면서 사냥을 좋아했다. 생활도 자유분방했다. 그리하여 아버지 이삭은 에서를 좋아 했다. 에서가 사냥하여 온 들 짐승들의 요리를 좋아했다.

둘째 아들 야곱은 가정적이고 내성적이며 집안일을 잘했다. 어머니 리브가를 도와 요리도 하고 사람들을 돌보는 일을 잘했다. 그리하여 어머니 리브가의 사랑을 많이 받았다.

에서의 결혼

에서는 40세에 당시 가나안 지역을 지배한 헷 족속의 브에리의 딸 유딧과, 헷 족속의 딸 엘론의 딸 브사맛과 결혼을 했다. 에서는 아내를 둘을 맞이할 정도로 독립적이며 경제적으로 자립을 하였다.

당시에 가나안에서는 자신의 경제적 능력이 된다면 아내를 두는 것을 제한하지 않았다. 그것이 헷 족속들의 결혼 풍속이었다. 그러나 이삭과 리브가에게는 큰 근심이 되었다. 며느리들이 아브라함의 언약을 거부했다.

에서는 성장하면서 사냥을 즐기는 야성적이며 호전적 사람으로 성장했다. 집에 머무는 시간보다는 산과 들에 무리지어 사냥을 다니는 것을 좋아했다.

당시 헷 족속들의 문화에 심취했다. 그래서 할아버지 아브라함과 아버지 이삭으로부터 하나님이 주신 복의 가문의 믿음과 신앙을 전수받지 못했다. 그리하여 에서의 마음에는 여호와 하나님에 대한 신앙적 가치관이 없었다. 그러므로 헷 족속의 여인들과 중혼하는 것을 행복으로 생각했다.

헷 족속은 노아의 아들 셈의 후손들이다. 셈족은 BC 2000년 이후 현재의 터키 지방에서 발흥한 하이타이트 제국을 세운 하이타이트 족속의 일파다. 그들이 가나안 땅으로 내려와 정착했다. 아브라함과 같은 셈족의 후손들이지만 헷 족속은 여호와 하나님을 믿는 신앙을 오래 전에 버렸다. 그들은 세속적인 문화를 가지고 있었다. 그들의 문화는 이미 멸망한 소돔과 고모라의 문화를 유산으로 가졌다. 성적으로 타락했다. 결혼은 일부 다처였다.

하나님이 창조하신 결혼의 원리는 한 남자와 한 여자가 결혼하는 것이다. 이삭은 하나님이 주신 결혼의 원리대로 리브가와 결혼하여 일생을 살았다. 그런데 에서는 하나님을 믿지 않는 헷 족속과 결혼을 했다. 그것도 동시에 두 여인과 결혼을 했다.

에서의 아내는 헷 족속의 엘론의 딸 '바스맛', 히위 족속 아나의 딸 '오홀리바마', 이스마엘의 딸 '바스맛' 3명의 아내를 두었다.

에서의 아내들은 가나안의 헷 족속, 히위 족속, 이스마엘의 딸이었다. 모두 아름답고 멋있고 남성을 매혹 시킬 외모를 가졌다. 그러나 영적이며 내면적인 것이 전혀 없었다. 철저한 육체적인 사람들이다. 그리하여 이삭과 리브가에게 근심이 되었다. 하나님을 생각하는 영적인 것이 전혀 없었다.

더욱 불행한 것은 에서의 마음에는 하나님이 없었다. 아브라함의 언약의 복을 상속한 이삭의 가문에서 출생한 에서는 믿음에서 떠났다. 아버지 이삭은 하나님이 인정하는 믿음의 사람이다. 그러나 아들 에서는 여호와 하나님을 몰랐다. 하나님이 주신 복이 무엇인지, 어떻게 그 복을 받을 것인지, 복을 주시는 여호와 하나님이 어떠한 분인지를 몰랐다. 그것은 에서가 선택한 것이다.

이삭은 자신의 장남 에서가 믿음 안에 세워지기를 원했다. 그러나 에서는 헷 사람들의 문화에 심취했다. 헷 족속의 젊은이들과 어울려 산과 들로 다니면서 사냥을 즐겼다. 그러므로 집안에 머물면서 할아버지 아브라함과, 아버지로부터 신앙적 가르침을 받을 기회를 스스로 놓쳤다. 에서가 추구하는 것은 헷 족속의 문화에 동화되어 인생을 즐기며 사는 것이다. 에서는 여호와 하나님이 주시는 복에는 관심이 없었다. 그러나 복을 받고 성공하고 행복한 인생에 대하여는 관심을 가졌다.

믿음의 사람과 육의 사람

에서의 두 아내는 영적인 것을 이해하지 못했다. 여호와 하나님을 믿는 시아버지 이삭, 시어머니 리브가를 이해하지 못했다.

에서의 아내들은 헷 족속의 풍습과 문화로 가정을 이끌었다. 에서가 낳은 자녀 5명, 손자 11명은 모두 하나님을 몰랐다. 그들은 철저하게 헷 족속의 문화와 가치관을 가지고 살았다.

에서는 자신의 아내들이 부모님께 효도하며 갈등 없이 살기를 원했다. 그러나 아내들은 이삭과 리브가와 갈등을 일으켰다. 에서가 보기에도 자신의 두 아내는 좋은 아내가 되지 못했다.

에서는 동생 야곱이 복을 가로 채고 외갓집 밧단아람으로 도망친 후
에 자신의 부모님을 모시고 살아야 했다. 헷 족속의 두 아내가 부모님
과 갈등을 일으키는 것을 보고 다시 한 여인을 첩으로 들여왔다. 그때
에서의 나이 80세 전후가 된다.

에서는 부모에게 효도한다고 새로운 첩을 들였는데 할아버지 아브
라함이 몸종 하갈을 통하여 낳은 아들 이스마엘의 딸 '바스맛'을 첩으
로 맞이했다.

에서의 생각에는 처음에 결혼한 헷 족속의 딸들이 자신의 부모를 기
쁘게 하지 못함으로. 아버지의 형제 이스마엘의 딸과 근친결혼을 했다.
그러면 부모님께 기쁨이 될 것이라 생각했다. 그러나 이삭과 리브가는
에서 이스마엘의 딸과 결혼한 것 때문에 더욱 근심했다.

에서는 평생 동생 야곱에게 심한 열등감을 가졌다. 에서는 자신이 장
자로 출생했지만 장자의 권리를 귀중하게 생각지 않았다. 그래서 붉은
팥죽 한 그릇에 장자의 권리를 동생에게 매매했다. 그 결과 아버지 이
삭으로부터 축복의 유산도 동생 야곱에게 빼앗겼다.

에서는 동생 야곱에 대한 원망과 미움으로 살았다. 야곱이 20년 만
에 외갓집 하란에서 돌아 올 때 400명의 군사를 이끌고 복수하러 갔다.
그러나 얍복강을 건너오는 야곱을 보고 불쌍한 생각이 들었다. 그리고
동생을 끌어 안고 통곡하며 울었다. 그리고 10년의 세월이 지나 야곱
이 가족을 이끌고 아버지 이삭이 거주하는 헤브론 마므레로 돌아 왔다.

에서는 오래 전부터 에돔 땅 세일 지역을 근거지로 유목 생활을 했다. 가끔 아버지 이삭이 있는 마므레로 방문했다. 그곳에도 에서의 소유가 많았다.

야곱이 고향으로 돌아올 때 많은 가축을 이끌고 왔다. 종들도 많았다. 그러므로 헤브론에서 에서는 야곱과 함께 살기 어려웠다. 그리하여 에서는 모든 가족과 자기 재산을 이끌고 세일로 떠났다. (창36:6-8)

에서는 고향을 떠났고 아버지 이삭과 동생이 행복하게 오랫동안 살기를 원했다. 그러나 야곱이 고향으로 돌아온 지 12년 즘 지나서 이삭은 180세로 죽었다. 그리하여 에서와 야곱은 이삭을 헤브론에 있는 마므레 상수리나무 숲에 있는 동굴에 장례를 하였다. 그곳에는 할머니 사라, 할아버지 아브라함, 어머니 리브가, 아버지 이삭이 묻혀 있다(창35:27-29).

에돔 족속의 조상이 된 에서

에서는 일찍 결혼을 하였기에 자녀들이 모두 장성했다. 에서는 여러 아내를 통하여 낳은 아들은 엘리바스, 르우엘, 여우스, 알람, 고라, 5명이다.

에서는 아내 아다를 통하여 장남 엘리바스를 낳았다. 엘리바스는 데만, 오말, 스보, 고라, 가담, 그니스, 아멜렉 7명의 손자를 낳았다.

에서의 아내 바스맛은 아들 르우엘을 낳았다. 르우엘은 결혼하여 나핫, 세라, 삼마, 미사, 4명이 손자를 낳았다.

에서의 아내 오홀리바마는. 여우스, 알람, 고라 3명의 아들을 낳았다. 그리하여 에서는 3명의 아내를 통하여 5명의 아들을 보았다. 그리고 손자는 11명을 보았다.

에서는 자신의 후손들을 중심으로 가문을 이루고, 많은 종과 가축을 가진 큰 부자가 되었다.

야곱과 함께 마므레에 거주할 수 없었다. 야곱도 에서와 같이 많은 짐 승과 종들을 거느리고 있었다. 에서는 야곱보다 더욱 많은 재산을 소유 했다. 그러므로 아버지 이삭이 거주하는 헤브론 마므레에서 형제가 함 께 거주하는 것은 쌍방 간에 어려웠다.

에서는 야곱이 돌아오기 전에는 헤브론에서 생활을 하였다. 그러나 일찍부터 세일산을 중심으로 자신의 새로운 삶의 터전을 준비하고 그 곳을 중심으로 생활을 하였다.

그런데 야곱이 30년 만에 큰 부자가 되어 돌아 왔다. 그러므로 헤브 론에서 함께 거주하는 것이 불가능했다. 그리하여 에서는 아버지 이삭 을 봉양하는 책임을 야곱에게 넘겨주고 자신이 일찍부터 준비한 세일 산으로 이주 했다(창36:6-8).

야곱이 돌아오자 에서가 헤브론을 떠난 이유가 있었다. 에서는 오래 전부터 에돔으로 이주할 계획을 하였다. 가나안 땅은 야곱이 살아야 할 땅임을 알았다. 그러나 야곱이 돌아오기 전까지는 아버지 이삭을 부양 하며 살았다. 아버지 이삭도 큰 부자였다. 그러므로 에서는 아버지를 섬기며 재산을 관리했다. 이제 야곱이 고향으로 돌아오자 에서는 미련 없이 야곱을 떠나 에돔으로 이주했다. 에서는 아버지의 유산을 받지 않 았다. 에서는 아버지 이삭의 모든 재산을 야곱에게 넘겨주었다.

30년 전에 장자의 축복과 족장권의 복을 야곱이 아버지를 속이면서 받았다. 그리고 외갓집으로 야곱은 피신했다. 그런데 아버지 이삭은 장자권과 족장권의 복을 주지 않았다. 그러므로 지금 아버지 이삭이 가진 모든 것은 동생 야곱이 장자권과 족장권을 가짐으로 모두 주었다. 에서는 자신이 장남이지만 하나님의 언약으로 장자권과 족장권이 동생 야곱에게 있다는 것을 인정했다. 그리하여 아버지 이삭을 모시면서 많은 유산을 상속받으려 하지 않았다. 그리고 동생 야곱과 갈등을 겪지도 않았다. 에서는 아브라함의 언약의 축복에서 버림받았다. 그러나 아브라함의 후손으로서 주어지는 일반적인 많은 복을 받았다. 그리하여 에돔에서 독자적인 가문을 형성하여 에돔 족속의 조상이 되었다.

'에돔'의 뜻은 '붉다'는 것이다. 에서와 붉은 색깔은 인연이 있다. 첫째는, 출생할 때부터 붉은 몸과 털을 가지고 출생했다. 둘째는, 붉은 팥죽 한 그릇에 장자의 명분을 야곱에게 팔았다. 셋째는 붉은 세일산이주하여서 에돔의 족속의 조상이 되었다.

이삭은 에서가 77세 되었을 때 모든 언약의 축복을 야곱에게 주었다. 에서가 아버지에게 울면서 자신에게도 복을 달라했다. 그러나 이삭은 에서에게 아브라함의 언약의 축복을 주지 않았다(창27:39-40).
에서가 간청하자 이삭은 안수하며 기도했다. 그러나 이삭이 장자 에서에게 기도한 것은 축복이 아니었다. 에서의 미래의 인생에 대한 예언이었다.
에서는 축복의 땅 기름진 가나안을 떠나서 하늘에 이슬과 비가 잘 내리지 않은 척박한 땅에서 살 것이라 했다. 이삭이 에서에게 말한 대로 에서는 세일 산으로 이주했다.

그곳은 이슬과 비가 잘 오지 않는 중동지역에서도 가장 척박한 땅이다. 에서는 그곳에서 살면서 자신의 군사력, 칼을 믿고, 자신의 힘을 의지하며 살았다. 에서와 그의 후손들은 사람들을 약탈하고 칼을 들고 잔학하고 포악한 에돔 족속이 되었다.

야곱이 돌아오자 에서는 자신의 장자권을 주장하면서 아버지의 재산을 청구할 필요가 없다. 에서는 아버지 이삭이 가진 재산만큼 큰 재산을 가졌다. 에서는 자신의 가정에서 가병 400명을 이끌어 가는 부유한 사람이 되었다.

30년 전에 동생과 아버지의 복을 서로 받으려 경쟁한 때가 있었다. 그러나 30년이 지난 후에 에서는 야곱보다 더욱 복을 받았다. 자녀도 장성했고 손자를 보았다. 그러나 야곱의 아들 12명은 어렸다. 야곱도 많은 재산을 가졌다. 그러나 에서는 야곱보다 더욱 많은 재산을 소유했다. 그러므로 동생 야곱과 비교하면 에서는 부족하거나 약한 부분이 없었다. 그리하여 에서는 모든 것을 동생 야곱에세 양보하고 세일산으로 갔다.

'세일'의 뜻은 '메마르고 거친 땅'이라는 뜻이다. 그곳에는 호리 족속이 살고 있었다. '호리'란 '동굴'이라는 뜻이다. 세일 지역을 지배하는 호리 족속은 동굴을 삶의 터전으로 살았다.

그런데 에서가 세일로 이주한 후에 호리족속을 진멸시켰다. 그리고 세일산을 중심으로 에서의 후손들이 번성하면서 지배했다. 후일, 에서의 후손들은 14개의 부족 국가를 형성했다. 14개의 부족 중에 후일 이스라엘의 대적이 되는 아말렉 종족도 있었다.

역사에 사라진 에돔 족속

에서는 출생하기 전에 어머니의 태중에서 야곱과 싸울 때 하나님께서 리브가에게 말했다. 큰 자가 어린 자를 섬길 것이라 했다.(창25:23) 그리고 이삭이 야곱을 축복한 이후 에서가 축복을 해 달라고 할 때 네 아우를 섬길 것이라 했다(창27:40).

에서는 세일산에 거주하면서 에돔 족속을 이루었다. 그 후 약 500년이 지났을 때 야곱의 족속은 이집트 땅에서 이스라엘 족속이 되었다. 하나님이 약속한 가나안땅으로 가기 위해서 출애굽하였다. 야곱의 후손인 이스라엘 족속이 가나안 땅으로 들어갈 때 에서의 후손들은 에돔 족속으로 거주하였다.

모세가 이스라엘 백성과 함께 출애굽을 하였다. 이스라엘 백성이 르비딤에 있을 때에 아말렉이 이스라엘을 공격했다. 그때 여호수아는 군대를 이끌고 아말렉을 대적하였다. 모세는 산에 올라가서 팔을 들고 하나님께 기도하였다. 그리하여 이스라엘이 아말렉을 격파하였다(출17:8-16).

출애굽하여 광야 생활을 하는 이스라엘 백성들이 에돔 땅을 경유하려 했다. 그러나 에돔 족속은 거절했다. 에돔 족속은 이스라엘 백성을 원수같이 취급했다(민20:18-20).

에서는 자신에 세운 에돔을 강력한 조직과 군사력을 가진 왕국으로 세웠다. 주변 부족들을 흡수하여 강력한 국가를 만들었다. 이스라엘 백성들이 출애굽 하였을 때는 에돔은 이스라엘과 비교할 수 없는 강한 독립된 왕국을 이루었다. 당시에 이스라엘은 광야를 돌아다니는 난민이었다. 어쩌면 동생을 섬길 것이라는 말은 절대로 이루어지지 않을 것 같았다.

그런데 하나님의 말씀대로 이루어졌다. 이스라엘 백성들이 가나안 땅에 정착했다. 유다 지파와 에돔 족속이 인접하였다. 에돔 족속은 이스라엘을 약탈하고 괴롭혔다.

이스라엘의 제 2대왕 다윗은 군사를 이끌고 에돔을 점령했다. 그리고 에돔은 이스라엘의 조공을 바치는 속국이 되었다. 에서의 후손들이 야곱의 후손들을 섬기며 살았다. 하나님이 말씀한 대로 이루어졌다.

이스라엘의 3대왕 솔로몬 왕 시대는 이스라엘이 에돔을 완전히 지배하면서 아카바만에 무역 항구를 두고 제련소를 만들어 철을 생산했다. 이스라엘의 중요한 무역 항구가 되었다.

분열 왕국 때 여호사밧이 왕으로 있을 때 에돔 족속과 암몬 족속, 모압 족속이 연합하여 유다를 공격했다. 그러나 실패했다. 에돔이, 여호람 왕 시대에 유다의 지배에서 잠시 벗어났다. 그러나 아마사와 웃시야 왕 시대에 다시 정복당해 이스라엘을 섬겼다.

에돔은 BC 604년에 바벨론에 멸망당했다. 그리고 BC 586년에 바벨론이 유다를 점령하자 에돔은 기뻐했다.

AD 70년 로마가 예루살렘을 멸망시킬 때 에돔 족속도 멸망했다. 그리고 에돔 족속은 역사에서 사라졌다. 그러나 이스라엘은 지금까지 이 땅 위에 존재한다.

에서의 첫 번째 아내 아다를 통하여 낳은 아들의 이름을 '엘리바스'라 했다. 그 이름은 '하나님은 정금이라' 뜻을 가졌다.

두 번째 아내 바스맛을 통하여 낳은 아들의 이름은 '르우엘'이다. 그 이름은 '하나님의 친구'라는 뜻이다.

세 번째 아내 호홀리바마가 나은 아들을 '알람'이라 했다. 그 이름은 '하나님이 숨긴 자'라는 뜻이다.

에서는 자신의 아들과 손자들의 이름은 모두 여호와 하나님과 연관된 믿음의 이름을 지었다. 할아버지 아브라함, 아버지 이삭의 신앙적 영향이 조금 남아 있기 때문이었다. 그리하여 아들과 손자들의 이름을 언약의 이름으로 지었다.

그러나 에서와 그의 아들과 손자들의 삶은 여호와 하나님과 상관없는 생활을 했다. 이름은 믿음의 이름을 가졌지만 삶은 믿음에서 벗어났다. 믿음의 이름이 복을 주는 것이 아니다. 믿음의 이름대로 살아야 하나님의 복을 받는다.

에서도 이삭의 아들이기에 복을 받았다. 그러나 아브라함의 언약의 믿음이 없기에 하나님이 주신 영적인 언약의 복을 지키지 못했다. 그들은 이방 사람들과 혼합되면서 여호와 하나님을 버렸다. 그러므로 하나님도 에서의 후손을 버렸다. 에서의 후손은 한때 흥왕했다. 그러나 소멸되었다. 지금은 존재하지 않는다. 역사의 기록으로만 남았다.

하나님의 언약을 가지고 살아간 야곱, 이스라엘과 하나님이 언약을 벗어난 에서의 일생과 후손들의 인생은 상상을 초월하였다.

에서에 관한 기록은 창세기 36장에 한 장으로 끝난다. 하나님의 관심은 에서에게 없었다. 그는 버림을 받은 자요 후손들이다. 하나님의 관심은 이스라엘에게 있었다.

어느 시대나 하나님의 관심을 집중시키는 사람들이 있다.
하나님의 관심에서 벗어난 사람들도 있다.
행복한 사람은 하나님의 관심을 받고
하나님과 동행하는 사람이다.
어느 시대에나 에서와 야곱은 존재했다.

"에서 곧 에돔의 족보는 이러하니라, 에서가 가나안 여인 중 헷 족속 엘론의 딸 아다와 히위 족속 시브온의 딸인 아나의 딸 오홀리바마를 자기 아내로 맞이하고. 또 이스마엘의 딸 느바욧의 누이 바스맛을 맞이하였더니 아다는 엘리바스를 에서에게 낳았고 바스맛은 르우엘을 낳았고 오홀리바마는 여우스와 얄람과 고라를 낳았으니 이들은 에서의 아들들이요 가나안 땅에서 그에게 태어난 자들이더라, 에서가 자기 아내들과 자기 자녀들과 자기 집의 모든 사람과 자기의 가축과 자기의 모든 짐승과 자기가 가나안 땅에서 모은 모든 재물을 이끌고 그의 동생 야곱을 떠나 다른 곳으로 갔으니, 두 사람의 소유가 풍부하여 함께 거주할 수 없음이러라 그들이 거주하는 땅이 그들의 가축으로 말미암아 그들을 용납할 수 없었더라 이에 에서 곧 에돔이 세일 산에 거주하니라"(창26:1-8).

37. 기울어진 채색옷 사랑
(창37장)

야곱의 채색옷 사랑

야곱이 30년 만에 가나안 땅 헤브론으로 돌아와 정착하였다. 그러나 아버지 이삭은 앞을 볼 수 없는 장님으로 생활한지 30년이 지났다. 그리고 어머니 리브가와 유모 드보라도 죽었다. 사랑하는 아내 라헬도 죽었다.

형 에서는 분쟁을 피하여 스스로 세일산으로 이주했다. 야곱은 많은 것을 잃었다. 야곱은 아버지 이삭과 함께 생활을 했으나 사랑하는 사람들이 없었다.

야곱은 자신의 아내 라헬이 죽은 것을 애석하게 생각했다. 라헬이 죽으면서 낳은 아들 베냐민은 이제 1살 되었다. 야곱은 라헬이 낳은 두 아들 요셉과 베냐민에게 더욱 많은 관심과 애정을 주었다.

야곱은 17세 된 11번째 아들 요셉에게 채색옷을 입혔다. 채색옷은 옷소매가 길고 발목까지 내려오는 화려한 옷이다. 특별히 금실로 옷에 문양을 만들어 품위가 있고 화려했다.

고대 사회에 옷은 그 사람의 신분을 외부적으로 보여 준다. 채색옷은 왕족과 귀족들, 부유한 자들이 입었다. 가정에서 채색옷을 입을 수 있는 사람이 한정되었다. 가문에 최고 어른이 채색옷을 입었다. 그리고 가정에서 채색옷을 입을 수 있는 한 사람이 있다. 장자 상속권, 족장권을 가진 사람이다.

야곱이 요셉에게 채색옷을 입힌 것은 두 가지 의미가 있었다. 첫째는 어머니 없이 성장하는 요셉에 대한 애정의 표현이다. 두 번째는 야곱의 12 아들 중에서 요셉을 자신의 장자 상속자. 족장권 승계자로 일찍부터 인정한 것이다.

통상적으로는 장자 르우벤이 채색옷을 입어야 했다. 그러나 르우벤은 도덕적 윤리적으로 문제가 많았다. 벧엘에서 올라올 때에 라헬이 베냐민을 낳고 죽었을 때 르우벤은 아버지 야곱의 아내 라헬의 몸종인 서모 빌하와 동침을 하였다. 르우벤은 당시에 27세의 나이였다. 정욕을 참지 못하고 아버지의 첩과 근친상간을 한 르우벤에 대한 야곱의 생각은 모든 것을 알고 있었다. 그러나 가문의 수치요 자신의 수치를 말하지 않고 침묵으로 일관하였다(창35:22). 그리하여 야곱의 심중에는 장자 르우벤은 장자권과 족장권을 줄 수 없다는 결심을 하게 되었다. 그리하여 야곱은 장자권과 족장권을 11번째 아들 요셉에게 주기로 결심을 하였다. 야곱은 장자 르우벤을 버렸다는 의미로 11번째 아들 요셉에게 채색옷을 입혔다. 그러자 요셉의 10명의 형들은 불만을 가졌다. 그리하여 요셉을 시기하고 미워했다.

야곱의 아내 라헬이 죽은 이후에 요셉과 베냐민을 성심껏 돌봐 준 사람은 빌하였다. 빌하는 자신의 여주인 라헬의 자녀 요셉과 베냐민을 정성을 다하여 돌봐주었다.

요셉은 형제들이 불의한 행동이나 악을 행하면 늘 아버지 야곱에 이야기했다. 요셉이 그러한 행동을 한 것은 어릴 때부터 정직했기 때문이다. 그리하여 형제들이라 해서 불의를 행하고 악한 행실을 보면 침묵하지 않았다. 그러한 요셉을 형제들은 싫어했다. 그때마다 야곱은 자식들의 잘못된 행동을 책망했다. 요셉의 10명의 형들은 요셉만 사랑하고 자신들은 미워한다며 아버지까지 증오하였다.

하나님의 꿈을 품은 사람

요셉은 밧단아람에서 출생했다. 아버지를 따라서 가나안으로 올 때 그의 나이 7세였다. 그리고 아버지 야곱이 숙곳과 세겜에서 10년 동안 생활하면서 17세 청년으로 성장했다. 그리고 아버지를 따라서 벧엘로 올라가고 할아버지가 잇는 헤브론으로 갈 때에 어머니 라헬이 동생 베냐민을 출산하다가 죽었다.

요셉은 17세 소년 때에 어머니가 죽는 슬픔을 경험했다. 유일한 동생 베냐민은 젖먹이 1살이었다. 요셉은 아버지 야곱과 함께하는 시간이 많았다. 그리고 증조할아버지 아브라함의 축복의 상속자가 장님으로 계시는 할아버지 이삭인 것을 들었다. 그리하여 요셉은 할아버지 이삭을 사랑했다. 이삭도 요셉에게 하나님이 주신 언약에 복에 대하여 늘 말했다. 그 언약의 복이 아버지 야곱에 주어진 것을 말했다. 그리고 아버지 야곱의 12아들 중에서 한 아들이 아브라함의 복의 유산을 받을 것이라는 언약의 말을 들었다. 요셉은 어릴 때부터 아버지로부터 들은 하나님의 언약을 사모했다. 자신이 하나님이 주시는 언약의 주인공이 되기를 소망했다. 그러나 요셉은 자신보다 모든 조건을 가진 10명의 형님들이 있었다. 큰 형 르우벤은 당시에 27세였다.

요셉의 나이 17세 때 이삭이 거주하는 헤브론으로 이주했다. 그때 그는 어느 한 꿈을 꾸고 가족들에게 말했다. 요셉의 꿈은 이러했다.

넓은 밭에서 12형제들이 추수를 하였는데. 요셉이 추수한 곡식 단이 우뚝 일어섰다. 그리고 11명의 형제들이 묶은 곡식 단이 요셉의 곡식 단을 중심으로 원형으로 둘러섰다. 그리고 요셉의 곡식 단에 90도로 엎드려 절을 했다.

요셉의 형들이 흥분했다. 그 꿈의 해석은 어려운 것이 아니었다. 요셉은 위대한 사람이 된다. 그리고 다른 형제들은 요셉을 섬기는 자가 된다는 것이다.

요셉의 꿈 이야기를 들은 형들은 분노했다. 그러나 요셉은 자신이 꿈을 그대로 믿었다. 그 꿈은 하나님이 주신 것임을 확신했다. 그 꿈이 어떠한 이루어질지는 모르지만, 그 꿈대로 되기를 하나님께 기도했다.

그 후 어느 날 요셉은 다시 자신이 꿈 이야기를 모든 가족이 있는 곳에서 말했다.

하늘에 해와 달과 12별이 있었다. 12개의 별들 중에는 요셉의 별이 있었다. 그런데 해와 달과 11개의 별이 요셉의 별에 절을 하고 칭송을 하였다

요셉의 꿈 이야기를 들은 10명의 형님들은 분노했다. 어떻게 부모가 자식에게 절을 하는가? 형님이 동생에게 절을 하는 법은 없다. 요셉이 말한 그 꿈은 부도덕한 행위다. 요셉의 형님들은 더욱 흥분했다. 채

색옷을 입은 요셉이 허망한 꿈을 꾸면서 자신들을 무시한다며 아버지를 원망했다.

그러나 야곱은 요셉의 꿈을 마음 깊이 간직했다. 야곱 자신도 꿈을 가졌었다. 그 꿈을 이루기 위해서 형 에서의 장자권을 빼앗았다. 그리고 벧엘에서 하나님이 주신 꿈을 믿었다. 그리고 그 꿈이 이루어졌다.

그런데 이삭과 야곱은 12명의 아들 중에 어떠한 아들이 아브라함의 복의 꿈을 꾸는지 보고 있었다. 12명의 아들 중에 유일하게 요셉이 원대한 하나님의 뜻을 품은 꿈을 꾸었다. 야곱은 요셉의 꿈이 어떻게 이루어질 것인지 궁금했다.

헤브론에 거주하는 야곱은 정착을 하여 토지를 경작하며 곡물을 생산했다. 아들들은 가축을 이끌고 초지를 찾아다니며 유랑 유목생활을 병행했다.

야곱의 아들들은 가축을 이끌고 세겜으로 갔다. 세겜은 야곱이 밧단 아람에서 올라와 10년 동안 거주한 곳이다. 그리고 딸 디나의 강간 사건이 있었던 곳이다. 야곱의 아들들이 하몰의 부족 남자를 멸살한 곳이다. 그런데 세겜에는 야곱이 돈을 주고 매입한 토지가 있었다. 그곳으로 야곱의 아들들이 짐승을 이끌고 갔다. 2년 전 살벌한 사건이 있었다, 그래서 세겜 사람들과 주변 부족들은 야곱의 가문에 대한 복수심을 가지고 있었다.

야곱은 자녀들이 걱정이 되었다. 혹시나 2년 전에 일어난 하몰의 가문의 남자를 살인하고 약탈한 것으로 인하여 자식들이 보복을 당하지나 않을지 염려가 되었다.

세겜으로 간 요셉

야곱은 자녀들이 어떻게 목축을 하고 있는지 궁금했다. 그리하여 요셉을 세겜에 보내어 아들들의 소식을 듣기로 했다. 그동안 요셉은 정직했다. 아버지를 속인 적이 없었다. 그러므로 요셉을 세겜으로 보내어서 자녀들과 가축의 근황을 정확히 보고 오도록 했다.

야곱이 거주하는 헤브론에서 세겜 까지는 100km이다. 요셉의 나이 17살이기에 그 정도의 거리는 충분히 혼자서 다녀 올 수 있었다. 야곱은 짐승을 먹이는 아들들을 생각하여 맛있는 음식을 만들었다.

요셉은 헤브론을 출발하여 세겜을 향하였다. 세겜으로 가는 길에 어머니 라헬의 묘를 찾았다. 세상을 일찍 떠난 어머니가 그리워 요셉은 한없이 눈물을 흘렸다. 그리고 어머니가 죽으면서 낳은 동생 베냐민에 대한 요셉의 애정은 각별했다.

요셉은 3일 만에 세겜에 도착을 했다. 그러나 형님들을 찾을 수 없었다. 주변에 목축하는 사람들을 만나서 형님들을 수소문했다. 형님들은 세겜에서 머물다 도단으로 갔다고 했다. 요셉은 세겜에서 30km 떨어진 도단으로 갔다.

도단에서 목축을 하는 야곱의 아들은 모두 10명이다. 그중에 장자 르우벤이 중심되었다. 목축업은 외부적으로 볼 때는 평화로운 것 같다. 그러나 약탈의 위협에 노출되어 있었다. 그러므로 일종의 군대와 같은 결속과 조직을 가져야 했다. 르우벤을 중심으로 형제들은 전투적으로 똘똘 뭉쳤다. 2년 전 세겜에서, 하몰의 부족 남자들을 살해하고 약탈한 큰 사건이 있었다. 그때도 형제들은 서로 협력하여 가문을 지켰다. 2년 후에 다시 세겜에 짐승 떼를 이끌고 갔을 때 세겜의 부족들은 누구도 야곱의 아들들에게 시비를 거는 자가 없었다. 오히려 세겜 사람들은 야곱의 아들을 두려워했다.

야곱의 10명의 아들들이 도단에서 목축을 할 때 저 멀리에 한 사람이 몇 마리의 나귀에 짐을 싣고 오는 것을 보았다. 누군지 궁금했다. 그런데 채색옷을 입고 있었다. 르우벤과 형제들은 저 멀리 나귀를 타고 오는 자가 동생 요셉인 것을 알았다.

형제들은 아버지가 요셉만 사랑하는 것에 불만이 터졌다. 그리고 아버지의 재산 상속권을 요셉이 받은 것도 불만이었다. 무엇보다 요셉이 두 번의 꿈을 기억하면서 흥분했다. 그리하여 꿈쟁이 요셉을 죽이기로 결정했다. 그들은 2년 전 세겜에서 많은 사람을 죽인 경험이 있다. 나약한 요셉 하나를 죽이는 것은 쉬운 것이다. 그리고 형제들이 영원한 비밀에 묻어 두면 된다.

요셉을 죽이려고 결정하자 장자 르우벤이 중재안을 내었다. 즉시 죽이지 말고 포박을 하여 구덩이에 던져 넣자 했다. 그리고 위협을 하여서 다시는 형님들을 무시하지 못하게 하자 했다. 그리고 요셉이 꾼 꿈이 어떻게 이루어지는지 지켜보자 했다. 르우벤은 요셉을 죽일 생각이 없었다. 동생들을 안심 시키고 요셉을 풀어 도망치도록 할 생각이었다.

팔려가는 요셉

요셉은 오랜만에 형님들을 만난 기쁨으로 손을 흔들며 반가워했다. 요셉이 형님들 가까이 갔을 때 형님들은 돌변하였다. 요셉의 옷을 벗기고 결박하여 구덩이에 던졌다.

　그 물구덩이는 가축에게 물을 먹이기 위해서 인위적으로 판 것이다. 항아리 모양으로 입구는 좁고 아래로 내려가면 넓은 구덩이에 물을 채우고 짐승들이 물을 마시게 했다. 가뭄이 오면 그 물 구덩이는 말라버린다. 요셉은 결박되어 구덩이에 들어갔다. 눈물로 형님들에게 소리치며 호소했다. 형님들은 요셉을 죽일 것이라 위협하며 비웃었다. 10명의 형님들은 요셉이 나귀에 싣고 온 음식을 나누어 먹었다.

　도단의 지형은 주변은 높은 산지로 둘려 있다. 넓고 넓은 초지가 형성되었다. 그곳에는 많은 유목민들이 목축을 했다. 그리고 도단을 관통하는 넓고 큰 왕의대로가 있었다. 갈대아 우르에서 출발하여 하란을 경유하여 도단을 지나 이집트 나일강 유역 놉까지 이르는 길이다. 매일 왕의 대로를 따라 수많은 대상들이 이동하면서 무역을 하였다.

　장자 르우벤은 잠깐 주변 유목민들에게 할 일이 있어 떠나게 되었다. 요셉의 형 유다가 말했다. 동생 요셉을 죽이는 것보다는 저기 이스마엘 사람들과 미디안 사람들에게 팔자고 제안했다. 동생을 죽이는 것보다 돈을 받고 매매하는 것이 이익이라 했다. 다른 형제들도 그 말을 좋게 여겼다.

　유다와 다른 형제들이 요셉을 구덩이에서 끌어내었다. 미디안 사람들에게 은 20개를 받고 요셉을 팔았다.

　요셉은 자신을 미디안 사람에게 파는 형님들에게 애원하였지만 형님들은 매정했다. 요셉은 알 수 없는 미디안 사람에 종으로 팔렸다. 목에는 올무가 걸리고 양손은 밧줄에 단단하게 묶여 이집트로 끌려갔다.

요셉의 큰 형 르우벤이 어디를 다녀왔는데 구덩이를 확인해 보니 요셉이 없었다. 요셉을 어떻게 했는지 동생들에게 물어 보았다. 유다가 말했다.

"요셉을 은돈 20에 미디안 사람에게 팔았다."

당시에 성인 노예는 은돈 30에 팔았다. 요셉은 17세 미성년자라 은돈 20에 팔았다.

장자 르우벤의 나이 27살 때였다. 르우벤은 팔려간 동생 요셉을 생각하며 통곡했다. 요셉을 살려 주려 했는데 동생들이 이미 팔아버렸다. 다시 동생을 찾아 올 방법도 없었다. 르우벤과 동생들은 큰 다툼이 있었다. 그러나 팔려간 요셉을 찾을 방법이 없었다. 모두 침울하였다. 그들은 감정적으로 행동한 것을 후회했다.

유다는 요셉을 돈을 받고 팔기로 형제들에게 말한 자였다. 그러므로 후속적인 문제도 유다가 앞장서서 은폐 방법을 말했다.

요셉의 형제들은 죽을 때까지 요셉을 팔았다는 것을 비밀에 부치기로 했다. 이집트로 종으로 팔려 가면 살아서 돌아 올 수 없었다. 종의 신분에 자유인이 되는 것도 불가능했다. 종이 도망을 치다가 잡히면 사형을 당한다. 그러므로 팔려간 요셉이 살아서 형제들 앞에 돌아오는 것은 불가능하다. 그러면 어떻게 아버지에게 요셉에 대한 말을 할까 궁리를 했다. 그들은 요셉의 채색옷을 벗겨 둔 것을 가지고 숫염소 한 마리를 잡아 그 피를 옷에 묻혔다. 그리고 요셉의 채색옷을 적당하게 찢었다. 그리고 요셉이 이끌고 온 나귀들도 모두 죽였다.

얼마 후 요셉의 형제 몇 명이 아버지의 집을 다니려 갈 때에 피가 묻고 짖겨져 흙투성이가 된 채색옷 하나를 아버지 야곱에게 주면서 말했다.

　　아버지 이 옷을 우리가 들에서 주었는데 혹시 요셉의 옷이 아닙니까 하고 물었다. 야곱은 요셉의 옷을 받아 들고 통곡하고 울었다.

　　"요셉을 세겜으로 보내었는데 만나지 못했느냐?"

　　"요셉을 만나지 못했습니다."

　　"내가 요셉을 너희에게 심부름을 보내었는데 돌아올 때가 벌써 지났는데 아직 오지 않았다. 그런데 이 채색옷을 보니 분명 요셉의 옷인데?"

　　"아버지 요셉을 만나지 못했습니다. 길에서 이 옷을 주어왔습니다. 옷은 찢어졌고 옷에는 피가 묻어있지 않습니까?"

　　"그러면 요셉은 죽은 것인가?"

　　야곱은 통곡하며 울었다. 모든 가족들이 요셉이 죽었다는 소식에 슬퍼했다. 요셉의 형님들도 가증스러운 눈물을 흘리며 요셉이 죽었다며 통곡을 했다.

　　야곱은 요셉이 죽은 것을 확정하고 세상에 어떠한 위로를 받기를 거절했다.

　　야곱의 가장 사랑하는 아들 요셉이 죽었다. 야곱은 마음에 요셉을 묻었다. 그리고 남은 세월을 괴로움으로 보내었다.

　　야곱이 30년 만에 아버지 이삭이 있는 고향으로 돌아온 기쁨도 잠시였다. 사랑하는 아들 요셉이 행방불명이 된 것은 또 하나의 고통이었다. 이삭도(168세) 자신의 가장 믿음 좋은 요셉이 죽었다는 소식을 접하고 슬퍼했다.

　　야곱은 108세에 자신의 사랑하는 아내 라헬이 죽었다, 그리고 라헬이 낳은 17세 된 요셉도 죽었다. 그러므로 세상에 무엇으로 위로 받을 길이 없었다. 그리하여 야곱의 남은 날은 요셉을 가슴에 묻어 주고 괴로운 날을 보내었다. 그리고 12번째 아들 한 살 베기 베냐민에 대한 극진한 애착을 가졌다. 죽은 라헬의 아들이며 요셉의 동생이기 때문이다. 그리고 12아들 중에서 가장 불쌍하고 연약한 아들이었다.

 "르우벤이 돌아와 구덩이에 이르러 본즉 거기 요셉이 없는지라 옷을 찢고 아우들에게로 되돌아와서 이르되 아이가 없도다 나는 어디로 갈까 그들이 요셉의 옷을 가져다가 숫염소를 죽여 그 옷을 피에 적시고, 그의 채색 옷을 보내어 그의 아버지에게로 가지고 가서 이르기를 우리가 이것을 발견하였으니 아버지 아들의 옷인가 보소서 하매. 아버지가 그것을 알아보고 이르되 내 아들의 옷이라 악한 짐승이 그를 잡아먹었도다. 요셉이 분명히 찢겼도다 하고. 자기 옷을 찢고 굵은 베로 허리를 묶고 오래도록 그의 아들을 위하여 애통하니. 그의 모든 자녀가 위로하되 그가 그 위로를 받지 아니하여 이르되 내가 슬퍼하며 스올로 내려가 아들에게로 가리라 하고 그의 아버지가 그를 위하여 울었더라"(창37:29-35).

38. 유다의 붉은 고통
(창38장)

유다의 눈물

요셉은 형제들의 미움을 받아 이스마엘 상인에게 노예로 팔려갔다. 그리고 이집트의 바로의 시위대장 보디발의 집에 노예로 팔려갔다. 그리고 요셉이 이집트의 총리가 되기까지는 약 27년의 세월이 지나서 야곱의 일가족이 이집트로 이주하기 전에 야곱의 4번째 아들 유다에 관하여 부끄러움과 슬픈 사실이 있었다.

유다는 야곱의 네 번째 아들이다. 유다는 형제들이 꿈쟁이 요셉을 죽이려할 때 이스마엘 사람들에게 은돈 20에 팔자는 제안을 하여 요셉의 생명을 구하였다. 그러나 유다는 요셉을 구하지 못한 자책감에 시달렸다. 요셉을 미워한 모든 형들도 일시적인 충동으로 요셉을 이스마엘 상인들에게 팔아 버린 것을 후회했다.

야곱은 요셉이 죽은 것으로 생각했다. 날마다 통곡하며 슬퍼했다. 그때마다 아버지의 괴로움과 고통을 바라보는 요셉의 형들은 심한 자책감을 느꼈다. 일시적인 감정을 억제하지 못하여 요셉을 팔았지만 돌이킬 수 없는 과오를 남겼다.

그 일로 인하여 형제들은 서로 원망하고 책임을 전가했다. 그러나 무덤에 갈 때까지 비밀을 지키기로 했다. 그런데 시간이 갈수록 형제들은 보이지 않는 원망이 분출되었다. 시간은 멈추지 않았다. 요셉에 대한 악행도 시간이 가면서 묻어졌다. 그리고 야곱의 아들들은 각각 결혼을 하고 가정을 이루면서 그들의 삶의 영역을 넓히면서 독립을 하였다.

유다는 형제들을 떠나서 헤브론 지역 안에는 31개의 원주민 마을이 있었다. 유다는 그 중에 아둘람에 정착을 했다. 그곳 사람 히라와 절친한 친구가 되었다. 유다는 아둘람에서 생활하면서 이방인 가나안 사람 수아라의 딸과 결혼했다. 그때가 유다의 나이 30세 전으로 추정된다.

유다는 장자 엘(경계하는 사람)을 낳고, 둘째, 아들 오난(힘)을 낳았다. 그리고 수년 후에 셋째 아들 셀라(평화)를 낳았다. 가정은 행복했고 경제생활도 넉넉하였다(창38:1-5).

장자 엘이 성장하여서 결혼 할 때가 되었다. 그러자 유다는 가나안 처녀 다말과 조혼을 시켰다. 조혼을 시킨 것은 유다의 재력과 지위가 상당했다는 것을 뜻한다. 유다는 장자 엘을 통하여 후손을 보기 원했다.

엘의 가정생활은 행복했다. 그러나 엘은 아내의 영향을 받아 점점 향락과 성적 문란한 행동을 하였다.

이미 소돔은 아브라함 시대에 멸망했다. 그러나 소돔의 타락된 문화는 가나안 전역에 흥행했다. 엘은 소돔의 향락 문화에 심취했다. 엘은 하나님 앞에서 방탕과 타락된 생활을 하였다. 그리하여 하나님의 심판을 받아 일찍 죽었다. 엘의 죽음은 하나님의 징벌이었다.

유다는 엘의 죽음에 충격을 받았다. 자식도 낳지 않고 죽은 아들에 대한 그리움은 깊은 상처가 되었다. 유다는 심중에 약 20년 전에 요셉을 은돈 20에 팔게 한 죄를 깊이 후회했다. 그러나 말할 수 없는 은밀한 비밀이 마음을 짓눌렸다. 그때에야 유다는 아버지 야곱이 요셉으로 인한 고통이 얼마나 큰 지를 이해할 수 있었다. 그러나 진실을 숨기며 살았다.

죽음을 가져온 오난이즘

유다는 당시의 '대계결혼' 관습을 따라서 둘째 아들 오난과 큰 며느리 다말과 결혼을 시켰다.

대계결혼은 족장시대부터 가문의 혈통을 유지하기 위해서 만들어진 특수한 결혼 방법이다.

형제 중에 결혼하여 자식이 없이 남자가 죽으면 동생이 형수와 결혼하여 아들을 낳게 하였다. 그리하여 첫 번째 출생한 아들은 형의 자식이 된다. 그리고 그 아들이 모든 재산 상속권을 가지며 장자의 혈통을 계승한다.

형제가 죽은 후에 동생이 형수와 동침하여 자식을 낳는 것을 거부하면, 당시에 사회적 수치를 당하고 공동체에서 사회적 매장을 당했다. 그러므로 형이 자식을 낳지 못하고 죽으면, 동생은 반드시 형수와 동침하여 자식을 낳아 주어야 하는 강력한 구속력을 가졌다.

결혼하여 남편이 죽고 자식이 없으면 대계결혼으로 반드시 자녀를 얻어야 한다. 그리고 재혼은 금지된다.

여성의 사회적 활동이 금지된 시대에 대계결혼은 미망인이 된 여인에 대한 가문의 책임을 끝까지 가진다는 의미도 있었다.

　유다는 대계결혼 관습을 따라서 장남 엘의 혈통을 유지하고 장남의 상속권을 가진 손자를 보기를 원했다. 그리하여 둘째 아들 오난에게 형수 다말과 대계결혼을 하게 했다.

　오난은 당시의 관습법을 거역할 명분이 없었다. 그리하여 형수 다말과 동침하였다 그러나 오난은 다말의 몸에 사정을 하지 않았다. 체외사정을 하였다. 고의적으로 형수 다말이 임신을 하지 않게 했다.

　오난이 이러한 행동을 한 이유가 있었다. 자신의 씨로 형수 다말이 임신하여 아들을 낳으면 그 아들은 형의 아들이 된다. 자신이 낳은 아들이 장자의 권리와 상속권을 가지게 된다.

　그리하여 오난은 다말의 체내에 설정을 하지 않고 땅에다 설정을 했다 오난은 형이 죽은 것과 같이 형수 다말도 죽었으면 했다.

　엘은 형수 다말이 죽으면 자신이 장자가 된다. 재산 상속권도 가질 수 있다. 자신이 낳은 첫 번째 아들이 장자가 될 수 있다. 엘은 숨겨진 계략을 이루기 위해서 고의적으로 다말의 육체 밖으로 설정을 하였다.

　오난의 음흉한 계략을 하나님이 보시고 분노하였다. 하나님은 생육하고 번성하라 하셨다. 하나님의 뜻을 거역한 오난은 하나님의 징벌을 받았다. 다말과 동침하는 현장에서 죽었다.

　유다는 가나안 여자와 결혼했다. 그리고 가나안 처녀 다말을 며느리로 맞이하였다. 그런데 장자 엘이 죽었다. 둘째 아들 오난도 죽었다. 아들 둘을 잃은 유다는 고통과 괴로움에 살았다.

그런데 유다는 대계결혼에 의하여 셋째 아들 셀라와 큰 며느리 다말을 결혼 시켜야 한다. 그것이 당시의 관습법이기에 거역할 수 없다.

유다는 자신의 며느리 다말을 원망 했다. 어떻게 아들 둘을 죽게 할 수 있는지 미움이 극에 달하였다. 그리고 대계 결혼을 한다면 세 번째 아들 셀라와 다말이 결혼을 해야 한다. 유다는 두려웠다. 셋째 아들 셀라는 아직 나이 어린 미성년자였다. 그리하여 유다는 다말에게 셀라가 장성할 때까지 친정으로 가서 기다리라 했다. 셋째 아들이 성인이 되면 그때 자식을 낳게 할 것을 약속했다.

다말은 과부가 되어 자신의 친정으로 돌아갔다. 몇 년의 세월이 지나 셀라가 장성하여 결혼할 나이가 되었다. 그러나 유다는 다말을 불러 대계결혼을 시키지 않았다. 셀라까지 죽을까 두려웠기 때문이다.

유다는 장자 엘의 죽음과 차남 오난의 죽음으로 고통의 날을 보내었다. 유다의 아내가 두 아들이 죽은 것을 괴로워하다 얼마 후 죽었다. 유다는 더욱 슬펐다.

유다는 몇 년 사이에 아들 둘을 잃고 아내도 잃었다. 유다는 낙심하였다. 세상 어디에서도 위로받을 길이 없었다.

시아버지와 며느리의 동침

유다의 말을 믿고 다말은 친정에 왔다. 셀라가 장성하여 대계결혼을 할 그 날을 기다렸다. 현재의 신분은 과부다. 재혼을 할 수도 없었다.

다말은 어린 나이에 과부들이 입어야 하는 과부 옷을 입었다. 옷은 사회적 신분을 말한다. 과부는 사회적 멸시를 받았다. 그러므로 다말의 소원은 오직 하나다. 언젠가 시동생 셀라와 결혼하여 아들을 낳으면 과부 옷을 벗을 것이다.

세월이 흘러 셀라가 장성하였다. 시어머니도 죽었다. 시아버지 유다는 대계결혼 약속을 지키지 않았다. 그렇다고 시아버께 간청할 수도 없다. 가문의 가장이 모든 것을 결정할 권한을 가지고 있다. 시아버지 유다가 기다리라 했다. 시아버지가 결혼 통보를 할 때까지 무한정 기다려라 했다.

유다가 양털 깎기를 할 때가 되었다. 유다는 아둘람에 친구 히라와 함께 딤나로 올라갔다. 일 년에 한번 양털을 깎는 것은 농사를 짓는 사람들의 추수와 같다. 양털을 깎을 때는 좋은 음식과 술을 마시며 춤을 추고 즐거워하며 축제를 한다.

다말에게 시아버지 유다에 관한 소식이 들렸다. 지금 딤나에 양털을 깎으려 올라 왔다한다.

다말은 과부 옷을 벗었다. 얼굴을 큰 수건으로 가렸다. 최고 고급스러운 옷으로 몸을 치장하여 최고급 창녀로 변장했다. 다말은 딤나의 에나임 문에 앉았었다. 그곳은 많은 사람들이 지나는 곳이다.

유다는 양 털을 깎으면서 기분이 좋아 술을 많이 먹었다. 아내가 얼마 전에 죽었다. 유다는 성욕이 불같이 일어났다. 담나의 에나임 문을 지날 때 육감적인 젊은 창녀가 있었다.

유다가 창녀에게 화대를 얼마나 주어야 하는지 흥정을 시작했다.

"나와 동침하자"

"나신에게 얼마를 줄 수 있느냐"

"염소 새끼 한 마리를 주겠다."

"지금 염소 새끼 한마리를 주세요."

"지금은 없는데."

"외상은 안 돼요."

"그러면 나의 인장과 지팡이를 보증물로 임시로 주겠다. 그리고 사람을 보내어 염소 새끼 한 마리를 보낼 것이니 받고 나의 인장과 지팡이를 돌려주면 된다."

"그러면 인장과 지팡이를 주세요."

유다와 창녀는 동침을 했다. 그리고 유다는 자신의 길을 갔다. 창녀도 지팡이와 인장을 가지고 사라졌다.

당시의 인장은 재산권을 행사하는 중요한 물품이다. 인장을 주머니에 넣고 줄 끈을 만들어 목에 걸고 다녔다. 인장을 준다는 것은 자신의 모든 재산을 준다는 뜻이다. 그리고 지팡이에 아름다운 문양을 조각하여 사회적 권위로 보이게 했다.

다말의 인생은 기구하고 고통스러웠다. 남편 엘과 결혼했으나 신혼에 자식 없이 죽었다. 대계결혼을 하였으나 시동생 오난도 죽었다. 시어머니도 죽었다.

사람들은 다말을 보고 남자 잡아먹는 여자라는 따가운 눈총을 주었다. 청상과부가 된 것도 서러운데 사람들은 남편이 죽은 책임을 과부에게 돌렸다. 시동생 엘도 동침하다가 죽었다.

막내 시동생 셀라가 장성하면 대계결혼을 시켜 준다는 약속을 받았다. 그날을 참고 수년을 기다렸다. 그러나 시동생 셀라가 장성했지만 시아버지 유다는 대계결혼을 허락하지 않았다. 다말은 어떻게 하든지 자식을 낳고 장자의 상속권을 받기를 원했다. 기다리다가 지쳤다. 차라리 시아버지를 통하여 자식을 낳는 것이 좋을 듯했다. 그리하여 창녀로 변장하여 시아버지와 동침하였다. 다말은 앞으로 어떻게 될지 자신도 알 수 없었다.

유다의 부끄러운 과거

유다는 딤나 에나임 문 곁에서 한 창녀를 만나서 동침하고 집으로 돌아왔다. 정신을 차리고 보니 자신의 재산권을 행사할 수 있는 인장과 지팡이를 보증으로 주고 왔다.

유다는 정신을 차리고 다시 생각했다. 창녀와 동침한 것은 당시에 다 그러한 생활을 했기에 부끄러움이 없었다. 문제는 자신의 인장과 지팡이를 준 것이었다.

만약에 인장과 지팡이를 가진 자가 재산권을 주장한다면 전 재산을 잃어버릴 상황이 올 수 있다. 아니면 거액의 재산을 요구하며 흥정을 한다면 거절할 수 없다. 그리하여 딤나의 친구 히라에게 전후 사정을 자세하게 이야기 했다. 그리고 딤나로 가서 에나임 문 곁에 가면 그 창녀를 만나서 염소 새끼를 주고 인장과 지팡이를 찾아오라 부탁을 했다.

그 다음 날 히라는 염소 새끼 한 마리를 몰고 딤나의 에나임 문 앞으로 갔다. 정해진 약속 시간에 그 창녀를 기다렸으나 오지 않았다. 시간이 지난 이후에도 기다렸으나 창녀는 나타나지 않았다. 그리하여 에나임 문 주변에 어른들을 찾아가서 탐문을 하였다.

"어제 이곳에 있었던 창녀가 어디에 있습니까?"

"우리가 살고 있는 딤나에는 창녀가 한 사람도 없습니다."

히라는 염소 세끼 한 마리를 몰고 돌아 왔다. 그리고 유다에게 말했다. 에나임 문 곁에서 만나기로 한 시간에 창녀는 오지 않았다. 그리고 그곳 사람들에게 탐문한 결과 딤나에는 창녀가 없다고 전 했다.

유다는 은근히 염려가 되었다. 자신의 재산권을 행사할 수 있는 인장이 없어졌다. 그 인장으로 혹시나 재산권을 주장하며 누군가 나타나면 어쩌나 염려를 하였다. 유다는 부도덕한 행위가 사회에 들어 날까봐 근심했다. 그냥 덮어두고 넘어가는 것은 후일에 가문과 재산에 큰 문제가 발생할 것 같다. 그렇다고 딤나에서 계속 그 창녀를 수소문 하는 것도 부끄러운 일이었다. 유다는 또 다른 괴로움과 근심을 하게 되었다.

씨는 씨로 자라 생명이 되고

다말은 딤나의 에나임 문을 떠나서 창녀의 옷을 벗었다. 다시 과부의 옷을 입었다. 다말의 소원대로 시아버지 유다와 한번 동침하였는데 임신이 되었다. 그것은 하나님이 도와 주신 것이다.

다말은 자신이 임신한 사실을 숨겼다. 그러나 시간이 가면서 임신한 사실은 숨길 수 없는 현실이 되었다. 하루가 다르게 배가 불러 왔다. 입덧도 하고 임신의 징후가 뚜렷하게 나타났다. 과부 다말이 임신한 사실은 소문이 되었다.

사람들은 다말이 임신한 것을 보고 의문을 가졌다. 누구의 아이를 임신한 것인가? 어떻게 임신을 했는가? 다말은 유다의 며느리인데 그러면 이제 유다의 상속권은 없어지는 것이 아닌가? 별 소문이 다 돌았다. 다말의 임신을 축복해 주는 사람이 없었다. 모두 남편을 죽게 한 여자로 저주했다. 그리고 부정한 행동으로 아기를 잉태했다면 손가락질 했다.

다말은 주변의 따가운 시선을 의식하면서 고통의 날을 보내었다. 그러나 다말은 이미 각오한 일이다. 그리고 그날이 오면 다 말할 것이다. 하나님의 처분을 기다리기로 했다.

다말이 임신한 소식이 유다에게도 들렸다. 유다는 흥분했다. 다말이 임신을 한 것은 용서할 수 없었다. 자신의 아들 엘과 오난을 죽게 한 며느리가 아닌가? 막내아들 셀라와 대계결혼을 앞두고 있는데 어떻게 부정한 행위로 임신을 하였으니 엄중한 처벌하기로 했다.

유다는 큰 며느리 다말과 막내아들 셀라와 대계결혼을 하면 셀라도 죽을 것 같았다. 그래서 어떻게 하든지 셀라를 다말에게 주지 않으려고 미루어 왔다. 그런데 유다가 임신하였으니 부정한 여자로 처단을 하면 막내아들 셀라와 결혼을 막을 수 있었다.

유다는 다말이 임신한 것을 더욱 많은 사람들이 알 수 있도록 소문을 내었다. 모든 사람들은 흥분했다. 다말에 대하여 분노하고 증오했다. 유다의 주장을 모든 사람들은 정당하다 말했다. 그리하여 유다는 다말을 가혹하게 징벌할 수 있는 사회적 여론을 만들었다.

유다는 다말을 끌어내어 화형을 시키기로 했다. 유다의 생각은 며느리 다말을 화형 시키면 막내아들 셀라와 대계결혼을 시키지 않아도 된다. 죽은 장자 엘과 둘째아들 오난의 죽음의 불행에 대한 일종의 심리적 보상을 받으려는 생각을 했다. 그리고 다말이 잉태한 아들이 출생을 한다 해도 장자에게 주어질 유산을 상속하지 않아도 된다. 그러므로 자신의 재산을 지킬 수 있다. 다말을 처벌하고. 다말이 낳은 자식은 상속권이 없다는 것을 지역사회에서 공개적인 확인이 필요했다. 그리하여 유다는 며느리 다말을 공개처벌하기로 했다.

유다는 딤나에 거주하는 며느리 다말을 결박하여서 자신이 거주하는 아둘람으로 끌고 왔다. 아둘람에도 다말의 임신 소식을 듣고 많은 사람들이 왔다. 다말의 고향 딤나 사람들도 아둘람으로 왔다. 다말에 대한 처벌을 보기위해서 구경꾼이 인산인해를 이루었다.

아둘람 광장에서 화형을 시킬 준비를 하였다. 다말이 임신한 것은 가문의 문제다. 그러므로 가문의 대표가 되는 가장이 심문을 한다. 그리고 화형을 시킨다.

유다는 자신의 행위가 정당한 것임을 많은 사람들에게 알려야 했다. 그 이유는 아들 둘 죽은 것에 대한 책임을 며느리에게 돌렸다는 소문을 막기 위해서다.

유다는 며느리 다말을 향하여 엄한 말로 심문을 하였다.

"다말, 임신한 것이 사실인가?"

"임신한 것이 사실입니다."

"잉태한 아기의 아버지가 누구인가."

"나를 잉태하게 한 남자의 이름은 모릅니다."

"아기의 아버지 이름은 모른다는 것이지?"

"부정한 행위로 잉태하였으니 화형으로 처벌하겠다."

"아버지, 나는 억울합니다."

"부정을 행하고 비윤리적 행위를 하고 부끄럽지 않는가?"

"아기를 잉태하게 한 남자의 이름은 내 입으로 말할 수는 없습니다. 그러나 나를 잉태하게 한 그 남자가 나에게 준 물증이 있습니다."

"그 물증을 모든 사람들이 볼 수 있게 내어 보여라. 그 남자도 확인되면 화형으로 처벌할 것이다."

"이 인장과 지팡이의 주인이 나를 임신시켰습니다."

다말은 자신이 숨기고 간직한 인장과 지팡이를 유다에게 전해 주었다. 유다 옆에 있는 부족의 지도자들은 그 인장과 지팡이를 감정했다. 인장과 지팡이는 각각 다르며 누구의 것인지 분명하게 알 수 있었다. 인장과 지팡이는 당시의 사회적 지위와 인성을 증명하는 증명서와 같았다. 구경하는 모든 사람들은 그 인장과 지팡이가 누구의 것인지 궁금했다. 그리고 사람들은 탄식하면서 소리쳤다.

"인장과 지팡이는 유다의 것이 아닌가!"

유다는 다말이 전해준 인장과 지팡이를 손에 들고 온몸에 경련을 일으키고 있었다. 그것은 자신의 것이었다. 몇 달 전에 딤나의 에나임 문 곁에서 동침한 창녀가 자신의 며느리 다말임을 알았다.

아둘람 광장에 모인 어른들이 말했다.

"유다, 그 인장과 지팡이는 당신의 것이 아니요"

"며느리 다말이 임신한 아기의 아버지는 유다 당신이요"

아둘람 사람들과 딤나 사람들이 한 목소리로 말했다.

"다말을 화형 시킬 것이 아니라. 유다를 화형 시켜야 하오"

아둘람 광장에 모인 사람들은 모두 유다의 부도덕한 행동을 비난했다. 돌아서면서 다말을 동정했다. 남편 죽고 과부가 되어 시동생과 대계결혼을 했는데 그 시동생 오난도 죽었다. 그런데 막내아들 셀라와 결혼을 시킬 때가 벌써 지났다. 그런데 유다는 다말을 버렸다. 그러나 다말이 기다리다 지쳐서 시아버지의 아이를 잉태한 것이다. 사람들은 유다를 비난하고 다말을 동정하였다. 세상에 이러한 일이 어디에 있는가?

아둘람 광장을 떠나는 사람들이 말했다.

"유다, 당신이 책임지시오. 다말은 절대로 죽일 수 없어요."

유다는 자신의 잘못을 깊이 생각했다.

며느리 다말 때문에 아들 둘이 죽은 것이 아니었다. 그리고 다말이 임신을 한 것은 유다에게 책임이 있다. 대계결혼으로 셋째 아들 셀라와 결혼을 빨리 시켜야 하는데 유다가 의무를 하지 않았다.

유다는 광장에 모인 사람들로부터 망신을 당하였다.

유다가 며느리 다말에게 짧은 말을 했다.

"너는 나보다 옳다."

다말이 자신과 동침하여 아기를 잉태한 것이 정당하고 죄가 없다는 말이 아니다. 창녀로 변장을 하고 자신과 동침하여 자식을 잉태한 것은 잘못이다. 그러나 며느리 다말은 가문의 대를 상속할 방법을 간구하는 행위는 자신보다 옳았다.

유다는 며느리 다말의 고통과 불행을 알지 못했다. 다만 자신의 아들 둘이 죽은 것에만 집착했다. 그리고 다말이 죽기를 원했다.

하나님의 신비한 계획

유다는 자신의 아이를 임신한 다말을 자신의 집으로 데려왔다. 그리고 다시는 동침하지 않았다.

유다는 자신의 허물과 죄를 인정했다. 유다와 다말은 시아버지와 며느리 관계다. 그러나 다말이 임신을 한 이후에는 유다의 자식을 잉태한 다말은 유다의 아내가 된다.

불행한 과부로 살아가던 다말이 시아버지 유다를 통하여 임신했다며 사람들에게 손가락질을 받았다. 그러나 하나님이 주신 자손으로 가문의 대를 이어 가야한다는 마음으로 하나님을 의지했다.

다말은 쌍둥이를 잉태했다. 출산할 때 난산으로 고통을 당했다. 먼저 한 아기가 밖으로 손을 내 밀었다. 손이 먼저 나오면 난산으로 아기가 죽게 된다. 그런데 먼저 손이 밖으로 나왔으니 그 아기가 장자가 된다. 그 아기의 손에 홍색 실을 매어주었다. 아기는 다시 손을 안으로 집어넣었다. 그리고 다른 아기가 힘차게 나왔다. 그 과정에서 다말의 몸은 심하게 찢어졌다. 그리고 손목에 홍색 실을 맨 아이가 두 번째로 나왔다.

다말은 출산한 두 아이의 이름을 지었다. 먼저 손을 내밀어 홍색 실을 손목에 맨 아이가 두 번째 출생했지만 그 아이가 장자다. 장자의 이름은 "첫 번째 나오다" 는 뜻으로 "세라"라고 하였다. 두 번째는 몸을 찢고 나왔다하여 "베레스"라 하였다.

유다와 다말의 불륜으로 출생한 둘째 아들 "베레스"는 후일 예수 그리스도의 조상이 되었다. 다말은 이방 가나안 여자로 허물과 죄가 컸지만 예수님의 족보에 올라갔다. 하나님은 우리의 생각을 초월하여 모든 일을 행하신다(마1:3).

"유다가 그것들을 알아보고 이르되 그는 나보다 옳도다 내가 그를 내 아들 셀라에게 주지 아니 하였음이로다 하고 다시는 그를 가까이 하지 아니 하였더라, 해산할 때에 보니 쌍태라, 해산할 때에 손이 나오는지라 산파가 이르되 이는 먼저 나온 자라하고 홍색 실을 가져다가 그 손에 매었더니, 그 손을 도로 들이며 그의 아우가 나오는지라 산파가 이르되 네가 어찌하여 터뜨리고 나오느냐 하였으므로 그 이름을 베레스라 불렀고, 그의 형 곧 손에 홍색 실 있는 자가 뒤에 나오니 그의 이름을 세라라 불렀더라"(창38:26-30).

39. 감옥으로 내려간 요셉의 꿈
(창39장)

이집트의 역사와 배경

나일강은 빅토리아 호와 에티오피아 고원에서 발원하여 북쪽으로 흘러 이집트의 지중해로 유입되는 총길이 6,695km이며 세계에서 가장 긴 강이다.

나일강은 이집트로 들어와서 카이로를 지나면서 삼각주를 이룬다. 나일강의 삼각주 지역과 나일강의 좁고 긴 초원 지역은 이집트 전체 면적의 3% 밖에 안는다. 그러나 인구의 대부분이 거주하고 농업의 전체를 담당한다.

나일강은 정기적으로 범람하여 홍수의 피해가 많았다. 그러나 비옥한 토지를 가짐으로 풍부한 농산물과 곡물생산을 하여서 강대국이 되었다. 그리하여 나일강 문화를 형성하면서 측량과 기하학이 발달했고 대규모 토목공사 기술을 할 수 있는 기술을 가졌다.

이집트로 이주하여 지배한 사람들은 플라이스토세에 서방의 대지 위에서 살던 사람들이 아프리카의 지질이 홀로세가 되어 사막화가 시작되자 나일 하곡에 내려와서 살게 되었다. 토지 생산성이 높은 나일의 하곡 지방에서 이집트 문명이 개화하고, 유사시대에 들어와서는 30개의 왕조가 흥망했다.

이집트의 역사에서 고대 왕조는 제1왕조에서 제 19왕조까지를 말한다. 요셉이 이집트로 노예로 팔려 왔을 때는 터베 출신의 중왕국 시대인 제12왕조 (B.C 1991년-1872년) 때였다. 제12왕조는 약 119년 동안 8명의 파라오가 통치했다.

요셉은 제12대 왕조의 제 4대 파라오 세누스레트 2세가 통치하는 때에 이집트로 노예가 되어 끌려왔다.

노예시장에 팔려가는 요셉

요셉은 형님들을 원망하며 이스마엘 족속 대상을 따라서 이집트로 왔다. 이집트로 오는 길은 험난했다. 눈물의 길이었다. 요셉도 당시에 노예로 팔려 가면서 노예의 삶이 어떠한 것인지 알게 되었다.

이집트의 노예 시장에는 세계 곳곳에서 팔려온 노예들로 가득했다. 노예 시장에는 아프리카에서 온 노예와 가나안 지역에서 온 노예와 기다 다양한 출신의 노예들이 분류되었다.

요셉도 한 노예 상품으로 세워졌다. 요셉을 은돈 20에 매입한 이스마엘 사람은 몇 배의 높은 가격으로 매매하기를 원했다.

일반적으로 성인노예는 은 30개를 주고 매입하여 노예시장으로 오면 경비를 합하여 높은 가격에 매매가 된다. 요셉은 당시에 17세 미성년자로 은 20개에 매입을 하였다.

요셉은 17세였다. 얼굴은 아름답고 용모가 준수했다. 눈빛이 맑고 깨끗하며 빛났다. 지식은 풍부했고 갈대아 언어와 가나안 언어에 능통했다. 그러나 막노동을 시키기에는 적합하지 않았다.

노예를 구입하려는 사람들은 잘생기고 똑똑한 노예를 원치 않았다. 힘세고 건강하고 튼튼한 체력을 가진 노예를 원했다. 노예의 가치는 지식에 있지 않다. 오직 노동력에 있었다.

요셉은 집안에서 힘들게 노동을 하지 않았다. 형님들과 종들이 노동을 하였다. 그냥 채색 옷을 입고 아버지와 야곱과 즐겁게 생활했다. 그러므로 요셉은 노예시장에서 가치가 없었다.

시위대장 보디발의 종으로 팔린 요셉

이집트의 제12대 왕조의 제 4대 파라오 세누스레트 2세의 최 측근 신하로서 경호대장인 보디발이 노예시장에 왔다. 보디발이라는 이름의 뜻은 '태양신에게 바쳐진 자'라는 뜻이다. 그는 이집트의 다신숭배에 충성된 자였다.

보디발이 노예시장에 나타나자 군중들은 마치 파라오가 온 것처럼 존경하고 경배하였다. 파라오의 절대적인 권위가 보디발에게 있었다. 파라오의 핵심 인물이었기 때문이다.

보디발은 노예시장을 돌아다니면서 여러 노예를 보았다.

가나안 지역 출신으로 분류된 노예 요셉을 보았다. 보디발은 요셉에게 외국 언어와 판단력과 지식 등 여러 가지 시험을 했다. 보디발은 파라오의 신하로서 다양한 외국어를 사용했다. 그러므로 요셉에게 이집트 언어, 가나안 언어, 메소보타미아 언어로 질문을 하였다. 그리고 노동력이 있는지 몸을 살펴보고 손과 발을 보았다. 그런데 지식과 언어능력은 탁월했다. 그리고 힘들지 않게 생활한 것을 알았다.

보디발은 요셉에게 몇 가지 질문을 다시 했다. 어디서 왔으며, 무엇을 했는지 말하라 했다. 요셉은 자신의 출생지는 갈데아 하란이며, 아버지의 고향 가나안 땅 헤브론에 살다가 형님들이 자신을 팔아서 노예가 되었다 했다. 보디발은 요셉을 높은 값을 지불하고 자신의 집으로 데려왔다.

요셉은 보디발의 집에 종이 되었다. 요셉은 형님들을 원망했다. 가장 믿고 의지한 형님들로부터 버림을 받은 고통으로 괴로워했다. 형제들에게 배신당한 것을 생각하면서 세상에 믿을 사람이 없었다. 요셉은 아는 사람이 없었다. 모든 것이 생소하였다. 그리고 외롭고 고독했다.

요셉은 아버지가 믿는 여호와 하나님만 믿기로 했다. 하나님이 자신에게 꿈을 주셨다. 그 꿈을 이루어 주실 분도 하나님이라는 것을 알았다.

요셉은 모든 일에 적극적이었다. 애굽의 현실에 적응하기 위해서 자발적인 노력을 했다. 요셉은 하란의 언어, 가나안 언어에 능통했다. 그리고 이집트 언어도 빨리 배웠다.

당시 최고의 국제도시 이집트를 보고 충격을 받았다. 상상을 초월하는 화려함과 풍요함을 보았다. 그리고 당시 세계를 지배한 이집트의 바로의 권력을 보았다. 그리고 그 권력 핵심인 보디발의 가문에서 많은 것을 보고 경험했다.

갈대아 하란에 있을 때나, 가나안에 거주할 때 요셉이 본 것은 푸른 초원과 가축들과 농사짓는 경작지만 보았다. 그런데 이집트에서는 화려한 국제도시에서 부유함을 보았다. 절대 권력을 가진 바로의 정치, 권력을 보았다. 그리하여 요셉의 이집트의 생활은 지금까지 살아온 것과 전혀 달랐다.

보디발의 가정에는 이집트인이 믿는 신과 신상이 있었다. 종들은 권리도 없고 자유도 없다. 그리하여 주인이 믿는 신을 따라 믿어야 했다. 주인이 믿는 종교와 신을 믿는 것이 현명했다. 그러나 요셉은 보디발의 집에 종으로 살았지만 여호와 하나님을 믿는 신앙은 더욱 견고했다.

요셉의 주인 시위대장 보디발은 이집트인들이 믿는 신을 믿었다. 그런데 이집트인들은 다양한 신을 숭배했다. 그러므로 보디발은 요셉이 여호와 하나님을 믿는다고 할 때 허용했다.

요셉이 믿고 의지할 것은 하나님뿐이었다. 그러므로 더욱 하나님께 기도했다. 이삭 할아버지와 아버지 야곱으로부터 배우고 들은 여호와 하나님을 믿는 신앙을 지켰다.

요셉은 여호와 하나님께 늘 기도했다. 하나님이 자신에게 주신 꿈대로 언젠가는 세상을 다스리는 하나님의 사람이 될 꿈을 버리지 않았다. 그리하여 요셉은 열심을 다하여 노력했다. 노예의 삶을 비관하지 않았다.

분명한 목적을 가진 요셉이 종으로 하루하루 살아가는 모습을 지켜 본 보디발은 다른 종들과 비교했다. 절망하지도 않고 현명했다. 모든 것을 긍정적으로 생각했다. 무엇인가 배우고자 하는 욕심이 강했다. 그리고 요셉의 현명함과 목적 지향적인 행동을 발견했다. 그리고 요셉을 유심히 관찰하였다.

절대적 여호와 하나님을 의지하는 사람

하나님은 요셉에게 큰 은혜를 베풀었다. 요셉에게 지혜와 총명을 주시고 모든 일에 형통함을 주셨다. 어렵고 힘겨운 일들도 요셉은 잘 해결했다. 다른 사람에게는 불가능한 일도 요셉은 하나님이 주신 지혜로 풀어 나갔다.

보디발은 요셉의 지혜와 능력을 인정했다. 그리고 요셉이 믿는 여호와 하나님이 주신 것을 깨달았다. 그리하여 요셉이 믿는 여호와 하나님을 믿는 것을 허락했다.

몇 년이 지난 후, 요셉이 보디발의 집에 가정 총무가 되었다. 요셉은 보디발의 절대적 신뢰를 받았다. 그리고 요셉은 보디발을 지혜롭게 섬겼다.

이집트의 12왕조의 파라오의 측근인 보디발의 집안은 부유하고 많은 재산을 가졌다. 많은 종들이 있었다. 보디발은 요셉을 신뢰했다. 그리고 요셉에게 가정에서 일어나는 일들을 관리하는 책임을 주었다. 그에 따라서 다른 종들을 지시, 감독, 관리하는 권한도 주었다.

요셉이 보디발의 집에서 가정 총무로 일하는 것은 복잡한 기업 형태였다. 재산 관리, 인사 관리, 재무 관리 등 종합적인 관리가 필요했다. 그러므로 장기적이며 계획적이며 명확하게 일처리를 해야 했다.

요셉이 하는 모든 일에 여호와 하나님이 함께 했다. 요셉이 가정 업무를 처리하는 것을 지켜 본 보디발은 요셉을 신뢰했다. 그리하여 가정의 모든 일을 요셉에게 위임했다. 보디발은 요셉을 보면서 종이 아닌 자유인이라면 국가의 중요한 업무를 수행할 수 있는 사람으로 평가했다.

요셉이 보디발의 집에 총무가 된 이후부터 요셉이 하는 일들은 상당한 이익을 얻었다. 한 번도 손해 보는 일이 없었다. 그 결과 보디발의 집안은 더욱 많은 재산을 가지게 되었다. 그 모든 것이 하나님이 주신 지혜와 은혜였다.

요셉은 보디발이 자신을 칭찬하고 격려할 때마다 여호와 하나님이 지혜와 능력을 주셨다며 하나님께 영광을 돌렸다. 그때마다 보디발은 요셉이 믿는 여호와 하나님을 존경했다.

하나님이 함께 하는 사람들의 증거

요셉이 이집트로 팔려 와서 보디발의 집의 종에서 가정총무가 되었다. 10년의 세월이 지나는 동안 요셉은 시위대장 보디발의 절대적 신임을 얻었다.

보디발의 집에서 일하는 사람들 중에는 국제적으로 다양한 종족들이 있었다. 현지인 이집트인과 외국인들의 보이지 않는 장벽이 있었다. 이집트인이 아닌 이방인들은 서로 견제하며 경쟁을 했다.

　모든 사람이 요셉을 좋아하고 신뢰하지 않았다. 일부 사람들은 요셉의 지혜와 업무 처리를 트집 잡았다. 요셉의 비리를 시위대장 보디발에게 고발했다. 그때마다 요셉은 보디발의 신뢰를 받았다.

　요셉이 27세 때, 얼굴은 아름답고 신체 조건은 누구와도 견줄 수 없는 탁월한 외모를 가졌다. 거기에 지혜와 능력이 탁월했다. 보디발의 절대적 신임으로 요셉은 성장하였다. 그것은 하나님의 특별한 인도하심이었다. 하나님은 요셉을 통하여 하나님이 존재하시며 복을 주신다는 것을 보여 주었다.

은밀한 다가온 유혹의 입술

　보디발의 아내는 아름다웠다. 그리고 모든 부귀영화를 누리며 살았다. 시중드는 젊은 여인들과 종들도 많았다. 그런데 보디발의 아내는 젊은 청년 요셉의 외모와 지혜에 감동을 받았다. 그리하여 지극한 배려를 하였다. 요셉도 보디발의 아내가 자신에게 친절을 베풀고 신분 이상의 대우를 해주는 것에 감사를 드렸다.

　보디발의 아내와 요셉은 신분적으로 주인과 종의 관계이다.

　그러나 보디발의 아내는 요셉의 외모와 지혜에 감동했다. 보디발의 아내에게는 사회적 신분의 장벽이 있다.

　주인과 노예이다. 27세가 된 요셉이 멋있고 능력이 있는 젊은이지만 그는 종에 불과했다. 종은 주인의 명령에 순종해야 한다.

보디발의 아내는 당시의 여인들과 같이 성적으로 개방적이며 문란했다. 보디발의 아내는 요셉을 종으로서 자신의 성적 상대로 인식했다. 요셉을 향하여 집요하게 성적 자극을 하면서 성관계를 요구했다. 요셉은 그때마다 거절했다. 유혹을 받지 않기 위해서 보디발의 아내와 함께 있는 일이 없도록 조심했다. 그러나 보디발의 아내의 성적 유혹은 시간이 갈수록 강하고 치밀했다. 보디발의 아내의 유혹은 당시 이집트의 높은 직위에 있는 여인들의 통상적인 일상이었다. 다 그렇게 살았다. 그러므로 윤리적 기준으로 생각지 않았다. 주인과 종의 관계에서 생각했다. 종은 주인을 위해서 존재한다. 그리고 주인의 요구를 따라가야 한다. 그리고 거절 할 수 없었다.

어느 날 그날도 요셉은 평일과 같이 가정 업무를 처리하기 위하여 보디발의 아내가 있는 내실 쪽으로 걸어갔다. 그때 보디발의 아내가 중요한 말을 하겠다며 불렀다. 요셉은 중요한 가정 업무라 생각하여 보디발의 아내가 부르자 발걸음을 멈추었다. 그런데 내실 주변에는 시중든 하인들이 보이지 않았다. 일상생활에서 내실에는 많은 남녀종들이 있었다. 그들에게 주어진 일을 열심히 하였다. 그런데 그 날은 넓은 내실에 아무도 없었다.

보디발의 아내가 다가와서 요셉을 붙들고 요청했다. 함께 자리에 누워 동침하자며 간청했다. 아무도 보는 사람이 없다며 요셉을 끌어 안고 유혹했다.

요셉은 보디발의 아내로부터 그러한 유혹을 한두 번 받은 것이 아니다. 그동안 많은 유혹이 있었지만 여호와 하나님 앞에 죄를 지을 수 없다며 거절했다. 그러나 그 날 보디발의 아내의 유혹은 더욱 적극적이며 자극적이었다.

보디발의 아내가 요셉의 겉옷을 잡고 동침하자고 간청했다. 보디발의 아내가 요셉의 옷을 잡아당겼다. 그러자 요셉의 겉옷이 벗겨졌다. 그러나 요셉은 되돌아보지도 않고 내실에서 나왔다. 요셉은 전능하신 하나님이 그곳에 계심을 믿었다.

무너진 자존심에서 일어선 칼날

돌아서 가는 요셉을 향하여 보디발의 아내는 저 히브리 사람 요셉이 자신을 강간하려 했다며 소리쳤다.

내실 주변에 숨어 있든 사람들이 달려 왔다. 저 멀리 요셉이 가고 있었고 보디발의 아내 손에는 요셉의 겉옷이 들려 있었다.

보디발의 아내는 흥분된 음성으로 소리쳤다.

"저 요셉이 자신을 강간하려고 들어와서 옷을 벗었는데 자신이 소리치자 도망갔다."

보디발의 아내는 요셉의 겉옷을 증거물로 손에 들고 말했다.

평소에 요셉을 시기하는 사람들은 일제히 요셉을 향하여 달렸다. 요셉은 그들에게 잡혔다. 그리고 처벌을 해야 한다며 소리쳤다. 종이 주인의 아내를 간통하면 사형을 시켰다. 그러므로 요셉은 죽어야 할 상황이 되었다.

보디발의 아내는 요셉을 짝사랑했다. 요셉에게 달콤한 제안을 많이 했다. 자신과 동침을 하면 지금보다 더욱 많은 자유와 물질적 만족을 주겠다며 유혹했다. 남편에게 말하여 자유인이 되도록 해 주겠다고 했다.

보디발의 아내는 불타는 욕정을 제어하기 어려웠다. 요셉에게 제안한 그러한 조건이라면 어떠한 사람도 수긍하고 함께 동침했을 것이다. 그런데 요셉은 콧대가 너무 높아 자신의 요구에 응하지 않았다.

요셉에게 냉정한 거절을 당한 보디발의 아내는 무참하게 자존심이 꺾어졌다. 요셉을 흠모하고 짝사랑한 마음이 돌변하여 증오와 복수의 칼날이 되어 요셉의 심장을 찔렀다. 보디발의 아내의 계략은 치밀했고 물증과 주변 증인들도 완벽했다.

요셉은 자신을 유혹하는 여주인의 요구를 거절했다. 집요한 성적유혹을 물리쳤다. 자신의 옷을 잡고 동침을 요구하는 것을 거절했다. 자신을 유혹하는 환경에서 벗어났다.

보디발의 아내는 있는 힘을 다하여 요셉의 옷을 끌어 당겼다. 그 과정에서 요셉의 겉옷은 벗어졌다. 보디발의 아내는 그 옷을 요셉이 자신을 강간하려한 물증이라 했다. 그러나 사람들은 보디발의 아내가 말한 것을 사실로 믿었다.

십 년 전 요셉은 형들이 자신의 옷을 벗겼다. 요셉은 노예가 되어서 이집트로 팔려왔다. 그때 형님들이 요셉의 옷을 벗겨서 짐승의 피를 뿌리고 옷을 찢어 아버지에게 가서 요셉이 죽었다는 물증으로 제시했다.

그런데 이번에 보디발의 아내가 요셉의 겉옷을 벗겨 갔다. 그리고 요셉의 옷을 강간 미수의 범죄 물증으로 제시했다.

거짓말이 진실이 되는 때

보디발의 아내는 근무 중인 보디발에게 사람을 보냈다. 그리고 요셉의 악행에 대하여 말했다.

집안에 문제가 발생함으로 보디발이 집으로 왔다. 아내가 요셉의 겉옷을 보이면서 자신을 강간하려 했다 말했다. 그리고 주변 사람들을 증인으로 세웠다.

시위대장 보디발은 요셉에 대하여 극도의 분노와 배신감을 가졌다. 그동안 자신의 가정 총무로 기용하여 철저하게 신뢰했다. 그런데 종의 신분과 분수를 넘어선 요셉의 행동에 분노했다.

요셉이 포박을 당하여 보디발 앞에 끌려 왔다. 요셉은 보디발에게 자신이 모함당했음을 말하였다. 그러나 믿어 주지 않았다. 그동안 요셉을 시기하는 사람들은 여러 가지 비리를 말했다.

요셉은 침묵했다. 자신을 음해하는 자들의 말에 일일이 대답하지 않았다. 진실은 하나님이 알고 있다. 거짓이 진실이 되는 일에는 하나님이 판단할 일이다. 요셉이 결백을 주장해도 믿어 주지 않았다. 그러나 여호와 하나님이 자신을 모든 사실을 알고 있음을 믿었다.

요셉은 자신이 이 문제를 해결할 수 없다는 것을 알았다. 하나님이 이 문제를 해결해 주실 것을 믿었다. 그리고 하나님의 깊은 뜻이 있음을 생각했다.

형제들도 미워하여 자신을 팔아 이집트의 노예가 되었다. 사람들이 자신을 모함하고 죄를 만들어 거짓말하는 것도 현실로 받아 들였다.

시위대장 보디발은 요셉에게 극심한 배신감을 가졌다. 그러나 요셉의 성실함과 탁월함을 인정했다. 요셉이 청년으로 일시적인 충동으로 인한 우발적 행동으로 생각했다. 그러나 자신의 아내에게 그러한 행동을 한 것은 용서할 수 없었다.

이집트의 법률에는 종이 주인의 아내에게 성적인 범죄를 하거나 미수에 그쳐도 모두 사형을 시켰다. 그러므로 요셉은 당시의 법을 따르면 사형을 받아야 했다.

하나님께서 시위대장 보디발의 마음에 요셉을 긍휼히 여기는 마음을 주셨다. 그동안 요셉이 가정 총무로 직무수행을 한 능력을 인정하였다. 죽이기에는 아까운 인물로 생각했다. 그러나 가문의 질서를 세우기 위해서 아내가 말한 것을 사실로 믿어야 했다. 종이 결백을 주장해도 그것을 사실로 인정하면 수많은 종을 두고 있는 가정에서 질서가 무너진다. 그리하여 바로의 신하들이 감금된 궁중의 정치범 감옥으로 보냈다.

궁중 감옥에 들어간 요셉

요셉이 들어간 감옥은 특별했다. 이집트의 제12 왕조의 파라오의 신하들을 감금하는 곳이다. 그 감옥은 최고 고위직에 있는 관리들이 죄를 범했을 때 들어간다. 그곳에 있는 죄수들은 모두 파라오와 깊은 연관을 가지고 있다. 죄를 지어도 보통 잡범이 아니다. 엄청난 중범죄를 범한 경우도 있지만, 파라오의 미움을 받아 들어온 자들도 있다. 때로는 신하들의 정치 파벌 싸움에 희생된 자들도 있었다.

그런데 요셉은 그 감옥에 들어갈 신분적이나 범죄사실이 없다. 가나안에서 팔려온 종이다. 비록 보디발의 집에서 가정 총무로 있었지만 그는 이집트 사람도 아니다. 특히 바로의 신하도 관리도 아니다. 그런데 시위대장 보디발은 요셉을 왕의 감옥에 감금시켰다.

보디발의 심정에는 요셉이 아내가 말한 대로 그러한 죄를 지은 것이 아님을 알았다. 그리하여 요셉을 감옥에서 일을 시키기로 했다. 요셉은 어떠한 정파에 관련된 자가 아니다. 그리고 요셉을 통하여 감금된 자들의 동향과 수형생활에 대한 공정한 보고를 받는 것이 필요했다.

보디발은 바로의 충신이지만 주변 사람들을 항상 의심했다. 쉽게 믿지 않았다. 그러나 요셉은 지난 10년 동안 정직했고 진실했다. 그것은 요셉이 믿는 여호와 하나님이 정직하고 공정한 것임을 알았다.

감옥에 들어간 요셉은 하나님만 생각했다. 하나님은 자신의 진실을 알고 계신다. 사람들은 요셉을 성추행 범으로 매도하지만 언젠가 때가 되면 하나님께서 모든 허물을 벗겨 주실 것을 믿었다. 요셉은 감옥 생활을 불평하지 않았다. 열악한 감옥 생활에서도 늘 감사했다. 요셉은 언제나 하나님을 의지하였다

요셉은 아버지의 집에 있을 때 꾼 신비한 꿈을 늘 기억했다. 보디발의 집에서 10년 동안 가정 총무로 살면서도 그 꿈을 버리지 않다. 그런데 그 꿈을 이루기 위해서는 종의 신분에서 벗어나야 했다. 완전한 자유인이 되어야 한다. 그러나 현실은 지난 10년 동안 종의 굴레를 벗지 못했다. 이제는 종보다 더욱 무거운 죄수가 되어 감옥에 들어갔다. 종에서 벗어날 방법이 없었다. 그보다 큰 죄인의 신분을 벗을 방법은 더욱 없다.

하나님이 버리지 않는 사람들

파라오의 시위대장 보디발과 그의 아내는 요셉을 버렸다. 그들에게 요셉의 존재는 수많은 종들 중에 하나다. 때로는 죽일 수도 있고 살릴 수도 있는 권한이 있다. 그러므로 소모품 같은 종들을 죽이거나 감옥에 보내어도 양심에 가책을 느끼지 않는다. 당연히 주인의 권리를 행사한 것뿐이다.

버림받은 사람으로 요셉은 감옥에 있지만 하나님이 자신을 버리지 않았다는 것을 확신했다.

요셉은 감옥에서도 즐겁고 긍정적인 생활을 하였다. 사람들이 볼 때 감옥에서 어떻게 저렇게 즐거울 수 있을까 궁금했다.

하나님은 요셉을 기억하며 은혜를 주셨다. 하나님은 요셉을 위로하며 함께 했다. 하나님은 요셉을 감옥에서 많은 사람들 앞에 인정받고 사랑받는 청년으로 세웠다.

감옥의 간수장이 요셉의 지혜와 총명을 보고 감옥 총무로 선정했다. 요셉은 시위대장 보디발의 집에서 가정총무로 10년 동안 행동한 경험을 인정했다. 그리하여 요셉을 감옥에서도 중직을 주었다. 그리하여 요셉은 감옥에서 모든 일들을 합리적으로 처리했다.

요셉은 감옥에 모든 물적 관리와 인적 관리를 하였다. 죄수들은 요셉을 칭찬했고 지혜롭게 행동하는 것을 인정했다. 죄수들은 불평이 없었다. 요셉은 감옥에서 총무직을 수행하면서 그곳에 죄수로 들어온 수많은 사람들과 좋은 인간관계를 이루었다.

죄수로 들어온 고위직 사람들 중에는 어떠한 이들은 사형을 당하고 어떠한 사람들은 다시 왕의 지근거리에서 충성된 신하로 복직했다.

요셉은 세월에 갈수록 점점 세상 밑바닥으로 추락했다. 자유인에서 종으로, 종에서 죄수가 되었다. 그러나 요셉은 자신이 원해서 된 것이 없다. 생각지도 않은 일들에 연루되어 정말 억울한 누명을 쓰고 추락했다.

요셉은 세상 바닥으로 내려 갈수록 여호와 하나님을 의지했다. 요셉은 짓밟히고 고난을 당할수록 여호와 하나님을 의지하는 신앙이 분명했다.

요셉은 세상에 의지할 것이 없는 사람이 되었다. 오직 하나님만 바라보고 의지하였다. 하나님은 그러한 믿음을 가진 요셉을 지켜보고 있었다. 그리고 요셉을 사랑하며 형통하게 인도하였다.

"이에 요셉의 주인이 그를 잡아 옥에 가두니 그 옥은 왕의 죄수를 가두는 곳이었더라. 요셉이 옥에 갇혔으나, 여호와께서 요셉과 함께 하시고 그에게 인자를 더하사 간수장에게 은혜를 받게 하시매 간수장이 옥중 죄수를 다 요셉의 손에 맡기므로 그 제반 사무를 요셉이 처리하고, 간수장은 그의 손에 맡긴 것을 무엇이든지 살펴보지 아니하였으니 이는 여호와께서 요셉과 함께 하심이라 여호와께서 그를 범사에 형통하게 하셨더라"(창39:20-23).

40. 우연에 감추어진 하나님의 계획
(창40장)

권력에서 미끄러진 사람들

사람이 살아가는 곳에는 언제나 범죄자가 있었다. 범죄자를 처벌하는 것은 시대별로 달랐다.

유목민들은 범죄자가 발견될 때는 피해를 본 사람에게 적정한 보상을 해주는 것에 초점을 두었다. 유목민들의 생활은 초지를 찾아 이곳저곳으로 이동함으로 범죄자를 감금하는 감옥이 필요 없었다. 중한 죄를 지은 자는 즉시 죽여 버렸다. 경범죄는 물질로 보상을 해 주었다.

땅을 경작하며 집을 짓고 정착 도시형태의 생활에서 범죄자를 처벌할 감옥을 운영했다. 절대적 왕권이 확립될 때는 권력에 비례하여 감옥은 엄격하게 운영되었다.

이집트의 제12대 왕조에 제 4대 파라오 세누스레트 2세는 중요 공직자들의 정치범을 수용하는 특별감이 있었다. 그 감옥은 파라오의 넓은 경호실에 한 쪽 큰 건물이 있었다. 그리고 경호실에는 경호실 장 보디발이 거처하는 개인 주택도 있었다.

파라오의 경호실에 있는 특수 감옥은 고위 공직자들이 범죄할 때 감금하는 특수한 감옥이었다.

그곳에 들어오는 죄수는 최고위직 관리들이다. 한 시대의 권력과 부귀를 누리던 사람들이 하루아침에 죄수가 되어 감금되었다. 그 중에는 혹, 죽거나 다시 풀려났다. 죄가 있는가 없는가보다 정치적 풍파에 따라 감옥에 들어가고 죽기도 했다.

최고 권력을 가진 파라오의 주변에는 끝없는 권력 암투가 있었다. 권모술수와 암살과 독살이 자연사로 위장하여 이루어졌다.

파라오는 자신의 권력을 지키기 위해서 신하들을 절대 신임하지 않았다. 적당한 견제와 힘의 균형을 이루어 정치를 했다. 파라오의 경호실장 보디발의 집안에 있는 감옥은 전직 관리 중에 요직에 근무하다 감옥으로 들어온 사람들이다. 그들은 재산도 권력도 다 누려 본 사람들이다.

파라오의 의심을 받은 권력자

요셉이 들어간 감옥에 최근에 파라오의 최고 측근인 술 맡은 관원장과 빵 굽는 관원장이 감금되었다.

술 맡은 관원장은 파라오의 옆에서 술잔에 술을 따르고 대화도 할 수 있다. 왕이 즐겨 마시는 술은 독살의 위험이 늘 있다. 그러므로 바로의 술 맡은 관원은 파라오가 최고로 신뢰하는 사람이 그 직책을 받는다.

술 맡은 관원장 아래는 파라오가 마실 술을 관리하는 신하들이 많았다. 술을 제조하는 전 과정에서부터 왕의 상에 술이 올라올 때까지 오랜 시간 동안 철저한 감독과 감시를 하였다. 그런데 술 맡은 관원장이 감옥에 들어 왔다.

떡을 굽는 관원장도 파라오의 절대적 신임을 받은 자다. 술은 제조하여 마실 때까지는 오랜 시간이 필요하다. 그러나 빵은 매일매일 구워 냄으로 독살의 위험이 있었다. 왕에게 올라가는 모든 음식은 독살의 위험성이 있으므로 철저한 관리를 하였다. 그런데 떡을 굽는 관원장도 감옥에 들어 왔다.

고대의 권력자들이 가장 두려워 한 것은 국가 간의 전쟁이 아니다. 매일매일 자신이 먹는 밥상 전쟁을 두려워했다. 전쟁터에서 죽은 권력자보다, 음식과 술을 마시고 독살당한 권력자들이 많았다. 그러므로 술 맡은 관원장과 빵을 굽는 관원장은 파라오의 절대 신임을 받은 자들이다. 그들은 파라오의 식사자리에 함께하여 술을 따르고 음식을 공급했다. 그들은 권력의 핵심에 있으므로 궁중에서 음모를 하기도 하고 모함을 당하기도 했다.

파라오는 극히 흥분하였다. 자신의 술 맡은 관원장과 빵 굽는 관원장을 감옥에 보냈다. 무슨 일들이 진행되었는지는 확실하지 않다. 그러나 두 장관에 대한 혐의를 잡았다. 두 장관이 하는 일은 왕의 생명과 관련된 일이다. 그러므로 용서할 수 없었다. 감옥에 감금시켜 격리한 이후에 혐의에 대한 철저한 조사를 진행하였다.

시위대장 보디발은 술 맡은 관원장과 빵 굽는 관원장이 감옥에 들어

오자, 요셉에게 그들의 수종을 들게 했다. 왕의 지근거리에서 수종을 하던 최고위직 신하들이 감옥에 들어 왔지만 그들에게 특별한 대우를 하였다.

보디발은 파라오의 친위대 대장이다. 술 맡은 관원장과 빵 굽는 관원장과는 깊은 친분을 유지했다. 그러나 파라오의 분노로 감옥에 들어온 이상 보디발도 그들을 위하여 특별하게 배려할 수 없었다. 보디발이 감옥에서 할 수 있는 것은 자신이 그래도 신뢰하는 요셉을 통하여 시중을 들게 함으로 불편을 덜어 주려 했다.

요셉은 이집트의 권력자들이 하루아침에 추락하여 왕궁에서 감옥으로 오는 것을 보았다. 하늘 높은 정치 권세도 한 순간에 감옥 안으로 추락하는 것을 보고 있었다. 요셉은 많은 것을 생각했다. 감옥에 들어온 관리들을 보면서 불쌍한 생각을 했다. 요셉은 형님들이 자신을 팔아서 이집트로 왔다. 그리고 보디발의 아내의 모함으로 감옥에 들어 왔다. 요셉은 인생의 풍파와 시련은 모든 사람에게 있다는 것을 알았다. 그리고 세상은 항상 공평한 것이 아님을 알았다. 요셉은 자신만 억울하다 생각했다. 그런데 감옥에서 생활하면서 다양한 사람들을 보았다. 각각 억울하고 고통스러운 사연들이 있음을 보았다.

요셉은 지극 정성을 다하여 술 맡은 권원장과 빵 굽는 관원장을 섬겼다. 그들이 감옥에 들어온 지 상당한 시간이 지났다. 사람들에게 그들의 존재가 잊힐 때 쯤 되었다.

꿈을 해몽하는 요셉

요셉은 감옥 안에서 행동이 자유로웠다. 요셉은 보디발의 감옥에 죄수 중에 한 사람이다. 그러나 감옥 총리로서 여러 죄수를 돌보고 관리하였다. 특별히 보디발의 지시로 술 맡은 관원장과 빵 굽는 관원장을 세심하게 관리를 하였다.

어느 날 아침 요셉은 술 맡은 관원장과 빵 굽는 관원장이 있는 곳으로 갔다. 그런데 두 관원장이 심각한 얼굴로 근심 중에 있었다.

요셉은 그들에게 조심스럽게 질문을 했다. 불편한 곳이 없는지, 필요한 것이 없는지 질문했다. 그러나 두 관원장은 이 감옥 안에서는 해결할 수 없는 일이라 했다.

요셉은 더욱 궁금하여 자신에게 부탁하면 최대한 수용하여 들어 주겠다했다. 그러자 두 관원장은 자신들의 문제는 꿈을 해석하는 것이라 했다.

지난밤 중에 신비한 꿈을 꾸었다 했다. 그런데 감옥 밖에 있을 때는 꿈을 해몽하는 점성술사나 마술사를 불러 꿈 해석을 했다 그런데 신비하고 이상한 꿈을 꾸었는데 자신의 능력으로 그 꿈을 해몽할 수 없다. 그런데 감옥 안에 있는 형편이므로 평소에 자신들이 신뢰하는 꿈 해몽을 하는 마술사를 감옥으로 불러 올 수 없으니 난감해 했다.

요셉이 두 관원장에게 말했다. 나는 여호와 하나님을 믿는 사람입니다.

"꿈의 해석은 하나님께 있습니다. 그러니 근심하지 말고 나에게 그 꿈을 이야기 하시면 하나님께서 그 꿈을 해석해 알려 줄 것입니다"(창

40:8).

요셉은 감옥에서 죄수였다. 그러나 감옥 안에서는 최고 관리자였다. 감옥이란 외부와는 모두 단절되었다. 육신적으로 어떠한 희망도 없다. 자신을 구해줄 사람이 없다. 애석하게 생각하여 위로해 주거나 면회를 올 사람도 별로 없다. 감옥은 모든 것이 단절되었다.

요셉도 동일한 환경에서 감옥 생활을 하였다. 요셉은 부모 형제와 감옥 밖의 모든 것과 단절되었다. 요셉은 감옥 안에 있으나 감옥 밖에 있으나 모든 것이 동일한 상황이었다.

그러나 요셉에게 유일한 것 하나가 남았다. 여호와 하나님께 기도하고 하나님의 음성을 듣는 것이다. 시간이 갈수록 요셉은 인간적인 가치관으로 얻을 수 없는 영적인 세계를 알게 되었다. 요셉은 감옥에서 여호와 하나님을 만났다.

하나님이 보여주시는 영적 세계를 경험했다. 그리고 하나님이 주시는 판단력과 지혜를 얻었다. 그리하여 요셉에 하는 많은 일들은 형통했다. 감옥 안에 있는 모든 사람들은 요셉을 보고 무엇인가 다른 면을 느꼈다. 시위대장 보디발도 요셉의 감옥 생활을 보면서 범상치 않은 종이라 생각했다. 그러나 노예가 현명하고 탁월해도 영원한 노예라 생각했다.

요셉은 자신이 품은 아브라함의 믿음의 유산을 이루는 꿈을 품었다. 비록 감옥이라 할지라도 그의 마음은 자유를 누렸다. 그리하여 미래를 예측하는 지혜가 있었다. 그리고 매일매일 하나님의 인도하심을 받았다. 어려운 문제를 쉽게 해결하는 탁월한 능력도 있었다. 그러므로 요셉의 감옥 생활은 기쁘고 즐거웠다. 그러므로 술 관원장과 떡 관원장의 꿈 해석은 어려운 문제가 아니다. 하나님께 기도하면 하나님이 해석할 지혜를 주실 것을 믿었다. 그러므로 꿈 해석은 하나님께 있다.

술 맡은 관원장이 요셉의 말을 듣고 반신반의 했다. 그는 요셉을 알고 있었다. 친위대장 보디발의 집에서 가정 총리로 명석하게 처리를 하는 것을 보았다. 그리고 보디발의 아내를 성추행하려다가 감옥에 들어 온 것도 알았다. 그런데 요셉이 꿈을 해석 하겠다 하니 쉽게 믿지 못했다.

이집트에서 꿈을 해몽하는 자들은 제사장과 같은 특별한 영적 권위를 가진 사람들만 할 수 있는 특수한 종교 직책이다. 그들의 꿈 해석은 국가의 정책 방향을 좌지우지하는 자리였다. 꿈을 해석하는 그들은 상당한 권위를 가졌고 부유한 생활을 했다. 그런데 감옥에 죄수의 신분으로 있는 요셉이 꿈을 해석한다는 말을 듣고 설마 그러한 능력이 있을까 의심했다. 그렇다고 해서 자신이 꿈, 신비한 꿈을 해몽하기 위해서 감옥으로 해몽가를 부를 수도 없는 형편이 아닌가? 그리하여 술 맡은 관원장은 요셉에게 자신이 꾼 꿈을 이야기 하면 마음이라도 편해질 것 같았다. 좋은 해석이면 받아들이고 나쁜 해석이면 그냥 무시하면 되지 않는가?

술 꿈과 떡 꿈

술 맡은 관원장은 요셉에게 자신이 꾼 꿈을 이야기 했다.그의 꿈속에서는 앙상한 포도나무 한 그루가 있었다. 그 포도나무는 잎도 없고 줄기 세 가지가 죽은 듯이 있었다. 그런데 갑자기 포도나무에서 생기가 돌며 새로운 싹이 움돋았다. 앙상한 포도나무에 갑자기 잎이 푸르고 청청한 생동감 넘치는 포도나무가 되었다. 그리고 순식간에 포도가 주렁주렁 열려 맛있게 익었다.

갑자기 술 맡은 관원장의 손에 왕이 마시는 술잔이 들려 있었다. 그는 그 술잔에 포도를 따서 정성을 다하여 포도즙을 짜고, 그 술잔에 포도즙을 가득히 채워 파라오에게 올렸다. 그런데 파라오는 그 포도주 잔을 손으로 잡아들었다고 한다.

요셉은 술 맡은 관원장의 꿈을 들었다. 요셉은 하나님께 꿈 해석을 위하여 잠시 동안 기도했다. 그러자 하나님께서 요셉의 기도를 들으시고 꿈을 해석하는 지혜를 주셨다.

요셉의 꿈 해석은 이러했다. 술 맡은 관원장은 삼일 안에 감옥에서 석방될 것이라 했다. 그리고 그 전에 직책과 같이 파라오의 술 맡은 장관으로 복직될 것이라 했다. 그리고 파라오의 신임을 받는 측근으로 생활을 할 것이라 했다.

요셉의 꿈 해석은 간단했으며 명확했다. 일반적 꿈을 해석하는 자들은 언제나 꿈을 이중적 해석을 하여 잘못 해석했을 때 자신이 빠져 나갈 명분을 만들었다. 그러나 요셉은 간단하면서 명확하고 확실하게 꿈해석을 했다. 의문의 여지를 남기지 않았다.

술 맡은 관원장은 요셉에게 너무너무 감사하다며 고마움을 표시했다. 오늘 꿈을 해석해 준 은혜를 평생 잊지 않겠다며 감사했다.

그 때 요셉이 정중하게 술 맡은 관원장에게 부탁을 했다. 사흘 후에 복직하면 자신을 기억하여 이 감옥에서 나갈 수 있도록 부탁했다.

요셉은 자신이 히브리인으로 감옥에 오게 된 배경을 설명했다. 지금 죄 없이 감옥에 있으니 석방될 수 있게 부탁했다. 술 맡은 관원장은 요셉을 동정하였다. 두 손을 잡고 말했다. 꼭 석방되도록 파라오에게 부탁한다 했다.

빵 굽는 관원장이 요셉이 꿈 해몽하는 것을 지켜보고 얼굴이 밝아졌다. 자신의 꿈도 좋게 해석해 줄 것을 기대하며 꿈 이야기를 했다.

그는 흰 떡 세 광주리가 자신의 머리 위에 있었다. 가장 위에 있는 빵 광주리에는 바로를 위하여 만든 각종 빵과 구운 음식들이 다양하게 있었다. 그런데 공중에서 새들이 날아와서 바로를 위하여 만든 빵과 음식을 먹기 시작했다. 빵 굽는 관원장은 파라오를 위하여 만든 빵과 음식을 먹는 새들을 쫓아내지 않았다. 그냥 새들이 파라오가 먹을 빵과 음식을 먹는 것을 지켜보았다 한다.

요셉은 꿈 해석을 위하여 하나님께 잠깐 기도했다. 요셉은 한숨을 쉬었다. 그 꿈은 불길한 징조였다.

그 꿈의 해석은 이러했다. 빵 굽는 관원장은 사흘 후에 파라오가 참수형을 내려 목을 잘려 높이 들 것이라 했다. 그리고 육신은 나무 기둥에 매달아 오고 가는 사람들이 보게 할 것이라 했다. 밤낮으로 각종 새들이 날아와 시신을 쪼아 먹을 것이라 했다. 그것은 중 범죄자에게 내리는 이중적 사형이다. 한 번 목 베임을 당하고 또 한 번은 육신을 공중의 새들에게 쪼아 먹게 하는 형벌이다.

요셉은 빵 굽는 관원장의 꿈이 불행을 가져올 것을 거침없이 말했다. 요셉은 하나님이 깨닫게 해주시는 대로 주저하거나 숨기지 않았다.

꿈대로 한 사람은 죽고 한 사람은 살고

요셉이 꿈을 해석한 후 삼 일이 되었다. 그날은 파라오의 생일이다. 이집트의 최고 실권자 파라오의 생일은 성대하고 화려했다. 많은 사람들이 파라오의 생일을 축하했다. 먹을 것도 풍성하고 아름답고 즐거운 것들도 많았다.

파라오는 생일이 한창 즐거울 때 시위대장 보디발에게 명령했다. 감옥에 있는 술 맡은 관원장과 빵 굽는 관원장을 불러 오라 했다.

파라오는 그동안에 술 맡은 관원장의 죄와 빵 굽는 관원장의 혐의를 조사한 것을 발표했다.

술 맡은 관원장의 모함은 사실이 아님으로 밝혀졌다. 파라오는 즉시 술 맡은 관원장을 복직시켰다. 그는 즉시 옷을 갈아입고 파라오의 술잔에 술을 부으며 지난날과 같은 권세를 회복했다.

빵 굽는 관원장은 혐의를 조사한 결과 숨겨진 죄와 허물이 드러났다. 파라오는 즉시 참수형을 하여 목을 매 달라고 명령했다. 시신은 나무에 묶어서 맹금류들이 쪼아 먹게 했다. 누구도 시신을 장례를 하지 못하게 금지했다. 파라오의 명령이 내리자 즉시 군사들은 빵 굽은 관원장을 끌고 나갔다. 그리고 사형을 집행했다. 그의 시신은 나무에 달렸다. 공중에 독수리들이 몰려와서 시체를 쪼아 먹었다.

요셉의 꿈 해석대로 한 사람은 복직되었다. 한 사람은 죽었다, 요셉은 술 맡은 관원장이 약속한 것을 믿었다. 조만간에 감옥에서 풀려 나서 자유인이 될 것을 기대했다.

흔들리는 요셉의 꿈

술 맡은 관원장과. 떡 맡은 관원장에 대한 요셉의 꿈 해석의 소문이 감옥에 퍼졌다. 그런데 요셉의 꿈 해석대로 되었다는 것을 모든 죄수들이 알게 되었다. 요셉은 감옥에서 꿈을 해석하는 유명한 사람이 되었다.

요셉은 자신에게 은혜를 입은 술 맡은 관원장이 바로에게 자신의 억울한 사정을 말해줄 것을 기대했다. 얼마 후에 감옥에서 나갈 것이라 생각했다. 그런데 몇 날이 지나고 몇 달이 지나도 소식이 없었다. 요셉은 시간이 갈수록 감옥에서 나갈 수 있다는 희망이 무너졌다.

술 맡은 관원장이 바로에게 부탁하면 요셉 같은 종 출신은 쉽게 감옥에서 나갈 수 있다. 요셉은 보디발의 아내가 말한 것과 같은 죄를 짓지 않았다. 그리고 왕의 고관들이 들어오는 감옥에 들어올 신분이 아니다. 술 맡은 관원장이 바로에게 요셉의 억울함을 말한다면 즉시 감옥에서 나와 자유인이 될 수 있다. 그리고 명석한 꿈 해석을 하는 요셉은 바로의 꿈 해몽가로 궁전에 둘 수도 있었다.

요셉은 술 맡은 관원장이 감옥에 있을 때 잘 섬겼다. 그런데 다시 복직된 후 감옥에서 요셉과 약속한 것을 잊었다.
술 맡은 관원장에게 요셉은 이방인, 가나안 출신 노예에 불과하다. 술 맡은 관원장은 자신의 직위를 계속 유지하기 위해서 주변에 권력 있는 사람들과 친분을 유지했다.

시간이 갈수록 요셉은 술 맡은 관원장에게 배신감을 느꼈다. 요셉은 사람을 믿고 신뢰할 수 없다는 것을 절실히 깨달았다. 사람에게 기대하면 할수록 실망과 허탈한 마음이 깊어짐을 알았다. 요셉은 큰 실망을 했다. 그리고 사람을 신뢰하는 것이 얼마나 허망한지 경험했다. 그리하여 요셉은 다시 여호와 하나님을 의지했다.

요셉은 알고 있다. 하나님은 한 번도 자신을 버린 적이 없었다. 오직 여호와 하나님께 기도했다. 감옥에서 나가는 것은 하나님의 손에 있음을 고백했다. 그리하여 요셉은 하나님을 더욱 신뢰했다. 늘 기도하며 하나님의 인도를 받았다. 그러한 생활 중에 요셉은 하나님의 위로를 받았다. 시간이 갈수록 요셉의 영성은 깊고 넓어졌다. 그리고 마음의 자유를 누렸다. 요셉은 감옥 안에서 영적인 기쁨과 자유를 누리며 즐거워했다. 여호와 하나님은 요셉과 함께 하였으며 형통함을 주었다. 그리하여 요셉이 믿는 여호와 하나님을 감옥에서 보여주었다.

요셉의 감옥 생활은 기약 없이 지나갔다. 하나님은 요셉에게 언제 감옥에서 나갈 것이라는 약속을 주지 않았다. 요셉의 가치관과 인생관에 많은 변화가 왔다.

요셉이 감옥에서 생활하면서 다양한 사람들을 만났다. 그리고 풍부한 인간관계를 형성했다. 그리고 정치의 현실을 인식했다. 권력자들의 흥망성쇠를 보고 나름대로 기준을 가졌다. 그러나 요셉의 현실 환경은 감옥에 감금된 죄수다. 그리고 사회적인 신분은 가장 비천한 노예이다.

감옥에서 꿈꾸는 요셉

감옥에서 벗어나는 것

노예에서 자유인이 되는 것

자신의 힘과 능력으로 할 수 없다.

하나님만이 하실 수 있다.

요셉은 기약 없는 기다림으로 살았다.

현실적인 꿈이 없는 곳에서 믿음의 꿈을 품었다.

하나님은 살아 계신다.

인생길이 하나님 앞에 있음을 믿었다.

이집트로 온 것도 하나님의 인도하심이었다.

시위대장 보디발의 집에 종이 된 것도 하나님의 인도였다.

감옥에 들어 온 것도 이해할 수 없다

허지만 이것도 하나님의 섭리가 있을 것이다.

현실은 힘들고 고통스러운 날들

우연한 것 같은 현실을

필연적인 하나님의 뜻이 있음을 생각하자.

감옥에서 만난 하나님의 깊은 사랑을 경험하면서

영적인 자유와 충만의 세계를 경험하고

헤브론에서 꾼 꿈이 이루어지는 날까지

꿈이 꿈으로 끝날 것인가

그 꿈이 현실이 될 것인가

기다림에 지쳐가도 꿈이 생명이 된다.

"그들이 그에게 이르되 우리가 꿈을 꾸었으나 이를 해석할 자가 없도다, 요셉이 그들에게 이르되 해석은 하나님께 있지 아니하니이까 청하건대 내게 이르소서"(창40:8).

41. 그 꿈이 현실이 될 때
(창41장)

힉소스 왕조와 요셉

이스라엘 백성과 이집트는 깊은 관계가 있다. 이집트는 인류의 4대 문명 발상지 중에 한 곳이다. 그러나 제국으로 성장하지는 못했다. 이집트는 BC. 3,000경부터 첫 왕조가 시작되어 BC. 332년 알렉산더 대왕이 이집트를 점령할 때까지 30왕조의 역사를 가졌다.

이집트의 역사 중에 중 왕조시대는 제11대 왕조에서 7명의 파라오와 제12대 왕조에서 8명의 파라오가 다스린 때를 말한다.

이집트의 중 왕조 시대는 아브라함, 이삭, 야곱, 요셉과 그 후손들이 생존한 시대였다.

이집트의 왕조가 약할 때 변방에 있던 아시아 계통의 셈족이 북 이집트를 점령하고 힉소스(히스코스) 왕조를 세웠다. 그들은 말을 타고 전쟁을 하는 호전적인 전사들이었다. 그리하여 이집트의 왕조는 힉소스에 점령당했다. 힉소스 왕조는 약 400년 동안 이집트를 통치하였다. 이집트 사람들에게 힉소스 왕조는 아시아 계통의 셈족으로 이방인들이요 침략자들이었다.

이집트인들은 수도에서 멀리 떨어진 변방에서부터 독립을 위하여 파라오 왕조에 저항을 했다. 이집트는 넓은 영토를 가졌다. 그러므로 힉소스 파라오의 통치권이 미치지 못하는 남 이집트에서부터 국가를 회복하는 저항이 일어났다. 결국은 힉소스 왕조를 물리쳤다. 그리고 이집트 사람들은 자신들의 치욕의 힉소스 왕조 400년의 기록을 말살했다. 그리하여 후세에도 힉소스 왕조의 통치에 대한 기록을 보지 못하게 했다.

힉소스 왕조는 아시아 계통의 셈족으로 북 이집트를 점령하여 들어왔다. 그래서 어떻게 하든지 애굽 사람들을 억압하였다. 그리고 이민족들이 이집트에 정착하여 지배하도록 관대한 이민 정책을 펼쳤다.

제12왕조의 4대 파라오인 세누스레트 2세 때에 요셉은 17세에 이집트로 왔다. 그 당시에 이집트의 정치인들은 대부분 아시아 계통의 셈족이었다.

요셉은 시위대장 보디발의 집에서 가정 총무로 10년을 보내었다. 요셉의 나이 27세에 보디발의 아내의 모함으로 억울하게 감옥 들어갔다. 그리고 3년을 보내고 있다. 요셉은 나이 30세가 되었다.

2년 전에 술 맡은 관원장의 꿈을 해석해 주고 석방되기를 기대했다. 그러나 술 맡은 관원장은 요셉을 기억하지 않았다. 요셉은 시위대장 보디발의 집에 있는 감옥에서 자신의 일에 충실했다. 그곳에 들어오는 사람들은 고위 관직을 가진 자들 이었다. 각각의 여러 가지 죄를 가지고 들어 왔다. 그들은 한결 같이 죄가 없다고 주장했다. 모함을 당했다, 억울하다 했다. 어떠한 이들은 다시 복직이 되었다. 대부분은 사형에 처해졌다. 그곳에 들어온 전직 관리들은 죽느냐 사느냐의 기로에 선 절박한 사람들이었다.

　요셉은 감옥에서 인생에 가장 높은 권세를 가진 사람들이 한 순간에 가장 비천한 죄수가 되는 것을 보았다. 권력의 힘을 보았다. 권력에서 벗어난 사람들의 비참함 보았다.

　요셉은 감옥에서 정치와 권력을 가진 자들의 생존 방법을 간접적으로 경험했다. 죽고 사는 것이 하나님의 손에 있다는 것을 깨달았다. 그리고 어떻게 처신하느냐에 달린 것을 보았다.

　힉소스 왕조의 이주민에 대한 관대한 정책은 아시아 계통의 이방인들에게는 기회의 시대였다. 요셉에게도 기회의 시대였다. 그러나 요셉은 감옥에 있었다. 요셉을 감옥에서 풀어줄 권력자가 없었다. 요셉은 감옥에서 하루하루를 보내는 불쌍한 젊은 청년이었다. 어쩌면 평생 감옥에 죄수로 일을 하다 죽을 것이다.

감옥에서 바로의 궁전으로

　어느 날 아침에 파라오가 보낸 시위대 병사들이 감옥으로 왔다. 그들은 간수장에게 히브리 청년 요셉을 찾아오라 했다. 요셉은 두려웠다. 간수장의 인도를 받아 파라오가 보낸 사람 앞으로 갔다. 자신의 신변에 무슨 일이 일어날지 두려웠다. 혹, 3년 전에 보디발의 아내가 모함한 죄로 인하여 사형에 처하는 것이 아닌지 두려웠다.

　파라오가 지금 급히 부르니 준비를 하고 궁전으로 함께 하자 했다. 그런데 요셉은 죄수의 신분이다. 옷차림도 남루하고 불결한 상태였다.

파라오 앞에 설수 있는 의복도 없었다. 그리하여 간수장의 배려로 요셉이 파라오 앞에 설수 있는 준비를 해 주었다. 그리하여 요셉은 목욕을 하고 수염을 깎고 아주 깨끗한 옷으로 갈아입었다. 요셉은 준수한 청년으로 누구와 비교 될 수 없는 지혜로운 사람으로 보였다. 파라오가 보낸 시위대 병사들의 호위를 받으면서 감옥에서 나왔다.

요셉은 3년 만에 자유로운 세상을 보았다. 그러나 자유인이 된 것이 아니다. 파라오가 자신을 부를 때는 그만한 이유가 있을 것이다. 파라오가 부르는 것은 보디발의 아내를 성추행하려는 죄를 징벌하기 위한 것이라 생각했다. 그렇지 않으면 파라오가 감옥에 있는 자신을 부를 이유가 없다. 두려운 생각이 들었다. 그러나 감옥에서 경험한 것은 죽고 사는 것은 하나님의 손에 있는 것을 보았다. 그러므로 자신이 죽고 사는 것은 하나님께 맡겼다. 그리고 짧은 기도를 드렸다.

요셉은 파라오의 궁전에 들어가면서 정말 아름답고 화려한 모습을 보았다. 지금까지 상상한 바로의 궁전보다 눈으로 보는 궁전은 더욱 아름답고 화려했다.

파라오는 황금으로 만든 아름다운 의자에 위엄을 가지고 앉아 있었다. 파라오 주변에는 호위하는 무사들과 애굽의 최고 관리들이 다 모여 있었다. 모두 아름답고 위엄 있는 모습을 가지고 있었다.

요셉은 파라오 앞에 나가 엎드려 절을 했다. 요셉은 자신이 왜 이곳에 왔는지 궁금했다. 큰 죄를 지은 것도 아니다. 그러나 절대 권력자인 파라오의 명령이면 죽을 수도 있다. 그리고 자유인이 될 수도 있다.

요셉이 눈을 들어 파라오를 직접 볼 수 없었다. 파라오의 절대적 권위에 위축되었다. 그러나 궁전 주변에 있는 사람들은 볼 수 있었다. 그런데 2년 전에 보았던 술 맡은 관원장이 서 있었다. 요셉이 느끼는 파라오 주변의 분위기는 어딘가 모르게 침울해 보였다.

술 맡은 관원장이 파라오에게 요셉을 소개했다. 파라오는 요셉에게 나이가 몇 살이며 어디 출신인지를 물었다.

요셉은 자신은 셈족으로 갈대아 하란에서 출생하였으며, 가나안에서 10년 동안 거주를 하였다 했다. 형님들이 자신을 팔아서 이집트로 온 지 13년이 되었으며 현제의 나이는 30세가 되었다 했다.

파라오가 엄중한 말로 다시 요셉에게 말했다.

"내가 어제 밤에 이상한 꿈을 꾸었는데 그 꿈을 해석하는 사람이 없다. 내 옆에는 최고의 마술사들, 술사들과 꿈을 해석하는 자들이 있다. 그런데 나의 꿈을 해석하지 못했다. 그런데 술 맡은 관원장이 말하기를 2년 전에 감옥에서 꿈을 꾸었는데 그 꿈을 해석했는데 그대로 이루어졌다는 말을 듣고 오늘 너를 불렀다. 그러니 내가 어제 밤에 이상하고 신비한 두 가지의 꿈을 꾸었다. 그러니 그 꿈을 해석해 주기 바란다."

파라오의 주변에는 궁중에서 꿈을 전문적으로 해몽하는 고위직에 있는 자들이 많았다. 그런데 그들은 파라오의 꿈을 듣고 아무도 해몽하지 못했다 한다.

파라오가 요셉을 향하여 자신이 꾼 신비한 꿈을 말했다.

첫 번째 꿈은 나 파라오가 나일강에 있었다. 그런데 아름답고 살진 암소 일곱 마리가 강에서 올라와 갈대밭에서 평화롭게 풀을 먹고 있었다.

얼마 후 나일강에서 또 다른 암소 일곱 마리가 올라왔다. 그 소들은 먹지 못하여 흉악하게 뼈다귀만 남았다. 가축으로서는 가치가 없었다. 그 마른 소들이 아름답고 살진 소 일곱 마리를 잡아먹었다.

그리하여 파라오는 이상한 꿈으로 잠자리에서 일어났다. 어떻게 마른 소가 살진 소를 잡아먹을 수 있는 것일까? 소는 풀을 먹고 사는 초식동물이다. 그런데 사자 같이 어떻게 소가 소를 잡아먹을 수 있는가? 그것은 꿈이지만 무엇인가 징조를 보이는 것 같았다. 그 꿈으로 고민하던 중에 파라오는 다시 잠들었다.

두 번째 꿈을 꾸었다. 한 줄기에 무성한 열매가 맺힌 일곱 이삭이 나왔다. 보기에도 너무 좋았다. 그런데 말라 죽어 쭉정이가 된 이삭 일곱이 나왔다. 그 이삭은 동쪽 해풍으로 말라버린 곡식이다. 그런데 말라버린 쭉정이 일곱 이삭이 풍성한 열매를 맺은 일곱 이삭을 잡아먹었다.

파라오는 하루 밤에 두 가지의 신비한 꿈을 꾸고 잠을 자지 못했다. 그리고 내 신하들 중에서는 꿈을 해석한다 말하지만 그들의 해석은 틀린 것 같았다. 그리하여 요셉에게 어젯 밤에 두 가지 꾼 꿈을 해석하라고 명령했다.

요셉은 파라오가 꾼 꿈 두 가지를 말할 때 경청하였다. 그리고 말했다. 꿈의 해석은 자신이 하는 것이 아니라고 했다. 그 꿈 해석은 여호와 하나님이 파라오에게 해석해 줄 것이라 했다. 요셉은 하나님이 해석해 주는 것을 파라오에게 알려 주는 역할만 한다고 했다.

요셉은 파라오에게 자신이 꿈을 해석하기 위해서 짧은 시간 하나님께 기도하였다.

요셉은 기도에 몰입했다. 시간적으로는 짧은 기도였다. 그러나 영적으로는 전능하신 여호와 하나님을 향한 아주 깊은 기도의 세계로 들어갔다. 하나님께서 이 꿈을 해석 할 수 있도록 도와 달라 했다. 그리고 그 꿈이 무엇인지 알려 줄 것을 기도했다. 그리고 파로오의 꿈을 해석하여서 전능하신 하나님이 살아 계시는 것을 증명해 보이게 해 달라고 기도했다.

꿈이 꿈을 만날 때

요셉은 하나님의 위엄으로 파라오를 향하여 말했다. 비록 비천한 종의 신분이요 죄수였으나 당당하고 위엄 있는 음성으로 꿈을 해석했다.

"이 꿈을 해석하게 하시는 하나님께 영광을 드립니다. 위대하신 파라오여, 두 꿈은 내용이 하나를 뜻합니다. 그 꿈은 여호와 하나님이 앞으로 이집트에 행하실 중요한 일을 파라오에게 보여 주신 것입니다. 그리고 그 일은 반드시 이루어질 것입니다. 그리고 이 일에 대한 준비를 하셔야 합니다."

"살진 일곱 암소와 일곱 좋은 이삭은 모두 칠 년을 뜻합니다. 일곱 마리의 뼈만 남은 소와 쭉정이 일곱도 칠 년을 뜻합니다. 그러므로 오늘 이후부터 칠 년 동안 상상을 초월하는 큰 풍년이 있을 것입니다. 그리고 그 후에는 불행하게도 칠 년 동안 한 번도 경험하지 못한 큰 흉년이 올 것입니다. 그 흉년이 얼마나 심한지는 상상을 할 수 없습니다. 그러므로 하나님께서 파라오에게 그 꿈을 꾸게 한 것입니다. 또한 하나님이 앞으로 반드시 행하실 일을 보여 주셨습니다."

"파라오께서는 하나님이 보여 주신 미래의 예언을 믿으셔야 합니다. 그리고 다음과 같이 준비해야 합니다. 여호와 하나님이 보여 주신 꿈의 해석대로 준비하면 나라와 백성이 살 수 있습니다. 그러나 준비하지 않으면 파라오의 왕권은 무너지고 나라와 백성은 멸망합니다."

첫째는, 지금 속히 명철하고 지혜 있는 사람을 총리로 택하여 이집트 전국을 다스리게 해야 합니다.

둘째는, 전국에 곡식을 관리하는 관리를 많이 임명해야 합니다.

셋째는, 이집트 전국에 중요 지역마다. 곡물 저장 창고를 많이 건축해야 합니다.

넷째는, 칠 년 풍년기간에는 매년 추수의 오분의 일을 세금으로 징수하여 비축해야 합니다.

다섯째, 칠 년 풍년 동안 징수하여 비축된 모든 곡물은 바로의 통제와 권위 아래 두어 관리해야 합니다.

여섯째, 칠 년 흉년 때 그 곡물을 백성들에게 매매를 해야 합니다

일곱째, 백성들에게도 이 사실을 공포하여 다가오는 칠 년 흉년을 각각 준비하게 해야 합니다.

여덟째, 하나님이 알려준 꿈의 해석대로 이행하면 파라오와 백성은

살 수 있습니다. 그러나 흉년을 대비하지 않으면 망합니다.

요셉이 꿈을 해석할 때 파라오의 궁전에는 침묵이 흘렀다. 그리고 요셉의 명확한 음성이 파라오의 궁전에 울렸다. 요셉이 꿈을 해석하여 말할 때는 그 말의 권위가 전능하신 하나님이 인간에게 명령하듯이 엄숙하고 위엄있게 들렸다.

요셉의 입술에서 나오는 말은 신적 권위를 가졌다. 그리고 파라오도 거역할 수 없는 하나님의 음성으로 들렸다.

파라오와 모든 신하들은 숨을 죽이면서 요셉의 입술에서 나오는 말 한마디 한 마디를 경청했다. 사관들은 요셉이 말한 것을 한 단어도 빠뜨리지 않고 받아 기록 했다(창41:1-36).

파라오의 궁전에서 마술사들과 꿈을 해석하는 자들은 요셉이 위엄있게 꿈을 해석하는 것을 보고 두려워 떨었다. 그들은 이방신을 섬기는 자들이다. 그리고 신의 세계를 알고 있었다. 요셉이 믿는 여호와 하나님의 신적 권위에 굴복했다. 그리하여 아무도 요셉의 꿈 해석에 대하여 이견을 내지 못했다. 요셉의 꿈 해석을 듣고 굴복했다.

요셉의 꿈을 이루는 바로

요셉의 꿈 해석을 들은 파라오는 얼굴이 환해졌다. 그리고 짧은 침묵의 시간이 지났다. 주변에 둘러선 대신들도 긴장했다. 파라오가 궁중의 모든 신하들에게 명령했다.

"요셉과 같이 하나님의 영에 감동된 사람을 우리가 어찌 찾을 수 있겠는가? 요셉에게 여호와 하나님이 장차 이루어질 일들을 보여 주었다. 요셉 같이 명철하고 지혜로운 자가 애굽에 어디 있겠는가? 그러므로 지금 요셉을 내 집 애굽을 다스리는 총리로 임명한다. 그러므로 애굽의 모든 신하와 백성들은 요셉에게 복종하라. 나 파라오는 요셉보다 높은 것은 왕좌뿐이다. 이 시간부터 나 바로의 모든 실권을 요셉에게 위임한다"(창41:37-40).

파라오는 요셉을 즉시 이집트의 총리로 임명했다. 다가올 칠 년 풍년과 칠 년 흉년을 대비하는 신비한 꿈을 해석한 사람이 요셉이다. 그러므로 이 일을 준비하고 대비하는 것에 최고의 적임자는 꿈을 해석한 요셉이었다.

파라오의 궁전에는 총리를 할 수 있는 유능한 사람들이 있었다. 그러나 바로는 요셉을 총리로 임명했다. 바로의 명령은 그대로 이루어졌다. 요셉은 죄수에서 이집트의 총리가 되었다.

바로는 전국에 요셉을 총리로 공포하였다. 그리고 요셉의 총리 임명식을 명령했다. 파라오의 명령은 즉시 전국으로 시행되었다.

파라오는 요셉을 불렀다. 그리고 자신의 손가락에 끼워진 인장 반지를 뽑아서 요셉의 손가락에 끼워 주었다.

그것은 파라오가 자신을 대신하여 요셉에게 모든 권한을 위임한다는 뜻이다. 요셉이 파라오에게 받은 인장 반지로 결제하는 것은 곧 파라오의 명령과 허락이 된다. 그러므로 요셉은 파라오를 대신하는 유일한 사람이 되었다.

파라오가 요셉을 총리로 임명한 것에 대하여 아무도 이의를 제기하지 못하게 했다. 그리고 요셉의 명령과 업무 처리에 반기를 들 수 없게 했다.

요셉은 입고 있는 평상복을 벗었다. 이집트의 총리가 입는 세마포로 만들어진 총리 관복을 입었다. 목에는 파라오의 명예와 부귀를 상징하는 금 사슬을 목에 걸게 했다. 파라오는 자신의 버금 수레를 가져오게 했다. 그 버금 수레에 요셉을 태웠다. 파라오가 행차할 때는 파라오의 마차 수레가 앞선다. 그 다음에 파라오의 마차를 따라가는 수레를 버금 수레라 한다. 버금 수레에 탄 자는 파라오의 다음의 권력을 가진 것을 뜻한다. 그러므로 요셉을 버금 수레에 태우라는 명령은, 파라오가 요셉은 이집트에서 권력 서열 2번째 사람이라는 것을 공포한 것이다. 파라오의 명령대고 요셉은 버금 수레를 타게 되었다. 호위 군사들이 앞서 가면서 소리쳤다.

"모든 백성은 파라오와 요셉 앞에 무릎을 꿇어 엎드려라."

파라오는 요셉에게 총리가 되었으니 새로운 이름을 가질 것을 명령했다. 요셉의 꿈 해석으로 이집트의 많은 백성이 죽음에서 벗어나 생명을 건질 것이라는 뜻으로 이름을 개명해 주었다. 그리하여 파라오는 '생명의 구원자라'는 뜻으로 '사브낫바네아' 라는 새로운 이름을 주었다. 그리고 총리가 사용하는 큰 집을 주었다. 많은 종들도 주었다.

이집트의 법률은 총리는 나이 30세 이상이 되어야 했다. 요셉이 바로 앞에 설 때 나이 30세였다. 그러나 결혼을 하지 않았다. 파라오는 요셉에게 결혼을 하라 했다. 그리하여 이집트의 태양신을 숭배하는 온의 제사장 보디베라의 딸 아스낫을 아내로 삼게 했다.

요셉은 사브낫바네아의 이름으로 이집트 전국을 순회하면서 통치를 하였다. 여호와 하나님이 요셉에게 지혜와 능력을 주셨다. 요셉은 하나님의 지혜로 파라오가 자신에게 준 모든 권한을 사용했다.

이집트 전역에 곡물을 관리하는 관리들을 임명했다. 그리고 곡물 창고를 건축했다. 파라오의 명령을 따라서 7년 동안 곡물을 비축하였다. 파라오의 명령 없이 곡물을 처분하거나 비축하지 않으면 사형에 처하게 했다. 파라오의 엄중한 명령은 전국적으로 시행되었다. 모든 백성들도 요셉이 파라오의 꿈을 해석한 것을 알게 되었다. 사람들은 정말로 칠 년 동안 풍년이 올까? 그리고 칠 년 동안 흉년이 올까? 의심하는 자들도 많았다. 그런데 요셉이 예언한 대로 연이어 큰 풍년이 들었다. 전국의 곡물 창고에는 바닷가의 모래보다 더욱 많은 곡식이 비축되었다.

이집트 사람들과 주변 국가에서도 이집트의 새로운 총리 사브낫바네아의 지혜와 명성을 들었다. 그리고 앞으로 칠 년 풍연과 흉년이 들 것이라는 소문도 들었다. 그러나 소문으로 듣고 믿지 않았다. 그러한 흉년은 없을 것이라 생각했다.

요셉은 모든 것을 하나님께 영광을 드렸다. 요셉은 하나님이 자신의 꿈을 이루어 준 것을 감사했다.

요셉은 하나님이 주신 언약을 믿었다. 그리고 하나님이 주신 꿈을 꾸고 믿었다. 그 꿈 때문에 노예로 팔려 이집트에 왔다. 그 꿈을 이루는 과정에 노예가 되었다. 그리고 누명을 쓰고 원치 않는 감옥에 죄수가 되었다. 그런데 하나님께서 30세가 될 때까지 고난의 연단을 시켰다. 그리고 하나님이 파라오에게 꿈을 꾸게 하셨다. 파로오가 꾼 신비한 꿈은 아무도 해석하지 못하게 했다. 하나님께서 파라오의 술 관원장이 2년 전에 자신의 꿈을 해석한 요셉을 그때야 기억하게 했다. 하나님이 파라오를 통하여 감옥에 있는 요셉을 불러 꿈을 해석하게 했다. 하나님이 요셉에게 꿈을 해석을 보여 주셨다. 하나님이 요셉의 꿈 해석의 권리를 주셨다. 그리하여 하나님은 파라오를 통하여 요셉을 이집트의 총리가 되게 했다. 하나님은 요셉이 17세 때 헤브론에서 꾼 곡식단이 절하는 그 꿈을 이루어 주셨다.

요셉은 총리가 된 후에도 여전히 여호와 하나님을 의지했다. 이집트 사람들이 믿는 여러 신들을 믿지 않았다. 심지어 파라오가 믿는 신들도 믿지 않았다. 요셉은 오직 여호와 하나님 한 분만 믿고 의지했다. 요셉은 하나님의 전능하심을 알았다.

요셉은 아스낫과 결혼하여 첫 아들을 낳고 이름을 '므낫세'라 했다. 므낫세의 이름의 뜻은 '하나님께서 지금까지의 고난과 아버지의 집의 그리움을 잊어버리게 했다'는 뜻이다.

형제들에게 팔려 이집트로 와서 십삼 년의 고난과 시련의 삶이 끝났다. 이제는 이집트의 총리가 되어 부귀와 행복을 누리고 살게 되었었다.

요셉은 둘째 아들을 낳고 이름을 '에브라임'이라 했다. 그 이름의 뜻은 '하나님께서 나로 나의 수고한 땅에서 창성하게 하셨다'는 믿음의 고백이다.

요셉이 이집트에서 총리로서 인정받고 큰 성공을 하였다. 부족함이 없는 삶을 살게 된 것을 자신의 두 아들의 이름을 통하여 말했다. 아들의 이름으로 자신의 믿음을 고백했다. 모든 것이 하나님의 복이며 은혜였다는 것을 말했다.

꿈은 하나님의 시간에 이루어진다.

이집트의 힉소스 왕조의 파라오는 관대했다. 이집트의 법률은 총리는 삼십 세가 되어야 한다. 지나고 보니 하나님이 요셉을 삼십 세가 될 때 까지 고난으로 훈련을 시켰다.

하나님이 요셉이 가는 길을 인도하셨다. 형제들이 요셉을 판 것도, 보디발의 집에서 십 년 동안 총무로 생활한 것도, 억울한 감옥 생활을 3년을 한 것도, 술 맡은 관원장의 꿈을 해석한 것도, 모든 것이 다 하나님의 계획과 인도하심이었다.

지나고 보니 보디발의 아내가 모함하여 억울하게 감옥 생활한 것도 하나님의 계획이었다.

술 맡은 관원장이 요셉의 은혜를 이 년 동안 잊어버린 것도 하나님의 시간 속에 이루어진 것이다.

파라오에게 신비한 꿈을 꾸게 한 것도 하나님이었다. 요셉이 삼십 세에 이집트의 총리가 되게 한 것도 하나님의 인도하였다.

요셉이 17세 때에 가나안 헤브론에서 곡식 단에 대한 꿈. 해와 달과 별에 대한 꿈을 꾸었는데 그 꿈이 하나님이 13년 후에 30세에 이루어 주셨다.

사람들은 과연 요셉이 바로의 꿈을 해석한 대로 7년 동안 풍년이 들지 의심을 했다. 만약에 풍년이 들지 않고 흉년이 들게 되면 요셉은 파라오를 기만한 죄로 죽을 것이다.

파라오의 궁전에는 권력암투가 끝없이 진행되었다. 요셉이 감옥에 죄수에서 이집트의 총리가 된 것을 시기하는 사람들도 많았다. 다만 파라오의 권위에 눌려 말하지 못했다. 요셉의 꿈이 사실인지 지켜보는 자들이 많았다. 요셉의 지혜와 능력을 책잡을 것이 없었다. 요셉을 시기하고 공격하는 자들은 하나님이 징벌하였다.

요셉이 파라오의 꿈을 해석한 대로 첫해 풍년이 들었다. 요셉을 시기하는 자들도 잠잠하였다.

평상시 농사를 지으면 소득의 10%를 파라오에게 세금으로 바쳤다. 그러나 요셉은 소득의 20%를 세금으로 징수했다. 일반적인 풍년과 비교할 수 없는 대 풍년이기에 백성들이 20%를 세금으로 내고도 넉넉한 생활을 했다. 요셉은 전국에 수많은 창고를 증축하였다. 칠 년 동안 엄청난 곡물을 비축했다.

칠 년의 풍년은 끝났다. 상상을 초월하는 가뭄과 대홍수로 인하여 이집트에 흉년이 들었다. 농사를 경작하지만 소출이 적었다. 백성들은 첫 흉년이 들었을 때 총리 사브낫바네아의 말이 사실인 것을 인정했다. 그리고 자신들의 모자라는 양식을 구하기 위해서 지역에 있는 곡물 창고를 찾았다.

요셉은 전국에 곡물 창고에 관리들에게 일정한 곡물만 매매하도록 허락했다. 마음대로 곡물 창고를 열지 못하도록 엄격한 감시를 했다. 요셉은 이집트의 군대가 전국의 곡물 창고를 지키도록 명령 했다.

흉년은 이집트 주변 국가들에도 들었다. 외국에서도 부족한 양식을 구매하기 위해서는 반드시 파라오의 궁전이 있는 곳으로 오도록 했다. 그리고 지방의 곡물창고에서는 외국인들에게 곡물 판매를 금지했다.

칠 년 풍년이 지나고 칠 년 흉년이 시작될 때 요셉의 권위는 바로의 절대적 신임을 얻었다. 백성들도 요셉을 존경했다. 요셉은 국제적인 경제 전문가요 미래 예측가였다. 국제적으로 최고의 정치인이 되었다.

어떠한 사람도 미래를 예견할 수 없는 칠 년 풍년과, 칠 년 흉년을 알고 대비하였다. 요셉으로 인하여 파라오의 통치권은 주변 국가에까지 지대한 영향을 끼쳤다.

요셉이 총리로서 직무능력을 인정받았다. 바로의 권력이 강해질수록 백성들에게 요셉도 존경을 받았다.

그러나 한 사람은 두려움과 공포에 떨며 하루하루를 보내었다. 그는 보디발의 아내였다.

요셉의 권세는 시위대장 보디발을 죽이고 살릴 수 있는 위치에 있었다. 그러므로 보디발의 아내를 처벌하는 것은 요셉이 마음먹기에 달렸다. 그러나 요셉은 보디발의 아내를 용서했다. 지나고 보니 그때 불의함도 하나님의 계획 안에 있었다는 것을 깨닫고 감사했다.

요셉이 십칠 세에 아버지와 형제들이 함께 모인 곳에서 꾼 꿈이 이루어 졌다. 그러나 완전하게 이루어진 것이 아니다.

요셉은 아버지가 살고 있는 가나안에도 흉년이 들었다는 소문을 들었다. 그리고 요셉은 기다렸다. 언젠가는 흉년 중에 형제들이 곡식을 구하려고 이집트에 올 것을 생각했다. 그리고 그때 꿈과 같이 형님들이 자신 앞에 엎드려 곡식을 달라고 할 그 날을 생각했다. 그때 그 꿈이 완전히 이루어 질 것이다.

"요셉에게 이르되 하나님이 이 모든 것을 네게 보이셨으니 너와 같이 명철하고 지혜 있는 자가 없도다. 너는 내 집을 다스리라 내 백성이 다 네 명령에 복종하리니 내가 너보다 높은 것은 내 왕좌뿐이니라 바로가 또 요셉에게 이르되 내가 너를 애굽 온 땅의 총리가 되게 하노라 하고 자기의 인장 반지를 빼어 요셉의 손에 끼우고 그에게 세마포 옷을 입히고 금 사슬을 목에 걸고 자기에게 있는 버금 수레에 그를 태우매 무리가 그의 앞에서 소리 지르기를 엎드리라 하더라 바로가 그에게 애굽 전국을 총리로 다스리게 하였더라"(창41:39-43절).

42. 그 때, 그 일을 기억하는가
(창42장)

요셉의 꿈을 이루어 가는 하나님

이집트는 나일강 하류에 위치해 있다. 나일강은 총길이 6,671km이다. 총길이는 남반구의 부룬디, 탄자니아 국경 부근에서 강어귀까지이다. 유역면적은 아프리카대륙의 약 1/10을 차지한다. 나일강 상류에서부터 홍수가 나면 엄청난 강물이 하류 이집트로 밀려와 나일강이 범람하여 농토가 수몰되면 흉년이 들게 된다. 또한 가뭄으로 흉년이 오기도 했다.

이집트는 가뭄으로 흉년이 들지 않는다. 그러나 큰 홍수가 나면 모든 농경지들이 수몰된다. 그러한 때는 흉년이 온다. 일반적으로는 이집트는 나일강의 풍부한 수원으로 인하여 넓은 평야는 늘 풍년이 된다. 주변 국가에서 가뭄으로 흉년이 들면 늘 이집트로 양식을 구입하러 왔다.

그런데 이집트의 칠 년 흉년이 시작된다는 소문이 번져갔다. 주변 국가와 백성들도 극심한 흉년으로 생존에 위기가 다가왔다. 흉년은 사람의 힘으로 막을 수 없다.

이집트 주변에 있는 모든 나라와 사람들은 이집트의 젊은 총리 사브낫바네아(요셉)에 대한 소문을 들었다. 그의 지혜로 칠 년 풍년 기간 동안 많은 곡식을 비축해 둔 소식을 들었다. 사람들은 사브낫바네아가 파라오의 꿈을 해석할 때 칠 년 흉년이 올 것이라는 예언을 믿지 않았다. 설마 그러한 흉년이 오겠는가? 의심을 하였다. 그런데 흉년이 왔다. 흉년을 준비하지 못한 여러 국가는 식량문제를 해결치 못했다. 그리하여 이집트로 가서 식량을 구매해갔다. 이집트의 총리 사브낫바네아는 국제적인 인물이 되었다. 칠 년 풍년 동안 비축한 곡식을 흉년이 들자 매매를 시작했다.

가나안에 찾아온 흉년

요셉의 아버지 야곱이 살고 있는 가나안 땅에도 극심한 흉년이 왔다. 야곱의 가족도 흉년으로 기근이 심했다. 야곱은 자신의 아들들이 이집트로 가서 양식을 구입해 오기를 원했다. 그러나 이집트로 가서 양식을 구해 올 생각을 하지 않았다. 차일피일 미루고 있었다.

야곱의 11명의 아들은 결혼을 하여 각자의 가정을 이루었다. 야곱이 거주하는 헤브론을 중심하여 가문을 이루며 자녀를 낳고 살았다. 유다는 가나안 여자와 결혼을 하였다. 야곱의 자손들은 각각 가나안에서 흩어져 살았지만 족장인 야곱은 중요한 일은 자손들을 소집하여 함께 의논을 하였다.

야곱은 열한 아들을 불러 놓고 질책을 했다. 흉년이 들었는데 준비도 하지 않았다 그렇다고 흉년을 넘어가기 위해서 이집트로 가서 식량을 구입해 오지도 않았다. 태만하게 현실을 대하는 아들들에게 책망을 했다. 가족들이 먹을 수 있는 양식이 바닥이 났다. 그냥 죽을 수는 없지 않는가? 그러므로 이집트로 가서 양식을 구해 오는 것이 유일한 방법이었다. 주변에는 이미 이집트로 가서 양식을 구매해온 부족들이 많았다. 그런데 야곱의 자손들은 생각도 하지 않았다.

야곱의 장자 르우벤을 중심으로 이집트로 가서 곡물을 구입하기로 하였다. 가나안 헤브론에서 이집트까지는 약 400km거리다. 약 14일 동안 걸어가야 한다. 그리고 다시 14일을 걸어와야 한다.

장남 르우벤을 중심으로 하여 열 명이 나귀와 낙타를 이끌고 이집트를 향하였다. 강도를 만날 때를 대비하여 호신용 무기도 준비했다. 그때 장남 르우벤은 47세 쯤 되었다. 그런데 야곱은 막내아들 베냐민은 보내지 않았다.

야곱은 늘 요셉을 생각했다. 죽었는지 살았는지 알 수 없다. 22년의 세월이 지났다. 생사를 알 수 없다. 야곱은 요셉이 죽었다 생각했다. 살아 있으면 나이 39세가 된다. 그리하여 요셉을 사랑하는 마음이 요셉의 동생 베냐민에게 집중되었다(창42:1-4).

외국인이 이집트에서 양식을 구입하기 위해서는 총리 사브낫바네아(요셉)의 매매 허가를 받아야 된다.

이집트의 곡물 판매는 우선적으로 이집트 자국인에게 판매를 하였다. 그리고 외국 사람들에게 판매를 했다. 그러므로 이집트로 간다 해서 곡물을 마음대로 구매할 수 없다. 총리 사브낫바네아의 감독 아래 결제된 양만 구매할 수 있다. 그러므로 이집트 총리의 결제를 어떻게 받느냐가 중요했다.

총리 사브낫바네아는 아침부터 바쁜 일정을 보내었다. 양식을 구입하기 위해서 오는 외국인들을 관리들이 일차 심사하였다. 관리들이 판단을 하여 총리에게 양식을 얼마나 매매할 것인지 최종 결정을 요청했다. 총리의 결제가 나면 다시 관리들이 총리의 결제를 따라서 곡물을 판매하고 돈을 입금시켰다.

아침부터 총리를 만나기 위해 온 많은 외국 사람들이 대기하고 있었다. 총리 사브낫바네아 옆에는 외국어에 능통한 여러 명의 통역관들이 있었다. 그리고 많은 관리들이 심사를 하여서 최종적인 결제는 총리가 하였다.

야곱의 열 아들이 총리를 만나는 순서가 되었다. 가나안 어를 하는 통역관이 그들을 저 멀리 있는 총리 사브낫바네아를 향하여 엎드려 큰절을 시켰다. 총리의 관복은 이집트에서 파라오 다음으로 화려하고 근엄했다. 누구도 총리의 얼굴을 똑바로 볼 수 없었다. 야곱의 열 아들은 숨을 죽이며 통역관의 다음 지시를 기다리고 있었다.

장남 르우벤이 이집트의 관리에게 가족사항과 곡물 구매를 얼마나할 수 있는지 타진 중이었다.

총리 사브낫바네아는 곡물을 구입하기 위해서 찾아온 외국인들 중에서 사람을 찾고 있었다. 가나안에도 흉년이 들었다는 것을 알고 있다. 그리하여 가나안에서도 많은 사람들이 곡물을 구매해 갔다. 그런데 아버지 야곱이 거주하는 곳에도 흉년이 되었지만 양식을 구매하러 오지 않았다 아버지가 죽었는지 살았는지 생사를 알 수 없었다. 그러나 살아 계신다면 언젠가 형제들이 양식을 구하려 올 것이라 생각했다. 그리하여 특별히 가나안 지역에서 양식을 구매하기 위해서 오는 사람들을 유심히 살펴보았다.

그런데 가나안어를 통역하는 통역관 앞에 열 명의 장정들이 줄지어 선 것을 보았다. 그들을 보는 순간 사브낫바네아는 큰형님 르우벤과 함께 있는 형님들을 보았다. 사브낫바네아는 형님들을 보자 만감이 교차했다. 그리움과 분노와 배신감이 범벅이 되어 몰아쳤다. 그러나 감정을 절제하며 거리를 두면서 어떻게 행동하는지 동정을 살펴보았다.

그때를 기억했다. 그때, 22년 전에, 도단에서 형님들이 허황된 꿈쟁이라며 죽이려 하다가 이스마엘 상인에게 팔아 이집트로 왔다.

그때 그 꿈은 할아버지 이삭, 아버지 야곱과 형제들이 함께 있을 때이다. 요셉의 나이 17살 그 때 꿈이 생각났다.

넓은 곡식 밭에서 형님들과 추수를 하였다. 그런데 각자가 곡식을 베고 단을 묶었다. 그런데 갑자기 형님들의 곡식 단이 일어나고 요셉의 곡식 단에 엎드려 절했다.

그런데 오늘 형님들이 곡식을 구입하기 위해서 가나안 헤브론에서 이집트까지 왔다.

사브낫바네아는 통역관을 대동하고 가나안 사람들이 곡물을 구매하는 곳으로 다가갔다. 그리고 말했다. 너희들은 어디서 왔느냐 질문했다. 가나안 헤브론에서 왔다 하면서 르우벤을 중심으로 형제들은 엎드려 큰절을 했다.

그때, 17년 전의 그 꿈이 22년 만에 이루어졌다. 그때 그 꿈대로 형님들이 곡물을 구입하기 위해 지금 요셉 앞에 엎드렸다. 그러나 형님들은 그 꿈을 잊었다. 그러나 사브낫바네아(요셉)는 그때, 그 꿈을 생생하게 기억하였다.

그동안 가족이 보고 싶었고 아버지의 소식이 궁금했다. 직접 가나안 말로 대화를 하려는 충동이 일어났다. 그러나 평정을 회복하고 애잔한 마음을 숨겼다. 형들은 이집트의 총리 사브낫바네아가 요셉이라는 것을 알 수 없었다.

요셉은 이집트 언어로 말하고 통역관은 가나안 언어로 요셉의 형들에게 말했다. 요셉의 형님들은 가나안 언어로 대답을 했다(창42:5-8).

사브낫바네아가 르우벤과 형님들에게 여러 가지 질문을 하였다.

"너희가 어디서 왔느냐?"

"가나안에서 곡물을 구입하기 위해서 왔습니다."

"너희들 모두 나이가 같은 것 같은데 어떠한 사이인가?"

"예, 우리는 한 아버지의 형제들입니다."

"아닌 것 같은데, 내가 첩보를 들었다. 가나안에서 이집트의 곡물 창고를 약탈하기 위해서 열 명의 정탐꾼이 출발했다는 것을 알고 있다. 내가 보니 너희들이 정탐꾼인 것 같다."

"아닙니다, 우리는 정탐꾼이 아닙니다."

" 너희들이 정탐꾼이 아니라는 것을 무엇으로 증명할 수 있는가?"

"예, 우리 열 형제는 나이가 비슷합니다. 그러나 형제들입니다. 우리 아버지의 이름은 야곱이라 합니다. 올해 130세입니다. 그리고 네 명의 아내를 두었습니다. 그리고 12명의 아들을 낳았습니다. 그러므로 한 아버지의 아들입니다. 그래서 나이가 비슷합니다."

" 너희들의 말이 무엇을 증명할 수 있느냐? 그러면 너희들의 아버지 이름은 무엇인가? 다시 말해 보라, 그리고 12명의 형제들이라 했는데 두 명의 형제는 오지 않았는가?"

" 예, 우리들의 아버지는 야곱이라 합니다. 그리고 두 명의 형제가 오지 않았는데 열한 번째 동생은 요셉이라 하였는데 오래 전에 죽었습니다. 그리고 막내 동생은 베냐민이라고 합니다. 지금 아버지와 함께 있습니다."

"너희 아버지는 살아 있느냐?"

"예, 아버지는 건강하시며 살아 계십니다."

"너희들이 말하는 동생 하나는 어떻게 해서 죽었는가?"

"예, 아버지의 심부름을 갔다가. 빈들에서 행방불명이 되었습니다. 지금까지 집으로 오지 않았습니다. 그런데 우리가 동생이 입었던 피가 묻고 찢겨진 옷을 발견했습니다. 그러므로 11번째 동생 요셉은 죽었다 생각합니다."

"그래?, 너희들이 말하는 열두 번째 동생은 지금 몇 살이 되었는가?"

"예 막내 동생 베냐민은 올해 22살이 되었습니다."

총리 사브낫바네아는 한참 동안 생각에 잠겼다. 아버지가 살아 계시고 동생 베냐민이 살아 있다는 것을 알았다. 그러나 22년 전에 형님들의 소행을 기억하면 피가 거꾸로 돌아가는 것 같았다. 그리하여 형님들의 진실을 알고 싶었다.

"아니다. 너희들의 말을 믿을 수 없다. 그리고 무엇으로도 증명이 되지 않는다. 그러므로 너희들은 가나안에서 온 정탐꾼이 분명하다. 너희들의 말을 들어 보니 점점 수상하다. 내가 나라를 다스리면서 많은 경험을 했다. 그리고 나는 사람의 마음을 보는 초능력이 있다. 그러므로 너희들은 지금 거짓말을 했다. 그러니 너희들이 한 아버지의 아들이며,

너희들에게 막내 동생이 있다고 하는 말에 대한 증명을 해야 한다. 그래야 정탐꾼의 의심에서 벗어 날수 있다."

" 그러면 어떻게 증명을 하면 됩니까?"
"너희 중에 한 사람이 가나안으로 급히 가서 동생을 데리고 오면 된다. 그리고 남은 9명은 감옥에 들어가서 동생이 이곳으로 올 때까지 기다려라. 너희들이 말한 동생을 데리고 오면 네가 직접 심문을 해보고 너희들의 정탐꾼 혐의를 판결할 것이다."

총리 사브낫바네아(요셉)가 신하들에게 명령했다.
"이집트를 침략하기 위하여 정탐하러 온 가나안 정탐꾼들을 특별 감옥에 감금시키라."
경호 군사들이 순식간에 열 사람을 포박하여 감옥으로 끌고 갔다. 사브낫바네아의 형님들이 눈물로 애원하였다. 그리고 자신들은 정탐꾼이 아니라며 통곡했다. 그들의 애절한 울음소리는 병사들의 거친 포박에 절망적 공포에 사로 잡혔다. 그들이 죽음이 다가온 것을 직감했다. 자신들을 변호해 줄 사람도 없고 결백을 증명해 줄 방법도 없다. 이제 누명을 쓰고 죽어야 한다.

감옥에서 고백된 비밀
르우벤과 열 명의 형님들은 감옥에 들어가지 않으려고 몸부림치며 통곡했다. 형제들은 포박당하여 억울하게 정탐꾼의 누명을 쓰고 감옥에 들어간 심정을 어떻게 표현할 수 없었다.

자신들은 정탐꾼이 아니라고 말해도 믿어주지 않았다. 치밀어 오는 분노와 억울함으로 첫 날은 잠을 이루지 못했다. 가나안 땅에 있는 아내와 자식들이 생각났다. 그리고 나이 많은 아버지가 생각났다. 지금 이 소식을 알면 얼마나 슬퍼할까? 어쩌면 이제 남은 생애를 감옥에서 마감해야 할지 모르겠다.

감옥에서 둘째 날이 되었다. 감옥에서 나갈 방법도 없다. 자신들을 석방해 줄 능력 있는 사람도 없었다. 마지막 남은 하나의 희망은 여호와 하나님께 기도하는 것이다. 유일한 희망은 하나님의 도우심뿐이다.

형제들이 감옥에서 하나님께 기도하는 중에 지난 날 잘못을 기억했다. 22년 전이다.

가나안 땅 도단에서 동생 요셉을 시기하여 죽이자 했다. 장자 르우벤이 죽이지 말고 요셉의 옷을 벗기고 밧줄에 묶어 웅덩이에 던져 고생을 시키자 했다.

그때 요셉은 결박되어 마른 웅덩이에 던져졌다. 요셉이 형님들을 향하여 눈물로 살려 달라고 애원하는 것이 생각났다. 그때 요셉의 애원과 눈물을 돌아보지 않았다. 요셉이 가져온 음식을 나누어 먹으면서 즐거워했다.

그때, 마침 이스마엘 사람들이 지나 갈 때 유다가 죽이지 말고 돈을 받고 팔자고 했다. 웅덩이에 결박된 요셉을 은돈 20에 팔았다. 요셉은 벌거벗은 몸으로 이스마엘 사람들에게 끌려갔다. 그때 요셉이 살려 달라고 애원했다. 형제들은 모르는 척했다.

그런데 형제들은 이집트 감옥에서 그때 22년 전에 이스마엘 상인에게 결박되어 끌려가던 요셉의 통곡과 눈물을 기억했다. 요셉을 팔았던 죄가 생각났다. 그때, 팔려가는 요셉의 심정이 지금 자신들과 같았을 것이다. 그러나 이미 때는 지났다. 지금까지 열 형제들만 아는 비밀이 탄식과 원망으로 되살아났다.

그때, 그 일로 인하여 자신들이 정탐꾼의 누명을 쓰고 감옥에 들어왔다며 후회했다. 방법이 없었다. 감옥에서 언제 나갈지 기약이 없었다. 결백을 증명해 줄 사람도 없다.

형제들은 감옥에서 서로에게 책임을 돌리며 원망했다. 왜, 요셉을 죽이자고 했는가? 누가 요셉을 팔았는가? 요셉을 팔았던 돈은 누가 사용했는가? 요셉의 형님들은 자신들의 가나안 언어로 원망하고 통곡했다.

가나안 땅에 가서 막내 동생 베냐민을 데리고 온다고 문제가 해결될까? 가나안에 가서 베냐민을 데리고 오려면 한 달이 지나야 한다. 어쩌면 베냐민까지 정탐꾼 누명을 쓰고 감옥에 들어올지 모른다. 형제들은 서로 언쟁을 높이며 싸우고 탄식했다.

총리 사브낫바네아는 신하들 중에서 가나안 언어에 능통한 통역관을 간수로 위장하여 보초를 세웠다. 열 명의 가나안 정탐꾼들이 서로 무슨 말을 하는지 소상하게 기록해서 보고하게 했다.

사브낫바네아는 아버지와 동생 베냐민이 보고 싶었다. 이집트에서 고생할 그때, 가족이 그리웠다. 비록 자신을 팔았던 형님들에게 미움이 있지만 보고 싶었다. 그런데 뜻하지 않게 열 명의 형님을 만나게 되었지만 자신의 감정과 신분을 숨겼다. 형님들은 요셉이 총리 사브낫바네아라는 것을 모른다. 사브낫바네아도 자신의 신분을 밝히지 않았다.

요셉이 형님들에게 알고 싶은 것이 있다. 자신을 팔았던 22년 전의 죄악에 대하여는 지금 어떻게 생각하고 있는지 궁금했다. 그리고 요셉은 13년 동안 이집트에서 처절한 생활을 한 것을 기억했다. 그리하여서 형님들을 감옥에 들어가게 했다. 짧은 시간이지만 고통을 경험하게 했다.

　사브낫바네아는 감옥에서 형님들이 무엇을 생각하며 느끼는지 알고 싶었다. 지금은 지난 일들이다. 그러나 형제들에게 버림받은 고통을 무엇으로 표현할 수 있겠는가? 누명을 쓰고 감옥에서 3년간의 고뇌를 누가 알 수 있는가?

　사브낫바네아의 마음은 시간이 갈수록 가나안에 있는 아버지 야곱과 동생 베냐민과 남은 가족이 흉년으로 배고픈 날을 보내는 것을 염려했다. 그렇다면 빨리 형님들을 풀어서 양식을 주어 가나안 땅으로 보내야 했다.

　요셉이 군사들에게 명령하였다. 감옥에 가서 가나안 출신 열명의 정탐꾼들을 끌어오라 했다.

　사흘 만에 다시 총리 사브낫바네아 앞에 무릎을 꿇은 형제들은 절망했다. 그들은 통역관에게 간곡하게 요청했다. 자신들은 정탐꾼이 아니라고 설명을 잘해 달라 부탁했다.

　총리 사브낫바네아가 이집트 언어로 명령을 했다. 통역관이 가나안 언어로 통역을 했다.

　"사브낫바네아 총리께서도 여러분과 같이 하나님을 경외하는 사람이다. 그러므로 너희 중에 한 사람을 그가 억류하여 감옥에 보낼 것이다. 너희 아홉은 양식을 가지고 가나안으로 신속히 돌아가라. 그리고 즉시 너희가 말한 막내동생을 데리고 다시 오라. 그리하면 너희 중에 억류당한 자를 감옥에서 석방시켜 주겠다. 그렇게 하지 않으면 감옥에 들어간 자는 처형될 것이다. 그리고 앞으로 남은 흉년 기간 중에 너희에게는 양식을 팔지 않을 것이다. 그러면 너와 너희들의 가족은 흉년에 굶주려 죽을 것이다. 그러니 그의 말을 명심하라."

통역관을 통하여 총리 사브낫바네아의 말을 들은 형제들은 탄식했다. 21년 전에 동생 요셉을 팔았던 죄를 서로 말하면서 그때 요셉을 팔았던 핏 값을 지금 당하고 있다며 눈물을 흘렸다. 그러나 이미 지난 일들이다. 후회는 할지라도 돌이킬 수 없다. 원망하지만 누구도 책임질 방법이 없었다.

그때 장자 르우벤이 동생들을 향하여 말했다(창42:22).
"그때 내가 너희들에게 말하지 않았느냐 동생을 죽이는 죄를 짓지 말라고 했지 않았느냐, 나는 요셉을 어떻게 하든지 살려 주려 했다. 그런데 내가 잠깐 다녀온 사이에 이스마엘 사람들에게 요셉을 팔지 않았느냐.

아버지에게는 요셉이 죽었다 거짓말한 피의 값을 우리가 지금 당하는 것이다. 이제 원망도 하지 말고 그 일로 서로 싸우지 말자. 우리들이 행한 일이니 우리가 그 책임을 지자. 내가 감옥에 들어 갈 것이니 동생들은 아버지께로 돌아가라."
"형님, 그때 우리가 잘못했습니다. 내가 감옥에 들어가겠습니다. 형님은 장자이니 집으로 돌아가야 합니다."

요셉의 형제들은 21년 전에 요셉을 팔았던 그 일을 진심으로 후회하고 있었다.

총리 사브낫바네아(요셉)는 형제들이 진심으로 후회하는 것을 들었다. 가슴이 찡하며 눈물이 쏟아졌다. 황급히 자리에 일어나 별실로 들어갔다.

그때, 도단에서 팔려 갈 때의 아픈 상처를 기억하며 한없이 눈물을 흘렸다. 지금 와서 그때 일을 문제 삼아 형님들을 징벌한들 무슨 의미가 있겠는가? 남겨진 상처가 치유되겠는가? 용서한다 해서 그때 허물이 사라질 것인가? 아니다. 모든 것은 지난 것이다. 그 상처는 내 상처로 남았다. 형님들도 그 일이 상처가 되어 숨겨진 비밀을 간직하며 고통의 날을 보내었을 것이다.

총리 사브낫바네아가 다시 총리관으로 왔다. 통역관에게 한 사람을 지명하여 그를 포승줄로 결박하여 감옥에 다시 넣으라 했다. 그러자 군사들은 요셉이 지명한 한 사람을 결박하여 감옥으로 끌고 갔다. 그는 시므온이었다.

시므온은 감옥으로 끌려가면서 왜, 형제들 중에 나를 감옥에 넣느냐며 원망했다(창42:24-25).

21년 전 도단에서 시므온은 칼을 들고 요셉을 죽여 버리자했다. 요셉의 열 명의 형제들 중에서 시므온이 가장 악한 행동을 했다. 요셉은 그때 일을 생각하면 시므온을 도저히 용서 할 수 없었다.

아홉 명의 형제들은 눈물을 흘렸다. 시므온이 잡혀 갈 때 통곡하며 울었다. 형제들이 모두 말했다. 그때, 우리가 잘못한 죄악에 대한 형벌을 지금 받는 것이라 했다.

총리 사브낫바네아는 아홉 명에게 그들이 필요한 만큼의 양식을 팔았다. 그리고 받은 돈을 곡식 자루에 비밀리에 넣어라 명령했다. 그들이 길을 가면서 먹을 양식도 충분히 주었다.

아홉 명의 형제들은 이집트를 출발할 때 마음이 무거웠다. 곡물을 구입했지만 자신들이 정탐꾼으로 오해되어 사흘 동안 감옥에 들어갔다. 그리고 시므온이 감옥에 억류되어 있고 자신들만 돌아가게 되었다.

며칠 동안 길을 가다가 저녁이 되었다. 역관에서 짐승에게 먹이를 주기 위해서 곡식자루 하나를 풀었다 그런데 자루 안에 곡물 값으로 지불한 돈이 그대로 있었다.

어떻게 돈이 자루에 들어있단 말인가? 그것은 또 다른 함정이었다. 이제는 곡물은 가져가고 돈을 지불하지 않은 사기꾼이 되었다. 다시 이집트로 가서 돈을 다시 지불하기에는 너무 먼 길을 왔다.

형제들은 두려웠다. 길고 긴 여정을 지나 가나안으로 돌아왔다. 각각 곡물자루를 열자 모두 곡식 값으로 지불한 돈이 그대로 있었다.

이집트에서 일어난 일을 전혀 모르는 야곱이 말했다. 왜, 시므온이 보이지 않는지 물었다. 장자 르우벤이 그동안 이집트에서 있었던 일을 모두 말했다. 다음에 곡물을 매입하려 갈 때는 막내 동생 베냐민을 데려 가야 시므온을 살릴 수 있다고 했다.

야곱을 절망적인 탄식을 하며 말했다.

"너희가 내 자식을 잃게 하였다. 요셉도 없어졌다. 이제 시므온도 이집트에 인질로 잡혀 없어졌다. 그런데 베냐민까지 빼앗아 가려 하는가. 그것은 절대로 안 된다."

장자 루으벤이 말했다.

"아버지, 베냐민을 데리고 가서 반드시 시므온을 구해 오겠습니다. 그렇지 않으면 내 아들 둘을 죽이소서."

야곱은 어떠한 일이 있어도 베냐민을 이집트로 데려갈 수는 없다 했다(창42:26-38).

"22년 전에 요셉은 죽었다. 다시 요셉의 동생 베냐민까지 죽일 수는 없다. 만약에 베냐민이 죽으면 나도 죽을 것이라."

야곱은 시므온이 이집트에 억류되어 구입한 곡물을 먹을 수 없었다. 자식의 생명과 바꾼 양식을 어떻게 먹을 수 있는가. 야곱의 고통과 괴로움은 이해하는 사람이 없었다.

"그 때에 야곱이 애굽에 곡식이 있음을 보고 아들들에게 이르되 너희는 어찌하여 서로 바라보고만 있느냐 야곱이 또 이르되 내가 들은즉 저 애굽에 곡식이 있다 하니 너희는 그리로 가서 거기서 우리를 위하여 사오라 그러면 우리가 살고 죽지 아니하리라 하매 요셉의 형 열 사람이 애굽에서 곡식을 사려고 내려갔으나 야곱이 요셉의 아우 베냐민은 그의 형들과 함께 보내지 아니하였으니 이는 그의 생각에 재난이 그에게 미칠까 두려워함이었더라. "이스라엘의 아들들이 양식 사러간 자 중에 있으니 가나안 땅에 기근이 있음이라. 요셉이 보고 형들인 줄을 아나 모르는 체하고 엄한 소리로 그들에게 말하여 이르되 너희가 어디서 왔느냐 그들이 이르되 곡물을 사려고 가나안에서 왔나이다. 요셉은 그의 형들을 알아보았으나 그들은 요셉을 알아보지 못하더라. 요셉이 그들에게 대하여 꾼 꿈을 생각하고 그들에게 이르되 너희는 정탐꾼들이라 이 나라의 틈을 엿보려고 왔느니라. 그들이 그에게 이르되 내 주여 아니니이다 당신의 종들은 곡물을 사러 왔나이다"(창42:1-10절).

43. 내가 자식을 잃으면 잃으리로다
(창43장)

내가 자식을 잃게 되면 잃으리로다

칠 년 흉년이 시작된지 2년이 시작되었다. 이집트를 중심으로 아프리카 지역과, 가나안 지역에도 극심한 흉년이 왔다.

야곱이 거처하는 가나안 헤브론은 더욱 극심한 흉년이 연이어 계속되었다(창43:1).

야곱의 집안에는 가족도 많고 종도 많았다. 가족을 대표하는 족장으로서 식량 문제를 해결해야 했다. 그때가 야곱의 나이 130세였다. 지금과 같은 극심한 흉년을 겪은 적이 없다. 흉년을 극복하기 위해서는 일 년에 네 번 정도는 이집트로 가서 곡물을 구입해야 했다. 그런데 다시 곡물을 구입하기 위해서 이집트로 가려면 막내아들 베냐민을 함께 보내야 한다.

그동안 야곱은 굶어 죽어도 베냐민은 보낼 수 없다는 생각을 하였다. 그리하여 몇 번은 곡물을 사기 위해서 이집트를 다녀왔을 것인데 가지 못했다. 야곱의 아들들도 곡물을 구입하기 위해서 이집트로 가는 것을 포기했다. 이유는 아버지가 베냐민과 동행하는 것을 허락하지 않기 때문이다. 가문에 식량은 떨어지고 배고픔이 현실로 다가왔다. 가나안에서는 식량 문제를 해결할 수 없었다. 야곱이라 해서 그 문제를 해결할 방법이 없었다. 야곱은 홀로 고민을 했다.

야곱은 가족을 살리기 위해서 베냐민을 이집트로 보내야 할 것인지 아니면 모두 굶주려 죽을지라도 베냐민을 지켜야 할 것인지 근심했다.

야곱은 다시 아홉 명의 아들을 불러 놓고 말했다. 다시 이집트로 가서 곡물을 구해오라고 했다. 현실적으로 이집트에서 식량을 구입해 오지 않으면 계속되는 흉년에 생존할 방법이 없다. 그냥 굶어 죽을 수는 없었다. 아들 시므온은 이집트에 감금된 상태에 있다. 시므온의 안전도 염려가 되지만 그는 굶주려 죽지는 않을 것이다. 그러나 가나안 헤브론에 남아 있는 가족들은 흉년에 굶어죽을 급박한 상황이 되었다. 그러므로 산 자는 살아야 된다. 야곱의 깊은 고민은 끝이 났다. 아들들에게 다시 이집트로 가서 양식을 구해오라 했다.

야곱의 넷째아들 유다가 말했다. 그러므로 이번에 곡식을 구입하기 위해서 이집트로 가는 데 반드시 막내동생 베냐민도 함께 데리고 가야 된다고 했다.
만약에 아버지가 베냐민을 함께 보내지 않으면 양식을 구하러 가지 않겠다고 했다. 그 이유는 이집트의 총리 사브낫바네아가 막내 동생을 데려오지 않으면 곡식을 팔지도 않을 것이며 면담도 거부하겠다고 했기 때문이다.

야곱은 유다의 말을 듣고 짜증이 났다. 가서 곡식만 구입해 오면 되지 무엇 때문에 이집트의 총리에게 동생이 있다고 말했느냐며 책망했다.

유다가 지난번에 총리를 만났을 때 상황을 다시 설명했다. 이집트에서 곡물을 판매할 때는 구입하려는 사람들의 국가와 가족 상황을 자세하게 물어보고 그들에게 어느 정도의 곡식을 판매할 것인지 이집트의 관리나 총리가 결정했다. 그러므로 총리가 가족 사항을 알기 위해서 부모가 있는지, 형제들이 몇 명인지 물어 보았다. 그때 야곱의 아들들은 순순히 대답을 했다. 아버지는 살아계시고 막내 동생은 고향에 아버지와 있다고 했다.

그런데 순수하게 가족 상황을 설명했는데 이집트의 총리가 열 명의 형제들이 가나안에서 온 정탐꾼이라고 해서 3일 동안 감옥에 감금했다. 그리고 시므온만 인질로 잡아 놓고 자신들을 돌려보낸 것을 아버지에게 자세하게 설명했다. 그러므로 이번에 이집트로 가서 양식을 구하기 위해서는 반드시 베냐민과 동행해야 됨을 청하였다.

야곱의 유일한 기쁨은 12번째 아들 베냐민을 보고 즐거워하는 것이다. 그런데 사랑한 아내 라헬도 죽었다. 요셉도 죽었다. 이제 남은 베냐민을 이집트로 보내어 시므온과 같이 죽거나 감옥에 들어간다면 야곱은 세상에 소망이 없다. 야곱은 베냐민을 보낼 것인지 보내지 않을 것인지 다시 심각하게 고민했다.

넷째아들 유다가 아버지에게 현실을 말했다. 지금 헤브론의 상황은 흉년을 넘어갈 곡식도 없고 방법도 없다. 야곱의 집에도 사정은 마찬가지였다. 이제 곡식이 다 떨어져 어른에서부터 어린아이까지 굶어 죽게 되었다. 그러므로 베냐민을 이번에 함께 보내어 주시면 가서 양식을 구입해 오겠다고 했다. 그리고 만약에 베냐민을 데리고 애굽에 가서 무슨 변고가 있으면 그것에 대한 모든 책임을 유다가 지겠다고 아버지께 약속을 했다.

장자 르우벤이 베냐민을 데리고 다시 이집트에 가서 곡식을 구입하려 가면 인질로 잡혀있는 시므온도 살고 양식도 구입해 올 수 있다고 그동안 수없이 요청했으나 야곱은 거절했다.

야곱의 생각은 복잡했다. 둘째 아들 시므온은 지금 이집트에 인질로 잡혀 감옥에 들어갔다.

셋째 아들 레위는 과거 세겜에서 하몰의 가문의 남자들을 잔인하게 살인을 했다. 그래서 야곱은 시므온과 레위가 무슨 말을 해도 믿어주지 않았다.

네 번째 아들인 유다가 형제들을 대신하여 야곱에게 말했다. 야곱은 평소에도 유다의 말은 신뢰하였다. 그런데 유다가 현실적인 문제를 해결하기 위해서 베냐민과 동행해야 한다는 간곡한 요청을 하였다. 그리고 베냐민을 이집트로 데려가서 문제가 생기면 모든 책임을 유다 자신이 지겠다고 아버지 야곱을 설득했다.

베냐민과 함께 동행 하는 것을 허락해 주셨다면 벌써 이집트에 두 번은 더 다녀왔을 것인데 아버지가 허락하지 않아 갈 수 없었다 했다. 그러므로 베냐민과 함께 가지 않으면 곡물도 구입하지 못하고 아홉 명의 형제들이 정탐꾼으로 잡혀 죽을 것이라 했다. 벌써 두 번이나 다녀올 시간이 지났는데도 이집트로 가지 않았기에 총리가 의심하고 시므온을 이미 처벌했을지 모른다 했다. 그러므로 이집트에 인질로 집힌 시므온을 살리고. 헤브론에 있는 모든 가족을 살리는 길은 베냐민과 함께 이집트로 가서 총리를 만나야 된다 했다. 야곱은 유다의 말을 듣고 베냐민과 함께 동행하도록 허락하며 말했다.

"네 아우도 데리고 떠나 다시 그 사람에게로 가라 전능하신 하나님께서 그 사람 앞에서 너희에게 은혜를 베푸사 그 사람으로 너희 다른 형제와 베냐민을 돌려보내게 하시기를 원하노라 내가 자식을 잃게 되면 잃으리로다"(창43:12-14).

야곱은 정말 힘든 결정을 했다. 그리고 하나님을 의지했다. 죽고 사는 것은 하나님의 뜻에 있지 않는가!

야곱은 싶은 생각을 했다. 자신의 일생에 얼마나 많은 위기가 있었는가? 그때마다 여호와 하나님이 지켜 인도하여 주었다. 지금 이집트에 총리에게 인질로 잡혀 있는 시므온의 안전도 하나님께 맡겼다 그리고 베냐민을 보내면서 죽고 사는 것도 하나님께 있음을 믿었다. 그리고 하나님의 선하신 인도를 믿었다.

야곱은 내가 자식을 잃으면 잃으리라고 하면서 모든 것을 여호와 하나님께 맡겼다. 그것은 야곱의 일생에 환란과 시련을 당할 때마다, 하나님을 의지한 결과 하나님이 보호하시며 대적을 물리쳐 준 경험을 생각했다.

야곱은 아들들에게 이집트에 사브낫바네아에게 줄 선물을 준비시켰다. 그것은 가나안 땅에서 생산되는 토속적인 것으로 이집트에서는 매우 희귀한 것들이다.

유향, 꿀, 향품, 몰약, 유향나무 열매, 감복숭아를 준비했다. 야곱은 과거 얍복강을 건넜을 때. 형, 에서가 400명의 군사를 이끌고 죽이러 올 때 많은 선물을 보내었다. 선물이 때로는 불편한 관계를 좋은 관계로 전환시켜 주는 것을 믿었다. 곡식을 구입하기 위해서 충분한 돈을 가져가라고 했다. 그리고 지난번에 곡물자루에 가져온 돈을 다시 다 가져가라 했다(창43:1-15).

총리 사브낫바네아 공포

장남 르우벤을 중심으로 베냐민까지 10명의 아들들이 가나안 헤브론을 출발했다. 그들이 가는 왕의대로는 여전이 곡물을 구입하기 위해 이집트로 내려는 무리들이 많았다. 그리고 곡물을 구입해 올라오는 무리들도 많았다.

르우벤과 함께한 열 명의 형제들은 이집트를 향하여 가면서 하나님께 기도했다. 하나님이 지켜 주시고 순탄하게 모든 일이 이루어지게 기도했다. 시므온도 구해 주시고 베냐민이 신변을 안전하게 지켜 달라고 기도했다.

장남 르우벤과 형제들이 이집트에 도착하였다. 총리 공관으로 갔다. 그리고 특별 면담을 신청했다. 열 명의 형제들은 일제히 총리 사브낫바나아 앞에 엎드려 큰 절을 했다.

지난번에 곡식을 구입하려 왔던 가나안 사람들이라고 소개했다 지난번에 총리께서 명령한 대로 막내 동생을 데려왔다고 말했다. 그리고 인질로 집혀있는 시므온을 석방해 달라 했다. 그리고 양식을 달라 했다.

총리 사브낫바네아는 형제들 중에 있는 자신의 동생 베냐민을 보았다. 22년 만에 동생을 보았다. 형제들에게 팔려 이집트로 내려 올 때 베냐민은 한 살 젖먹이였다. 그런데 이제 22살의 청년으로 성장했다. 그동안 보고 싶었는데 만나게 되어 너무 기뻤다. 마음에 끌어 오르는 베냐민을 향한 사랑을 절제하기 어려웠다.

총리 사브낫바네아는 한참 동안 생각을 하다가 형제들에게 아무 말도 하지 않았다. 시므온을 석방한다는 말도 하지 않았다. 그리고는 통역관을 불러서 은밀하게 말했다. 자신의 집으로 이 열 사람을 데라가라 했다. 그리고 청지기에게 은밀하게 말했다. 오늘 점심을 이들과 함께 먹을 것이니 최고의 음식으로 준비를 잘하라 했다.

청지기의 인도로 르우벤과 형제들은 총리의 집으로 인도되었다. 그들은 불안했다. 곡식을 팔고 사는 결정과 곡물의 양을 정하는 것은 총리 공관에서 사무적으로 결정된다. 그리고 곡식은 곡물 창고로 가서 허락된 양을 구입하고 돈을 준다. 그리고 역관에서 잠을 자고 곧바로 가나안으로 출발하는 것이 정상이다.
그런데, 왜? 열 명의 형제들을 다 총리의 개인 집으로 데려가는가? 일반적인 곡물 매매하는 정상적인 순서가 아니었다. 총리의 관저로 형제들을 데리고 가는 것에 대한 불길한 생각을 하였다.
분명 지난번에는 정탐꾼이라 했는데 이번에는 도적이라 할 것 같았다. 그 이유는 지난번에 곡식을 구입하고 지불한 돈이 자루에 그대로 있었지 않는가? 그리하여 함정에 빠졌다 생각했다.

형제들은 여러 가지 생각을 했다. 총리가 자신들의 모든 돈과 짐승을 빼앗을 것이다. 그리고 노예로 삼을 것이다. 그러면 다시는 집으로 돌아 갈 수 없을 것이다. 아버지는 충격으로 죽을 것이다. 헤브론에 있는 가족들도 모두 굶주려 죽을 것이다. 그렇다고 총리의 말을 거역하고 도망칠 수도 없다. 열 명의 형제들은 불길하게 상황이 돌아가는 것을 짐작하고 두려움에 떨었다.

형제들이 총리 사브낫바네아의 청지기에게 자청하여 말했다.
"사실 전번에 곡식을 구입하고 집에 가보니까, 곡물 매매 대금으로 지불한 돈이 그대로 있었습니다. 그리하여 그 돈은 한 푼도 빼지 않고 다시 가져 왔습니다."
청지기가 말했다.
"안심하십시오, 두려워하지 마십시오, 당신들의 아버지 하나님이 그 돈을 당신들의 곡식 자루에 넣어 주신 것입니다. 그때 곡식 값은 이미 받았습니다."
르우벤과 형제들은 이상한 생각을 했다. 어떻게 이집트의 총리 집안의 청지기가 하나님을 말하고 있는지 의문이 생겼다.
애굽 사람들은 하나님을 믿지 않는다. 그들은 다양한 집신들을 믿는다. 당연히 총리도 이집트의 신을 믿고 숭배해야 되지 않는가?
한참 시간이 지난 후에 총리의 청지기가 감옥에 감금된 시므온을 끌고 와서 풀어 주었다. 그동안 인질로 잡혀 있었던 시므온은 오랜만에 만난 형제들을 보고 반가워 눈물을 흘렸다. 형제들도 시므온이 무사하게 있었다는 것을 확인하고 하나님께 감사했다.

열한 명의 형제들이 청지기가 지정하는 손발을 씻을 물 있는 곳으로 갔다. 세수도 하고 손과 발을 깨끗이 씻었다. 먼 길을 온 나귀에게도 충분한 물과 먹이를 주었다.

청지기가 형제들에게 말했다.

"모두 안심하십시오. 오늘 점심은 총리께서 여러분과 함께 식사를 하려 합니다."

형제들은 조금 안심이 되었으나 여전히 불안했다. 가나안에서 출발할 때 아버지가 준비해준 선물들을 내어 놓고 정리했다. 제발 총리가 이 선물을 받고 자신들을 선하게 대해 주면 좋겠다는 생각을 했다.

열 형제들은 각각 마음에 숨겨진 고통이 있었다. 지난 날 요셉을 팔았던 은밀한 죄가 다시 생각났다. 그때 잘못한 죄로 인하여 오늘 이러한 고통을 당한다고 생각했다.

정오에 이집트 사람들은 식사를 한다. 그런데 총리가 집으로 와서 가나안에서 온 열한 명의 비천한 사람들과 식사를 하려 했다. 열한 형제들은 총리와 식사를 하는 것이 불안했다. 어쩌면 영광일 수 있지만, 또다시 무슨 함정에 빠지는 것이 아닐까 두려움이 엄습했다. 자신들이 특별하게 대접을 받을 존재가 아님을 알았다.

22년 만에 한 식탁에 앉은 열두 형제

정오 점심시간에 총리 사브낫바네아가 통역관과 함께 집으로 왔다. 열한 형제들은 일제히 엎드려 큰절을 했다. 그리고 야곱이 보낸 가나안 땅에서 가져온 진귀한 선물을 진상했다. 그리고 말했다. 르우벤이 덕담으로 말을 했다.

"저희 아버지께서 총리 사브낫바네아를 위하여 특별히 준비한 가나안의 특산물 입니다."

총리 사브낫바네아(요셉)는 아버지가 보낸 선물을 보고 눈물이 나왔다. 언제 아버지를 만날 수 있을까? 건강한지 염려가 되었다. 사브낫바네아가 말해다.

"너희의 어버지는 건강하게 아직도 살아 계시는가?"

형제들이 일제히 말했다.

"우리 아버지는 건강하게 잘 계십니다."

열한 형제가 다시 일제히 엎드려 큰절을 했다.

사브낫바네아(요셉)가 형제들에게 말했다.

"전번에 너희들에게 동생이 있다 하였는데 이 아이인가?"

"예, 제가 베냐민이라고 합니다."

사브낫바네아는 베냐민을 함참 동안 바라보았다. 갑자기 어머니 라헬이 생각났다. 동생을 사랑하는 마음이 불같이 일어났다. 달려가서 품어 주고 싶었다. 그러나 절제를 하면서 축복을 하였다.

"베냐민에게 여호와 하나님이 은혜 베풀기를 원하노라."

사브낫바네아는 급히 밖으로 나갔다. 방으로 들어가 눈물을 흘리며 울었다. 동생 베냐민이 죽었는지 살았는지 몰랐다. 그런데 장성한 청년이 되었다. 돌아가신 어머니가 생각났다. 그동안 동생에 대한 그리움을 참은 눈물이 강물이 되었다. 자신이 요셉이라는 것을 말하고 싶지만 아직은 때가 아니라 생각했다. 다시 세수를 하고 얼굴에 눈물 자국을 지우고 돌아왔다.

형제들은 총리가 바쁜 일이 있어 잠깐 밖에 나갔다 들어온 것으로 생각했다. 그리고 총리는 이집트 언어로 말했다. 통역관이 가나안 언어로 통역을 했다(창43:30-34).

열한 번째 빈 의자, 그 주인은 어디에 있는가?

식사 시간이 되었다. 이집트의 총리의 집은 웅장하였다. 그리고 식사를 하는 장소는 아름답고 화려했다. 열한 명의 형제들은 난생 처음 화려한 궁전의 아름다움에 찬사를 보내었다.

식당에 들어가자 식사 자리를 총리가 지정하여 주었다.

총리가 앉아서 식사를 하는 자리는 특별히 분리되어 있었다. 관습적으로 이집트 사람과 가나안 사람과는 함께 식탁에 앉을 수 없다. 그 이유는 이집트 사람은 가나안 사람을 비천하고 부정한 것으로 생각했다. 그러므로 총리의 식탁에서 일정한 거리를 두고 긴 일자형의 넓은 식탁이 준비되었다. 그리고 식탁 한쪽에 6개의 의자를 놓아 양편에 12개의 아름다운 의자가 준비되었다.

총리의 식탁과 형제들의 식탁이 마주보고 앉게 배치되었다. 총리는 열한 명의 형제가 모여 있는 곳에서 식탁에 앉는 자리를 지정해 주었다.

그 첫 번째 자리에는 장남 루으벤을 앉게 했다. 그 다음은 시므온, 레위, 유다, 그리고 열한 번째 의자는 빈자리로 남겼다. 사브낫바네아가 말했다.

"그대들의 형제 중에 한 사람이 행방불명되었다 했지요?"

"예?"

"그러면 열한 번째 자리 한 자리는 남겨 둡시다."

그리고 열두 번째 자리에 베냐민을 앉게 했다.

형제들은 이상하게 생각했다. 식탁에 앉는 자리 순서를 총리가 정해 주는데, 그것은 형제들의 출생 순서대로였다. 그리고 열한 번째 자리는 빈자리로 남겨 두었다. 형제들은 우연한 일이라 생각했다. 그러나 참 이상 했다. 무엇인가 신비함이 있었다. 알 수 없다. 묘한 느낌과 분위기를 느끼면서 식탁에 앉았다.

모두 식탁에 앉아 음식을 먹으며 즐겁게 대화를 했다. 그런데 총리는 식사 시중을 들고 있는 하인들에게 막내 베냐민에게는 다른 사람보다 다섯 배의 많은 음식을 주도록 했다.

이집트의 관습에는 특별한 손님에게는 음식을 다섯 배를 더해 주었다. 그것은 총리에게 최고 귀중한 손님은 베냐민이라는 뜻이다.

형제들은 총리 사브낫바네아가 베냐민에게 최고의 대접을 베풀어 주는 것을 보고 모두 즐거워했다.

사브낫바네아는 자신을 판 형제들이 동생 베냐민을 어떻게 대하고 있는지 궁금했다. 형님들이 베냐민을 정말 사랑하고 보호 하는 것을 보았다. 그러한 형님들을 보고 즐거웠다.

총리 관저에서 베풀어진 궁중식사는 진수성찬이었다. 한 번도 먹어 보지 못한 진귀한 음식들을 먹게 되었다. 총리가 자신들을 특별한 손님으로 대접한 것을 감사했다.

그런데 베냐민을 제외한 열 명의 형제들은 말 못할 고통이 있었다. 장남 르우벤에서부터 차례로 자리에 앉을 때 11번째 의자는 빈 의자였다. 그곳에 동생 요셉이 앉아 있어야 했다. 그런데 요셉은 없다. 그들에게 숨겨진 비밀이 있었다. 그 동생 요셉을 팔아 버린 지난 죄가 생각났다. 그때 동생을 팔지 않았다면 오늘 함께 열한 번째 자리에 앉아서 식사를 할 것이다. 요셉의 형들은 깊은 후회를 하면서 식사를 했다.

총리 사브낫바네아인 요셉은 22년 만에 12형제가 함께 식탁에서 음식을 먹었다. 그동안 고난과 시련의 시간이 지났다. 그 옛날 가나안 땅 헤브론에서 꿈쟁이라 놀림을 받았다. 그 꿈을 하나님이 이루어 주셨다. 그런데 지금 형님들은 그때 꿈을 잊었다. 그리고 그 꿈이 이루어진 것도 깨닫지 못했다.

열한 번째 빈 의자의 주인공이 죽었다고 생각하는 형제들 앞에 요셉은 애굽의 총리의 자리에 앉아서 그들과 함께 식사를 하였다. 그러나 그들은 요셉이 죽지 않고 살아서 지금 이집트의 총리 시브낫바네아가 된 것을 알지 못했다.

"너희 손에 갑절의 돈을 가지고 너희 자루 아귀에 도로 넣어져 있던 그 돈을 다시 가지고 가라 혹 잘못이 있었을까 두렵도다 네 아우도 데리고 떠나 다시 그 사람에게로 가라. 전능하신 하나님께서 그 사람 앞에서 너희에게 은혜를 베푸사 그 사람으로 너희 다른 형제와 베냐민을 돌려보내게 하시기를 원하노라 내가 자식을 잃게 되면 잃으리로다"(창43:12-14).

44. 베냐민을 위한 유다의 탄원
(창44장)

요셉의 형제 사랑

이집트의 총리 사브낫바네아(요셉)는 22년 만에 형제들을 만났지만 자신의 신분을 밝히지 않았다. 그러나 형제들에게 자신이 할 수 있는 최고의 예우를 했다. 흉년으로 곡식을 구하기 위해 이집트로 오는 외국인은 허다했다. 그런데 가나안에서 온 열한 형제를 총리의 집으로 초대하여 함께 만찬을 베풀면서 존중하는 것은 특별한 일이다.

장남 르우벤은 애굽에 양식을 구하러 온 자신의 형제들을 애굽의 총리가 극진히 대접해 주는 것에 감사했다. 특별히 인질로 잡혀 있었던 시므온을 무사히 석방시켜 준 것도 감사했다. 아버지 야곱이 가장 염려하는 것은 베냐민의 신변이었다. 그런데 총리 사브낫바네아가 베냐민을 최고의 손님으로 예우해 준 것을 감사했다.

총리 사브낫바네아와 함께 즐거운 점심 식사가 끝났다. 총리는 통역관에게 이제 곡식을 팔 것이니 청지기와 상의하라 했다. 그리고 청지기에게 몇 가지 중요한 일을 지시하고 총리 공관으로 돌아갔다.

청지기에게 특별한 명령을 한 요셉

청지기는 르우벤을 비롯한 열한 형제들은 곡물창고로 데려갔다. 그곳에는 엄청난 곡식이 저장되어 있었다. 그리고 많은 사람들이 곡식을 구입하기 위해서 줄서 있었다.

청지기가 르우벤에게 말했다. 총리께서 말하기를 이번에 곡식을 가져갈 수 있는 만큼 매매하라 했다고 전해 주었다. 르우벤과 형제들은 매우 기뻐했다. 보통 곡식은 일정한 양만 팔았다. 그러므로 더 많은 곡식을 매입하기를 원해도 판매를 하지 않았다. 총리가 베푸는 특별한 배려였다. 점심 식사도 잘했다. 이집트로 내려오는 길에 여행 식사는 형편없었다. 그동안 잘 먹지 못했는데 총리가 진수성찬으로 대접해 주었다. 그리고 곡식도 마음껏 구입해 갈수 있는 배려는 특혜 중에 특혜다. 그 모든 것을 하나님의 은혜로 믿었다.

형제들은 그들이 가져온 자루에 곡식을 가득히 넣어 주는 것을 보고 즐거웠다. 그리고 내일 아침이 밝으면 이집트을 떠나 굶주린 가족들이 있는 가나안 헤브론으로 출발하기로 했다.

가나안 땅 헤브론에 계시는 아버지께 이 기쁜 소식을 빨리 가서 전해주고 싶었다. 그리고 다음에 곡식을 구입하러 올 때는 총리와 친분이 있으므로 더욱 좋은 선물도 준비해 오기로 했다. 그날 밤에 형제들은 인질로 잡혀 있었던 시므온이 그동안 어떻게 지낸 이야기를 들었다.

가나안에서는 형제들이 조그마한 문제로 갈등을 겪었다. 그러나 외국에 왔을 때는 열한 형제가 똘똘 뭉쳐 함께 했다. 형제들은 밤하늘에 초롱초롱한 별들을 바라보며 빨리 아버지가 계시는 헤브론으로 가고 싶었다.

함정에 빠진 형제들

새벽이 밝았다. 간단한 아침 식사를 했다. 새벽에 이집트를 출발했다. 먼 길을 가야하기에 새벽 아침과 저녁으로 이동을 많이 해야 한다. 낮 시간은 뜨거운 햇빛 때문에 이동하는 것이 한계가 있었다. 오아시스가 있는 나무 그늘에서 쉬며 잠을 자야 한다.

이집트에서 곡물을 구입하여 출발하는 사람들이 많았다. 그들 중에 야곱의 열한 아들도 한 무리가 되었다.

먼 길을 가면서 서로 이런 저런 이야기를 했다. 곡식은 얼마나 구입했는지, 오고 가는 길에 어려움은 없었는지 정보를 교환했다.

르우벤은 주변 사람들에게 총리 사브낫바네아의 집으로 초대 되어서 함께 식사한 것을 자랑했다. 그리고 곡식을 가져 갈 수 있는 만큼 가져 가라 해서 많이 구입한 것을 자랑했다. 다른 사람들은 이집트에 왔지만 곡물도 많이 구입하지 못하고 먹고 자는 것이 불편하다 했다.

이집트에서 출발한지 조금 지났다. 그때 여러 명의 군사들이 말을 타고 저 멀리서 소리치며 달려 왔다. 사람들은 군사들이 특별한 일을 위해서 어디론가 가는 것으로 생각했다. 그런데 질풍 같이 달려온 군사들은 곡물을 구입해 가는 모든 무리를 길에 세웠다.

야곱의 열한 형제들에게로 총리의 청지기가 와서 엄하게 말했다.

"너희들은 어찌하여 선을 악으로 갚느냐? 우리 주인 총리께서 너희들을 특별히 대접하였거늘 너희들은 총리가 점을 칠 때 사용하는 은잔을 도둑질하였느니라."

르우벤을 비롯한 형제들이 말했다.

"우리는 은잔을 도둑질하지 않았습니다. 지난번에 곡식을 구입하고 집에 가서 보니까 곡식 값이 그대로 있었습니다. 그래서 이번에 올 때 그대로 가져와 드리지 않았습니까? 이번에도 곡식을 구입하면서 곡식 값을 다 드렸습니다. 그런데 어찌 우리가 총리의 은금을 도둑질할 수 있습니까? 무엇인가 오해가 있었던 것 같습니다."

총리의 청지기가 말했다.

"우리 주인이 점칠 때 사용하는 은잔이 없어졌다. 그런데 너희들이 훔쳐가지 않고 누가 훔쳐 갔겠느냐? 어제 총리 집에 외부에서 온 손님이 너희들뿐이었다. 그러니 너희들이 총리의 은과 금을 도둑질한 것이 분명하다."

르우벤과 열한 형제들이 청지기에게 말했다.

"우리는 절대로 총리의 은과 금을 도둑질하지 않았습니다. 만약에 우리들 중에서 총리의 은잔을 도둑질한 사람이 발견되면 죽을 것입니다. 그리고 우리들은 총리의 집안에 종이 되겠습니다."

총리의 청지기가 군사들을 명령하여 장자 르우벤부터 모든 곡식 자루를 열어서 조사를 시작했다.

도적질한 베냐민

장자 르우벤의 곡식자루에서 곡식 값으로 지불한 돈이 그대로 나왔다. 형제들은 두려웠다. 지난번에도 분명 곡식 값을 지불했다. 집에 와서 보니 돈이 그대로 있었다. 어찌된 일인가? 이번에도 곡식 자루에 돈이 그대로 있었다.

장남 르우벤부터 차례로 형제들의 곡식 자루를 조사하자 형제들 마다 곡물자루에서 돈이 그대로 나왔다. 모두들 탄식을 하며 어떻게 이러한 일이 있을 수 있느냐며 두려워했다.

"우리가 도적이 되었구나."

마지막으로 베냐민의 곡식 자루를 열었다. 그런데 베냐민의 곡식자루에서 총리 사브낫바네아가 사용하는 은잔이 나왔다.

베냐민과 형제들은 자신들의 옷을 찢고 땅을 치며 통곡했다. 형제들은 청지기에게 말했다. 이것은 분명 자신들을 곤경에 처하게 하는 음모라 했다.

그러자 청지기가 말했다.

"조금 전에 너희들이 말한 대로 은잔이 나온 저 아이는 사형을 시킬 것이다. 그리고 너희들 열 명은 총리 집에 종으로 삼을 것이다."

열한 형제들은 통곡하며 울었다. 그들은 문제를 해결할 힘이 없었다.

함께 길을 가던 사람들이 말했다.

"저 사람들 어제 총리 집에 가서 대접을 잘 받았다고 자랑하더니 알고 보니 모두 도둑놈들이네."

르우벤과 형제들은 총리 사브낫바네아의 집으로 끌려 왔다.

총리 앞에 형제들이 엎드려 절하면서 자신들이 잘못하였으니 동생을 용서해 달라고 애걸했다.

총리 사브낫바네아가 분노하여 말했다.

"어떻게 너희들은 선을 악으로 갚느냐? 너희들이 하나님을 믿는다 해서 내가 특별히 어제 대접을 하였다. 그런데 내가 점칠 때 사용하는 은잔을 훔쳐 갔느냐. 너희들은 내가 점을 잘 친다는 것을 몰랐느냐. 나의 점치는 실력은 파라오와 이집트 모든 사람들이 다 인정하지 않느냐? 내가 칠 년 풍년이 온다고 점을 쳤는데 풍년이 왔다. 그리고 칠 년 흉년이 온다고 점을 쳤는데 지금 흉년이 오지 않았느냐. 그런데 내 은잔이 없어져 점을 치니 너희들이 훔쳐 간 것을 내가 알았다. 그래서 청지기를 보내어 너희들을 잡아 온 것이다. 그러므로 너희들은 마땅히 처벌을 받아야 한다"(창44:1-13).

베냐민을 위하여 생명을 바치는 유다

유다가 형제를 대표하여 총리 사브낫바네아에게 말했다.

"총리님, 우리가 무슨 말을 하겠습니까? 어떠한 변명도 하지 않겠습니다. 총리께서 귀중하게 사용하던 은잔이 막내 동생 베냐민에게서 나왔습니다. 그러나 막내 동생 베냐민은 정직한 아이입니다. 그러나 우리가 정직함을 증명할 길이 없습니다. 그러나 은잔이 동생 베냐민에게서 나왔으니 그 책임을 제가 지겠습니다.

오늘 이러한 일이 발생한 것은 동생 베냐민이 지은 죄가 아닙니다. 우리 열 명의 형제들의 숨겨진 죄 때문에 이러한 일이 일어났습니다.

우리는 열 형제들은 과거 22년 전에 지은 숨겨진 죄가 있었습니다. 그러나 오늘까지 비밀로 지켜 왔습니다. 오늘 그 일로 인하여 우리의 숨겨진 죄 값을 받게 된 것입니다. 그러므로 우리 열한 형제가 총리의 노예가 되겠습니다. 그러나 동생 베냐민을 아버지의 집으로 돌려보내

주시기를 요청합니다."

총리 사브낫바네아가 엄하게 형제들에게 명령했다.

"아니다. 너희들의 숨겨진 죄가 무엇인지 나는 모른다. 그러나 너희들이 다 노예가 될 필요는 없다. 법대로 처리하면 된다. 은잔을 훔쳐간 한 사람만 나의 노예가 되어라. 그리고 남은 형제들은 너희들의 아버지가 있는 곳으로 돌아가라."

야곱의 네 번째 아들 유다가 총리 사브낫바네아에게 다시 눈물로 호소했다.

"지난번 곡물을 구입하려 왔을 때 총리께서 질문할 때 우리가 대답하기를 아버지가 살아계시고 막내 동생이 있다고 했습니다. 그런데 우리 열 형제가 정탐꾼으로 의심을 받았습니다. 그리하여 시므온은 인질로 잡히고 아홉 명을 돌려보내셨습니다. 다음에 올 때는 막내 동생을 반드시 데려와야 한다고 명령했습니다. 신속히 베냐민을 데리고 오려했습니다. 그러나 저의 아버지께서 죽을지언정 베냐민을 데리고 가는 것을 허락지 않았습니다. 그런데 흉년은 극심하였습니다. 집안에 굶주리는 가족이 점점 많아졌습니다. 그리하여 아버지께서 베냐민과 함께 가도록 허락을 했습니다. 그런데 막내 동생 베냐민이 집으로 돌아가지 못하면 우리 아버지는 충격으로 죽을 것입니다. 그러므로 차라리 우리 열 명이 종이 되게 해 주시고 막내 동생 베냐민을 용서하여주시기 바랍니다. 베냐민만 아버지의 집으로 돌아가게 해주시옵소서."

유다는 눈물로 막내 동생 베냐민을 위하여 호소했다. 그리고 유다는 자신의 가정에 대하여 말하였다.

"우리 아버지는 네 명의 부인이 있었습니다. 그중에 가장 사랑하는 부인이 요셉과 베냐민이라는 아들 둘을 낳고 죽었습니다.

그런데 22년 전에 열한 번째 동생 요셉에게 우리들이 악을 행하였습니다. 그때 사실은 동생을 미워하여 죽이려고 했습니다. 그러나 죽이는 것보다는 차라리 노예로 팔자고 해서 이스마엘 상인에게 동생을 팔았습니다.

우리는 동생의 옷을 벗기고 양의 피를 묻혀서 아버지께 보여 주었습니다. 그러자 아버지는 동생이 죽었다고 큰 낙심을 하였습니다.

그때가 저 막내동생 베냐민이 한 살 때입니다. 그 후 우리 아버지의 유일한 기쁨은 동생 베냐민이었습니다. 그러므로 동생 베냐민이 없으면 우리 아버지는 죽을 것입니다."

총리 사브넷바네아가 유다에게 질문을 했다. 너희들은 형제라고 하면서 지난번에 곡식을 구입해 돌아가고서 왜 빨리 오지 않고 이제야 왔는가? 너희들의 형제 한 사람이 감옥에 들어가 너희들이 올 때까지 기다렸는데 이제야 온 것을 보면 너희들이 정탐꾼이 분명하다. 그리고 도둑질까지 하지 않았는가?

유다가 통곡하면서 사브닷바네아를 향하여 호소를 했다.

"그동안 우리는 곡식을 구입하려 왔으면 두 번은 다녀갔을 것입니다. 그런데 총리께서 명령하기를 막내동생이라는 베냐민을 데려 와야 정탐꾼의 누명을 벗겨 준다 했습니다. 그런데 우리 아버지를 아무리 설득해도 막내 베냐민을 함께 보낼 수는 없다고 했습니다. 그러는 중에 우리 집안은 곡식이 다 떨어지고 지금 굶어 죽게 되었습니다. 그리하여 이번에는 아버지께서 애굽으로 가서 곡식을 구입해 오라 했습니다.

그리고 동생 베냐민의 신변을 내가 책임진다고 약속했습니다. 만약에 베냐민이 신변에 이상이 생기면 내 아들을 죽이라고 아버지께 신변 보증하였습니다.

만약에 저 동생 베냐민이 이번에 함께 올라가지 않으면 아버지는 돌아가실 것입니다. 그러니 내가 저 동생이 행한 죄를 책임지겠습니다. 그러므로 나를 종으로 삼아 주시고 동생은 집으로 돌려보내 주시기 바랍니다.“

총리 사브낫바네아가 엄중하게 말했다.

“너희들의 가족 사정이 참 복잡하구나? 그것은 너희들의 가정 사정이다. 현제 문제는 너희들의 막내가 나의 은잔을 훔친 죄가 명백하지 않는가? 그러므로 죄를 지은 자가 처벌을 받는 것이 국법의 원칙이다. 그러니 은잔을 가져간 저 아이를 종으로 삼을 것이다. 너희들은 고향으로 돌아가라.”

유다가 총리에게 다시 눈물로 간청을 했다.

“총리님, 저 아이가 지은 죄 값으로 제가 종이 되겠습니다. 저 아이를 집으로 돌아가게 해 주십시오. 동생이 집으로 가지 못하면 아버지가 충격으로 반드시 죽을 것입니다. 이미 열한 번째 요셉이라는 동생의 생사를 알 수 없습니다. 그것은 아버지의 가장 큰 슬픔이 되었습니다. 그런데 저 동생 베냐민까지 이집트에서 종이 된 것을 알면 아버지는 죽을 것입니다. 그러므로 부디 선처를 하여 동생을 살려 주시고 나를 종으로 삼아 주시기 바랍니다."

총리 사브낫바네아(요셉)는 유다의 말을 듣고 깊은 생각에 빠졌다.

22년 만에 만난 형제들이 반가워 진수성찬으로 대접을 했다. 그리고 고향에 계시는 아버지가 염려 되어 많은 곡식을 매매하여 빨리 가서 흉년으로 고생하는 아버지를 돌보게 했다. 그동안 정말 보고 싶은 동생 베냐민을 보니 그동안 참아온 동생에 대한 사랑을 절제할 수 없었다. 그리하여 동생 베냐민과 함께 생활하고 싶었다. 나이도 어리니 열심히 공부시켜 관직도 주고 싶었다. 그리고 22년 전에 자신을 팔아넘긴 형제들이 세월이 지난 이후에 어떠한 생각을 하고 있는지 궁금했다.

그리고 형님들이 동생을 어떻게 사랑하고 대하는지 궁금했다. 지난 날 자신을 은돈 20에 팔고 미워하는지, 사랑하는지 알고 싶었다. 그리하여 형제들의 진정성을 시험해 보기 위하여 은잔을 베냐민의 곡물 자루에 넣고는 시험을 해본 것이다.

총리 사브낫바네아는 형님들이 진심으로 22년 전에 자신을 애굽 사람에게 팔았던 것을 후회하는 것을 보았다. 그리고 동생 베냐민을 지극히 사랑하고 보호하는 것도 확인했다. 무엇보다 아버지를 사랑하는 형님들의 마음도 확인했다.

그리고 22년 전에 자신을 이스마엘 사람들에게 은돈 20에 팔자고 말한 유다 형님의 진정성 있는 눈물의 회개를 들었다. 유다 형님이 자신이 책임지고 종이 되고 베냐민을 풀어 달라고 하는 것을 보면서 동생을 진심으로 사랑하는 것을 보았다.

죄를 짓는 것은 두려운 것이다.

죄에 대한 변명은 쉬운 것이다.

죄에 대한 진정한 회개는 참으로 어려운 것이다.

"아버지의 생명과 아이의 생명이 서로 하나로 묶여 있거늘 이제 내가 주의 종 우리 아버지에게 돌아갈 때에 아이가 우리와 함께 가지 아니하면. 아버지가 아이의 없음을 보고 죽으리니 이같이 되면 종들이 주의 종 우리 아버지가 흰 머리로 슬퍼하며 스올로 내려가게 함이니이다 주의 종이 내 아버지에게 아이를 담보하기를 내 아버지께로 데리고 돌아오지 아니하면 영영히 아버지께 죄 짐을 지리이다 하였사오니 이제 주의 종으로 그 아이를 대신하여 머물러 있어 내 주의 종이 되게 하시고 그 아이는 그의 형제들과 함께 올려 보내소서"(창44:30-33절).

45. 용서의 눈물, 참회의 고통
(창45장)

총리 사브낫바네아가 요셉

사브낫바네아는 형님들이 완전히 달라진 모습을 확인했다. 지난날은 서로 시기하고 미워했다. 동생 베냐민을 사랑하고 보호하는 유다의 탄원을 보고 혈육의 정을 억제하지 못했다.

사브낫바네아는 큰 소리로 외쳤다.
"통역자와 청지기, 하인들은 이 자리에서 즉시 물러가라!"

사브낫바네아와 열한 형제만 남았다. 형제들은 더욱 긴장을 했다. 통역관이 없으면 사브낫바네아와 의사소통이 되지 않는다. 무슨 말을 어떻게 할지 긴장했다.

사브낫바네아가 유창한 가나안 언어로 말했다.
"사랑하는 형님들, 내가 요셉입니다. 형님들이 22년 전 도단에서 팔았던 요셉입니다."
"예, 아니 이럴 수가?"
요셉의 형제들은 사브낫바네아가 자신이 요셉이라는 말을 듣고 놀라움과 두려움을 가졌다. 죽은 것으로 생각한 요셉이 이집트의 2인자 총리 사브낫바네아라는 것은 믿을 수 없었다. 한편으로는 죄 값을 받아야 한다는 두려움을 가졌다.

요셉은 그동안 참아 온 형제들을 바라보면서 그리움에 대성통곡했다. 특별히 동생 베냐민을 끌어 안고 눈물을 흘렸다.

요셉은 지난 22년 동안 파란만장한 인생을 살았다. 오직 한 가지 소원이 있었다. 그가 17세에 형님들의 곡식 단이 자신이 곡식 단에 엎드려 절하던 꿈을 이루는 것이다. 그것은 요셉에게는 불가능한 꿈이었다. 그런데 하나님이 그 꿈을 22년 만에 이루어 주셨다.

요셉과 형제들은 함께 끌어 안고 울었다. 요셉이 통곡하는 소리가 총리의 집과 파라오의 궁전에까지 들렸다.

요셉의 열 형제들은 요셉을 미워하고 팔았던 악행이 생각났다. 지나고 보니 후회되는 일인데 그때는 왜 그리했을까?

요셉의 형님들은 22년 전에 도단에서 요셉을 죽이려고 모의한 그때 일이 생생하게 기억되었다. 요셉의 옷을 벗기고 밧줄로 묶어 진흙 웅덩이에 던져 넣었다. 꿈쟁이라며 비난하며 죽이려는 증오심을 자제할 수 없었다.

시므온은 요셉을 즉시 죽이자고 했다. 큰형 르우벤은 요셉을 죽이는 것을 반대했다. 다시는 형들 앞에서 꿈 이야기를 하지 못하게 겁만 주자고 했다. 형제들은 그 때의 기억이 다시 살아났다.

유다가 우리 손으로 죽이지 말고 이스마엘 상인들에게 팔자고 했다. 벌거벗은 몸이 밧줄로 결박되어 끌려갔다. 그때 요셉이 애절하게 형님들을 부르며 살려달라고 소리쳤으나 형제들은 노예로 살다가 죽으라 했다.

그리고 22년 동안 소식이 없었다. 어딘가에 살아 있었다면 어떠한 방법이라도 소식을 전했을 것이다. 그런데 죽은 것으로 생각한 요셉이 이집트의 총리가 되었다.

어떻게 요셉이 총리가 되었을까? 지난번 곡식을 구입하려 왔을 때에 총리 사브낫바네아의 질문이 심상치 않다는 느낌을 받았다.

"너희 아버지가 계시냐? 너희 동생이 있느냐?"

또한 그때 열 명 중에 시므온을 인질로 잡고 아홉 형제를 돌려보낸 이유도 이제야 알게 되었다.

22년 전에 시므온은 요셉을 죽이자고 적극적으로 행동했다. 그래서 지난번에 시므온이 인질로 잡힌 것이 우연이 아님을 알았다. 그렇다면 요셉을 팔 때에 가담한 정도에 따라 중벌이 내릴 것이 분명했다.

또 하나의 문제가 있었다. 22년 전에 동생을 노예로 팔고서 죽었다고 거짓말했다. 아버지는 22년 동안 요셉을 죽었다 생각하고 살았다. 그런데 자신의 숨겨진 죄악을 아버지께 어떻게 말을 할 것인가?

두려움에 떨고 있는 죄인의 심정

열 형제들은 마음 한곳에 원망이 생겼다. 누가 먼저 요셉을 꿈쟁이라고 죽이자고 한 것인지 기억했다. 사건의 발단을 제공한 형제를 생각하며 미움과 증오에 빠졌다. 그때 그 분위기에 혼자서 빠질 수 없었다. 형제들은 원망과 증오와 후회가 겹쳤다.

특별히 시므온은 그때 자신의 행동을 요셉이 기억하고 지난번에 인질로 잡아 둔 것을 깨달았다.

유다는 자신이 돈을 받고 팔자고 한 것에 대한 깊은 책임의식을 느꼈다. 곧 자신에게 닥쳐올 위기를 생각했다.

요셉도 자신을 팔아넘긴 형님들에 대한 미움과 증오가 극심했다. 자신 앞에 두려움에 떨고 있는 형님들을 보면서 분노와 불쌍한 생각이 들었다. 요셉이 형님들을 위로하며 안심 시켰다.

"형님들 나를 팔았다 해서, 지금 한탄하고 근심하지 않기를 바랍니다. 여호와 하나님께서 지금 같은 흉년에 우리 가족들의 생명을 구원하기 위해서 나를 먼저 이집트로 보내신 것입니다. 그러므로 형님들이 나를 팔아서 내가 이곳에 온 것이 아닙니다. 아브라함의 하나님이 나를 이곳으로 인도하여 우리 가족과 많은 사람들을 살리기 위해서 보낸 것입니다"(창45:5).

요셉은 형님들 마음에 있는 무거운 죄책감을 위로하며 안심시켰다.

형제를 용서하는 눈물

요셉을 본 베냐민은 반가워했다. 아버지로부터 자신의 형인 요셉이 죽었다는 소식을 들었다. 베냐민은 어머니 라헬이 자신을 낳고 죽었다. 그러므로 베냐민은 어머니를 본 적이 없다. 그런데 형님 요셉과 잠깐 동안 함께 했지만 너무 어릴 때 일이라 기억이 없다.

형제들과 함께 지낼 때 베냐민은 늘 외로웠다. 어머니도 없고 형님,

요셉이 없었다. 그런데 죽은 것으로 생각한 형님이 세계를 지배하는 이집트의 총리 사브낫바네아라는 것을 믿을 수 없었다. 그런데 열 명의 형님들이 요셉을 보고 두려워하는 이유를 몰랐다.

요셉은 베냐민을 끌어안고 통곡하며 눈물을 흘렸다. 그렇게 오랫동안 울고 난 후 요셉은 근심 중에 있는 형님들을 또 다시 안심시켰다.

"형님들 지금 흉년이 들어 2년 되었습니다. 그러나 앞으로 흉년이 5년 동안 계속됩니다. 남은 오 년의 흉년은 극심한 흉년이 될 것입니다. 더 많은 사람이 굶주려 죽을 것입니다. 하나님께서 이러한 흉년을 피하기 위해서 형님들보다 먼저 나를 이집트로 보내어 총리가 되게 하셨습니다. 그러므로 형님들은 속히 가나안 헤브론으로 올라가서 아버지에게 이 기쁜 소식을 전해주시기 바랍니다. 그리고 아버지와 형님들 모든 가족과 소유를 이끌고 이곳으로 내려오시기 바랍니다. 그러면 아버지를 내가 잘 봉양하겠습니다. 형님들의 생활도 내가 책임지겠습니다"(창45:6-15).

요셉은 형님들을 안심시키고 고향에 계시는 아버지를 빨리 만나보고 싶었다. 마음 같아서는 아버지가 계시는 가나안 땅으로 가고 싶었다. 그러나 막중한 총리직을 수행해야 하기에 갈 수 없었다.

그때야 형님들도 안심하고 요셉과 함께 눈물을 흘리며 울었다. 요셉과 형제들의 큰 울음소리가 요셉의 집과 가까운 파라오의 궁전에까지 들렸다.

총리 사브낫바네아는 형님들의 죄를 완전히 용서했다. 어떠한 책임도 묻지 않았다. 총리의 권세로 형님들에게 형벌을 내릴 수 있다. 그러나 형제들을 진심으로 용서했다.

22년 전에 이집트에 왔을 때는 형님들을 원망했다. 그리고 세월이 지나보니 그 모든 것 속에 하나님의 계획과 인도함이 있었다는 것을 깨달았다.

하나님이 자신의 꿈을 이루기 위해서 자신을 이집트로 보내는 과정에 형님들이 그러한 일을 행한 것을 깨달았다. 이제는 하나님의 뜻을 이해할 수 있음으로 형님들을 원망하고 벌을 줄 생각이 없다. 그동안 하나님이 자신을 인도하여 주신 것을 감사했다.

지난번 처음 곡식을 구입하러 왔을 때와, 이번에 곡식을 구입하러 왔을 때, 형님들이 어떠한 생각을 하고 있는지 시험해 보았다. 그때마다 형님들은 22년 전 자신을 팔았던 것을 깊이 후회하고 있는 것을 보았다. 지난날과 같은 형제들의 반목과 미움은 사라진 것을 보았다. 특별히 사랑하는 동생 베냐민을 보호하는 형님들의 따뜻한 사랑을 확인했다.

파라오의 이민 초청장

총리 사브낫바네아의 집에서 울음소리가 들리자 사람들은 이상하게 생각했다. 특별히 총리 집에 있는 청지기들과 하인들도 무슨 영문인지 궁금했다. 그러나 총리 시브낫바네아가 가나안 출신이라는 것은 알았다. 그런데 이번에 곡식을 구입하러 온 가나안 사람들이 총리의 형제들인 것을 알았다. 그래서 어제 점심을 성대하게 준비하여 대접한 것도 알았다.

파라오의 궁전에까지 요셉과 형제들의 울음소리가 들렸다. 파라오는 총리 사브낫바네아의 신변이 궁금해 무슨 연고인지 보고를 받았다. 총리의 고향에서 형제들이 곡물을 구매하기 위해서 왔다는 소식을 듣고 매우 기뻐했다. 궁전에 있는 모든 사람들도 반가워했다.

파라오가 총리 사브낫바네아를 불러 말했다.

"가나안 땅에 있는 아버지와 모든 형제들이 이집트로 이민을 오라고 하시오. 내가 토지와 일자리를 주겠소. 이집트는 모든 것이 풍성하니 가나안에 땅에 있는 잡다한 것은 다 버리고 오라 하세요"(창45:17-20).

파라오는 사브낫바네아가 구 년 동안 총리로 있으면서 한 번도 가족에 대하여 말한 적이 없어서 총리 사브낫바네아는 아무런 혈족이 없는 것으로 생각했다. 그런데 형제들 열한 명이 흉년으로 양식을 구하기 위해서 왔다는 소식을 들었다.

파라오와 이집트 백성들은 사브낫바네아가 흉년의 위기를 지혜롭게 극복하게 해 주는 것에 감사했다. 그러므로 사브낫바네아의 가족에게 얼마든지 은혜를 베풀어 보답하고 싶은 마음이 있었다.

요셉의 아버지 사랑

요셉은 빨리 형제들이 가나안으로 돌아가서 아버지에게 이 기쁜 소식을 전해 주기를 원했다. 아버지가 자신이 살아있다는 소식을 전해 들으면 얼마나 기뻐하실 것을 생각했다. 그래서 형님들을 빨리 가나안으로 올라가도록 했다.

요셉은 형님들에게 각각 옷 한 벌씩 선물을 주었다. 그리고 베냐민에게는 은 돈 삼백과 옷 다섯 벌을 주었다. 그것은 요셉이 자신의 동생 베냐민을 얼마나 사랑하고 보고 싶었는지를 말해 주었다.

요셉의 마음은 베냐민은 돌려보내지 않고 자신과 함께 있으면서 아버지와 형님들을 이집트로 내려오게 하고 싶었다. 그러나 가나안에 계시는 아버지가 염려함으로 형님들과 함께 돌려보냈다.

요셉은 수나귀 열 필과 바로의 궁에서 특별히 사용하는 아름다운 궁전 수레를 가져오게 했다. 그리고 수레에는 이집트의 특산물들과 아름답고 진귀한 선물을 가득히 실었다. 그리고 암나귀 열 필에는 아버지 야곱이 이집트로 내려오시는 길에 먹을 특별한 양식을 실어 보내었다.

요셉은 형제들이 가나안 땅으로 올라갈 때 특별한 부탁을 했다. 올라가면서 22년 전에 도단에서 자신을 팔았던 일 때문에 형님들이 서로 다투지 말라 했다.

분명 형제들이 가나안으로 올라가는 길에 서로 요셉을 팔 때 상황을 말하면서 누가 책임이 있는지 다툴 것이 분명했다. 그리하여 절대로 길에서 지난 날 자신의 일로 인하여 형제들이 다투지 말 것을 부탁했다.

죽기 전에 요셉을 만나리라

이집트에서 요셉과 작별을 한 형제들은 자신들이 구입한 많은 양식과 요셉이 특별히 준 나귀 이십 마리에 각각 실은 진귀한 것들을 가지고 가나안으로 돌아 왔다.

열한 형제들은 아버지 야곱에게 22년 전에 도단에서 죽었다고 생각한 요셉이 살아 있다 했다. 지금 이집트의 총리 사브낫바네아가 바로 요셉이라 했다. 그리고 요셉이 자신들을 극진히 대접한 것과 나귀와 진귀한 물품과 이집트의 궁전 수레를 보낸 것을 말했다.

야곱은 아들들의 말을 신뢰하지 않았다. 야곱은 아들들이 자신을 속이고 거짓말을 한다고 매우 불쾌하게 생각했다. 그동안 요셉이 살아 있다면 소식을 전했을 것이다. 22년 전에 죽었다고 피 묻은 옷을 들고 와서 말했다.

그런데 오늘을 이집트의 총리 사브낫바네아가 요셉이라고 말한다. 아들들이 무슨 일을 꾸미고 있는 것으로 생각했다. 흉년이 들었으니 하나님이 복으로 주신 가나안 땅을 버리고 이집트로 이민을 가자고 꾸민 일이라 생각했다.

그런데 야곱이 아들이 가져온 곡식과 이집트에 생산된 진귀하고 아름다운 물건과 특별한 음식들을 보고 생각이 달라졌다. 특별이 화려하게 만들어진 궁전 수레를 자세히 보니까 그것은 일반적인 수레가 아니었다.

그것은 바로의 궁전에서 사용하는 특별한 파라오의 의전용 수레였다. 아들들이 가져 간 돈으로는 이러한 수레와 나귀와 물품을 구입할 수 없었다.

야곱은 자신의 눈앞에 있는 파라오의 궁전 수레와 물품들을 보고서 아들들이 말하는 것을 사실로 믿었다

"거짓말이 아니구나, 내 아들 요셉이 살아 있구나."

야곱은 그때에야 아들들의 말을 신뢰하며 말했다.

"내가 죽기 전에 빨리 이집트로 가서 요셉을 만나야겠다."

야곱은 요셉이 죽었다고 22년 동안 슬퍼했다. 야곱은 아내 라헬과 요셉을 잃어버린 이후에 하나님 앞에 겸손했다. 인생의 삶이 하나님의 손에 있다는 것을 깨달았다. 사랑하는 아내 라헬과 채색 옷을 입은 요셉이 죽고 그들을 가슴에 묻었다.

그 후 야곱은 살았으나 죽은 자 같았다. 인생에 즐거움이 없었다. 막내 베냐민을 보면 어머니도 없고 형님도 없는 어린 것이 어떻게 살아갈지 염려가 되었다. 그리하여 야곱은 남은 인생을 사는 것은 베냐민을 위해서 살았다. 그런데 죽은 것으로만 생각한 요셉이 살아있다고 한다. 열한 아들이 이집트에 가서 요셉을 만나고 돌아왔다. 야곱도 빨리 요셉을 만나보고 싶었다.

요셉의 꿈을 기억하는 야곱

야곱은 22년 전에 요셉이 꿈 이야기를 할 때를 기억했다.

"아 그때 그 언약의 꿈대로 되었구나. 그 꿈을 하나님이 이루셨구나."

야곱은 마음 깊은 곳에 숨겨 둔 요셉의 꿈을 생생하게 기억했다. 야곱은 여호와 하나님이 요셉의 꿈을 그대로 이루어 주신 것을 진심으로 감사했다.

야곱에게 의문이 있었다. 요셉은 어떻게 해서 이집트로 내려갔을까? 그리고 어떻게 이집의 총리가 되었는지 궁금했다. 이집트에 총리가 되었다면 사람을 가나안 헤브론으로 보내서 기쁜 소식을 전해 주지 않앉을까?

야곱은 그 때에 열명의 아들들이 도단에서 요셉을 이스마엘 상인에게 팔았다는 자백을 들었다.

야곱은 죽은 아들이 살아있다는 기쁜 소식을 듣고 하나님께 영광을 드렸다. 그리고 하나님께 감사했다.

야곱은 할아버지 아브라함의 축복이 아버지 이삭에게 상속되었다. 그리고 야곱이 축복을 상속받고 요셉이 하나님이 주시는 복을 상속받아 감사했다.

그 모든 것이 하나님의 인도하심이었다.

사람의 생각대로 되지 않았다.

하나님의 방법과 뜻을 따라서 이루어진 것이다.

야곱은 믿음의 꿈을 가진 요셉에게 채색 옷을 입혔다.

하나님은 요셉에게 이집트의 총리의 옷을 입혔다.

"그들이 이집트에서 올라와 가나안 땅으로 들어가서 아버지 야곱에게 이르러. 알리어 이르되 요셉이 지금까지 살아 있어 이집트 땅 총리가 되었더이다 야곱이 그들의 말을 믿지 못하여 어리둥절하더니. 그들이 또 요셉이 자기들에게 부탁한 모든 말로 그에게 말하매 그들의 아버지 야곱은 요셉이 자기를 태우려고 보낸 수레를 보고서야 기운이 소생한지라. 이스라엘이 이르되 족하도다 내 아들 요셉이 지금까지 살아 있으니 내가 죽기 전에 가서 그를 보리라 하니라"(창45:25-28).

46. 이집트로 가는 야곱
(창46장)

약속의 자녀들에 금지된 이집트

야곱은 이집트의 최고 통치자 파라오가 자신을 초청하면서 보낸 버금수레를 보고 있었다. 이집트의 최고 권력자 파라오가 타고 다니는 버금수레는 예술적이다. 보통 사람들이 타고 다니는 수레가 아니다. 야곱이 버금수레를 보면서 분명 요셉이 살아있다는 것을 확신했다. 파라오가 이러한 궁전의 의전용 수레를 보내어 자신을 초청한 것을 보면 지금 총리가 사브낫바네아인데 그가 요셉이라는 것을 확신했다.

야곱의 아들들이 이집트에서 양식을 구입하여 온지 며칠이 지났다. 그리고 야곱은 꿈인지 현실인지 분간하기 힘든 기쁜 날을 보내었다.

요셉이 있는 이집트로 빨리 내려가고 만나고 싶었다. 그런데 요셉이 요청한 대로 흉년을 피하여 모든 가족이 이집트로 이민을 가는 것은 조금 망설여졌다. 야곱은 이집트로 내려가서 요셉을 만나보고 다시 가나안 땅 헤브론에 거주하고 싶은 마음이 있었다.

가족 전체를 이끌고 이집트로 이주하는 것은 상당한 모험이다. 무엇보다 하나님의 뜻이 무엇인지 몰랐다. 이집트의 파라오와 요셉이 이민 초청했다. 그러나 하나님의 허락이 없으면 갈 수 없다.

야곱은 할아버지 아브라함과 아버지 이삭으로부터 이집트로 이주하여 어려움을 당한 일을 기억했다. 할아버지 아브라함 때 할머니 사라가 파라오의 첩이 될 뻔한 어려움을 겪었다. 아브라함은 흉년을 피하여 이집트로 내려갔으나 그곳에 오래 머물지 못했다. 하나님이 이집트에 거주하는 것을 허락하지 않았다. 속히 약속의 땅 가나안으로 올라가라 했다(창12:10-20).

야곱이 어릴 때 흉년이 들었다. 그때 아버지 이삭이 모든 가족을 이끌고 이집트로 출발했다. 그러나 하나님은 아버지 이삭이 가는 길을 막으셨다. 아버지 이삭은 그랄에 머물다가 다시 헤브론으로 올라왔다(창6:22).

그리하여 야곱은 깊은 생각에 빠졌다. 아브라함과, 이삭도 흉년을 피하기 위해서 이집트로 내려가는 것을 하나님이 금지했다. 그런데 자신이 이집트로 내려가는 것은 요셉을 만나기 위한 것도 있지만 실상은 흉년을 피하기 위함이었다. 그러므로 파라오와 요셉의 이민 초청을 수락하는 것보다 중요한 것은 하나님의 뜻이다.

하나님은 흉년이나 어떠한 일이 있어도 가나안 땅을 떠나지 말라 말씀했다. 그리고 아브라함에게 약속한 축복의 땅 가나안을 떠나지 말라 했다. 그런데 하나님의 허락 없이 가나안을 떠나 이집트로 가는 것은 쉬운 것이 아니다.

야곱은 모든 가족과 종들에게 이집트로 이주하기 위한 준비를 시켰다. 세일산에 거주하는 에서에게도 통보를 하였다. 이집트로 이주한다

했다. 그리고 헤브론에 있는 가족의 무덤을 돌보라 했다. 그리고 헤브론에 있는 모든 재산을 정리하였다. 이집트로 이민을 가면 언제 돌아올지 모른다. 모든 재산을 정리하고 22년 동안 생활한 헤브론을 출발했다.

야곱은 하란 외갓집에서 20년을 살았다. 숙곳과 세겜에서 10년을 살았다. 그리고 헤브론으로 올라와 22년을 살았다.

헤브론으로 올라올 그때 어머니의 유모가 죽었다. 사랑하는 아내 라헬이 죽었다. 헤브론에 올라와서 아버지 이삭이 죽었다. 그리고 가장 사랑하던 열한 번째 아들 요셉을 잃었다. 괴로움과 고통이 중첩된 헤브론을 떠났다. 이제 살아서 다시 헤브론에 돌아올지는 알 수 없다. 그러나 죽은 것으로 생각한 요셉이 이집트의 총리가 되어있다는 것을 생각하면 속히 가서 만나고 싶었다.

브엘셀바에서 만난 하나님
야곱은 헤브론에서 출발하여 50km를 이동하여 브엘셀바로 왔다. 그곳은 할아버지 아브라함과 아버지 이삭이 오랫동안 머물렀던 곳이다. 그곳은 야곱의 고향이다. 그리고 약속의 우물이 있는 곳이다.

브엘셀바에 잠시 머물면서 아브라함의 축복을 계승하게 하신 하나님 앞에 희생의 제물을 드렸다. 희생의 제물을 드릴 때는 야곱은 열한 명의 아들과 그리고 가족들, 종들도 함께 참여시켰다.

야곱이 브엘셀바에서 희생의 제물을 드린 세 가지 이유가 있다.

첫째는, 죽은 것으로 생각한 요셉이 살아있다는 소식을 듣게 되어 하나님께 감사를 드렸다.

둘째는, 이집트로 이주하는 것이 하나님의 뜻인지 아닌지 하나님의 음성을 듣기를 원했다.

셋째는, 비록 아들 요셉을 만나려 이집트로 내려가지만 하나님이 아브라함을 통하여 주신 언약의 정착지는 가나안이라는 것을 자녀들에게 각인시켰다.

야곱이 브엘셀바에서 희생의 제물을 드린 그날 밤에 전능하신 여호와 하나님께서 야곱에게 나타났다.

"이스라엘이 모든 소유를 이끌고 떠나 브엘세바에 이르러 그의 아버지 이삭의 하나님께 희생제사를 드리니. 그 밤에 하나님이 이상 중에 이스라엘에게 나타나 이르시되 야곱아 야곱아 하시는지라 야곱이 이르되 내가 여기 있나이다 하매, 하나님이 이르시되 나는 하나님이라 네 아버지의 하나님이니 애굽으로 내려가기를 두려워하지 말라 내가 거기서 너로 큰 민족을 이루게 하리라. 내가 너와 함께 애굽으로 내려가겠고 반드시 너를 인도하여 다시 올라올 것이며 요셉이 그의 손으로 네 눈을 감기리라 하셨더라"(창46:1-4).

저녁에 잠을 자는 야곱에게 여호와 하나님이 말씀하셨다.

"야곱아 야곱아"

여호와 하나님이 야곱에게 네 가지를 말씀하셨다.

첫째는, 이집트로 내려가는 것을 두려워하지 말라 했다.

둘째는, 이집트에 가서 야곱의 가족이 한 민족을 이룬다고 했다.

셋째는, 일정한 때가 되면 여호와 하나님이 이스라엘을 가나안으로 헤브론으로 다시 돌아가게 할 것이라 했다.

넷째는, 야곱 너는 이번에 이집트로 내려가 그곳에서 죽을 것이며 요셉이 모든 장례를 할 것이라 했다.

야곱은 꿈속에서 여호와 하나님의 응답을 받았다. 하나님이 이집트로 내려가는 것을 허락하셨다. 그리고 이집트로 내려가는 것은 단순히 요셉을 만나기 위해서가 아님을 알았다.

하나님이 205년 전에 아브람에게 후손들에 대한 예언한 말씀이 있었다. 하나님은 아브람의 나이 85세 쯤 되었을 때이다. 이스마엘이 출생하기 전에 아브람에게 나타나서 횃불 언약을 맺었다. 그때 하나님이 말씀하였다(창15장).

"해 질 때에 아브람에게 깊은 잠이 임하고 큰 흑암과 두려움이 그에게 임하였더니 여호와께서 아브람에게 이르시되 너는 반드시 알라 네 자손이 이방에서 객이 되어 그들을 섬기겠고 그들은 사백 년 동안 네 자손을 괴롭히리니 그들이 섬기는 나라를 내가 징벌할지며 그 후에 네 자손이 큰 재물을 이끌고 나오리라 너는 장수하다가 평안히 조상에게로 돌아가 장사될 것이요 네 자손은 사대 만에 이 땅으로 돌아오리니 이는 아모리 족속의 죄악이 아직 가득 차지 아니함이니라 하시더니 해가 져서 어두울 때에 연기 나는 화로가 보이며 타는 횃불이 쪼갠 고기 사이로 지나더라"(창15:12-17).

하나님이 아브라함에게 횃불언약을 통하여 후손들이 이집트로 이주할 것을 말씀했다. 그 말씀을 하신 후 205년 만에 야곱의 나이 130세에 이집트로 이주를 하는 것을 허락하였다. 그리고 이집트로 가서 400년이 지나서 다시 가나안 땅으로 돌아 올 것이라 언약을 하였다.

그러므로 야곱이 언약을 버리고 이집트로 내려가는 것에 대한 염려를 해결해 주셨다. 그리하여 야곱의 마음은 더욱 가볍고 즐거웠다. 모든 것이 하나님이 인도하신다는 믿음을 가졌다. 그러므로 이집트에 내려가서 이루어질 모든 일들도 하나님이 도우시고 인도한다는 믿음을 가졌다. 그리고 자신은 이집트에서 죽을 것이라는 하나님의 말씀을 들었다. 그리하여 그동안의 파란만장한 험악한 인생을 살아온 야곱은 정든 고향 헤브론과 브엘셀바를 떠났다(창46:1-4).

야곱은 아침 일찍 일어나 모든 가족을 불러 모았다. 그리고 지난 밤에 여호와 하나님이 말씀한 것을 소상하게 전달했다.

이집트로 이주하는 것은 이미 205년 전에 아브람에게 하나님이 예언하셨다는 것을 확인시켰다.

하나님이 아브람에게한 그 약속을 이루기 위해서 지금 이집트로 내려가는 것을 어젯 밤에 여호와 하나님이 나타나 허락을 하심을 알렸다. 그리고 이집트로 이주하여 영원히 사는 것이 아니라 했다. 앞으로 400년 후에 이집트에서 가나안으로 다시 돌아 올 것이라 약속했다.

야곱은 요셉이 보낸 버금수레를 타고 즐거운 마음으로 이집트로 출발했다.

야곱은 인생의 모든 것이 하나님이 역사함을 고백했다. 죽고 사는 것도 하나님의 손에 있었다. 불행한 일도, 고통스러운 일도 하나님의 손을 거쳐 가면 은혜가 되고 복이 되었다. 그때는 괴롭고 힘든 일들이었는데 지나고 보니 그것도 하나님의 은혜요 복이었다.

  야곱은 가나안 땅에서 출생하였다. 130년 동안 살아오면서 일어난 많은 일들을 회상했다. 이제 이곳을 떠나 이집트로 가면 다시는 돌아올 수 없음을 생각했다. 기억의 자리에 남겨진 모든 것이 새롭게 각인되었다. 스쳐가는 풍경 속에 야곱의 지난날의 기억도 잠을 잘 것이다.
  야곱이 22년 전 헤브론에 정착할 때는 열두 아들과 여러 명의 딸들이 있었다. 이집트에 도착한 야곱의 가정에 남자들은 모두 70명이었다.

고센을 정착지로 주소서

  야곱은 왕의대로를 따라서 이집트로 내려가면서 많은 생각을 했다. 이집트에 가면 어디에서 정착할 것인가? 파라오가 어디에 정착할 땅을 줄 것인가? 혹, 요셉이 효도한다면서 번화한 도시로 인도할 것 같았다. 그러한 일들이 일어난다면 야곱의 가문은 이집트의 도시문화에 빠져들게 될 것이다. 이집트의 문화에 동화되기 시작하면 결국은 하나님이 주신 아브라함의 언약은 무너질 것이다. 야곱은 하나님의 허락으로 이집트로 내려가지만 생각이 복잡했다. 야곱은 하나님께 기도하면서 하나님의 인도를 구하였다.

  야곱은 넷째 아들 유다와 몇 명을 선발대를 만들어 이집트에 있는 요셉에게로 보내었다. 중요한 것은 이집트의 넓은 영토 중에서 어디에 정착할 것인지를 협의하도록 했다.
  야곱은 자신의 12 아들 중에 제일 사랑하는 아들은 요셉과 베냐민이다. 그리고 제일 신뢰하는 아들은 유다였다. 유다는 두 번의 곡물을 구입하러 가는 동안 취한 행동이 야곱에게 큰 신뢰를 주었다.

야곱은 이집트의 고센 지역에 거주하기를 원했다. 고센은 나일강 하류에 있는 토지다. 해마다 홍수가 나면 나일강은 범람하여 강물에 많은 토사와 침전물이 고센으로 내려온다. 그리고 홍수가 그치면 푸른 초원이 된다. 그래서 고센의 토지는 검은 색에 가까웠다.

그곳에는 작물을 심으면 풍성한 소출을 내는 곳이다. 그리고 목축업에 가장 좋은 땅이다. 넓은 초지와 풍부한 물이 가까이 있다. 그리고 후일 가나안으로 다시 돌아 갈 수 있는 가까운 곳이다.

그러나 애굽 사람들은 고센 땅을 싫어했다. 그들은 잦은 홍수로 수몰되는 지역을 피하여 거주했다. 그곳의 토질은 검정색에 가까웠다. 이집트에는 고센의 토지보다 더욱 넓고 비옥한 곳들이 많았다. 그리하여 고센은 버려진 땅이었다. 야곱은 그 버려진 고센 땅의 가치를 알았다. 그리고 언약을 이루기에 가장 적합한 입지조건을 가진 곳이다(창 46:28-34).

요셉을 위한 정치적 배려

야곱은 이집트에서 어떻게 부유하게 살까를 생각하지 않았다. 어떻게 하면 하나님이 아브라함에게 주신 언약의 복을 지키며 후손들에게 유지시키느냐를 고민했다.

비록 흉년으로 이주했지만 하나님은 아브라함에게 약속했다. 400년 동안 이방에서 나그네와 같이 살 것이라 했다. 그동안 야곱의 후손들은 이스라엘 민족으로 성장하고, 하나님이 다시 가나안으로 인도할 것이라 약속했다. 그리고 이스라엘 민족에게는 가나안 땅을 주신다고 약속했다. 야곱은 어떻게 하면 하나님의 약속을 유지하며 잘 지킬 수 있는가를 생각했다.

야곱은 자신의 후손들이 순수한 믿음과 신앙을 지키기 위해서는 여호와 하나님만 의지하며 믿을 수 있는 곳을 찾은 결과 고센으로 결정했다. 이집트 사람들은 고센에 접근조차 하지 않는 버려진 땅이다.

야곱이 어떻게 하면 요셉을 평안하게 도울 수 있을까를 생각했다. 요셉은 이집트의 현직 총리이다. 바로의 신하들 중에는 요셉과 경쟁될 수 있는 정치적 인물들도 많다. 그러므로 요셉의 정치에 가족이 장애가 되지 않는 방법을 생각했다. 요셉을 위하여 가족들이 정치 중심에서 아주 멀리 떨어진 곳에 거주하는 것이 좋을 것으로 생각했다.

만약에 이집트의 정치 일번지에서 야곱의 가족이 거주하면 정치적 공격을 받을 가능성도 많았다. 또한 요셉이 지금은 총리로 재임하고 있다. 야곱의 후손들은 모두 유목민들이다. 당시에 유목민은 천민 중에 천민으로 무시당했다.

그러나 하나님이 이스라엘의 한 민족을 이루어 다시 가나안 땅으로 갈 때까지는 400년의 시간이 필요하다. 그러므로 정치적 영향을 받지 않는 곳에 정착하기를 원했다.

야곱의 인생 경험을 통하여 깨달은 것은 요셉의 이집트 총리 생활이 짧을 것임을 알았다. 또한 야곱의 아들과 후손들이 애굽의 정계에 입문하여 요셉과 같은 인물이 나올 것으로 생각하지 않았다.

하나님이 아브람에게 205년 전에 언약한 약속을 이루기 위해서 일찍 요셉을 이집트로 인도하여 총리가 되게 함을 알았다. 그러므로 요셉은 이스라엘(야곱) 가문을 이집트로 이주하는데 길을 열어 주는 역할을 한 것이다. 그러므로 후일에 요셉이 죽으면 권력에 멀어지게 되고 억압과 고통을 받는 이방인으로 살 것을 생각했다. 그러한 가운데 하나님이 한 민족을 이루어 다시 가나안 땅으로 올라가서 가나안에 정착할 것을 생각했다. 야곱은 하나님의 약속과 현재 상황과 앞으로 진행될 미래의 일들을 예측하면서 고센에 정착하기를 원했다. 야곱은 고센에 우선 머물면서 그곳으로 유다가 요셉을 만나 소식을 가져 오기를 기다렸다.

고센에서 요셉을 만난 야곱

유다는 먼저 파라오가 있는 곳으로 내려가 요셉을 만났다. 아버지가 고센 땅에 현재 머물고 있음을 알렸다. 아버지의 뜻은 고센 땅에서 정착하는 것이 좋겠다는 의견을 말했다.

요셉은 형 유다의 말을 듣고 총리의 수레를 타고 신속하게 아버지 야곱이 있는 고센으로 출발했다.

사랑하는 아버지를 만나러 가는 요셉의 마음은 무엇이라 표현하기 힘들었다. 그동안 고향 가나안과 소식을 끊고 살았다. 형들이 자신을 죽이려다 미디안 사람에게 팔아넘긴 아픈 상처를 잊어버리고 싶었다. 그런데 뜻하지 않게 형님들이 곡식을 구하려 왔다. 그리고 아버지가 살아계시고 동생 베냐민도 살아 있다는 소식을 들었다 요셉이 고센에 도착하여 아버지를 22년 만에 만났다. 아버지는 많이 늙었다. 요셉은 아버지의 목을 끌어안고 한없이 울었다. 그동안 참고 견디어 온 그리움을 눈물로 쏟아 내었다.

야곱도 죽은 것으로 생각한 요셉이 하나님의 복으로 이집트의 총리가 되어 나타난 것을 보고 하나님께 감사했다.

그리고 자신의 노년에 이것보다 더 행복하고 즐거운 일이 있겠는가? 그리하여 야곱은 이제 내가 죽어도 소원이 없다며 즐거워했다. 오랫동안 만남의 기쁨을 나누었다.

바로에게 진실을 말하자

아버지를 만난 요셉은 아버지와 형제들과 함께 협의를 했다. 그것은 총리의 가족이 이집트로 이주했기에 반드시 바로와 만나 인사를 해야 한다.

파라오를 만났을 때 묻는 말에 어떻게 대답할 것인가를 협의했다. 그것은 앞으로 요셉의 정치에도 중요한 일이었다. 또한 바로가 야곱 가문이 정착할 땅을 지정해 주는 것과 연관이 있다.

요셉은 아버지와 형제들에게 말했다. 파라오가 너희의 직업이 무엇이냐고 질문하면 우리는 조상 때부터 목축업을 하고 있음을 말하도록 했다. 그리고 가나안 땅에서 모든 재산을 다 가지고 내려왔다고 말하게 했다. 모든 것을 사실대로 말하게 했다. 야곱은 파라오와 대면하였을 때 고센 땅에 거주하도록 허락을 받는 것이 목적이었다.

그 때 파라오가 가장 신뢰하는 사람이 사브낫바네아(요셉)이다. 그리고 가장 의심하는 사람도 요셉이다. 그러므로 총리 요셉의 가문이 정치적 부담감을 주지 않게 하는 것이 필요했다.

이집트 사람들은 짐승을 거룩하다 생각하며 종교적으로 숭배했다. 그러나 가나안 사람들과 같이 목축을 하면서 짐승을 잡아먹는 것을 혐오했다. 그래서 이집트 사람들은 목축업을 하는 사람들을 천민으로 생각했다. 그리하여 사람들은 목축을 하는 사람들과 결혼하지 않았다. 그들이 믿는 신전에 출입도 못하게 했다.

이집트는 신분에 따라 직업이 결정되었다. 직업에 따라 사람을 평가했다. 당시에 목축업은 이집트 사회에서 가장 낮은 천민들의 직업이었다.

요셉은 파라오 앞에 가서 가족들의 직업이 목축업이라는 것을 숨김없이 정직하게 말하게 했다.

또한 가나안에서 모든 소유를 이끌고 왔으므로 바로에게 어떠한 경제적 부담도 받지 않겠다는 뜻을 전했다.

요셉은 자신의 가족을 있는 그대로 바로에게 소개하도록 했다. 총리의 위상을 생각해서 거짓말하지 않았다. 요셉은 바로에게 부담을 주지 않으려 했다. 또한 불필요한 정치적 오해를 유발하지 않도록 했다. 그리하여 아버지가 선택한 고센 땅을 바로가 허락하기를 원했다.

"이스라엘이 모든 소유를 이끌고 떠나 브엘세바에 이르러 그의 아버지 이삭의 하나님께 희생제사를 드리니, 그 밤에 하나님이 이상 중에 이스라엘에게 나타나 이르시되 야곱아 야곱아 하시는지라 야곱이 이르되 내가 여기 있나이다 하매, 하나님이 이르시되 나는 하나님이라 네 아버지의 하나님이니 애굽으로 내려가기를 두려워하지 말라 내가 거기서 너로 큰 민족을 이루게 하리라. 내가 너와 함께 애굽으로 내려가겠고 반드시 너를 인도하여 다시 올라올 것이며 요셉이 그의 손으로 네 눈을 감기리라 하셨더라"(창46:1-4).

"야곱이 유다를 요셉에게 미리 보내어 자기를 고센으로 인도하게 하고 다 고센 땅에 이르니, 요셉이 그의 수레를 갖추고 고센으로 올라가서 그의 아버지 이스라엘을 맞으며 그에게 보이고 그의 목을 어긋맞춰 안고 얼마 동안 울매, 이스라엘이 요셉에게 이르되 네가 지금까지 살아 있고 내가 네 얼굴을 보았으니 지금 죽어도 족하도다, 요셉이 그의 형들과 아버지의 가족에게 이르되 내가 올라가서 바로에게 아뢰어 이르기를 가나안 땅에 있던 내 형들과 내 아버지의 가족이 내게로 왔는데, 그들은 목자들이라 목축하는 사람들이므로 그들의 양과 소와 모든 소유를 이끌고 왔나이다 하리니. 바로가 당신들을 불러서 너희의 직업이 무엇이냐 묻거든 당신들은 이르기를 주의 종들은 어렸을 때부터 지금까지 목축하는 자들이온데 우리와 우리 선조가 다 그러하니이다 하소서 애굽 사람은 다 목축을 가증히 여기나니 당신들이 고센 땅에 살게 되리이다"(창46:28-34).

47. 요셉의 하나님
(창47장)

파라오의 대면을 위한 치밀한 계획

야곱은 인생 경험이 풍부하였다. 이집트의 국경에서 이틀 거리에 위치한 고센에 머물면서 아들 요셉을 만났다. 죽었다 생각한 아들이 살아 있다. 그곳도 이집트의 총리가 되어 있었다. 그 모든 것이 꿈을 꾸는 것 같이 믿어지지 않았다.

인생은 삶의 과정에서 알 수 없고, 이해되지 않는 일들이 있었다. 그 모든 것은 하나님의 깊은 관심과 계획 속에 이루어진 것이다.

그때는 알 수 없었다. 그래서 절망하고 원망하고 낙심했다. 지나고 보면 하나님이 세밀하게 준비하시고 인도하였다. 야곱은 살아계시는 하나님의 인도에 늘 감사를 드렸다.

요셉은 파라오에게 자신의 가족을 소개시키는 준비를 했다. 아버지와 함께 형제들 5명을 선택했다. 모든 형제들이 다 파라오를 만나도 문제가 되지 않는다. 그러나 요셉은 파라오의 마음을 기쁘게 하기 위해서 형제들 5명만 선택했다. 이집트 사람은 숫자 중에서 '5'를 가장 좋아한다. 축복과 행운의 숫자로 생각했다.

요셉이 파라오 앞에 나가서 말했다. 아버지와 형제들이 양과 소와 모든 소유를 가지고 지금 고센 땅에 있다고 했다. 그리고 오늘 인사하려고 아버지와 형제들이 왔다고 했다.

요셉의 다섯 형제가 바로에게 엎드려 절했다. 궁전에는 통역관들이 있었다.

파라오는 요셉의 다섯 형제들에게 생업이 무엇이냐고 질문했다. 이집트 사회는 직업이 사회적 신분을 결정한다. 그러므로 첫 대면에 직업을 알아야 그 사람의 사회적 신분을 알 수 있다.

"조상 대대로 목자로 살아왔습니다. 지금도 짐승을 먹이는 목자입니다."

이집트 사람들은 비옥한 토지에 농사를 지었다. 그들은 한 곳에 집단촌락을 형성하여 살았다. 그러므로 목축업 같은 유동적 삶을 싫어했다. 그리하여 목축업을 좋은 직업으로 생각지 않았다.

요셉의 형제들이 파라오에게 말했다. 지금 가나안 땅에 기근이 너무 심하여 목초지가 없어진 사정을 설명했다. 그래서 극심한 흉년을 피하여 잠시 고센 땅에 거주를 요청했다. 흉년이 끝나면 다시 가나안으로 돌아가겠다고 했다.

고센 땅은 이집트 사람들은 기피하는 곳이다. 그리고 국경과 가까운 곳으로 군사적 요충지다. 그러므로 가나안 지역에서 언제나 침략을 할 수 있는 위험한 곳 이었다.

이집트의 중기 왕조는 고센 지역을 통하여 이집트를 점령하고 지금 지배하고 있다. 그러므로 고센 땅이 군사적으로 얼마나 중요한지 파라오도 잘 알고 있다. 그런데 그 땅을 요셉의 형제들이 거주지로 요청했다.

파라오는 충성된 요셉을 생각하여 고센 땅에 아버지와 형제들이 거주하도록 허락했다. 그리고 요셉에게 한 가지 요청을 했다. 파라오의 가축을 돌보는 책임을 형제들에게 부탁했다. 이집트인들은 목축업을 선호하지 않았지만 그들의 식탁에는 늘 고기가 있어야 했다. 파라오도 자신의 궁전에 안정적으로 고기를 공급하기 위하여 전용 목장이 있었다. 파라오의 궁전 목장을 요셉의 형제들이 관리해 줄 것을 명령했다.

요셉의 형제들은 파라오의 부탁을 즐겁게 받아 들였다. 비록 이집트 사람들이 싫어하는 목자였지만 파라오가 소유한 목장을 관리하는 것은 대단한 영광이었다.

파라오를 축복하는 야곱

요셉은 다시 자신의 아버지 야곱을 파라오에게 소개했다. 야곱은 파라오를 향하여 축복했다. 일상적 의전관계는 모든 사람이 절대 권력자 파라오의 권위 앞에 엎드려 절을 했다. 그것은 파라오의 지배와 권위 아래 복종하는 고백의 형태를 가진다. 그러나 야곱은 파라오와 수평적 대등한 관계에서 축복했다.

야곱이 파라오를 축복한 것은 여호와 하나님께서 요셉을 축복하여 총리로 세워 주심을 감사했다. 흉년 동안 가족들을 이집트로 이주하게 해 주신 하나님께 감사했다. 그리하여 야곱은 파라오를 여호와 하나님의 이름으로 축복했다.

파라오가 야곱에게 나이가 몇 살인가를 질문했다.

야곱이 말하기를 자신의 나이는 130세라고 했다 그리고 자신의 인생의 삶은 험악한 세월을 살았다고 했다. 야곱의 인생은 남다른 고통과 시련을 많이 당했다.

바로와 야곱의 대화는 계속되었고 서로를 인정하며 동감했다. 야곱은 파라오에게 다시 여호와 하나님의 이름으로 축복하고 고센으로 돌아왔다(창47:9).

요셉은 아버지와 가족이 고센에서 생활할 수 있는 모든 것을 지원했다. 흉년에 풍성한 양식도 공급했다. 고센에서 목축업을 하는데 발생할 수 있는 현지인들과의 갈등 문제도 파라오의 명령권으로 평화롭게 조정했다.

요셉의 가족들이 파라오의 궁전목장을 관리하는 자들이었기에 현지인들도 함부로 대하지 못했다. 요셉은 아버지와 형제들이 극심한 흉년 중에 근심 없이 생활하도록 했다. 국경을 수비하는 군사들에게도 특별한 보호를 하도록 명령했다.

하나님의 지혜를 구하는 요셉

요셉은 늘 여호와 하나님 앞에 무릎 꿇고 기도했다. 7년의 흉년 중에 3년으로 접어들었다. 아직도 남은 5년 동안 어떻게 해야 할지 하나님 인도를 받았다. 7년의 흉년은 이집트 한 나라에 국한된 문제가 아니었다. 당시 아프리카와 가나안 전역의 문제다. 국제적으로 장기적 기근과 흉년을 지혜롭게 넘어 갈 방법을 하나님께 기도했다.

칠 년 동안 계속된 흉년은 하나님의 징벌이었다. 이집트와 가나안 땅과 아프리카 지역은 식물이 성장하지 못했다. 곡물 생산은 전무한 상태였다. 가뭄이 극심했다. 초지가 사라짐으로 가축을 사육하는 것도 불가능한 현실이 되었다. 그러한 현실은 나일강 주변에 비옥한 토지를 가진 이집트에도 동일했다. 이집트에 흉년이 들었다는 것은 주변 국가는 말할 것이 없다.

이집트 사람과 가나안과 주변 국가는 이집트에 비축된 양식을 구입하기 위해서 치열한 경쟁이 있었다. 그러나 요셉은 비축된 곡물 판매를 지혜롭게 조절했다.

당시에 통용되는 화폐는 은화였다. 국가에서 화폐를 발행한 것이 아니다. 그러므로 은의 무게를 달아서 값을 계산해서 곡물을 판매했다. 아무리 많은 은화를 가져와도 곡물은 일정한 양만 판매했다. 은화가 중요한 것이 아니었다. 비축한 곡물을 공정하게 분배하여 함께 생존하게 하는 것이 목적이다.

이집트 백성들이 가진 은화나 주변 국가의 모든 은은 곡물을 구입하는데 사용했다. 그결과 파라오는 이집트를 중심으로 한 근동지역의 모든 경제권 중심이 되었다. 모든 화폐는 바로의 것이 되었다.

흉년, 육 년에 접어들었을 때다. 이집트 백성들과 아프리카와 가나안 지역의 사람들은 가지고 있는 모든 은을 사용했다. 그러자 사육하는 짐승을 끌고 와서 양식과 바꾸었다.

흉년 칠 년에는 이집트 사람과 주변 국가들은 자신들의 토지를 바로에게 주고 양식을 구했다. 그리하여 이집트 전역에 모든 토지는 바로의 소유가 되었다.

이집트 사람들과 주변 국가들은 더 이상 자신들의 재산을 가진 것이 없었다. 은, 짐승, 토지 등 모든 재산을 곡식과 바꾸었다. 남은 것은 그들의 몸이며 생명뿐이다.

하나님의 지혜를 받는 요셉이 곡물 정책을 통하여 이집트는 주변 국가의 최강 국가가 되었다. 주변 국가의 모든 경제권을 이집트의 파라오가 가지게 되었다. 그리고 수많은 사람의 생명을 살렸다.

요셉은 늘 기도하였다. 그리고 하나님께 지혜를 구했다. 이제 7년 흉년이 끝나는 상황에서 파라오의 소유가 된 모든 토지를 처분하는 것을 연구했다. 어떻게 하면 백성들이 평안하게 생활할 수 있을지 생각했다. 그리하여 요셉은 토지법과 경작에 필요한 정책을 만들었다.

제사장의 소유 토지 이외 모든 토지는 바로의 것이 되었다. 그러나 그것을 백성들에게 경작하게 했다. 그리고 작물의 소출의 1/5을 파라오에게 세금으로 내도록 했다. 당시에 이집트 주변 국가들은 토지를 소작할 경우에는 소출의 절반을 지주에게 주었다. 그러나 요셉은 백성들에게 경제적 부담을 주지 않는 최고의 토지 정책을 시행했다.

모든 백성들은 자신들을 칠 년 흉년에 생명을 구해 준 것을 감사했다. 그리고 요셉의 토지정책을 즐겁게 수용했다.

극심한 흉년은 모든 사람들이 파종할 종자까지 다 먹게 했다. 그러므로 칠 년 흉년이 끝난 이후에 토지에 파종할 종자가 없었다. 칠 년 흉년이 끝나도 땅에 파종할 씨앗이 없다면 그것도 흉년과 같은 것이다.

요셉은 백성들에게 파종할 종자를 공급했다. 사람들은 요셉이 공급한 종자를 파종했다.

하나님을 의지한 요셉의 지혜로 칠 년 흉년이 끝났다. 이집트에서는 흉년으로 죽은 자들이 없었다. 하나님의 지혜를 받은 요셉의 정책으로 모두 생존할 수 있었다.

요셉이 준 종자를 파종하여 풍년이 되었다. 칠 년의 흉년이 지났다. 하나님의 축복으로 큰 풍년이 들었다. 모든 백성들은 요셉이 정한 토지법에 따라서 파라오에게 즐거운 마음으로 세금을 내었다.

하나님을 의지한 요셉의 지혜로 파라오는 이집트를 중심한 모든 국제 경제권을 장악했다. 이집트의 국력은 최고 강력한 힘을 가졌다. 백성들은 칠 년 흉년에서 생존하여 축복된 인생을 살게 되었다.

요셉이 믿은 여호와 하나님이 전능하시다는 것을 만천하에 증명했다. 무엇보다 요셉의 지혜가 여호와 하나님으로부터 나온 것을 파라오와 모든 사람이 인정했다.

야곱의 유언

고센 땅은 흉년 기간 중에도 비교적 나일강의 수원 공급이 되었다. 칠 년 흉년이 끝나고 풍년이 시작되었다. 고센의 비옥한 토지에서 곡식도 잘되고 짐승들도 번성했다. 흉년을 피하여 떠난 가나안 땅에도 풍년이 들었다.

이제 남은 일은 때가 되면 이집트를 떠나 가나안으로 돌아가는 것이다. 이집트는 흉년을 피하여 잠시 머무는 나그네로 왔다. 그러나 풍년이 왔지만 야곱의 가족들은 가나안 땅으로 가지 못했다.

고센에서 머물면서 파라오의 짐승을 관리하는 중책을 수행했다. 요셉은 여전히 이집트의 총리로 지혜롭게 국사를 이끌었다.

야곱이 이집트로 이주한지 십칠 년의 세월이 지났다. 야곱의 일생에 가장 평안하고 행복한 시간을 보내었다.

야곱은 자신의 죽음이 임박함을 알았다. 야곱은 십칠 년 전에 이집트로 이주할 때 브엘셀바에서 희생의 번제를 드린 후에 여호와 하나님이 말씀한 것을 기억했다.

야곱은 요셉을 불러 자신의 허벅지 아래 손을 넣고 여호와 하나님 앞에 맹세하게 했다. 그리고 브엘셀바에서 여호와 하나님이 말씀하신 것을 요셉에게 말하였다. 그러므로 야곱은 자신이 죽으면 이집트에 절대로 장사하지 말고 가나안 땅 헤브론에 있는 상수리나무 숲이 있는 마므레 막벨라 굴에 장사지내라고 유언 했다. 그것은 하나님의 명령이라 했다. 가나안땅 마므레 막벨라 굴은 아브라함과 이삭의 무덤이다. 그곳에 자신의 장사를 지내라 했다.

야곱은 요셉에게 자신의 죽음 이후 장례에 대한 문제를 여호와 하나님의 약속에 기준하여 말하고 맹세 시켰다.

그때 야곱의 나이 147세였다. 요셉이 장례에 대한 맹세를 하자 하나님 앞에 마지막 힘을 다하여 경배했다. 당시 야곱은 쇠약한 몸으로 침상에서 거동조차 불편했다(창47:27-31).

파란만장한 인생은 언젠가 끝이 있다.
죽음은 언젠가 다가온다.
죽음 앞에 하나님의 언약의 약속을 기억하고
후손들에게 언약을 이룰 것을
새로운 약속을 하였다.

"이스라엘이 죽을 날이 가까우매 그의 아들 요셉을 불러 그에게 이르되 이제 내가 네게 은혜를 입었거든 청하노니 네 손을 내 허벅지 아래에 넣고 인애와 성실함으로 내게 행하여 애굽에 나를 장사하지 아니하도록 하라. 내가 조상들과 함께 눕거든 너는 나를 애굽에서 메어다가 조상의 묘지에 장사하라 요셉이 이르되 내가 아버지의 말씀대로 행하리이다"(창47:29-30).

48. 이스라엘의 임종 준비
(창48장)

죽음 앞에 선 야곱

야곱은 이집트로 이주한 후 17년 동안 평안하게 살았다. 이스라엘(야곱)의 나이 147세가 되었다. 육체적으로 기력이 쇠진하고 시력을 상실했다. 일상은 침상에 누워 생활했다. 시간이 갈수록 점점 건강은 악화되었다. 요셉이 보낸 궁중 의사가 항상 대기하며 치료를 했으나 회복되지 못했다. 이스라엘의 건강상태는 매일 요셉에게 보고되었다. 이스라엘을 돌보던 의사들은 회복될 수 없다는 진단을 하여 요셉에게 연락을 했다.

이스라엘은 자신의 죽음이 임박함을 깨달았다. 육신은 노약했지만 정신은 총명했다. 그래서 자신이 죽기 전에 자손들에게 가문의 질서를 세우고 축복의 언약을 계승시키려 했다.

이스라엘은 요셉에게 연락을 하여 두 아들과 함께 오라 했다. 요셉은 즉시 아버지께로 왔다. 이스라엘은 열두 아들과 모든 손자들 그리고 모든 가족을 불러 모았다.

이스라엘이 침상에 누웠고, 요셉은 그의 아들 므낫세와 에브라임과 함께 엎드려 문안 인사를 올렸다. 이스라엘이 요셉에게 함께 온 사람들이 누구냐고 확인 질문했다. 요셉은 자신의 아들 므낫세와 에브라임이라 말했다.

이스라엘은 자신이 장자권과 족장권을 상속받는 과정에서 형 에서와 갈등을 기억했다. 그리고 이스라엘은 자신이 죽은 후에 12아들과 후손들이 장자권, 족장권으로 갈등을 가질 것을 예상했다. 그리하여 자신이 죽기 전에 장자권과 족장권을 정리하기로 했다. 그리고 요셉의 아들 므낫세와 에브라임의 신분도 정리하기로 했다. 그 이유는 야곱의 11명의 아들과 후손들은 모두 세겜에 살고 있었다. 그러나 요셉과 그의 아들 므낫세, 에브라임은 이집트의 바로의 궁전 옆에 살았다. 야곱의 손자들이지만 친족 간에 교류가 별로 없었다. 그리고 생활에 있어 차등이 있었다. 그리하여 이스라엘의 열한 명의 아들과 손자들, 가족들은 요셉의 아들 므낫세와 에브라임은 자신의 친족인지 아닌지에 대하여 의문을 가졌다.

장자권, 족장권을 받은 요셉의 복

이스라엘은, 아버지 이삭이 자신에게 장자권과 족장권의 안수를 한 것을 기억했다. 이스라엘은 자신의 고통스러운 인생 경험에서 형 에서와 관계에서 장자권과 족장권에 대한 분쟁을 다시 기억했다. 고뇌에 찬 기억들이 스쳐간다.

이스라엘은 자신이 70년 전에 형 에서의 분노를 피하여 하란으로 도망할 때, 가나안 땅 루스에서 여호와 하나님을 만났다. 그때 이스라엘에게 나타나신 여호와 하나님이 복을 주셨다. 여호와 하나님이 생육하고 번성하게 할 것을 언약했다. 그리고 이스라엘을 통하여 많은 백성이 나올 것이라고 언약했다. 그때 이스라엘이 누워 있는 가나안 땅을 자신의 자손들에게 영원히 줄 것이라고 하나님이 복을 주셨다.

이스라엘은 70년 전에 루스에서 받은 여호와 하나님의 복이 할아버지 아브라함과, 아버지 이삭에게도 주신 복의 유산을 자신이 받았다. 그리고 이제 이스라엘은 임종이 임박함으로 하나님이 주신 복의 상속권을 요셉에게 유산으로 상속시키려 했다.

이스라엘은 모든 가족들에게 자신이 죽은 후에도 여호와 하나님이 주신 복의 땅 가나안으로 반드시 돌아가도록 했다.

이스라엘이 요셉에게 복의 언약을 전수시킨 것은 이유가 있다. 당시에 야곱의 열두 아들이 있지만 가장 능력 있고 신뢰할 수 있는 아들은 요셉이었다.

출생 순서로는 야곱의 첫 번째 아들은 르우벤이다. 그러나 르우벤은 장자권을 지키지 못했다. 이스라엘은 자신의 장자 르우벤이 자신의 아내 빌하와 간통을 한 사실을 알고 있다. 르우벤은 자신의 감정과 욕정을 절제하지 못하였다. 그러므로 르우벤은 출생 순서로는 장자이만 장자권을 상실했다.

둘째 아들 시므온과, 셋째 아들 레위는 세겜에서 딸 디나가 하몰의 아들 세겜에게 강간당했을 때. 할례를 한 세겜의 남자들을 잔인하게 살인했다. 그리고 재산을 약탈하였다. 그들은 이스라엘의 인생에 최대의 위기를 만들었다. 그리하여 가문을 위기로 몰아 간 그들을 장자권 상속에서 제외시켰다.

이스라엘은 다른 모든 아들을 비교했다. 그중에 최고는 요셉이었다. 그리하여 이스라엘의 장자권, 족장권의 상속은 열한 번째 아들 요셉에게 주었다.

이스라엘은 자신의 뜻대로 장자권을 줄 수 있다. 그러나 중요한 것은 하나님의 역사와 인도하심이었다. 그리하여 이스라엘은 12아들을 향한 전능하신 하나님이 어떻게 인도하는지 객관적으로 보았다. 여호와 하나님이 자신의 열두 아들 중에 요셉에게 함께 하며 지혜와 권능을 주는 것을 보았다. 요셉은 17살 때에 아브라함이 주신 세계적인 민족을 이루는 꿈을 꾸었다. 하나님이 주신 그 꿈대로 요셉은 되었다.

이스라엘은 꿈을 가진 요셉을 형제들이 미워하여 죽이려 하다가 노예로 팔았다는 것을 이집트에 이주한 후에 알았다. 그리고 하나님이 아브라함에게 횃불 언약을 주셨다. 그때 아브라함의 후손들이 이집트로 이주할 것을 말씀했다. 그리고 400년 후에 다시 가나안으로 돌아 올 것을 말씀했다. 아브라함의 횃불 언약을 이루기 위해서 쓰임 받은 아들이 요셉이다.

요셉이 이집트에 먼저 노예의 신분으로 왔다. 그리고 가족들을 이민 오게 하였다. 그 모든 것에서 하나님이 요셉을 사용함을 보았다. 그러므로 요셉에게 가문의 장자권과 족장권을 상속해 주는 것이 하나님의 뜻임을 확신했다.

이스라엘은 자신이 곧 죽을 것임을 자손들에게 말했다. 그리고 가문의 장자권과 족장권을 요셉에게 준다고 공개적으로 선포했다. 이스라엘의 결정에 모든 가족은 수긍했다.

이스라엘은 요셉에게 장자권과 족장권을 준다고 가족들에게 공포함으로 요셉은 장자의 권리로 형제들보다 갑절의 복을 받게 된다. 그리하

여 이스라엘은 요셉의 아들 므낫세와 에브라임을 이스라엘의 양자로
입적하여 유업을 받게 할 것임을 선포했다.

  이스라엘의 147년 일생은 험악한 세월이었다. 그 중에 가장 고통으
로 남은 일이 있다.

  사랑하던 아내 라헬이 죽은 것이다. 라헬은 베냐민을 낳고 죽었다.
라헬이 죽었을 때 요셉은 17세였다. 요셉은 가나안 헤브론에 도착한
후 1년이 지나서 앓아서 행방불명이 되었다. 그러므로 요셉이 가나안
을 떠난 지 오래 되었으므로 어머니 라헬의 묘가 정확하게 어디에 있는
지 몰랐다. 그래서 요셉에게 어머니 라헬의 묘지가 에브랏 길가에 있다
고 알려 주었다. 그리고 그 묘지 앞에는 이스라엘이 세운 돌비석이 있
음도 알려 주었다. 그러므로 요셉에게 어머니의 묘지가 있는 가나안 땅
으로 돌아가라 했다(창48:7). 그리고 이스라엘은 자신이 곧 죽을 것이
라 했다. 그리고 자신의 시신은 가나안 땅 헤브론의 마므레 상수리나무
숲에 있는 동굴에 장사지내라고 유언했다. 이스라엘은 자신이 죽은 이
후에 야곱의 후손들이 하나님의 복으로 한 민족이 될 것이라 했다. 그
리고 하나님이 허락하시는 그때가 되면, 모든 자손은 가나안 땅으로 돌
아가야 될 것이라 했다.

이스라엘의 양자가 된 므낫세, 에브라임

  이스라엘은 요셉의 두 아들 므낫세와 에브라임에 대한 신분을 정리
했다. 요셉의 결혼은 27년 전에 이집트의 바로의 명령으로 온의 제사
장 보디베라의 딸 아스낫과 결혼을 했다. 그리고 바로는 요셉의 이름을

사브낫바네아로 개명시켰다. 요셉이라는 이름은 가족들만 사용한다.

요셉의 장인이 된 제사장 보디베라는 하나님을 믿지 않는 이방 우상을 섬기는 제사장이다. 요셉은 그의 딸 아스낫을 통하여 자녀를 낳았다.

이스라엘이 가나안에서 이집트로 내려오기 전에, 요셉이 이집트에서 낳은 아들이 므낫세와 에브라임이다. 그리고 야곱이 이집트에 이주한 이후에도 여러 자녀를 낳았다. 그러므로 요셉이 낳은 자녀들이 아브라함의 언약을 가진 자들인가에 대한 의문이 생길 수 있다.

요셉의 형제들은 요셉의 아들 므낫세와 에브라임은 아브라함의 언약의 자손이 아니라 생각했다. 이집트 이방인으로 생각했다. 야곱의 후손들에게 발생한 미묘한 가족 소속에 대한 갈등이 있었다.

이러한 민감한 부분은 이스라엘이 살아 있을 때에 거론하기 어려웠다. 그러나 내면적인 갈등과 분쟁이 존재한 것을 이스라엘은 알았다. 그리고 요셉이 총리로 있는 동안에는 형제들이 므낫세와 아브라임에 대한 아브라함의 혈통에 대하여 말하지 못할 것이다. 그러나 이스라엘과 요셉의 세대가 지나서 후손들이 요셉의 자녀들에 대한 신분 논란이 발생할 수 있다. 그때는 므낫세와 에브라임의 신분을 명확하게 해결해 줄 사람이 없다. 그러한 논쟁으로 후손들이 분열될 수 있었다.

이스라엘은 이러한 민감한 문제를 죽기 전에 자신이 깨끗하게 정리하기로 했다. 그리하여 요셉에게 므낫세와 에브라임을 데리고 오라고 한 것이다. 그리고 모든 가족을 소집하였다.

이스라엘은 요셉의 여러 자식들 중에서 자신이 이집트로 내려오기 전에 출생한 므낫세와 에브라임을 자신의 양자로 선택하고 공포했다.

"내가 너를 만나러 이집트로 오기 전에 네가 얻은 두 아들 에브라임과 므낫세는 이제 르우벤이나 시므온과 같이 내 아들 이스라엘의 항렬에 들어야 한다. 그 아이들 다음으로 난 아들들이 네(요셉) 자식이 되는 것이다. 그 아이들(므낫세, 에브라임)은 형들이 차지할 유산을 상속받을 것이다"(창48:5-6).

요셉이 이집트에서 낳은 아들 므낫세와 에브라임은 할아버지 이스라엘이 양자로 입적을 시켰다. 그러므로 므낫세와 에브라임은 요셉의 아들이지만 그 순간부터 이스라엘의 아들이 되었다. 요셉은 세 번째 낳은 아들부터 자신의 아들이라 하게 되었다.

이스라엘은 자신의 12아들이 있다 그리고 손자를 양자로 입적한 므낫세, 에브라임이 아들의 반열에 들어 왔다. 그리하여 이스라엘의 아들은 14명이 되었다.

할아버지가 손자를 양자로 안수하여 받아들이는 것은 그 당시의 가족법이다. 또한 손자를 양자로 입적하는 모든 권한은 족장 이스라엘에게 있었다. 족장의 절대적인 권한이다.

그러므로 이스라엘이 죽은 이후에 므낫세와 에브라임에 대한 이스라엘 족속인지 아닌지에 대한 혈족 논쟁의 불씨를 사라지게 했다.

이스라엘은 양자로 입양한 므낫세와 에브라임에게 자신의 아들임을 선포했다. 그리고 임종 전에 아들에게 주는 복을 그들에게 먼저 주기로 했다. 그것은 므낫세와 에브라임에 대한 확실한 혈족 신분 확증이었다.

이스라엘은 이미 육신이 노쇠하여 기력이 부족했다. 그리고 시력을 상실함으로 눈앞에 누가 있는지 알 수 없다. 요셉은 자신의 아들 므낫세와 에브라임을 인도하여 엎드려 절하게 했다. 그리고 장자 므낫세는 이스라엘의 오른손 앞에 앉게 했다. 차자 에브라임은 야곱의 왼손 앞에 앉게 했다.

이스라엘이 축복기도를 위하여 손을 머리 위에 얹었다. 그런데 이스라엘은 오른 손은 왼쪽에 있는 에브라임의 머리 위에 얹었다. 왼손은 오른쪽에 앉아 있는 므낫세에게 얹었다. 이스라엘이 축복하는 손이 가위 형태로 되어 축복 안수를 하려 했다.

이러한 모습을 본 요셉이 아버지에게 말했다. 아버지의 축복의 손이 오른손과 왼손이 바꾸어졌다고 했다. 요셉은 오른손으로는 장자 므낫세를 축복하고 왼손으로는 에브라임을 축복하기를 원했다. 요셉은 장자 므낫세가 더욱 큰 복을 받기를 원했다. 그런데 그것은 요셉의 생각이었다. 요셉은 장자 므낫세를 사랑했다.

이스라엘은 이미 시력을 상실했기 때문에 자신 앞에 축복을 받기 위해 있는 므낫세와 에브라임이 누군지를 정확히 확인했다. 그런데 하나님께서 임종을 준비하는 이스라엘에게 말씀하셨다. 손자 므낫세와 에브라임을 양자(아들)로 입적하라 했다. 그리고 장자 므낫세보다 차남 에브라임을 실질적 장자로 축복하라 하셨다.

요셉이 말한 대로 오른쪽에는 장자 므낫세가 있었다. 왼쪽에는 차자 에브라임이 있었다. 이스라엘은 하나님의 뜻을 따라서 다시 손을 어긋나게 얹었다. 오른 손은 왼쪽에 있는 에브라임에게 얹었다. 왼손을 오른쪽에 있는 므낫세에게 얹었다.

그때 요셉이 다시 말했다. 아버지가 손을 어긋 얹었다는 말을 했다. 야곱은 눈으로 볼 수 없다. 그러나 요셉을 통하여 자신의 손이 정확하게 의도한 대로 오른손이 에브라임에게. 왼손이 므낫세에게 얹어진 것을 확인했다.

하나님의 뜻을 따라 축복하라 (창48:15-16)

　이스라엘이 축복 기도를 하기 전에 자신의 손이 누구에게 올려졌는지 요셉을 통하여 간접적 확인을 한 이유가 있다.

　70년 전에 이스라엘은 에서와 아버지 이삭으로부터 축복 기도를 받을 때 비극적인 문제가 발생했다. 이삭도 그때 시력을 상실했다. 아들을 에서와 이스라엘의 목소리로 구분했다. 아버지 이삭은 하나님의 뜻을 버리고 자신의 생각으로 에서에게 장자권과 족장권을 주기로 했다. 그리하여 이스라엘은 장자의 축복을 받기 위해서 어머니 리브가와 모의를 했다. 그리하여 하나님의 뜻대로 이스라엘이 축복을 받았다. 그러나 형 에서가 자신의 장자권과 족장권의 복을 가로채어 갔다며 이스라엘을 죽이려 했다. 그리하여 살기 위해서 외갓집 하란으로 도망갔다. 그러므로 이스라엘은 지난날 자신과 같이 장자권과 족장권에 대한 안수를 하나님의 뜻을 따라서 하기 위해서 요셉을 통하여 므낫세와 에브라임이 앉은 곳을 다시 확인한 것이다.

　이스라엘이 에브라임과 므낫세를 위하여 축복했다.

"내 할아버지 아브라함과 내 아버지 이삭이 섬기던 하나님,

오늘날까지 평생 나의 목자가 되신 하나님이시여,

나를 모든 환난에서 구해 주신 사자시여,

이 아이들을 축복하소서.

이들이 나와 내 할아버지 아브라함과

내 아버지 이삭의 이름으로 불리게 하시며
세상에서 번성하여 많은 자손을 갖게 하소서."

요셉은 아버지의 오른손이 에브라임의 머리에 오른 것을 보고는 오른쪽 므낫세의 머리로 옮겼다. 그러나 야곱은 다시 오른손을 에브라임의 머리 위에 올렸다.

요셉은 기분이 상했다. 장자 므낫세가 당연히 장자의 축복을 받기를 원했다. 그런데 이스라엘은 둘째 아들 에브라임에게 장자의 축복을 하였다.

요셉은 다시 아버지에게 그렇게 축복하지 말라고 요청했다. 요셉의 말을 들은 이스라엘이 말했다(창48:19).

이스라엘은 자신이 손을 서로 어긋맞게 얹고 기도한 것이 실수가 아니라 하나님의 뜻이라 했다. 므낫세도 큰 족속을 이룰 것이다. 그러나 에브라임은 더욱 큰 족속을 이룰 것이라 했다. 이스라엘은 다시 에브라임과 므낫세를 축복했다. 이스라엘이 에브라임과 므낫세를 축복한 것은 이스라엘의 아들 중에 첫 번째 유언 축복이다.

이스라엘의 예언

이스라엘은 요셉과 주변에 있는 후손들에게 유언 예언을 했다. 자신은 죽을 것이다. 그러나 하나님은 영원하시며 항상 후손들과 함께 할 것이라고 축복했다.

하나님이 함께 하심으로 때가 되면 후손들이 가나안 땅으로 들어갈 것을 예언했다. 그리고 가나안 땅에 들어 갈 때는 치열한 전쟁을 통하여 들어갈 것임을 예언했다(창48:22).

이스라엘의 예언은 후일 400 여년이 지난 어느 날 이스라엘의 후손들이 이집트를 떠날 것이라 했다.

그때는 이스라엘의 후손들이 이스라엘 백성으로 한 족속을 이룰 것을 말한다. 그리고 가나안 족속과 전쟁을 통하여 약속의 땅을 빼앗을 것이라 예언했다. 후일 가나안 땅을 12지파가 분배 받을 때에 요셉의 아들로 이스라엘의 양자가 된 므낫세 지파, 에브라임 지파도 토지를 분배받았다(수16:1-17:18).

이스라엘(야곱)은 자신이 죽기 전에
미래에 일어날 일들을 정리했다.
후손들에게 하나님의 축복의 언약을 전수하였다.
한 인간으로 이 땅에 일생을 살다가 죽지만
여호와 하나님의 언약은 영원함을 자손들에게 인식시켰다.
이스라엘은 영원한 하나님의 언약을 기억하였다.
이스라엘의 일생은 험악한 세월을 보냈으나
하나님이 계시는 영원한 천국으로 들어가기 전에
세상에 모든 일을 아름답게 정리했다.
이스라엘은 죽음 앞에서
가장 중요한 일이 무엇인지 알았다.

"이스라엘이 요셉에게 또 이르되 나는 죽으나 하나님이 너희와 함께 계시사 너희를 인도하여 너희 조상의 땅으로 돌아가게 하시려니와 내가 네게 네 형제보다 세겜 땅을 더 주었나니 이는 내가 내 칼과 활로 아모리 족속의 손에서 빼앗은 것이니라"(창48:21-22).

49. 이스라엘의 유언 축복
(창49장)

이스라엘의 마지막 사역

죽음을 앞에 둔 이스라엘이 마지막으로 할 일이 남았다. 가문의 수장으로 죽기 전에 후손에게 유언 축복을 하는 것은 가문의 전통이며 하나님의 뜻이었다.

이스라엘도 아버지 이삭으로부터 유언 축복을 받았다. 그러나 형 에서는 축복을 받지 못했다. 하나님이 허락한 아브라함의 축복은 아버지가 아들을 축복하는 것으로 그 유언 축복이 상속되었다. 이제 이스라엘(야곱)도 임종을 앞두고 모든 자녀들을 유언 축복을 할 때가 되었다. 그것은 생애 마지막에 하는 것이다.

이스라엘은 자신이 죽은 이후에 하나님이 열두 아들을 통하여 이스라엘 민족으로 번성하게 할 것을 믿었다. 비록 자신은 이집트에서 죽을 것이다. 그러나 자신의 후손들은 한 민족을 이루어 번성한 이후에 반드시 약속의 땅 가나안으로 갈 것을 믿었다. 그것은 아브라함에게 횃불 언약으로 말씀하셨다. 그리고 이스라엘이 이집트로 내려올 때 브엘세바에서 여호와 하나님께서 말씀하셨다(창46:1-7).

이스라엘은 요셉과 자손들에게 반드시 가나안 땅으로 돌아가라고 명령했다. 가나안 땅에 돌아가면 하나님이 자신의 이름을 따라서 이스라엘 나라를 세울 것을 믿었다. 그것은 아브라함에게 주신 축복이 자신에게서 이루어짐을 확신했다. 그러므로 임종을 앞둔 이스라엘 자신의 임종 축복 기도가 얼마나 중요한지 알고 있다.

이스라엘이 열두 자녀 한 사람 한 사람에게 행하는 축복과 저주는 예언이었다. 그리고 후일 그대로 이루어졌다.

야곱은 모든 가족을 한 곳에 모이게 했다. 그리고 자신이 축복할 순서를 정했다.

먼저 레아의 여섯 명의 아들(르우벤, 시므온, 레위, 유다, 잇사갈, 스블론)을 순서대로 기도하고, 다음은 실바(갓, 아셀), 빌하(단, 납달리), 라헬이 낳은 두 아들(요셉, 베냐민)을 기도하기로 했다.

장자의 축복을 받지 못한 '르우벤'

이스라엘은 레아를 통하여 장자를 낳고 "르우벤"이라 했다. 그 이름의 뜻은 '보라 아들이다', '묵시의 아들', '계시의 아들'이라는 뜻이다.

이스라엘은 장자 르우벤이 아브라함의 축복을 상속받아 장자가 되기를 기대했다. 장자에게 주어진 특권과 복이 많다. 장자는 축복권도 상속받는다. 유산을 받을 때는 다른 형제들보다 두 배를 받는다.

이스라엘이 임종 기도를 할 때, 르우벤은 67세였다. 그는 외모와 품위가 근엄하고 품격이 있었다. 지략도 있고 어려움을 당할 때 탁월하게 문제를 해결했다. 그의 권능과 지혜는 다른 아들이 따라 올 수 없다. 그러나 이스라엘은 장자 르우벤을 축복하지 않았다.

"르우벤아 너는 내 장자요

내 능력이요 내 기력의 시작이라

위풍이 월등하고 권능이 탁월하다마는,

물의 끓음 같았은즉 너는 탁월하지 못하리니

네가 아버지의 침상에 올라 더럽혔음이로다.

그가 내 침상에 올랐었도다"(창49:3-4).

이스라엘은 르우벤이 "탁월하지마는 탁월하지 못하리라" 했다. 이유는 "물이 끓어오르는 것같이" 항상 감정적이며 즉흥적이었다. 자신의 감정통제를 하지 못했다. 감정대로 행동한 결과는 참담한 죄와 실패로 불행을 자초했다(창49:3-4).

40년 전이다. 르우벤은 성욕이 강한 27살 때 아버지의 첩빌하와 동침을 했다. 르우벤에게 빌하는 어머니가 된다.

르우벤은 어머니와 간통하였다. 그것은 아버지를 모독하고 배신한 것이다. 하나님이 세운 가정의 질서를 파괴한 것이다.

죽음을 앞에 둔 야곱은 40년 전에 르우벤의 행위를 잊지 않고 있었다. 그리하여 르우벤에게 장자의 축복을 빼앗았다. 현재 가지고 있는 탁월한 재능도 무능해지게 했다.

장자의 축복을 받지 못한 르우벤은 가족 앞에서 일생에 최고의 부끄러움을 당했다. 이스라엘의 심정은 르우벤에게 복을 주고 싶었다. 그러나 하나님은 허락하지 않았다.

후일 이스라엘 역사에서 장자 르우벤 지파에서 탁월한 인물이 없었다. 장자였으나 유명무실한 존재가 되었다.

함께 저주를 받은 '시므온'과 '레위'

시므온과 레위는 특별한 사이다. 항상 함께 행동했다. 함께 의기투합하면 불가능이 없었다. 아무도 그들을 통제하지 못했다. 아버지 이스라엘도 아들 시므온과 레위를 통제하지 못했다.

"시므온"의 이름의 뜻은 "하나님으로부터 응답받기를 원한다"이다. "레위"의 이름의 뜻은 "결합시키는 자"이다. 시므온과 레위는 한 몸과 같이 성품도 기질도 똑같았다. 이스라엘은 유언 기도를 하면서 시므온과 레위를 저주를 했다.

"시므온과 레위는 형제요
그들의 칼은 폭력의 도구로다
내 혼아 그들의 모의에 상관하지 말지어다.
내 영광아 그들의 집회에 참여하지 말지어다.
그들이 그들의 분노대로 사람을 죽이고
그들의 혈기대로 소의 발목 힘줄을 끊었음이로다.
그 노여움이 혹독하니 저주를 받을 것이요
분기가 맹렬하니 저주를 받을 것이라
내가 그들을 야곱 중에서 나누며
이스라엘 중에서 흩으리로다"(창49:5-7).

아버지가 마지막 유언 기도를 하면서 아들을 저주할 수 있는가? 그런데 시므온과 레위가 야곱의 일생에 가장 위험한 사건을 만들었다.

42년 전에 야곱이 숙곳과 세겜에서 거주한지 10년이 지났을 때다 딸 디나가 그 지역의 추장 하몰의 아들에게 강간을 당했다. 할례를 행하면 결혼을 하겠다는 약속을 했다. 하몰의 가문에 남자들은 그 약속을 믿고 모두 할례를 행하였다. 할례의 통증이 가장 큰 사흘이 되었다.

시므온과 레위가 칼을 들고 나가 하몰의 부족을 집집마다 찾아 가서 잔인하게 살인하고 약탈했다. 그 사건으로 이스라엘의 가문이 멸절당할 최대 위기를 맞았다.

임종을 앞둔 이스라엘은 그때 일을 기억했다. 그들은 이스라엘 열두 지파에서 나누어지며, 흩어져 유랑하는 불행한 자손이 될 것이라 저주했다.

시므온과 레위는 자신의 감정, 분노를 통제하지 못했다. 분노가 일어나면 그들의 감정대로 행동하였다. 그 결과 사람들로부터 사랑받지 못했다. 아버지 야곱으로부터 유언 축복을 받지 못했다. 유언 저주를 받았다.

후일 이스라엘의 역사에서 시므온 지파는 지파의 이름만 존재하였다. 유다 지파에 종속되었다. 레위 지파는 후일에 하나님을 섬기는 제사장의 지파가 되었다. 그러나 땅은 분배 받지 못했다. 12지파에서 제공하는 성읍에 거주하였다.

축복의 소낙비에 젖은 '유다'

야곱의 네 번째 아들 '유다'는 그 이름의 뜻이 '찬송'이다.

야곱은 유다에게 한없는 복을 예언했다.

"유다야 너는 네 형제의 찬송이 될지라.

네 손이 네 원수의 목을 잡을 것이요,

네 아버지의 아들들이 네 앞에 절하리로다.

유다는 사자 새끼로다.

내 아들아 너는 움킨 것을 찢고 올라갔도다.

그가 엎드리고 웅크림이 수사자 같고 암사자 같으니

누가 그를 범할 수 있으랴,

규가 유다를 떠나지 아니하며

통치자의 지팡이가 그 발 사이에서 떠나지 아니하기를

실로가 오시기까지 이르리니

그에게 모든 백성이 복종하리로다.

그의 나귀를 포도나무에 매며

그의 암나귀 새끼를 아름다운 포도나무에 맬 것이며

또 그 옷을 포도주에 빨며

그의 복장을 포도즙에 빨리로다"(창49:8-11).

이스라엘은 유다에게 원수의 목을 움켜잡아 쥐는 승리자의 복을 주었다. 대적을 이기고 승리의 영광을 누리는 성공자의 복을 빌었다. 그 누구도 유다를 침범할 수 없는 강력한 군사력을 가진 복을 주었다

유다에게 왕권의 복을 주었다. 앞으로 이스라엘의 후손이 이스라엘 민족이 되고 이스라엘 나라가 세워질 것을 예언하였다. 그리고 그 이스라엘 나라의 왕권이 유다의 자손들에게서 나올 것임을 예언했다. 다른 형제들은 유다의 혈통에서 나오는 왕권에 복종할 것이라 축복했다.

유다의 혈통에서 장차 메시야가 올 것을 예언했다. 하나님이 죄인을 구원하기 위해 메시야, 그리스도가 유다의 후손에서 올 것임을 예언했다. 유다에게 풍요하고 번성하고 차고 넘치는 경제적 축복을 누리는 복을 주었다.

이스라엘이 유다에게 이러한 복을 준 이유가 있다. 유다는 탁월한 중재자였다. 유다는 가문이 위기에 처할 때 지혜롭게 중재를 하였다.

유다는 요셉의 생명을 구하였다. 도단에서 열 명의 형제들이 꿈쟁이 요셉을 죽이자 했다. 그때 유다는 죽이지 말고 노예로 팔도록 형제들을 설득했다.

유다는 흉년 때 베냐민을 이집트로 데려가면서 자신의 아들의 생명을 걸고 아버지를 설득하여 중재를 하였다. 베냐민을 지키기 위해서 자신의 생명까지 내어 놓은 중재자였다. 유다의 중재로 구해 온 양식으로 가족이 살았다.

이스라엘은 큰아들 르우벤에게 큰 실망을 했다. 둘째 아들 시므온 셋째아들 레위를 통하여 가문의 존립기반이 뒤집힐 고통스러운 사건을 경험했다. 그러나 넷째 아들 유다를 통해서 여호와 하나님이 주시는 기쁨과 찬송을 늘 경험했다. 유다는 문제를 해결하는 자였다. 그러므로 이스라엘은 유다를 한없이 축복하였다.

유다는 아버지가 무엇을 기뻐할 것인가를 늘 생각했다. 자신의 이익을 위하여 살지 않았다. 모두가 자신만 살아 갈 방법을 생각했다.

이스라엘이 유다에게 빌어준 축복은 다른 형제들에게 흠모의 대상이다. 그러나 이스라엘이 편애한 것이 아니다. 유다는 복을 받을 수밖에 없는 삶을 살았다. 그래서 유다는 축복의 소낙비에 젖었다. 유다는 아버지의 축복을 받고 놀랐다. 다른 형제들도 유다를 부러워했다.

후일 이스라엘 역사에서 유다 자파는 이스라엘의 12 지파 중에서 가장 탁월한 지파가 되었다. 통일 이스라엘의 2대왕 다윗, 3대왕 솔로몬이 나왔다. 그리고 이스라엘이 분단되었을 때에 유다 지파를 중심으로 이스라엘이 축복한 약속이 이루어졌다. 그리고 유다 지파에서 메시아가 탄생할 것이라 선지자들이 예언했다. 그 예언대로 유다 지파에서 예수 그리스도가 오셨다.

해상을 지배하는 스불론의 복

이스라엘의 유언기도는 축복과 저주로 구분되었다. 이스라엘이 유언으로 축복과 저주를 하는 것은 하나님의 뜻을 따라 한 것이다.

이스라엘은 하나님이 언약한 약속의 땅 가나안을 생각했다. 그리고 이스라엘의 자신의 자손들이 가나안 땅 어디에서 살아 갈 것이며, 어떠한 직업을 가지고 살아 갈 것인지를 예언하였다.

이스라엘은 다섯째 아들 스불론에게 미래의 복을 주었다.

"스불론은 해변에 거주하리니

그곳은 배 매는 해변이라

그의 경계가 시돈까지 리로다"(창49:13).

스불론에게는 해변에 거주하는 복을 주었다. 스불론의 활동 영역이 시돈까지 이를 것이라 했다.

이스라엘이 스불론을 축복할 때 이집트에 거주했다. 스블론에게 해상을 지배하며 받는 복을 주었다. 바다를 무대로 살아가는 해상 지배권을 가지는 축복을 주었다.

배를 만들고 항해를 하면서 세계 여러 나라와 무역을 할 것이라고 축복했다. 스불론이 거주하는 해변은 주변 국가에서 생산한 수많은 상품들이 교류되는 국제적인 무역 거래 중심지가 되었다. 그곳에는 세계 문화 정보가 통합을 이루었다. 그리고 활동 영역은 시돈까지 확장될 것이라 축복했다.

당시 이스라엘의 가업은 전통적인 유목이다. 그리고 이스라엘이 유언 기도를 할 때는 가나안을 떠나서 이집트의 고센에 머물고 있었다. 그러므로 이스라엘의 아들 스불론에게 해상 지배권의 축복을 준 것은 먼 미래에 하나님이 주실 복을 보았다. 그리고 스블론에게 그러한 복을 주었다.

스불론이 받은 복은 한 번도 상상해 본 적이 없다. 당시로서는 현실성이 없는 것 같았다. 그러나 이스라엘은 스불론을 통하여 해상 지배권을 주시고 항구 도시의 경제권을 주셨다.

하나님은 이스라엘을 통하여 스불론이 한 번도 가보지 않은 길을 가도록 축복했다. 하나님이 이스라엘을 통하여 스블론에게 주신 축복은 후일에 그대로 이루어졌다.

토지를 경작하는 복을 받은 '잇사갈'

이스라엘은 레아가 낳은 여섯 번째 아들 잇사갈을 축복했다. '잇사갈'이란 '값'을 주고 낳은 자식이라는 뜻이다. 그리고 이스라엘이 레아를 통하여 낳은 늦둥이다.

"잇사갈은 양의 우리 사이에 꿇어앉은 건장한 나귀로다,
그는 쉴 곳을 보고 좋게 여기며
토지를 보고 아름답게 여기고
어깨를 내려 짐을 메고 압제 아래에서 섬기리로다"(창49:14-15).

이스라엘은 잇사갈에게 농업의 복을 주었다. 잇사갈은 건장한 나귀의 복을 받았다. 건장한 나귀는 많은 짐을 실어 나른다. 나귀는 최고의 교통수단이다. 다른 짐승들과 친분 있게 잘 지내는 특성이 있다.

이스라엘은 잇사갈이 건장한 나귀와 같이 부지런하고 주변 사람들과 화목하게 생활하는 복을 주었다. 그리고 열심히 땅을 경작하는 부지런한 축복을 주었다.

잇사갈은 땅에 씨를 뿌리고 작물을 경작하면서 땀 흘려 노동을 함으로 받는 복을 받았다. 그러나 잇사갈은 항상 지배자들의 억압을 받으며 고통과 약탈을 당하며 살 것이라 했다.

이스라엘의 당시 가문은 목축업이 생업이었다. 그런데 잇사갈에게 새로운 삶의 영역을 축복했다. 토지를 경작하는 복을 주셨다.

힘겨운 노동을 즐겁게 생각하며 축복을 주셨다. 비록 잇사갈은 권력을 가진 지배자가 되는 복은 받지 못했지만 잇사갈은 사람들을 섬기며 화평케 하게 살아가는 큰 축복을 받았다.

이스라엘은 라헬을 사랑했다. 그러나 뜻하지 않게 레아를 아내로 맞이했다. 그것은 외삼촌 라반의 간교한 속임수였다. 이스라엘은 자신이 사랑하는 라헬과 다시 결혼을 했다. 그러나 하나님이 인정한 이스라엘의 아내는 레아다. 그래서 하나님은 레아에게 장자를 주시고 르우벤, 시므온, 레위, 유다, 스블론, 잇사갈, 여섯 명의 자녀를 주셨다.

이스라엘이 죽기 전에 축복을 할 때 레아의 자식 여섯 명을 먼저 축복했다. 자신이 죽을 때 자신이 사랑하는 자식들 순서대로도 축복하지 않았다.

하나님이 정하신 가문의 질서를 따라서 축복했다. 이스라엘은 아버지로서 모든 자식을 축복하고 싶었다. 그러나 하나님은 자식들이 각자가 살아온 과거를 통하여 미래의 복을 주셨다. 그러므로 이스라엘의 유언 기도는 각 아들에게 주시는 하나님의 복이었다. 어떠한 아들에게는 복을 어떠한 아들에게는 저주를 하였다. 하나님의 뜻을 따라 자녀를 축복했다. 아버지의 심정은 모든 아들에게 넘치는 축복을 하고 싶다. 그러나 하나님은 그들이 행한 대로 복을 주게 했다.

축복은 그냥 주어지는 것이 아니다. 과거의 생활이 오늘의 복과 저주가 된다. 오늘 살아가는 삶이 내일의 축복과 저주가 된다. 하나님의 말씀대로 살아야 미래가 열린다.

이스라엘(야곱)의 마지막 사역

이스라엘은 라헬을 사랑했다. 그러나 외삼촌 라반의 속임으로 레아와 결혼을 하였다. 일주일 후에 다시 라헬과 결혼을 했다. 이스라엘은 레아보다 라헬을 더욱 사랑했다. 그러나 하나님은 이스라엘의 합법적인 아내는 레아로 인정했다. 야곱의 사랑을 독식한 라헬은 첩이다.

하나님은 이스라엘의 사랑을 받지 못하는 레아에게 여섯 명의 아들과 딸 하나를 주었다. 그러나 라헬에게는 잉태하지 못하게 했다. 그리고 하나님이 요셉과 베냐민을 주었으나 일찍 죽었다. 레아의 몸종 실바에게서 아들 갓, 아셀을 주었다. 라헬의 몸종 빌하에게서 단, 납달리를 주었다.

이스라엘의 형 에서는 40세에 결혼하여 자녀를 낳았다. 그러나 이스라엘은 77세가 넘어서 아들을 낳았다. 늦은 결혼과 불완전한 이주 생활을 했다. 늘 환란과 시련이 있었다. 부모에게 효도하지 못했다.

어떻게 보면 에서는 환란이 없었지만 하나님은 에서를 버렸다. 그리고 하나님은 야곱을 이스라엘로 축복하였다. 야곱의 열두 아들을 이스라엘의 열두 지파가 되게 하셨다.

그들은 하나님이 주신 축복과 믿음의 분량이 달랐다. 그들은 각기 다른 삶을 살아가는 지파의 조상이 되었다. 이스라엘이 죽기 전에 아들들에게 축복과 저주를 한 것 그대로 이루어졌다.

형제의 심판자 '단'

라헬은 야곱을 사랑했다. 그러나 아버지의 간교로 이스라엘의 둘째 부인이 되었다. 라헬은 이스라엘의 사랑을 독식했으나 하나님이 자녀를 주지 않았다. 어쩌다 레아는 동침하면 즉시 임신이 되었다. 그러나 라헬은 이스라엘의 사랑을 아무리 받아도 임신이 되지 않았다. 그리하여 라헬은 자신의 몸종 빌하를 이스라엘과 동침시켜 단을 낳았다.

단이라는 이름의 뜻은 '심판'이다. 라헬은 그동안 자식을 낳지 못하는 서러움을 가졌다. 그리하여 몸종을 통하여 아들을 낳고는 하나님이 심판해 달라 하였다.

야곱은 자신의 아들 단을 위하여 유언 기도를 하였다.

"단은 이스라엘의 한 지파 같이
그의 백성을 심판하리로다.

단은 길섶의 뱀이요,

샛길의 독사로다.

말굽을 물어서 그 탄자를 뒤로 떨어지게 하리로다.

여호와여, 나는 주의 구원을 기다리나이다"(창49:16-18).

이스라엘은 단에게 '이스라엘의 심판자. 백성을 재판하는 재판관'의 복을 주었다. 단은 형제들이 잘못을 범할 때 재판관이 되었다.

단은 길섶에 숨은 뱀과 같았다. 길을 조금만 벗어나도 이빨로 물어 버리는 독사와 같았다. 어떠한 권세자도 법에 벗어나면 용서하지 않았다. 단은 하나님의 법에 벗어나면 하나님의 법으로 심판했다.

후일 이스라엘의 역사에서 단 지파는 소수였으나 강했다. 그러나 가나안 정복을 하고 땅을 분배 받은 이후에 그들의 땅을 점령하지 못했다. 그리고 이스라엘 역사에서 존재가 사라졌다.

행복을 지키기 위하여 추격자가 된 '갓'

갓은 레아의 몸종 실바가 낳은 야곱의 일곱 번째 아들이다. 레아는 자신이 출산이 멈춘 것을 보고 몸종 실바를 야곱과 동침시켜 갓을 낳았다. 그리고 너무 너무 행복해서 이름을 갓이라 지었다.

이스라엘은 일곱 번째 아들 갓을 축복했다.

"갓은 군대의 추격을 받으나

도리어 그 뒤를 추격하리로다"(창49:19).

갓이 살아가는 곳은 비옥한 토지이며, 그곳에서 행복하게 살 것을 축복했다. 그러나 적들로부터 끝없는 공격과 약탈을 당할 것이다. 그러나 그때마다 갓은 강하고 용맹 있게 적을 추격하여 빼앗긴 것을 되찾고 적을 섬멸할 것이라 축복했다. 그러므로 갓은 전쟁으로 인한 상처가 많을 것이다. 항상 공격을 받을 것이라 했다. 그러나 갓은 다시 적들을 공격하여 승리하는 인생을 살 것이라 축복했다. 갓은 대적을 물리치는 특별한 복을 주셨다.

그러므로 갓은 좋은 땅을 지키고 가꾸기 위해서는 엄청난 노력을 해야 한다. 사람들이 살기 좋은 땅은 비옥하고 농사도 잘된다, 그리하여 적들이 항상 노리는 약탈의 대상이 되었다. 그리하여 항상 침략을 당하는 삶을 살 것이라 했다.

갓은 자신의 소유를 지키며 살아갈 때에 항상 전쟁을 해야 했다. 그러나 갓은 하나님이 주신 땅을 지켜 경작하는 복을 받았다. 비록 약탈을 하는 자들이 올지라도 두려워하지 않았다. 다시 추격하여 빼앗긴 것을 찾아올 것이다. 그리고 대적의 문을 취하고, 대적의 것을 다시 약탈하여 올 것이라 했다.

하나님은 공짜로 복을 주지 않는다. 축복을 지키는 것도 능력이 있어야 한다. 축복은 좋은 것이다. 그러나 그 복을 지키기 위해서는 때로는 피를 흘려야 한다.

기름진 축복으로 왕의 수라상을 차리는 '아셀'

아셀은 레아의 시녀 실바가 낳은 둘째 아들이다. 레아는 아들의 이름을 아셀이라 했다. 그것은 곧 '기쁨'이다. 비록 남편의 사랑을 많이 받지 못했지만 하나님께서 자신에게 자녀를 많이 주었다. 레아는 자신이 낳은 아들이 여섯 명이다. 그리고 몸종 실바를 통하여 아들 둘을 낳았다. 야곱의 전체 12아들 중에 8명이 레아의 자녀다. 그러므로 하나님께 기쁨과 영광을 올렸다.

야곱은 아셀에게 유언기도로 간단한 축복을 하였다.

"아셀에게서 나는 먹을 것은
기름진 것이라 그가 왕의 수라상을 차리리로다"(창49:20).

아셀에게 주어진 복은 아주 짧은 축복이지만 엄청난 축복을 주었다. 기름진 것은 최고 최상의 음식물과 곡물 가축을 의미한다. 그러므로 아셀이 받은 축복은 모든 것에 번성하고 기름진 최고의 복을 받았다.

왕의 수라상에 음식을 올리는 축복은 특별히 선택을 받은 자만이 할 수 있는 복이다. 그리하여 아셀은 형제 중에 기쁨이 되었다, 그 받은 기름지고 문빗장은 철과 놋이 되어 아무도 흔들지 못하는 능력자의 복을 받았다.

아셀은 복이 많았다. 어떠한 저주나 고통을 받지 않았다. 왕을 모시면서 왕의 측근이 되어서 왕과 함께 영광을 나누는 복을 받았다.

자유로운 인생의 아름다운 소식을 전하는 '납달리'

라헬이 몸종 빌하를 통하여 낳은 두 번째 아들이다. 그의 이름은 납달리라 했다. 이름의 뜻은 "경쟁해서 이겼다"는 의미이다. 라헬은 언니 레아와 자식 낳기 경쟁에서 자신이 이겼다.

야곱은 납달리에게 짧은 단어로 유언기도로 축복하였다.

"납달리는 놓인 암사슴이라

아름다운 소리를 발하는도다"(창49:21).

이스라엘이 납달리에게 준 복은 누구에게도 얽매이지 않고 놓인 암사슴과 같이 항상 자유로운 생활을 축복했다.

납달리는 어떠한 사람들에게 구속받고 속박되는 생활을 하지 않을 것이라 자유의 복을 주었다.

납달리는 모든 사람들에게 아름다운 소식을 전해 주는 복을 받았다.

이스라엘은 납달리에게 짧은 축복을 주었다. 그러나 그 복은 엄청난 것이었다. 이스라엘은 납달리가 은혜가 풍성하고 여호와의 복이 가득하며 넓은 비옥한 영토를 넓게 가질 것을 축복했다.

축복의 가지가 담장을 넘어간 '요셉'

요셉은 이스라엘이 사랑하는 라헬이 낳은 첫 번째 아들이다. 전체 자녀 중에 열한 번째 아들이다. 야곱의 일생에 가장 가슴 아픈 것은 요셉의 죽음이었다. 그런데 죽었다 생각하고 22년을 살았는데 그 요셉이 살아 있었다. 이스라엘의 인생에 가장 기쁜 소식이 요셉이 살아 있다는 소식이었다.

요셉이 이집트의 총리가 되어 세계를 다스리는 위대한 정치인이 되었다. 이스라엘의 노년은 요셉으로 인하여 인생의 즐거움을 얻었다.

이스라엘은 유언기도를 하면서 요셉에게 장자의 복을 주고 족장권을 주었다. 그리하여 요셉의 아들 므낫세와 에브라임을 양자로 삼아 이스라엘의 아들이 되게 했다. 그리고 요셉에게는 장자의 복과 족장권의 복을 빌어 주었다. 이스라엘이 요셉에게 복을 주었다.

"요셉은 무성한 가지 곧 샘 곁의 무성한 가지라
그 가지가 담을 넘었도다.
활 쏘는 자가 그를 학대하며
적개심을 가지고 그를 쏘았으나,
요셉의 활은 도리어 굳세며
그의 팔은 힘이 있으니
이는 야곱의 전능자
이스라엘의 반석인 목자의 손을 힘입음이라.
네 아버지의 하나님께로 말미암나니
그가 너를 도우실 것이요
전능자로 말미암나니
그가 네게 복을 주실 것이라
위로 하늘의 복과
아래로 깊은 샘의 복과
젖먹이는 복과
태의 복이리로다.
네 아버지의 축복이 내 선조의 축복보다 나아서
영원한 산이 한없음같이
이 축복이 요셉의 머리로 돌아오며

그 형제 중 뛰어난 자의 정수리로

돌아오리로다"(창49:22-26).

이스라엘은 요셉을 향하여 엄청난 복을 빌었다. 요셉은 '우물가에 있
는 잎이 무성한 나뭇가지가 담장을 넘었다'는 축복을 했다. 요셉을 지
혜와 은혜가 마르지 않은 우물곁에 심어진 나무로 비유했다.

요셉의 축복이 담장을 넘어간 가지와 같다고 했다. 요셉의 축복으로
주변 사람들이 은혜를 받아 누릴 것이다 축복했다. 요셉을 학대하며 고
통을 주는 자들이 있었다. 그러나 하나님이 요셉에게 복을 주어 그들보
다 강하여 모든 대적을 굴복시키는 축복을 주었다.

요셉은 위로 하늘의 복과, 아래의 땅의 복과 땅 아래의 복과 후손들
이 축복을 받는 태의 복까지 받았다. 그리고 여호와 하나님이 항상 도
우시는 복을 주었다.

이스라엘은 열두 아들 중에 최고의 복을 요셉에게 주었다. 유다보다
더욱 큰 복을 주었다. 요셉의 복은 형제 중에 최고로 뛰어나는 복을 주
었다.

이스라엘은 요셉이 죽었다고 생각하며 슬픔 가운데 22년을 살았다.
그런데 어릴 때 꿈을 꾼 것과 같이 하나님이 복을 주어서 이집트의 총
리가 되었다. 그 꿈은 하나님이 아브라함에게 주신 복을 이루기 위한
꿈이었다.

야곱에게 요셉은 가장 큰 절망을 가져다 주었다. 그리고 요셉은 야곱
의 인생에 가장 큰 기쁨, 노년의 행복을 주었다.

막내의 유약함을 벗어난 전사 '베냐민'

이스라엘의 베냐민 사랑은 특별했다. 사랑하는 아내 라헬이 죽으면서 낳은 아들이다. 이스라엘의 11명의 아들은 밧단아람에서 외삼촌과 동거하면서 낳은 아들이다. 베냐민은 이스라엘이 고향으로 돌아와서 가나안에서 출생한 아들이다.

베냐민은 참 불쌍한 아들이다. 어머니 라헬에 대한 기억이 없다. 라헬은 베냐민을 낳고 죽었다. 그러므로 이스라엘의 열두 아들 중에 가장 불쌍한 아들이다. 어머니의 사랑을 받지 못하고 자랐으니 이스라엘은 베냐민에게 사랑을 집중시켰다. 그리고 다른 형제들과 나이차도 많았다. 형제들은 베냐민을 항상 아이로 취급했다. 그러한 베냐민을 위하여 야곱은 유언기도를 통하여 축복을 했다.

"베냐민은 물어뜯는 이리라
아침에는 빼앗은 것을 먹고
저녁에는 움킨 것을 나누리로다"(창49:27).

이스라엘이 베냐민에게 준 축복은 육식 동물이 먹이를 갈기갈기 찢어 먹은 것 같이 난폭하고 공격적인 축복을 주었다.

베냐민이 막내가 되어 항상 유약하고 형제들의 도움으로 살아왔다. 그리고 최고의 후견인인 이스라엘이 죽은 후 고아 같이 살아 갈 것을 걱정했다. 그러므로 이스라엘은 막내아들 베냐민이 형제들의 도움을 받지 않고 스스로 호전적인 독립된 생활을 하도록 축복했다.

베냐민은 언제까지나 형제들의 도움과 사랑받기를 기대하지 말라는 것이다. 이제는 스스로 살아가면서 문제를 해결하라는 것이다.

베냐민은 적을 만나면 끝장을 낼 때까지 집요하게 공격하고 생존하라는 것이다. 그리하여 베냐민은 하나님의 도움을 받아 아침에 적을 만나 전리품을 빼앗고 저녁에도 전리품을 먹는 자의 축복을 받았다. 아침부터 저녁까지 적을 공격하여 항상 승리하였다. 야곱은 비록 베냐민이 막내지만 강한 군사력을 가지는 축복을 주었다.

후일 베냐민 지파는 사사 시대에 11지파와 전쟁을 하여 큰 피해를 보았다(삿20장).

하나님을 대리한 아버지의 축복

이스라엘은 모든 가족을 불러 모았다. 그리고 므낫세와 에브라엠과 열두 아들에게 각각 축복을 하였다. 그런데 어떠한 아들은 복을 받고, 어떠한 아들은 저주를 받고, 어떠한 아들은 미래의 복과 저주를 함께 받았다.

이스라엘이 그렇게 아들에게 축복과 저주를 한 것은 자녀들의 축복과 믿음의 분량대로 한 것이다. 그들이 출생하여 야곱이 임종 유언기도를 할 때까지 살아온 그들의 가치관과 생활의 결과를 통하여 복을 주고 저주하게 했다.

이스라엘의 개인적인 뜻이 아니었다. 전능하신 하나님께서 이스라엘을 통하여 축복을 하였다. 그러므로 모든 자녀들은 아버지 이스라엘에게 감사했다. 여호와 하나님이 아버지를 통하여 복을 주심을 믿었다. 이스라엘이 임종을 앞두고 유언 기도한 것은 모든 아들에게 그대로 이루어졌다.

세월이 지나 이스라엘은 열두 아들과 므낫세, 에브라임이 이스라엘의 열두 지파가 되었다. 그 후 이스라엘이 축복한 대로 아들은 그렇게 살았다(창49:28).

반드시 가나안으로 돌아가라

이스라엘은 모든 아들에게 축복을 마친 후에 유언을 했다. 자신이 죽으면 반드시 가나안 땅 헤브론에 있는 마므레 상수리나무가 있는 그곳 동굴에 장사지내라 했다. 그것은 야곱의 가장 중요한 유언이었다(창49:29-33).

이스라엘은 자신의 장례식에 대한 유언을 함으로 아들들도 장례식에 대하여 이의를 제기하지 않도록 했다.

이스라엘은 또 다른 의미를 자녀들에게 주었다. 지금 이집트에서 평안하고 행복하게 거주하지만 때가 되면 반드시 가나안으로 돌아가야 된다는 것을 유언했다.

이집트 땅이 아무리 좋은 곳이라 해도 하나님이 주신 복의 땅이 아님을 깨닫게 했다. 그러므로 이집트에 마음 빼앗기지 말고 나그네와 같이 살도록 유언했다.

이스라엘은 자신이 죽는 순간까지 맑은 정신으로 축복하고 유언했다. 그리고 육체의 기운이 소진하여 자연사했다.

이스라엘은 147년의 파란만장한 세상을 살았다.

그의 영혼은 영원한 하나님의 나라 천국으로 갔다.

이스라엘은 자신이 말한 대로

험악한 세월을 보내며 일생을 살았다.

인생의 위기가 올 때마다 하나님을 의지했다.

그때마다 하나님은 이스라엘을 보호했다.

이스라엘은 모든 것이 늦었다.

하나님의 복을 가장 많이 받았다.

어떠한 환경에도 절망하지 않았다.

오직 하나님의 전능함을 믿었다.

이스라엘은 위기를 당할 때마다 기도했다.

특별한 응답을 받았다.

이스라엘은 철저하게 하나님의 약속을 믿었다.

이스라엘은 하나님이 말씀하신 대로 이집트에서 죽었다.

(창49:30-33)

"이들은 이스라엘의 열두 지파라 이와 같이 그들의 아버지가 그들에게 말하고 그들에게 축복하였으니 곧 그들 각 사람의 분량대로 축복하였더라. 그가 그들에게 명하여 이르되 내가 내 조상들에게로 돌아가리니 나를 헷 사람 에브론의 밭에 있는 굴에 우리 선조와 함께 장사하라"(창 49:28-29).

50. 죽음으로 가는 하나님의 나라
(창50장)

이스라엘의 죽음

야곱, 이스라엘은 147세로 세상을 떠났다. 모든 가족들이 애통하였다. 그중에 요셉의 애통은 특별했다. 아버지의 총애와 사랑을 최고로 많이 받았다. 그리고 아버지에게 가장 많은 고통을 주었다. 요셉은 아버지와 형제를 이집트로 모셔왔다. 17년 동안 지극히 아버지를 섬기며 효도를 했다. 이집트의 총리로 아버지의 건강을 위해서는 모든 것을 다 했다. 그러나 죽음은 막을 수 없었다.

요셉은 아버지의 죽음을 절차를 따라서 파라오의 허락을 받아 장례를 치러야 했다. 그런데 요셉은 상주가 되었으므로 바로 앞에 직접 나갈 수 없다. 파라오 앞에 나가려면 수염을 깎고 정해진 옷을 입어야 한다. 그러나 요셉은 상주가 되었으므로 수염을 깎을 수 없고 상복을 입어야 했다. 요셉은 신하들을 통하여 파라오에게 아버지의 장례에 관한 절차와 허락을 요청했다.

요셉은 자신의 아버지 장례를 이집트의 국장으로 허락해 줄 것을 요청했다. 그리고 장지는 아버지의 유언대로 가나안 땅 헤브론에 있는 막벨라 동굴에 장사할 수 있도록 요청했다.

파라오는 요셉이 요구한 모든 것을 허락하였다. 요셉의 아버지 장례식을 위하여 지원할 수 있는 모든 것을 하라 했다. 파라오는 요셉의 아버지 이스라엘의 국장을 70일 동안 하도록 했다. 이집트에서 가나안 땅 헤브론으로 가는 여행에 관련된 국가에 외교적인 협력을 얻어 적극적으로 도움을 받게 했다. 그리고 파라오가 요셉에게 요청했다. 장례를 치룬 후에 반드시 이집트로 돌아와 총리직을 계속 수행하라 했다.

파라오는 요셉이 아버지의 장례를 행한 후에 고향 땅 가나안에 정착할까 염려했다. 그리하여 요셉의 아버지에 대한 모든 장례를 국장으로 행하고 요셉과 함께 나라를 다스리기를 원했다.

이스라엘의 장례식

요셉은 자신의 주치 의사이며 아버지를 돌봐온 궁중 의사들에게 이집트의 왕족들의 관습대로 시신을 미라로 처리를 하라 했다.

이집트의 미라 처리는 독보적이었다. 사람의 생명이 떠나면 즉시 시체를 해부하여 방부 처리를 했다. 시체의 부패는 뇌와 내장에서부터 시작된다. 그러므로 콧구멍을 통하여 예리한 갈고리로 뇌를 밖으로 끄집어냈다. 복부의 내장은 옆구리를 칼로 절개하여 적출했다. 해부한 사체는 종려나무 술로 씻어내었다. 그곳에 방부제와 소금, 약품 향료를 채워 넣었다. 그리고 옆구리를 절개한 곳은 꿰매었다. 다시 나트륨이나 탄산소다에 7일 동안 담가두었다. 이때 미라의 외부가 건조하지 않도록 기름이나 역청을 발라주었다. 마지막으로 아마포로 시신을 단단하게 감아 묶어 관 속에 안치했다. 이렇게 미라가 완성되는 데는 40일이 걸린다.

파라오는 요셉의 아버지 이스라엘의 장례를 위하여 국장을 선포했다. 이집트 지방과 변방에서까지 고센으로 와서 요셉에게 문상을 했다.

이집트의 국장 70일이 지나고 장례를 치루기 위해서 가나안으로 올라갔다. 그때 요셉의 12아들과 손자들이 함께 했다. 젖먹이와 가축을 돌보는 최소의 인원만 고센에 남겼다.

이집트 전 지역에 있는 관료들과 파라오의 신하가 동행했다. 파라오는 장례를 위하여 궁중의 화려한 마차를 제공했다. 최정예 병거와 보병과 기마부대를 보내어 호위하게 했다.

이스라엘의 장례 행렬은 성대했다. 고센을 출발하여 약 1주일 만에 요단강 건너편 아닷 타작마당에 도착했다. 그곳에서 이집트의 장례 풍습을 따라서 7일 동안 가슴을 치며 애곡하는 시간을 가졌다. 그때 가나안 사람들이 장례식을 보고 애곡의 평원이라는 뜻으로 '에벨미스마임'이라 했다.

이스라엘(야곱)의 유언대로 가나안 땅 헤브론에 있는 막벨라 동굴에 장사를 지냈다.

이스라엘의 죽음으로 장례를 위하여 이스라엘의 12명의 아들과 후손들은 가나안 땅으로 왔다. 야곱의 모든 가족들은 자신들도 언젠가 이곳 가나안으로 돌아와야 함을 인식했다.

이집트는 매우 좋은 곳이다. 그러나 이집트는 임시 거주하는 곳이다. 하나님이 복을 주신다고 약속한 곳은 이스라엘과 이삭과 아브라함이 묻혀 있는 가나안 땅 헤브론으로 돌아가야 함을 확인했다.

요셉은 아버지의 장례식을 온전히 마친 후 바로가 요청한 대로 다시 이집트에 돌아왔다.

요섭이 총리이기에 아버지 장례를 국장으로 치룰 수 있었다. 이스라엘의 유언이 아니었다면 이집트의 관습을 따라 귀족 묘실에 안장할 수 있었다. 그러나 요섭은 아버지의 유언대로 장사를 지냈다(창50:1-14).

용서와 비전

요섭의 형제들에게 큰 두려움이 있었다. 아버지 이스라엘이 생존했을 때는 열두 형제가 화목하게 생활했다. 부친이 세상을 떠난 후 요섭을 두려워했다. 지난 날 그들이 요섭을 은 돈 20에 이집트에 노예로 팔았기 때문이다.

그때 그들이 행한 행위를 스스로 생각했다. 요섭이 보복할 것을 두려워했다. 형제들은 서로 원망하며 책임 전가를 했다. 그로 인하여 형제들의 반목과 갈등이 시작되었다. 이스라엘이 생존할 때는 가문의 구심점이 되었다. 그러나 가문을 이끌어 갈 사람은 요섭이었으나 이집트의 정치에 바빠 형제들을 잘 돌보지 못했다. 그러한 사이에 고센의 이스라엘의 자녀들은 각각 자신이 좋은 대로 생활했다. 가족의 결속력이 현저히 떨어졌다. 특별히 요섭의 형님들은 지난날 자신들이 요섭을 죽이려다 팔았던 죄에 대한 문책을 두려워했다.

요섭은 형제들이 자신을 두려워하는 것을 알았다. 요섭은 형제들을 다 불러 형님들을 보복하지 않을 것이라 했다. 아버지가 살았을 때 용서한 것 같이 변함이 없다 했다.

형제들을 위로하며 안심시켰다. 그리고 하나님이 우리 가문에 주신 축복을 이어가자 요청했다. 형제들이 서로 협력하여 하나님의 선한 뜻을 이루기 위해서 하나로 결속할 것을 간곡히 부탁했다. 형제들이 기쁨으로 받았다.

요셉은 용서로 갈등을 해결했다. 이제 가나안 땅으로 돌아 갈 것을 준비했다. 그때가 언제인지는 알 수 없었다. 하나님이 명령하면 언제든지 떠날 준비를 하고 살았다.

요셉은 늘 하나님께 기도하며 인도를 받았다. 파라오의 충성된 신하로서 파라오를 위하여 모든 일을 행하였다. 그러나 단 하나, 신앙적인 것은 파라오를 따르지 않았다. 파라오는 애굽의 태양신을 숭배하고 제사했다. 요셉의 장인도 태양신을 숭배하는 제사장이었다. 그러나 요셉은 여호와 하나님만 섬겼다. 요셉은 하나님을 섬기는 믿음 생활 하나는 파라오에게 양보하지 않았다. 그것은 하나님이 주신 아브라함의 약속을 가졌기 때문이다. 또한 요셉의 지혜의 근원이기 때문이다.

요셉은 자신이 총리가 된 것은 하나님의 특별한 역사임을 알고 있다. 하나님이 아브라함에게 약속한 것을 자신을 통하여 이루고 있음을 인식했다. 그러므로 형제를 용서했다(창50:15-21).

요셉의 언약 유언

요셉은 아버지 이스라엘이 죽은 이후 54년 동안 형제들과 화목하게 살았다. 당대 최고의 국가, 이집트의 권력과 명성을 누렸다. 총리의 권좌에서 하나님의 영광을 드러내었다. 요셉은 평생 여호와 하나님을 의지하며 아브라함의 축복의 상속자임을 잊지 않았다.

요셉의 장자 에브라임을 통하여 손자와 증손자, 고손자까지 보는 축복을 누렸다.

둘째 아들 므낫세는 아들 마길을 낳고 자손들을 보았다. 요셉은 자신의 후손들이 번성하며 복을 누리는 것을 보았다.

요셉이 일백십 세에 임종하기 전에 자녀와 형제를 불러 유언을 했다. 아브라함의 축복의 약속을 따라서 반드시 가나안 땅으로 돌아가라 했다. 지금은 이집트 땅에 거주하고 있다. 그러나 하나님의 계획은 다시 가나안으로 돌아가게 한다. 그러므로 이집트에 정착하려는 생각을 버리라 했다.

요셉은 자녀와 형제들에게 자신이 이집트의 총리가 되어 가족들이 축복된 생활을 한 것은 하나님이 주신 은혜라 했다. 그리고 요셉은 자신이 죽은 이후에는 더 이상 바로가 주는 혜택과 특권도 없을 것이라 했다. 권력의 이동으로 인하여 앞으로 어떠한 일들이 진행될지 아무도 모른다 했다. 그러므로 때가 되면 아버지 무덤이 있고 어머니의 무덤이 있는 가나안으로 반드시 올라가라 했다(창50:22-26).

가나안에 땅으로 올라가는 것은 가족이 임의로 결정할 일이 아니라 했다. 그것은 하나님께서 직접 가나안으로 인도할 것이라 했다. 이 유언을 항상 기억하고 출생하는 후손들에게 반드시 교육시키라 했다.

요셉의 유골을 가나안으로 가져가라

요셉은 자신의 장례식에 관하여 유언을 했다.

자신이 죽은 후에 국장으로 장례를 할 것이다. 그리고 자신의 시신은 이집트의 전직 총리들의 묘지에 장사될 것이다. 그러나 장차 후손들이 가나안으로 올라 갈 때는 자신의 시신을 가지고나가 가나안에 묻으라 했다.

요셉은 자신이 죽은 후에 장례식은 아버지와 같이 할 수 없다는 것을 알았다. 그러므로 요셉은 자신이 죽은 이후 시신을 가나안으로 가서 매장하도록 맹세시켰다. 모두 요셉이 유언한 것을 맹세했다.

요셉이 110세에 하나님의 부름을 받았다. 요셉의 시신은 애굽의 장례 절차를 따라 미라로 만들었다. 언젠가 이스라엘이 가나안으로 집단으로 이주할 때 시신을 가지고 갈 수 있도록 항상 준비된 상태로 두었다. 그리하여 요셉의 시신은 미라로 만들어 입관은 하였으나 매장은 하지 않았다(창50:26).

믿음의 사람도 죽는다

요셉은 밧단아람에서 출생했다. 7살에 아버지를 따라서 밧단아람에서 가나안 숙곳, 세겜으로 왔다. 그곳에서 10년을 보내고 아버지가 서원 기도한 벧엘을 올라갔다. 할아버지 이스라엘의 집으로 올라가는 길에 어머니 라헬이 죽었다. 그때 요셉의 나이는 17세였다.

어머니는 동생 베냐민을 낳고 죽었다. 아버지 이스라엘은 요셉을 특별히 사랑하여 아름다운 염색을 한 옷감으로 만든 옷을 입었다. 그런데 아버지의 심부름으로 도단에 양치는 형님들을 찾아갔는데, 형님들은 요셉을 꿈쟁이라며 노예로 팔았다

그때 17살에 이집트에 왔다. 그리고 27세까지 보디발의 집에 총리로 생활하였다. 보디발의 집 감옥에 있는 왕실의 감옥에 들어가 3년을

보내었다.

하나님이 은혜로 파라오의 꿈을 해석함으로 30세에 이집트의 총리가 되었다. 그리고 110세에 하나님의 부름을 받았다. 요셉은 단명했다. 형제들보다 먼저 죽으면서 남긴 유언은 후손들에게 깊이 각인되었다.

이집트에서 세월이 지나 이스라엘도 죽고 요셉도 죽었다. 그리고 요셉의 형제들도 다 죽었다. 그리고 이스라엘의 자손들은 번성하였다. 그리고 이스라엘의 12 아들은 지파를 형성하여 점점 번성했다. 그들은 오직 이집트의 고센 땅을 중심으로 거주하면서 철저한 이스라엘의 후손으로 독자적인 문화를 형성했다. 이집트의 종교를 따르지 않았다. 여호와 하나님을 믿었다. 당시 여호와 하나님을 의지하는 나라 민족들이 없었다. 유독 이집트의 고센을 중심으로 이스라엘의 열두 아들의 후손들이 번성했다. 그리고 절대적으로 여호와 하나님을 믿고 순종했다. 그들은 이집트에 살면서 독자적인 문화와 신앙을 형성했다. 그들의 뇌리에는 언젠가 하나님이 인도하시면 요셉의 유골을 가지고 가나안으로 돌아갈 것임을 기억했다.

요셉이 죽은 후에 가문에는 이집트에 영향력을 주는 인물이 없었다. 이집트의 정치도 시대를 따라 급변했다.

이집트의 권력의 축이 이동되었다. 요셉 시대의 권력자들은 학살과 죽임을 당하였다. 그들은 역사의 기록에서 말살되었다. 총리를 지낸 요셉의 형제들도 미움을 받았다. 고센에서 거대한 집단을 이룬 것을 두려워했다. 이집트 안에 '히브리인'으로 인식되었다. 그러나 이스라엘의 후손들이 점점 번성하였다. 그들이 번성할수록 여호와 하나님을 섬기는 믿음은 강해졌다. 반드시 가나안으로 돌아가야 된다는 소원은 깊어졌다. 그들의 소원은 이집트를 떠나서 가나안 땅으로 가는 것이다.

이스라엘의 자손들은 이집트에서 번성했다. 이집트의 정변을 따라서 엄청난 박해와 고통을 받았다. 아브라함이 준 가나안 땅을 사모하며 살았다. 이집트 안에 히브리인으로 인식된 모든 사람들이 소망이 있었다. 미라로 만들어진 요셉이 입관된 관을 가지고 지옥 같은 이집트에서 탈출하여 가나안으로 가는 것이다.

"요셉이 그의 형제들에게 이르되 나는 죽을 것이나 하나님이 당신들을 돌보시고 당신들을 이 땅에서 인도하여 내사 아브라함과 이삭과 야곱에게 맹세하신 땅에 이르게 하시리라 하고, 요셉이 또 이스라엘 자손에게 맹세시켜 이르기를 하나님이 반드시 당신들을 돌보시리니 당신들은 여기서 내 해골을 메고 올라가겠다. 하라 하였더라. 요셉이 백십 세에 죽으매 그들이 그의 몸에 향 재료를 넣고 애굽에서 입관하였더라"(창50:24-26).

에필로그

Ⅰ. 꽃의 가치는 꽃잎이 떨어질 때

꽃이 피는 나무는 자신이 꽃을 피워야 할 때를 알고
피어난 꽃들은 저마다 향기를 가지고 아름답지만
미세한 바람에 흔들려도 떨어질 날 꽃잎은 떨어진다.
떨어진 꽃잎은 잠시 동안 바람을 타고 낙화하지만
꽃잎을 버린 그곳에 열매가 생성되고
햇살과 바람에 흔들리며 과일이 된다.
저마다 꽃을 피우지만
모든 꽃이 열매가 될 수는 없다.
열매가 되어도 상품성이 있는 것만 사랑을 받는다.
낙화를 하는 때가 있기도 하고
낙과를 하는 때가 있기도 하다.

인생이란?
표면적으로는 태어나고
한 세상 살다가
때가 되면 모두 죽는다.

참 단순한 삶이다.

인생의 내면을 살펴보면

결코 단순하지 않다.

나도 그러하다.

각각의 고뇌와 아픔과 눈물과 웃음이 범벅이 되어

단단하게 석화되어 있다.

모든 사람은 자신의 인생을

누구도 해석할 수 없는

인생의 비밀을 간직하고 살다가

죽어서도 풀어지지 않는 비밀이 되기를 바란다.

II. 떠난 자가 바라보는 그때

이해심 넓은 마음으로 인생을 살았다 해서

모든 것을 이해한 것이 아니다.

살다가 보면 오해도 하고

오해도 받으며 살아왔다.

좁은 마음으로 세상을 품고 산다는 것이 힘겨웠다.

따뜻한 사람을 만나 웃고 즐거운 치유의 시간을 보내었다.

가시 돋친 사람을 만나면 피하려 했지만

찔림에 울고,

찔러서 울었다.

괴로운 날들을 보내며 살다가 보니

어느덧 백발의 노년이 거울 앞에 웃고 있다.

내 모습을 함께 웃은 이가 있어 감사하다.

목회현장에서 생각하는 세상과

은퇴를 하고 7년이 지나서 바라보는 교회와 목회는

상당한 격차가 있음을 발견했다.

그것이 중요한 것으로 생각했는데

지나고 보니 별것 아닌 것에 착념하고 힘겨워 한 것 같다.

중요한 것을 놓치며 살았구나.

후회하지만 지나간 기회는 돌아오지 않는다.

그때는 그것을 몰랐다.

지금도 모르는 것이 있겠지?

좀 더 일찍 알았다면 얼마나 좋았을까?

목회도 인생도 늘 아쉬움이 남는다.

이제라도 그러한 생각을 할 수 있다니 감사하다.

Ⅲ. 어리석은 자의 웃음

어린 때부터 글쓰기를 좋아했다. 글쟁이는 되지 못했다.

2010년 백향서원에서 창세기 스토리어바웃을 엮어 가면서 1년을 보냈다. 그리고 모세-출애굽기, 여호수아-여호수아서, 사사기, 열왕기 상하, 바울의 일생, 모두 스토리텔링으로 쓰라는 하나님의 말씀은 감동이 있었다.

설교로서는 말할 수 없는 것을 쓰고. 설교자가 볼 수 없는 것을 보았다. 한글을 읽을 수 만 있다면 이해할 수 있으나. 목회자도 감동을 느끼는 글이 되었다. 오랫동안 설교하고 성경을 읽었으나 미처 생각하지 못한 것들이 가을 밤나무아래 알밤 같이 수두룩하게 있다. 그것을 줍는 자가 주인이 된다.

글쓰기를 늘 쉬지 않았다. 그냥 쓰기만 하고 출판을 하려는 생각은 별로 없었다. 읽어지는 책이 되기 위해서는 갖추어야 할 것이 너무 많았다. 기획 출판을 하고. 화려한 표지와, 간략하면서 충격을 주는 카피 문구, 뛰어난 마케팅을 해도 될까 말까 하는 현실에 출판을 하는데 장벽도 만만찮다.

글을 쓰고 무슨 큰 이익을 얻으려는 생각은 애당초 없었다. 전업 작가도 힘겨운 출판 시장이다. 현대인들은 짧은 단문을 선호한다. 글자보다는 영상에 익숙한 세상이다.

그런데 책을 출판하면서 손익분기점을 포기하고 그냥 세상에 이러한 책이 있다는 것을 알리고 싶었다. 마치 잘 성장한 딸을 사위를 보고 시집을 보내듯이 이 책을 그대에게 보내는 심정은 순수하다. 그리하여 스스로 백향서원 출판사를 등록하고 출판을 하게 되었다. 보이지 않는 그대의 웃음이 있다만 만족한다.

전능하신 하나님의 말씀이 스토리어바웃의 대상이 될 수는 없다. 그러나 스토리텔링으로 하나님의 말씀에 접근하여 진리의 말씀을 쉽게 깨닫고 적용하기 위해서 쓴 글이다.

성경은 진리를 말씀한다. 그러나 모든 것을 다 말하지 않는다. 그러므로 아무리 유능한 작가라 해도 성경의 모든 것을 다 말할 수 없다. 그러므로 관점을 따라서 추론을 하고 적용하여 집필을 했다. 추론의 자유

함이 신학적 장벽과 교리적 골격을 넘지 않았다. 추론의 상상은 자유이
지만. 그 자유는 언제나 진리의 말씀 안에 존재해야 한다.

　기획 출판이 아님으로 창세기 50장까지는 50편의 단편 소설의 형식
을 가졌다. 그리하다 보니 200자 원고지 2,700장 내용이 700페이지
의 책이 되었다. 두 권으로 나누어서 출판하려다가 그냥 한 권으로 출
판하기로 했다.

　창세기의 관점은 아담, 노아, 아브라함, 이삭, 야곱, 요셉, 6명의 인
물에서 사건이 시작되고 끝이 난다. 6명의 인물이 각각 다른 인생의 삶
을 살았다. 그러나 하나님의 계획과 뜻을 이루는데 한 시대에 쓰임 받
은 인물이었다.
　스토리어바웃을 선택하여 읽어준 당신에게 하나님의 은혜와 복이 임
하기를 기원한다. 그리고 깨달은 말씀으로 인해 그대가 행복하를 바
란다.
　세월이 지난 후에 다시 한 번 이 책을 손에 들고 읽어보는 그날은 새
로운 의미로 다가올 것이다.
　그날이 언제인지 알 수 없지만. 그날이 올 것을 기대하며 그대에게 하
나님의 넘치는 평강이 있기를 바란다.

2022년 10월 1일
백향서원 원장
정두모